8급 공무원 공개경쟁 임용시험 대비

보건진료직

전공과목 총정리

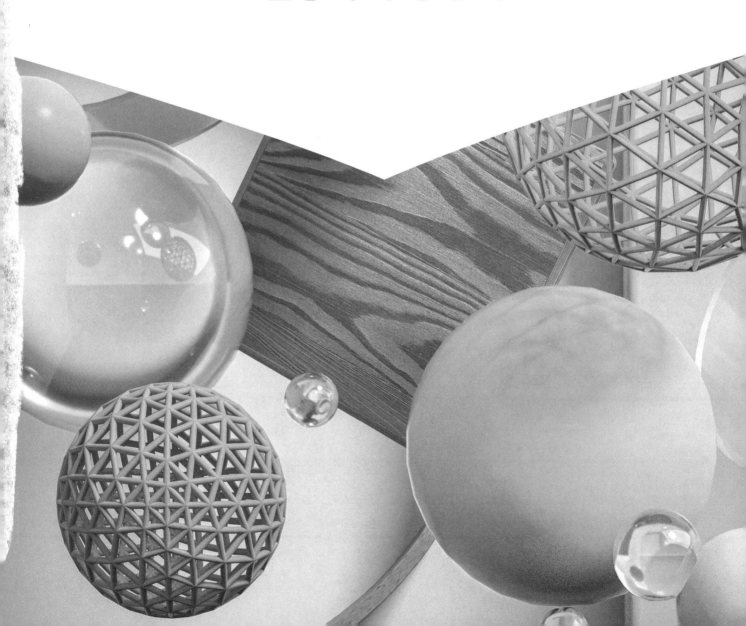

보건진료직

지역사회간호 / 공중보건

초판 인쇄   2023년 1월 25일
초판 발행   2023년 1월 27일

편 저 자 ｜ 공무원시험연구소
발 행 처 ｜ ㈜서원각
등록번호 ｜ 1999-1A-107호
주　　소 ｜ 경기도 고양시 일산서구 덕산로 88-45(가좌동)
대표번호 ｜ 031-923-2051
팩　　스 ｜ 031-923-3815
교재문의 ｜ 카카오톡 플러스 친구[서원각]
영상문의 ｜ 070-4233-2505
홈페이지 ｜ www.goseowon.com

PREFACE

8급 보건진료직 공무원 공개경쟁채용의 시험 과목은 국어, 영어, 한국사, 지역사회간호, 공중보건의 5과목으로 구성됩니다.

학습해야 할 양이 방대하기 때문에 단기간에 최상의 학습효과를 얻기 위해서는 꼭 필요 한 핵심이론을 파악하고 충분한 문제풀이를 통해 문제해결능력을 높이는 것입니다. 즉, 자주 출제되는 이론과 빈출유형의 문제를 파악하고 다양한 유형의 문제를 반복적으로 접해 완벽히 자신의 지식으로 만드는 것이 중요합니다.

본서는 8급 보건진료직 공개경쟁 임용시험에 대비하기 위한 전공과목 총정리로, 수험생들이 단기간에 최상의 학습효율을 얻을 수 있도록 지역사회간호와 공중보건의 주요 이론을 정리하고 빈출 유형문제를 수록 하였습니다.

먼저 체계적으로 정리된 이론 학습을 통해 기본 개념을 탄탄하게 다지고, 최근 출제되는 기출문제 분석을 통해 각 과목별, 단원별 출제경향을 파악한 뒤, 다양한 난도의 예상문제를 풀어봄으로써 학습의 완성도를 높일 수 있습니다.

신념을 가지고 도전하는 사람은 반드시 그 꿈을 이룰 수 있습니다. 서원각이 수험생 여러분의 꿈을 응원합니다.

STRUCTURE

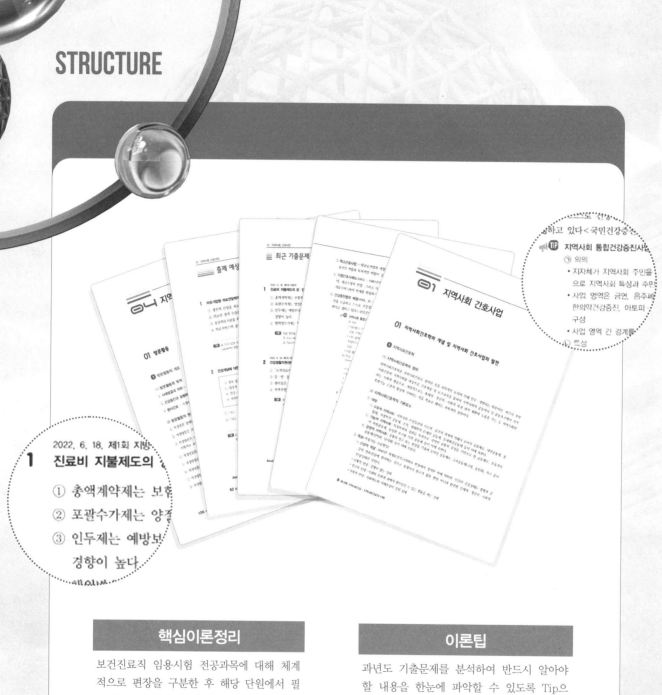

핵심이론정리

보건진료직 임용시험 전공과목에 대해 체계적으로 편장을 구분한 후 해당 단원에서 필수적으로 알아야 할 내용을 정리하여 수록했습니다. 출제가 예상되는 핵심적인 내용만을 학습함으로써 단기간에 학습 효율을 높일 수 있습니다.

핵심이론정리

보건진료직 임용시험 전공과목에 대해 체계적으로 편장을 구분한 후 해당 단원에서 필수적으로 알아야 할 내용을 정리하여 수록했습니다. 출제가 예상되는 핵심적인 내용만을 학습함으로써 단기간에 학습 효율을 높일 수 있습니다.

이론팁

과년도 기출문제를 분석하여 반드시 알아야 할 내용을 한눈에 파악할 수 있도록 Tip으로 정리하였습니다. 문제 출제의 포인트가 될 수 있는 사항이므로 반드시 암기하는 것이 좋습니다.

CONTENTS

지역사회
간호

CHAPTER

01

지역사회 간호의 이해

01 지역사회 간호사업

01 지역사회간호학의 개념 및 지역사회 간호사업의 발전

① 지역사회간호학

(1) 지역사회간호학의 정의

지역사회간호학은 지역사회간호로 정의된 것을 과학적인 논리에 의해 연구·개발하는 학문이다. 여기서 지역사회간호란 지역사회를 대상으로 간호제공 및 보건교육을 통하여 지역사회의 공동의식 및 공동요구에서 시작되는 사회적 행동으로, 개인적으로는 육체적·정신적·사회적 복귀 내지 재활에 도움을 주는 등 지역사회의 적정기능 수준의 향상에 기여하는 것을 목표로 행하는 과학적인 실천이다.

(2) 지역사회간호학의 기본요소

① 대상
  ㉠ **구조적 지역사회** : 지역사회 주민들간의 시간적·공간적 관계에 의해서 모여진 공동체로, 대면공동체, 집합체, 지정학적 공동체, 조직, 생태학적 문제의 공동체, 문제해결공동체 등이 이에 속한다.
  ㉡ **기능적 지역사회** : 특정목적의 성취를 목적으로 지역의 공통적 감정을 기반으로 한 공동체로, 유동적이며 자원공동체, 동일한 요구를 가진 공동체 등이 이에 속한다.
  ㉢ **감정적 지역사회** : 공통의 연고 또는 관심을 기울여 모여진 공동체로, 소속공동체(고향, 동문회), 특수 흥미공동체(산악회, 낚시회) 등이 이에 속한다.

② **목표**(적정기능 수준향상)
  ㉠ **건강의 개념** : 1948년 세계보건기구(WHO) 헌장에서 정의한 바에 의하면, 인간의 건강상태는 질병과 건강의 연속선상에 위치하는 것으로 질병이나 불구가 없을 뿐만 아니라 완전한 신체적·정신적·사회적 안녕상태를 말한다.
    • 신체적 안녕 : 질병이 없는 상태
    • 정신적 안녕 : 사회와 문화권 내에서 받아들일 수 있는 행동을 하는 상태
    • 사회적 안녕 : 사회제도와 사회보장이 잘된 상태

ⓛ **건강의 결정요인**: 건강을 결정하는 요인에는 인간, 환경, 생활양식, 보건사업조직 등이 있다.

ⓒ **적정기능 수준의 측정**: 지역사회간호사는 기능연속지표에 따라 긍정적·부정적 기능요소를 동시에 조사하여 기능연속선상의 긍정적인 방향으로 그들을 도와주어야 한다.

ⓔ **적정기능 수준향상에 영향을 미치는 요소**

- 정치적인 영향 : 사회적 풍토는 적정기능 수준에 도달하는 데 영향을 미치는데, 정치적 통제는 사회의 안정 혹은 압박을 유도하고 범죄나 지역사회 안정의 결핍 정도에 따라 지역사회의 적정기능 수준향상이 달라진다.
- 습관적인 영향 : 물리적·문화적·윤리적인 요소들과 관련된 습관은 적정기능 수준에 도달하는데 영향을 미치는 요소로 예컨대 흡연, 운동부족, 약품의 남용 등이다.
- 유전적인 영향 : 유전적인 영향으로 형성된 노력과 잠재력은 수정하기가 어렵다. 유전학의 발달과 유전적인 영향요인에 대한 상담을 통하여 많은 효과를 얻고 있으나 아직도 인구집단의 요구를 충족시키기에는 더 많은 연구와 노력이 필요하다.
- 보건의료 전달체계의 영향 : 건강을 유지하고 증진하는 지역사회 조직의 증가와 의료보험 가입률의 증가는 지역사회의 질병예방, 건강의 증진을 도모하고 지역사회의 적정기능 수준향상에 도움을 주는 보건의료 전달체계이다.
- 환경적인 영향 : 환경위생(오염)도 건강에 영향을 미치는데, 대기오염은 폐질환과 관련이 있고 수질의 화학성 오염은 식생활을 크게 위협한다. 이러한 환경적인 영향은 지역사회의 적정기능 수준을 유지하는데 방해요소로 작용하고 있다.
- 사회·경제적인 영향 : 어느 지역사회의 문제점을 쉽게 파악하고 해결하는 방법으로 그 지역사회를 떠나는 이주민에 대한 조사가 효과적이라고 하는 연구가 있는데, 이는 그 지역사회의 사회·경제적인 측면에 대한 문제가 주민의 안녕과 직결되기 때문이다.

③ **활동**

ⓖ **건강관리체계**

- 1차 건강관리체계 : 건강유지 및 증진, 질병예방을 목표로 환경위생 및 보존, 식수보존, 주거환경, 식품관리, 예방접종, 영양개선 등의 활동을 한다.
- 2차 건강관리체계 : 질병의 조기발견 및 조기치료를 목표로 질병의 전구기·잠복기 증상 등의 사정과 병원을 중심으로 하는 환자간호를 제공한다.
- 3차 건강관리체계 : 기능의 극대화, 재활을 목표로 치료를 통한 기능회복 및 장애의 최소화를 위한 활동을 한다.

ⓛ **일차보건의료**

- 개념
  - 저렴한 비용으로 보건의료를 많은 수혜자가 이용할 수 있도록 간단하고 기본적인 건강문제를 1차 단계에서 해결하는 의료로, 지역사회 내에서 각 개인이나, 가족이 보편적으로 접근할 수 있게 만들어진 필수 보건의료 서비스이다.
  - 일차보건의료는 주민의 전적인 참여를 통해 이용할 수 있도록 하고, 지역사회와 국가가 지불할 수 있는 비용으로 제공된다.
  - 일차보건의료의 초점은 광범위하고 지역사회의 모든 부문과 보건요구를 포괄하며 개인들보다는 전체로서의 지역사회가 대상으로 고려된다.

- 일차보건의료와 일차의료 개념의 차이
 - 일차의료란 의학, 간호학 또는 보건의료 전문가에 의해 주도될 수 있는 보건의료의 전달에 관한 것을 말하며 보건의료를 1·2·3차의 수준으로 구분하는 전통적인 보건의료 서비스 전달모형의 한 부분이다. 따라서, 일차의료의 초점은 개인이나 개별 가족에 주어진다.
 - 반면에 일차보건의료는 보건의료 서비스의 소비자가 전문가의 동반자가 되고, 건강의 향상이라는 공동의 목적에 도달하는데 참여하는 보건의료 전달의 유형이다.
- 일차보건의료 전략 : 일차보건의료는 자가간호와 건강, 사회복지에 있어서 자율적 관리를 권장하며 개인, 가족 그리고 지역사회의 자존과 자립을 전략의 효과로서 기대한다.
- 일차보건의료 프로그램의 중심은 정부나 지방보건인력이 아니라 지역사회의 주민들이다. 정부관료들과 보건전문가는 전 주민에게 가장 유익한 시설과 기술을 지원하는 것이므로, 일차보건의료는 주민이 사용하고 비용을 지불할 수 있는 적절한 보건기술의 개발·적응·응용을 요구한다.
- 일차보건의료는 주민들이 자신의 건강행위를 돌보고, 보다 건강지향적인 선택을 할 수 있도록 상담하고 자문을 해주는 서비스를 포함할 뿐만 아니라 저렴한 비용, 양질의 필수의약품, 예방접종 기타 물품과 장비의 적절한 공급을 필요로 하며, 일차보건의료에는 보건소나 병원같이 기능적으로 효율적이며 지지적인 보건의료시설이 포함된다.
- 수행과제
 - 평등과 책임성있는 참여에 기초하여 모든 주민을 포괄해야 한다.
 - 보건의료부문의 요소와 보건에 기여하는 관련 활동을 벌이는 다른 부문의 요소를 포함해야 한다.
 - 지방수준의 일차보건의료 제공을 최우선순위로 지원해야 한다.
 - 주민들과 지역보건의료인력의 보수교육과 지도뿐만 아니라 지방수준에서 의뢰를 요하는 좀 더 전문적인 보건의료문제를 다루는데 필요한 전문적이고 수준 높은 진료를 중간 수준에서 제공하여야 한다.
 - 중앙정부의 수준에서는 기획과 관리능력, 정밀진단, 전문요원 교육, 중앙검사실 같은 서비스, 중앙의 수송 및 재정지원들을 제공하여야 한다.
 - 적절한 시기에 전체 체계에 걸쳐 단계간, 부문간의 문제의뢰를 포함해 조정활동을 해야 한다.
- 접근법 : 쉽게 이용할 수 있고 대상자가 받아들일 수 있는 방법으로, 대상자의 적극적인 참여와 대상자의 지불능력에 맞는 의료수가로 이루어져야 한다.
- 내용 : 안전한 음료수의 공급 및 기본환경위생, 보건교육, 모자보건 및 가족계획, 예방접종, 통상질환 및 상해관리, 정신보건, 기본약품 제공 등 지역사회 내의 주요 건강문제를 다루어야 한다.
ⓒ 간호제공
- 직접간호 : 직접 주민봉사, 간호제공, 보건교육 및 상담, 추후간호, 개별간호, 개인·집단에 직접 보건의료를 제공한다.
- 반직접간호 : 직접 주민봉사준비, 주민·마을단체의 조직활동 및 설치 등의 활동을 한다.
- 간접간호 : 관리, 지역사회 건강연구, 정책준비, 업무처리 등의 활동을 한다.
ⓔ 보건교육 및 환경위생관리의 활동을 한다.
④ **과정** … 간호행위와 대상 간의 관계는 간호과정을 통해서 이루어진다.

⑤ **수단** … 간호행위와 목표를 연결하는 활동방법이다.

⑥ **기능연속지표** … 간호대상이 간호목표에 도달하는 과정이다.

❷ 지역사회 간호사업의 발전

(1) 방문간호시대(1945년 이전)

대한제국시기에 간호학교가 설립되고 간호사를 배출하면서 정식으로 간호사업이 시작되었다고 볼 수 있다. 물론 그 이전에도 외국에서 교육을 받은 간호사나, 정규교육을 받지 않고 간호업무에 종사하던 사람들에 의한 사업들이 진행되고 있었다.

(2) 보건간호시대(1945 ~ 1980)

정부의 보건사업은 보건소, 보건지소를 중심으로 이루어졌으며 지역사회 간호영역의 주요 실무분야였으나 지역사회의 건강요구보다는 정부의 사업내용과 사업목표량을 달성하는 하향식 보건계획에 의한 보건간호실무를 수행하였다.

① 시기별 발전

    ㉠ **미군정하** : 1946년 보건후생국이 보건후생부로 개편되고 간호사업국에 보건간호사업과가 설치되었다. 사업의 내용을 불문하고 미국 보건간호사업과 같은 형태의 체계가 중앙정부의 수준으로 자리를 잡게 되었고, 미국식 보건행정제도가 공중보건사업에 도입되었다.

    ㉡ **대한민국 정부수립(1948) 후** : 보건후생부가 사회부 보건후생국으로 축소됨에 따라 보건행정은 미군정시보다 위축되었고 간호사업국도 간호사업과로 축소되었다. 1981년에는 간호사업계가 폐지됨으로써 보건간호사업뿐만 아니라 전반적인 간호사업의 정책결정의 일관성 결여를 초래하게 되었다.

> **🔊 TIP 보건소법의 제정·공포**
>
> 1962년 보건소법이 제정·공포되어 보건간호사업은 보건소를 중심으로 하여 전국적인 차원에서 이루어지게 되었다. 이 때의 보건간호사업은 세분화된 간호사업 위주로 당시 가장 문제가 되었던 결핵관리, 모자보건 및 가족계획사업 등이 주된 사업내용이었다.

    ㉢ **1970년대 이후의 통합보건사업** : 1970년대 이르러 국민들의 의료에 대한 욕구가 늘어나고 의료보험의 시행(1977), 전반적인 국민생활 수준향상, 지역사회 보건문제의 변화 등의 요인에 의해 세분화된 보건사업 중심의 보건소 기능에 대한 문제점이 노출되기 시작하였다. 1985년 정부는 군단위 보건소를 대상으로 한 명의 보건간호인력이 세분화된 보건사업을 통합하여 제공하는 통합보건사업을 시도하였고. 가족단위의 보건사업 접근을 위해 실제 군단위 보건소, 보건지소의 보건요원들을 재교육하였다.

② 특징적인 발전

    ㉠ 학교보건법의 제정(1967) : 학교보건법에서는 교육법에 명시된 양호교사의 직무가 구체화되었다. 그러나 독립적인 기능보다는 학교와 체육교사에게 의존적인 기능을 하도록 규정하였다.

    ㉡ 보건간호사제도 : 1973년 의료법 시행규칙에 분야별 간호사의 하나로 보건간호사제도가 마련됨에 따라 병원의 임상간호사보다 보건간호사의 자격기준을 강화하였다.

(3) 지역사회 간호시대(1980 ~ 현재)

이 시기는 지역사회간호의 여러 실무영역이 발전되어 지역사회간호사의 역할이 확대되고 실무범위가 확대되는 전환기이다.

① **보건진료원** … 1980년 12월에 농어촌 등 보건의료를 위한 특별조치법이 공포되면서 읍·면 단위의 무의촌지역에 보건진료소가 설치되고 간호사로서 24주의 직무교육을 받은 보건진료원이 배치되었다. 이 제도는 1976년의 거제보건원 시범연구사업에서 개발한 '보건간호사'와 1977년 한국보건개발연구원의 시범사업, WHO의 일차보건의료선언(1978)에 힘입어 1981년부터 보건진료원이 배치되기 시작하였으며 지역사회의 일차보건의료 요구에 부응하는 포괄적인 지역사회 간호사업을 수행하며 오늘에까지 이르고 있다.

> **TIP** 농어촌 등 보건의료를 위한 특별조치법상 보건진료 전담공무원의 업무
> ① 의료행위의 범위
>   1. 질병·부상상태를 판별하기 위한 진찰·검사
>   2. 환자의 이송
>   3. 외상 등 흔히 볼 수 있는 환자의 치료 및 응급조치가 필요한 환자에 대한 응급처치
>   4. 질병·부상의 악화 방지를 위한 처치
>   5. 만성병 환자의 요양지도 및 관리
>   6. 정상분만 시의 분만 도움
>   7. 예방접종
>   8. 의료행위에 따르는 의약품의 투여
> ② 의료행위 외의 업무
>   1. 환경위생 및 영양개선에 관한 업무
>   2. 질병예방에 관한 업무
>   3. 모자보건에 관한 업무
>   4. 주민의 건강에 관한 업무를 담당하는 사람에 대한 교육 및 지도에 관한 업무
>   5. 그 밖에 주민의 건강증진에 관한 업무

② **산업간호사업** … 1981년 산업안전보건법의 제정으로 보건담당자인 간호사를 상시근로자 300명 이상인 제조업 사업장에 배치토록 하였다. 본격적인 산업간호사업이 시작되었으나 직무내용은 거의 대부분 보건관리자인 의사에게 의존적인 활동이었다. 1990년 12월에 산업안전보건법이 개정되면서 산업장의 간호사는 의사, 위생기사와 함께 보건관리자로 개칭되었으며 보건관리자의 배치기준은 상시근로자 50인 이상 500인 미만인 경우에는 1인, 상시근로자 500인 이상인 경우에는 2인을 두도록 정하고 있으며 직무내용도 산업장이 일차보건의료 제공자로서 그리고 관리자로서의 역할이 강조되고 독자적인 역할을 수행하도록 개정되었다.

③ **학교간호사업** … 학교보건법의 개정(1991. 3)으로 양호교사의 직무내용은 학교에서의 일차 보건의료 제공자로서의 역할과 독자적인 역할이 강조되었으며 보건교육, 보건지도와 환경위생관리의 직무가 강화되었다.

④ **가정간호사제도**(1991) … 1960년대 이후 질병양상의 변화와 노인인구 비율의 증가, 보건의료 전달체계의 정비, 평균수명의 연장, 그리고 사회구조의 변화 등으로 의료기관에서 퇴원 후에도 전문적·지속적인 간호와 의료서비스와의 연계를 확립하기 위한 제도로써, 임상간호영역과 지역사회 간호영역의 통합이기도 하다.

⑤ **건강증진법의 제정**(1995. 9) … 국민에게 건강에 대한 가치와 책임의식을 함양하도록 건강에 관한 바른 지식을 보급하고 스스로 건강생활을 실천할 수 있는 여건을 조성함으로써 국민의 건강을 증진함을 목적으로 한다고 정하고 있다<국민건강증진법 제1조>.

🔊TIP 지역사회 통합건강증진사업

㉠ 의의
- 지자체가 지역사회 주민을 대상으로 실시하는 건강생활실천 및 만성질환 예방, 취약계층 건강관리를 목적으로 지역사회 특성과 주민의 요구가 반영된 프로그램 및 서비스 등을 기획·추진하는 사업
- 사업 영역은 금연, 음주폐해예방(절주), 신체활동, 영양, 비만예방관리, 구강보건, 심뇌혈관질환예방관리, 한의약건강증진, 아토피·천식 예방관리, 여성어린이특화, 치매관리, 지역사회 중심재활, 방문건강관리로 구성
- 사업 영역 간 경계를 없애고, 주민 중심으로 사업을 통합·협력하여 수행할 것을 권장

㉡ 특성

기존 국고보조사업	지역사회 통합건강증진사업
• 사업내용 및 방법 지정 지침	• 사업범위 및 원칙 중심 지침
• 중앙집중식·하향식	• 지방분권식·상향식
• 지역여건에 무방한 사업	• 지역여건과 연계된 사업
• 산출중심의 사업 평가	• 과정, 성과중심의 평가
• 분절적 사업수행으로 비효율	• 보건소 내외 사업 통합·연계 활성화

㉢ 목적: 지역사회 주민의 건강수준 향상을 위해 지자체가 주도적으로 사업을 추진하여 지역주민의 건강증진사업 체감도 및 건강행태 개선
- 중앙정부와 지방정부가 함께 노력하여 국민건강증진종합계획 목표 달성
- 지역별 다양한 특성과 주민 요구와 연계되는 건강증진사업 개발

㉣ 기본 방향
- 건강증진사업 통합 및 재편성을 통한 사업의 효율성 제고
  - 보건소 지역보건의료계획 및 국민건강증진종합계획에 부합하도록 사업구조 재편성
  - 사업목표가 달성될 수 있도록 사업을 건강영역별 또는 생애주기별로 통합 구성하여 다양한 전략 활용
  - 지역사회 자원과 포괄적 연계·협력을 통한 대상자 중심의 통합서비스를 제공할 수 있도록 여건 조성
- 지자체의 자율성 확대
  - 지자체가 재원의 용도 및 세부내역을 자율적으로 설계·집행할 수 있도록 개선
  - 지역사회 건강문제 및 특성에 따라 우선순위 사업영역 선정 및 사업량 선택의 자율적 운영
- 지자체의 책임성 제고
  - 사업운영의 자율성을 부여하되 책임성을 담보하기 위해 지자체 스스로 관리·감독 역할 강화
  - 사업기획, 운영, 평가과정에서 지자체의 자발적 성과관리가 이루어질 수 있도록 평가관리체계 운영

❸ 지역사회간호 관련 이론

(1) 체계이론

① 개념
  - ㉠ 모든 유기체는 하나의 체계이며 상호작용하는 여러 구성요소로 이루어진 하나의 복합물이라 본다.
  - ㉡ 체계란 그들 간에 환경과 상호작용하는 요소들의 집합체로 전체는 부분의 합보다 크다.
  - ㉢ 간호학에서 체계이론의 활용은 전반적인 양상을 파악하도록 해주는 방법론인 기본 틀을 제공한다.

② 체계의 유형
  - ㉠ **개방체계** : 외부환경과 구성요소 간의 상호작용이 있는 체계
  - ㉡ **폐쇄체계** : 외부환경과 구성요소 간의 상호작용이 없는 체계

③ 체계의 구조와 기능
  - ㉠ **경계**
    - 체계를 환경으로부터 구분하는 것
    - 경계를 통해 환경과 상호작용하는 정도에 따라 개방적, 폐쇄적 체계로 구분한다.
  - ㉡ **환경** : 경계외부의 세계로 속성의 변화가 이루어지는 곳
  - ㉢ **계층** : 체계의 배열은 계층적 위계질서가 있으며, 하위체계의 계속적인 활동으로 체계가 유지된다.
  - ㉣ **속성** : 체계의 부분이나 요소들의 특징, 체계의 기능은 체계에 의해 행해지는 행동으로 에너지(물질, 정보의 형태)를 필요로 한다.

④ 체계의 기능
  - ㉠ **투입** : 체계가 활동하기 위한 에너지(물질, 정보)가 유입되는 과정
  - ㉡ **변환** : 체계 내에서 에너지, 물질, 정보를 사용하는 과정
  - ㉢ **산출** : 체계 내에 보유하지 않는 에너지를 배출하는 과정, 변환을 통해 나온 결과
  - ㉣ **회환** : 체계가 완전한 기능을 발휘하기 위해 산출의 일부가 재투입되는 과정

    > **TIP** 살아있는 체계는 생존과 성장을 위하여 투입, 변환, 산출을 포함하여 적응, 통합, 의사결정의 세 기능을 수행해 나간다. 이 세 과정이 상호작용함으로써 체계는 체계 내와 끊임없는 환경의 변화에 대응할 수 있게 된다.

⑤ 주요 개념
  - ㉠ **물질과 에너지**
    - 엔트로피(entropy) : 일로 전환될 수 없는 체계 내 에너지의 양, 무질서의 에너지
    - 네겐트로피(negentropy) : 체계에 의해 사용되는 자유에너지, 일할 수 있는 에너지의 양
    - 개방체계는 네겐트로피에 의해 물질 유입이 가능하여 폐쇄체계와 달리 고도의 질서와 분화를 통해 발달과 진화가 이루어 질 수 있다. (엔트로피-체계 내 더 이상 유용하지 않은 에너지, 많아질수록 무질서)

ⓒ 항상성(steady state) : 생성과 파괴가 일어나는 데도 변화하지 않고 체계 내 요소가 균형 상태를 유지하는 것으로 체계 내 조절작용은 회환에 의해 이루어진다.

ⓒ 균등종국(동일한 효과 : equifinality)
- 시작 상태와 관계없이 과정에 장애가 있어도 동일한 목표에 도달하는 것
- 개방체계의 특성으로 체계는 목표지향적이고 서로 다른 시작조건과 과정을 거치면서 동일한 목표에서 도달한다.

ⓔ 위계적 질서 : 모든 체계는 복잡한 계열, 과정을 통해 상호 연결되며 모든 체계의 부분이나 구성요소 간에 순차적이고 논리적인 관계가 있다.

⑥ 지역사회간호에의 적용
ⓐ 목표 : 지역사회의 건강(적정기능수준의 향상)
ⓑ 경계 : 지역사회
ⓒ 지역사회 구성물 : 지역사회 주민과 지역사회 자원(물적, 인적, 사회환경적 자원)
ⓓ 상호작용 : 지역사회 구성물 간의 상호작용(주민들이 지역사회자원을 이용하는 과정, 상담횟수, 가정방문실적)
ⓔ 체계과정 : 지역사회체계는 항상 투입, 변환, 산출의 과정으로 목표를 달성하기 위해 움직이고 있다.
ⓕ 구성물과 자원이 체계 속에서 투입되고 상호작용하는 일련의 변환과정을 거쳐서 산출의 결과에 도달한다.

(2) 교환이론

① 개념
ⓐ 교환과정 : 주고받는 과정
ⓑ 보상 : 교환을 통해 얻을 수 있는 것으로 심리적, 사회적, 물질적, 신체적 보상이 있다.
ⓒ 비용 : 보상을 얻기 위해 지불하는 시간, 비용, 노력 등
ⓓ 권력 : 교환에 영향을 미치는 요소로 상대방에게서 보상을 얻어내는 능력
ⓔ 규범 : 상호관계에서 인정되는 상호규칙이다.
ⓕ 교환이론은 간호수행 시 가장 많이 적용되는 이론이다.

② 지역사회간호에서의 적용
ⓐ 지역사회간호사와 주민 간의 교환과정에서는 물질적인 것과 비물질적인 것이 함께 이루어지는데, 이 과정에서 바람직한 결과, 즉 상호관계가 좋은 방향으로 변화하도록 노력할 수 있다.
ⓑ 지역사회간호사는 보건의료서비스를 지역사회에 전달하고 지역사회는 전달된 서비스에 대한 합당한 보상이 이루어질 수 있도록 상호 교환과정을 적절하게 적용해야 한다. 교환과정을 위한 조직과 기준을 확립하고 교환결과에 대한 회환이 이루어져서 다음 과정에 참고해야 한다. 일방적인 교환이 되지 않도록 주민과 함께 보건사업 내용을 계획하고 그 교환과정을 정기적으로 평가함으로써 긍정적인 교환과정을 성립할 수 있도록 한다.

(3) 베티 뉴만의 간호관리체계이론

① 이론의 이해

    ㉠ 인간 : 간호의 대상인 인간을 총체적 인간으로 접근하는데, 생리적, 심리적, 사회문화적, 발달적, 영적변수로 구성된 하나의 체계로 생존의 필수요소로 구성된 기본구조와 이를 둘러싼 3가지 보호막. 즉, 저항선, 정상방어선, 유연방어선으로 구성된다고 본다.

    ㉡ 환경 : 대상체계와 접하고 있으며 내적 환경과 외적 환경으로 이루어진다. 대상체계와 계속 상호작용하며, 지속적으로 영향을 미치는 스트레스원으로 구성된다.

    ㉢ 건강 : 간호의 목표인 건강은 인간체계 속에 기본구조와 방어선이 환경의 변수들인 스트레스원을 막아내어 안정상태를 이루는 것이다.

    ㉣ 간호(활동) : 기본구조를 보호하기 위하여 스트레스원을 제거 또는 약화시키거나 유연방어선 및 정상방어선을 강화시키는 일차예방활동과 저항선을 강화시키고 나타나는 반응에 대하여 조기발견하고 빠르고 정화학 처치를 시행하는 이차예방활동, 그리고 기본구조에 손상이 왔을 때 이를 재구성하도록 돕는 삼차예방활동으로 대별할 수 있다.

② 개념

    ㉠ 기본구조

      • 간호대상자는 기본구조와 이를 둘러싼 3가지 방어선 즉 저항선, 정상방어선, 유연방어선으로 형성된 체계이다. 또한 인간은 환경과 상호작용하는 개방체계이며, 대상자는 개인, 가족, 지역사회 또는 집단이 되므로 지역사회간호 대상자 모두 포함하고 있다.

      • 기본구조는 대상자의 생존요인, 유전적 특징, 강점과 약점이 모두 포함된 생존에 필요한 에너지 자원이라 볼 수 있다. 생리적, 심리적, 사회문화적, 발달적, 영적변수들이 역동적으로 구성되어 개인의 고유한 특성을 나타내며, 외부 스트레스원에 대한 방어선에 영향을 준다.

    ㉡ 저항선

      • 내적저항요소, 스트레스원에 의해 기존구조가 침투되는 것을 보호하는 내적요인들

      • 저항선이 스트레스원에 함락되면 기본구조가 파괴되고, 이를 방치하면 사망에 이르게 된다.

      • 지역사회 주민들의 건강에 대한 태도, 가치관, 신념, 유대관계, 결속력 등

    ㉢ 정상방어선

      • 저항선 바깥에 존재하는 것으로, 이는 대상자의 안녕상태 혹은 스트레스원에 대해 정상범위로 반응하는 상태를 말한다.

      • 한 체계가 오랫동안 유지해 온 평형상태에서 어떤 외부의 자극이나 스트레스에 대해 나타나는 정상적 반응의 범위 → 개인의 일상적인 대처유형, 삶의 유형, 발달단계와 같은 행위적 요인과 변수들의 복합물

      • 이 선이 외부에서 침입하는 스트레스원에 의해 무너지면 기본구조가 손상되어 생명이나 존재에 위협을 받게 된다.

      • 지역사회 주민건강수준, 경제수준의 적절성, 지역사회의 교통, 통신의 적절성, 물리적 환경요소의 적절성

ⓔ 유연방어선
- 기본구조를 둘러싼 선 중 가장 바깥에 위치하는 것으로, 외적변화에 방어할 잠재력을 가지고 환경과 상호작용하여 수시로 변화하는 역동적 구조이다.
- 유연방어선은 외부자극으로부터 대상체계를 일차로 보호하는 쿠션과 같은 기능을 한다. 즉, 외부자극이나 변화에 신속하게 축소되거나 확장되는 등 대처함으로써 스트레스원이 정상방어선을 침범하지 못하도록 완충적 역할을 한다.
- 지역사회 보건의료체계의 적절성, 의료기관 분포상태의 적절성, 의료서비스의 질
- 유연방어선이 대상체계를 보호할 수 없을 때 정상방어선이 침투된다. 침투범위와 침투반응 정도는 정상방어선과 저항선의 힘에 좌우된다.
- 저항선과 방어선의 힘은 대상자의 발달변수, 생리적, 정신적, 사회문화적, 영적 변수들에 영향을 준다.
ⓜ 스트레스원
- 대상체계 밖, 즉 모든 환경은 자극으로 존재하고 있어 대상체계에 계속적으로 자극하여 반응한다.
- 내적요인(체계 내) : 개체 내에서 일어나는 요소로 다시 대상체계에 영향을 줄 수 있는 자극 – 통증, 상실, 분노
- 대인적 요인(체계 간) : 개체 간에 일어나는 자극요인 – 역할기대
- 외적요인(체계 외) : 개체외부에서 발생하는 요인 – 관습의 변화, 경제상황, 실적
- 스트레스원은 대상체계가 균형이나 평형을 유지하는데 방해가 된다.
- 스트레스원의 영향력을 미치는 요인
- 스트레스의 강도와 수
- 스트레스원에 반응하기 위해 3가지 방어선을 사용하는 대상자의 방어능력
ⓗ 예방단계
- 일차예방
- 대상체계에서 어떤 증상이 나타나지 않은 상태에서 수행되는 간호중재이다.
- 일차예방활동은 스트레스원 자체를 중재하며 없애거나 약화시키는 활동, 유연방어선을 강화함으로써 스트레스원이 정상방어선을 침범하지 못하게 보호하려는 간호중재이다.
- 이차예방
- 스트레스원이 정상방어선을 침입하여 저항에 도달함으로써 증상이 나타나기 시작했을 때 시행하는 중재방법이다.
- 증상을 완화하거나 저항선을 강화하여 스트레스원이 저항선을 뚫고 기본구조를 손상시키지 못하도록 보호한다.
- 삼차예방
- 스트레스원에 의하여 대상체계의 균형이 깨진 상태에서 다시 체계의 균형상태를 재구성함으로써 바람직한 안녕상태로 되돌리기 위한 중재이다.
- 기본구조가 파괴되었을 때 합리적인 적응 정도를 유지하는 것으로, 각 대상자의 기본 에너지 자원을 적당히 활용하여 재구성하는 적응과정을 돕는 중재활동이다.

(4) 오렘의 자가간호이론

① 이론의 이해

　㉠ 자가간호 : 개인이나 지역사회가 자신의 삶, 건강, 안녕을 유지하기 위해 시도되고 수행하는 범위

　㉡ 인간 : 생물학적, 사회적, 상징적으로 기능하는 하나의 통합된 개체로서 자가간호라는 행동형태를 통하여 계속적인 자기유지와 자기조절을 수행하는 자가간호요구를 가진 자가간호행위자. 인간 내부에는 자가간호를 위한 요구와 자가간호를 수행할 수 있는 역량을 동시에 가지고 있다. 자가간호요구가 자가간호역량보다 높을 경우 자가간호결핍현상이 나타난다.

　㉢ 간호 : 자가간호결핍이 있는 사람에게 제공되는 것으로, 개인을 위한 간호의 필요성을 결정하고 간호체계를 설계하여 제공하는 간호사들의 복합적인 능력으로 간호역량을 설명한다.

　㉣ 건강 : 대상자가 자가간호를 잘 수행하는 상태, 대상자 스스로 자신의 삶, 건강, 안녕을 위해 자가간호를 유지하는 것이 간호의 목표이다.

　㉤ 환경

② 개념

　㉠ 자가간호요구

　　• 간호의 대상인 인간이 개인의 안녕, 삶, 건강을 유지하기 위한 기능화와 발달에 영향을 미치는 환경적 요소나 개인 자신의 요소를 조절하기 위해 개인 스스로가 수행할 행동이다.

　　• 자가간호활동을 통하여 도달하려는 목표이다.

　　• 일반적 자가간호요구 : 모든 인간이 공통적으로 가지고 있는 자가간호요구로서 인간이 구조, 기능을 유지하는 내적, 외적 조건과 관련된 요구를 의미 - 공기, 물, 음식, 휴식, 활동, 사회적 상호작용, 위험으로부터의 해방

　　• 발달적 자가간호요구 : 발달과정에서 특정하게 필요한 자가간호요구 - 유아의 배변훈련시키기, 임신, 배우자와 부모의 사망 등 상황에서 필요한 자가간호요구

　　• 건강이탈 자가간호요구

　　－질병상태, 진단, 치료와 관계된 비정상적 상태에 대한 자가간호요구

　　－적당한 의료서비스를 받으며, 건강이탈로 인한 결과에 대해 조치하고, 의사의 처방을 효과적으로 수행하며, 부작용 시 이에 대해 조치한다. 그리고 현재 건강상태의 현실적인 면을 받아들여 자신의 자가개념을 수정하며, 현재 건강상태와 필요한 치료방법을 고려하여 계속되는 개인의 발달을 증진하기 위해 자신의 생활유형을 조절한다.

　㉡ 자가간호역량

　　• 자가간호 활동을 수행하는 힘

　　• 개인이 생과 건강과 안녕을 유지하기 위해 건강활동을 시도하고 자가간호를 수행할 수 있는 지식, 기술과 태도, 신념, 가치, 동기화로 구성되어 있다.

　㉢ 자가간호결핍

　　• 대상자 개인이 자가간호역량과 치료적인 자가간호 요구 간의 관계를 나타낸 것이다.

　　• 기능을 유지하고 발달을 증진시키는 치료적 자가간호요구가 자가간호역량보다 클 때 나타나는 현상이다.

② 간호역량 : 자가간호결핍이 일어난 사람들에게 자가간호요구의 종류와 이를 충족시킬 수 있는 자가간호 역량의 정도에 따라 대상자를 위한 간호의 필요성을 결정하고 간호체계를 설계, 제공하는 간호사들의 복합적인 능력이다.

⑩ 간호체계
- 자가간호요구를 충족시키고 자가간호역량을 조절하여 결손을 극복하도록 돕는, 간호상황에서 환자를 위하여 처방하고, 설계하고, 직접 간호를 제공하는 체계적인 간호활동으로 3가지 종류가 있다.
  - 전체적 보상체계 : 개인이 자가간호활동을 거의 수행하지 못하는 상황으로, 간호사가 전적으로 환자를 위해 모든 것을 해주거나 활동을 도와주는 경우
  - 부분적 보상체계 : 개인 자신이 일반적인 자가간호요구는 충족시킬 수 있으나 건강이탈요구를 충족시키기 위해서는 도움이 필요한 경우로, 간호사와 대상자가 함께 건강을 위한 간호를 수행한다.
  - 교육지지적 체계 : 환자가 자가간호요구를 충족시키는 자원은 가지고 있으나 의사결정, 행위조절, 지식이나 기술을 획득하는 데 간호사의 도움이 필요한 경우를 말하며 돕는 방법은 주로 지지, 지도, 발전적 환경제공 및 교육 등이 있다.

③ 정리
⊙ 간호가 궁극적으로 도달해야 할 목표, 즉 건강상태는 대상자가 자가간호를 잘 수행하는 상태를 의미한다.
ⓛ 이를 위한 간호사의 활동은 자가간호 요구를 저하시키거나 자가간호역량을 증진시켜 자가간호결핍을 감소시키는 것이다.
ⓒ 간호활동을 제공할 때는 자가간호결핍 정도에 따라 간호체계를 적합하게 선택하여 제공한다.
ⓔ 오렘이 제시한 3가지 종류의 간호체계는 자가간호능력을 조정하고 완성시키기 위하여 간호사와 대상자가 함께 협조하여 행동해야 함을 보여주고 있다.

④ 지역사회간호에의 적용
⊙ 사정
- 1단계 사정 : 치료적 자가간호요구 사정
  - 일반적 자가간호요구
  - 발달적 자가간호요구
  - 건강이탈 자가간호요구
- 2단계 사정 : 자가간호 역량 사정
ⓛ 간호진단 : 자가간호결핍을 중심으로 기술
ⓒ 간호계획 : 적절한 간호체계를 결정하고 중재방법을 선택함
ⓔ 수행
- 치료적 자가간호를 수행한다.
- 환자의 자가간호능력을 증진시킨다.
- 자가간호능력의 한계점을 보완해준다.
⑩ 평가

(5) 로이(Roy)의 적응이론

① 이론의 이해

  ㉠ 인간

- 하나의 체계로서 주위환경으로부터 계속적으로 투입되는 자극을 받고 있으며, 이러한 자극에 대하여 내부의 과정인 대처기전을 활용하여 적응양상을 나타내고, 그 결과 반응을 나타낸다고 보고 있다.
- 변화하는 환경과 끊임없이 상호작용하는 생물적, 심리적, 사회적 존재로서 환경에 긍정적으로 반응하기 위해서 인간 스스로가 환경변화에 효과적으로 적응해야 한다고 본다.

  ㉡ 환경 : 인간행위의 발달과 관련된 주변을 둘러싼 모든 상태나 상황을 의미한다. 따라서 환경 내의 모든 것은 자극으로써 인간에게 영향을 미친다.

  ㉢ 건강(간호의 목표)

- 인간이 통합된 총제적 상태인 적응의 상태를 유지하는 것이다.
- 통합된 전체로 되어가는 과정 또는 상태로 환경변화인 자극에 대해 긍정적인 반응이 나타난 적응상태이다.

  ㉣ 간호(간호활동) : 자극 자체를 감소시키거나 내적 과정인 적응양상에 영향을 주고 인간이 적극반응을 나타낼 수 있게 돕는 것이다.

② 개념

  ㉠ 자극

- 인간의 행동과 발달에 영향을 주는 모든 상황인 주위 여건이나 인간 내부에서 일어나는 상태는 적응체계인 인간에게 투입으로 적용하는 내·외적 자극이 된다.
- 초점자극 : 자극 중에서 인간의 행동유발에 가장 큰 영향을 미치는 즉각적이며, 직접적으로 직면하고 있는 사건이나 상황변화
- 관련자극 : 초점자극 이외의 행동유발과 관련된 다른 모든 자극, 현재 상태에 영향을 주며 대개 예측될 수 있는 내·외적 세계에 존재하는 자극 – 피로, 일이 늦어질 것에 대한 근심 →초점자극에 대한 대상자의 반응에 영향을 준다.
- 잔여자극 : 인간행동에 간접적으로 영향을 줄 수 있는 요인, 대부분 측정되기 어려운 신념, 태도, 개인의 성품 등, 초점자극에 대한 현재 반응에 영향을 줄 과거의 경험, 신념가치의 결과이다.

    TIP 인간체계에 영향을 주는 모든 자극은 이 3가지가 서로 복합되어 있으므로 자극을 사정할 때는 3가지를 구분하여 사정하여야 한다.

  ㉡ 대처기전

- 인간이 자극에 적응하는 과정에는 2가지 서로 상호관계가 있는 대처기전과 적응양상이 작용한다.
- 대처기전을 적응을 하는 방법으로 이 대처기전의 활동으로 적응양상이 활성화되며, 이 적응양상이 반응으로 이어진다. 이 적응양상이 반응으로 일어나는 목적은 환경적 자극에 대하여 생리적, 정신적, 사회적으로 통합된 총체적 상태를 이루기 위함이다.
- 인간은 변화하는 환경에 대처하는 생물학적, 심리학적 능력이 있는데, 이를 대처기전이라 한다.

- 조정기전 : 자극이 투입되었을 때 중추신경계의 통로를 통하여 척수, 뇌를 중심으로 하는 자율신경계 반응 또는 내분비계를 중심으로 하는 호르몬계 반응, 지각을 중심으로 하는 정신신체 반응을 주로 관장하는 기전으로, 대개 자동적이고 무의식적인 반응을 나타낸다.
- 인지기전
  - 자극이 투입되었을 때 인지적 정보처리과정, 학습, 판단, 정서과정을 통하여 사회심리적 반응을 관장하는 기전이다.
  - 정보처리과정은 주의집중, 기억에 대한 행동을 포함하고, 학습은 모방, 강화의 행동을, 판단은 문제해결과 의사결정에 관한 행동을, 정서과정을 통해서는 애착, 애정, 불안해소 등의 행동을 관장한다.

> **TIP** 대처기전의 작용은 4가지 적응양상과 관련되며 조절기전은 생리적 적응양상과 연관되고, 인지기전은 자아개념, 역할기능, 상호의존 적응양상과 주로 연관된다.

ⓒ **적응양상**
- 대처기전의 활동으로 나타나는 적응방법의 종류로서, 인간의 기본적인 욕구를 나타내는 행위들의 모임이라 할 수 있다.
- 생리적 양상
  - 환경 자극에 대한 인간이 신체적으로 반응하는 방법
  - 생리적 통합성에 대한 인간의 기본욕구를 다루며, 이에 포함되는 욕구는 수분과 전해질, 활동과 휴식, 배설, 영양, 순환과 산소 그리고 감각, 체온 및 내분비계 조절 등이다.
- 자아개념 양상
  - 정신적 통합성을 유지하기 위해 일어나는 적응양상
  - 자아개념은 신념과 느낌의 복합체로서 신체적 자아와 개인적 자아로 구분할 수 있다. 신체적 자아란 신체적으로 자신을 지각하고 형성하는 능력 또는 자신의 신체에 대한 주관적인 생각으로 감각과 신체상이 포함된다. 개인적 자아란 자신의 성격, 기대, 가치에 대한 평가로서 도덕·윤리적 자아, 자아일관성, 자아이상, 기대가 포함된다.
- 역할기능 양상
  - 사회적 통합성에 대한 적응방식
  - 사회적 통합성을 유지하기 위해서는 환경 내의 다른 사람과 상호작용하고, 적합한 행동역할을 하며 능숙하게 역할을 수행해야 한다.
  - 역할이행에 대한 역할결핍이 생기면 역할상실과 역할갈등 문제가 나타난다.
- 상호의존 양상
  - 사회적 통합성 중에서도 특히 상호작용에 초점을 둔 적응방법
  - 상호의존감이란 독립심과 의존심 사이의 균형으로 의미 있는 타인이나 지지체계와의 관계, 사랑, 존경, 가치를 주고받는 것과 관련된다.
  - 인간은 상호의존을 통해 생의 목적과 의미를 찾게 되는데, 이에 대한 문제로는 분리, 거부, 미움, 고독, 경쟁 등이다.

ⓔ 반응 : 반응은 2가지 형태로 구분되는데, 생존, 성장, 재생산, 자아실현과 같이 개인의 통합성을 증진시키는 효율적인 적응반응과 통합성을 증진시키지 못하거나 방해하는 비효율적 반응이 있다.

> 🔖**TIP** 살아있는 개방체계로서의 인간은 자신과 환경으로부터 초점자극, 연관자극, 잔여자극으로 구성된 자극을 계속적으로 투입받는다. 자극이 투입되면 인간 내부에서는 이 자극에 대하여 스스로를 조정하기 위하여 조절기전과 인지기전, 대처기전을 활성화시키며, 이들 활동은 4가지 적응양상으로 나타난다. 이러한 4가지 적응양상은 반응으로 표현되며, 이 반응은 적응적인 경우에는 인간의 통합성을 촉진시키기도 하지만, 비적응적인 경우에는 통합성을 깨뜨리기도 한다.

③ 지역사회간호에의 적용
  ㉠ 개인의 건강을 위한 간호접근에 생리적인 문제 뿐 아니라 자아개념, 역할기능, 상호의존 양상을 사정해야 하며, 이에 영향을 미치는 자극원도 항상 관련 자극과 잔여자극을 함께 고려하여 지역사회 접근에 매우 바람직한 방양을 제시해 준다.
  ㉡ 간호진단 : 비효율적 반응과 자극의 관련성을 중심으로 기술
  ㉢ 간호계획 : 4가지 적응양상에 적응반응으로 변화할 수 있도록 적응양상반응과 자극에 대한 중재방법 모색

(6) 마가렛 뉴만(Margaret Newman)의 확장이론
① 이론의 이해
  ㉠ 인간 : 절대적인 의식 장 내의 독특한 패턴
  ㉡ 건강 : 의식의 확장
  ㉢ 인간 · 환경의 보이지 않는 패턴이 가시적으로 표현되는 것 그리고 움직임은 의식의 표현이다.
  ㉣ 질병이 있다면 이는 분리된 실재라기보다는 환경과의 상호작용에서 인간의 중요한 패턴에 의한 정보이다.
  ㉤ 병리적 상태는 개인의 총체적인 패턴을 나타내는 것으로 볼 수 있는데 결국 병리로서 나타나는 개인의 패턴은 일차적인 것이며 구조나 기능적 변화에 앞서서 존재하기 때문에 병리를 제거하는 그 자체가 개인의 패턴을 변화시키지는 않는다.

② 개념
  ㉠ 건강
   • 질병과 질병이 아닌 것을 모두 포함하며 인간과 환경의 기본적인 패턴을 설명하는 것으로 간주한다.
   • 건강은 다양한 방법으로 반응하고 대체안을 지각하는 능력이 증가되면서 환경과 자신에 대한 인식이 함께 발달되는 과정이다.
   • 건강은 인간의 총체적 패턴으로서 질병을 포함하며 삶에 있어서 의식의 확장이 지속되는 과정이라는 전제에 근거한다.
  ㉡ 패턴
   • 패러다임의 전환(질병의 증상치료 – 패턴추구)에서 패턴은 중심개념으로서 개인을 특별한 사람으로 정의한다.
   • 인간의 기본적인 패턴 특성의 예로는 인간이 되어감, 목소리 패턴, 움직임 패턴을 지시하는 유전패턴이 있다.
   • 인간 · 환경 상호작용의 패턴이 건강을 구성한다고 본다.

ⓒ 의식

- 체계의 정보능력, 즉 환경과 상호작용하는 체계의 능력
- 의식과 상호 관련된 3가지(시간, 움직임, 공간) 개념은 전체 변화하는 패턴을 설명해 주는 건강이론의 주요 개념이다.
- 삶의 과정은 의식의 더 높은 수준을 향한 진행과정이며, 의식의 확대는 삶과 건강에 관한 모든 것이다.

ⓔ 움직임

- 인간이 현실을 지각하고 자신을 알게 되는 수단
- 공간을 통한 움직임은 인간의 시간 개념을 발달시키는데 필수적이며 시간의 측정에 이용된다.

ⓜ 시간과 공간

- 보완적 관계
- 공간개념은 필연적으로 시간과 연결된다. 뉴만의 관점에서 시간은 시간관점, 즉, 과거, 현재, 미래에 대한 오리엔테이션이지만, 지각된 기간으로서의 시간에 우선적으로 중점을 둔다.

ⓑ 간호

- 의식의 확장과정에서 파트를 제공하는 것으로 본다.
- 간호사는 새로운 규칙을 찾는 시점에서 대상자와 연결될 수 있으며 개인, 가족, 지역사회가 자신의 패턴을 맞추도록 도와주는 촉진자이다.

③ 지역사회간호에의 적용

ⓐ 움직임과 시간은 지역사회에서 간호사가 매일 이용하고 있는 가동범위, 이동, 기침하기, 심호흡하기 등의 간호중재에 활용될 수 있다.

ⓛ 지역사회간호과정에서 뉴만은 중재과정에서 해야 할 일들을 보건의료전문인이 자신의 패턴을 감지함으로써, 다른 사람의 패턴을 알게 되는 패턴인식이라고 하였다.

ⓒ 뉴만은 확장이론에서 의식의 진화패러다임을 설명하면서 간호사들은 특정시간이나 장소에 국한되지 않는 지속적인 파트너십을 유지하면서 대상자와의 관계를 자유롭게 할 수 있다고 보았다.

02 보건의료 전달체계와 지역사회 간호사업

1 보건의료 전달체계

(1) 보건의료 전달체계의 개념

보건의료 전달체계란 의료기관의 기술수준에 따라 기능분담과 협업관계를 결정함으로써 의료이용을 단계화하고 의료자원의 효율적 활용과 적정의료 이용을 유도하기 위한 장치를 말한다.

(2) 보건의료 전달체계의 특성

구분	내용	단점
자유기업형 (미국, 일본, 독일 등)	• 정부의 통제나 간섭을 극소화 • 민간주도 의료인과 의료기관 선택의 자유 • 의료제공이 효과적으로 이루어짐 • 의료서비스의 내용과 질적 수준이 높음	• 시설의 지역적 편중 • 의료혜택이 지역적, 사회계층적으로 균등하지 못함 • 의료비 증가(가장 큰 문제점) • 국가의 관여, 간섭, 통제의 불가피성
사회복지형 (영국, 캐나다 등)	• 정부주도형 보건의료제도 • 소외계층이 없도록 사회보장을 주목표로 함. • 국민의 건강요구에 맞추어 의료시설·물자·지식 등을 정책적으로 수행 • 개인의 선택이 어느 정도 보장	• 의료질의 하락 • 행정체계의 복잡성으로 의료서비스 공급이 비효율적 • 의료인의 열의가 낮음
공산주의형 (구소련, 북한 등)	• 중앙정부의 명령하달식 • 기본적인 목표는 의료자원과 서비스의 균등한 분포에 있음 • 의료자원 분포의 비효율성 • 조직이 조직적·체계적 • 개인의 선택이 불가능	• 경직된 의료체계(관료체계) • 의료질의 저하
개발도상국형	• 의료자원의 절대부족, 생활을 위한 기본적 의식 문제의 미해결 등으로 보건의료의 정책적인 우선순위가 하위에 있음 • 경제적, 정치적으로 보건의료 전달체계의 확실한 방향제시가 어려움 • 전반적인 뚜렷한 계획이나 방향이 없고, 부분적인 모방을 하게 됨	• 여러 종류의 보건의료 전달체계가 혼합되어 있어 혼란 속에 빠져 있음 • 부족한 자원도 활용이 잘 되지 않아 혼란 등의 문제해결이 더욱 어려움

② 우리나라 보건의료 전달체계

(1) 인력

우리나라의 경우 현재 법으로 규정되어 있는 보건의료인력의 종류는 다음과 같다.

① **의료인** … 의료법상 '의료인'이라 함은 보건복지부장관의 면허를 받은 의사·치과의사·한의사·조산사 및 간호사를 말한다<의료법 제2조 제1항>.

② **의료기사** … 의료기사의 종별은 임상병리사·방사선사·물리치료사·작업치료사·치과기공사 및 치과위생사로 한다<의료기사 등에 관한 법률 제2조>.

③ **기타** … 약사<약사법 제2조>, 간호조무사<의료법 제80조>, 의료유사업자<의료법 제81조>, 안마사<의료법 제82조>, 응급구조사<응급의료에 관한 법률 제36조> 등이 있다.

(2) 기본적 구상

① 지역주민의 의료이용이 생활화되도록 하기 위하여 진료권을 설정하고 의료자원이 지역적인 의료수요에 맞도록 배분한다.

② 의료시설 부족량을 각 진료권에 적절히 분배하여 의료인력 및 시설을 확보하고 지역의 의료수요를 충족시킨다.

③ 의료자원을 효율적으로 활용하여 각 의료기관은 수준에 적합한 서비스를 할 수 있도록 규모와 종류에 따라 역할과 기능을 발휘할 수 있도록 해야 한다.

④ 환자의 의료기관 이용이 단계적으로 이루어질 수 있도록 합리적인 후송의뢰체계가 확립되어야 한다.

(3) 시설

① **1차 의료기관**

    ㉠ **기능** : 주민들이 보건의료 서비스에 가장 처음 접촉하게 되는 곳이며, 대부분의 질병들이 이곳에서 해결될 수 있으므로 예방과 진료가 통합된 포괄적인 보건의료 서비스를 제공하도록 한다.

    ㉡ 일반 의료원, 특수과 의원, 보건소 및 보건지소, 보건진료소, 모자보건센터, 조산소, 병원선 등이 이에 속한다.

    ㉢ **원칙** : 모든 1차 의료기관은 외래진료만을 담당하고 입원진료는 하지 않는 것을 원칙으로 하며 특수과 전문의를 제외한 전문의는 의원에 근무하지 않는다. 만약 의원에 근무하거나 단독 개업할 시에는 일반의의 역할을 담당하도록 한다.

    ㉣ **예외** : 도서, 벽지 등 2차 의료기관까지의 접근도가 낮은 지역은 응급입원을 위한 시설을 인정한다.

② 2차 의료기관

　㉠ 기능 : 소속 중진료권 내의 1차 의료기관에서 후송 의뢰된 외래 및 입원환자의 진료를 담당하며, 소속된 소진료권의 주민에 대해서는 1차 의료기관의 기능도 동시에 가진다.

　㉡ 각 과마다 해당과목의 전문의를 두고 전문의 기준의 의료를 담당할 수 있는 시설 및 장비와 보조인력을 갖추어야 한다.

　㉢ 기술적으로 2차 의료기관에서 다룰 수 없거나, 보건·경제적 측면에서 보다 중앙화하는 것이 유리하다고 생각되는 의료기능에 속하는 환자는 3차 의료기관으로 이송한다.

③ 3차 의료기관

　㉠ 기능 : 대진료권 내의 중심도시에 설치하여 1차 의료기관 또는 2차 의료기관에서 후송 의뢰된 환자의 외래 및 입원진료를 특수분야별 전문의가 담당하도록 하되 보유하고 있는 병상의 50%는 소속 중진료권에 대하여 2차 의료기관으로서의 기능을 수행하도록 한다.

　㉡ 규모 : 3차 의료기관은 500병상 이상의 의료대학 부속병원 또는 그에 준하는 시설과 인력을 갖춘 병원으로 하고 그 기본형은 700병상으로 한다.

　㉢ 역할 : 환자진료와 더불어 본래의 역할인 의학연구와 의료인력의 교육훈련 및 개업의사의 보수교육 등의 기능도 충실히 수행함으로써 대진료권 내 모든 의료기관의 구심적 역할을 담당한다.

④ 특수병원

　㉠ 기능

　　• 일반병원에서 진료가 어렵거나 격리 또는 장기간의 치료가 필요하여 그 환자에 대한 전문적인 시설과 인력을 갖추는 것이 바람직한 질병은 별도의 특수병원을 설치하여 관리하여야 한다.

　　• 특수병원에서의 환자진료는 대진료권 내의 모든 1차, 2차, 3차 의료기관에서 이송될 수 있으며 특수질환을 가진 환자의 외래 및 입원진료를 담당한다.

　　• 난임의 예방 및 관리

　㉡ 종류 : 정신병원, 결핵병원, 나병원, 재활원, 산재병원, 암센터 및 감염병원 등으로 구분한다.

 2·3차 의료기관에 해당하는 병원과 종합병원의 법적인 구분〈의료법 제3조의2, 제3조의3〉

　㉠ 병원 등 : 병원·치과병원·한방병원 및 요양병원은 30개 이상의 병상(병원·한방병원만 해당) 또는 요양병상(요양병원만 해당, 장기입원이 필요한 환자를 대상으로 의료행위를 하기 위해 설치한 병상)을 갖추어야 한다.

　㉡ 종합병원 : 다음의 요건을 갖추어야 한다.

　　• 100개 이상의 병상을 갖출 것

　　• 100병상 이상 300병상 이하인 경우에는 내과·외과·소아청소년과·산부인과 중 3개 진료과목, 영상의학과, 마취통증의학과와 진단검사의학과 또는 병리과를 포함한 7개 이상의 진료과목을 갖추고 각 진료과목마다 전속하는 전문의를 둘 것

　　• 300병상을 초과하는 경우에는 내과, 외과, 소아청소년과, 산부인과, 영상의학과, 마취통증의학과, 진단검사의학과 또는 병리과, 정신건강의학과 및 치과를 포함한 9개 이상의 진료과목을 갖추고 각 진료과목마다 전속하는 전문의를 둘 것

　㉢ 종합병원은 필수진료과목 외에 필요하면 추가로 진료과목을 설치·운영할 수 있다. 이 경우 필수진료과목 외의 진료과목에 대하여는 해당 의료기관에 전속하지 아니한 전문의를 둘 수 있다.

(4) 지역사회 보건기관

① **보건소의 설치**〈지역보건법 제10조〉

　㉠ 지역주민의 건강을 증진하고 질병을 예방·관리하기 위하여 시·군·구에 1개소의 보건소(보건의료원을 포함한다. 이하 같다)를 설치한다. 다만, 시·군·구의 인구가 30만 명을 초과하는 등 지역주민의 보건 의료를 위하여 특별히 필요하다고 인정되는 경우에는 대통령령으로 정하는 기준에 따라 해당 지방자치 단체의 조례로 보건소를 추가로 설치할 수 있다.

　㉡ 동일한 시·군·구에 2개 이상의 보건소가 설치되어 있는 경우 해당 지방자치단체의 조례로 정하는 바에 따라 업무를 총괄하는 보건소를 지정하여 운영할 수 있다.

② **보건소의 기능 및 업무**〈지역보건법 제11조〉

　㉠ 건강 친화적인 지역사회 여건의 조성

　㉡ 지역보건의료정책의 기획, 조사·연구 및 평가

　㉢ 보건의료인 및 「보건의료기본법」에 따른 보건의료기관 등에 대한 지도·관리·육성과 국민보건 향상을 위한 지도·관리

　㉣ 보건의료 관련기관·단체, 학교, 직장 등과의 협력체계 구축

　㉤ 지역주민의 건강증진 및 질병예방·관리를 위한 다음의 지역보건의료서비스의 제공

　　• 국민건강증진·구강건강·영양관리사업 및 보건교육

　　• 감염병의 예방 및 관리

　　• 모성과 영유아의 건강유지·증진

　　• 여성·노인·장애인 등 보건의료 취약계층의 건강유지·증진

　　• 정신건강증진 및 생명존중에 관한 사항

　　• 지역주민에 대한 진료, 건강검진 및 만성질환 등의 질병관리에 관한 사항

　　• 가정 및 사회복지시설 등을 방문하여 행하는 보건의료사업

　　• 난임의 예방 및 관리

③ **보건지소의 설치**〈지역보건법 제13조〉 … 지방자치단체는 보건소의 업무수행을 위하여 필요하다고 인정하는 경우에는 대통령령으로 정하는 기준에 따라 해당 지방자치단체의 조례로 보건소의 지소를 설치할 수 있다.

> **TIP** 지역보건법
> ① 목적 … 이 법은 보건소 등 지역보건의료기관의 설치·운영에 관한 사항과 보건의료 관련기관·단체와의 연계·협력을 통하여 지역보건의료기관의 기능을 효과적으로 수행하는 데 필요한 사항을 규정함으로써 지역보건의료정책을 효율적으로 추진하며 지역주민의 건강 증진에 이바지함을 목적으로 한다.
> ② 지역사회 건강실태조사
> 　㉠ 국가와 지방자치단체는 지역주민의 건강 상태 및 건강 문제의 원인 등을 파악하기 위하여 매년 지역 사회 건강실태조사를 실시하여야 한다.
> 　㉡ 지역사회 건강실태조사의 방법, 내용 등에 관하여 필요한 사항은 대통령령으로 정한다.
> ③ 지역보건의료업무의 전자화
> 　㉠ 보건복지부장관은 지역보건의료기관(「농어촌 등 보건의료를 위한 특별조치법」 제2조 제4호에 따른 보건진료소를 포함)의 기능을 수행하는 데 필요한 각종 자료 및 정보의 효율적 처리와 기록·관리 업무의 전자화를 위하여 지역보건의료정보시스템을 구축·운영할 수 있다.

ⓛ 보건복지부장관은 지역보건의료정보시스템을 구축·운영하는 데 필요한 자료로서 다음 각 호의 어느 하나에 해당하는 자료를 수집·관리·보유·활용(실적보고 및 통계산출)할 수 있으며, 관련 기관 및 단체에 필요한 자료의 제공을 요청할 수 있다. 이 경우 요청을 받은 기관 및 단체는 정당한 사유가 없으면 그 요청에 따라야 한다.
1. 지역보건의료서비스의 제공에 관한 자료
2. 지역보건의료서비스 제공의 신청, 조사 및 실시에 관한 자료
3. 그 밖에 지역보건의료기관의 기능을 수행하는 데 필요한 것으로서 대통령령으로 정하는 자료
ⓒ 누구든지 정당한 접근 권한 없이 또는 허용된 접근 권한을 넘어 지역보건의료정보시스템의 정보를 훼손·멸실·변경·위조·유출하거나 검색·복제하여서는 아니 된다.
④ 보건소장
ⓙ 보건소에 보건소장(보건의료원의 경우에는 원장) 1명을 두되, 의사 면허가 있는 사람 중에서 보건소장을 임용한다. 다만, 의사 면허가 있는 사람 중에서 임용하기 어려운 경우에는 「지방공무원 임용령」 별표 1에 따른 보건·식품위생·의료기술·의무·약무·간호·보건진료(이하 "보건등") 직렬의 공무원을 보건소장으로 임용할 수 있다.
ⓛ 보건등 직렬의 공무원을 보건소장으로 임용하려는 경우에 해당 보건소에서 실제로 보건등과 관련된 업무를 하는 보건등 직렬의 공무원으로서 보건소장으로 임용되기 이전 최근 5년 이상 보건등의 업무와 관련하여 근무한 경험이 있는 사람 중에서 임용하여야 한다.
ⓒ 보건소장은 시장·군수·구청장의 지휘·감독을 받아 보건소의 업무를 관장하고 소속 공무원을 지휘·감독하며, 관할 보건지소, 건강생활지원센터 및 「농어촌 등 보건의료를 위한 특별조치법」 제2조 제4호에 따른 보건진료소(이하 "보건진료소")의 직원 및 업무에 대하여 지도·감독한다.
⑤ 교육훈련의 대상 및 기간 … 교육훈련 과정별 교육훈련의 대상 및 기간은 다음 각 호의 구분에 따른다.
1. 기본교육훈련 : 해당 직급의 공무원으로서 필요한 능력과 자질을 배양할 수 있도록 신규로 임용되는 전문인력을 대상으로 하는 3주 이상의 교육훈련
2. 직무 분야별 전문교육훈련 : 보건소에서 현재 담당하고 있거나 담당할 직무 분야에 필요한 전문적인 지식과 기술을 습득할 수 있도록 재직 중인 전문인력을 대상으로 하는 1주 이상의 교육훈련

❸ 보건의료재정

(1) 국민의료비

① 국민의료비의 체계적 추계는 국민의 의료비 지출에 대한 재정적 부담뿐만 아니라 의료비 지출에 따른 국민 보건 향상의 효과를 측정하는 중요한 수단이 된다.

② 국민의료비의 범위와 관련하여 건강유지나 증진에 목적이 있다고 하더라도 간접적으로 영향을 끼치는 교육, 환경 및 위생 등에 관련된 지출은 국민의료비에서 제외하는 것이 보통 정례화되고 있다.

③ **국민의료비 증가요인** … 국민의료비 증가는 대상자 및 급여범위의 확대, 노인인구수 증가 등의 수요측 요인과 의료수가 상승, 고급의료기술 사용, 의료인력 및 병상수 증가 등의 공급측 요인으로 나눌 수 있다.

④ 국민의료비 억제방안
  ㉠ 단기적 방안
    • 수요측 억제방안 : 본인부담률을 인상하고, 보험급여범위의 확대를 억제하여 의료에 대한 과잉된 수요를 줄이는 방법이 있다.
    • 공급측 억제방안 : 의료수가 상승을 억제시키고, 고가의료기술의 도입 및 사용을 억제하여 도입된 장비의 공동사용 방안 등을 강구하면서 의료비 증가폭을 줄이는 방법이 있다.
  ㉡ 장기적 방안
    • 지불보상제도의 개편 : 의료비 지불방식 중 사후결정방식은 과잉진료 등으로 인한 의료비 및 급여 증가를 가속화시키고 있는 가장 큰 원인이 되므로 의료서비스 공급자에 대한 지불수준이 미리 결정되는 사전결정방식의 형태로 개편할 필요성이 있다.
    • 의료전달체계의 확립 : 의료제도가 일차의료 중심으로 개편되는 것은 의학적·보건학적 관점에서 뿐만 아니라 경제적 관점에서도 바람직하며, 의료의 사회화와 공공성의 확대는 의료가 시장경제에 의해 흔들리지 않고 효율적인 국가개입으로 안정적인 의료수가 수준을 유지하는 데 용이하다.
    • 다양한 의료대체 서비스 및 인력의 개발과 활용 : 지역사회 간호센터나 가정간호, 호스피스, 정신보건센터 등의 대체의료기관 및 서비스의 개발과 활용은 저렴한 비용으로 이용가능하여 총의료비 억제효과를 얻을 수 있다. 또한 보건진료원, 전문간호사제도, 정신보건 전문요원 등 다양한 보건의료전문가의 양성으로 최소의 비용으로 국민보건의료 요구를 최대로 충족시킬 수 있는 효율적인 인력관리가 필요하다.

(2) 의료비 지불제도

① 사전결정방식 … 진료를 받기 전 병원 또는 의료인에게 지불될 총액이나 그 율이 미리 정해져 있어 실제로 받은 서비스와 무관하게 진료비가 지불되는 방식을 말한다.
  ㉠ 인두제
    • 개념 : 등록된 환자 또는 사람 수에 따라 의사가 보상받는 방식으로 대상자 1인당 보수단가를 의사등록부에 등재된 대상자 수에 따라 보상받는 제도이다.
    • 장점
    − 환자에 대한 의사의 의료서비스의 제공 양과 의사의 수입은 거의 관계가 없어 과잉진료의 억제효과와 치료보다는 예방에 보다 많은 관심을 기울이게 되어 총진료비 억제효과가 있다.
    − 계속적이고 포괄적인 의료제공이 가능하며, 비교적 행정적 업무절차가 간편하다.
    • 단점
    − 환자가 의료인이나 의료기관을 선택하는데 제한이 있을 수 있다.
    − 과소진료의 문제와 일반적으로 복잡한 문제를 가진 환자는 후송의뢰하게 되는 경향이 많아진다.
  ㉡ 봉급제
    • 개념 : 서비스의 양이나 제공받는 환자 수에 관계없이 일정 기간에 따라 보상받는 방식으로 사회주의나 공산주의 국가의 의료제도에서 일반적으로 채택되고 있으며 자유시장경제체제하에서는 2, 3차 의료기관에서 주로 채택되고 있는 제도이다.

- 장점
  - -의사의 직장이 보장된다.
  - -수입이 안정된다.
  - -의사 간의 불필요한 경쟁심을 억제한다.
- 단점 : 진료가 관료화 및 형식화될 수 있다.

ⓒ 포괄수가제
- 개념 : 서비스의 양과 관계없이 환자 요양일수별 또는 질병별로 보수단가를 설정하여 보상하는 방식으로 대체로 외래는 방문 빈도별로 결정되지만 입원은 질병별로 결정된 진료비가 지불되는 제도이다.
- 장점
  - -과잉진료의 억제효과와 총진료비 억제효과가 있다.
  - -행정적 업무절차가 간편하다.
  - -수익을 위해 의료기관의 자발적 경영효율화 노력을 기대할 수 있다.
- 단점
  - -과소진료로 의료의 질 저하의 우려가 있다.
  - -많은 의료서비스가 요구되는 환자에 대한 기피현상이 나타날 수 있다.
  - -분류정보 조작을 통한 부당청구가 성행할 가능성이 있다.

② 사후결정방식 … 진료를 받은 후 제공받은 서비스에 대한 합산된 진료비를 지불하는 방식을 말한다.
ⓐ 행위별 수가제
- 개념 : 제공된 서비스의 단위당 가격과 서비스의 양을 곱한 만큼 지불하는 방식으로 진단, 치료, 투약과 개별 행위의 서비스를 총합하여 지불한다.
- 장점
  - -진료의 내역에 따라 의료비가 결정되므로 현실적으로 시행이 쉽다.
  - -의료인의 자율성이 보장되며 양질 서비스의 수혜가 가능하다.
- 단점
  - -수입극대화를 위한 과잉진료의 소인이 있다.
  - -예방보다는 치료중심의 의료행위로 치우치는 경향으로 인해 의료비 상승 효과가 있다.
  - -의료자원의 지역간 편재현상의 경향이 있다.
  - -의료비 지불심사상의 행정절차가 복잡하다.
ⓑ 상대가치수가제
- 개념 : 관행수가제에 근거하여 책정된 현행 행위별 수가제의 비합리적 수가를 개선하기 위한 방법으로 의료인의 진료행위의 난이도에 대한 상대가치를 고려하여 수가를 책정하는 방식이다.
- 문제점
  - -의료서비스에 투입된 의사들의 자원만이 고려되고 의료서비스 질 등 서비스 산출효과가 지표의 산정에 포함되지 못한다.
  - -의사들의 능력과 질이 투입자원을 고려하지 못한다.
  - -환자의 상태가 고려되지 못한다.

(3) 사회보장제도

① **목적** … 질병, 상해, 노령, 실업, 사망 등 사회적 위험으로부터 모든 국민을 보호하고 빈곤을 해소하며, 국민생활의 질을 향상시키는 목적으로 사회보험, 공공부조, 사회복지 서비스 및 관련 복지제도를 운영하고 있다.

② **기본 원리**

　　㉠ **최저생활보장의 원리** : 사회보험에서 보장하는 소득 수준은 최저생활수준을 원칙으로 한다. 최저생계비 개념에 근거하여 소득 수준을 정한다.

　　㉡ **소득재분배의 원리**

　　　• 기여금의 납부 시에는 소득에 비례하거나 소득에 누진율을 적용하여 기여율을 책정함으로써 재분배 효과가 나타난다.

　　　• 급여의 지급에 있어 소득과 무관하게 요구의 크기에 따라 급여를 지급하여 재분배 효과를 기대한다.

　　　• 보편주의 원리 : 사회보험의 적용범위는 전 국민을 대상으로 하여야 한다. 특히, 혜택을 받을 시 자산조사 없이 조건만 되면 가능하다.

　　　• 비용부담의 원리 : 사회보험의 운영에 필요한 재원은 사용자, 피용자, 국가가 분담하여 조달하여야 한다.

③ **종류**

　　㉠ **사회보험** : 국민에게 발생하는 사회적 위험을 국가가 주체가 되어 보험 방식으로 대처하는 것으로 국민 건강과 소득을 보장하는 제도이다. 이 제도 안에는 국민연금, 건강보험, 고용보험, 산재보험, 노인장기 요양보험 등이 있다.

　　　• 국민연금 : 급속한 산업화로 산업재해 및 실업 등의 증가, 핵가족화, 노령화, 노인부양의식의 악화현상 등의 사회적 위험으로부터 국민 개인을 보호하기 위한 사회보험제도로 장애, 사망, 노령화로 개인이 소득능력을 상실할 경우 국가가 본인 또는 유족에게 일정액의 연금을 매월 지급하여 기본적인 생활을 영위하는데 목적이 있다.

　　　• 건강보험 : 피보험자가 질병·부상 등의 사고를 당하였을 경우 치료비 또는 요양비의 급여를 통하여 국민보건의 회복, 유지 및 증진을 도모하는 사회보험제도이다.

　　　• 고용보험 : 근로자가 직업을 선택할 시점부터 직장선택을 체계적으로 지원하고, 근로자의 고용안정과 기업의 경쟁력 강화를 위한 고용안정사업과 직업능력개발사업을 실시하여 실업예방과 고용구조의 개선을 도모하고, 실직근로자의 생활안정을 위해 실업급여를 지급하고 재취업 촉진에 목적이 있다.

　　　• 산재보험 : 근로자가 업무상 사유로 인해 부상·질병·장애 또는 사망한 경우에 이를 회복시키거나 소득을 보장하고 그 가족의 생활보호를 위해 지급되는 급여이다.

　　　• 노인장기요양보험 : 노인 또는 노인성질환으로 의존적인 상태에 처하거나 생활상의 장애를 지닌 노인에게 장기간에 걸쳐서 일상생활 수행능력을 도와주기 위해 제공되는 모든 형태의 보호 서비스를 말한다.

TIP 노인장기요양보험

ⓐ 노인장기요양보험제도의 목적 : 고령이나 노인성 질병 등의 사유로 일상생활을 혼자서 수행하기 어려운 노인 등에게 신체활동 또는 가사활동 지원 등의 장기요양급여를 제공하여 노후의 건강증진 및 생활안정을 도모하고 그 가족의 부담을 덜어줌으로써 국민의 삶의 질을 향상하도록 함을 목적으로 시행하는 사회보험제도이다.

ⓑ 특징 : 건강보험제도와는 별개의 제도로 도입·운영되고 있는 한편, 제도운영의 효율성을 도모하기 위하여 보험자 및 관리운영기관을 국민건강보험공단으로 일원화하고 있다. 또한 국고지원이 가미된 사회보험방식을 채택하고 있고 수급대상자에는 65세 미만의 장애인이 제외되어 노인을 중심으로 운영되고 있다.

ⓒ 노인장기요양보험 재원
- 노인장기요양보험 운영에 소요되는 재원은 가입자가 납부하는 장기요양보험료 및 국가 지방자치단체 부담금, 장기요양급여 이용자가 부담하는 본인일부부담금으로 조달된다.
- 국가의 부담
- 국고 지원금 : 국가는 매년 예산의 범위 안에서 당해 연도 장기요양보험료 예상 수입액의 100분의 20에 상당하는 금액을 공단에 지원한다.
- 국가 및 지방자치단체 부담 : 국가와 지방자치단체는 의료급여수급권자에 대한 장기요양급여비용, 의사소견서 발급비용, 방문간호지시서 발급비용 중 공단이 부담해야 할 비용 및 관리운영비의 전액을 부담한다.
- 본인일부부담금 : 재가 및 시설 급여비용 중 수급자의 본인일부부담금(장기요양기관에 직접 납부)는 다음과 같다.
- 재가급여 : 당해 장기요양급여비용의 100분의 15
- 시설급여 : 당해 장기요양급여비용의 100분의 20
- 국민기초생활보장법에 따른 의료급여 수급자는 본인일부부담금 전액 면제

ⓓ 기존 건강보험제도 및 노인복지서비스 체계와의 차이

구분	노인장기요양보험	기존 노인복지서비스 체계
관련법	노인장기요양보험법	노인복지법
서비스 대상	• 보편적 제도 • 장기요양이 필요한 65세 이상 노인 및 치매 등 노인성 질병을 가진 65세 미만 자	• 특정대상 한정(선택적) • 국민기초생활보장 수급자를 포함한 저소득층 위주
서비스 선택	수급자 및 부양가족의 선택에 의한 서비스 제공	지방자치단체장의 판단(공급자 위주)
재원	장기요양보험료+국가 및 지방자치단체 부담+이용자 본인 부담	정부 및 지방자치단체의 부담

ⓛ **공공부조** : 저소득 및 빈곤자들을 대상으로 기여금 납부 없이 국가가 조세를 자원으로 수급자의 자녀유무, 노령, 장애 등 인구학적 요소를 고려하며, 자산조사를 존재로 급여를 지급히는 방식이다.
- 국민기초생활보장제도 : 생존권 보장의 이념을 구체적으로 실현하기 위한 법으로 생활이 어려운 자에게 필요한 급여를 행하여 최저생활을 보장하고 자활 조성하는 것을 목적으로 한다.
- 의료급여 : 국민기초생활보장법에 의한 수급자 등 일정한 수준 이하의 저소득층을 대상으로 그들의 자력으로 의료문제를 해결할 수 없는 경우에 국가가 재정으로 의료 혜택을 주는 제도이다.
- 기초노령연금 : 자산조사를 실시하여 대상자를 한정하고 조세를 재원으로 하여 생활이 어려운 노인의 생활안정을 지원하고 복지를 증진하고자 도입된 제도로 생활이 어려운 노인에 대한 공공부조적 성격을 띤다.

≣ 최근 기출문제 분석 ≣

2022. 6. 18. 제1회 지방직

1 진료비 지불제도의 장·단점에 대한 설명으로 옳은 것은?

① 총액계약제는 보험자와 의사단체 간의 계약 체결이 용이하나 과소진료의 가능성이 있다.

② 포괄수가제는 양질의 의료서비스가 제공되나 진료비 청구 방법이 복잡하다.

③ 인두제는 예방보다 치료중심의 의료서비스가 제공되나 의사가 중증질병 환자의 등록을 기피하는 경향이 높다.

④ 행위별수가제는 양질의 의료서비스가 제공되나 과잉진료로 의료비 증가가 우려된다.

> **TIP** ②④ 행위별 수가제의 경우 양질의 의료서비스가 제공된다.
> ① 과소진료의 가능성이 있으나 보험자와 의사단체 간 계약 체결이 혼란스럽고 복잡하다.
> ③ 치료보다 예방 중심의 서비스가 제공된다.

2022. 6. 18. 제1회 지방직

2 건강생활지원센터에 대한 설명으로 옳지 않은 것은?

① 「보건의료기본법」에 근거하여 설치한다.

② 읍·면·동(보건소가 설치된 읍·면·동은 제외)마다 1개씩 설치할 수 있다.

③ 센터장은 보건소장의 지휘·감독을 받아 건강생활지원센터의 업무를 관장한다.

④ 지역주민의 만성질환 예방 및 건강한 생활습관 형성을 지원한다.

> **TIP** ① 「지역보건법」에 근거하여 설치한다.
> ※ **건강생활지원센터** … 거주지 가까운 곳에서 전문가에게 건강 상담과 통합 건강증진서비스를 받을 수 있는 건강증진 전담기관으로, 건강상담과 건강증진 프로그램을 제공한다. 초기 슬로건은 "아쉽다 건강관리, 아! 쉽다 건강관리"이다.

Answer 1.④ 2.①

3 「지역보건법」상 보건소의 기능 및 업무에 해당하는 것만을 모두 고르면?

> ㉠ 정신건강증진 및 생명존중에 관한 사항
> ㉡ 감염병의 예방 및 관리
> ㉢ 모성과 영유아의 건강 유지 · 증진
> ㉣ 난임의 예방 및 관리

① ㉠

② ㉡, ㉢

③ ㉠, ㉡, ㉢

④ ㉠, ㉡, ㉢, ㉣

TIP 보건소의 기능 및 업무(지역보건법 제11조 제1항)
　㉠ 건강 친화적인 지역사회 여건의 조성
　㉡ 지역보건의료정책의 기획, 조사 · 연구 및 평가
　㉢ 보건의료인 및 「보건의료기본법」 제3조 제4호에 따른 보건의료기관 등에 대한 지도 · 관리 · 육성과 국민보건 향상을 위한 지도 · 관리
　㉣ 보건의료 관련기관 · 단체, 학교, 직장 등과의 협력체계 구축
　㉤ 지역주민의 건강증진 및 질병예방 · 관리를 위한 다음의 지역보건의료서비스의 제공
　　• 국민건강증진 · 구강건강 · 영양관리사업 및 보건교육
　　• 감염병의 예방 및 관리
　　• 모성과 영유아의 건강유지 · 증진
　　• 여성 · 노인 · 장애인 등 보건의료 취약계층의 건강유지 · 증진
　　• 정신건강증진 및 생명존중에 관한 사항
　　• 지역주민에 대한 진료, 건강검진 및 만성질환 등의 질병관리에 관한 사항
　　• 가정 및 사회복지시설 등을 방문하여 행하는 보건의료 및 건강관리사업
　　• 난임의 예방 및 관리

4 보건사업 기획에서 사용되는 NIBP(Needs Impact Based Planning)의 우선순위 결정 기준은?

① 건강문제의 크기와 건강문제의 심각성

② 건강문제의 크기와 해결방법의 효과

③ 건강문제의 중요성과 자원이용 가능성

④ 건강문제의 중요성과 주민의 관심도

TIP NIBP(Needs Impact Based Planning) … 보건사업기획 과정으로 건강문제의 크기와 문제해결 방법의 효과를 기준으로 우선순위를 결정하며 CLEAR(지역사회 역량, 적법성, 효율성, 수용성, 자원이용가능성으로 판단하는 수행가능성)으로 보완한다.

Answer 3.④ 4.②

5 지역사회간호의 역사적 사건들을 이른 것부터 순서대로 바르게 나열한 것은?

㉠ 「학교보건법」 제정
㉡ 「농어촌 등 보건의료를 위한 특별조치법」 제정
㉢ 전 국민 의료보험(현 국민건강보험) 시행
㉣ 노인장기요양보험제도 시행

---

① ㉠ → ㉡ → ㉢ → ㉣
② ㉠ → ㉡ → ㉣ → ㉢
③ ㉡ → ㉠ → ㉢ → ㉣
④ ㉡ → ㉠ → ㉣ → ㉢

> **TIP** 1967년 「학교보건법」 제정 → 1980년 「농어촌 등 보건의료를 위한 특별조치법」 제정 → 1989년 전 국민 의료보험(현 국민건강보험) 시행 → 2008년 노인장기요양보험제도 시행(2007년 제정)이므로 '㉠ → ㉡ → ㉢ → ㉣' 순으로 나열해야 한다.

6 1920년대 전국 각지의 선교회에서 본격적인 간호사업이 시작되었다. 태화여자관에 보건사업부를 설치하여 보건 사업을 이끌었던 인물과 중심사업으로 옳게 짝지은 것은?

① 로젠버거(Rosenberger), 모자보건사업
② 페베(Pheobe), 방문간호사업
③ 윌리엄 라스본(William Rathbone), 구역간호사업
④ 릴리안 왈드(Lillian Wald), 통합보건간호사업

> **TIP** ① 1923년에 로젠버거(Rosenberger)와 한신광이 태화여자관에 보건사업부를 설치하여 모자보건사업 중심으로 임산부 위생, 아동 위생지도 등 감염병 예방과 환경위생사업을 실시했다.
> ② 페베(Pheobe)는 최초의 지역사회 가정방문 간호사이다.
> ③ 윌리엄 라스본(William Rathbone)은 1895년 영국에서 최초로 비종교적 방문간호사업을 실시했으며 1859년에 구역 공중보건간호협회를 조직했다.
> ④ 릴리안 왈드(Lillian Wald)는 1893년 미국 빈민구호소에서 방문간호사업을 시작하였으며 1912년 공중보건간호사회를 발족하여 지역사회 중심의 보건 간호사 조직을 구성했다.

Answer 5.① 6.①

7 보건소 방문건강관리사업의 대상자 군 분류별 관리 내용으로 가장 옳은 것은?

① 정기관리군은 6개월마다 1회 이상 방문한다.

② 집중관리군은 3개월 이내 8회 이상 방문한다.

③ 자기역량지원군은 9개월마다 1회 이상 방문한다.

④ 건강관리지원군은 6개월 이내 8회 이상 방문한다.

> **TIP** ① 2 ~ 3개월마다 1회 이상 방문한다.
> ③ 4 ~ 6개월마다 1회 이상 방문한다.
> ④ 해당사항이 없다.

8 우리나라 국민건강보험제도에 대한 설명으로 가장 옳은 것은?

① 국내에 거주하는 모든 국민이 적용대상이다.

② 모든 가입자의 균등한 부담으로 재원을 조성한다.

③ 모든 가입자에게 보험료 부담 수준과 관계없이 균등한 급여를 제공한다.

④ 모든 직장가입자는 가입자와 사용자가 각각 보험금의 10분의 30씩 부담한다.

> **TIP** ① 건강보험과 의료급여로 구분되므로 모든 국민이 적용대상이 되지 않는다.
> ② 가입자 보험료는 차등부담이다.
> ④ 사립학교의 교원은 본인 50%, 학교 30%, 국가 20%씩 부담한다.

9 〈보기〉의 사례에서 나타나는 노인장기요양 급여의 종류는?

보기

노인장기요양 인정자인 갑(甲)씨는 자신의 집에 방문하여 자신의 신체활동과 가사를 지원하는 급여를 신청하였다.

---

① 방문요양   ② 방문간호

③ 단기보호   ④ 노인요양공동생활가정

Answer 7.② 8.③ 9.①

TIP ② 방문간호 : 간호사 등이 방문간호지시에 따라 가정에 방문하여 간호를 제공한다.

③ 단기보호 : 일정 기간 동안 신체활동 지원 및 교육·훈련 등을 제공한다.

④ 노인요양공동생활가정 : 10인 미만의 대상자를 보호할 수 있는 비교적 정원이 작은 곳이다.

※ 재가 급여의 종류

ㄱ **방문요양** : 장기요양요원이 대상자 가정 등을 방문하여 신체활동 및 가사활동을 지원한다.

ㄴ **방문간호** : 간호사 등이 방문간호지시에 따라 가정에 방문하여 간호를 제공한다.

ㄷ **방문 목욕** : 목욕설비를 갖춘 장비를 이용하여 대상자 가정 등에 방문하여 목욕을 제공한다.

ㄹ **주야간 보호** : 일정 시간 동안 신체활동 지원 및 교육·훈련 등을 제공한다.

ㅁ 단기보호 : 일정 기간 동안 신체활동 지원 및 교육·훈련 등을 제공한다.

2022. 6. 18. 제2회 서울특별시

10 〈보기〉에서 지역사회 간호사업의 평가절차를 순서대로 나열한 것은?

──────── 보기 ────────

ㄱ 평가자료 수집   ㄴ 재계획 수립

ㄷ 설정된 목표와 현재 상태의 비교   ㄹ 평가대상 및 기준 결정

ㅁ 목표도달 정도의 판단과 분석

① ㄱ→ㄷ→ㄹ→ㅁ→ㄴ   ② ㄱ→ㄹ→ㄷ→ㅁ→ㄴ

③ ㄹ→ㄱ→ㄷ→ㅁ→ㄴ   ④ ㄹ→ㄷ→ㄴ→ㅁ→ㄱ

TIP 'ㄹ 평가대상 및 기준 결정 → ㄱ 평가자료수집 → ㄷ 설정된 목표와 현재 상태의 비교 → ㅁ 목표도달 정도의 판단과 분석 → ㄴ 재계획 수립' 순으로 진행된다.

2022. 4. 30. 지방직 8급 간호직

11 제5차 국민건강증진종합계획(health plan 2030)에서 '건강생활실천' 분과의 중점과제가 아닌 것은?

① 비만

② 영양

③ 절주

④ 구강건강

TIP ① 비감염성질환 예방관리의 중점과제로, 비만을 포함하여 암, 심뇌혈관질환, 손상 등이 있다.

※ 건강생활실천분야의 중점과제 … 금연, 절주, 신체활동, 영양, 구강건강

Answer 10.③ 11.①

12 지역보건법령상 지역보건의료계획에 대한 설명으로 옳은 것은?

① 시·도와 시·군·구에서 5년마다 계획을 수립한다.

② 보건복지부장관은 계획 시행에 필요한 경우에 보건의료 관련기관에 인력·기술 및 재정을 지원한다.

③ 보건복지부에서 심의를 받은 뒤 지방자치단체 의회에 보고하고 재심의를 받는다.

④ 시·도지사가 수립하는 계획은 의료기관 병상의 수요·공급에 관한 사항을 포함하여야 한다.

> **TIP** ① 시·도와 시·군·구에서 지역주민의 건강 증진을 위하여 지역보건의료계획을 4년마다 수립한다.
> ② 시·도지사 또는 시장·군수·구청장은 지역보건의료계획을 시행하는 데에 필요하다고 인정하는 경우에는 보건의료 관련기관·단체 등에 인력·기술 및 재정 지원을 할 수 있다.
> ③ 관할 시·군·구의 지역보건의료계획을 받은 시·도지사는 해당 위원회의 심의를 거쳐 시·도의 지역보건의료계획을 수립한 후 해당 시·도의회에 보고하고 보건복지부장관에게 제출하여야 한다.
> ※ **지역보건의료계획 세부 내용**〈지역보건법 시행령 제4조 제1항〉
> ㉠ 지역보건의료계획의 달성 목표
> ㉡ 지역현황과 전망
> ㉢ 지역보건의료기관과 보건의료 관련기관·단체 간의 기능 분담 및 발전 방향
> ㉣ 보건소의 기능 및 업무의 추진계획과 추진현황
> ㉤ 지역보건의료기관의 인력·시설 등 자원 확충 및 정비 계획
> ㉥ 취약계층의 건강관리 및 지역주민의 건강 상태 격차 해소를 위한 추진계획
> ㉦ 지역보건의료와 사회복지사업 사이의 연계성 확보 계획
> ㉧ 의료기관의 병상(病床)의 수요·공급
> ㉨ 정신질환 등의 치료를 위한 전문치료시설의 수요·공급
> ㉩ 특별자치시·특별자치도·시·군·구 지역보건의료기관의 설치·운영 지원
> ㉠ 시·군·구 지역보건의료기관 인력의 교육훈련
> ㉫ 지역보건의료기관과 보건의료 관련기관·단체 간의 협력·연계
> ㉬ 그 밖에 시·도지사 및 특별자치시장·특별자치도지사가 지역보건의료계획을 수립함에 있어서 필요하다고 인정하는 사항

13 금연 사업에서 사회생태학적 모형(social ecological model)에 따른 수준별 중재의 예로 옳지 않은 것은?

① 개인 수준 – 금연 멘토링 시행

② 조직 수준 – 금연 사업장 운영

③ 지역사회 수준 – 금연 캠페인 시행

④ 정책 수준 – 담뱃세 인상

Answer 12.④ 13.①

TIP ① 개인 수준에서는 개인에게 영향을 줄 수 있는 변수 즉, 지식, 민감도, 태도, 신념, 연령, 자존감 등이 해당된다.

※ 사회생태학적 모델
　　㉠ 개인 수준 : 개인에게 영향을 주는 변수(지식, 민감도, 태도, 신념, 연령, 자존감 등)
　　㉡ 개인 간 수준 : 동질감을 가질 수 있고 지지해주는 가족, 친구 등(공식 혹은 비공식적 사회관계망)
　　㉢ 조직 수준 : 조직 구성원의 행동에 영향을 미치는 조직 내 문화, 환경 등
　　㉣ 지역사회 수준 : 규범 및 지역사회 환경 등
　　㉤ 정책 수준 : 개인의 건강에 영향을 주는 정책 등

2021. 6. 5. 제1회 지방직
14 지역사회에서 활동하고 있는 인력과 법적근거를 바르게 연결한 것은?

① 보건진료 전담공무원 - 「지역보건법」

② 보건관리자 - 「의료급여법」

③ 보건교육사 - 「국민건강증진법」

④ 가정전문간호사 - 「노인복지법」

TIP ① 보건진료 전담공무원 : 농어촌 보건의료를 위한 특별조치법
② 보건관리자 : 산업안전보건법
④ 가정전문간호사 : 의료법

2021. 6. 5. 제1회 지방직
15 우리나라 사회보험이 아닌 것은?

① 노인장기요양보험　　　　　　　　② 의료급여

③ 국민연금　　　　　　　　　　　　④ 산업재해보상보험

TIP 사회보험의 종류

소득보장	의료보장	노인요양
산재보험 연금보험 고용보험 상병수당	건강보험 산재보험	노인장기요양보험

Answer 14.③ 15.②

16 다음 (가)에 들어갈 장기요양서비스는?

- 장기요양등급을 인정받은 A 노인은 치매를 앓고 있으며 종일 신체활동 및 가사활동의 지지가 필요하다.
- A 노인을 부양하고 있는 아들부부가 3일간 집을 비워야 하는 상황이다.
- 이 기간 동안 A 노인을 돌볼 다른 가족이 없어 아들 부부는 [(가)]를(을) 이용하고자 한다.

---

① 방문요양 ② 주·야간보호
③ 단기보호 ④ 방문간호

> **TIP** 노인장기요양보험법
> ① **방문요양**: 장기요양요원이 수급자의 가정 등을 방문하여 신체활동 및 가사활동 등을 지원하는 장기요양 급여
> ② **주·야간보호**: 하루 중 일정한 시간동안 장기요양기관에 보호하여 신체활동 지원 및 심신기능의 유지 향상을 위한 교육, 훈련 등을 제공하는 장기요양급여
> ③ **단기보호**: 일정기간 동안 장기요양기관에 보호하여 신체활동 지원 및 심신기능의 유지 향상을 위한 교육, 훈련 등을 제공하는 장기요양급여
> ④ **방문간호**: 수급자의 가정 등을 방문하여 간호, 진료의 보조, 요양에 관한 상담 또는 구강위생 등을 제공하는 장기요양급여

17 다음에 해당하는 오렘(Orem) 이론의 자가간호요구는?

당뇨로 진단받아 투약 중인 대상자가 식후 혈당이 420 mg/dl였고, 합병증 예방 및 식이조절에 대하여 궁금해 하고 있다.

---

① 생리적 자가간호요구 ② 건강이탈 자가간호요구
③ 발달적 자가간호요구 ④ 일반적 자가간호요구

> **TIP** 오렘의 자가간호요구
> ㉠ **일반적 자가간호요구**: 인간의 기본적인 욕구를 충족시키는 행동으로 공기, 물, 음식섭취, 배설, 활동과 휴식, 고립과 사회적 사회작용, 생명과 위험으로부터의 예방, 정상적인 삶 등의 자가간호요구
> ㉡ **발달적 자가간호요구**: 인간의 발달과정과 생의 주기의 다양한 단계동안 생기는 임신, 미숙아 출생, 가족 사망 등과 같이 성장발달과 관련된 상황에서 필요로 하는 자가간호 요구를 의미한다.
> ㉢ **건강이탈시 자가간호요구**: 질병이나 상해 등으로 개인의 자가간호 능력이 영구적, 일시적으로 손상되었을 때 인간은 자가간호 제공자에게 환자로 위치가 바뀌는 데 이때 필요한 의학적 치료를 가지고 참여하는 것

Answer 16.③ 17.②

18 행위별수가제에 대한 설명으로 옳은 것은?

① 진료비 청구 절차가 간소하다.

② 치료보다 예방적 서비스 제공을 유도한다.

③ 양질의 의료 행위를 촉진한다.

④ 의료비 억제효과가 크다.

> **TIP** 행위별수가제 … 의사의 진료행위마다 일정한 값을 정하여 진료비를 결정하는 것으로 가장 흔한 방식
> • 장점 : 의사의 재량권이 커지고 양질의 서비스를 충분히 제공할 수 있다.
> • 단점 : 과잉진료, 의료남용의 우려
> 　　　　의료비 상승우려
> 　　　　행정적으로 복잡함
> 　　　　의료인, 보험자 간의 마찰요인
> 　　　　보건의료 수준과 자원이 지역적, 사회 계층적으로 불균등 분포

19 우리나라 노인장기요양보험제도에 대한 설명으로 가장 옳은 것은?

① 노인장기요양보험사업의 보험자는 보건복지부이다.

② 치매진단을 받은 45세 장기요양보험 가입자는 요양인정 신청을 할 수 없다.

③ 장기요양급여는 시설급여와 현금급여를 우선적으로 제공하여야 한다.

④ 국민건강보험공단은 장기요양보험료와 건강보험료를 각각의 독립회계로 관리하여야 한다.

> **TIP** 노인장기요양보험
> ㉠ 대상자 : 65세 이상의 노인 또는 65세 미만의 자로서 치매, 뇌혈관성 질환 등 대통령령으로 정하는 노인성 질병을 가진자
> ㉡ 장기요양급여는 재가급여를 우선적으로 제공한다.
> ㉢ 공단은 장기요양보험료와 건강보험료를 구분하여 고지하여야 한다.
> ㉣ 보험자는 국민건강보험공단이다.

Answer 18.③ 19.④

20 진료비 지불제도에 대한 설명으로 가장 옳지 않은 것은?

① 포괄수가제는 경영과 진료의 효율화를 가져오고, 과잉진료와 의료서비스 오남용을 억제한다.

② 행위별수가제는 환자에게 양질의 고급 의료서비스 제공이 가능하고, 신의료기술 및 신약개발 등에 기여한다.

③ 인두제는 과잉진료 및 과잉청구가 발생하고, 결과적으로 국민의료비가 증가한다.

④ 봉급제는 서비스의 양이나 제공받는 사람의 수에 관계없이 일정한 기간에 따라 보상받는 방식으로 진료의 질적 수준 저하가 초래된다.

> **TIP** ③의 내용은 행위별수가제에 대한 설명이다.
>
> ※ 인두제 … 의사에게 등록된 환자 또는 사람 수에 따라서 진료비가 지불되는 방법
>
> | 장점 | • 진료의 계속성이 증대되어 비용이 상대적으로 저렴하며 예방에 치중하게 된다.
• 행정적 업무절차가 간편하다. |
> |---|---|
> | 단점 | • 환자의 선택권이 제한
• 서비스 양을 최소화하는 경향이 있다.
• 환자의 후송, 의뢰가 증가한다. |

21 〈보기〉에 해당하는 법률은?

보기

이 법은 보건소 등 지역보건의료기관의 설치·운영에 관한 사항과 보건의료 관련기관·단체와의 연계·협력을 통하여 지역보건의료기관의 기능을 효과적으로 수행하는 데 필요한 사항을 규정함으로써 지역보건의료정책을 효율적으로 추진하여 지역주민의 건강 증진에 이바지함을 목적으로 한다.

① 「보건의료기본법」

② 「지역보건법」

③ 「의료법」

④ 「농어촌 등 보건의료를 위한 특별조치법」

> **TIP** 지역보건법 … 보건소 설치·운영에 관한 규정과 목적에 대한 내용이 해당된다.

Answer 20.③ 21.②

22 뉴만(Neuman B.)의 건강관리체계이론에서 〈보기〉가 설명하는 개념으로 가장 옳은 것은?

보기

• 신체의 면역체계를 예로 들 수 있음

• 기본구조를 둘러싸고 있는 몇 개의 점선원

• 효과적으로 작동하면 대상체계는 유지되나 비효과적으로 작동하면 사망할 수 있음

• 대상자가 스트레스원에 저항하여 기본구조를 지킬 수 있도록 돕는 자원이나 내적요인

① 저항선   ② 정상방어선

③ 유연방어선   ④ 에너지 자원

TIP 뉴만의 건강관리체계이론

기본구조	• 인간이 생존하기 위한 필수적인 구조 • 모든 개체가 공통적으로 가지고 있는 요소 • 정상체온의 범위, 유전인자의 구조, 신체기관의 구조
저항선	• 기본구조를 보호하는 최후의 요인 • 신체의 면역체계 • 스트레스원에 의하여 무너지게 되면 기본구조가 손상받게 된다. • 생명이나 존재에 위협을 받게 된다. • 저항선 파괴 시 증상이 발현된다.
정상방어선	• 한 대상체계가 오랫동안 유지해 온 평형상태로서 어떤 외적인 자극이나 스트레스원에 대해 나타나는 정상적 반응의 범위를 말한다. • 개인이 가지고 있는 지식, 태도, 문제해결능력, 대처능력, 발달단계와 같은 행위적 요소와 신체상태, 유전적 요인 등 변수들의 복합물이라 할 수 있다.
유연방어선	• 환경과 상호작용하여 시시각각으로 변하는 역동적 구조 • 외부자극이나 변화에 대하여 신속하게 축소되거나 확장되는 것 • 대처함으로써 스트레스원이 유연방어선을 거쳐 정상방어선까지 침범하지 못하도록 완충역할을 한다.

Answer 22.①

23 우리나라의 가정간호사업에 대한 설명으로 가장 옳지 않은 것은?

① 「지역보건법」을 근거로 전문간호사에 의해 제공된다.

② 국민건강보험을 재원으로 민간 및 국공립 의료기관이 운영한다.

③ 입원대체서비스로 환자와 가족의 편의성을 고려하고 의료비 부담을 경감시키기 위함이다.

④ 산모 및 신생아, 수술 후 조기퇴원환자, 뇌혈관질환 등 만성질환자, 주치의가 의뢰한 환자 등을 대상으로 한다.

> **TIP** 가정간호사업은 의료법을 근거로 전문간호사에 의해 제공된다.

24 알마아타 선언에서 제시한 일차보건의료 서비스의 내용으로 가장 옳은 것은?

① 공공주택 공급사업

② 백혈병 치료제 공급사업

③ 심뇌혈관질환 관리사업

④ 지역사회 건강문제 예방교육

> **TIP** 알마아타 선언 일차보건의료 서비스 내용은 일차 보건의료이므로 예방교육이 해당된다.

Answer 23.① 24.④

25 다음 글에 해당하는 우리나라 지방보건행정 조직은?

- 지역보건법령에 근거하여 설치함
- 보건소가 없는 읍·면·동마다 1개씩 설치할 수 있음
- 진료 서비스는 없으나 지역주민의 만성질환 예방 및 건강한 생활습관 형성을 지원함

---

① 보건지소

② 보건진료소

③ 정신건강복지센터

④ 건강생활지원센터

> **TIP** 지역보건법 제14조 ⋯ 지방자치단체는 보건소의 업무 중에서 특별히 지역주민의 만성질환 예방 및 건강한 생활습관 형성을 지원하는 건강생활지원센터를 대통령령으로 정하는 기준에 따라 해당 지방자치단체의 조례로 설치할 수 있다.
> 지역보건법 시행령 제11조 ⋯ 건강생활지원센터는 읍·면·동(보건소가 설치된 읍·면·동은 제외한다)마다 1개씩 설치할 수 있다.

26 베티 뉴만(Betty Neuman)의 건강관리체계이론에 대한 설명으로 옳은 것은?

① 역할 기대는 스트레스원 중 외적 요인에 해당한다.

② 저항선은 유연방어선보다 바깥에 위치하면서 대상 체계를 보호한다.

③ 유연방어선을 강화시키는 활동은 일차예방에 해당한다.

④ 정상방어선은 기본구조 내부에 위치하면서 대상 체계를 보호한다.

> **TIP** 베티 뉴만의 건강관리체계이론
> ⊙ 일차예방 : 스트레스의 원인 제거·약화, 유연방어선 및 정상방어선 강화
> ⓒ 이차예방 : 저항선 강화, 나타나는 반응에 대한 조기발견 및 정확한 처치
> ⓒ 삼차예방 : 기본구조 손상 시 기본구조의 재구성을 돕는 활동

Answer 25.④ 26.③

27 면허 또는 자격증 관련 실태와 취업상황을 보건복지부장관에게 신고하여야 하는 의료인력만을 모두 고르면?

㉠ 간호사	㉡ 한의사
㉢ 간호조무사	㉣ 임상병리사

① ㉠, ㉡

② ㉢, ㉣

③ ㉠, ㉡, ㉢

④ ㉠, ㉡, ㉢, ㉣

TIP ㉠ 간호사 : 간호사란 간호학을 전공하는 대학이나 전문대학에서 간호교육을 이수하고 국시원에서 시행하는 간호사 시험에 합격하고 보건복지부장관이 발급하는 면허를 받은 자를 말한다.

㉡ 한의사 : 한의사란 응시자격을 갖춘 자가 국시원에서 시행하는 한의사 시험에 합격한 후, 보건복지부장관의 면허를 받은 자를 말한다.

㉢ 간호조무사 : 간호조무사란 고등학교 이상 학력자가 1,520시간의 간호조무사 교육을 이수하고 보건의료인국가시험원에서 시행하는 간호조무사 국가시험에 합격한 후 보건복지부장관의 자격인정을 받은 자를 말한다.

㉣ 임상병리사 : 임상병리사란 임상병리사 면허에 상응하는 보건의료에 관한 학문을 전공하는 대학·산업대학 또는 전문대학을 졸업한 자가 국시원에서 시행하는 임상병리사 시험에 합격한 후, 보건복지부장관의 면허를 발급받은 자를 말한다.

28 〈보기〉에서 설명하는 의료비 지불제도로 가장 옳은 것은?

보기

- 진단, 치료, 투약과 개별행위의 서비스를 총합하여 의료행위를 한 만큼 보상하는 방식이다.
- 서비스 행위에 대한 보상을 일단 점수로 받고, 그 점수들을 일정비율에 의해서 금액으로 환산하여 의료비 총액을 계산하는 방법인 점수제의 형태로 많이 사용된다.
- 종류로는 시장기능에 의해 수가가 결정되는 관행수가제와 정부와 보험조합의 생산원가를 기준으로 계산한 후 의료수가를 공권력에 의해 강제 집행하는 제도수가제가 있다.
- 장점으로 의료인의 자율성 보장, 양질의 서비스 제공을 들 수 있다.

① 인두제

② 봉급제

③ 행위별수가제

④ 총액예산제(총괄계약제)

Answer 27.④ 28.③

TIP ① 인두제 : 등록환자수 또는 실이용자수를 기준으로 일정액을 보상받는 방식이다.
② 봉급제 : 서비스의 양이나 제공받는 사람의 수에 상관없이 일정 기간에 따라 보상받는 방식이다.
④ 총액예산제(총괄계약제) : 지불자 측(보험자)과 진료자 측이 사전에 일정기간 동안의 진료보수 총액에 대한 계약을 체결하고, 계약된 총액범위 내에서 의료서비스를 이용하는 제도이다.

2020. 6. 13. 제2회 서울특별시

29 〈보기〉에 제시된 우리나라 지역사회간호 관련 역사를 시간순으로 바르게 나열한 것은?

─── 보기 ───

㈎ 「산업안전보건법」의 제정으로 보건담당자인 간호사가 상시근로자 300명 이상인 사업장에 배치되었다.
㈏ 「노인장기요양보험법」의 제정으로 노인장기요양사업이 활성화되었다.
㈐ 「국민건강증진법」이 제정되어 지역사회 간호사의 역할이 더욱 확대되는 계기가 되었다.
㈑ 「의료법」의 개정으로 전문간호사 영역이 신설되어 가정, 보건, 노인, 산업 등의 지역사회 실무가 강화되었고, 이후 13개 분야로 확대되었다.

① ㈎ - ㈏ - ㈐ - ㈑
② ㈎ - ㈐ - ㈑ - ㈏
③ ㈏ - ㈐ - ㈑ - ㈎
④ ㈐ - ㈎ - ㈑ - ㈏

TIP ㈎ 1981년
㈐ 1995년
㈑ 2003년
㈏ 2007년

Answer 29.②

30 〈보기〉에서 우리나라 공공보건사업의 발전 순서를 바르게 나열한 것은?

보기

㉠ 보건소 기반 전국 방문건강관리사업 시행

㉡ 우리나라 전 국민을 위한 의료보험 실행

㉢ 국민건강증진법 제정으로 바람직한 건강행태 고취를 위한 토대 마련

㉣ 농어촌 보건의료를 위한 특별조치법 제정으로 일차 보건의료서비스 제공

① ㉠ → ㉡ → ㉢ → ㉣

② ㉣ → ㉡ → ㉢ → ㉠

③ ㉡ → ㉢ → ㉠ → ㉣

④ ㉣ → ㉡ → ㉠ → ㉢

> **TIP** ㉣ 농어촌 보건의료를 위한 특별조치법 제정 : 1980년
> ㉡ 전 국민 의료보험 실행 : 1989년
> ㉢ 국민건강증진법 제정 : 1995년
> ㉠ 전국 방문건강관리사업 시행 : 2007년

31 지역사회 통합건강증진사업의 특징은?

① 사업 산출량 지표를 개발하여 모든 지역에 적용함으로써 객관적으로 지역 간 비교가 가능하다.

② 기존 건강증진사업이 분절되어 운영되었던 것에 비해 사업을 통합하여 지역특성 및 주민수요 중심으로 서비스를 제공한다.

③ 모든 지역에서 동일한 사업을 수행할 수 있도록 중앙에서 표준화된 사업계획이 제공된다.

④ 사업별로 재원을 구체적으로 배분하여 일정 정해진 사업을 지역에서 수행하도록 하여 중앙정부의 목표에 집중하도록 한다.

> **TIP** 지역사회 통합건강증진사업이란, 지자체가 지역사회 주민을 대상으로 실시하는 건강생활실천 및 만성질환 예방, 취약계층 건강관리를 목적으로 하는 사업을 통합하여 지역특성 및 주민 수요에 맞게 기획·추진하는 사업을 말한다. 기존 전국을 대상으로 획일적으로 실시하는 국가 주도형 사업방식에서 지역여건에 맞는 사업을 추진할 수 있도록 지자체 주도방식으로 개선하였다.

Answer 30.② 31.②

※ 기존 국고보조사업과 지역사회 통합건강증진사업 비교

기존 국고보조사업	지역사회 통합건강증진사업
• 사업내용 및 방법 지정 지침	• 사업범위 및 원칙 중심 지침
• 중앙집중식 · 하향식	• 지방분권식 · 상향식
• 지역여건에 무방한 사업	• 지역여건을 고려한 사업
• 산출중심의 사업 평가	• 과정, 성과중심의 평가
• 분절적 사업수행으로 비효율	• 보건소 내외 사업 통합 · 연계 활성화

2019. 6. 15 제2회 서울특별시

32 세계보건기구(WHO)에서 제시한 일차보건의료의 특성에 대한 설명으로 가장 옳지 않은 것은?

① 지역사회의 적극적 참여를 통해 이루어져야 한다.

② 지역사회의 지불능력에 맞는 보건의료수가로 제공되어야 한다.

③ 지리적, 경제적, 사회적으로 지역주민이 이용하는데 차별이 있어서는 안된다.

④ 자원이 한정되어 있으므로 효과가 가장 높은 사업을 선별하여 제공해야 한다.

> **TIP** 세계보건기구(WHO)에서 제시한 일차보건의료의 필수요소(4A)
> ㉠ 접근성(Accessible) : 지리적, 경제적, 사회적으로 지역주민이 이용하는데 차별이 있어서는 안 된다.
> ㉡ 주민참여(Available) : 지역사회의 적극적 참여를 통해 이루어져야 한다.
> ㉢ 수용가능성(Acceptable) : 주민이 쉽게 받아들일 수 있는 방법으로 제공해야 한다.
> ㉣ 지불부담능력(Affordable) : 지역사회의 지불능력에 맞는 보건의료수가로 제공되어야 한다.

2019. 6. 15 제2회 서울특별시

33 우리나라 사회보장제도에 대한 설명으로 가장 옳은 것은?

① 산재보험은 소득보장과 함께 의료보장을 해주는 사회보험이다.

② 의료급여는 저소득층의 의료보장을 위한 사회보험에 해당한다.

③ 건강보험은 공공부조로 공공적 특성을 가지며 강제성을 띤다.

④ 노인장기요양보험은 공공부조로 재원조달은 국고지원으로 이루어진다.

> **TIP** ② 의료급여는 저소득층의 의료보장을 위한 공공부조에 해당한다.
> ③ 건강보험은 사회보험으로 공공적 특성을 가지며 강제성을 띤다.
> ④ 노인장기요양보험은 사회보험으로 재원조달은 장기요양보험료와 국가 및 지방자치단체 부담금, 그리고 수급자가 부담하는 본인부담금으로 이루어진다.

Answer 32.④ 33.①

34 노인장기요양보험법령상 다음 사례에 적용할 수 있는 설명으로 옳은 것은?

> 파킨슨병을 진단받고 1년 이상 혼자서 일상생활을 수행할 수 없는 60세의 의료급여수급권자인 어머니를 가정에서 부양하는 가족이 있다.

① 어머니는 65세가 되지 않았기 때문에 노인 장기요양 인정 신청을 할 수 없다.

② 의사의 소견서가 있다면 등급판정 절차 없이도 장기요양서비스를 받을 수 있다.

③ 의료급여수급권자의 재가급여에 대한 본인일부부담금은 장기요양급여비용의 100분의 20이다.

④ 장기요양보험가입자의 자격관리와 노인성질환예방사업에 관한 업무는 국민건강보험공단에서 관장한다.

> **TIP** ① 어머니는 65세 미만이지만 파킨슨병을 앓고 있으므로 노인 장기요양 인정 신청을 할 수 있다.
> ② 의사의 소견서가 있어도 등급판정 절차 없이는 장기요양서비스를 받을 수 없다. 공단은 장기요양인정 신청의 조사가 완료된 때 조사결과서, 신청서, 의사소견서, 그 밖에 심의에 필요한 자료를 등급판정위원회에 제출하여야 한다.
> ③ 의료급여수급권자의 재가급여에 대한 본인부담금은 장기요양급여비용의 100분의 15이다. 시설급여에 대한 본인부담금이 장기요양급여비용의 100분의 20이다.

35 「농어촌 등 보건의료를 위한 특별조치법 시행령」상 보건진료 전담공무원 의료행위의 범위는?

① 급성질환자의 요양지도 및 관리

② 고위험 고령 임산부의 제왕절개

③ 상병상태를 판별하기 위한 진찰·검사

④ 거동이 불편한 지역주민에 대한 응급수술

> **TIP** 보건진료 전담공무원의 의료행위의 범위〈농어촌 등 보건의료를 위한 특별조치법 시행령 제14조 제1항〉
> ㉠ 질병·부상상태를 판별하기 위한 진찰·검사
> ㉡ 환자의 이송
> ㉢ 외상 등 흔히 볼 수 있는 환자의 치료 및 응급 조치가 필요한 환자에 대한 응급처치
> ㉣ 질병·부상의 악화 방지를 위한 처치
> ㉤ 만성병 환자의 요양지도 및 관리
> ㉥ 정상분만 시의 분만 도움
> ㉦ 예방접종
> ㉧ ㉠부터 ㉦까지의 의료행위에 따르는 의약품의 투여

Answer 34.④ 35.③

36 다음 글에 해당하는 오렘(Orem)의 간호체계는?

> - 가정전문간호사는 오렘(Orem)의 이론을 적용하여 수술 후 조기 퇴원한 노인 대상자에게 간호를 제공하려고 한다.
> - 노인 대상자는 일반적인 자가간호요구는 충족할 수 있으나 건강이탈시의 자가간호요구를 충족하기 위한 도움이 필요한 상태이다.

① 전체적 보상체계
② 부분적 보상체계
③ 교육적 체계
④ 지지적 체계

TIP 오렘의 간호체계 … 자가간호요구를 충족시키고 자가간호 역량을 조절하여 결손을 극복하도록 돕는 간호상황에서 환자를 이해 처방하고 설계하고 직접간호를 제공하는 체계적인 간호활동
ⓐ 전체적 보상체계 : 환자의 모든 욕구를 충족시켜줘야 하는 경우 환자가 자가간호를 수행하는데 있어 아무런 활동적 역할을 수행하지 못하는 상황
ⓑ 부분적 보상체계 : 개인 자신이 일반적인 자가간호요구는 충족시킬 수 있으나 건강이탈 요구를 충족시키기 위해서는 도움이 필요
ⓒ 교육지지적 보상체계 : 환자가 자가간호를 수행할 수 있으나 지식이나 기술 획득을 위한 도움을 필요로 하는 경우

Answer 36.②

37 뢰머(Roemer)의 matrix형 분류에서 다음 글이 설명하는 보건의료체계는?

> 민간의료 시장이 매우 강력하고 크며 정부 개입은 미미하다. 보건의료비 지출의 절반 이상을 환자 본인이 부담하며, 보건의료는 개인의 책임이 된다.

① 복지지향형 보건의료체계

② 포괄적보장형 보건의료체계

③ 자유기업형 보건의료체계

④ 사회주의계획형 보건의료체계

TIP 뢰머의 보건의료체계 유형별 특징

　㉠ 자유기업형 : 미국, 의료보험 실시 전의 우리나라
　　• 정부의 개입을 최소화하고 수요 · 공급 및 가격을 시장에 의존한다.
　　• 보건의료비에 대해 개인 책임을 강조하는 입장으로 민간보험 시장이 발달하였으며, 시장의 이윤추구를 통해 효율성을 제고한다.
　　• 의료의 남용 문제가 발생할 수 있다.
　㉡ 복지국가형 : 프랑스, 독일, 스웨덴, 스칸디나비아 등
　　• 사회보험이나 조세를 통해 보건의료서비스의 보편적 수혜를 기본 요건으로 한다.
　　• 민간에 의해 보건의료서비스를 제공하지만 자유기업형과 다르게 질과 비용 등의 측면에서 정부가 개입 · 통제할 수 있다.
　　• 보건의료서비스의 형평성이 보장되지만, 보건의료비 상승의 문제가 발생할 수 있다.
　㉢ 저개발국가형 : 아시아, 아프리카 등 저개발국
　　• 전문인력 및 보건의료시설이 부족하여 전통의료나 민간의료에 의존한다.
　　• 국민의 대다수인 빈곤층의 경우 공적부조 차원에서 보건의료서비스가 이루어진다.
　㉣ 개발도상국형 : 남미, 아시아 일부 지역
　　• 자유기업형 + 복지국가형의 혼합형태 또는 사회주의국형을 보인다.
　　• 경제개발의 성공으로 국민들의 소득이 증가하여 보건의료서비스에 대한 관심이 증가했다.
　　• 경제개발 논리에 밀려 보건의료의 우선순위가 낮고, 사회보험이 근로자 중심의 형태를 보인다.
　㉤ 사회주의국형 : 구 소련, 북한, 쿠바 등
　　• 국가가 모든 책임을 지는 사회주의 국가로 보건의료 역시 국유화하여 국가가 관장한다.
　　• 형평성이 보장되지만 보건의료서비스 수준과 생산성이 떨어진다.
　　• 넓은 의미에서 볼 때 뉴질랜드, 영국도 이 유형으로 볼 수 있다.

Answer 37.③

2019. 6. 15 제1회 지방직

38 우리나라의 일차보건의료에 대한 설명으로 옳지 않은 것은?

① 「지역보건법」 제정으로 일차보건의료 시행에 대한 제도적 근거를 마련하였다.

② 보건복지부장관이 실시하는 24주 이상의 직무교육을 받은 간호사는 보건진료 전담공무원직을 수행할 수 있다.

③ 읍·면 지역 보건지소에 배치된 공중보건의사는 보건의료 취약지역에서 일차보건의료 사업을 제공하였다.

④ 정부는 한국보건개발연구원을 설립하여 일차보건의료 시범사업을 실시한 후 사업의 정착을 위한 방안들을 정책화하였다.

> **TIP** 1978년 알마아타 선언으로 알려진 일차보건의료는 국가보건의료의 필수 부분이며 사회 개발이 추구해야 할 으뜸가는 목적인 건강의 향상을 달성하고 사회정의를 실현하는 중요한 전략적 방법으로 알려져 있다.
> ① 1980년 「농어촌보건의료를 위한 특별법」 제정으로 일차보건의료가 최초로 법제화 되면서, 농어촌 등 벽지에 보건진료소를 설치해 보건진료원을 배치하는 것과 보건소, 보건지소에 공중보건의를 배치할 수 있는 기틀을 마련하였다.

2019. 2. 23 제1회 서울특별시

39 우리나라 보건의료제도에 대한 설명으로 가장 옳지 않은 것은?

① 민간보건의료조직이 다수를 차지한다.

② 환자가 자유롭게 의료제공자를 선택할 수 있다.

③ 국민의료비가 지속적으로 증가하고 있다.

④ 예방중심의 포괄적인 서비스가 제공되고 있다.

> **TIP** ④ 우리나라 보건의료제도는 예방보다 치료중심의 서비스가 제공되고 있다.

2019. 2. 23 제1회 서울특별시

40 「지역보건법」의 내용으로 가장 옳지 않은 것은?

① 보건소는 매년 지역 주민을 대상으로 지역사회 건강 실태조사를 실시한다.

② 보건소장은 관할 보건지소, 건강생활지원센터, 보건진료소의 직원 및 업무에 대하여 지도·감독한다.

③ 지역보건의료기관의 전문인력의 자질향상을 위한 기본교육훈련 기간은 1주이다.

④ 보건복지부장관은 지역보건의료기관의 기능을 수행하는 데 필요한 각종 자료 및 정보의 효율적 처리와 기록·관리 업무의 전자화를 위하여 지역보건의료정보 시스템을 구축·운영할 수 있다.

Answer 38.① 39.④ 40.③

TIP ③ 해당 직급의 공무원으로서 필요한 능력과 자질을 배양할 수 있도록 신규로 임용되는 전문인력을 대상으로 하는 기본교육훈련의 기간은 3주 이상이다. 반면, 보건소에서 현재 담당하고 있거나 담당할 직무 분야에 필요한 전문적인 지식과 기술을 습득할 수 있도록 재직 중인 전문인력을 대상으로 하는 직무 분야별 전문교육훈련의 기간은 1주 이상이다 〈지역보건법 시행령 제19조(교육훈련의 대상 및 기간) 참조〉.

2019. 2. 23 제1회 서울특별시

41 「지역보건법」상 보건소의 기능 및 업무를 〈보기〉에서 모두 고른 것은?

───────────── 보기 ─────────────

ⓐ 건강 친화적인 지역사회 여건의 조성
ⓑ 지역보건의료정책의 기획, 조사 · 연구 및 평가
ⓒ 국민보건 향상을 위한 지도 · 관리
ⓓ 보건의료 관련기관 · 단체, 학교, 직장 등과의 협력 체계 구축

① ㄱㄴ   ② ㄷㄹ
③ ㄱㄴㄷ   ④ ㄱㄴㄷㄹ

TIP 보건소의 기능 및 업무〈지역보건법 제11조 제1항〉
ⓐ 건강 친화적인 지역사회 여건의 조성
ⓑ 지역보건의료정책의 기획, 조사 · 연구 및 평가
ⓒ 보건의료인 및 「보건의료기본법」 제3조 제4호에 따른 보건의료기관 등에 대한 지도 · 관리 · 육성과 국민보건 향상을 위한 지도 · 관리
ⓓ 보건의료 관련기관 · 단체, 학교, 직장 등과의 협력체계 구축
ⓔ 지역주민의 건강증진 및 질병예방 · 관리를 위한 다음 각 목의 지역보건의료서비스의 제공
 • 국민건강증진 · 구강건강 · 영양관리사업 및 보건교육
 • 감염병의 예방 및 관리
 • 모성과 영유아의 건강유지 · 증진
 • 여성 · 노인 · 장애인 등 보건의료 취약계층의 건강유지 · 증진
 • 정신건강증진 및 생명존중에 관한 사항
 • 지역주민에 대한 진료, 건강검진 및 만성질환 등의 질병관리에 관한 사항
 • 가정 및 사회복지시설 등을 방문하여 행하는 보건의료 및 건강관리사업
 • 난임의 예방 및 관리

Answer 41.④

2019. 2. 23 제1회 서울특별시

42 우리나라 노인장기요양보험에 관한 설명으로 가장 옳은 것은?

① 국민건강보험 재정에 구속되어 있어서 재정의 효율성을 제고할 수 있다.

② 「국민건강보험법」에 의하여 설립된 기존의 국민건강보험공단을 관리운영기관으로 하고 있다.

③ 재원은 수급대상자의 본인부담금 없이 장기요양보험료와 국가 및 지방자치단체 부담으로 운영된다.

④ 수급 대상자는 65세 이상의 노인 또는 65세 미만의 자로서 치매, 뇌혈관성질환, 파킨슨병 등 노인성 질병을 가진 자 중 6개월 이상 병원에 입원하고 있는 노인이다.

> **TIP** ① 국민건강보험 재정에 구속되지 않아 장기요양급여 운영에 있어 재정의 효율성을 제고할 수 있다.
> ③ 노인장기요양보험법 제40조에서 본인부담금을 규정하고 있다.
> ④ 장기요양인정을 신청할 수 있는 자는 노인등(65세 이상의 노인 또는 65세 미만의 자로서 치매·뇌혈관성질환 등 대통령령으로 정하는 노인성 질병을 가진 자)으로서, 장기요양보험가입자 또는 그 피부양자이거나 「의료급여법」에 따른 수급권자의 자격을 갖추어야 한다. 등급판정위원회는 신청인이 해당 신청자격요건을 충족하고 <u>6개월 이상 동안 혼자서 일상생활을 수행하기 어렵다</u>고 인정하는 경우 심신상태 및 장기요양이 필요한 정도 등 대통령령으로 정하는 등급판정기준에 따라 수급자로 판정한다.

2019. 2. 23 제1회 서울특별시

43 Betty Neuman의 건강관리체계이론의 구성요소 중 '유연방어선'에 대한 설명으로 가장 옳은 것은?

① 대상체계가 스트레스원에 의해 기본구조가 침투되는 것을 보호하는 내적요인들이다.

② 개인의 일상적인 대처유형, 삶의 유형, 발달단계와 같은 행위적 요인과 변수들의 복합물이다.

③ 저항선 바깥에 존재하며, 대상자의 안녕상태 혹은 스트레스원에 대해 정상범위로 반응하는 상태를 말한다.

④ 외적변화에 방어할 잠재력을 가지고 환경과 상호작용 하며, 외부자극으로부터 대상체계를 일차로 보호하는 쿠션과 같은 기능을 한다.

> **TIP** 유연방어선은 기본구조를 둘러싼 선 중 가장 바깥에 위치하는 것으로, 외적 변화에 방어할 잠재력을 가지고 환경과 상호작용하여 수시로 변화하는 역동적 구조이다.
> 유연방어선은 외부자극으로부터 대상 체계를 일차로 보호하는 쿠션 같은 기능을 한다. 즉, 외부 자극이나 변화에 신속하게 축소되거나 확장되는 등 대처함으로써 스트레스원이 정상방어선을 침범하지 못하도록 완충적 역할을 한다.
> ※ Betty Neuman의 건강관리체계이론
>   ⊙ 일차예방: 스트레스의 원인 제거·약화, 유연방어선 및 정상방어선 강화
>   ⓛ 이차예방: 저항선 강화, 나타나는 반응에 대한 조기발견 및 정확한 처치
>   ⓒ 삼차예방: 기본구조 손상 시 기본구조의 재구성을 돕는 활동

Answer 42.② 43.④

44 다음과 같은 지역사회간호의 시대적 흐름과 관련한 설명으로 옳은 것은?

> ⑺ 1900년 이전 : 방문간호시대
>
> ⑻ 1900년 ~ 1960년 : 보건간호시대
>
> ⑼ 1960년 이후 : 지역사회간호시대

① ⑺ – 한국에서 로선복(Rosenberger)이 태화여자관에 보건사업부를 설치하여 모자보건사업을 실시하였다.

② ⑻ – 라론드(Lalonde) 보고서의 영향을 받아 건강생활실천을 유도하는 건강증진사업이 활성화되었다.

③ ⑻ – 릴리안 왈드(Lillian Wald)가 가난하고 병든 사람들을 간호하기 위하여 뉴욕 헨리가에 구제사업소를 설립하였다.

④ ⑼ – 미국에서 메디케어(Medicare)와 메디케이드(Medicaid)의 도입 이후 가정간호가 활성화되었다.

> **TIP** ④ 1965년 → ⑼
> ① 1923년 → ⑻
> ② 1974년 → ⑼
> ③ 1893년 → ⑺

45 우리나라 의료보장제도에 대한 설명으로 옳은 것은?

① 1977년 전국민 의료보험이 실시되었다.

② 국민건강보험 가입은 국민의 자발적 의사에 따라 선택한다.

③ 사회보험 방식의 국민건강보험과 공공부조 방식의 의료급여 제도를 운영하고 있다.

④ 국민건강보험 적용대상자는 직장가입자, 지역가입자와 피부양자, 의료급여 수급권자이다.

> **TIP** ① 전국민 의료보험이 실시된 것은 1989년이다.
> ② 국민건강보험은 강제가입이 원칙이다.
> ④ 의료급여 수급권자는 공공부조에 해당한다.

Answer 44.④ 45.③

46 지역주민의 건강증진을 위하여 '지역보건의료계획'을 수립하고 시행하도록 한 근거가 되는 법은?

① 「보건소법」 　　　　　　　　　　　② 「지역보건법」

③ 「국민건강보험법」 　　　　　　　　④ 「국민건강증진법」

> **TIP** 지역보건의료계획의 수립 등〈지역보건법 제7조 제1항〉 … 특별시장·광역시장·도지사 또는 특별자치시장·특별자치도
> 지사·시장·군수·구청장은 지역주민의 건강 증진을 위하여 다음 각 호의 사항이 포함된 지역보건의료계획을 4년마
> 다 수립하여야 한다.
> ㉠ 보건의료 수요의 측정
> ㉡ 지역보건의료서비스에 관한 장기·단기 공급대책
> ㉢ 인력·조직·재정 등 보건의료자원의 조달 및 관리
> ㉣ 지역보건의료서비스의 제공을 위한 전달체계 구성 방안
> ㉤ 지역보건의료에 관련된 통계의 수집 및 정리

47 다음 ㉠에 해당하는 지역사회 유형은?

「지역보건법 시행령」제8조(보건소의 설치)

① 법 제10조에 따른 보건소는 (㉠) 별로 1개씩 설치한다. 다만, 지역주민의 보건의료를 위하여 특별
히 필요하다고 인정되는 경우에는 필요한 지역에 보건소를 추가로 설치·운영할 수 있다.

---

① 생태학적 문제의 공동체 　　　　　② 특수흥미 공동체

③ 지정학적 공동체 　　　　　　　　　④ 자원 공동체

> **TIP** 법 제10조에 따른 보건소는 시·군·구별로 1개씩 설치한다. 다만, 지역주민의 보건의료를 위하여 특별히 필요하다고 인
> 정되는 경우에는 필요한 지역에 보건소를 추가로 설치·운영할 수 있다〈지역보건법 시행령 제8조(보건소의 설치) 제1항〉.
> ③ 시·군·구는 지리적, 법적인 경계로 구분된 지역사회인 지정학적 공동체이다.
> ※ 지역사회 유형
> 　㉠ 구조적 지역사회
> 　　•집합체: 사람이 모인 이유와 관계없이 '집합'그 자체
> 　　•대면 공동체: 가장 기본이 되는 공동체로 지역사회의 기본적인 집단
> 　　•생태학적 공동체: 지리적 특성, 기후, 자연환경 등 동일한 생태학적 문제를 공휴하는 집단
> 　　•지정학적 공동체: 지리적, 법적인 경계로 구분된 지역사회
> 　　•조직: 일정한 환경 아래 특정한 목표를 추구하며 일정한 구조를 가진 사회단위
> 　　•문제해결 공동체: 문제를 정의할 수 있고, 문제를 공유하며, 해결할 수 있는 범위 내에 있는 구역
> 　㉡ 기능적 지역사회
> 　　•요구 공동체: 주민들의 일반적인 공통문제 및 요구에 기초를 두고 있는 공동체
> 　　•자원 공동체: 어떤 문제를 해결하기 위한 자원의 활용범위로 모인 집단
> 　㉢ 감정적 지역사회
> 　　•소속 공동체: 동지애와 같은 정서적 감정으로 결속된 감성적 지역사회
> 　　•특수흥미 공동체: 특수 분야에 서로 같은 관심과 목적을 가지고 관계를 맺는 공동체

Answer 46.② 47.③

2018. 5. 19 제1회 지방직

48 질병군별 포괄수가제에 대한 설명으로 옳지 않은 것은?

① 진료의 표준화를 유도할 수 있다.

② 과잉진료 및 진료비 억제의 효과가 있다.

③ 진료비 청구를 위한 행정 사무가 간편하다.

④ 의료인의 자율성을 보장하여 양질의 서비스 제공이 가능하다.

> **TIP** 질병군별 포괄수가제는 질병군별 중증도에 따라 이미 정해진 정액의 진료비를 의료행위 항목별로 따지지 않고 포괄하여 계산하는 치료비 결정방식이다.
> ④ 질병군별 포괄수가제는 의료의 질적 서비스 저하 우려, 의료원가 보상 미흡, 복잡한 중증환자에 대한 포괄수가 적용 무리, 조기 퇴원 문제, 많은 진료건수로 건강보험공단 재정에 부정적인 영향 등의 문제점이 제기된다.

2017. 12. 16 지방직 추가선발

49 세계보건기구(WHO)에서 제시한 일차보건의료 접근법에 대한 설명으로 옳지 않은 것은?

① 지역사회의 능동적, 적극적 참여가 이루어지도록 한다.

② 지역사회가 쉽게 받아들일 수 있는 방법으로 사업이 제공되어야 한다.

③ 지역적, 지리적, 경제적, 사회적 요인으로 인하여 이용에 차별이 있어서는 안 된다.

④ 국가에서 제공하는 보건의료서비스이므로 무상으로 제공하는 것을 원칙으로 한다.

> **TIP** 세계보건기구의 일차보건의료 접근법(4A)
> ㉠ Accessible(접근성) : 대상자가 쉽게 이용 가능해야 한다.
> ㉡ Acceptable(수용가능성) : 지역사회가 쉽게 받아들일 수 있는 방법으로 사업이 제공되어야 한다.
> ㉢ Available(주민참여) : 지역사회의 능동적, 적극적 참여가 이루어지도록 한다.
> ㉣ Affordable(지불부담능력) : 지불능력에 맞는 보건의료수가로 사업이 제공되어야 한다.

Answer 48.④ 49.④

50 「지역보건법」상 보건소의 기능 및 업무 중 '지역주민의 건강증진 및 질병예방·관리를 위한 지역보건의료서비스 제공'에 포함되지 않는 것은?

① 감염병의 예방 및 관리

② 모성과 영유아의 건강유지·증진

③ 건강 친화적인 지역사회 여건 조성

④ 가정 및 사회복지시설 등을 방문하여 행하는 보건의료사업

TIP 보건소의 기능 및 업무〈지역보건법 제11조 제1항〉

㉠ 건강 친화적인 지역사회 여건의 조성

㉡ 지역보건의료정책의 기획, 조사·연구 및 평가

㉢ 보건의료인 및 「보건의료기본법」 제3조 제4호에 따른 보건의료기관 등에 대한 지도·관리·육성과 국민보건 향상을 위한 지도·관리

㉣ 보건의료 관련기관·단체, 학교, 직장 등과의 협력체계 구축

㉤ 지역주민의 건강증진 및 질병예방·관리를 위한 다음 각 목의 지역보건의료서비스의 제공

• 국민건강증진·구강건강·영양관리사업 및 보건교육

• 감염병의 예방 및 관리

• 모성과 영유아의 건강유지·증진

• 여성·노인·장애인 등 보건의료 취약계층의 건강유지·증진

• 정신건강증진 및 생명존중에 관한 사항

• 지역주민에 대한 진료, 건강검진 및 만성질환 등의 질병관리에 관한 사항

• 가정 및 사회복지시설 등을 방문하여 행하는 보건의료사업

• 난임의 예방 및 관리

Answer 50.③

2017. 12. 16 지방직 추가선발

51 보건의료체계의 특성 중 괄호 안에 들어갈 내용으로 옳은 것은?

> 자유방임형과 사회주의형 보건의료체계를 비교하였을 때, (   )은(는) 사회주의형보다 자유방임형 보건의료체계에서 일반적으로 높다.

① 의료서비스 수혜의 형평성 ② 의료서비스의 균등 분포

③ 의료서비스의 포괄성 ④ 의료서비스 선택의 자유

> **TIP** 자유방임형과 사회주의형 보건의료체계의 비교
> ㉠ 자유방임형 : 의료공급(민간), 재원조달(민간)
> • 국민이 의료인이나 의료기관을 선택할 자유가 최대한 부여
> • 의료기관도 자유경쟁 원칙하에 운영
> • 의료서비스의 질적 수준이 높음
> • 의료인에게 충분한 재량권 부여
> • 의료의 수준이나 자원이 지역적으로나 사회계층간 불균형
> • 의료자원의 비효율적인 활용 등으로 의료비가 매우 높음
> ㉡ 사회주의형 : 의료공급(공공), 재원조달(공공)
> • 의료자원과 의료서비스의 균등분포, 국민에게 균등한 의료이용의 기회제공
> • 국민은 의료인이나 의료기관 선택할 자유 없음
> • 거주 지역별 담당의사가 담당하므로 지속적이고 포괄적인 의료서비스 제공
> • 국가가 보건의료공급을 기획하므로 의료자원의 낭비를 막음
> • 의료서비스 질이나 효율 증진에 대한 동기 미약
> • 관료체제에 따른 경직성

2017. 6. 17 제1회 지방직

52 보건소에 대한 설명으로 옳은 것은?

① 「보건의료기본법」에 따라 시·군·구별로 1개씩 설치한다.
② 보건복지부로부터 인력과 예산을 지원받는다.
③ 매 5년마다 지역보건의료계획을 수립한다.
④ 관할 구역 내 보건의료기관을 지도 및 관리한다.

> **TIP** ① 보건소의 설치는 「지역보건법」 및 동법 시행령에서 규정하고 있다.
> ② 지방보건조직의 이원화 : 보건소의 기술지도·감독은 보건복지부에서, 행정지도·인력·예산은 행정안전부에서 담당한다.
> ③ 지역보건의료계획은 4년마다 수립한다.

Answer 51.④ 52.④

60 제1과목 지역사회간호 – 지역사회간호의 이해

53 다음 중 우리나라 지역사회 간호의 역사적 사건으로 옳은 것은?

① 1990년 보건소법이 지역보건법으로 개정되면서 지역보건의료계획이 수립되어 포괄적인 보건의료사업이 수행되었다.

② 부분적이고 지역적인 수준에서 시행되던 보건간호사업이 1960년 보건소법이 제정되면서 보건소를 중심으로 전국적인 차원에서 이루어지게 되었다.

③ 국민의 의료에 대한 욕구가 증가하여 1989년 우리나라 최초로 의료보험이 시행되었다.

④ 1985년 정부는 군단위 보건소를 대상으로 보건간호인력 한 명이 세분화된 보건사업을 통합하여 제공하는 통합보건사업을 시도하였다.

> **TIP** ① 보건소법이 지역보건법으로 개정된 것은 1995년으로 1996년부터 시행되었다.
> ② 보건소법이 제정된 것은 1956년이다.
> ③ 1989년은 국민 모두가 건강보험에 가입되어 그 혜택을 받게 된 해이다. 의료에 대한 사회보험을 실시하고자 하는 의도는 1963년 「의료보험법」이 처음 제정되면서 시작되었고, 의료보험제도가 국민을 상대로 제대로 시행되기 시작한 것은 의료보험법이 제정된 지 14년이 지난 1977년부터이다.

Answer 53.④

출제 예상 문제

1 자유기업형 의료전달체계의 단점을 보완하기 위해 정책시 고려해야 할 사항은?

① 정부의 간섭을 최소화한다.

② 의료의 질적 수준을 높인다.

③ 공공의료기관을 확충하여 국민의 의료혜택에 형평을 기한다.

④ 의료서비스의 공급이 효율적으로 이루어지도록 한다.

TIP ③ 자유기업형 의료전달체계의 경우 의료혜택이 지역적·사회계층적으로 균등하지 못하므로 이를 보완하기 위한 정책시 국민의 의료혜택의 형평성을 고려해야 한다.

2 건강개념에 대한 내용으로 옳은 것은?

> ㉠ 정치 및 보건의료 전달체계와 관련이 있다.
> ㉡ 임상적 관점에서 본다.
> ㉢ 건강 – 질병의 연속선상에서 역동적 개념이다.
> ㉣ 지역사회주민이 질병이 없는 상태를 말한다.

① ㉠㉡

② ㉠㉡㉢

③ ㉠㉢

④ ㉡㉣

TIP ㉡ 지역사회간호에서 건강개념은 임상적 관점보다는 기능적 관점에서 본다.
㉣ 건강이란 질병이나 불구가 없을 뿐만 아니라 완전한 신체적·정신적·사회적 안녕상태를 말한다.

Answer 1.③ 2.③

3 다음 중 보건소 제도의 효시는?

① 헬레나의 질병간호활동
② 보건진료소
③ 보건지소
④ 라스본의 구역간호활동

TIP 1859년 영국 Liverpool시에서의 라스본(William Rathbone)의 가정방문 간호사업 실시가 보건소(Health Center) 제도의 효시가 되었다.

4 지역사회 간호사업에 대한 설명 중 옳은 것은?

① 지역개발사업과는 아무런 관련이 없다.
② 지역사회 간호사업은 지역사회 간호문제를 모두 해결해 주는 것에 그 목적이 있다.
③ 지역사회 간호사업은 선택된 지역주민을 대상으로 한다.
④ 적정기능 수준의 향상을 목표로 한다.

TIP ① 지역사회 간호사업은 그 지역주민의 적극적인 참여가 중요시되며 지역개발사업의 일환이기도 하다.
②④ 지역사회 간호사업은 지역주민 스스로가 자신들의 건강문제를 해결할 수 있는 적정기능 수준을 향상시키는 것에 목적이 있다.
③ 지역사회 간호사업의 대상은 지역사회주민 전체이다.

5 다음 중 보건의료의 사회·경제적 측면으로 옳지 않은 것은?

① 보건의료 요구자들이 보건의료에 지식이 결여되어 있다.
② 보건의료는 수요측정이 가능하다.
③ 공급의 독점성이 있다.
④ 보건의료는 외부효과를 갖는다.

TIP ② 보건의료는 수요발생을 예측하는 것이 불가능하다.

Answer 3.④ 4.④ 5.②

6 다음 중 자유방임주의형 의료전달체계의 설명으로 옳지 않은 것은?

① 의료비가 증가한다.

② 의료기관의 선택이 자유롭다.

③ 의료수준의 질이 높다.

④ 형평성이 강조된다.

....

TIP 자유방임주의형 의료전달체계

    ㉠ 내용
- 정부의 간섭이나 통제를 극소화한다.
- 의료제공을 효과적으로 할 수 있다.
- 의료서비스의 내용과 질적 수준이 높다.
- 민간주도 의료인과 의료기관의 선택이 자유롭다.

    ㉡ 단점
- 시설이 지역에 편중된다.
- 의료비가 증가한다(가장 큰 문제점).
- 의료혜택이 사회계층적 · 지역적으로 불균등하다.
- 국가의 간섭 · 관여 · 통제가 불가피해진다.

7 자유방임형 의료전달체계의 특징으로 옳은 것은?

> ㉠ 영국과 미국에 해당한다.
> ㉡ 의료기관의 선택이 자유롭지 않다.
> ㉢ 국가가 주도한다.
> ㉣ 의료의 질이 높아진다.

① ㉠㉡㉢

② ㉠㉡㉢㉣

③ ㉠㉢

④ ㉣

....

TIP 자유방임형 의료전달체계의 특징

    ㉠ 미국, 일본, 독일 등에서 채택하고 있다.

    ㉡ 정부의 통제나 간섭을 극소화해서 민간주도 의료기관과 의료인이 많다.

    ㉢ 의료서비스의 제공이 효과적으로 이루어진다.

    ㉣ 의료서비스의 수준이 높고 선택을 할 수 있는 폭이 넓다.

8 지역사회간호와 일차보건의료에 대한 설명으로 옳지 않은 것은?

① 현실적으로 일정 기간 교육 후의 인력으로 가장 적합한 인력은 간호사이다.

② 일차보건의료와 관련된 지역사회 간호분야는 보건소, 산업장, 가정간호사업 등이다.

③ 일차보건의료사업의 대상은 지불능력이 있는 일부 계층이다.

④ 지역사회 간호사들은 일차보건의료의 실현을 위해 공공보건 의료기관에 근무한다.

TIP ③ 일차보건의료사업의 대상은 일부 계층이 아닌 지역사회주민 전체가 된다.

9 다음 중 우리나라가 보건간호시대에서 지역사회 간호시대로 전환한 계기로 옳은 것은?

① 건강증진법   ② 가정간호사 제도

③ 보건소 설치   ④ 보건진료원 제도

TIP 지역사회로의 전환
㉠ 1980년에 '농어촌 등 보건의료를 위한 특별조치법'을 공포해서 지역사회 간호시대로 변화하였다.
㉡ 1981년부터는 보건진료원이 배치되어 지역사회의 1차 의료를 담당하고 있다.

10 다음 중 우리나라의 보건의료제도를 설명한 것으로 옳은 것은?

① 주로 일본식 제도의 도입으로 민간 중심의 체제이다.

② 정부차원에서 일방적으로 하는 하향식 보건의료산업체제이다.

③ 공공 및 민간 중심의 체제가 각각 50%씩 운영된다.

④ 자유방임형 의료제도로 민간주도형이다.

TIP 우리나라 보건의료제도의 특징
㉠ 의료자원의 대부분을 민간부분이 소유한다.
㉡ 의료기관들 간의 과잉경쟁으로 기능분담이 이루어지지 않는다.
㉢ 대도시 지역에서의 시설 및 장비의 중복투자로 농촌지역의 의료자원이 희소하다.
㉣ 자유방임형 의료제도에 속한다고 볼 수 있다.

Answer 8.③ 9.④ 10.④

11 다음 중 지역사회 간호사업의 원리로 옳지 않은 것은?

① 모든 사업기관은 같은 목표를 가진다.

② 파악한 요구를 근거로 한다.

③ 지역건강상태를 정기적 · 지속적으로 평가한다.

④ 가족의 의사결정에 참여하게 한다.

TIP ① 모든 사업기관은 각기 다른 목표를 가질 수 있다.

12 전체 인구에 대한 1차 보건의료의 대상인구의 비중으로 옳은 것은?

① 전체 인구의 20% ② 전체 인구의 40%

③ 전체 인구의 70% ④ 전체 인구의 90%

TIP 1차 보건의료의 대상인구는 전체 인구의 70% 정도이다.

13 다음 중 1차 보건의료에 대한 설명으로 옳지 않은 것은?

① 주민의 자본능력에 맞는 의료수가로 이루어져야 한다.

② 몸에 이상이 있을 때 제일 처음 가는 의료이다.

③ 주민이 받아들여질 수 있는 제반환경을 기반으로 해서 제공된다.

④ 주민의 적극적인 참여가 요구된다.

TIP ② 1차 보건의료는 지역 내에서 각 개인이나 가족이 보편적으로 접근할 수 있게 만들어진 필수 보건의료 서비스이지만, 기술적으로 1차 보건의료에서 다룰 수 없거나 보건 · 경제적 측면에서 보다 중앙화는 것이 유리하다고 생각되는 경우에는 바로 2, 3차 보건의료를 이용할 수도 있다.

Answer 11.① 12.③ 13.②

14 다음 중 자유방임형 보건의료 전달체계의 문제점끼리 묶인 것은?

㉠ 의료시혜의 극대화	㉡ 의료값의 상승
㉢ 도시에 편중분포	㉣ 진료가 지속적이지 못함
㉤ 병원의 관료제화	

① ㉠㉡㉢
② ㉠㉢㉣
③ ㉡㉢㉣
④ ㉢㉣㉤

....

TIP 자유기업형 보건의료 전달체계의 단점
㉠ 시설의 지역적 편중
㉡ 의료혜택이 지역적·사회계층적으로 균등하지 못함
㉢ 의료비의 상승
㉣ 국가의 관여·통제 불가피
㉤ 진료의 지속성과 포괄성 면에서 부정적임

02 지역사회 간호사업의 유형 및 역할

01 지역사회 간호사업의 유형

❶ 일반화 보건간호사업(전반화 사업)

(1) 개념

다목적사업 또는 통합보건사업이라고 하며, 간호사 개개인이 가족을 단위로 가족에게 전체 보건사업을 제공하는 것을 말한다.

(2) 장 · 단점

① 장점
- ㉠ 가족에게 균등한 보건사업을 제공할 수 있다.
- ㉡ 시간이 절약되고 경제적이다.
- ㉢ 사업의 중복과 누락을 피할 수 있다.
- ㉣ 문제의 통합적 접근이 가능하다.

② **단점** … 전반적 · 다목적으로 건강에 관한 여러 문제를 다루게 되므로 다소 특수한 문제나 전문성이 결여되기 쉽다.

❷ 전문화 보건간호사업(전문화 사업)

(1) 개념

대상을 유형별로 구분하여 1인 책임제로 하는 것이며 학교보건, 산업보건, 가족계획요원 등을 말한다.

(2) 장·단점

① **장점** … 전문화된 사업수행이 가능하며 깊이 있게 문제를 해결할 수 있다.

② **단점**

　㉠ 사업이 중복될 수 있고 비경제적으로 시간이 이용된다.

　㉡ 한 가지 사업에만 치중하게 되어 포괄성이 결여되기 쉽다.

02 지역사회간호의 역할 및 기능

❶ 전문분야별 지역사회간호의 역할

(1) 정부 공중보건사업을 실시하고 있는 보건간호사

① **정의** … 정부보건기관에서 근무하는 간호사의 총칭으로 실제로는 보건소에서 보건간호사업을 전개하는 간호사를 말한다.

② **역할** … 다목적 보건사업 및 예방접종, 방역사업담당, 성병관리담당, 의료시혜담당 등의 기능을 수행하고 있다.

(2) 벽·오지의 일차보건의료를 담당하고 있는 보건간호사

① **정의** … 농어촌 벽·오지에 배치되어 일차보건의료를 담당하고 있는 지역사회간호사이다.

② **역할** … 지역사회 조직 및 개발, 지역사회 진단 및 사업계획, 모자보건 및 가족계획, 지역사회 보건, 보건진료소 운영관리, 보건정보체계 수립 및 관리 등의 기능을 수행하고 있다.

(3) 산업체 산업인구의 건강을 관리하는 산업간호사

① **정의** … 산업체 근로자의 건강을 관리하는 지역사회간호사이다.

② **역할** … 산업간호사는 근로자의 건강관리, 근로자의 보호, 유해환경요인의 제거 혹은 감시, 보건교육, 근로자의 복지후생업무, 산업보건 산업계획 및 평가, 의무실 운영 등의 기능을 수행하고 있다.

(4) 학교보건사업을 담당하고 있는 보건교사

① 정의…학교 내에서 학교보건을 담당하는 지역사회간호사이다.

② 보건교사의 자격<초·중등교육법 제21조 제2항>…다음에 해당하는 자로서 대통령령으로 정하는 바에 의하여 교육부장관이 검정·수여하는 자격증을 받은 자이어야 한다.

  ㉠ 보건교사 1급의 자격기준 : 보건교사 2급 자격증을 가진 자로서 3년 이상의 보건교사 경력을 가지고 자격연수를 받은 자이다.

  ㉡ 보건교사 2급의 자격기준
    • 대학, 산업대학의 간호학과 졸업자로서 재학 중 일정한 교직학점을 취득하고 간호사 면허증을 가진 자이다.
    • 전문대학의 간호과 졸업자로서 재학 중 일정한 교직학점을 취득하고 간호사 자격증을 가진 자이다.

③ 보건교사의 직무<학교보건법 시행령 제23조 제4항>…학교보건법상 보건교사의 직무는 다음과 같다.

  ㉠ 학교보건계획의 수립
  ㉡ 학교 환경위생의 유지·관리 및 개선에 관한 사항
  ㉢ 학생과 교직원에 대한 건강진단의 준비와 실시에 관한 협조
  ㉣ 각종 질병의 예방처치 및 보건지도
  ㉤ 학생 및 교직원의 건강관찰과 학교의사의 건강상담, 건강평가 등의 실시에 관한 협조
  ㉥ 신체허약 학생에 대한 보건지도
  ㉦ 보건지도를 위한 학생가정의 방문
  ㉧ 교사의 보건교육에 관한 협조와 필요시의 보건교육
  ㉨ 보건실의 시설·설비 및 약품 등의 관리
  ㉩ 보건교육자료의 수집·관리
  ㉪ 학생건강기록부의 관리
  ㉫ 다음의 의료행위(단, 간호사 면허를 가진 자에 한함)
    • 외상 등 흔히 볼 수 있는 환자의 치료
    • 응급을 요하는 자에 대한 응급처치
    • 부상과 질병의 악화를 방지하기 위한 처치
    • 건강진단결과 발견된 질병자의 요양지도 및 관리
    • 위 의료행위에 따르는 의약품의 투여
  ㉬ 기타 학교의 보건관리

② 지역사회간호사의 역할 및 기능

(1) 지역사회간호사의 역할

① 직접간호 제공자

- ㉠ 한 지역사회의 특별한 요구가 있는 집단을 파악하고 이에 필요한 간호를 제공하며, 대상자의 건강문제 한 부분이 아니라 가족, 집단이나 지역사회는 둘 이상의 사람들과의 관계와 상호작용을 파악하여 전체 성에 입각하여 건강문제를 파악한다.

- ㉡ 질병상태에 있는 대상자에게 일시적이고 치료적인 문제해결에 국한된 간호제공이 아니라 그 가족, 또는 지역사회주민의 질병예방과 최적의 건강수준을 성취할 수 있는 건강증진, 예컨대 적절한 음식섭취와 영양, 식이습관 형성, 금연, 운동 등 안녕과 복지를 지향하는 간호제공에 중점을 둔다.

- ㉢ 지역사회간호사에게 요구되는 간호기술

  - 퇴원 후 재가환자와 증가하는 노인의 건강문제를 다루기 위해 기초 간호기술부터 특수기구장착 후의 간호기술에 이르기까지의 신체 간호기술이 요구될 뿐만 아니라 면담기술, 의사소통기술, 관찰과 경청기법, 상담기법이나 교육 등의 간호기술도 요구된다.

  - 점차 정신적·사회문화적인 요인들에 관한 관심이 증가되면서 환경오염, 도시화와 관계가 있는 지역사회단위의 건강문제를 사정하고 중재할 수 있는 새로운 기술도 필요하다.

② 교육자

- ㉠ 지역사회주민들은 건강을 최고의 수준으로 유지하기 위해서 많은 정보를 얻고자 노력하는데, 지역사회간호사는 이러한 대상자들의 학습을 촉진하고자 노력해야 한다.

- ㉡ 교육은 비공식적으로 실시되거나 공식적인 교육도 실시할 수 있다. 지역사회의 기존의 단체나 조직을 대상으로 교육하거나 때로는 대상자가 갖고 있는 특별한 문제나 주제인 경우에는 전문단체나 기관에 의뢰하여서 대상자의 교육요구를 충족시킬 수 있다.

- ㉢ 지역사회간호사는 대상자 스스로가 자신을 돌볼 수 있는 능력을 갖도록 교육하며 문제발생시 스스로 건강정보와 적절한 보건자원을 이용할 수 있는 능력을 갖도록 교육하기도 한다. 보건교육은 질병이 있을 때뿐만 아니라 질병예방과 건강증진을 위해서 건강연속선상에서 어느 때나 이루어지므로 지역사회 간호 실무에 있어 하나의 도구라고 할 수 있다.

③ 대변자(옹호자)

- ㉠ 간호대상자에게 어떠한 보건의료가 유용한지, 무슨 보건의료를 받을 자격이 있는지 또 어떻게 이런 보건의료를 받을 수 있는지에 대해서 그들 스스로 정보를 얻는 능력이 생길 때까지 알려주고 안내하며 간호대상자가 독립적으로 되도록 돕는다.

- ㉡ 어느 기관에서나 대상자의 요구에 부응하기 위해 더 책임감 있고 적합한 기관으로 만들기 위하여 간호대상자를 대변하거나 옹호하며 대변자로서 지역사회간호사는 어떤 개인이나 집단의 유익을 위해 행동하거나 그들의 입장에 서서 의견을 제시한다.

④ **관리자** … 지역사회간호사가 관리자로서의 역할을 수행함에 있어서는 계획, 조직화, 조정기능을 이용한다.

   ㉠ **계획** : 가장 기본적인 기능으로 간호대상자 중심의 목적을 설정하고 목적을 성취하도록 함을 말한다. 간호사는 상황을 파악하고 구체적인 계획을 수립하는데 간호대상자의 요구와 관심을 파악하여 그 요구에 부응하는 목적을 설정하고 그에 타당한 활동방법과 과정을 선정한다.

   ㉡ **조직화** : 이미 설정된 목표에 도달하기 위해 활동을 구조화하고 인력을 배치함을 말한다. 관리자는 효과적으로 수립된 계획이 수행될 수 있도록 사람, 활동과 그들간의 관계를 고안해야 하며 이러한 조직화의 과정에서 지역사회간호사는 목적을 성취하기 위해서 제공되는 다양한 사업을 위한 개념틀을 사용한다.

   ㉢ **조정** : 설정된 목표를 달성하기 위해서 사업을 추진해 가는 동안에 배치된 인력과 인력별 활동이 조화를 이루면서 기능할 수 있도록 인력별 활동의 연결을 촉진함을 말한다. 계획과 수행단계에서 행해지며 지역사회간호사와 간호대상자(개인, 가족, 집단, 지역사회)와의 관계에서 거의 대부분 행해진다.

   ㉣ **기타** : 그 외에 관리자로서의 역할을 수행하는 데는 사업활동의 감독·통제, 동기부여와 인력배치 등의 기능도 필요하다.

⑤ **협력자**

   ㉠ 지역사회간호사는 단독으로 실무를 하는 경우는 드물고 다른 간호사, 약사, 의사, 물리치료사, 사회복지사, 영양사 또는 간호조무사 등 전문의료인이나 보건관계인력과 함께 활동을 하는 경우가 많다.

   ㉡ 보건팀의 일원으로서 지역사회간호사는 지역사회 보건사업을 전개하는 데 관련된 타 보건의료인력과 상호유기적인 관계를 구축하며 협력적으로 추진해 나가는 협력자의 역할을 수행한다.

⑥ **연구자**

   ㉠ 연구자의 역할이란 지역사회 간호실무의 통합적 부분이다. 연구는 일종의 문제해결과정이고 체계적인 연구과정을 통해 과학적인 지식을 얻을 수 있다는 점에서 지역사회간호사가 연구자로서의 역할을 한다는 것은 건강관리전문가로서 의의가 큰 활동이라고 할 수 있다.

   ㉡ 연구를 하나의 조사과정으로도 볼 수 있다. 단순하게는 연구절차는 질문을 제기하고 그 질문을 검증하기 위해서 가설을 설정하고 연구를 위한 설계를 고안하여 자료를 수집·분석하고 결론을 유출하는 과정을 거친다.

⑦ **변화촉진자**

   ㉠ 개인, 가족, 지역사회 수준의 건강문제에 대처하는 능력을 증진시키는 역할로서, 의사결정을 하는 데 영향력을 행사하여 보건의료를 위한 변화를 효과적으로 가져오도록 돕는다.

   ㉡ 농어촌의 경우 지역사회간호사는 지역사회 보건사업의 대표자로서 의료적인 감독, 산전관리, 높은 예방접종률의 유지 등 포괄적인 보건사업을 이끌어 나간다. 최근에는 개인, 가족, 지역사회가 건강을 위한 적합한 의사결정을 내리도록 도와주는 데 중추적인 역할도 하고 있다.

⑧ 상담자

    ㉠ 지역사회간호사가 관할하는 지역사회의 건강문제에 관한 정보를 기초로 2차 의료기관과 3차 의료기관 또는 지역사회 타 기관들과 서로 정보를 주고받으며 상담할 수 있다. 그 외 학교교사, 지역행정가, 사무원 등 지역사회주민에게 영향을 미칠 수 있는 모든 사람들과 상담한다.

    ㉡ 간호사의 지식과 기술의 확대에 따라 상담의 분야도 확장되고 있다. 예를 들면 가족유전에 대한 상담, 결혼상담, 아동발달에 관한 문제상담 등이다. 보건전문분야의 상담을 위해서는 훌륭한 면접기술, 자료분석기술, 교육에 대한 전략 등 간호도구로 사용되는 각종 기술을 학습하고 적절히 활용해야 한다.

⑨ 평가자

    ㉠ 필요한 간호활동을 결정하고 시행된 간호활동이 지역사회주민에게 미친 효과가 어떻게 나타났는지를 평가한다.

    ㉡ 전체적으로 사업이 처음에 계획한 목적에 적절하게 도달되었는지, 그 결과가 궁극적인 목표와 일관성이 있는지 등을 평가하고 궁극적인 목표를 향해 계속 진행해 나가기 위한 효율적인 방안을 고려한다.

⑩ 정보수집자 및 보존자

    ㉠ 자료수집, 간호진단, 연구 등을 위해서 지역사회간호사는 조사하여야 할 분야가 무엇이며 수집되어 보존해야 하는 정보가 무엇인가를 인지하고 이 정보의 수집과 보존의 책임을 갖는다.

    ㉡ 간호사업 수행이 보다 나은 방향으로 이루어지기 위해서는 간호사에 의해서나 혹은 다른 여러 가지 방법으로 조직화된 정보를 얻는 일을 소홀히 해서는 안 된다. 특히 발전적이고 혁신적인 측면으로 지역사회 간호사업을 유도하려면 보수적인 행정가의 저항을 받기 쉬운데 지역사회간호사는 과학적인 접근방법으로 수집된 확고한 자료를 준비하고 보존하여야 한다.

⑪ 알선자

    ㉠ 의뢰자 또는 사업연계자라고 부르기도 하며, 주민들의 다양한 요구를 지역사회간호사가 여러 분야와 접촉하여 의뢰하여야 하므로 매우 중요하게 다루어져야 한다.

    ㉡ 지역사회 보건문제와 관련하여 흔히 부딪히거나 예상되는 전문적인 기술의 범위에서 벗어나거나 그 이상의 어떤 조치가 필요한 문제를 다루는 데에는 유용한 기관이나 자원에 대한 지식을 알아야 한다. 그리고 언제, 어디서, 어떻게 도움을 줄 것인가를 알아야 한다.

(2) **지역사회간호사의 기능**

① **보건사업 수행팀 일원으로서의 기능** … 간호대상의 안녕·유지를 위하고 육체적·정신적 또는 사회적인 건강균형이 깨어지거나 흔들릴 때 원상태로 회복하도록 시간과 노력을 아껴쓰고 능률적 성과를 위하여 보건팀 구성요원간의 기능 분담과 공동목표를 향하여 균형과 질서가 계속 유지되도록 하여야 한다.

② 교육과 지도의 기능

   ⊙ 지역사회 간호사업에서 교육적 기능은 어느 기능보다 중요하다. 사업의 내용에 따라서는 각각 상이한 개인이나 가족 또는 집단(어머니회, 반상회), 학교와 공장(산업장)의 집단 등 그 집단마다의 성격적 특색을 갖게 된다.

   ⓒ 교육이나 지도의 내용은 교육목적, 지도이유, 간호대상의 사회·경제적 교육, 연령, 지위, 개성에 따라 달리 하여야 한다.

③ 건강관리실 운영의 기능 … 지역사회간호사가 건강관리실 운영을 통하여 직접적인 전문적 혜택을 건강관리실에 등록된 대상자에게 줄 수 있으며 그 대상자들을 독자적으로 지도하고 이들을 위한 건강관리실 운영계획이나 평가사업추진의 책임을 지게 된다.

④ 가정방문의 기능

   ⊙ 가정방문은 지역사회 간호사업에 있어 간호대상자에게 가장 능률을 낼 수 있는 효과적인 간호제공수단이다.

   ⓒ 가정방문을 통하여 대상가정의 실정을 정확하게 파악할 수 있고 파악된 실정에 맞추어 간호계획을 세울 수 있으므로 지역사회 간호제공은 노력 및 시간에 있어서 대단히 경제적이다.

   ⓒ 개인이나 가족의 입장에서는 자신들의 생각을 익숙한 분위기에서 긴장없이 교류할 수 있으며, 자신들도 모르는 숨어있는 건강문제들을 조기에 발견할 수 있다. 또한 새로운 건강지식이나 사업내용을 전달하는 수단으로서도 가정방문은 중요하다.

⑤ 환자 병상간호의 기능 … 상병자와 입원실이라는 제한된 대상과 공간적 이유 때문에 지역사회 간호사업의 수행에는 가정에 있는 약간의 상병자만이 대상이 되어 왔으나, 만성질병의 증가와 수명의 연장으로 노령의 노인병 환자가 증가하고 이로 인해 병원과 병상수의 부족을 초래하게 되어 응급처치나 가료를 받은 회복기에 있는 많은 환자가 가정에서 치료나 간호를 받는 경우가 많아지고 또한 치료기간도 길어지므로 가정간호의 수요가 증가되게 되었다.

[지역사회간호사 역할]

역할	활동
직접 간호제공자	• 대상자 건강 사정 • 간호진단 도출 • 간호수행 계획 • 간호수행 • 간호수행 결과평가
교육자	• 대상자 교육요구 사정 • 보건교육 계획 • 보건교육 수행 • 보건교육 결과평가
상담자	• 해결할 문제 확인 및 이해 • 선택된 해결방법의 확인과 대상자 도움 • 해결할 범위의 결정과 대상자 조력 • 선정된 해결방법의 평가나 대상자 도움 • 대상자와 문제해결과정 공유
자원의뢰자	• 지역사회자원에 대한 정보수집 • 의뢰의 요구와 적합성 결정 • 의뢰수행 • 의뢰에 대한 추후관리
옹호자	• 옹호에 대한 요구결정 • 적합한 방법의 진상규명 • 결정자에게 대상자의 사례 제시 • 대상자가 홀로서기 할 수 있도록 준비
일차간호제공자	• 대상자 건강 사정과 문제확인 • 문제에 대한 치료계획과 수행 • 대상자 중심 건강서비스 연계 • 교육과 감독 • 필요시 간호계획 수정 • 대상자 자가간호 교육 • 대상자 중심 복지 서비스 연계
사례관리자	• 사례관리의 대상자 선정 • 대상자 건강요구의 사정과 확인 • 요구에 부합되는 간호계획 • 다른 사람이 수행한 간호의 감독
조정자	• 대상자의 상태와 요구에 대해 다른 요원과 의사소통 • 사례관리 집담회

협력자	• 타 건강팀과의 의사소통 • 공동 의사결정 참여 • 대상자의 문제해결을 위한 공동활동 참여
관리자	• 감독 • 업무관리 • 건강관리실 운영
지도자	• 활동에 대한 요구확인 • 적합한 지도력의 유형 결정과 추종자 사정 • 팀원의 활동 촉진을 위한 동기부여 • 활동계획과 팀원의 활동 조정 • 활동에 대한 효과평가 • 팀원의 적응촉진 • 협력 팀 간의 역할조정
변화촉진자	• 변화에 작용하는 방해 및 촉진요인 확인 • 변화를 위한 동기부여와 조력 • 변화의 수행을 도움 • 자기 것으로 굳히도록 집단을 도움
연구자	• 연구결과의 검토 및 실무적용 • 연구문제 확인 및 간호연구의 계획 수행 • 자료수집 • 연구결과의 보급

최근 기출문제 분석

2022. 6. 18. 제1회 지방직

1 지역사회간호사가 고혈압관리 프로그램의 교육목표를 '대상자들은 정상혈압의 범위를 말할 수 있다'로 설정한다면 이는 블룸(Bloom)이 제시한 교육을 통한 변화영역 중 어느 영역에 해당하는가?

① 인지적 영역(cognitive domain)

② 정의적 영역(affective domain)

③ 심동적 영역(psychomotor domain)

④ 생리적 영역(physiological domain)

> **TIP** ① **인지적 영역**(cognitive domain) : 복잡성의 원칙(점점 복잡하고 어려운 지식으로 위계구분)에 따르며 지식, 이해, 적용, 분석, 종합, 평가 능력으로 구분된다. 질문은 인지적 영역 중 지식에 해당된다.
> ② **정의적 영역**(affective domain) : 내면화의 원칙(이상향과 동일시하는 과정)에 따르며 감수, 반응, 가치화, 조직화, 인격화로 구분된다.
> ③ **심동적 영역**(psychomotor domain) : 기능의 일상화 원칙에 따르며 지각, 태세, 유도반응, 기계화, 복합외현반응, 적응, 독창성으로 구분된다.
> ④ **생리적 영역**(physiological domain) : 블룸(Bloom)의 교육목표에 해당되지 않는다.
> ※ **블룸**(Bloom)의 교육목표

구분	내용
인지적 영역 (cognitive domain)	• 지식 : 사실이나 개념, 원리, 방법 등 이미 배운 내용을 기억하고 재생하는 능력 • 이해 : 지식을 바탕으로 의미를 파악하는 능력 • 적용 : 이미 배운 내용을 적용하여 해결하는 능력 • 분석 : 상호 간 조직 원리를 분석하고 발견하는 능력 • 종합 : 여러 가지 요소나 부분을 새로운 의미 체계가 성립되게 하는 능력 • 평가 : 주어진 자료의 가치를 판단하는 능력
정의적 영역 (affective domain)	• 감수 : 자극이나 활동에 주의를 기울이고 수용하는 능력 • 반응 : 자극이나 활동에 적극적으로 참여하고 만족을 얻는 능력 • 가치화 : 특정한 대상 혹은 활동 가치를 추구하여 행동으로 나타내는 능력 • 조직화 : 서로 다른 가치들을 비교 · 종합하여 일관된 체계를 형성하는 능력 • 인격화 : 일관성 있게 내면화되어 인격의 일부가 된 상태
심동적 영역 (psychomotor domain)	• 지각 : 주변 자극을 지각하고 해석하여 환경에 대처하는 능력 • 태세 : 행위를 위해 준비하는 단계 • 유도 반응 : 복잡한 기능을 배우는 초기 단계 • 기계화 : 습득된 행동이 습관이 되고 신뢰와 효율을 증진시키는 단계 • 복합외현반응 : 최소한의 에너지로 신속하고 부드럽게 행동하는 단계 • 적응 : 숙달된 행위를 수정시키거나 변화시키는 단계

Answer 1.①

2 〈보기〉에서 설명하고 있는 지역사회간호사의 역할로 가장 옳은 것은?

———————————————— 보기 ————————————————

A시 지역사회간호사는 복합적인 건강문제를 가진 기초 생활 수급권자의 문제해결을 위하여 다학제적 팀 구성원 간의 협력적 활동을 계획하고 모니터링하였다. 보건소의 여러 가지 사업을 통합적으로 분석하여 서비스 제공에 중복, 결핍이 없는지를 확인하였다.

① 상담자(counselor)

② 변화촉진자(facilitator)

③ 옹호자(advocator)

④ 조정자(coordinator)

> **TIP** ④ **조정자**(coordinator) : 건강관리 전달 중심 역할이다. 대상자에게 중복되는 서비스나 불충분한 서비스가 이루어지고 있는지를 확인하고 조정하여 대상자에게 충족되는 최선의 서비스가 제공되도록 한다.
> ① **상담자**(counselor) : 대상자 중심의 역할이다. 전문적인 지식과 기술을 바탕으로 대상자가 자신의 건강문제를 이해하고 해결과정을 알도록 상담한다.
> ② **변화촉진자**(facilitator) : 인간 중심의 역할이다. 대상자의 행동이 바람직한 방향으로 변화할 수 있도록 동기를 부여하고 촉진한다. 대상자의 의사결정과정에 영향력을 행사한다.
> ③ **옹호자**(advocator) : 대상자 중심의 역할이다. 대상자가 자신의 이익을 위한 활동과 권리를 주장할 수 있도록 대상자의 입장을 대변한다.

3 다음 제정 목적을 갖는 법률은?

보건의료에 관한 국민의 권리 · 의무와 국가 및 지방자치단체의 책임을 정하고 보건의료의 수요와 공급에 관한 기본적인 사항을 규정함으로써 보건의료의 발전과 국민의 보건 및 복지의 증진에 이바지함

① 「보건의료기본법」

② 「지역보건법」

③ 「공공보건의료에 관한 법률」

④ 「농어촌 등 보건의료를 위한 특별조치법」

> **TIP** ② 보건소 등 지역보건의료기관의 설치 · 운영에 관한 사항과 보건의료 관련 기관 · 단체와의 연계 · 협력을 통하여 지역보건의료기관의 기능을 효과적으로 수행하는 데 필요한 사항을 규정함으로써 지역보건의료정책을 효율적으로 추진하여 지역주민의 건강 증진에 이바지함을 목적으로 한다.
> ③ 공공보건의료의 기본적인 사항을 정하여 국민에게 양질의 공공보건의료를 효과적으로 제공함으로써 국민보건의 향상에 이바지함을 목적으로 한다.
> ④ 농어촌 등 보건의료 취약지역의 주민 등에게 보건의료를 효율적으로 제공함으로써 국민이 고르게 의료혜택을 받게 하고 국민의 보건을 향상시키는 데에 이바지함을 목적으로 한다.

Answer　2.④　3.①

4 지역사회간호사의 역할에 대한 설명으로 옳지 않은 것은?

① 조정자(coordinator) – 대상자의 행동이 바람직한 방향으로 변화되도록 유도하는 역할

② 의뢰자(refer agent) – 문제해결을 위해 대상자를 적절한 지역사회 자원이나 기관에 연결해주는 역할

③ 사례관리자(case manager) – 대상자의 욕구를 충족시키고 자원을 비용-효과적으로 사용하도록 유도하는 역할

④ 사례발굴자(case finder) – 지역사회 인구 집단 중 서비스가 필요한 개인 및 특정 질환 이환자를 발견하는 역할

> **TIP** ① 조정자(coordinator) : 조정이란 가능한 최대의 유효한 방법으로 대상자의 요구를 충족시키는 최선의 서비스를 조직하고 통합하는 과정을 말한다. 사례관리자와는 다르게 조정자는 다른 건강관리 전문가가 수행한 간호를 계획하지 않는다.

5 〈보기〉에 나타난 지역사회간호사의 역할로 가장 옳은 것은?

―――――――― 보기 ――――――――

코로나19(COVID-19) 사태에서 사회적 약자들이 방치되는 것을 방지하기 위해 지역사회의 차상위계층, 기초생활수급자, 독거노인, 신체장애인에 전화를 걸어 호흡기 등의 건강상태와 정신건강 상태를 확인하였다.

① 상담자   ② 사례관리자

③ 교육자   ④ 변화촉진자

> **TIP** 사례관리자 … 지역사회에 거주하고 있는 고위험군을 발굴하여 대상자의 문제를 사정, 계획, 수행, 평가하고 지역사회 내의 다양한 보건의료서비스로 연계시켜 준다.

Answer   4.①   5.②

6 지역사회간호사의 역할 중 지역사회의 포괄적인 보건사업을 이끌어 개인, 가족, 지역사회가 건강을 위해 적합한 의사결정을 내리도록 도와주는 역할에 해당하는 것은?

① 변화촉진자　　　　　　　　　　② 지도자

③ 교육자　　　　　　　　　　　　④ 옹호자

TIP 간호사의 역할

㉠ 돌봄제공자 : 대상자의 존엄성을 지키면서 대상자를 신체 · 심리적으로 돕는다.

㉡ 의사소통자 : 대상자, 가족, 기타 건강전문인들, 지역사회인들과 의사소통한다.

㉢ 교육자 : 대상자가 건강을 회복하거나 유지하는 데 필요한 건강관리를 학습하도록 돕는다.

㉣ 옹호자 : 대상자의 요구와 바람을 표현해 주고 대상자의 권리를 행사하도록 보호한다.

㉤ 상담자 : 지적 · 정서적 · 심리적 지지를 제공한다.

㉥ 변화촉진자 : 대상자의 행동 변화가 필요하다고 판단될 때 의도한 방향으로 변화를 유도하는 것이다.

㉦ 지도자 : 특별한 목적을 달성하기 위해 공동으로 작업하는 타인에게 영향을 미치는 것이다.

㉧ 관리자 : 질적 간호를 제공하기 위해 다른 건강요원들과 지도 · 감독하며 간호수행 현장을 관리한다.

Answer　　6.①

7 **(가), (나)에 해당하는 지역사회간호사의 역할은?**

> (가) 간호직 공무원 A씨는 지체장애인 B씨의 대사증후군 관리 방안을 수립하기 위해 영양사, 운동치료
> 사와 팀회의를 실시하였다. 회의 결과, B씨는 복부비만, 고혈압, 당뇨가 심각한 수준이지만 장애로
> 인해 보건소 방문이 어려우므로 가정방문을 실시하기로 하였다.
> (나) 가정방문을 실시한 A씨는 B씨에게 식이조절을 포함한 대사증후군 관리 방법을 설명하였다.

	(가)	(나)
①	협력자	교육자
②	협력자	의뢰자
③	연구자	의뢰자
④	연구자	교육자

TIP 지역사회 간호사의 역할
- ㉠ 일차보건의료 제공자 : 지역사회 내 개인이나 가족이 보건의료서비스에 쉽게 접근할 수 있도록 하는 필수적인 건강 관리 서비스를 제공
- ㉡ 직접간호 제공자 : 특별한 요구가 있는 집단을 파악하고 이를 해결하는 데 필요한 간호를 제공
- ㉢ 교육자 : 대상자 스스로 자신을 돌볼 수 있는 능력과 스스로 건강정보와 적절한 보건의료자원을 이용할 수 있는 능력을 갖도록 교육
- ㉣ 대변자(옹호자) : 동등하고 인간적인 보건의료를 받을 권리를 보장하기 위해 보건의료제도나 보건지식이 적은 소비자들의 입장을 지지하고 대변
- ㉤ 관리자 : 가족의 간호를 감독하고 시행되고 있는 업무량을 관리하며, 건강 관리실 또는 학교 보건실을 운영하는 등 지역사회 보건사업 계획을 수립
- ㉥ 협력자 : 전문의료인이나 보건의료인력과 동반자적 관계를 구축하고 업무를 협력적으로 추진
- ㉦ 연구자 : 실무에서 간호문제를 도출하고 연구하며 연구결과를 간호실무에 적용
- ㉧ 변화촉진자 : 건강과 관련된 의사결정을 할 때 바람직하고 효과적인 방향으로 변화를 가져오도록 도와 건강문제에 대처하는 능력을 증진
- ㉨ 상담자 : 지역사회의 건강문제를 의료기관, 지역사회 타 기관들과 그 외 지역사회 주민에게 영향을 줄 수 있는 사람과 상담
- ㉩ 평가자 : 시행된 간호활동이 지역사회 주민에게 미친 효과를 평가 사업진행, 사업결과, 효율적 방안 모색
- ㉠ 정보수집자 및 보존자 : 자료수집, 간호진단, 연구를 위한 정보를 과학적인 접근 방법을 통하여 수집·보존
- ㉡ 알선자 : 지역사회 자원에 대한 목록 및 업무 내용을 숙지하여 대상자가 지역사회 자원을 적절히 활용할 수 있게 알선

Answer 7.①

출제 예상 문제

1 보건팀을 구성하여 기획하고 목적달성을 위해 의견을 수렴할 때, 의견을 수렴할 수 있는 사람은 누구인가?

① 지역사회주민   ② 환자

③ 지역사회 보건요원   ④ 보건복지부

TIP 지역사회의 팀 접근 시 지역사회간호사의 업무는 보건팀을 구성하고 의견을 수렴하며 직접간호를 수행하는 역할이다.

2 지역사회간호사 역할 중 주민에게 유용한 정보를 알려주고 주민의 입장에서 그들의 권리를 찾을 수 있도록 도와주는 간호사의 역할은?

① 대변자   ② 변화촉진자

③ 의뢰자   ④ 교육자

TIP 대변자로서의 지역사회간호사는 어떤 개인이나 집단의 유익을 위해 행동하거나 그들의 입장에서 의견을 제시하는 역할이다.

3 지역사회 간호사업의 평가 시 계획단계에서 마련된 수단 및 방법을 통해 집행계획을 수립한 것을 기준으로 하여 내용 및 일정에 맞도록 수행되었는지, 혹은 되고 있는지 파악하는 것은 평가범주상 어느 측면을 평가하는 것인가?

① 투입된 노력에 대한 평가   ② 사업진행에 대한 평가

③ 목표달성 정도에 대한 평가   ④ 사업효율에 대한 평가

TIP ② 사업진행에 대한 평가는 계획을 기준으로 하여 사업이 제대로 진행되고 있는지 평가하는 것이다. 진행이 느리거나 빠르다면 그 원인이 어디 있는지 분석하고 수정 가능성이 있는지 살펴본다.

Answer 1.③ 2.① 3.②

4 다음 중 지역사회간호사의 역할과 기능이 아닌 것은?

① 보건의료팀 기능

② 지역사회 조직관리기능

③ 의약품 등의 안정성 및 유효성에 관한 검사기능

④ 건강자료 수집기능

TIP 지역사회간호사의 역할은 직접간호 제공자, 교육자, 대변자, 관리자, 협력자, 연구자 등이다.

5 다음 중 지역사회간호사의 역할에 대한 설명으로 옳지 않은 것은?

① 교육자 – 최근의 정보와 지식으로 직접·간접방법을 통해 보건교육 실시

② 팀요원 – 주민건강을 위한 보건의료팀간의 협조적 활동

③ 대변인 – 간호사업의 효과나 필요에 대해 주민과 동료 기타 관련요원들에게 주지시키는 활동

④ 직접간호 제공자 – 개인이나 가족의 건강문제 발생시 시행되는 간호 제공

TIP ③ 대변인의 역할은 간호대상자가 좀 더 독립적으로 되도록 돕기 위해 그들 스스로 정보를 얻는 능력이 생길 때까지 알려주는 활동이다.

6 다음 중 지역사회 건강진단을 위해서 요구되는 간호사의 기술과 관계없는 것은?

① 조사기술   ② 관찰력

③ 비판력   ④ 판단력

TIP 간호사는 우수한 조사기술, 관찰력, 판단력을 통하여 지역사회 건강진단을 정확하게 내릴 수 있다.

Answer 4.③ 5.③ 6.③

03 지역사회 간호대상과 간호과정

01 지역사회 간호대상

❶ 지역사회의 의의

(1) 지역사회의 개념과 특징

① 개념적 정의

    ㉠ 사회적 집단(단위) 혹은 인구집단으로서 그 사회의 여러 가지 공동이익을 위하여 서로 협조하면서 노력하는 가운데 비슷한 관심·위치·특성으로 함께 모여사는 사람들의 집단, 즉 가치·관심·목표 등 사회의 여러 가지 공동이익을 위하여 서로 협조하고 노력하는 사회적 집단이다.

    ㉡ 미국(지역사회를 인종집단으로 개념화)과 같이 인위적 집단(단위)으로 주민들의 일상생활을 영위하는 사회적 단위이다.

    ㉢ 지리적 구분, 지방적 특색은 보통 공간적 단위로 나타나기 때문에 비교적 같은 문화를 갖고 한 지방에서 생활하는 집단을 말하는데 이는 전통적 개념으로서 보통 향토사회(heimat)라고 한다.

    ㉣ 유태인 사회와 같이 지역적인 접근을 조건으로 삼지 않고 공통의 이해나 공통의 전통 밑에서 사는 집단도 있다.

② 지역사회의 특징

    ㉠ 실질적으로 모든 주민의 건강에 필요한 공동관심을 갖는다.

    ㉡ 주민들의 공동관심을 보존하고 각자의 행동을 다스리는 법과 규정을 인정한다(공동체의식).

    ㉢ 일상생활에서 개인 대 개인을 접촉한다.

    ㉣ 주민들의 건강증진을 위하여 동일보조를 맞추도록 협조한다.

    ㉤ 주민들의 공동관심을 실현하기 위한 협조기관을 설치한다.

    ㉥ 지역사회는 지리적으로 점점 넓어지는 경향이 있다.

(2) 지역사회간호학에서의 지역사회 접근

① 실무현장으로서의 지역사회간호 접근
　　㉠ 지역사회간호의 본질은 지역사회간호의 실무현장이 지니는 특성으로 설명된다.
　　㉡ 지역사회 내의 가정을 지역사회간호사의 실무현장으로 한다.
　　㉢ 질병치료보다는 질병의 예방과 건강증진에 간호사업의 초점을 두고 있다.
　　㉣ 간호학의 분과영역의 대상은 누구를 어떻게 보는가에 따라 구별되어지기 때문에 간호학의 발전에 따라
　　　 전근대적인 접근방법이 되었다.

　　　　　　TIP 성인간호
　　　　　　성인을 대상으로 이들의 질병을 모두 포함하므로 실무현장 중심으로는 간호의 본질을 찾을 수 없다.

② 사업단위로서의 지역사회간호 접근
　　㉠ 지역사회 내의 개인, 가족집단을 실무현장이 아니라 간호사업의 단위로 설정한다.
　　㉡ 지역사회간호사는 지역사회의 건강문제를 규명하고 지역사회가 이를 해결할 수 있도록 돕기 위한 제반
　　　 활동을 제공한다.
　　㉢ 지역사회는 지정학적 특성에 의해 한정된다.

③ 사업대상으로서의 지역사회간호 접근
　　㉠ 지역사회는 간호사업의 소비자 혹은 대상이 된다.
　　㉡ 공동체 전체의 건강수준 향상에 목표를 두고 있다.
　　㉢ 간호대상으로 지역사회접근법은 곧 지역사회 중심의 간호를 의미하고 이는 건강수준의 향상이 지역사회
　　　 전체의 이득이라는 것을 의미한다.
　　㉣ 특징
　　　• 인간을 개체단위로 파악하는 간호실무와 공동체를 중심으로 하는 간호활동이 통합될 수 있는 가능성을 제시
　　　　한다.
　　　• 지역사회 건강수준의 향상을 위한 변화과정이 복잡하다.
　　　• 지역사회간호사는 지역사회 보건사업의 일선관리자로서 기능한다.
　　　• 우리나라와 같이 자유방임형 보건의료제도 속에서는 무시되기 쉬운 집단의 건강수준 향상을 위한 제반사업
　　　　활성화에 기여할 수 있다.
　　　• 지역사회 간호분야가 간호전문직의 발전에도 기여할 수 있도록 가능성을 제시한다.

❷ 지역사회 보건사업

(1) 지역사회보건학의 정의

① E.A. Winslow(1920)

　㉠ **공중보건학의 정의** : 조직화된 지역사회의 공동노력을 통하여 환경위생관리, 감염병관리, 개인위생에 관한 보건교육, 질병의 조기발견, 예방적 치료를 할 수 있는 의료 및 간호사업의 체계화 및 모든 사람들이 자기 건강을 유지하는 데 적합한 생활수준을 보장하도록 사회제도를 발전시킴으로써, 질병을 예방하고, 수명을 연장하며, 건강과 안녕상태를 증진시키는 과학이며 기술이다.

　㉡ **공중보건학의 학문적 목적**
- 질병예방
- 수명연장
- 건강과 안녕상태의 증진

　㉢ **목적달성수단** : 조직화된 지역사회의 공동노력을 통하여 목적을 달성한다.

　㉣ **구체적 사업** : 환경위생, 역학, 보건통계, 학교보건, 모자보건, 가족계획, 인구문제, 감염병 관리, 보건행정, 산업보건, 국민영양, 국민건강보험, 노인보건, 인류생태학, 우생학, 정신보건, 가정간호, 지역사회의학, 지역사회간호학 등 다양하다.

② J. Tape

　㉠ **지역사회의학** : 지역사회 또는 인간집단의 건강문제에 대한 인식과 해결에 관여하는 학술이다.

　㉡ **특징**
- 용어면 : 치료의학에 대응하여 최고수준의 건강을 목표로 하고 있다.
- 공중보건학의 기술적인 면 : 의료비의 지불능력과 관계없이 모든 지역사회주민에게 포괄적인 의료를 제공한다.
- 사회의학 태도면 : 사회적 제반상황에서 보다 나은 건강의 질을 계속적으로 유지하고자 하는 지역사회의 건강증진이라는 목적을 가진다.

③ Green(1986)

　㉠ **지역사회 건강증진** : 건강을 유도하는 행위를 위해 필요로 하는 교육적 · 사회적 · 환경적인 제 자원의 조화이다.

　㉡ **목적달성방법**
- 교육적 접근 : 고위험수준에 처해있는 개인과 가족, 지역사회에 대하여 대중매체 · 학교 · 산업장 · 조직체를 통하여 지원한다.
- 사회적 접근 : 건강을 유도하는 활동을 지원하기 위하여 고안된 경제적 · 정책적 · 법적 · 조직적 변화를 시도한다.
- 환경적 접근 : 물리적 · 화학적 · 생물학적 자원시설의 구조 및 적정배분과 건강보호에 요구되는 물질로 지원한다.

구분	공중보건사업	지역사회 보건사업
목적	개인 및 가족의 질병예방	지역사회로부터 세계인구집단의 건강증진
사업	정부 및 기관	지역사회
결정권	제한적	자율적 행사
권력	정치권력과 강제성이 있음	정치권력과 강제성이 없음
법령의 제약	제약이 크며, 여론의 초점이 됨	여론의 초점이 되지 않음
평등성	합법성이 전제됨으로 평등	평등성이 적음
사업대상	선택된 인구집단	지역사회주민 전체
사업절차	하향식 전달체계	상향식 전달체계
사업완료기간	단기간	장기간
지역사회	격리상태	적극적 추진

(2) 지역사회 보건사업의 범위

① 건강에 대한 시각

　㉠ 과거 : 자신이 지켜야 하며 개개인의 책임이었다.

　㉡ 오늘날 : 개인이 건강의 모든 책임을 지기에는 불가능하며, 국가나 사회가 주체적 책임을 지고 건강을 저해하는 위험을 방지함으로써 건강을 확립하는 시대이다.

② 공중보건학

　㉠ 범위의 확대화 : 오늘날 공중보건학의 범위는 점차 확대되어 의료보장제도에 따른 사회경제적 문제, 의료시설이나 의료인력 문제까지도 포함하게 된다.

　㉡ 내용 : 질병관리, 환경위생, 역학, 보건통계, 모자보건, 산업보건, 보건교육, 학교보건, 위생, 정신보건, 보건영양, 보건행정, 보건정책과 관리, 보건기획, 보건간호, 공해, 가족계획, 의료보장, 지역사회사업, 사고예방, 구강보건, 노인보건, 보건사회사업, 국제보건 등 다양하다.

02 지역사회 간호과정

❶ 지역사회 건강사정

(1) 지역사회 건강을 위한 정보

지역사회의 건강을 진단하기 위해서는 지역사회를 하나의 체계로 이해하여, 체계적 접근을 해나가는 것이 필요하다. 이에 지역사회 건강진단을 위한 영역은 지역사회 체계 내의 주요 구성물인 인구와, 그 인구의 건강상태, 자원 및 환경, 상호작용, 목표, 경계 등에 대한 정보의 수집이 요청된다.

① **인구와 인구의 건강상태** … 지역사회를 구성하는 주요 구성물은 인구이다. 따라서 지역사회간호사가 지역사회를 대상으로 사업을 전개할 때 가장 우선적으로 관심을 갖는 것이 인구이고, 지역사회의 건강을 진단하기 위해 인구학적 특성과 그 인구집단의 건강상태를 파악하는 것이 선결조건이 된다. 이에 보건간호사와 보건진료원은 지역주민의 특성과 그들의 건강상태를, 양호교사는 학생 및 교직원의 인구학적 특성과 그들의 건강상태를, 산업간호사는 근로자의 인구학적 특성과 그들의 건강상태를 파악하는 것이 우선이다.

⊙ 지역사회 건강진단을 위하여 인구에서 수집해야 할 정보

• 일반적인 인적 특성에 관한 정보

- 보건간호사나 보건진료원이 수집하는 정보에 비해 학교간호의 경우에는 결혼 여부, 직업, 교육정도 등은 별 의미가 없다.

- 산업간호의 경우에 출생률, 사망률이나 인구이동상태 등의 정보는 불필요하게 되므로, 지역사회간호사는 자신이 대상으로 하고 있는 공동체나 지역사회의 특성에 따라, 진단에 필요한 정보가 무엇인지를 결정하고 그에 관한 정보를 수집해야 한다.

- 인구통계에 취급되는 변수들로서 인구수, 연령, 성별, 결혼 여부, 직업·교육수준에 대한 분포, 출생률, 사망률, 인구이동상태, 종교별 분포, 경제수준 등이 속한다.

• 인구의 건강상태에 관한 정보

- 보건통계에서 취급되는 주로 사망에 대한 정보인 사망률, 사망원인, 연령별·성별·질환별 사망률 등이며 상병 및 유병에 대한 정보들로는 시점유병률, 기간유병률, 발생률 등이다.

- 지역간호에서는 사망률 자료인 영아사망률과 사망원인, 모성사망률과 사망원인, 풍토병의 유병률과 발생률 등이 중요하고, 학교간호의 경우에는 결석률과 결석원인 분석, 양호실 이용상태와 주호소와 응급상황, 성장지연, 발달지체자수, 사고발생률을 파악해야 한다.

- 산업간호에서는 결근율과 결근원인, 보건관리실, 산업재해율, 일반·특수 건강진단결과 유소견자수, 직업병 발생률 등의 자료가 필수적이다.

- 실무영역별 인구집단의 흡연, 음주, 약물 등의 건강형태와 생활양식에 관한 자료도 또한 필수적이다.

⊙ 지역사회간호사는 자신이 담당한 지역사회의 인구특성을 파악하기 위한 정보를 미리 작성하여 효율적으로 자료를 수집하고 그 지역의 건강상태를 분석하여야 한다.

TIP SWOT 분석

⊙ 개념 : 보건 프로그램 개발을 위해 수집된 일반적 특성, 건강문제 및 건강행태, 자원, 환경 등 자료를 분석하여 문제점을 파악하기 위한 기법이다.

⊙ 목적 : 불확실한 미래 환경 및 외부환경의 변화를 예측하고 내부 역량을 감안하여 적합한 사업전략을 수립하기 위하여 사용한다. 보건소 등 공공조직에서는 보건사업 전략 개발에 활용하고 있다. 외부환경의 변화를 예측하는 방법으로는 단순 예측, 시나리오 기법, 델파이 분석을 사용한다.

⊙ 구성요인

• 강점(Strength) : 내부능력의 강점 분석을 통하여 도출된 강점의 내용을 활용하여 어떠한 전략을 펼칠 것인지에 시사점을 둔다.

• 약점(Weakness) : 내부능력의 약점을 분석하여 경쟁자에 비해 불리한 점이나 활용하기보다 보완해야 할 방법을 고민한다.

- 기회(Opportunity) : 외부환경의 기회요소를 파악하는 것으로 기회가 있으면 적극적으로 투자하여 수익을 창출하여야 한다.
- 위협(Threat) : 외부환경의 위협요소를 분석하여 위협요인을 파악하고 대비책을 세워야 한다.

ⓔ SWOT 분석을 위한 사분면

내적 요소 / 외적 요소	강점(Strength)	약점(Weakness)
기회(Opportunity)	강점, 기회전략 : 외부환경이 유리하고, 내부역량에 강점이 있는 경우 보건사업을 확대하는 전략이 필요하다.	약점, 기회전략 : 외부환경은 유리하나, 내부역량이 취약할 경우 구조조정이나 혁신운동으로 조직 역량 강화가 필요하다.
위협(Threat)	강점, 위협전략 : 내부역량에 강점이 있으나, 외부환경이 불리한 경우 불리한 환경을 극복하기 위한 새로운 대상을 개발하여야 한다.	약점, 위협전략 : 외부환경이 불리하고, 내부역량도 취약할 경우 보건사업을 중단하거나 축소하는 전략이 필요하다.

ⓜ SWOT 전략
- SO전략 : 강점을 바탕으로 기회를 잡는 공격적 전략으로 시장 확대가 대표적이다.
- ST전략 : 강점을 가지고 위기(위협)를 벗어나고자 하는 전략으로 다각화 전략이 대표적이다.
- WO전략 : 약점을 보완하고 기회를 활용하는 전략으로 예상 밖의 시도로 국면을 전환하는 것이다.
- WT전략 : 약점을 극복하고 위기를 회피하기 위하여 방어 전략을 세우는 것이다.

② **자원 및 환경**

㉠ **공간적 · 물리적 자원** : 지역사회의 면적, 경계, 기후, 지형, 역사, 특산물 등의 자연적 환경과 화장실 시설, 상 · 하수도, 주택, 그 지역사회에 소재한 산업장의 작업공정과정, 농촌의 경우에는 농약 등 화학약품 살포정도, 공기오염 등의 인위적 환경 등이 이에 속한다. 지역사회간호사는 이러한 물질적 환경을 관리하기 위한 각 분야의 전문가들을 통해 필요한 정보를 수집할 수 있고 이들과 협조하여 지역건강을 증진시킬 수 있다. 즉, 지역사회간호사는 지역의 자원에 대한 충분한 파악을 통하여 관련된 기관의 협조하에 필요한 정보를 얻을 수 있다.

㉡ **사회적 자원** : 사회적 자원에는 지역사회개발위원회, 청년회의소, 학교의 각종 위원회, 노동조합, 각종 직능단체 등의 지역사회 조직들이 속하는 데, 이들은 크게 공적 조직과 사적 조직으로 나눌 수 있다.

㉢ **인적 자원** : 이는 개개인을 의미하며 보건의료 전문인, 타 분야의 전문인, 일반사람들로 나뉜다. 또 보건의료 전문인들도 현재 보건사업에 종사하고 있는 요원들과 종사하지 않는 간호사, 약사, 조산사, 의사, 한의사 등으로 나누어 볼 수 있다. 이 중 현재 그 지역사회를 담당하고 있는 간호사는 특히 중요한 인적 자원이 되며 비보건의료 전문가 중에서는 문제와 직접 관련된 가족, 친척, 이웃들과 지역사회의 공적 혹은 사적 조직의 지도자가 중요한 인적 자원이다.

㉣ **보건의료시설 및 건물** : 지역사회 간호사업에 이용할 수 있는 건물과 시설 모두 포함되며 보건소, 병원, 의원, 조산소, 약국, 한약방 등이 이에 속한다.

ⓜ **기기와 기구 및 자료** : 지역사회 간호사업에 활용될 수 있는 각종 기구, 도구, 자료에는 방문가방, 청진기, 혈압계, 참고서적, 기록, 보고서, 지침서, 지역사회 조사서 등이 속한다. 지역사회간호사, 보건교사, 산업간호사 모두 도구 및 자료를 비치하고 이를 사용하면서 보건실을 운영한다.

ⓗ **예산** : 예산은 지역사회 자원 중 가장 중요한 자원일 수 있다. 따라서 지역사회간호사는 지역사회간호를 위하여 쓸 수 있는 예산 및 재원을 파악하는 것이 필수적이다.

ⓢ **시간** : 지역사회간호사는 지역사회 간호사업을 위하여 사용될 수 있는 시간을 파악해 두는 것이 필요하다.

ⓞ 지역사회 자원은 지역사회의 특성에 따라 각각 그 중요성을 달리하므로 지역사회간호사는 자신이 담당한 지역사회의 특성에 따라 적절한 자원을 파악해야 한다.

③ 상호작용 또는 과정

㉠ **지역사회개발** : 의식고취를 통하여 개인과 지역사회가 그들의 문제를 이해하고 해결하며 그들의 삶을 위해 새로운 환경을 조성토록 하기 위한 힘을 증진시킴으로써 자원을 이용하고 증진하는 일련의 과정이다.

㉡ **지역사회능력** : 지역사회 건강측면에서 지역사회과정에 대한 개념은 Collrell(1976)이 사용한 지역사회능력을 말한다. 지역사회능력이란 지역사회 구성요소의 하나로 효과적으로 지역사회의 요구와 문제를 규명하며 목표와 우선순위를 합의적으로 수립하고 이를 성취하기 위한 활동을 협력적으로 수행하는 것을 의미한다.

④ 목표와 경계

㉠ **목표** : 지역사회 간호과정의 목표인 지역사회건강이란 지역사회 그 체계와 사위체계인 더 큰 사회간의 상호작용을 관리하며 문제파악을 통해 집합체적인 요구를 충족시키는 기능수준을 의미한다. 이 개념적인 기능수준을 나타내는 지표란 인구와 그 인구의 건강상태, 자원과 환경, 그리고 상호작용의 통합적인 과정이자 산물이다. 그러므로 이 적정기능 수준을 성취한다 함은 건강진단에 가장 핵심적인 영역인 그 지역사회의 건강상태에 영향을 미치는 제 영역들간의 관계를 일련의 간호사업 또는 간호활동을 통해 개선하고 그 과정이나 결과를 감시하고 측정하는 것이다.

㉡ **경계** : 물리적인 공간으로서의 구분이라기보다는 어떤 지역사회 특유의 사회적·문화적·지정학적 가치나 규범적 측면에서 구분되어지는 개념이다.

(2) 자료수집방법

대상자에 대한 다양한 정보를 수집하기 위해서는 적절한 수집방법을 사용해야 하며, 자료를 수집하는 방법은 크게 두 가지로 구분된다. 하나는 기초자료를 수집하는 방법이고, 다른 하나는 지역사회에서 간접적으로 자료를 수집하는 방법이다. 자료의 유형에는 통계수치와 같은 양적인 자료와 지역사회의 규범, 가치, 의식 등에 관한 질적(서술적)인 자료가 있다.

① **정보원 면담** ⋯ 지역사회의 가치, 규범, 신념, 권력구조, 문제해결과정 등에 대한 정보를 지도자, 종교지도자, 사회사업가 등을 통해 수집하는 방법이다.

② **참여관찰** ··· 지역사회주민들에게 영향을 미치는 의식, 행사 등에 직접 참석하여 관찰하는 방법이다.

③ **차창 밖 조사** ··· 신속하게 지역사회의 환경, 생활상 등을 보기 위해 자동차 유리 너머로 관찰하는 방법이다.

④ **이차적인 분석** ··· 공공기관의 보고서, 통계자료, 회의록, 조사자료, 건강기록 등과 같은 각종 기록 및 자료를 통해 필요한 정보를 얻는 방법이며 표준화된 통계자료인지를 검토해야 한다.

⑤ **설문지 조사** ··· 기초조사에 사용되는 방법으로 조사대상자를 직접 면담하여 자료를 얻는 방법이며 위의 방법들보다는 비경제적·비효율적이고 시간과 비용이 많이 소요되나 지역사회의 특정한 문제를 규명하기 위해서는 필요한 방법이다.

(3) 지역사회 건강진단

① 지역사회간호에서 지역사회 건강진단명은 수집된 자료를 분석하여 확인된 건강문제이며 환자의 요구를 반영하는 진술로써 지역사회 건강문제로 기술된다. 즉, 진단명은 지역사회 건강문제들의 진술이며 이것이 곧 지역사회 건강요구가 된다.

② 지역사회 건강진단은 수집된 자료에서 지역사회의 건강규범 혹은 평균에서 벗어난 것을 문제로 뽑아 관련된 정보를 묶어서 정리한다. 단, 지역사회간호사는 지역사회의 건강을 관리하는 전문가이므로 지역사회 인구 개인의 문제가 지역사회 건강문제가 되지 못하는 경우도 많다는 것을 이해해야 한다.

③ 지역사회의 건강문제는 자료에 근거하여 지역사회간호사의 지각과 지역사회 자체의 지각간의 차이에 따라 규명되므로 이를 위해서는 지역사회와 동반자 관계의 유지가 필수적이다. 문제규명에서는 현존문제 또는 잠재적 문제가 있는 대상자 집단을 파악하고 이 문제와 관련된 선행요인과 결과간의 상호관련성을 문제일람표로 작성하여 파악한다.

(4) 지역사회 간호사업의 기준 및 지침확인

지역사회간호사의 근본적인 역할과 기능은 어느 지역사회이건 동일하나 지역사회의 목적에 따라 지역사회간호사의 역할 및 기능의 정도에 차이가 있다. 그러므로 지역사회간호사는 그가 담당하고 있는 지역사회와 관계되는 각종 법령, 규정, 기준, 지침, 업무 분장표 등을 통하여 자신의 역할범위와 깊이를 파악해야 한다.

① **보건진료원** ··· 간호사업을 전개하면서 지역주민에게 제공할 수 있는 직접 치료기능의 범위와 치료에 사용할 수 있는 처치와 약품의 종류 및 범위를 확인하고 간호서비스를 제공해야 한다.

② **학교보건사업을 담당하는 보건교사** ··· 학교보건사업을 전개하면서 학교보건 관리기준을 확인해야 한다.

③ **산업간호사** ··· 산업안전보건법, 동 시행령 및 시행규칙, 산업체 내의 각종 업무지침 및 기준을 확인하여 산업간호문제를 도출해야 한다. 간호사업지침 및 기준을 확인하고 이를 기초로 지역사회 건강진단자료에서 지역사회 간호문제를 도출하게 된다. 이러한 과정에서 간호사업지침 및 기준 자체를 연구하는 자세로 분석하고, 이를 계속 활용하면서 연구·개발해야 한다.

④ 간호사업의 기준 및 지침은 제공되는 간호사업의 내용에 참고가 되고 법적인 책임문제가 동반되므로 확실하게 알고 활용해야 한다.

(5) 지역사회 간호문제의 우선순위 설정

① 지역사회 진단을 통하여 얻어진 건강상태를 지역사회 인구집단 자체의 문제, 인간집단이 거주하는 주위환경(자원)의 문제, 보건사업에 대한 문제, 지역사회 인구집단과 자원 간의 문제로 구분한다.

② 분석·정리된 지역사회 건강문제는 지역사회 간호사업의 기준 및 지침에 의거하여 간호인력이 해결할 수 있는 지역사회주민의 건강문제를 지역사회 간호문제로 하고, 간호인력의 지식과 기술수준에 의해서 배려될 수 없는 지역사회 건강문제는 적절한 기관에 의뢰한다. 사업의 우선순위를 설정할 때 문제의 중요성을 먼저 고려하고 동원가능한 자원을 고려하여 간호문제의 우선순위를 정해야 한다.

③ 우선순위 결정시의 기준(Stanhope와 Lancaster, 1996) … 간호진단에 의해 문제가 파악되면 문제해결의 우선순위를 결정해야 하는데 그 기준은 다음과 같다.
   ㉠ 지역사회 건강문제에 대한 지역사회주민들의 인식 정도
   ㉡ 건강문제를 해결하려는 지역사회의 동기수준
   ㉢ 건강문제 해결에 영향을 미치는 간호사의 능력
   ㉣ 건강문제 해결에 필요한 적절한 전문가의 유용성
   ㉤ 건강문제 해결이 안될 때 후속적으로 생길 결과의 심각성
   ㉥ 건강문제 해결에 걸리는 시간

❷ 지역사회 간호계획

(1) 계획과 과정의 특징

① **협력적 과정** … 협력이란 사업제공자와 지역사회 구성원들이 함께 무엇이, 언제, 누구에 의해 무엇보다도 왜 그래야 하는지를 정의하는 것으로 협력은 모든 참여자들이 함께 가능한 모든 관점을 고려하는 것이며 최소한 그들이 규정할 수 있는 범위 내에서 상호 공동이익이 되는 의사결정을 나누는 것이므로 계획과정의 결과에 의해 영향을 받을 모든 사람들의 지속적이고 능동적인 참여가 필수적이다.

② **순차적 과정** … 지역사회 구성원들의 협력을 통해 의식적이며 고의적으로 계획한 변화로서 필요한 때에 피드백(반응)을 제공하는 경고기전이 필수적이다.

③ **순환적 과정** … 계획참여자들이 바라는 이상적 미래의 대부분은 비교적 광범위한 것이기 때문에 중요한 시기별로 여러 가지 계획과정을 필요로 하고 이 계획과정에서는 진행과정과 밀접하게 관련된 활동들의 계속적인 순환과정의 한 부분으로 보아야 한다.

④ **상호동의한 이상적 미래** … 사업제공자인 지역사회간호사와 지역사회주민들간의 협력에는 계획의 전과정에서 분담과 합의를 이루는 접근이 필수적이며 참여자들이 지역사회의 미래상에 합의를 이루는 것이 무엇보다도 중요하다.

⑤ **활동의 예측** … 결과는 활동수행에 의해 얻어지는 계획의 한 단계이며 변화란 일반적으로 결과를 나타낸다. 계획을 세움으로써 어려운 결정이나 위험한 활동을 피할 수도 있지만, 계획을 세우며 아무리 바쁘게 움직여도 실천이 없다면 계획된 변화는 일어나지 않고 지역사회나 집단이 동의한 미래로의 전환은 없다.

⑥ **결과에 대한 평가와 결말** … 한 계획순환의 최종단계이며 다음 순환을 위한 사정단계이다. 평가는 활동의 즉각적인 또는 장기적인 효과를 보는 것을 의미한다.

(2) 계획지침

계획지침은 각국마다 약간의 차이를 보인다. 사회의 모든 부문에서 계획은 여러 가지 형태로 이루어지며 여러 집단에 의해 실행된다. 공공복지분야 중에서도 공공비용이 지출되는 분야에서 계획의 조정은 필수적이다.

(3) 계획도구의 선택

계획을 위해 사용되는 여러 가지 도구 중의 하나가 의사결정가치를 따라가는 방법이다. 이 방법은 계획가들이 선택가능한 그 결과들을 시각적으로 나타낸다. 이러한 시각화는 사람들로 하여금 어떤 선택이 가져다주는 위험이나 이익에 대해 더 잘 알게 해준다.

(4) 변화과정(전략)

① **합리적 · 경험적 변화** … 제시된 사실이나 경험상의 정보에 기초하여 결정을 내린다. 이 접근은 사업이 그들을 위해 무엇을 하는 것인지를 알려주며, 사람들이 지역사회 참여를 기대하기 전에 명백한 대답이 무엇인지를 알려주는 매우 현실적인 전략이다.

② **규범적 · 재교육적 변화** … 사람들이 그들 나름대로의 가치관, 규범, 태도, 행동을 가지고 있다는 신념에 입각한 전략이다. 변화에 대한 의지는 그들의 가치관, 규범, 태도를 재관찰하고 변화하려는 개방성의 정도에 따라 달라지므로 사업을 위한 노력은 사람들이 상황을 다르게 보게 될 것이라는 희망을 가지고 그들의 가치관을 재관찰하도록 돕는 데 초점을 둔다.

③ **권력적 · 강제적 변화** … 이 전략은 정치적 · 경제적 힘의 제재나 적용이 포함되며, 위의 두 전략이 실패했을 때 시도되는 마지막 대안이 된다. 그러나 지역사회 구성원들의 태도와 요구가 변화되지 않는다면 이 접근법은 미약할 수밖에 없다는 단점이 있다.

(5) 목표설정

① **목표** … 사업에 책임을 갖는 요원이 역할수행을 통하여 바람직하게 달성해야 할 환경, 인간의 상태와 조건을 의미한다.

② **목표의 구성** … 무엇, 범위, 누가, 어디서, 언제의 내용이며 필요에 따라 그 중 어느 항목을 생략할 수도 있다. 여기서 '무엇'이란 변화 혹은 달성해야 하는 상태나 조건을 말하는 것이며, '범위'는 달성하고자 하는 상태나 조건의 양, '누가'란 바람직하게 달성되어져야 할 환경의 부분 혹은 인간의 특정집단, 즉 대상이다. '어디서'란 사업에 포함되어지는, '언제'란 의도된 바람직한 상태 혹은 조건이 수행되어야 할 기간이나 때 등을 말한다.

(6) 방법 및 수단의 선택

지역사회간호사는 목표달성을 위하여 사용할 수 있는 방법과 수단의 장·단점을 고려하여 가장 효과적이고 효율적인 것을 택해야 한다.

① 지역사회 간호활동에는 크게 나누어 간호제공과 보건교육 그리고 관리가 있다. 이러한 간호활동도 클리닉 활동, 방문활동, 의뢰활동, 개인상담, 지역사회 조직활동 등의 수단을 통하여 수행한다. 그러므로 지역사회 간호활동 및 수단은 지역사회 간호업무활동이라고 할 수 있다.

② 활동 및 수단의 4가지 선택절차
　　㉠ 목표달성을 위한 서로 다른 각종 방법 및 수단을 모색한다.
　　㉡ 문제해결을 위하여 요구되는 자원과 이용가능한 자원을 조정한다.
　　㉢ 가장 최선의 방법 및 수단을 선정한다.
　　㉣ 구체적인 활동을 기술한다.

③ 타당성 고려
　　㉠ **기술적 타당성** : 그 방법이 기술적으로 가능하고 효과가 있어야 한다.
　　㉡ **경제적 타당성** : 우선 경제적으로 시행가능하고 나아가서는 그 효과가 경제적 측면에서 분명한 것을 의미한다.
　　㉢ **사회적 타당성** : 주로 사업대상자들의 수용도, 즉 얼마만큼 받아들여 줄 것이냐의 문제이다.
　　㉣ **법률적 타당성** : 목표달성을 위한 행위가 법적으로 받아들여질 수 있는가, 즉 법률제도적으로 보장이 되는 것이어야 한다는 의미로 해석할 수 있다.

(7) 집행계획

① **누가 업무활동을 하는가** … 어떤 지식과 기술을 갖춘 요원 몇 명이 하여야 할 것인가를 계획하는 것이다.

② **무엇을 가지고 업무활동을 할 것인가** … 그 업무활동에 필요한 도구와 예산을 계획하는 것이다. 이용가능한 도구의 목록 및 더 청구해야 할 도구의 목록, 가능한 예산을 어떻게 사용해야 하며 얼마만큼 사용해야 하는가 하는 예산명세서를 작성한다.

③ 어디서 업무활동을 할 것인가 … 어느 지역, 어느 장소에서 할 것인가를 명확히 기술한다.

④ 언제 업무활동을 할 것인가 … 각 업무활동 단계마다 시작하는 시간과 끝나는 시간을 기록하여 시간표를 작성하며, 시간계획을 작성할 때에는 연간계획, 기간별 월별계획 등을 상세히 기술하는 것이 바람직하다.

  ㉠ 연간계획 : 사업의 성격, 그 지역의 특성에 따라 사업의 수행기간을 월별로 동일한 간격으로 구분할 필요는 없지만 농촌인 경우 농번기를 고려하여야 할 것이고, 그 지역의 특수한 집단적 행사가 있을 경우도 또한 참고로 해야 한다. 그러나 특별한 이유가 없을 경우에는 월별, 분기별로 균등하게 구분하는 것이 상례이다.

  ㉡ 월별사업 수행계획 : 하나의 도표로 작성하여 한꺼번에 연간계획을 볼 수 있도록 눈에 잘 띄는 곳에 비치하는 것이 좋다.

  ㉢ 월간계획 : 연간계획을 바탕으로 하여 활성화하는데 일별, 요일별로 구분하여 작성한다. 특별한 행사날 등을 고려하여 계획하면 훨씬 유용할 수도 있다.

(8) 평가계획

① 평가를 무엇을 가지고 할 것인가 … 수행이 끝난 뒤 평가를 위한 평가도구를 의미한다. 그 사업의 평가를 위한 평가도구는 사업을 시작하기 전에 마련하여야 하며, 평가도구는 타당성과 신뢰성이 있어야 한다. 타당성이라 함은 평가하고자 하는 내용을 올바르게 평가하고 있는 것을 의미하며, 신뢰성은 평가하고 있는 기준이 정확한 것인지를 의미한다.

② 평가를 언제 할 것인가 … 평가는 사업이 완전히 끝났을 때와 사업이 진행되는 도중에 수시로 하여야 하며 수시로 시행하는 것이 더 좋은 방법이라 할 수 있다. 평가에 대한 계획안은 사업이 시작되기 전에 작성해야 한다.

③ 평가의 범주를 어느 것으로 할 것인가 … 평가의 범위로는 사업의 성취, 투입된 노력, 사업의 진행과정, 사업의 적합성, 사업의 효율 등이 있다. 즉, 사업의 평가를 평가범위 중 어느 부분에 중점적으로 할 것인가를 결정해야 한다. 이들 평가계획도 지역주민들의 참여를 유도해야 한다.

❸ 지역사회 간호수행

(1) 간호수행 메커니즘

계획은 수행을 위한 지침이 되므로 사업의 수행은 계획된 대로 활동들이 이루어지고 이러한 활동의 누적으로 사업은 완결된다. 계획을 사업대상자에게로 전달하기 위해서는 수행 메커니즘 또는 통로가 필요하다. 지역사회간호사 한 사람만의 활동으로 지역사회 건강수준의 향상이란 변화를 가져오기는 어려우므로 지역사회간호사는 소집단모임, 조언가, 대중매체, 보건정책 등의 다양한 메커니즘을 이용하는 것이 필요하다.

① **소집단모임** … 지역사회에 있는 공식적 그리고 비공식적 소집단모임은 지역사회에 살고 있는 주민 개인과 지역사회 전체를 이어주는 매개적인 역할을 하므로 지역사회의 변화를 지지하거나 저해하기도 한다. 지역사회간호사는 어느 소집단이 변화에 대해 긍정적인 시각을 가지고 있는가, 또는 어느 소집단이 부정적 시각을 가지고 있는가를 파악하는 것이 필요하다. 변화를 촉진하기 위해 필요시에는 새로운 소집단모임을 구성할 수도 있다.

② **조언가** … 새로운 정보를 받아들이거나 거부하는 데 영향력을 행사하는 개인으로서, 이들은 대중매체로부터 새로운 생각을 받아들이는 능력과 넓은 시야를 가진 자들인 조기 적응자들과 유사하게 기능한다. 특히 많은 공식적인 사회활동에 참여하며 특정분야의 전문가이고 비교적 추종자들보다는 사회적 신분이 높은 편이다.

③ **대중매체** … 소집단모임과 조언가들은 후기 적응자들 간에 변화를 유도하는 데 유용한 편이다. 신문, 텔레비전과 라디오 등의 대중매체는 비인격적이며 공식적인 유형의 의사소통이고, 빠르고 신뢰할 만한 방법으로, 대단위 집단에게 정보를 줄 수 있는 유용한 방법이다. 특히 중재 시 효과적인 보조자 역할을 한다.

④ **보건정책** … 지역사회 건강수준을 변화시키기 위한 중재방안들을 촉진하는 데 유용하다. 만일 공공정책이 지역사회주민들의 건강을 향상시킬 수 있는 방안이 된다면 지역사회간호사는 정책에 반영되도록 적극적으로 활동해야 한다.

(2) 사업진행의 감시와 감독

① **감시** … 업무활동의 질적 표준을 유지하기 위하여 업무의 수행수준, 수행절차, 수행결과에 대한 결여를 규명하고 그들 결여의 원인이 무엇인지를 찾는다. 감시하는 방법으로는 계속적인 관찰, 기록의 감사, 물품의 점검, 요원과 지역사회와의 토의 등이 있으며 계속적인 감시를 하기 위하여 정보체계를 통한 감시목록을 기록하기도 한다.

② **감독** … 업무활동의 감독은 감독계획을 만들어 정기적으로 지역사회를 방문하여 실시한다. 어느 정도 자주 방문하여 감독을 할 것인가는 지역사회의 상태, 지역사회 간호사업의 수준, 교통망과 자원의 동원가능성에 의하여 결정된다.

    ㉠ **지역사회간호사가 감독을 위한 방문 전 알아야 할 사항**
- 감독해야 할 지역사회가 도달해야 할 목표량
- 요원들이 해야 할 활동
- 목표량과 관련된 사업의 진행정도
- 사업진행 동안 발생한 문제
- 요구되는 물품의 종류

    ㉡ **지역사회간호사의 방문시 감독활동**
- 목표량을 향하여 잘 진행되고 있는지 요원들이 기록한 기록부 감사
- 도구의 소독방법, 물품의 비축, 상병자 간호, 보건교육 등 주어진 업무활동에 대한 관찰

- 주민의 요구와 주어진 사업이 잘 부합되는지를 지역사회주민들과의 대화를 통해 사업수행에 대한 이해와 요구를 파악
- 방문의 끝에는 지역사회간호사가 무엇을 발견했는지에 대하여 요원들과 토의 후 조언
- 다음 방문날짜 재확인

④ 지역사회 간호평가

(1) 평가의 개념

① 평가란 일의 양 또는 가치를 측정하여 어떠한 기준에 따라 성취한 것을 비교하는 것을 말하며, 지역사회 간호과정의 최종단계이자 동시에 시작이므로 사업을 수행하고 난 후에 이루어지고 또한 후속사업의 계획에 반영된다.

② 평가의 목적은 사업수행결과를 파악하고 측정하여 계획단계에서 설정된 사업목표를 달성할 수 있도록 추진하고 또한 기획과정에서 수정할 사항이 있는지 없는지를 알아내는 데 있다.

③ 평가를 하는 데에는 그 사업의 성취를 측정할 수 있는 도구나 기준이 있어야 하며 평가는 사업을 완전히 성취한 후에만 하는 것이 아니라 사업의 수행 등 각 단계에서도 시행해야 한다.

④ 평가의 결과는 사업의 계획에 반영되어야 함은 물론 사업의 지침 및 기준, 사업에 관련된 법령 등에도 영향을 주어야 한다.

(2) 평가의 범주

① **투입된 노력에 대한 평가** … 지역사회 간호사업에서 투입된 노력이라 함은 재정적 예산에 대한 것보다는 지역사회간호사, 간호조무사, 지역사회 자원봉사자 등의 간호팀이 사업을 위하여 제공한 시간, 간호팀의 가정 방문횟수, 의사 및 전문가 방문횟수 등을 총망라한 것으로 결과가 효과적으로 나타날 수 있는 노력이 투입되어야 한다.

② **사업진행에 대한 평가** … 계획단계에서 마련된 수단 및 방법을 통해 집행계획을 수립한 것을 기준으로 하여 내용 및 일정에 맞도록 수행되었는지 혹은 되고 있는지를 파악하는 것이다. 평가상 서로 차질이 있는 것으로 나타나면 그 원인이 어디에 있는지 분석하고, 분석한 결과 그 원인을 제거하거나 혹은 변형할 수 있는 것인지 우선 살펴본다. 만약 수정이 불가능하다면 관련된 수단이나 방법을 변형해야 하는지, 일정표를 조정해야만 하는지 등의 계획변경 여부를 평가해야 한다.

③ **목표달성 정도에 대한 평가**(결과평가) … 계획된 목표수준에 설정된 목표가 제한된 기간 동안에 어느 정도 도달했는가를 구체적 목표, 즉 하위목표에서 파악하는 것이다.

📢 TIP 결과평가

㉠ 질적 평가 : 대상자의 실제적 변화정도를 평가하는 것으로 태도나 행동의 변화를 측정하는 것이다.
㉡ 양적 평가 : 단순히 수량적 평가를 하는 것이다.

④ **사업효율에 대한 평가** … 효율에 대한 평가라 함은 사업을 수행하는데 투입된 노력, 즉 인적 자원, 물적 자원 등을 비용으로 환산하여 그 사업의 단위목표량에 대한 투입된 비용이 어느 정도인가를 산출하는 것으로 산출된 단위목표량에 대한 비용을 다른 목표량에 대한 비용 혹은 계획된 비용 등에 비추어 많고 적음을 평가한다. 즉, 적은 비용으로 최대의 목표에 도달하자는 의도이다.

⑤ **사업의 적합성에 대한 평가** … 사업의 목표는 지역사회의 요구와 정부의 정책 및 지침을 기본으로 하되 투입되는 인적 · 물적 자원의 한계 내에서 설정된다. 그러므로 그 목표 자체가 지역사회 요구에 적합하다거나 충분하다는 것과 일치하지 않는다. 사업의 적합성은 투입된 노력에 대한 결과, 즉 모든 사업의 실적을 산출하고 그 산출한 자료의 지역사회 요구량과의 비율을 계산한다.

(3) 평가의 절차

① 지역사회 간호사업에서 평가로 시도하는 사업실적 위주의 평가는 목표달성에 대한 평가라고 하기에는 명확치 않고 사업의 진행평가도 아니다. 즉, 어느 측면으로 평가를 하든간에 다루어지는 측면은 평가되어진 후 수정을 가할 수 있는 기준이 있어야 한다.

② 지역사회 간호팀은 월별, 분기별, 연도별 평가계획에 따라 자체 평가를 상위기관 간호사와 같이 평가하며, 평가에 지역사회 인구집단을 참여시켜야 한다.

③ 평가의 5가지 접근단계
　㉠ **평가대상 및 기준** : 무엇을 평가하며 어떠한 측정기준으로 평가할 것인가를 결정한다. 즉, 평가되어져야 할 것의 결정과 평가를 위한 측정기준을 설정하는 것이다. 예를 들면 평가범주 중 목표달성 정도에 관한 평가를 하고자 했을 때 사업목표를 영아사망률의 감소라고 정한다면, 무엇을 평가할 것인가에 영아사망률과 관련된 항목으로 영아사망수의 증감을 평가하여야 하며 측정기준으로는 1,000명의 출생아에 대한 사망아를 계산하는 것이다.
　㉡ **평가자료 수집** : 평가하기 위한 정보 및 자료를 수집한다. 평가대상을 알아내기 위하여 관련된 정보나 자료를 수집해야 한다. 예를 들면 사망수의 증감을 평가하기 위하여 현재 영아사망실태에 대한 자료를 어디에서 수집해야 하는가를 결정하고 이를 근거로 자료를 수집한다. 사망신고서 혹은 지역사회주민에게 실시하는 설문지 조사 등의 방법이 이에 속한다.
　㉢ **설정된 목표와 비교** : 설정된 목표와 현재 이루어진 상태를 비교한다.
　㉣ **가치판단** : 목표에 도달하였는지, 혹은 도달하지 못했다면 어느 정도 도달했는지 등의 범위를 판단하고 그 원인을 분석한다.
　㉤ **재계획 수립** : 미래의 사업진행방향을 결정한다. 진행했던 사업을 변화없이 계속할 것인지, 그것을 변화하여 수행할 것인지, 혹은 사업을 중단할 것인지 등을 결정한다.

❺ 보건사업의 평가유형

(1) 평가 주체에 따른 유형

구분	특징	장점	단점
내부평가	실제 지역사회 보건사업을 수행하고 있는 실무자에 의해 이루어지는 평가	수행실무자가 지역사회 보건사업에 대하여 평가하기 때문에 기관의 특성이나 보건사업의 독특한 성격이 반영할 수 있다.	평가자가 관련되어 있으므로 객관적이고 공정한 평가활동을 하기 어려워서 결과에 대한 신뢰성 문제가 제기될 수 있다.
외부평가	내부평가로는 지역사회 보건사업에 대하여 객관적으로 평가할 수 없다는 가정하에 주로 전문기관, 전문가들로 구성된 패널에 의해 실시	보건사업에 대한 전문적인 지식을 가지고 객관적으로 평가할 수 있다.	비용과 시간이 많이 소요되고 사업의 고유한 특성을 반영하기 어렵다.

(2) 평가자료에 따른 유형

구분	특징	장점	단점
질적평가	검사도구로 측정하여 수량화할 수 없는 경우에 활용한다.	특성의 달성 정도나 수준을 상세하게 기술하고 묘사할 수 있다.	• 기준의 신뢰성, 객관성을 보장받기 어렵다. • 고도의 전문성이 요청되거나 자료 수집에 비용, 시간, 노력이 많이 소요된다.
양적평가	• 수량화된 자료를 적절한 통계적 방법을 이용하여 기술, 분석하는 평가이다. • 체계적이고 과학적이고 경험적인 평가이다. • 일정한 과정에 따라 진행되어야 한다. • 심층적인 탐구의 전통에 따라 평가대상을 다양한 형태로 수량화한다.		

(3) 평가시기에 따른 유형

① **진단평가** … 진단평가는 보건사업을 수행하기 이전에 실시하는 사전평가이다. 대상자들의 프로그램에 대한 이해도, 흥미, 준비도, 지식수준, 동기여부 등 사전에 측정하기 위하여 실시한다.

② **형성평가** … 보건사업을 수행하는 중간에 실시하는 평가이다. 형성평가의 평가항목으로는 다음과 같은 것이 있다.

    ㉠ 지역사회 보건사업이 계획한 대로 진행되고 있는지?

    ㉡ 무엇을 어느 정도 수행했는지?

    ㉢ 수행 중에 어떤 문제점이 발생했는지?

③ **총괄평가** … 보건사업을 수행한 이후에 실시하는 평가이다. 총괄평가의 평가항목으로는 다음과 같은 것이 있다.

ㄱ 투입된 노력의 대가로 무엇이 나타났는지?

ㄴ 설정된 목표를 달성했는지?

ㄷ 보건사업이 어떤 영향을 끼쳤는지?

(4) 사업 진행과정에 따른 유형

종류	정의	특징
구조평가	프로그램을 수행하기 이전에(사전조사 포함) 자료나 전략의 강점 및 약점을 평가하기 위해 실시하는 것	• 모든 노력이 진행되기 전에 필요한 수정을 할 수 있도록 한다. • 프로그램을 성공시키기 위한 기회를 최대화한다. 〈평가항목〉 • 사업에 투입되는 자료 • 사업에 필요한 인력의 양적 적절성과 전문성 • 시설 및 장비의 적절성
과정평가	프로그램을 수행하는 중간에 실시하는 평가	• 프로그램의 계획과 진행정도를 비교하여 목표달성이 가능하도록 내용을 조정한다. • 목표달성을 저해하는 요인을 조기에 발견·시정하고 촉진요인은 강화하기 위함이다. 〈평가항목〉 • 프로그램 진행 일정의 준수 • 프로그램 자원의 적절성 효율성 • 프로그램 이용자의 특성과 형평성 • 프로그램의 전략 및 활동의 적합성 • 제공된 서비스의 질
영향평가	프로그램의 단기적 결과에 대한 평가	• 프로그램의 즉각적인 결과를 측정하고 평가한다. • 프로그램의 효과인 인식, 지식, 태도, 기술, 행위의 변화를 측정하고 평가한다. 〈평가항목〉 • 프로그램 영향으로 주민들의 지식, 태도, 행위에 변화가 있는가? • 다른 프로그램에 어떤 파급 효과가 있었는가?

6 지역사회 간호진단 분류체계

(1) 오마하(OMAHA) 분류체계

① 오마하 방문간호사 협회에서 1975년부터 1993년까지 개발된 분류체계로 보건간호실무영역에서 문제중심 접근방법에 기초하여 개발되었다.

② 오마하 분류체계는 문제분류, 중재, 결과를 모두 다루고 있다.

③ 대상자의 건강문제를 규명하기 위한 4개의 수준
  ㉠ 제1단계 영역 : 환경, 사회심리, 생리, 건강관련행위의 4가지
    • 환경영역 : 4개의 문제
    • 사회심리영역 : 12개의 문제
    • 생리영역 : 18개의 문제
    • 건강관련행위영역 : 8개의 문제
  ㉡ 제2단계 문제 : 개인/가족의 건강상태에 영향을 미치는 간호요구와 문제, 강점을 나타낸다.
  ㉢ 제3단계 수정인자 : 대상과 심각성을 나타낸다. 여기서 심각성이란 건강과 질병의 연속선상에서 나타날 수 있는 건강증진, 잠재적 손상, 실제적 손상을 의미한다.
  ㉣ 제4단계 증상/증후 : 개인, 가족, 지역사회로 분류하며, 주관적 증거인 증상과 객관적 증거인 증후로서 378개를 포함한다.

④ 영역과 문제

영역	문제
환경영역 – 물리적 자원과 물리적 환경	수입, 위생, 주거, 이웃, 직장의 안전 등
사회 심리적 영역 – 행동, 감정, 의사소통, 관계형성, 발달양상	지역사회자원과의 의사소통, 사회접촉, 역할변화, 대인관계, 영성, 슬픔, 정신건강, 성욕, 돌봄/양육, 아동/성인무시, 아동/성인학대, 성장/발달
생리적 영역 – 생명 유지 기능이나 상태	청각, 시각, 언어와 말, 구강건강, 인지, 동통, 의식, 피부, 신경근/골격기능, 호흡, 순환, 소화와 수분, 배변기능, 배뇨기능, 생식기능, 임신, 산후, 감염병/감염성 상태
건강관련 행위 – 안녕유지, 향상, 회복과 재활	영양, 수면과 휴식양상, 신체활동, 개인위생, 약물사용, 가족계획, 건강관리감독, 투약처방

⑤ 지역사회간호사가 지역사회문제를 진단하고 이를 통해 지역사회건강증진을 위한 의사결정을 하는데 유용한 도구를 제공할 수 있다.

(2) 가정간호(HHCCs) 분류체계

① 가정간호가 필요한 관련 대상자로부터 데이터를 수집하고 범주화하여 가정간호서비스에 대한 요구예측 및 결과측정을 위한 분류체계이다.

② 가정간호서비스를 범주화하여 가정간호서비스에 대한 요구예측과 결과를 측정하기 이하여 1988년부터 1991년까지 조지타운대학의 간호대학에서 전국 646개의 가정간호기관을 대상으로 이들 기관에서 퇴원한 메디케어 환자들에 관한 자료를 바탕으로 개발하였다.

③ 분류체계는 4단계, 간호요소는 20개, 가정간호진단은 145개로 구성되어 있다.

④ 4단계 분류체계

　㉠ 1단계 간호요소 : 활동, 배변, 심장, 인지, 대처, 체액량, 건강행위, 투약, 대사, 영양, 신체조절, 호흡, 역할관계, 안전, 자가간호, 자아개념, 감각, 피부통합성, 조직관류, 배뇨

　㉡ 2단계 대분류 : 50개의 대분류로 구성

　㉢ 3단계 하위분류 : 95개의 하위분류로 구성

　㉣ 4단계 수정인자 : 호전, 안정, 장애 등 3개의 수정인자로 구성

⑤ 가정간호분류체계는 사정, 비용예측, 평가하기 위한 분석적 모델을 제시해 준다.

(3) 국제간호실무(ICNP) 분류체계

① 1989년 국제간호협회가 국제적으로 통용될 수 있는 공동의 언어와 분류체계를 만들기 위해 개발되었다.

② 간호진단은 간호현상으로 명명하고, 8개의 축으로 구조화되어 있다.

③ 8개의 축

A	간호실무의 초점
B	판단
C	빈도
D	기간
E	해부학적 범위
F	신체부위
G	가능성
H	간호현상이 있는 실체

④ 적용원칙과 내용
  ㉠ 진단을 내리기 위해서는 간호실무의 초점 축과 판단과 가능성 축으로부터 나온 용어를 포함해야 하고, 하나의 진단 시 각 축은 한 번씩 사용해야 한다.
  ㉡ 다축구조 : 적은 수의 개념과 코드로 구성될 수 있고, 개념정의가 간단하나, 데이터 입력이 복잡하고, 여러 개의 축으로부터 조합하여 의미가 모호할 수 있다.
  ㉢ 분류체계 : 2,498개의 개념이 있으며, 이론적으로 융통성이 높지만, 의미가 모호할 수 있으며, 일부는 반복적으로 나타나 향후 더 해결해야 할 문제가 있다.
  ㉣ 우리나라에서는 실증적으로 가족간호현상을 분류하는데 14개 현상으로 분류하여 활용되고 있다.

(4) 북미간호진단협회(NANDA) 분류체계
① 실제 또는 잠재적 건강문제 또는 생의 과정 속에서 개인, 가족, 지역사회의 반응을 임상적으로 판단하는 것을 말한다.

② 1973년부터 간호진단을 명명하고 개발하기 시작하였다.

③ 분류체계 … 통합된 인간에 대한 인간과 환경의 상호작용 양상에 대해 5단계로 진단분류를 제시하였다.
  ㉠ 제1단계 : 9개의 인간반응양상 - 교환, 의사소통, 관계형성, 가치, 선택, 기동, 지각, 지식, 감정
  ㉡ 제2단계 : 제2단계부터 제5단계까지 진단명으로 제시하며, 148개의 진단을 포함

④ 2000년 개발된 NANDA Taxonomy Ⅱ
  ㉠ 13개의 영역과 47개의 범주, 7개의 축으로 구성
  ㉡ 13개 영역 : 건강증진, 영양, 배설, 활동/휴식, 지각/인지, 자각, 역할관계, 성, 대처/스트레스 내성, 삶의 원리, 안전/보호, 편안감, 성장/발달
  ㉢ 7개의 축
    • 1[진단초점] : 불안, 출혈, 낙상, 피로
    • 2[진단대상] : 개인, 가족, 집단, 지역사회
    • 3[판단] : 장애, 비효과적
    • 4[부위] : 심장, 대장, 방광 등
    • 5[연령] : 영아, 성인, 노인 등
    • 6[시간] : 만성, 급성, 간헐적
    • 7[진단상태] : 실제적, 위험, 건강증진

⑤ NANDA 분류체계는 지역사회보다는 임상의 개개인에게 초점이 맞춰져 있어 지역사회간호현상을 폭넓게 적용하기에 제한적이다.

≡ 최근 기출문제 분석 ≡

2022. 6. 18. 제1회 지방직

1 보건소에서 과체중 중년 여성을 대상으로 8주간의 운동프로그램을 실시하였다. 간호과정의 사정단계 내용으로 옳은 것은?

① 체중감소율을 4주, 6주, 8주 후에 각각 평가하기로 하였다.

② 과체중 중년 여성이 다른 지역에 비해 얼마나 많은지 비교하였다.

③ 지역사회간호사가 운동프로그램을 실시하였다.

④ '프로그램 참여자의 20%가 체중이 감소한다'로 목표를 설정하였다.

> **TIP** ①④ 계획단계
> ③ 수행단계
> ※ 지역사회 간호과정
> ㉠ 사정 : 자료 수집 및 분석, 건강문제 도출
> ㉡ 진단 : 간호문제 도출 진단의 분류체계 우선순위 설정
> ㉢ 계획 : 목표설정 및 수단 선택, 수행계획 및 평가계획
> ㉣ 수행 : 사업의 수행
> ㉤ 평가 : 평가 및 피드백

2022. 6. 18. 제1회 지방직

2 다음 내용은 가이거와 다비드하이저(Giger & Davidhizar)가 개발한 횡문화사정 모형(Transcultural Assessment Model)에서 어떤 문화현상을 사정한 것인가?

> • 억양과 발음을 확인한다.
> • 침묵을 사용하는 경향을 파악한다.
> • 터치하였을 때 불편감을 느끼는 정도를 파악한다.

① 환경통제　　　　　　　　　② 사회조직

③ 의사소통　　　　　　　　　④ 생물학적 차이

Answer 1.② 2.③

TIP ① **환경통제**: 내외적 통제위 척도를 사정한다.

② **사회조직**: 결혼 유무나 현재 건강 상태를 사정한다.

③ **생물학적 차이**: 일반적인 신체 사정을 시행한다.

※ **횡문화사정 모형**(Transcultural Assessment Model)의 요소

ⓐ **의사소통**: 목소리 특징, 침묵 사용, 억양과 발음 확인, 의사소통 시 터치 사정

ⓑ **공간**: 편안한 정도 사정

ⓒ **사회조직**: 건강 상태 사정

ⓓ **시간**: 과거 · 현재 · 미래 중심, 시간에 관련된 사정

ⓔ **환경통제**: 내외적 통제위 척도 사정

ⓕ **생물학적 차이**: 일반적인 신체 사정

2022. 6. 18. 제1회 지방직

3 SWOT분석에서 강점-위협전략(ST전략)에 해당하는 것은?

① 불리한 환경을 극복하기 위한 신사업 개발

② 위협을 회피하기 위한 사업의 축소

③ 내부조직의 역량 강화를 위한 혁신 및 구조조정

④ 공격적인 사업영역 확대

TIP ① 다각화 전략으로 위협을 최소화하고 내부 강점을 사용하는 전략이다. 따라서 불리한 환경 극복을 위한 신사업 개발은 강점-위협(ST)이다.

② 외부의 위협을 피하고 내부 약점을 최소화하는 약점-위협(WT) 전략이다.

③ 약점을 최소화하기 위해 외부의 기회를 활용하는 약점-기회(WO) 전략이다.

④ 내부의 강점으로 외부의 기회를 극대화하는 강점-기회(SO) 전략이다.

2022. 4. 30. 지방직 8급 간호직

4 지역사회 건강사정을 위해 보건소 간호사가 마을 부녀회장을 심층 면담했을 때, 이에 해당하는 자료수집 방법과 자료의 특성을 옳게 짝 지은 것은?

	자료수집 방법	자료 특성
①	직접법	양적 자료
②	직접법	질적 자료
③	간접법	양적 자료
④	간접법	질적 자료

TIP ② 지역사회의 공식 혹은 비공식 지역 지도자와의 면담을 통해 자료를 수집하는 방법을 직접법이라고 하며, 통계자료가 아닌 면담을 통해 문자, 영상, 음성 등으로 기록된 자료로 질적 자료가 된다.

Answer 3.① 4.②

5 다음은 오마하(Omaha) 문제분류체계의 수준에 따른 사례이다. ㈎에 들어갈 용어는?

영역	문제	㈎	증상/징후
생리적	전염성 상태	지역사회, 실제적	감염 발열 양성의 감별검사

① 초점

② 판단

③ 구성요소

④ 수정인자

> **TIP** 오마하 문제분류체계
> ① 1단계 : 영역분류(4영역)
> ② 2단계 : 문제(42개)
> ③ 3단계 : 수정인자
> ④ 4단계 : 증상/징후(378개)

6 교육중심 비만예방관리사업 시 보건사업평가 유형에 따른 내용으로 옳은 것은?

① 구조평가 : 투입된 인력의 종류와 수, 교육 횟수, 교육실의 넓이

② 과정평가 : 교육 내용의 질, 교육 일정 준수, 사업 참여율

③ 적합성평가 : 사업 만족도, 목표 달성도, 교육 인력의 전문성

④ 결과평가 : 비만율 변화 정도, 사업 예산 규모, 사업 요구도의 크기

> **TIP** Donabedian 3가지 평가범주
>
> | 투입평가(구조평가) | 장소, 기구, 도구, 물품, 인력, 예산 |
> |---|---|
> | 진행평가(과정평가) | • 대상자의 적절성
• 프로그램 참여율
• 교재의 적절성 |
> | 결과평가 | • 효과(지식변화, 행위변화, 사업목표 달성)
• 효율 : 사업으로 인해 변화된 결과
• 대상자 및 간호사의 만족도 |

Answer 5.④ 6.④

7 지역사회 간호문제를 파악하기 위한 자료수집 방법 중 직접법에 해당하는 것은?

① 인구센서스 자료를 통해 지역의 인구증가율 정도를 파악하였다.

② 공공기관의 보고서를 통해 지역의 복지기관의 유형과 수를 파악하였다.

③ 지역의 행사, 의식에 참여하여 주민들의 규범이나 권력구조를 파악하였다.

④ 지역 내 의료기관 통계자료를 통해 병원 입원 및 외래환자의 상병 유형을 파악하였다.

TIP 2차 자료(간접정보 수집)수집 방법: 공공기관의 보고서, 통계자료, 회의록, 조사자료, 건강기록 등이 해당된다.

8 지역사회 간호사업의 평가에 대한 설명으로 옳지 않은 것은?

① 평가 계획은 사업 수행 단계 전에 수립하여야 한다.

② 평가의 계획 단계부터 주요 이해당사자를 배제한다.

③ 평가 결과는 차기 간호사업 기획에 활용한다.

④ 사업의 목표 달성 정도를 파악하기 위해 효과성 평가를 실시한다.

TIP 지역사회 간호사업 평가절차는 평가대상 및 기준설정 → 평가자료 수집 → 설정된 목표와 현재 상태 비교 → 목표 도달 정도의 판단과 분석 → 재계획으로 이루어진다.

9 BPRS(Basic Priority Rating System)를 적용할 때, 우선순위가 가장 높은 건강 문제는?

건강 문제	평가항목		
	건강 문제의 크기 (0~10)	건강 문제의 심각도 (0~10)	사업의 추정 효과 (0~10)
①	5	5	7
②	5	6	6
③	6	5	5
④	7	5	5

TIP BPRS 방식은 (A+2B)×C 공식에 따라 점수를 계산하여 우선순위를 결정한다.
A 문제의 크기(건강문제를 가진 인구 비율, 만성질환 유병률, 급성질환 발병률 등)
B 문제의 심각도(긴급성, 중증도, 경제적 손실, 타인에게 미치는 영향 등)
C 사업의 추정효과(사업의 최대효과와 최소효과 추정 등)
㉠ 사용자의 주관적 판단에 의거하여 우선순위를 결정하기도 한다.
㉡ 경제적 손실은 문제의 심각도와 관련된다.
㉢ 건강문제를 가진 인구 비율은 문제의 크기와 관련된다.

Answer 7.③ 8.② 9.①

10 A간호사는 지역 보건소에 처음 발령을 받고 주민센터 동장님을 만나 지역사회 건강 문제에 대한 의견을 물어보았다. 이때의 자료수집 방법으로 가장 옳은 것은?

① 정보원 면담　　　　　　　　　　② 설문지 조사

③ 차창 밖 조사　　　　　　　　　　④ 참여관찰

> **TIP** 정보원 면담 … 지역사회의 공식 · 비공식 지역지도자의 면담을 통해 자료를 수집하는 방법이다.

11 지역사회 간호과정에서 목표 설정 시 고려해야 할 사항으로 가장 옳지 않은 것은?

① 추상성　　　　　　　　　　　　　② 관련성

③ 성취가능성　　　　　　　　　　　④ 측정가능성

> **TIP** 목표설정기준
> ㉠ 구체성: 목표는 구체적으로 기술하여야 한다.
> ㉡ 측정가능성: 목표는 측정 가능하여야 한다.
> ㉢ 적극성&성취가능성: 목표는 진취적이면서 성취 가능한 현실적인 것이어야 하나, 별다른 노력 없이도 달성되는 소극적인 목표는 안 된다.
> ㉣ 연관성: 사업목적 및 문제해결과 직접 관련성이 있어야 한다. 즉, 해당 건강문제와 인과관계가 있어야 한다.
> ㉤ 기한: 목표달성의 기한을 밝혀야 한다.

12 SWOT 분석의 전략을 옳게 짝지은 것은?

① SO 전략 – 다각화 전략

② WO 전략 – 공격적 전략

③ ST 전략 – 국면전환 전략

④ WT 전략 – 방어적 전략

> **TIP** ① SO 전략 – 공격적 전략
> ② WO 전략 – 국면전환 전략
> ③ ST 전략 – 다각화 전략

Answer 10.① 11.① 12.④

2020. 6. 13. 제2회 서울특별시

13 보건사업 평가유형과 그에 대한 설명을 옳게 짝지은 것은?

① 내부평가 – 평가결과에 대한 신뢰성 문제가 제기될 수 있다.

② 외부평가 – 보건사업의 고유한 특수성을 잘 반영하여 평가할 수 있다.

③ 질적평가 – 수량화된 자료를 이용한 통계적 분석을 주로 한다.

④ 양적평가 – 평가기준의 신뢰성과 객관성을 보장받기 어렵다.

> **TIP** 내부평가 … 보건사업에 관련된 인사가 내부적으로 보건사업을 평가하는 것이다. 내부평가는 형성평가에 적합하며 평가자가 사업의 내용을 속속들이 알고 있기 때문에 외부평가에 비해 정확할 수는 있으나, 이해관계가 얽혀 있어 객관적이고 공정한 태도로 평가하기 어려운 경우가 많으며, 처음에 의도하지는 않았지만 결과적으로 나타난 효과들을 간과하기 쉽다는 단점이 있다.

2019. 6. 15 제2회 서울특별시

14 지역사회간호사업 수행단계에서 계획대로 사업이 진행되고 있는지를 확인하기 위한 활동으로, 업무수행을 관찰하거나 기록을 검사하여 문제를 파악하고 문제의 원인을 찾는 활동에 해당하는 것은?

① 조정

② 의뢰

③ 감시

④ 감독

> **TIP** 업무수행을 관찰하거나 기록을 검사하여 문제를 파악하고 문제의 원인을 찾는 활동은 감시활동으로 사업이 진행되고 있는지를 확인하기 위해서 필요하다.
> ※ 간호수행단계에서 요구되는 활동
> ㉠ 조정 : 활동 간에 중복이나 누락이 생기지 않도록 함
> ㉡ 감시 : 계획한 대로 사업이 진행되고 있는지 확인

2019. 6. 15 제2회 서울특별시

15 지역사회간호사업의 평가계획에 대한 설명으로 가장 옳은 것은?

① 평가의 객관성을 최대한 유지하기 위해 사업의 내부 최고책임자를 포함한다.

② 평가자, 시기, 범주, 도구의 구체적인 계획은 사업평가시에 작성한다.

③ 평가도구의 타당성은 평가하고자 하는 내용을 올바르게 평가하는 것을 의미한다.

④ 평가계획은 사업 시작전 단계, 사업 수행 단계, 사업 종결 단계에서 수시로 가능하다.

> **TIP** ① 평가의 객관성을 최대한 유지하기 위해 사업의 외부 최고책임자를 포함한다.
> ② 평가자, 시기, 범주, 도구의 구체적인 계획은 사업계획 시에 작성한다.
> ④ 평가계획은 사업 시작 전 단계에서 수립한다.

Answer 13.① 14.③ 15.③

16 다음 글에서 설명하는 SWOT 분석의 요소는?

> 보건소에서 SWOT 분석을 실시한 결과 해외여행 증가로 인한 신종감염병 유입과 기후 온난화에 따른 건강문제 증가가 도출되었다.

① S(Strength)

② W(Weakness)

③ O(Opportunity)

④ T(Threat)

> **TIP** SWOT 분석…내부 환경과 외부 환경을 분석하여 강점(strength), 약점(weakness), 기회(opportunity), 위협(threat) 요인을 규정하고 이를 토대로 경영 전략을 수립하는 기법
> ㉠ SO전략(강점-기회 전략) : 강점을 살려 기회를 포착
> ㉡ ST전략(강점-위협 전략) : 강점을 살려 위협을 회피
> ㉢ WO전략(약점-기회 전략) : 약점을 보완하여 기회를 포착
> ㉣ WT전략(약점-위협 전략) : 약점을 보완하여 위협을 회피

17 다음 글에서 설명하는 평가 유형은?

> 사업의 단위 목표량 결과에 대해서 사업을 수행하는 데 투입된 인적 자원, 물적 자원 등 투입된 비용이 어느 정도인가를 산출하는 것이다.

① 투입된 노력에 대한 평가

② 목표달성 정도에 대한 평가

③ 사업의 적합성 평가

④ 사업의 효율성 평가

> **TIP** 투입된 비용 대비 효과를 따지는 것은 효율성과 관련된 것이다.

Answer 16.④ 17.④

18 다음 사례에 적용한 간호진단 분류체계는?

> • 임신 36주된 미혼모 K씨(29세)는 첫 번째 임신 때 임신성 당뇨가 있어 분만이 어려웠던 경험이 있었다. 현재 두 번째 임신으로 병원에 다니고 싶으나 경제적인 여건이 좋지 않아 산전관리를 받은 적이 없다.
> • 문제분류체계
> −영역 : 생리적 영역
> −문제 : 임신
> −수정인자 : 개인의 실제적 문제(산전관리 없음, 임신성 당뇨의 경험 있음)
> −증상/징후 : 임신 합병증에 대한 두려움, 산전 운동/식이의 어려움

① 오마하(OMAHA) 분류체계
② 가정간호(HHCCS) 분류체계
③ 국제간호실무(ICNP) 분류체계
④ 북미간호진단협회(NANDA) 간호진단 분류체계

> **TIP** 오마하 문제분류체계 … 지역사회 보건사업소에서 간호대상자의 문제를 체계적으로 분류하기 위하여 1975년부터 오마하 방문간호사협회와 미국 국립보건원에서 개발하였다.
> ㉠ 1단계 : 간호실무영역을 환경, 심리사회, 생리, 건강관련행위의 4영역으로 구분
> ㉡ 2단계 : 44개의 간호진단으로 구분
> ㉢ 3단계 : 2개의 수정인자 세트로 구성(개인 · 가족/건강증진 · 잠재적 건강문제 · 실제적 건강문제)
> ㉣ 4단계 : 보건의료제공자에 의하여 관찰된 객관적 증상과 대상자나 보호자에 의해 보고된 주관적 증후로 구성

Answer 18.①

19 다음 글에 해당하는 타당성은?

> • 보건소 건강증진업무 담당자는 관내 흡연청소년을 대상으로 금연프로그램을 기획하고, 목표달성을 위한 각종 방법을 찾아낸 후에 사업의 실현성을 위하여 다음의 타당성을 고려하기로 하였다.
> • 대상 청소년들이 보건소가 기획한 금연프로그램에 거부감 없이 참여하고, 금연전략을 긍정적으로 수용할 것인지를 확인하였다.

① 법률적 타당성　　　　　　　　　　② 기술적 타당성
③ 사회적 타당성　　　　　　　　　　④ 경제적 타당성

> **TIP** 전략의 대상이 되는 흡연청소년들이 거부감 없이 참여하고 긍정적으로 수용할 것인지에 대해 확인하는 것이므로, 선량한 풍속 및 기타 사회질서에 위반함 없이 사회적으로 타당한지 점검하는 것과 연결된다.

20 B구의 보건문제에 대해 BPRS 우선순위 결정방법에 따라 우선순위를 선정하려고 한다. 1순위로 고려될 수 있는 보건문제는?

보건문제	평가항목		
	문제의 크기	문제의 심각도	사업의 추정효과
높은 비만율	4	3	2
높은 흡연율	3	7	2
높은 암 사망률	2	8	1
높은 고혈압 유병률	3	6	5

① 높은 비만율　　　　　　　　　　② 높은 흡연율
③ 높은 암 사망률　　　　　　　　　④ 높은 고혈압 유병률

> **TIP** BPRS(Basic Priority Rating System)는 보건사업의 우선순위 결정에서 가장 널리 활용되고 있는 방법으로, 건강문제의 크기, 문제의 심각도, 사업의 추정효과가 우선순위 결정의 기준이 된다.
>
> > BPR = (문제의 크기 + 2 × 문제의 심각도) × 사업의 추정효과
>
> • 높은 비만율 = (4 + 2 × 3) × 2 = 20 → 3순위
> • 높은 흡연율 = (3 + 2 × 7) × 2 = 34 → 2순위
> • 높은 암 사망률 = (2 + 2 × 8) × 1 = 18 → 4순위
> • 높은 고혈압 유병률 = (3 + 2 × 6) × 5 = 75 → 1순위

Answer 19.③ 20.④

2018. 5. 19 제1회 지방직

21 지역 주민의 건강문제를 파악하기 위한 2차 자료 수집 방법은?

① 독거노인을 대상으로 실시한 면담

② 지역 주민의 보건사업 요구도 조사

③ 지역 주민의 행사에 참여하여 관찰

④ 통계청에서 제공한 생정통계 활용

TIP 1차 자료는 연구자가 자신의 연구목적에 따라 원하는 자료를 직접 수집한 자료인 반면 2차 자료는 다른 연구자나 문헌 등의 자료를 활용하여 가공한 자료이다.

2018. 5. 19 제1회 지방직

22 지역사회 간호과정을 적용하여 비만여성 운동프로그램을 실시한 경우, 계획단계에서 이루어진 내용으로 옳은 것은?

① 비만여성 운동프로그램 참여율에 대한 목표를 설정하였다.

② 여성의 운동부족과 비만문제를 최우선 순위로 설정하였다.

③ 여성의 비만이 건강에 미치는 영향을 조사하였다.

④ 여성의 비만 유병률을 다른 지역과 비교하였다.

TIP 사정 → 진단 → 계획 → 수행 → 평가 중 계획단계에서 실시하는 내용은 ①이다.
②③④ 사정단계

Answer 21.④ 22.①

2018. 5. 19 제1회 지방직

23 다음에 해당하는 지역사회 간호사정의 자료 분석 단계는?

> • 부족하거나 더 필요한 자료가 없는지 파악한다.
> • 다른 지역의 자료나 과거의 통계자료 등을 비교한다.

① 분류   ② 요약

③ 확인   ④ 결론

TIP 자료 분석 단계

단계	내용
분류	서로 연관성 있는 것끼리 분류
요약	분류된 자료를 근거로 지역사회의 특성을 요약
비교·확인	수집된 자료에 대한 재확인, 과거와의 비교, 다른 지역과의 비교
결론	수집된 자료의 의미 파악, 지역사회의 건강요구 및 구체적 문제 결론

2017. 12. 16 지방직 추가선발

24 지역사회 간호사업 평가절차 중 가장 먼저 해야 할 것은?

① 평가자료 수집

② 평가기준 설정

③ 설정된 목표와 현재 상태 비교

④ 목표 도달 정도의 판단과 분석

TIP 지역사회 간호사업 평가절차는 평가대상 및 기준설정→평가자료 수집→설정된 목표와 현재 상태 비교→목표 도달
정도의 판단과 분석→재계획으로 이루어진다.

Answer 23.③ 24.②

2017. 6. 17 제1회 지방직

25 지역사회 사정 시 자료 수집에 대한 설명으로 옳지 않은 것은?

① 참여관찰법은 주민들의 자발적 참여 정도를 파악할 수 있다.

② 공공기관의 연보 및 보고서 등 이차 자료를 활용할 수 있다.

③ 간접법은 자료 수집 기간이 길고 비용이 많이 든다.

④ 기존 자료의 타당성이 문제될 때 직접법을 활용한다.

> **TIP** ③ 간접법은 공공기관의 보고서, 통계자료, 회의록 등을 이용하는 방법으로 즉시 활용이 가능하고 직접법에 비해 비용이 적게 든다.

Answer 25.③

▦ 출제 예상 문제

1 지역보건의료계획에 포함되어야 할 사항으로 옳은 것은?

> ㉠ 보건의료 전달체계
> ㉡ 보건의료 수요측정
> ㉢ 보건의료 자원의 조달 및 관리
> ㉣ 지역보건의료에 관련된 통계의 수집 및 정리

① ㉠㉡
② ㉠㉡㉢
③ ㉡㉢㉣
④ ㉠㉡㉢㉣

··

TIP 지역보건의료계획에 포함될 사항
　　㉠ 보건의료 수요측정
　　㉡ 보건의료에 관한 장·단기 공급대책
　　㉢ 보건의료 자원(인력, 조직, 재정 등)의 조달 및 관리
　　㉣ 보건의료 전달체계
　　㉤ 지역보건의료에 관련된 통계의 수집 및 정리

Answer 1.④

2 다음 내용에 대한 평가범주가 평가한 측면으로 옳은 것은?

> 어린아이를 가진 부모를 대상으로 어린이 안전에 관한 9차례의 세미나를 개최하여 350가구 이상이 참여하였다. 세미나의 의사일정, 참석자수, 배포된 자료의 종류, 세미나를 준비하고 개최하는 데 종사한 실무자들의 시간, 사용비용 등을 각 세미나 마다 기록하였다.

① 사업실적 평가   ② 사업과정 평가

③ 사업효율성 평가   ④ 투입된 업무량 평가

TIP 사업진행에 대한 평가
   ㉠ 계획단계에서 마련된 수단 및 방법을 통해 집행계획을 수립한 것을 기준으로 하여 내용 및 일정에 맞도록 수행되었는지 혹은 되고 있는지를 파악하는 것이다.
   ㉡ 분석한 결과 그 원인을 제거하거나 혹은 변형할 수 있는 것인지 우선 살펴본다. 만약 수정이 불가능하다면 관련된 수단이나 방법을 변형해야 하는지, 일정표를 조정해야만 하는지 등의 계획변경 여부를 평가해야 한다.

---

3 다음 중 지역사회 간호계획시 우선순위 기준에 포함되는 것은 무엇인가?

> ㉠ 간호사의 능력   ㉡ 전문가의 유용성
> ㉢ 간호의 방법   ㉣ 지역주민의 요구도

① ㉠㉡   ② ㉠㉡㉣

③ ㉠㉢㉣   ④ ㉢㉣

TIP 우선순위 결정의 기준(Stanhope & Lancaster, 1995)
   ㉠ 지역사회 건강문제에 대한 지역사회주민들의 인식 정도
   ㉡ 건강문제 해결에 영향을 미치는 간호사의 능력
   ㉢ 건강문제를 해결에 필요한 적절한 전문가의 유용성
   ㉣ 건강문제를 해결하려는 지역사회의 동기수준
   ㉤ 건강문제가 해결 안 될 때 후속적으로 생길 결과의 심각성
   ㉥ 건강문제를 해결하는 데 걸리는 시간

Answer   2.②   3.②

4 다음 중 지역사회 특성으로 옳지 않은 것은?

① 지리적 영역의 공유
② 사회적 상호작용
③ 공동유대감
④ 사회통제

지역사회는 인간의 기능적 집단으로 볼 수 있기 때문에 공동체적 특징을 지니고 있다. 공동체적 사회를 구성하기 위한 특성은 지리적 영역, 상호작용 및 공동유대감 등을 들 수 있다.

5 지역사회 간호사업에 지역주민의 참여가 높아질 때의 단점은?

㉠ 전문성의 저하 ㉡ 문제해결시간의 지연 ㉢ 책임의 불명확화 ㉣ 사업진행의 이해도 저하

① ㉠㉡㉢
② ㉠㉡㉢㉣
③ ㉠㉢
④ ㉡㉣

㉣ 지역사회주민의 참여가 높아지면 사업진행의 이해도를 높일 수 있다.

6 다음 중 지역보건의료계획의 내용으로 옳지 않은 것은?

① 보건소 업무의 추진현황 및 추진계획
② 지역사회 보건문제에 관한 조사연구계획(건강증진)
③ 지역보건의료와 사회복지사업간의 연계성 확보
④ 보건의료 수요측정

지역보건의료계획의 내용〈지역보건법 제7조〉
㉠ 보건의료 수요의 측정
㉡ 지역보건의료서비스에 대한 장기 · 단기 공급대책
㉢ 인력 · 조직 · 재정 등 보건의료자원의 조달 및 관리
㉣ 지역보건의료서비스의 제공을 위한 전달체계 구성 방안
㉤ 지역보건의료에 관련된 통계의 수집 및 관리

Answer 4.④ 5.① 6.②

7 지역사회 간호사업계획에서 목적을 설정하려고 한다. 목적에 대한 설명으로 옳지 않은 것은?

① 목적의 구성은 무엇, 범위, 누가, 어디서, 언제의 내용이다.

② 목적의 구성내용은 어느 항목이라도 생략되어서는 안 된다.

③ 어디서란 사업에 포함되어지는 지역을 말한다.

④ 언제란 의도된 바람직한 상태 혹은 조건에 수행되어야 할 시간이나 때를 말한다.

TIP ② 목적의 구성은 무엇, 범위, 누가, 어디서, 언제의 내용으로 구성되며 필요에 따라 특정항목이 생략될 수 있다.

8 다음 중 간호문제의 우선순위에 영향을 주는 가장 큰 요인으로 옳은 것은?

① 예방가능성
② 지역자원 동원가능성
③ 문제해결방법에 대한 주민의 자세
④ 문제의 해결가능성

TIP 간호문제의 우선순위를 정할 때 중점을 두어야 하는 것은 그 문제의 해결가능성이다.

9 다음 중 지역사회 간호계획과정을 순서대로 나열한 것은?

㉠ 평가계획
㉡ 방법 및 수단선택
㉢ 간호수행계획서 작성
㉣ 간호문제의 구체적 목적설정
㉤ 문제규명 및 우선순위설정

---

① ㉣ - ㉡ - ㉤ - ㉢ - ㉠
② ㉣ - ㉢ - ㉠ - ㉡ - ㉤
③ ㉤ - ㉡ - ㉢ - ㉣ - ㉠
④ ㉤ - ㉣ - ㉡ - ㉢ - ㉠

TIP 지역사회 간호과정
  ㉠ 사정 : 자료수집 – 분석 – 건강문제도출
  ㉡ 진단 : 간호문제도출 – 간호진단수집 – 우선순위결정
  ㉢ 계획 : 목표설정 – 간호방법, 수단 선택 – 집행계획 수립 – 평가계획 수립
  ㉣ 수행 : 직접간호 – 보건교육 – 보건관리(감시, 감독, 조정)
  ㉤ 평가 : 평가대상 및 기준설정 – 평가자료수집 – 비교 – 가치판단 – 재계획

Answer 7.② 8.④ 9.④

04 지역사회 간호수단

01 방문활동

❶ 방문활동의 개요

(1) 방문활동의 목적

① **사례발굴과 의뢰** … 대상자를 확인한 후 그들의 요구 충족을 위해 적당한 자원에 의뢰한다.

② **건강증진과 질병예방** … 지역사회간호사가 행하는 방문활동의 중요한 부분이다.

③ **환자간호** … 가정에서 대상자의 건강회복과 건강유지에 목적이 있다.

(2) 방문활동의 원칙

① 가정방문 참여는 자발적이어야 하며, 대상자와 방문자의 관계는 협동적인 관계이어야 한다.

② 가정방문은 프로그램 목적과 개인의 목적을 향해 진행되도록 대상자를 양육해야 한다.

③ 가정방문은 다양한 목적을 설정해야 하며, 단기목적에서 건강상태에 대한 정보를 얻는 것과 마찬가지로 장기목적도 포함해야 한다.

④ 가정방문은 제공되는 서비스의 강도와 기간에 융통성이 있어야 한다.

⑤ 가정방문은 다양한 대상자와 제공되는 다양한 서비스에 민감해야 한다.

⑥ 가정방문은 잘 훈련된 직원이 요구된다.

⑦ 가정방문의 기대되는 결과는 현실성이 있어야 한다.

⑧ 가정방문의 평가는 대상자의 결과, 비용 - 효과 그리고 간호중재의 과정 등에 초점을 두어야 한다.

(3) 방문활동과정

① 방문 전 계획

  ㉠ 방문대상을 이해한다. 즉, 개인·가족·지역사회에 대한 기록과 보고서가 있을 경우 그 자료를 전부 검토한 후 구체적인 간호계획을 세운다.

  ㉡ 대상이 가지고 있는 문제가 무엇인지 예측하고 이에 대비한다.

  ㉢ 방문일시와 방문목적을 대상자에게 사전 연락한다.

② 방문 중 활동

  ㉠ 관찰과 질문·분석을 통해 개인·가족·지역사회의 간호요구, 건강에 대한 가치관 및 기대 등을 파악한다.

  ㉡ 환자와 가족이 간호사를 신뢰하여 치료적 동맹관계를 맺도록 한다.

  ㉢ 동원가능한 자원을 최대한 활용하여 필요한 간호를 제공한다.

  ㉣ 간호대상자가 해결해야 할 활동에 대한 계획을 스스로 수립할 수 있도록 도와주어 그들의 문제를 스스로 해결하는 방법을 모색한다.

  ㉤ 성공적이고 효율적인 간호수행을 위해서는 방문간호의 목적과 한계에 대한 명확한 인식이 있어야 한다.

  ㉥ 한 가정의 방문시간은 30~60분 사이로 시간전략을 수립한다.

③ 방문 후 활동

  ㉠ 감시(monitoring) : 개인·가족·지역사회와 함께 설정한 방문 중 계획에 대하여 지역사회간호사가 해야 될 부분을 처리하고 간호대상자의 수행과정을 계속 감시한다. 또 계속적인 추후관리계획을 세워 추후관리카드를 보관한다.

  ㉡ 평가 : 개인·가족·지역사회를 방문한 목적에 대한 달성 정도와 방문활동에 대한 진행과정 및 적합성을 평가하여 필요에 따라 자문관을 요청하여 방문활동의 결과에 대하여 논의한다.

  ㉢ 기록 : 문제점, 간호활동내용, 대상자의 태도, 간호의 결과, 합의된 활동시행, 앞으로 고려해야 할 문제점 등을 기록한다.

  ㉣ 보고 : 동료 및 상급자에게 방문결과를 구두 혹은 서면으로 보고하여 필요시 방문결과에 대한 평가와 토의를 할 수 있도록 한다.

(4) 방문의 장·단점

① 장점

  ㉠ 편익성 : 가정방문은 건강관리사업에서 대상자의 일상적인 과정으로 통합되어 있으며 대상자의 입장에서 교통에 걸리는 시간이나 기관에서의 대기시간이 불필요해진다.

  ㉡ 접근성

   • 이동이 용이하지 못하거나 다른 기관으로 갈 수 없는 대상자들의 건강관리가 가능하다.

   • 서비스의 요구가 있는 대상자를 확인하는 기회를 지닌 지역사회간호사들이 제공한다.

ⓒ 정보 : 간호사는 대상자 개인 및 가족과 대상자의 환경 등 대상자의 완전한 상황을 파악할 수 있고, 대상자의 문제를 예방하는 활동을 할 수 있다.

ⓔ 관계성 : 대상자를 자율적으로 연습하게 하고 통제할 수 있으며 친밀감을 가지게 되므로 정보를 더 많이 얻을 수 있다.

ⓜ 비용 : 가정방문은 의료비 절감에 크게 기여한다.

ⓗ 결과 : 대상자는 가정방문을 통해 빠르게 회복된다.

② 단점

ㄱ 친밀성과 전문직업적 관계 거리유지 : 간호사와 대상자 간의 친밀감이 장점이 될 수도 있으나 치료를 위한 적절한 전문적 거리를 유지하는 데 어려움을 초래할 수 있다.

ㄴ 대상자 조력과 평가절하 : 다른 사람의 도움을 받을 때 자신을 미숙하다고 인지하기 쉬우므로 대상자가 스스로를 평가절하하지 않도록 자기효능감을 전해주어야 한다.

ㄷ 대상자의 의존성 : 대상자들이 독자성을 가지지 못하고 계속 지역사회간호사에게 의존할 가능성이 많다.

ㄹ 애타주의와 현실주의 : 애타주의와 현실주의 간의 균형을 유지하여야 한다.

ㅁ 자원활용 : 가정환경에서는 물질과 자원이 부족한 경우가 많다.

ㅂ 비용과 질 : 비용억제와 질의 균형에서 문제가 발생할 수 있다.

② 방문가방

(1) 방문가방의 준비

① 지역사회간호사가 간호대상을 방문할 때에는 필수적으로 방문가방을 가지고 가야 한다.

② 방문가방의 내용물

ㄱ 종이 2장(깔개용, 휴지통용)

ㄴ 종이수건, 비누(손소독용), 비눗갑

ㄷ 필기도구, 기록지

ㄹ 검사용구 : 진공채혈관, 소변검사용 스틱, 시험관, 객담통, 변통, 소변검사용 컵

ㅁ 간호용품 : 관장기, 연고, 압설자, 소독솜, 장갑(소독, 일회용), 주사기(2cc, 5cc, 10cc), 거즈, 면봉대, 생리식염수, 증류수

ㅂ 드레싱용구 : 포셉, 가위, 헤모스테이트, 드레싱용 멸균소독용구, 드레싱포, 드레싱종지

ㅅ 측정용구 : 줄자, 체중기, 청진기, 혈압계, 체온계(구강용, 항문용), 윤활유

(2) 방문가방 사용절차

① 가능한 안전한 장소에 놓는다. 책상이 있으면 책상 위에, 책상이 없으면 문에서 먼 곳에, 간호대상이 비말 전염성 환자인 경우에는 환자로부터 먼 거리에 방문가방을 놓는다.

② 가방뚜껑을 열어 신문지를 꺼내고 이를 가방 놓을 장소에 깐다.

③ 신문지를 깐 종이 위에 가방과 종이봉지를 세워 놓는다.

④ 가방에서 신문지를 꺼내어 손 씻을 장소에 펴놓고 비누, 비누곽, 수건을 놓는다.

⑤ 간호시행에 불필요한 시계 · 반지 등은 빼서 주머니에 넣는다.

⑥ 대야에 물을 떠서 손을 씻은 후 꺼내어 놓은 수건으로 닦는다(되도록이면 흐르는 물에 씻는다).

⑦ 사용한 수건과 비누, 비누곽을 가지고 들어와서 신문지 한 귀퉁이에 놓는다.

⑧ 필요한 앞치마를 꺼내 입는다.

⑨ 간호에 필요한 물품을 꺼내어 종이 위에 놓고 가방을 놓는다.

⑩ 필요한 처치를 한다.

⑪ 처치를 하고 난 후 다 쓴 기구들은 종이 위에 가지런히 놓는다.

⑫ 체온기나 소독이 필요하지 않은 기구들은 마른 솜으로 닦고, 다시 알코올 솜으로 닦아 준다.

⑬ 다른 물품은 정리해서 가방 속에 넣는다.

⑭ 감염병 환자나 감염우려가 있는 기구, 앞치마는 따로 싸가지고 온다.

⑮ 처치 후 나온 쓰레기는 종이봉지에 모았다가 가방 밑에 깔았던 신문지에 싸서 태우도록 가족들에게 요청하거나 혹은 처리하는 방법을 시범으로 보인다.

❸ 방문건강관리사업

(1) 방문건강관리사업의 개요

① 개념
  ㉠ 방문건강관리사업은 빈곤, 질병, 장애, 고령 등 건강위험요인이 큰 취약계층 가구를 간호사 등 전문인력이 직접 찾아가 건강관리서비스를 제공하는 사업을 말한다.
  ㉡ 방문건강관리사업 전문인력은 만성질환자, 영유아, 노인 등을 대상으로 주기적인 건강문제 스크리닝을 통해 건강행태 및 건강위험요인을 파악하고 영양, 운동, 절주, 금연 등 건강행태 개선, 만성질환 및 합병증 예방관리, 임산부 · 허약노인 등 생애주기별 건강문제 관리 등의 건강관리서비스를 제공하고 있다.

② 목적 … 지역주민의 건강인식제고, 자가건강관리능력 향상, 건강상태 유지 및 개선

③ 목표

　㉠ 지역주민의 건강행태 개선

　　• 건강상태 인식

　　• 건강생활 실천 유조

　　• 건강지식 향상

　㉡ 취약계층의 건강문제 관리

　　• 건강문제 정기적 스크리닝

　　• 증상 조절

　　• 치료 순응 향상

④ 법적근거

　㉠ 국민건강증진법 제3조 : ① 국가 및 지방자치단체는 건강에 관한 국민의 관심을 높이고 국민건강을 증진할 책임을 진다. ② 모든 국민은 자신 및 가족의 건강을 증진하도록 노력하여야 하며, 타인의 건강에 해를 끼치는 행위를 하여서는 아니 된다.

　㉡ 지역보건법 제11조 : ① 보건소는 해당 지방자치단체의 관할 구역에서 다음 각 호의 기능 및 업무를 수행한다. 5. 지역주민의 건강증진 및 질병예방·관리를 위한 다음 각 목의 지역보건의료서비스의 제공 / 라. 여성·노인·장애인 등 보건의료 취약계층의 건강유지·증진 / 사. 가정 및 사회복지시설 등을 방문하여 행하는 보건의료 및 건강관리사업

　㉢ 보건의료기본법 제31조 : ① 국가와 지방자치단체는 생애주기별 건강상 특성과 주요 건강위험요인을 고려한 평생국민건강관리를 위한 사업을 시행하여야 한다. ② 국가와 지방자치단체는 공공보건의료기관의 평생국민건강관리사업에서 중심 역할을 할 수 있도록 필요한 시책을 강구하여야 한다. ③ 국가와 지방자치단체는 평생국민건강관리사업을 원활하게 수행하기 위하여 건강지도·보건교육 등을 담당할 전문인력을 양성하고 건강관리정보체계를 구축하는 등 필요한 시책을 강구하여야 한다.

　㉣ 공공보건의료에 관한 법률 제7조 : ① 공공보건의료기관은 다음 각 호에 해당하는 보건의료를 우선적으로 제공하여야 한다.

　　1. 의료급여환자 등 취약계층에 대한 보건의료

　　2. 아동과 모성, 장애인, 정신질환, 응급진료 등 수익성이 낮아 공급이 부족한 보건의료

　　3. 재난 및 감염병 등 신속한 대응이 필요한 공공보건의료

　　4. 질병 예방과 건강 증진에 관련된 보건의료

　　5. 교육·훈련 및 인력 지원을 통한 지역적 균형을 확보하기 위한 보건의료

　　6. 그 밖에 보건의료기본법 제15조에 따른 보건의료발전계획에 따라 보건복지부장관이 정하는 보건의료

(2) 건강관리서비스 운영

① 건강관리서비스 대상 … 건강관리서비스 이용이 어려운 사회·문화·경제적 건강취약계층(건강위험군, 질환군) 및 65세 이상 독거노인 가구, 75세 이상 노인부부 가구 중심

② 건강관리서비스 방법

　㉠ 운영과정 : 보건소 내 간호사, 영양사, 물리/작업치료사, 치과위생사 등 전문 인력이 가정 등을 방문하여 개인, 2~4인의 소그룹을 집단을 대상으로 건강문제 스크리닝, 건강관리서비스 제공, 보건소 내·외 자원 연계 등 실시

　㉡ 대상자 군 분류 및 군별 세부 기준

군	대상자 특성	판정기준
집중관리군 (3개월 이내 8회 이상 건강관리 서비스 실시)	건강위험요인 및 건강문제가 있고 증상조절이 안 되는 경우	[고혈압 기준] • 수축기압 140mmHg 이상 또는 이완기압 90mmHg 이상 • 수축기압 140mmHg 이상 또는 이완기압 90mmHg 이상이고, 흡연·고위험 음주·비만·신체활동 미실천 중 2개 이상의 건강행태 개선이 필요 [당뇨 기준] • 당화혈색소 7.0% 이상 또는 공복혈당 126mg/dℓ 이상 또는 식후혈당 200mg/dℓ 이상 • 당화혈색소 7.0% 이상 또는 공복혈당 126mg/dℓ 이상 또는 식후혈당 200mg/dℓ 이상 이고, 흡연·고위험 음주·비만·신체활동 미실천 중 2개 이상의 건강행태 개선 필요 [기타 질환] • 관절염, 뇌졸중, 암 등록자로 흡연·고위험 음주·비만·신체활동 미실천 중 2개 이상의 건강 행태 개선 필요 [대상 특성별 관리사항] • 임부 또는 분만 8주 이내 산부, 출생 4주 이내 신생아, 영유아, 다문화가족 • 만65세 이상 노인 중 허약판정점수가 4~12점인 자 • 북한 이탈주민으로 감염성 질환이 1개 이상 이거나, 흡연·고위험 음주·비만·신체활동 미실천 중 2개 이상의 건강행태 개선 필요 ※ 암 대상자로 암 치료 종료 후 5년이 경과되지 아니한 경우
자기역량지원군 (6개월마다 1회 이상 건강관리서비스)	건강위험요인 및 건강문제가 있으나 증상이 없는 경우	[고혈압 기준] • 수축기압이 120mmHg 미만이고, 이완기압이 80mmHg 미만 • 수축기압이 120mmHg 미만이고, 이완기압이 80mmHg 미만이고 흡연·고위험 음주·비만·신체활동 미실천 중 1개 이상의 건강행태 개선이 필요 [당뇨 기준] • 당화혈색소가 7.0% 미만 또는 공복혈당 100mg/dℓ 미만 또는 식후혈당 140mg/dℓ 미만 • 당화혈색소가 7.0% 미만 또는 공복혈당 100mg/dℓ 미만 또는 식후혈당 140mg/dℓ 미만 이고, 흡연·고위험 음주·비만·신체활동 미실천 중 1개 이상의 건강행태 개선이 필요 [기타 질환] • 질환은 없으나, 흡연·고위험 음주·비만·신체활동 미실천 중 1개 이상의 건강행태 개선이 필요 ※ 기타 집중관리군과 정기관리군에 해당되지 않는 경우

ⓒ 군별 관리내용

군	대상	지속 및 퇴록
집중관리군	• 건강위험요인 및 대상자 요구도에 따라 건강관리 계획수립 후 집중관리 실시 • 건강위험요인의 적극적 개선을 위하여 보건소 다분야 보건·의료전문가 참여를 통한 전문적 건강관리 서비스(교육, 상담, 정보제공, 보건소 내외 자원연계) 제공 필요	• 대상자 재평가 결과에 따라 서비스 군 지속 또는 재배치 필요 • 대상자 재평가 결과, 기준에 따라 서비스가 완료 된 경우 * (정상완료) 8회 서비스(8회 대면 또는 7회 대면과 1회 내소 또는 전화상담)가 끝난 경우 * (중간종료) 6회 이상 대면시점에 건강상태가 자기역량지원군 수준으로 개선된 경우 * (중토퇴록) 4회 이상 대면시점에 사망, 전출, 노인 장기요양보험 대상으로 이관, 중증질환으로 입원, 장기입원 등으로 방문건강관리가 어려운 경우 • 미 방문 기간이 총 2년을 초과한 경우, 전출 또는 사망한 경우 퇴록처리 ※ 퇴록 기준 : 사망, 전출, 노인장기요양보험 대상자로 이관, 장기 입원 및 시설 입소, 건강상태 호전, 거부 및 자격 변경 등
정기관리군	• 건강위험요인 및 대상자 요구도에 따라 건강관리 계획수립 후 관리 실시 • 3개월 마다 대상별 맞춤 건강교육 및 상담, 정보제공 • 보건소 내·외 연계 실시(보건소 다분야 보건·의료전문가 참여 적극 권장)	• 대상자 재평가 결과에 따라 서비스 군 지속 또는 재배치 필요 • 대상자 재평가 결과 건강위험요인 및 건강문제가 해소되었거나 미방문 기간이 총 2년을 초과한 경우, 전출 또는 사망한 경우 퇴록처리 ※ 퇴록 기준 : 사망, 전출, 노인장기요양보험 대상자로 이관, 장기 입원 및 시설 입소, 건강상태 호전, 거부 및 자격 변경 등 권장)
자기역량 지원군	• 건강위험요인 및 대상자 요구도에 따라 건강관리 계획수립 후 관리 실시 • 연 1회 이상 대상별 맞춤 건강정보 제공 • 보건소 내·외 연계를 통한 건강정보제공 서비스 지원	• 대상자 재평가 결과에 따라 서비스 군 지속 또는 재배치 필요 • 대상자 재평가 결과 건강위험요인 및 건강문제가 해소되었거나 미방문 기간이 총 2년을 초과한 경우, 전출 또는 사망한 경우 퇴록처리 ※ 퇴록 기준 : 사망, 전출, 노인장기요양보험 대상자로 이관, 장기 입원 및 시설 입소, 건강상태 호전, 거부 및 자격 변경 등

(3) 건강관리서비스 조직 및 인력

① 조직 구성

ㄱ 건강관리서비스를 제공하기 위해 팀 접근이 가능하도록 다양한 전문 인력으로 구성

ㄴ 의사, 한의사, 간호사, 물리치료사, 치과위생사, 영양사, 사회복지사 등으로 구성된 전문 인력과 자원봉사자를 활용하여 운영

② 인력 자격 및 업무

ㄱ 의사, 한의사

• 서비스 대상자 및 가족, 집단 등의 방문 진료 및 건강관리서비스 제공

- 대상자의 혈액 검사 등 필요시 처방, 채혈 등 관리 및 감독
- 임상적 소견과 의학적 자문 제공, 사례관리 집담회 참여 등

ⓛ 간호사
- 대상자별 주요 건강문제 선정 및 관련 업무 계획
- 지역사회 내 건강위험요인이 있는 대상 가수 및 집단 발굴 및 등록관리
- 건강문제 스크리닝, 건강관리서비스 제공, 보건소 내·외 자원 연계 실시

ⓒ 물리/작업치료사
- 간호사가 외뢰한 대상자 및 집단 등에 재활 상담 및 건강관리서비스 제공
- 대상자 및 가족 등 주요 건강문제 선정 및 관련 업무 계획
- 재활 관련 서비스 제공 : 통증감소, 균형 및 협응 촉진으로 가동성 개선, 영구적 신체장애 지연 및 예방 등

ⓔ 운동 관련 전문인력
- 간호사가 의뢰한 대상자 및 집단 등에 신체활동 상담 및 건강관리서비스 제공
- 대상자 및 가족 등 주요 건강문제 선정 및 관련 업무 계획
- 신체활동 관련 서비스 제공 : 균형감각 촉진, 근력강화, 자가관리 훈련, 체력 및 건강 촉진·유지·회복 등

ⓜ 치과위생사
- 간호사가 위뢰한 대상자 및 집단 등에 구강 상담 및 건강관리서비스 제공
- 대상자 및 가족, 집단 등의 주요 건강문제 선정 및 관련 업무 계획
- 구강 관련 서비스 제공 : 구강보건교육, 구강위생관리법, 잇솔질 교육, 틀니 관리, 구강위생용품 사용법 교육 등

ⓗ 영양사
- 간호사가 의뢰한 대상자 및 집단 등에 영양 상담 및 건강관리서비스 제공
- 대상자 및 가족, 집단 등의 주요 건강문제 선정 및 관련 업무 계획
- 영양 관련 서비스 제공 : 대상자의 영양 평가 및 개인 특성별 영양상담 등

ⓢ 사회복지사
- 간호사가 의뢰한 대상자 및 집단 등 복지 상담 및 연계서비스 제공
- 대상자 및 가족, 집단 등 주요 건강문제 선정 및 관련 업무 계획
- 복지 관련 서비스 제공 : 지역사회 내 자원 연계 및 신규 자원 발굴 등

ⓞ 북한이탈주민 상담사
- 북한이탈주민 건강관리의 접점으로 전문 인력이 건강관리서비스 제공시 조정자 역할
- 북한이탈주민 관련 서비스 제공 : 신규대상 발굴 및 전화상담, 북한이탈주민의 사회 적응을 위한 정보제공, 정서적 지지 등

ⓩ 그 외 보건소 인력
- 약사 : 대상자 및 가족, 집단 등 건강관리를 위한 임상약리학적 자문 제공
- 자원봉사자 : 신체적·정서적 지지, 가시일 보조, 차량봉사 등
※ 재가 말기암 대상자 및 가족 등에 대한 자원봉사는 호스피스 자원봉사자 교육 이수자 우선 활동

③ 방문건강관리사업 비정규직 인력의 정규직 전환 필요

　　㉠ 방문건강관리사업은 상시·지속적으로 국고보조사업이다.

　　㉡ 상시·지속적 업무라 함은 연중 9개월 이상 계속되는 업무로 향후 2년 이상 계속될 것으로 예상되는 업무이다.

　　㉢ 고용개선을 위한 국정과제 및 정부종합대책에 따라 공공부문의 상시·지속적 업무를 수행하는 비정규직의 정규직 전환이 차질 없이 추진되도록 노력하여야 한다.

02 건강관리실(클리닉) 활동

❶ 건강관리실의 개요

(1) 건강관리실의 분류

① **고정건강관리실** ⋯ 학교 내 보건실과 보건소 내 모성실·유아실·가족계획실·결핵실·치료실·진료실 등 계속적으로 고정되어 있는, 지역사회간호사가 간호계획을 수립·실행하는 건강관리실 형태이다.

② **이동건강관리실** ⋯ 배 또는 버스 안에 건강관리실을 운영하는 형태이다.

(2) 건강관리실 활동에 관한 지역사회간호사의 업무

① 건강관리실에 대한 개실을 결정한다.

② 건강관리실을 위한 사전활동으로 대상자에 대한 광고 및 이용을 권장한다.

③ 건강관리실에 필요한 기구·기계 및 장소를 준비한다.

④ 건강관리를 위한 정규적인 업무순서를 설정한다.

⑤ 행정적인 절차를 확인한다.

⑥ 보건교육의 조직을 형성한다.

⑦ 자원봉사자 혹은 노조원들을 지도·감독한다.

⑧ 기록제도와 추후관리방법 등을 계획한다.

(3) 건강관리실의 장·단점

① 장점

　　㉠ 시간과 비용이 절약된다.

    ⓒ 간호사 이외에 다른 전문인의 서비스를 받을 수 있고, 전문적인 시설을 이용할 수 있다.

    ⓒ 같은 문제를 가진 대상자들끼리 서로의 경험을 나누어 집단효과가 있다.

    ⓔ 대상자 스스로가 자신의 건강문제에 적극성을 가지고 자력으로 문제를 해결할 수 있는 능력을 갖게 할 수 있다.

② 단점

    ㉠ 대상자가 처한 상황을 직접적으로 파악할 수 없다.

    ⓒ 가족이 미처 발견하지 못한 문제를 발견할 수 없다.

    ⓒ 시범이 필요한 간호행위일 때 상황에 적절한 시범을 보일 수 없다.

    ⓔ 건강관리실 방문이 불가능한 대상자들의 접근성이 떨어진다.

    ⓜ 대상자가 심리적으로 위축하는 경우 자신의 문제를 솔직하게 드러내지 않는다.

❷ 이동건강관리실의 설치 및 관리

(1) 이동건강관리실의 설치장소

① 교통이 편리한 곳에 설치한다.

② 종교 및 정치에 관련이 없는 건물에 일시적인 건강관리실을 준비한다(단, 응급시에는 예외).

③ 대상자들에게 널리 알려지고 쉽게 찾을 수 있는 곳에 설치한다.

④ 건강관리실의 특성을 고려한다.

⑤ 화장실, 수도시설이 이용가능한 곳으로 정한다.

⑥ 냉ㆍ난방시설과 환기장치가 적당한 곳으로 정한다.

⑦ 대기실 및 적절한 수의 의자 혹은 장의자를 준비한다.

⑧ 주민과의 대화 및 주민의 건강검진에 비밀이 보장될 수 있는 개별적인 방을 준비하거나 휘장을 사용한다.

⑨ 건강관리실 바닥은 청소하기 쉬운 딱딱한 것이어야 하고 벽은 벽지보다 페인트를 사용하는 것이 좋다.

(2) 건강관리실의 기구확보 및 준비

① 고정적인 건강관리실은 능률적인 기구를 사용하고 이동건강관리실은 감염관리와 효율성을 고려하여 일회용으로 사용하는 것이 편리하다.

② 건강관리실의 물품은 가급적 그 지역의 물품을 사용하여 지역주민들에게 친밀감을 유도한다.

③ 기구나 물자를 보관할 수 있는 창고를 구비한다.

④ 건강관리실의 기록과 보고를 할 수 있는 공인된 서식을 구비한다.

(3) 건강관리실의 관리

① 건강관리실에 대한 행정적 절차 확립 ⋯ 간호대상자가 건강관리실을 방문하였을 때 건강관리를 받는 수속절차를 명확히 한다.

② 건강관리실에 포스터, 사진, 소책자 등을 전시 ⋯ 지역사회주민의 방문만으로도 보건교육이 되도록 하고, 보건교육자료는 수시로 교환한다. 이러한 교육자료는 지역사회주민들의 교육참여를 활성화되게 한다.

(4) 추후관리방법

① 환자가 약속된 날짜에 건강관리실로 오지 않을 경우에는 이유를 조사할 수 있는 제도를 마련하고, 편지나 엽서를 즉각 보내면 압박감을 느끼므로 일주일 정도 기다렸다가 연락한다.

② 대상자의 상태가 중요하거나 즉각적인 조치가 필요할 때에는 다음날 즉시 가정방문한다.

03 면접 및 상담

❶ 면접

(1) 면접활동

① 의의 ⋯ 면접활동은 지역사회 간호방법 중의 하나인 보건교육을 전달하는 수단으로 많이 이루어지고 있다. 면접이란 두 사람이 의도한 공공목적을 가지고 생각이나 정보를 교환하는 과정을 말하며, 언어적 혹은 비언어적 방식으로 이루어진다. 즉, 공공목적에 도달하기 위한 두 사람 사이의 의사소통이며 고의적인 대화의 성격을 지닌다.

② 면접자의 자질
  ㉠ 부드럽고 친절하며 사람들에 대한 순수한 관심을 가진 태도와 상대방에게 도움이 되어 주겠다는 마음의 자세가 필요하다.
  ㉡ 도움을 필요로 하는 사람의 인격에 대한 존경심을 가진 태도를 지닌다.
  ㉢ 자기결정, 자기지휘에 대한 권리를 인정하는 태도를 지닌다.
  ㉣ 비판적이며 강제적이 아닌 남을 수용하는 태도를 지닌다.
  ㉤ 걱정되는 일에 대하여 안심하고 이야기할 수 있도록 신뢰감을 얻을 수 있는 능력이 필요하다.
  ㉥ 정확한 관찰과 민감한 이해력, 좋은 청취자가 될 수 있는 능력이 필요하다.
  ㉦ 자신의 태도나 편견에 대한 자각능력이 있어야 한다.
  ㉧ 자제력 및 융통성과 적응능력이 있어야 한다.

ⓩ 효과적인 의사소통능력과 건강관리에 대한 지식이 풍부해야 한다.

ⓩ 인간행동에 영향을 주는 기본원리에 대한 지식이 있어야 한다.

ⓚ 개인 · 가족 · 지역사회의 사회문화적 배경에 대한 지식이 필요하다.

ⓣ 소속기관에 대한 지식(기능, 목적, 사업내용, 정책 등)이 필요하다.

ⓟ 지역사회 자원에 대한 지식(의뢰방법)이 있어야 한다.

ⓗ 그 지역 혹은 그 사회계층에서 통용하는 언어를 사용한다.

(2) 면접방법

① **관찰** … 관찰에 있어서는 언어를 통한 표현, 즉 면접자가 말하는 것, 말 안하는 것, 급작스런 화제의 변경, 이야기 줄거리의 간격뿐만 아니라 비언어적 표현, 즉 신체의 긴장도, 얼굴의 표정, 몸의 움직임, 몸의 자세 등을 주의하여 관찰한다.

② **청취**

ⓐ 대상자가 효과적으로 도중에 잠깐씩 중지하는 점에 관심을 기울인다.

ⓑ 지나친 간섭, 혹은 지나치게 적은 간섭을 피한다.

ⓒ 대상자가 계속 대화를 할 수 있도록 가끔 반응을 나타내어 경청하고 있다는 것을 알린다. 경우에 따라서 환자의 말을 반복하고 조언이나 질문을 한다.

③ **질문**

ⓐ 질문시기
- 피면접자가 하고 있는 말을 이해하지 못했을 때 질문을 한다.
- 피면접자 본인이 가지고 있는 문제를 혼동하고 있을 때 질문을 한다.
- 구체적으로 필요한 정보를 얻으려고 할 때 질문을 한다.
- 화제의 방향이 빗나갔을 때 질문을 한다.
- 피면접자가 좀 더 구체적인 설명을 할 필요가 있을 때 질문을 한다.

ⓑ 질문방법
- 직접적인 질문보다는 일반적인 유도질문을 한다.
- '예' 혹은 '아니오'로 대답을 유도하는 것보다 설명을 요하는 질문을 한다.
- 관심과 친절감이 있는 언어를 사용한다.
- 지나치게 많은 질문은 피면접자를 혼동시키고 너무 적은 질문은 관심이 없어 보이므로 주의한다.

④ **이야기**

ⓐ 이야기하는 시기와 이유
- 피면접자가 화제를 계속하도록 조장할 때 이야기를 해야 한다.
- 필요한 정보, 지식, 조언을 제공할 때 이야기를 해야 한다.
- 각종 보건관리방법을 설명할 때 이야기를 해야 한다.
- 대상자를 안심시키려고 할 때 이야기를 해야 한다.

- 대상자의 질문에 답변할 때 이야기를 해야 한다.
ⓛ **이야기 방법**
- 대상자와 같은 수준의 언어를 사용한다.
- 간단하고 정확히 전달이 되는 용어를 사용하며 대상자와의 상호 이해를 명백히 해야 한다.
- 허식적인 칭찬 또는 공을 내세우는 것을 피한다.
- 질문에 대한 답변은 짧고 솔직하게 하고 대상자에게 다시 주의를 기울여야 한다.

⑤ **해석** … 지역사회간호사는 관찰 · 청취 · 대화과정에서 어떤 단서나 인상 등을 종합하여 대상자가 가지고 있는 문제에 대한 상황을 파악하며, 임시적으로 가설하여 문제해결에 접근한다.

❷ 상담

(1) 상담의 개념

① 상담은 개인이나 가족들의 건강문제를 정의하고 문제를 해결함에 있어서 그들의 실력 또는 능력을 증강시켜 주는 것을 목적으로 전문지식 및 기술과 전문직업적 관계를 응용하는 것이다.

② 건강상담이란 개인과 가족이 건강을 위한 지식을 습득하고, 태도를 변화시키고, 건강한 행위를 할 수 있도록 환경을 조성하고, 그들의 건강문제를 해결할 수 있는 능력을 개발하기 위해서 개인과 가족의 생각에 대한 자원과 용기를 북돋아 주는 의사소통 전체를 말한다.

(2) 상담의 목표

① **자기이해** … 피상담자는 상담을 통하여 자신의 내부와 자신을 둘러싼 환경 속에서 어떤 일이 일어나고 있는지를 올바로 이해하게 되고 자신의 장 · 단점을 포함하여 자신과 관련된 많은 문제들을 파악하게 된다.

② **효과적인 의사소통능력** … 많은 문제들이 의사소통의 단점 또는 잘못된 의사소통으로 발생한다는 사실을 알게 되고, 이에 따라 감정과 생각 · 태도를 정확하게 효과적으로 전달하는 방법과 능력을 기르게 된다.

③ **학습 및 행동변화** … 대부분의 행동은 학습되어진 것임을 전제하여 비효과적이거나 바람직하지 못한 행동을 버리고, 보다 효과적으로 행동하는 방법을 터득(학습)하여 실질적인 행동변화를 일으킨다.

④ **자아실현** … 개인이 가지고 있는 풍부한 잠재력을 개발함과 동시에 삶의 의미를 깨닫거나 또한 삶의 의미를 부여하여 자신을 완성된 하나의 인격체로 실현시키게 된다.

⑤ **지지** … 자신의 모든 측면의 자원들을 재동원해서 삶의 문제를 효과적으로 대처할 수 있을 때까지 지지받기를 원한다.

> **TIP** 효과적인 상담자의 자질
>
> 상담자는 온정, 성실함, 공감능력, 겸손, 자기성찰, 선행, 인내력 등의 자질을 갖추어야 한다.

(3) 상담의 실제

① 상담기법

　　㉠ '예', '아니오'로 대답되는 폐쇄식 질문이 아닌 개방식 질문을 한다.

　　㉡ 피상담자의 호소에 경청하면서 반사, 인도, 질문, 직면, 정보제공, 해석, 지지와 격려 등을 적절히 사용하여 반응한다. 반응은 피상담자로 하여금 자신의 이야기에 집중하고 있다는 느낌을 받게 한다.

　　㉢ 상담을 통해 파악된 피상담자의 문제와 관련된 내용을 교육한다.

② 상담과정

　　㉠ 1단계 : 상담자와 피상담자간의 관계를 거치면서 진행된다.

　　㉡ 2단계 : 피상담자가 가진 문제를 명확하게 이해하고 규명한다.

　　㉢ 3단계 : 상담의 목적을 탐색한다. 즉, 피상담자가 가진 문제들을 어떻게 처리할 수 있는지 결정하기 위하여 가능한 모든 방법을 탐색한다.

　　㉣ 4단계 : 변화를 요하는 피상담자의 행동방향을 결정한다.

　　㉤ 5단계 : 피상담자가 행동변화를 일으키도록 자극한다.

　　㉥ 6단계 : 상담과정을 평가하고 추후행동을 결정한다.

　　㉦ 7단계 : 상담자의 도움 없이 추진해 나갈 수 있도록 격려·지지·지도하면서 관계를 종결시킨다.

(4) 상담 시 주의점

① 상담자는 말과 태도가 일치하도록 신중하여 피상담자가 신뢰하고 마음을 열 수 있도록 해야 한다.

② 피상담자에 대한 긍정적인 태도를 가진다.

③ 현재의 문제만을 갖고 공감대를 형성하도록 노력한다.

④ 피상담자가 자유롭게 의사를 표시할 수 있도록 부드럽고 조용한 상담분위기를 조성한다.

⑤ 피상담자가 스스로 말할 수 있을 때까지 말이나 해답을 강요하지 말아야 한다.

⑥ 피상담자의 부정적 감정의 표시를 잘 수용해야 한다.

⑦ 명령이나 지시는 피상담자로 하여금 강압적인 느낌을 받게 하므로 도와주는 역할 이외의 지시나 명령을 금한다.

최근 기출문제 분석

2022. 6. 18. 제1회 지방직

1 PATCH(Planned Approach to Community Health) 모형의 단계를 순서대로 바르게 나열한 것은?

ⓐ 자료수집과 분석　　　　　　　　　　ⓑ 우선순위 선정
ⓒ 지역사회 조직화(동원)　　　　　　　ⓓ 포괄적인 중재안 개발
ⓔ 평가

---

① ⓐ → ⓑ → ⓒ → ⓓ → ⓔ　　　　　　② ⓐ → ⓒ → ⓑ → ⓓ → ⓔ
③ ⓒ → ⓐ → ⓑ → ⓓ → ⓔ　　　　　　④ ⓒ → ⓐ → ⓓ → ⓑ → ⓔ

TIP **PATCH 모형** … 미국 질병관리본부의 보건사업 기획 지침서로 개발된 기획모형이다. 집단과 지역사회 수준의 보건사업 기획모형이다. 1단계 지역사회 조직화, 2단계 자료 수집 및 자료 분석, 3단계 건강문제 우선순위 설정, 4단계 포괄적 수행전략, 5단계 평가 과정을 거친다.

2022. 6. 18. 제2회 서울특별시

2 지역사회간호과정 중 〈보기〉에서 설명하는 지역사회 사정 유형으로 가장 옳은 것은?

--- 보기 ---

• 지역사회 특정 부분에 초점을 두고 실시한다.
• 다양한 영역에 대한 사정을 실시한다.
• 정태성보다는 역동성을 고려하여 실시한다.
• 어디에 중심을 둘 것인지에 따라 다양하게 정보를 수집할 수 있다.

---

① 포괄적 사정　　　　　　　　　　② 친밀화 사정
③ 문제 중심 사정　　　　　　　　　④ 하위체계 사정

TIP ④ **하위체계 사정**: 지역사회의 특정 부분(하위체계)에 초점을 두고 다양한 영역에 한정적으로 조사하는 방법이다.
　① **포괄적 사정**: 방법론에 근거하여 1차 자료를 생성하고 지역사회에 관련된 자료 전부를 찾아낸다.
　② **친밀화 사정**: 사업장이나 정부기관 등 직접 시찰하며 자원을 파악하는 방법으로 일정량의 자료를 직접 수집한다.
　③ **문제 중심 사정**: 아동보호, 노인보건 등 지역사회의 중요 문제에 초점을 두고 사정하는 방법이다. 전체 지역 사회와 관련되므로 하위체계 사정과는 상이하다.

Answer 1.③ 2.④

3 PATCH 모형에 대한 설명으로 가장 옳지 않은 것은?

① 건강증진과 질병예방 프로그램을 기획하기 위해 사용된다.

② 집단 및 지역사회 수준의 보건사업 기획 모형이다.

③ 3단계에서 중요성과 변화가능성을 기준으로 건강문제 우선순위를 선정한다.

④ 1단계에서 가장 먼저 대상 지역의 건강문제에 관한 자료를 수집하고 분석한다.

> **TIP** PATCH 모형 … 미국 질병관리본부의 보건사업 기획 지침서로 개발된 기획모형이다. 집단과 지역사회 수준의 보건사업 기획모형이다. 1단계 지역사회 조직화, 2단계 자료 수집 및 자료 분석, 3단계 건강문제 우선순위 설정, 4단계 포괄절 수행전략, 5단계 평가 과정을 거친다.

4 중재수레바퀴 모델 중 〈보기〉에 해당하는 중재활동으로 가장 옳은 것은?

― 보기 ―

A구는 경제소득이 높은 도시지역이다. 간호사는 A구의 b동이 보건의료서비스 접근성이 낮은 곳이라는 것을 주목하고, b동 주민센터에 방문간호사 배치를 늘려 보건 의료서비스가 필요한 취약인구집단을 확인하고, 정보를 제공하고자 하였다.

① 사례관리

② 스크리닝

③ 아웃리치

④ 의뢰 및 추후관리

> **TIP** ③ **아웃리치**: 보건의료 서비스에 대한 접근성이 낮은 위험군이나 관심 인구집단에게 건강문제의 원인 및 문제해결 방법 등을 제공하는 것을 말한다.
> ① **사례관리**: 서비스를 조정하여 체계적으로 제공함으로써 중복이나 누락을 방지하고 지역사회 역량을 최적화하는 것을 말한다.
> ② **스크리닝**: 건강위험요인이나 증상이 없는 질병 상태의 개인을 찾는 것을 말한다.
> ④ **의뢰 및 추후관리**: 실제적, 잠재적 문제를 예방 또는 해결에 필요한 자원을 찾아 개인이나 가족, 집단, 전체 등이 활용할 수 있게 도움을 준다.
> ※ **중재수레바퀴모델** … 가정간호 학교보건 산업간호 등의 지역사회 간호영역의 200여 개 실무 시나리오에서 공통점 17개 중재를 선정하여 개인 및 집단, 전체에 적용되는 것이다.

Answer 3.④ 4.③

5 다음에서 설명하는 로이(Roy) 적응이론의 자극 유형은?

> • 현재 상태에 영향을 미치는 개인의 신념, 태도, 성격, 과거 경험 등과 같은 특성을 의미한다.
> • 인간 행동에 간접적으로 영향을 미치는 요인이며, 대부분 측정이 어렵다.

① 초점자극

② 연관자극

③ 잔여자극

④ 조절자극

TIP ① 주변인과의 갈등 등 변화가 요구되는 즉각적이면서도 직접적인 사건을 말한다.
② 근심걱정, 불안 등 현재 상태에서 영향을 주며 측정될 수 있는 자극으로, 초점자극에 의해 유발된다.
④ 호르몬 반응 등 생리적인 양상과 관련되어 무의식적으로 나타나는 기전을 조절자극이 아닌 조절기전이라고 한다.
※ 로이(Roy)의 적응이론 과정

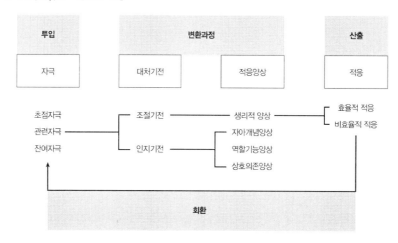

6 다음 내용에 근거하여 SWOT 분석 시 보건소 간호사가 세워야 할 전략은?

• 보건소 의료 인력의 지식수준과 기술적 역량이 높다.
• 지역사회에 신종감염병이 갑자기 급속도로 확산되고 있다.

---

① 약점 – 기회(WO) 전략
② 약점 – 위협(WT) 전략
③ 강점 – 기회(SO) 전략
④ 강점 – 위협(ST) 전략

> **TIP** ④ **강점–위협(ST) 전략**: 다각화 전략으로 위협을 최소화하고 내부 강점을 사용하는 전략이다. 따라서 보건소 의료 인력의 높은 지식수준과 기술적 역량으로 지역사회에 급속도로 확산되고 있는 신종감염병에 대응하는 전략은 강점–위협(ST)이다.
> ① **약점–기회(WO) 전략**: 약점을 최소화하기 위해 외부의 기회를 활용하는 전략이다.
> ② **약점–위협(WT) 전략**: 외부의 위협을 피하고 내부 약점을 최소화하는 전략이다.
> ③ **강점–기회(SO) 전략**: 내부의 강점으로 외부의 기회를 극대화하는 전략이다.

7 다음에서 설명하는 지역사회 간호활동은?

• 목표를 향하여 계획대로 진행되고 있는지 관련 기록을 감사한다.
• 도구소독법, 물품의 비축, 상병자 간호, 보건교육 등 업무가 원활하게 수행되는지 관찰한다.
• 지역사회 주민들과의 대화를 통해 주민의 요구와 사업이 부합되는지 파악한다.

---

① 조   ② 옹호
③ 감독   ④ 사례관리

> **TIP** 지역사회 간호사의 관리자(감독) 역할 … 가족의 간호를 감독하며 업무량을 관리하고 건강관리실, 보건실을 운영하거나 지역사회보건계획을 수립하고 있다.

Answer 6.④ 7.③

2020. 6. 13. 제2회 서울특별시

8 〈보기〉는 보건소에서 실시하는 방문건강관리사업의 일부이다. 이에 해당하는 사례관리의 단계로 가장 옳은 것은?

보기

• 전문 인력의 판단과 팀 구성에 따라 건강관리서비스 내용 조정
• 서신발송, 전화, 방문, 내소, 자원연계 실시

① 요구사정
② 목표설정 및 계획수립
③ 대상자 선정 및 등록
④ 개입 및 실행

TIP 사례관리의 과정
ⓐ 사정단계 : 다학제 팀이 함께 사정하여 문제를 확인한다.
ⓑ 계획단계 : 확인된 문제의 해결을 위한 구체적인 개입 계획과 평가계획을 세운다.
ⓒ 수행단계 : 문제의 우선순위에 따라 실제 대상자에게 필요한 다양한 자원을 활용한다. 지역사회 자원을 이용한 새로운 사회적 지지망을 구축한다.
ⓓ 평가단계 : 대상자에게 제공된 서비스, 대상자의 변화 등을 고려하여 사례관리의 효과성과 효율성을 분석하고 피드백을 제공한다.

2019. 2. 23 제1회 서울특별시

9 보건소의 방문건강관리사업 사례관리를 받기로 동의한 대상자의 건강위험요인을 파악하였다. 다음 중 정기 관리군으로 고려될 대상자는?

① 허약노인 판정점수가 6점인 75세 여성
② 당화혈색소 6.5%이면서 흡연 중인 77세 남성
③ 수축기압 145mmHg이면서 비만인 67세 여성
④ 뇌졸중 등록자로 신체활동을 미실천하는 72세 남성

Answer 8.④ 9.④

TIP 방문건강관리사업 대상자군 분류 및 군별 세부 기준

㉠ 집중관리군: 건강위험요인 및 건강문제가 있고 증상조절이 안 되는 경우(3개월 이내 8회 이상 건강관리 서비스 실시)
- 수축기압 140mmHg 이상 또는 이완기압 90mmHg 이상
- 수축기압 140mmHg 이상 또는 이완기압 90mmHg 이상이고, 흡연·고위험 음주·비만·신체활동 미실천 중 2개 이상의 건강행태 개선이 필요
- 당화혈색소 7.0% 이상 또는 공복혈당 126mg/dℓ 이상 또는 식후혈당 200mg/dℓ 이상
- 당화혈색소 7.0% 이상 또는 공복혈당 126mg/dℓ 이상 또는 식후혈당 200mg/dℓ 이상이고, 흡연·고위험 음주·비만·신체활동 미실천 중 2개 이상의 건강행태 개선이 필요
- 관절염, 뇌졸중, 암 등록자로 흡연·고위험 음주·비만·신체활동 미실천 중 2개 이상의 건강 행태 개선이 필요
- 임부 또는 분만 8주 이내 산부, 출생 4주 이내 신생아, 영유아, 다문화가족
- 만 65세 이상 노인 중 판정점수가 4~12점
- 북한이탈주민으로 감염성 질환이 1개 이상 이거나, 흡연·고위험 음주·비만·신체활동 미실천 중 2개 이상의 건강 행태 개선이 필요
  ※ 암 대상자로 암 치료 종료 후 5년이 경과되지 아니한 경우

㉡ 정기관리군: 건강위험요인 및 건강문제가 있고 증상이 있으나 조절이 되는 경우(3개월마다 1회 이상 건강관리 서비스 실시)
- 수축기압이 120~139mmHg 또는 이완기압이 80~89mmHg
- 수축기압이 120~139mmHg 또는 이완기압이 80~89mmHg이고, 흡연·고위험 음주·비만·신체활동 미실천 중 1개 이상의 건강행태 개선이 필요
- 공복혈당이 100~125mg/dℓ 또는 식후혈당이 140~199mg/dℓ
- 공복혈당이 100~125mg/dℓ 또는 식후혈당이 140~199mg/dℓ이고 흡연·고위험 음주·비만·신체활동·미실천 중 1개 이상의 건강행태 개선이 필요
- 북한이탈주민으로 흡연·고위험 음주·비만·신체활동 미실천 중 1개 이상의 건강행태 개선이 필요
  ※ 암 대상자로 암 치료 종료 후 5년이 경과되지 아니한 경우

㉢ 자기역량지원군: 건강위험요인 및 건강문제가 있으나 증상이 없는 경우(6개월마다 1회 이상 건강관리 서비스 실시)
- 수축기압이 120mmHg 미만이고, 이완기압이 80mmHg 미만
- 수축기압이 120mmHg 미만이고, 이완기압이 80mmHg 미만이고 흡연·고위험 음주·비만·신체활동 미실천 중 1개 이상의 건강행태 개선이 필요
- 당화혈색소가 7.0% 미만 또는 공복혈당 100mg/dℓ 미만 또는 식후혈당 140mg/dℓ 미만
- 당화혈색소가 7.0% 미만 또는 공복혈당 100 mg/dℓ 미만 또는 식후혈당 140mg/dℓ 미만이고, 흡연·고위험 음주·비만·신체활동 미실천 중 1개 이상의 건강행태 개선이 필요
- 질환은 없으나 흡연·고위험 음주·비만·신체활동 미실천 중 1개 이상의 건강행태 개선이 필요
  ※ 기타 집중관리군과 정기관리군에 해당되지 않는 경우

2018. 5. 19 제1회 지방직

10 보건교육방법의 토의 유형 중 심포지엄(symposium)에 대한 설명으로 옳은 것은?

① 일명 '팝콘회의'라고 하며, 기발한 아이디어를 자유롭게 제시하도록 하는 방법이다.

② 참가자 전원이 상호 대등한 관계 속에서 정해진 주제에 대해 자유롭게 의견을 교환하는 방법이다.

③ 전체를 여러 개의 분단으로 나누어 토의시키고 다시 전체 회의에서 종합하는 방법이다.

④ 동일한 주제에 대해 전문가들이 다양한 의견을 발표한 후 사회자가 청중을 공개토론 형식으로 참여시키는 방법이다.

> **TIP** ① 브레인스토밍
> ② 원탁토의
> ③ 버즈토의

2017. 12. 16 지방직 추가선발

11 지역사회간호사의 방문활동 원리에 대한 설명으로 옳은 것은?

① 하루에 여러 곳을 방문하는 경우 면역력이 높은 대상자부터 방문한다.

② 방문횟수는 인력, 시간, 예산, 자원, 대상자의 건강상태 등을 고려하여 결정한다.

③ 개인정보보호를 위해 방문간호사의 신분을 대상자에게 밝히지 않는다.

④ 지역사회 자원 연계는 방문간호사 활동 영역이 아니므로 수행하지 않는다.

> **TIP** ① 하루에 여러 곳을 방문하는 경우 면역력이 낮은 대상자부터 방문한다.
> ③ 방문간호사는 자신의 신분을 대상자에게 밝혀야 한다.
> ④ 방문간호사는 알선자로서 지역사회 자원 연계 역할을 수행한다.

Answer 10.④ 11.②

출제 예상 문제

1 면접에 대한 설명 중 옳은 것은?

> ㉠ 언어적 혹은 비언어적 방식으로 이루어진다.
> ㉡ 어떤 뚜렷한 목표를 가지고 두 사람 사이에 교환되는 대화이다.
> ㉢ 면접시 전문직에 대한 학문과 기술이 있어야 한다.
> ㉣ 개인의 배경을 확인하기 위하여 이루어진다.

① ㉠㉡ ② ㉠㉡㉢

③ ㉠㉢ ④ ㉡㉣

TIP ㉣ 면접활동은 지역사회 간호방법 중의 하나인 보건교육을 전달하는 수단으로 많이 이루어지며 공공목적에 도달하기 위한 두 사람 사이의 생각이나 정보를 교환하는 과정을 말한다. 즉, 개인의 배경을 확인하기 위하여 면접이 이루어지는 것은 아니다.

2 다음 중 가정방문 시 먼저 방문해야 할 대상자는?

① 임신 9개월의 임산부 ② 신생아

③ 결핵환자 ④ 에이즈환자

TIP 지역사회간호사가 가정방문활동 시 방문순서는 비전염성 영유아부터 방문하고 전염성 환자의 경우에는 맨 나중에 방문한다.

Answer 1.② 2.②

3 산후체조에 대한 교육방법으로 가장 적절한 것은?

① 강의   ② 연극

③ 시범회   ④ 심포지엄

TIP 시범회 … 보건교육의 목적을 대상자가 실천하는 것으로 설정하였을 때 이론설명만으로는 부족하므로 여러 자료를 가지고 실제와 비슷하게 시범을 보이며 교육하는 것이다.

4 다음 중 '고혈압 자가관리'에 대해 사회자의 안내로 2 ~ 5명 정도의 전문적인 지식이 있는 연사가 10 ~ 15분 토의 후 청중들에게 질문을 주고받는 형식의 학습방법으로 옳은 것은?

① 심포지엄   ② 분단토의

③ 패널토의   ④ 집단토론회

TIP ② 집단구성원을 몇 개의 분단으로 나누어 책임을 지우고 그 책임의 내용에 대해 토의한 후 각각의 견해를 전체 집단에 발표해 전체 의견을 종합한다.
③ 토의 문제에 대해 대립된 견해를 가진 전문가 여러 명의 구성원으로 선정되고 의장의 안내로 토의가 시작되는데 청중수에는 제한이 없다.
④ 약 10 ~ 15명의 인원으로 구성되어 자유로운 분위기에서 발언권의 필요없이 토의한다.

5 다음 중 분열병적 성격장애로 인해 의심이 많고 부적절한 사회성으로 주위 사람들과 마찰이 잦은 자녀를 둔 어머니가 상담을 의뢰해 왔을 때 정신보건간호사가 취할 행동으로 옳지 않은 것은?

① 대상자를 상담하고 사례를 관리한다.

② 정신요양원을 소개한다.

③ 정신과 전문의를 소개한다.

④ 같은 증상을 가진 사람을 소개하고 조언을 듣도록 한다.

TIP 문제를 해결하고 대상자와 가족들이 정서적 안정을 찾도록 정신보건상담을 하도록 한다. 대상자가 적절한 대처와 일상생활을 할 수 있도록 문제해결을 위해 구체적으로 상담을 해야 하는데 요양원 소개는 맞지 않은 행동이다.

Answer 3.③ 4.① 5.②

6 다음 중 효율적인 건강관리실의 장소선정을 위해 고려해야 할 점으로 옳지 않은 것은?

① 개인 사생활 보호를 위해 한적한 곳　　② 종교와 관련된 장소

③ 수도시설의 이용이 가능한 곳　　④ 교통이 편리한 곳

TIP ② 종교 및 정치에 관련이 없는 건물에 건강관리실을 준비하나 응급시에는 예외가 된다.

7 다음 중 교육자가 직접 수행해 보여줌으로써 교육하는 효과적 방법은?

① 시범　　② 강의

③ 영화상영　　④ 집단토론

TIP 시범 … 교육자가 직접 수행해서 보여주는 교육방법으로 매우 효과적이다.

8 다음 중 가정방문의 단점으로 옳지 않은 것은?

① 시간과 비용이 많이 요구된다.

② 간호사 이외의 다른 전문인의 서비스를 받을 수 없다.

③ 대상자의 상황파악이 늦어 상황에 맞는 간호를 제공할 수 없다.

④ 같은 문제를 가진 사람들끼리 서로 정보를 나누는 집단효과를 볼 수 없다.

TIP ③ 가정방문은 대상자의 상황파악을 할 수 있고 상황에 맞는 간호를 제공할 수 있다는 장점이 있다.

9 다음 지역사회 간호활동 중 집단간호활동에 속하지 않는 것은?

① 연구　　② 관리

③ 공적 관계　　④ 예방접종

TIP ④ 간호활동 중 예방접종은 개별간호활동에 속한다고 볼 수 있다.

Answer　6.②　7.①　8.③　9.④

10 지역사회간호사의 방문활동의 원리로서 옳지 않은 것은?

① 기록은 유지 · 보관한다.
② 같은 날 방문할 때는 전염성 환자를 먼저 방문하고 비전염성 영유아는 나중에 방문한다.
③ 질적인 간호사업 제공에 힘써야 한다.
④ 지역사회 자원을 적절히 활용한다.

──

TIP ② 간호사가 감염병의 매체가 되어서는 안 된다. 따라서 하루에 여러 곳을 방문할 경우에는 비전염성 영유아부터 방문하고 전염성 문제가 있는 환자는 마지막에 방문한다.

11 지역주민에게 여름철 건강관리에 대한 보건교육을 방송하였다. 방송을 이용하는 경우의 장점이 아닌 것은?

① 가장 빠르게 전할 수 있다.
② 긴급문제 발생시 유용하다.
③ 오랜 시간 기억할 수 있다.
④ 많은 사람에게 일시에 교육할 수 있다.

──

TIP 방송매체 활용의 장 · 단점
　　㉠ 장점
　　　• 유인물과 같은 매체에 노출되지 않는 대상자에게 인기가 있다.
　　　• 친근감을 준다.
　　　• 방송에서 들은 이야기는 권위있는 내용으로 생각한다.
　　　• 가장 빠르게 많은 대상자에게 전달할 수 있다.
　　㉡ 단점
　　　• 시간이 지나면서 기억이 상실된다.
　　　• 방송망의 활용이 번거롭다.

Answer 10.② 11.③

12 지역사회간호사가 전달하고자 하는 많은 내용을 자세히 포함할 수 있는 간접매체는?

① 전화 ② 편지
③ 벽보판 ④ 유인물

TIP 유인물의 장점
ⓐ 보건교육 내용을 조직적이고 계획적으로 자세히 담을 수 있다.
ⓑ 다른 매체보다 신뢰성이 있다.
ⓒ 주민이 유인물을 보관하여 수시로 볼 수 있다.

Answer 12.④

05 건강증진과 보건교육

01 건강증진과 국민건강증진종합계획

❶ 건강증진

(1) 건강증진의 개념

① 사람들로 하여금 자신의 건강을 향상시키고, 통제할 수 있도록 촉진하는 과정을 말한다.

② WHO 오타와 헌장(1986)

　㉠ 건강증진은 사람들로 하여금 자신의 건강에 대한 통제력을 증가시키고, 건강을 향상시키는 능력을 갖도록 하는 과정이다.

　㉡ 모든 사람들에게 건강한 생활환경을 조성하기 위해 5가지 요소를 제시하였다.

　　• 건강 지향적 공공정책의 수립

　　• 건강지향적(지지적) 환경 조성

　　• 지역사회활동의 강화

　　• 개개인의 기술 개발

　　• 보건의료서비스의 방향 재설정

③ 건강증진법(1995)

　㉠ 건강증진이란 국민에게 건강에 대한 가치와 책임의식을 함양하도록 건강에 관한 바른 지식을 보급하고 스스로 건강생활을 실천할 수 있는 여건을 조성하는 것이다.

　㉡ 건강증진사업 : 보건교육, 질병예방, 영양개선, 건강생활의 실천

(2) 우리나라 건강증진사업

① 1995년 국민건강증진법 및 시행령 제정·공포 ··· 건강증진사업 전개의 법적 기반 구축

② 국민건강증진사업은 1997년 국민건강증진기금 조성으로 재원을 확보, 1998년 10월 9개 보건소를 시작으로 1999년 18개 보건소, 2001년 6월까지 3년간 건강증진 거점 보건소 시범사업을 진행하였다.

③ 2002년 10월 이후 제2차 건강증진시범사업으로 금연, 절주, 운동, 영양 등 건강생활 실천사업이 보건소에서 추진하였다.

④ 2005년 건강증진기금 대폭 확충, 전체 보건소로 확대하였다.

⑤ 노동부 1990년 산업안전보건법 제정으로 근로자의 뇌심혈관계질환 및 돌연사 예방

⑥ 초·중·고등학교 학교보건사업으로 금연, 영양, 운동프로그램을 진행하였다.

⑦ 국민건강증진종합계획을 5년마다 수립하고 있다.

(3) 국민건강증진사업의 기본 개념

① 소득 증가에 따라 건강한 삶에 대한 국민들의 욕구가 증가하고 있다.

② 노인인구가 급증함에 따라 국가의료비의 부담이 증가하고 있다.

③ 복잡한 도시생활 등에서 오는 스트레스와 불건전한 생활습관 등으로 질병구조가 다양화·만성화되고 있다.

④ 지역사회 주민들의 보건의료에 대한 관심이 높아지고 이를 통합·조정할 필요성이 제고되었다.

⑤ 건강생활실천, 만성질환 예방·관리, 생애주기별 건강증진 등 건강증진사업을 체계적으로 수행하여 75세 건강장수가 가능한 사회실현이 목적이다.

> **TIP** 건강증진사업의 우선순위 결정기준[미국 CDC의 PATCH(Planned Approach To Community Health)의 우선순위 결정기준]
> ㉠ 중요성
> • 중요성은 건강문제가 지역사회에 얼마나 심각한 영향을 주는가, 또는 건강문제를 변화시키면 건강수준에 얼마나 효과가 나타나는가를 평가하는 기준이다.
> • 건강문제의 중요성을 판단하기 위해서는 첫째, 건강문제가 얼마나 흔한가를 평가하게 된다. 주로 유병률이나 발생률을 이용하여 비교하게 되는데 유병률이나 발생률의 절대적 크기도 중요하지만 상대적 크기(전국 평균이나 다른 지역과의 유병률 차이)도 중요하게 평가되어야 한다. 예를 들면 어느 지역의 유병률을 조사하였더니 1위는 암, 2위는 순환기계 질환, 3위는 사고로 나왔다고 하자, 그런데 다른 문제는 전국 평균치와 큰 차이가 없는데, 유독 사고는 전국 평균치보다 1.5배가 높다고 하자. 이 경우 암과 사고 중 어떤 문제가 더 우선되어야 할까? 이 문제에 대한 해답을 내리기 위해서는 우리가 형평성과 효율성 중 어느 것을 더 존중하는가에 대한 가치판단이 필요하다. 효율성이라는 관점에서 보면 유병률이 더 높은 암이 보건사업 대상으로 더 중요하다는 결론을 내리게 될 것이다. 그러나 지역간 건강수준의 차리를 감소시키는 것도 보건사업의 중요한 목적의 하나라고 생각하는 사람들은 보건사업의 대상으로 사고를 더 우선시할 수도 있다.

- 건강문제의 중요성을 판단하는 두 번째 기준은 해당 문제가 지역의 건강수준에 얼마나 심각한 영향을 미치는 가이다. 소위 건강문제의 위중도(危重度)라고 불리는 이 기준은 질병의 사망률이나 장애발생률, DALY 같은 질병부담 측정지표, 경제적 부담 등을 이용하여 측정하게 된다. 건강결정요인의 경우는 해당 건강결정요인이 야기하는 질환의 위중도에 건강결정요인의 질환별 귀속위험도를 곱하여 줌으로써 중요성의 측정이 가능할 것이다. 그러나 필요한 역학적 자료가 부족하여 지역에서 쉽게 활용할 수 있는 방법은 아니다.

ⓒ 변화가능성

- 변화가능성은 건강문제가 얼마나 용이하게 변화될 수 있는가를 평가하는 기준이다. 변화가능성을 평가하기 위해서는 문헌을 통해서나 다른 지역의 보건사업 경험을 통해 건강문제를 효과적으로 해결한 경험이 있는가를 확인하여야 한다. 즉, 과학적 근거에 따라 건강문제의 변화가능성을 평가하여야 한다. 우리가 비교하고자 하는 건강문제가 질병이나 사람이 아니고 행태인 경우에는 행태가 생활습관으로 고착된 경우보다 그렇지 않은 경우를 변화가능성이 높다고 평가할 수 있을 것이다. 따라서 노인의 흡연보다 청소년의 흡연이 변화가능성이 높다고 할 수 있다.
- PATCH를 이용하여 건강문제의 우선순위를 정하는 경우는 다음의 단계를 밟을 것을 미국 질병본부는 권장하고 있다.
  -1단계 : 브레인스토밍 등의 방법을 사용하여 지역에 흔한 건강문제를 취합한다.
  -2단계 : 1단계에서 취합된 건강문제를 건강문제의 중요성과 변화가능성을 고려하여 해당 영역에 정리한다.
  -3단계 : 중요하고 변화가능성이 높은 문제들을 중심으로 다시 한 번 우선순위를 정한다.

❷ 국민건강증진종합계획

(1) 국민건강증진종합계획의 개요

① 정의 ⋯ 국민건강증진종합계획의 효율적인 운영 및 목표 달성을 위해 모니터링, 평가, 환류하는 사업을 말한다.

② 목적 ⋯ 국민건강증진법 제4조 국민건강증진종합계획의 수립에 따라, 성과지표 모니터링 및 평가를 통해 국민의 건강수준 및 건강정책의 효과를 평가하고 국가건강증진전략 도출 및 건강증진정책 개발의 근거 확보에 목적이 있다.

③ 사업대상 ⋯ 보건복지부, 국민건강증진 관련 부처, 지방자치단체, 관련 전문가, 국민

④ 연혁
  ㉠ 1995 – 국민건강증진법 제정
  ㉡ 1997 – 국민건강증진기금 조성
  ㉢ 2002 – 제1차 국민건강증진종합계획(HP2010, 2002 ~ 2005) 수립
  - 75세의 건강장수 실현이 가능한 사회
  - 건강 실천의 생활화를 통한 건강 잠재력 제고
  - 효율적인 질병의 예방 및 관리체계 구축
  - 생애주기별로 효과적인 건강증진서비스 제공

- 「선택과 집중」의 원리에 의한 보건산업의 체계적 추진
- 건강증진위원회를 통해 추진사업을 지속적으로 평가 · 환류

② 2005 – 제2차 국민건강증진종합계획(HP2010, 2006 ~ 2010) 수립
- 온 국민이 함께 하는 건강세항
- 건강수명 연장과 건강형평성 제고
- 건강 잠재력 강화
- 질병과 조기사망 감소
- 인구집단간 건강 격차 완화

⑩ 2011 – 제3차 국민건강증진종합계획(HP2020, 2011 ~ 2015) 수립
- 온 국민이 함께 만들고 누리는 건강세상
- 건강수명 연장과 건강형평성 제고

⑭ 2015 – 제4차 국민건강증진종합계획(HP2020, 2016 ~ 2020) 수립
- 온 국민이 함께 만들고 누리는 건강세상
- 건강수명 연장과 건강형평성 제고

⊗ 2021 – 제5차 국민건강증진종합계획(HP2030, 2021 ~ 2030) 수립
- 모든 사람이 평생 건강을 누리는 사회
- 건강수명 연장과 건강형평성 제고

📢TIP UN 새천년 개발목표
ㄱ 절대빈곤 및 기아퇴치
ㄴ 보편적 초등교육 실현
ㄷ 양성평등 및 여성능력의 고양
ㄹ 유아사망률 감소
ㅁ 모성보건 증진
ㅂ AIDS 등 질병퇴치
ㅅ 지속가능한 환경확보
ㅇ 개발을 위한 글로벌 파트너십 구축

1 극심한 빈곤과 기아의 탈출
2 보편적 초등교육의 제공
3 성평등과 여성 자력화의 촉진
4 아동사망 감소
5 산모건강 증진
6 HIV/AIDS, 말라리아와 다른 질병 퇴치
7 지속가능한 환경 보장
8 개발을 위한 국제적 협력관계 구축

(2) 제5차 국민건강증진종합계획(HP2030) 중점과제별 대표지표

중점과제	대표지표
금연	성인 현재흡연율
절주	성인 고위험음주율
영양	식품 안전성 확보 가구분율
신체활동	성인 유산소 신체활동 실천율
구강건강	영구치(12세) 우식 경험률
자살예방	자살사망률(인구 10만 명당)
치매	치매안심센터의 치매환자 등록·관리율
중독	알코올 사용장애 정신건강 서비스 이용률
지역사회 정신건강	정신건강 서비스 이용률
암	성인 암 발생률(인구 10만 명당)
심뇌혈관질환	성인 고혈압 유병률, 성인 당뇨병 유병률, 급성 심근경색증 환자의 발병 후 3시간 미만 응급실 도착 비율
비만	성인 비만 유병률
손상	손상사망률(인구 10만 명당)
감염병 예방 및 관리	신고 결핵 신환자율(인구 10만 명당)
감염병 위기 대비 대응	MMR 완전접종률
기후변화성 질환	기후보건영향평가 평가체계 구축 및 운영
영유아	영아사망률(출생아 1천 명당)
아동·청소년	고등학생 현재흡연율
여성	모성사망비(출생아 10만 명당)
노인	노인의 주관적 건강인지율
장애인	성인 장애인 건강검진 수검률
근로자	연간 평균 노동시간
군인	군 장병 흡연율
건강정보 이해력 제고	성인 적절한 건강정보이해능력 수준

02 건강증진 관련 이론 및 보건교육

① 건강증진 관련 이론

(1) 타나힐(Tannahill)의 건강증진모형

① 개념 ··· 건강증진은 보건교육을 통해 학습자의 지식, 태도, 행동에 영향을 줌으로써 자기건강관리능력을 갖출 수 있게 육성하는 것이다.

② 구성요소
- ㉠ 보건교육 : 건강증진은 보건교육을 통해 학습자의 지식, 태도, 행동에 영향을 줌으로써 자기건강관리능력을 갖출 수 있게 육성하는 것이다.
- ㉡ 예방 : 의학적 중재를 통해 질병과 불건강을 감소시키는 것으로 3단계가 있다.
  - 일차예방 : 건강위험요인을 감소시켜 질병이나 특정 건강문제가 발생하지 않도록 하는 것
  - 이차예방 : 질병이나 건강문제를 조기 발견하여 예방하는 것
  - 삼차예방 : 질병이나 건강문제로 인해 발생할 수 있는 합병증 예방과 재발 방지
- ㉢ 건강보호
  - 법률적, 재정적, 사회적 방법을 통해 건강에 유익한 환경을 제공함으로써 인구집단을 보호하는 것이다.
  - 환경에서 발생하는 환경적 위험과 감염을 통제하려는 노력, 자발적인 규칙과 정책을 정해 법률적, 재정적 통제를 하는 것이다.
  - HACCP제도와 같은 식품안전정책, 자동차 안전벨트 착용 의무화, 공공장소에서의 금연 활동 등이 그 예이다.

③ 건강증진영역
- ㉠ 예방영역 : 예방접종, 자궁경부암 선별검사, 선천성장애 선별검사
- ㉡ 예방적 보건교육 영역 : 불건강을 예방하기 위해 생활양식의 변화를 유도하고 예방사업을 이용하도록 권장하는 노력
  - 예 금연상담, 정보제공
- ㉢ 예방적 건강보호 영역 : 건강보호차원에서 소개된 여러 법률, 정책, 규칙의 제정과 시행
  - 예 충치 예방을 위한 수돗물 불소화 사업
- ㉣ 예방적 건강보호를 위한 보건교육 영역
  - 안전벨트 착용 의무화하는 법안을 통과시키도록 강력하게 운동을 전개하거나 로비활동 하는 것
  - 예방적 건강보호를 위한 방법들이 성공을 거두기 위해 대중들에게 도움이 되는 사회적 환경을 조성하려는 노력

ⓜ **적극적 보건교육 영역** : 개인이나 전체 지역사회가 적극적으로 건강의 기초를 세우도록, 건강 관련 기술과 자신감 등을 개발할 수 있도록 도와주는 보건교육

  예 청소년 대상의 생활기술 습득 활동

ⓗ **적극적 건강보호 영역** : 금연을 위해 직장 내에서의 흡연금지 정책 시행이나, 적극적 건강상태를 증진하기 위해 사용이 편리한 여가시설을 마련하기 위해 공공자금을 제공하는 것

  예 작업장 금연 정책

ⓢ **적극적 건강보호를 위한 보건교육 영역** : 대중이나 정책 결정자들에게 적극적 건강보호 수단의 중요성을 인식시키고 이들에 대한 지원을 보장받기 위한 노력

  예 담배광고 금지를 위한 로비활동

(2) 합리적 행동이론(TRA) & 계획된 행동이론(TPB)

① 합리적 행동이론

 ㉠ 개념

- 신념(행동적, 규범적), 태도, 의도, 행위 사이의 관계에 관심을 두고 태도와 행위 간의 관계를 찾기 위해 개발되었다.
- 인간은 이성적 존재이고 가능한 정보를 체계적으로 사용하며, 행위에 대한 개인의 의도가 그 행위의 직접적인 결정요인이다.
- 인간은 합리적이며 자신이 이용할 수 있는 정보를 활용하여 행동을 결정한다.
- 인간이 특정 행동을 선택할 때, 행동의 결과로 야기될 수 있는 것들 중 좋은 것은 최대로 하고, 나쁜 것은 최소로 하겠다는 기대감으로 합리적 행동을 선택한다.

 ㉡ 합리적 행동이론의 구성요소 : 행위, 행위의도, 행위에 대한 태도, 주관적 사회규범, 행동의 결과평가, 행동에 대한 주위의 태도

- 행위의 결정요소 : 개인의 행위 의도
- 행위 의도의 직접적인 결정요소

 －그 행위를 수행하는 것에 대한 태도 : 행위의 결과 또는 행위 수행에 대한 개인적 신념에 의해 결정되며, 행위 결과에 긍정적 가치를 부여할 때 행위가 수행된다.

 －그 행위와 관련된 주관적인 규범 : 사회적 압력에 대한 인식, 어떤 행위에 대한 주위 사람들의 찬성이나 반대, 주위 사람들의 의견을 따를 것인지에 따라 결정된다.

- 개인이 특정 행위의 결과에 만족하고 그 행위를 하도록 사회적 압력이 있다고 인식할 때 행위 수행이 일어난다.

② 계획된 행동이론

 ㉠ 개념 : 합리적 행동이론이 확장된 이론으로 인지된 행동통제 개념을 추가하여 확대·발전시킨 이론이다.

 ㉡ 의도를 결정하는 요인

- 행위에 대한 태도 : 행위 수행에 대한 개인의 긍정적 또는 부정적 평가 정도 → 행위 신념(행동적 신념)에 의해 영향을 받음

- 주관적 규범 : 제시된 행위를 선택하도록 만드는 사회적 기대감을 개인이 지각하는 정도 → 규범적 신념에 의해 영향을 받음
- 인지(지각)된 행위 통제 : 특정행위를 수행하는 데 있어서 어려움이나 용이함을 지각하는 정도 → 통제신념에 의해 영향을 받음
- 행위신념(행동적 신념) : 어떤 행위가 특정한 결과를 이끌어 낼 것이라는 기대 혹은 대가에 대한 신념
  - 예 체중조절이 체중을 감소시킬 가능성이 있음
- 규범적 신념 : 주위의 의미 있는 사람들이 행위 실천에 대해 지지할지 반대할지에 대한 믿음
  - 예 주치의가 체중을 조절해야 한다고 생각하다고 믿음
- 통제신념 : 행위수행에 필요한 자원, 기회 및 장애물의 존재유무 등에 대한 행위통제에 대한 신념
  - 예 식당에서 흡연금지에 직면할 가능성
- ⓒ 특성
  - 행동보다는 중간단계의 결과인 행동의도에 초점 – 내적인 동기유발과 외적 환경영향을 구분
  - 태도가 믿음으로 구성되는 것으로 정의 – 태도에 대한 정확한 측정이 가능(여러 가지 믿음을 측정함으로써 태도를 결정)
  - 동기유발이 태도에 의해 영향을 받는다는 점을 제시 – 행위결과에 대한 기대감은 그것이 현실적이든 그렇지 않든 동기유발에 결정적 영향을 수행함
  - 주관적 규범을 모형에 포함 – 개인의 행동결정과정에 타인의 영향력이 행사된다는 것을 이론적으로 정립
  - 행동수행능력에 대한 개인의 인식 고려 – 동기유발은 개인의 자신감에 의해 증가되고, 자신감 결핍에 의해 감소됨

(3) 사회인지이론

① 사회인지이론의 발달
  - ㉠ 사회인지이론 = 사회학습 + 인지과정 : 학습된 행동을 합리적인 사고를 통해 올바른 가치관을 형성하는 것이다.
  - ㉡ 건강행위와 행위변화의 증진방법에 영향을 미치는 심리·사회적 역동성을 설명해 주는 주요 행동과학이론이다.
  - ㉢ 개인의 행동과 인지가 앞으로의 행동에 영향을 준다는 점을 강조한다.
  - ㉣ 반두라는 상호결정론을 통해 인간의 행동은 인지를 포함하는 개인의 요소, 행동과 관련된 요소, 환경의 요소 이렇게 3가지 요소가 서로 영향을 미치는 결과로 만들어진 역동적·상호적인 것으로 설명한다.
  - ㉤ 행동변화의 이해를 위해 인지적·정서적·행동적 요소를 종합적으로 제시하고, 이론에서 파악된 개념과 과정이 건강교육 실무와 건강행위변화에 이론적 아이디어의 적용을 가능하게 해주는 것이 이 이론의 장점이라 할 수 있다.
  - ㉥ 건강행위는 개인이 자신의 건강과 안녕을 위하여 스스로 실행하는 활동이므로 행위에 영향을 미치는 개인적 요소를 고려하여야 한다.

◈ 사회인지이론을 창의적으로 적용하여 개인의 인지요소에 영향을 미치는 기술과 방법을 개발하고 행동변화의 가능성을 증가시키는 노력이 매우 중요하다.

② 사회인지이론의 개념
　　⊙ 사회인지이론에서 설명하는 행동은 환경과 개인의 특성에 의존하며 이 세 요소가 동시 상호간에 영향을 미치는 역동적인 관계이다.
　　ⓛ 행동은 단순히 인간과 행동의 결과가 아니며, 또한 환경도 단순히 인간과 행동에 따른 결과이기 보다는 이 세 요소가 서로에게 영향을 주는 것이다.
　　ⓒ 상호결정론 : 한 가지 요소의 변화는 다른 두 가지 요소에 자연히 영향을 미치게 되는 것으로 행동만 따로 분리해서 초점을 두지 않고, 개인적·환경적 특성을 함께 고려함으로써 환경 변화나 개인 특성 프로그램을 개발하여 행동의 변화가 보다 효과적으로 실천될 수 있도록 하는데 활용될 수 있다.

③ 사회인지이론의 주요 개념
　　⊙ 행동능력
　　　• 특정행동을 수행할 수 있는지의 여부를 의미한다.
　　　• 행동이 무엇인지(지식), 어떻게 그 행동을 실행하는지(기술)를 알아야 한다.
　　　• 특별한 행위를 수행하는 사람이 누구이든지 간에, 그 행위가 지식을 습득하는 것이든 기술로써 수행하는 것이든 나름대로 습득방법을 통해서 얻어진다.
　　　• 건강교육자들은 학습을 전제로 목표행동을 분명히 하는 것이 중요하다.
　　　• 주어진 업무가 학습되어도 수행되지 않을 수가 있으므로 행동능력에 대한 개념은 학습을 전제로 한 실행에 둔다.
　　　• 행동능력은 개인의 훈련, 지적 수준, 학습형태의 결과이다.
　　　• 숙련학습 : 무엇을 수행해야 되는지에 대한 인지적 지식을 제공해 주고, 실제 그 행동을 실행하여 개인이 사전에 세운 기준에 맞는 행동을 실행할 때까지 수행을 정확히 하도록 피드백해 주는 것을 말한다.
　　ⓛ 관찰학습
　　　• 사회인지이론에서 사람은 타인을 통해 강화받고, 관찰함으로써 배우게 되며, 주위 환경이 행동에 대한 모델을 제시하므로 환경이 매우 중요하다.
　　　• 관찰학습을 통해 타인의 행위를 보고 그 사람이 강화받는 것을 보면서 대리경험 혹은 대리강화를 경험한다.
　　　• 복잡한 행동을 학습하는데 조작적 학습보다 더 효율적이다.
　　　• 조작적 접근 : 특정 행위에 따라 강화를 받게 되며, 시행착오를 통해 개인은 반복적으로 계속 행동하고, 점차 의도하는 결과에 가깝도록 행동을 하게 된다.
　　　• 관찰학습 : 조작적 접근과 같이 시간 소모적인 과정을 거칠 필요 없이 다른 사람의 행동을 관찰하고 그들이 행동에 대한 강화를 받는 것을 관찰함으로써 다른 사람의 행동에서 고려되는 법칙을 발견한다.
　　　• 개인은 다른 사람의 행동과정, 성공과 실패를 관찰함으로써 무엇이 적합한 행동인지를 배우게 된다.
　　　　◱ 이아들이 부모의 생활습관(식습관 등)을 관찰하는 것, 또래 친구를 관찰하며 그들이 받는 처벌과 보상을 주목하게 되는 것

- 관찰을 통해 배울 수 있는 다양한 행동 유형들을 흔히 가족 또는 함께 몰려다니는 급우들이 서로 공통적인 행동 형태를 갖는 것에서 알 수 있다.
- 전강교육자 또는 행동과학자들은 바람직한 행동에 대한 관찰학습을 위하여 다른 사람들의 성공적 행위 실천을 모델링하여 볼 수 있는 기회를 제공하고 그에 대한 긍정적 평가를 함으로써 강화하고 특정 행동을 시도할 수 있도록 이끌어 주는 역할을 할 수 있다.

ⓒ 강화
- 학습에서 중요하게 다루어지는 개념이다.
- 긍정적 강화 혹은 보상은 긍정적 자극을 줌으로써 그 행동이 반복될 수 있는 가능성을 증가시켜 주는 개인의 행동에 대한 반응이다.
- 긍정적 강화 : 칭찬해 주는 사람의 의견이나 판단이 행동을 하는 사람에게 가치 있는 것으로 여겨지면 더욱 강화된다.
  - **예** '잘한다!'라고 긍정적인 격려를 해주었을 시 칭찬받을 만한 행동을 할 가능성이 많아진다.
- 부정적 강화 : 부정적 자극을 제거해 줌으로써 특정 행동의 가능성을 증가시켜 바람직한 행동을 이끌도록 만든다.
  - **예** 흡연의 행동을 지속하는 이유로 담배에 들어 있는 니코틴 성분으로 인해 우울·불안·분노와 같은 부정적 정서가 제거되는 상황
- 긍정적 처벌 : 어떠한 행동을 줌으로써 처벌받는 상황 → 벌금
- 부정적 처벌 : 무엇인가를 제거하는 것을 처벌로 간주하는 것 → 주차권리의 박탈
- 강화의 유형
- −외적 강화 : 예측 가능한 강화가치를 가진 사건이나 행동이 외부에서 제공되는 것
- −내적 강화 : 개인 자신의 경험이나 지각을 가치 있는 일로 판단하는 것
- −직접강화(조작적 조건화)
- −대리강화(관찰학습)
- −자기강화(자기통제)
- 건강교육자나 행동과학자는 모든 건강증진활동에 대하여 무조건 외적 보상을 제공하지 말고 이들 행동에 대한 내적 흥미가 강화된 프로그램을 고안하여야 할 것이다.

ⓐ 결과기대
- 행동에 선행하는 결정요소 = 특정 행동으로 인하여 기대되는 측면
- 개인은 특정 사건이 특별한 상황에서 그들의 행동에 따라 발생된다는 것을 학습하고, 그 상황이 다시 주어지면 그러한 사건이 다시 발생하리라고 기대하게 된다.
- 습관적인 행동이라기보다 사람들은 실행한 행동에 따른 여러 가지 상황을 예상하고 그 상황에 대처하기 위한 전략을 개발하고 테스트하고 그 상황에서 그들의 행동의 결과가 어떻게 나타날까 기대하는 것이다.
- 실제 그 상황에 직면하기 전에 그에 대한 기대를 하고 그에 따라 그들의 행동 결과를 발전시킨다.
- 대부분 이러한 예상된 행동은 그들의 걱정을 줄여주고 상황을 처리할 수 있는 능력을 높여준다.
- 결과기대는 실행에 대한 자신감인 자기효능의 증진방법으로 학습된다.

ⓜ 결과기대치
- 특정결과에 대하여 개인이 부여하는 가치나 유인가라는 점에서 결과 기대와는 구별된다.
- 다른 모든 조건들이 동일시 될 때 사람들은 긍정적 결과를 최대화하고 부정적 결과를 최소화하는 방향으로 행동을 실천하게 된다.

ⓗ 자기효능
- 개인이 특정 행동을 수행할 때 느끼는 자신감으로 그 행위를 수행하는 데 따르는 장애요소의 극복을 포함하고 있다.
- 반두라는 자기 효능이 행동 변화를 위한 가장 중요한 선결조건이라고 하였다. → 주어진 과제에 얼마만큼 노력을 해야 하고 어느 정도로 수행을 달성해야 하는 지에 영향을 주기 때문
- 지각된 자기효능은 특정행위를 수행하는 데 그 행위를 조작하고 집행하는 과정에서의 자기능력에 대한 개인적 판단으로 자기 조절의 중요한 역할을 하는 내적 요소 중의 하나이다.
- 자신이 무엇을 할 수 있는지에 대한 지기효능의 지각은 자신과 타인의 성공과 실패에 대한 직접적·대리적 경험으로 영향을 받는다.
- 자기효능을 높게 지각한 사람은 더 성취하려는 노력을 하고 실천하고자 하는 과제를 지속적으로 실천해 낸다.

ⓢ 자기통제
- 건강교육의 목표 중 하나는 수행이하는 목표 성취에 초점을 두고 개인의 자기조절능력을 키워 자기통제 아래 건강행동을 수행하도록 만드는 것이다.
- 자기조절행위는 순환적 과정으로 자신의 행동을 관찰, 판단, 반응함으로써 목표를 성취해 나간다.
- 자신의 행동을 다양하게 감시하여 관찰한 후 자신의 평가 기준과 비교, 판단하고 그에 따른 긍정적, 부정적 자기 반응으로 보상과 처벌을 부여하는 일련의 과정을 통해 행위가 조절되는 것이라고 볼 수 있다.
- 자기조절과정에서 가장 중요한 요소는 행동을 변화시키는 동기화로서 자신이 무엇보다도 강력한 영향을 미칠 수 있다는 점에서 자기통제력의 정도는 행동수행을 결정하는 요소가 된다.

ⓞ 정서적 대처
- 지나친 정서적 대처는 학습과 실천을 방해한다고 제시되었는데, 특정 자극은 공포감을 야기시키고(결과 기대치 자극), 이러한 공포감이 정서적 각성인 감정을 유발시켜 방어적 행동을 촉발한다.
- 방어적 행동이 효과적으로 자극을 처리하면 공포, 불안, 적대감 또는 정서적 각성 등이 감소된다.
- 정서적·생리적 각성에 대한 행동관리의 방법
- 생리적 방어기제(부정, 억압, 억제 등)
- 인지적 기술이나 문제의 재구성법
- 정서적 고통증상을 관리하는 스트레스 관리기술(운동)
- 문제를 효과적으로 해결하는 방법(문제규명과 확인, 정서적 각성의 원인해결)이 있음
- 건강교육자나 행동과학자들은 개인의 행동변화를 돕기 위해 개인에게 동반되는 정서적 각성이 최소화되도록 돕거나 불안이 해소되는 것을 전제로 하고 중재계획을 세우는 것이 좋다.

ⓩ 상호결정론
- 사회인지이론 안에서 행동이란 역동적이고, 사람과 환경의 양상에 달려 있으며, 각각 다른 것에 동시에 영향을 주는 것이다.
- 상호결정론 : 사람들의 특성 사이에서의 지속되는 상호작용, 그 사람의 행동, 행동이 수행되는 환경과의 상호작용
- 이 세 가지의 환경요소는 지속적으로 서로에게 영향을 미치며 한 구성요소의 변화는 다른 것들에게 영향을 미친다.

ⓒ 환경과 상황
- 환경 : 물리적 외부요인으로 사람의 행동에 영향을 미치는 객관적 요소
 −사회적인 환경 : 가족구성원, 친구, 회사 및 학급동료 등
 −물리적인 환경 : 방 크기, 온도 등
- 상황 : 행동에 영향을 줄 수 있는 인지적, 정신적 환경을 말함
 −상황은 개인의 인지에 따른 환경을 나타낸다.
- 환경은 건강행위변화의 주요 요인으로 인식된다.

(4) 건강신념모형

① 개요
- ㉠ 인간의 행위가 개인이 그 목표에 대하여 생각하는 가치와 목표를 달성할 가능성에 대한 생각에 달려 있다고 가정하는 심리학과 행동이론을 기본으로 한다.
- ㉡ 초기에는 사람들이 유료나 무료로 제공되는 질병예방 프로그램에 참여하지 않는 이유를 알고자 하는 의도로 개발되기 시작하여, 후에는 예방행위, 질병행위, 환자역할행위 등을 포함한 검진행위를 설명하는데 활용되었다.
- ㉢ 행동과학을 건강증진에 응용한 첫 번째 이론이며, 건강행위에 대해 가장 널리 알려진 개념 틀이다.
- ㉣ 보건의료분야에 제공되는 많은 사업 중 사람들의 건강 관련 행위는 질병을 두려워하는 정도에 따라 달라지고, 건강행위는 질병으로 인한 심각성의 정도와 어떤 행위를 함으로써 기대되는 심각성 감소에 대한 잠재성에 따라 달라진다고 설명한다.

② **건강신념모형도** … 지각된 민감성, 지각된 심각성, 지각된 유익성, 지각된 장애성 등으로 나타내어지는 네 가지 구성요인으로 설명된다. 또한 행동하는 데 방아쇠 역할을 하는 자극이 있을 때 행동의 계기가 되어 적절한 행위가 일어난다. 최근에는 자기효능의 개념이 추가되었다. 이는 행동을 성공적으로 수행할 능력에 대한 자신감이다.

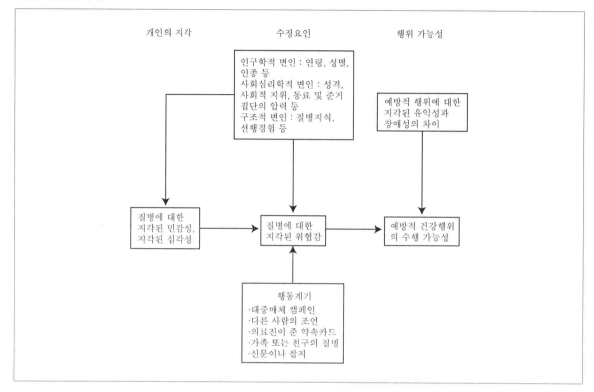

③ **주요 개념**

　㉠ **지각된 민감성** : 어떤 건강상태가 될 것이라는 가능성에 대한 생각이다. 자신이 어떤 질병에 걸릴 위험이 있다고 지각하거나, 질병에 이미 걸린 경우 의료적 진단을 받아들이거나 재발할 위험성이 있다고 생각하는 등 일반적으로 질병에 민감하다고 믿는 것이다.

　　• 위험 인구 집단이나 위험 수준 규정

　　• 개인의 특징이나 행동에 근거한 위험요인의 개별화

　　• 개인의 실제 위험을 좀더 일관성 있게 인지하도록 만듦

　㉡ **지각된 심각성** : 질병에 걸렸을 경우나 치료를 하지 않았을 경우 어느 정도 심각하게 될 것인지에 대한 지각이다. 또는 이미 질병에 걸린 경우 이를 치료하지 않고 내버려 두었을 때 죽음, 장애, 고통을 느끼거나 사회적으로 직업상실, 가족생활과 사회관계에 문제가 생길 것 등에 대한 심각성이며 민감성과 심각성의 조합은 지각된 위협감으로 나타난다.

　　• 위험요인과 상황결과를 세분화

　　• 상황을 위험하게 느끼는지에 대한 개인의 신념

ⓒ **지각된 유익성** : 특정 행위를 하게 될 경우 얻을 수 있는 혜택에 대한 지각이다. 어떤 상황에 대해 개인의 민감성이 위협감을 느껴 행동을 취할 때 그러한 행동의 과정은 특정한 행위의 효과가 질병의 위협을 감소시킬 수 있다고 여겨질 때 나타난다는 것이다. 즉, 사람들이 자신의 건강문제에 대해 민감하고 심각하게 느낄지라도 다양한 행위가 질병의 위험을 감소시키는데 유용하다고 믿을 때, 즉 건강행위가 가능하고 효과적이라고 느낄 때 행동하게 된다는 것이다.
- 언제, 어떻게 행동할 지 규정
- 기대되는 긍정적 효과를 명확히 함
- 결과의 심각성이나 위험을 감소시키기 위해 권고된 효능에 대한 개인의 믿음

ⓔ **지각된 장애성** : 특정 건강행위에 대한 부정적 지각으로 어떤 행위를 하려고 할 때 그 건강행위에 잠재되어 있는 부정적인 측면이다. 어떤 행위를 취할 시에 거기에 들어가는 비용이나 위험성, 부작용, 고통, 불편함, 시간소비, 습관변화 등이 건강행위를 방해하게 된다는 것이다. 그러므로 민감성과 심각성이 적절한 조화를 이루는 것이 행동 에너지를 만들고, 장애를 덜 가져오는 유익성의 지각이 행동을 하게 만드는 것이다.
- 잘못된 정보, 보상, 도움을 수정할 지각된 장애를 감소시켜 주거나 확인시켜 줌
- 권고된 행동에 대해서 실제적이고 심리적인 비용의 개인 신념

ⓜ **기타 변인** : 다양한 인구학적, 사회심리학적, 구조적 변인들이 개인의 지각에 영향을 줄 수도 있고, 건강 관련 행동에 간접적으로 영향을 주게 된다. 특별히 사회 인구학적 요인이나 교육적 성취들은 민감성, 심각성, 유익성, 장애성의 지각에 영향을 줌으로써 행동에 간접적인 작용을 하게 된다.

ⓗ **자기효능감** : 반두라가 정의한 자기효능감은 주어진 행위가 어떤 성과를 끌어낼 것이라는 개인의 기재를 정의한 것이다. 그 중 효능기대감은 자신의 건강에 필요한 행위를 잘 해낼 수 있다는 확신으로 행위수행에 대한 훈련, 자신감 등이다. 로젠스톡이나 베커 등은 건강신념모형에 민감성, 심각성, 유익성, 장애성의 초기 개념과 분리된 구성요로로서 자기효능을 추가하였다.
- 인지를 증진시킬 정보 제공
- 행동수행에 대한 훈련 및 안내 제공
- 추진력 있는 목표 설정 언어적 강화
- 바람직한 행동 설명으로 불안 감소
- 개인의 행동할 능력에 대한 신뢰

(5) 펜더(Pender)의 건강증진모형(HPM)

① 개념
ⓐ 건강증진 행위를 통제하는 데 있어서 인식의 조정 과정이 중요함을 강조한 사회인지이론과 건강신념모형을 기초로 하여 개발되었다.
ⓑ 건강신념모형이 질병 관련 행위를 주로 설명한 것이라면 건강증진모형은 전반적인 건강증진행위를 설명한 것이다.

© 건강증진행위의 7가지 가정
- 인간은 각 개인의 독특한 건강잠재력을 표현할 수 있는 생활조건을 창출하고자 한다.
- 인간은 자신의 능력을 사정하고, 반성적으로 자기지각을 할 수 있는 능력을 가지고 있다.
- 인간은 긍정적인 방향으로 성장하는 것을 가치 있게 생각하며, 개인이 수용할 수 있는 변화와 안정 사이의 균형을 얻고자 노력한다.
- 개인은 자신의 행동을 능동적으로 조절하고자 한다.
- 신체·심리·사회적 복합성을 지닌 개인은 환경과 상호 작용하면서, 점진적이고도, 지속적으로 환경을 변화시킨다.
- 건강전문가는 인간 상호간의 환경 중 일부에 해당하며, 인간의 일생에 영향을 미친다.
- 자발적으로 인간·환경 간의 상호작용방식을 바꾸는 것은 행동변화에 필수적이다.

② 구성
㉠ 개인적 특성과 경험
- 이전의 관련 행위 : 현재와 비슷한 행위를 과거에 얼마나 자주 했는지를 의미하는 것으로, 이전의 행위는 자신도 모르게 자동적으로 행위를 하게 만들며 이것은 지각된 자기효능, 유익성, 장애성, 활동 관련 정서를 통해 건강증진행위에 간접적인 영향을 준다.
- 개인적 요인 : 건강증진행위뿐만 아니라 행위에 따른 인지와 정서에 직접적인 영향을 미치는 요소로 행위를 변화시키기 위한 중재로 구체화하기에는 어려움이 있다.
  - 생물학적 요인 : 연령, 성, 비만도, 사춘기상태, 폐경상태, 힘, 균형성 등
  - 심리적 요인 : 자존감, 자기 동기화, 개인능력, 지각된 건강상태, 건강의 정의 등
  - 사회문화적 요인 : 종족, 보건교육, 사회·경제적 수준 등
㉡ 행위별 인지와 정서
- 활동에 대한 지각된 유익성 : 특정 행위에 대해 개인이 기대하는 이익이나 긍정적 결과
  - 행위에 따른 긍정적 결과나 강화된 결과로부터 얻어짐
  - 내적인 이익 : 피로감의 감소, 각성 수준의 증가 등
  - 외적인 이익 : 경제적 보상인자 사회적 상호작용의 증가
- 활동에 대한 지각된 장애성 : 활동을 할 때 부정적인 측면을 인지, 이용하기 불가능한 것을 의미, 불편함, 값이 비쌈, 어려움, 시간소요가 많음 등
- 지각된 자기효능감
  - 수행을 확실하게 성취할 수 있는 개인의 능력으로 판단
  - 직접적으로 건강증진행위를 동기화시키고 지각된 장애에 영향을 줌으로써 행위의 시행이나 유지에 간접적으로 영향
- 활동과 관련된 정서 : 행위를 시작하기 전, 하는 동안, 한 후에 일어나는 주관적인 느낌으로 행동 자체가 가지는 자극의 특성에 기초한다. 감정 상태는 행위를 반복하거나 지속하는데 영향을 미치며 긍정적인 감정을 동반한 행위일수록 반복될 가능성이 크고, 부정적인 감정을 느끼게 하는 행위일수록 피할 가능성이 크다.
- 인간 상호간의 영향

-다른 사람의 태도와 신념, 행위 등에 영향을 받는 것

-건강증진행위에 대한 인간 상호 간의 일차적인 원천은 가족(부모, 형제), 또래집단, 보건의료제공자이며, 규범(의미 있는 타인의 기대), 사회적 지지(도구적, 정서적 격려), 모델링(특정행위에 참여하는 타인을 관찰하여 학습함) 등 사회적 압력이나 행동계획 수립의 격려를 통해 직·간접적으로 행위에 영향

• 상황적 영향 : 상황에 대해 개인이 지각하고 인지하는 것으로 행위를 촉진시키거나 저해

ⓒ 행위결과 : 활동계획에 몰입하고 건강행위가 이루어지는 단계

• 활동계획 수립 : 주어진 시간과 장소에서 특정 사람이나 환자와 구체적인 활동을 하거나 행위를 수행, 강화하기 위한 전략

• 즉각적인 갈등적 요구와 선호성

-계획된 건강증진행위를 하는 데 방해되는 다른 행위

-운동보다 쇼핑을 더 좋아하기 때문에 운동하는 곳을 늘 지나쳐서 마트로 가게 되는 경우

• 건강증진행위 : 건강증진행위는 개인이나 집단이 최적의 안녕상태를 이루고 자아실현 및 개인적 욕구충족을 유지, 증진하려는 행위로서 질병을 예방하는 것 이상을 의미하며 균형과 안정성을 지키게 하고 최적의 기능 상태로 만들며 조화를 증진시키며 적응을 강화시키고 안녕을 극대화하고 의식을 확재시키는 것 등을 포함한다.

③ 특징

㉠ 인지지각을 변화시켜 건강증진 행위를 촉진할 수 있다는 데 초점이 있으며, 건강증진에 인지지각 요인이 미치는 영향이 크다는 점을 강조한 것이다.

㉡ 지나치게 많은 변수들을 고려함으로써 실제적인 적용이 어렵다.

㉢ 이론으로서의 간편성이 부족하다.

⑹ PRECEDE-PROCEED 모형

① 개념

㉠ 수행평가 과정의 연속적인 단계를 제공하여 포괄적인 건강증진계획이 가능한 모형이다.

㉡ PRECEDE 과정은 보건교육사업의 우선순위 결정 및 목적 설정을 보여주는 진단단계이다.

㉢ PROCEED 과정은 정책수립 및 보건교육사업 수행과 사업평가에서의 대상과 그 기준을 제시하는 건강증진계획의 개발단계이다.

㉣ 건강, 건강행위의 사회적, 생태학적(가족, 지역사회, 문화, 신체적·사회적 환경)요인 등 직·간접요인들을 분석한 후 그를 바탕으로 포괄적인 사업을 계획하도록 모형이 개발되었다.

㉤ 건강행위에 사회적, 생태학적 측면이 중요한 요인임을 강조한 것으로, 건강행위 변화에 대한 책임을 대상자 중심으로 본 다른 건강행위 관련 모형과 구별된다.

② 모형의 단계

㉠ 사회적 사정단계

• 사람들 자신의 요구나 삶의 질을 이해하기 위한 과정으로 광범위한 지역사회에 대한 이해를 위해 계획된 다양한 정보수집활동

- 지역사회와 삶의 질을 사정하도록 격려하고 돕는 것에서 시작
- 삶의 질 측정
- 객관적 측정 : 고용률, 결근율, 교육수준, 실업률과 같은 사회적 지표, 주택밀도, 사회복지 수준, 대기상태와 같은 환경적 지표
- 주관적 측정 : 지역주민의 적응(스트레스 생활사건, 개인적 또는 사회적 자원)과 삶의 만족도(긍정적 생활경험, 개인적 또는 사회적 자원) 등을 포함하여 대상 집단에게 삶의 질을 방해하는 주요 장애물이 무엇인지를 물어보는 것
- 자료수집방법 : 면담, 지역사회 포럼, 포커스 그룹 활용, 설문조사, 사회적 지표, 연구기록, 국가적 자료의 지역수준으로 합성된 통계

ⓒ 역학적 사정단계
- 사회적 관점에서 규명된 삶의 질에 영향을 미치는 구체적인 건강문제 또는 건강목표 규명, 우선순위를 선정하여 제한된 자원을 사용할 가치가 큰 건강문제를 규명하는 단계
- 건강문제를 나타내는 지표 : 사망률, 이환율, 장애율, 불편감, 불만족 - 5D
- 건강문제 우선순위 설정
- 사망, 질병, 근로손실일수, 재활비용, 장애(일시적, 영구적), 가족해체, 회복 비용 등의 문제 중 가장 파급효과가 큰 문제는 어느 것인가?
- 어린이, 여성, 인종 등의 소집단 중에서 위험에 처해 있는 것은 어느 집단인가?
- 어떤 문제가 가장 중재하기에 적합한 것인가?
- 지역사회 내의 다른 기관들로부터 외면당하고 있는 문제는 어떤 것인가? 그럴만한 이유가 있는가?
- 어떤 문제가 건강상태, 경제상태 또는 이익 등의 측면에서 가장 효과적인 결과를 가져올 것인가?
- 지역적, 국가적 우선순위에서 상위에 배정되어 있는 문제가 있는가?
- 건강 목적 개발
- 사업추진의 구심적 역할, 방향 제시
- 역학적, 의학적 결과로 표현
- 대상, 기대효과, 범위, 기간 등의 내용 포함
- 측정가능, 정확한 자료에 근거하여 합리적 설정
- 하부목표와 성취 목표는 일관성

ⓒ 행위 및 환경적 사정단계
- 전 단계에서 확인된 삶의 질, 건강결정요인들을 통제하는 총체적인 행위
- 사회적ㆍ물리적 환경 요인을 분석하는 단계
- PRECEDE 모형에서는 행위요인만 다뤘으나 PROCEED 모형에서는 생활양식과 환경적 요인까지 고려한다.
- 행위사정의 단계
- 건강문제 관련 요인의 분류 : 행위와 비행위 요인
- 행위의 분류 : 예방행위와 치료행위
- 행위의 중요도에 따른 분류

- 행위의 가변성 정도에 따른 분류 : 행위에 등급을 매기는 것, 시간요인 고려
- 대상행위의 결정 : 사업의 초점이 될 수 있는 행위 선택
- 행동목표 진술 : 구체적, 정확성 요구, 변화가 기대되는 대상, 성취되어야 하는 건강행위, 성취되어야 하는 조건의 범위, 변화가 발생될 것이라고 생각되는 시간 등 포함
- 환경사정의 단계
- 변화될 수 있는 환경요인의 규명
- 중요도에 따른 환경요인들의 분류
- 가변성에 따른 환경요인들의 분류
- 표적 환경요인 결정 : 행위 매트릭스
- 환경목표의 진술 : 측정 가능한 용어로 진술

② 교육 및 생태학적 사정 단계
- 행위에 영향을 주는 요인
- 성향요인 : 행위를 초래하거나 행위의 근거가 되는 요인(개인이나 집단의 동기화와 관련) → 인지, 정서적 요인으로 지식, 태도, 신념, 가치, 자기효능, 의도 등
- 촉진요인 : 건강행위를 수행하는데 필요한 기술과 자원, 실제로 행위가 나타나도록 하는 요인 → 지역사회의 보건의료나 지역사회의 자원에 대한 이용가능성, 접근성, 시간적 여유 등
- 강화요인 : 행위가 계속되거나 반복되도록 보상을 제공하는 행위와 관련된 요인 → 사회적 지지, 동료영향, 의료제공자의 충고와 피드백, 신체적으로 얻은 결과
- 행위와 환경변화 요인 선택 및 우선순위 결정
- 요인들의 규명 및 분류단계
- 세 범주 중에서 우선순위 결정
- 범주 내의 요인들 간의 우선순위 결정
- 학습과 자원목표
- 학습목표 : 성향요인과 중재내용을 서술 → 사업평가의 기준
- 자원목표 : 사업의 환경적 촉진요인 정의

⑩ 행정 및 정책 사정 단계
- PRECEDE에서 PROCEED로 넘어가는 단계
- 사정단계에서 규명된 계획이 건강증진사업으로 전환되기 위한 행정·정책사정과정
- 건강증진 프로그램을 촉진하거나 방해하는 정책, 자원 및 조직의 환경 분석
- 정책 : 조직과 행정활동을 안내하는 일련의 목표와 규칙
- 규제 : 정책을 수행하거나 규칙이나 법을 강화하는 활동
- 조직 : 사업 수행에 필요한 자원을 모으고 조정하는 활동
- 수행 : 행정, 규제, 조직을 통해 정책과 사업을 활동으로 전화시키는 것
- 행정 사정 단계 : 필요한 자원의 사정, 이용가능한 자원의 사정, 수행에 있어서 장애물 사정
- 정책 사정 단계 : 계획이 수행되기 전 기존의 정책, 규제 및 조직에 적합한지 검토

• 수행 단계
  - 계획, 예산, 조직과 정책의 지지, 인력과 감독
  - 사람들의 요구에 대한 민감성, 상황에 따른 융통성, 인식, 유머감각
ⓑ 실행 : 프로그램 수행
ⓢ 평가
  • 과정평가 : 사업의 수행이 정책, 이론적 근거, 프로토콜 등에서 벗어날 때 이를 인식할 수 있도록 한다.
  • 영향평가 : 대상 행위와 선행요인, 촉진요인, 강화요인, 행위에 미치는 환경요인에 대한 즉각적인 효과
  • 결과평가 : 건강상태와 삶의 질 지표

(7) 범이론적 모형

① 개요

ⓐ 횡이론적 변화단계이론

ⓑ 심리치료자들이 다양한 이론의 통합을 통해 새로운 시개 정신을 찾기 위한 하나의 방법으로 범이론적 접근을 시도

ⓒ 시간적인 차원을 포함한 단계의 개념으로 이해함으로써 성공적인 금연을 유도할 수 있다는 새로운 접근법을 제시

ⓓ 성인의 금연에 대한 폭넓은 연구 : 스스로 담배를 끊는 사람이 어떠한 단계를 거치면서 행동의 변화를 보이는지를 이해

ⓔ 개인의 행위에 영향을 주는 인적 요소가 어떤 것이 있는지에 초점을 두고 건강행위를 설명한다.

② 변화의 단계

ⓐ 계획 전 단계, 인식 전 단계
  • 6개월 내에 행동변화의 의지가 없는 단계
  • 인식을 갖도록 하기 위해 문제점에 대한 정보를 주어야 한다.

ⓑ 계획단계, 인식단계
  • 6개월 내에 행동변화의 의지가 있는 단계
  • 구체적인 계획을 세울 수 있도록 긍정적인 부분을 강조한다.

ⓒ 준비단계
  • 1개월 내에 행동변화의 의지를 가지고 있으며, 적극적으로 행동변화를 계획하는 단계
  • 기술을 가르쳐 주고, 실천계획을 세울 수 있도록 도와주고, 할 수 있다는 자신감을 준다.

ⓓ 행동단계
  • 6개월 내에 명백한 행동의 변화를 갖는 단계
  • 칭찬을 하며, 실패를 막을 수 있는 방법을 가르치며, 이전행동으로 돌아가려는 자극을 조절하는 계획을 세우도록 한다.

      ㉤ 유지단계

- 6개월 이상 행동변화가 지속되는 단계
- 유혹을 어떻게 조절해야 하는지 긍정적인 부분을 강조한다.

③ 변화과정

      ㉠ 변화단계를 계속 유지하기 위하여 사람들이 사용하는 암묵적이거나 명백한 활동

      ㉡ 경험적 과정(인지적 과정) : 행동과 관련된 정서, 믿음, 가치 등 대상자의 인지적인 과정(동기부여, 의식형성, 극적 전환, 자기재평가, 사회적 조건, 환경 재평가)

      ㉢ 행동적 과정 : 행동변화에 적용이 되는 과정 → 조력관계, 대응조건, 강화관리, 자극조절, 자기해방

④ 변화과정

      ㉠ 의식형성 : 높은 수준의 의식과 보다 정확한 정보를 찾는 과정

      ㉡ 극적 안도 : 감정경험과 표출

      ㉢ 환경 재평가 : 자기 환경과 문제들에 대한 감정적, 인지적 재인식

      ㉣ 자기 재평가 : 자기 자신과 문제들에 대한 감정적, 인지적 재인식

      ㉤ 자기해방 : 신념에 근거하여 변화하고 행할 수 있다는 믿음

      ㉥ 조력관계 : 개발, 보호, 신뢰, 진실, 감정이입을 포함한 관계

      ㉦ 사회적 조건 : 개인적 변화를 지지하는 사회적 변화 의지

      ㉧ 대응조건 : 문제행위를 보다 긍정적 행위나 경험으로 대치

      ㉨ 강화관리 : 긍정적 행위는 강화하고 부정적 행위는 처벌

      ㉩ 자극조절 : 환경 또는 경험을 재구축하여 문제자극이 덜 발생하도록 함

⑤ 변화단계 모형

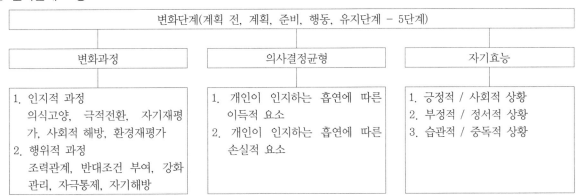

⑥ 적용

      ㉠ 단계모델은 광범위한 건강부분 및 정신보건영역으로 확대되어 적용된다.

      ㉡ 알코올중독 및 물질남용, 불안 및 공포장애, 섭취장애 및 비만, 에이즈 예방, 유방암 검진과 자궁암 검진

      ㉢ 치료권고에 대한 이행, 임신과 흡연 등 다양한 영역의 건강 프로그램에서 활용

(8) PATCH(Planned Approach to community Health) 모형

① 개요

    ㉠ 미국의 질병관리본부가 1980년대 지역보건요원의 보건사업 기획지침서로 개발하였다.

    ㉡ 지역사회에서 건강증진 및 질병예방 프로그램의 계획과 수행을 위한 계획된 접근방법으로 사용된다.

    ㉢ 지방정부 차원에 적용하는 모형이지만 지방정부와 중앙정부가 종적으로 상호협력하여 건강문제의 우선
순위를 다루어야 한다.

    ㉣ 각 지역의 물적 인적자원과 보건체계를 강화하도록 계획한다.

    ㉤ 지역사회의 주인의식과 파트너십을 중요한 개념으로 다룬다.

② 주요개념

    ㉠ 1단계 지역사회 자원의 동원 : 프로그램의 대상지역을 정하고 참여자를 모집한다.

    ㉡ 2단계 자료수집과 분석 : 프로그램 대상지역의 사망률, 유병률, 지역사회 주민의 건강행위, 인식 및 견해 등
에 대한 자료를 수집하여 분석한 후 가장 우선순위가 높은 건강문제를 결정한다.

    ㉢ 3단계 우선순위 설정과 표적집단 결정 : 대상지역의 건강문제가 지역사회에 얼마나 심각한 영향을 미치
는지, 건강문제가 변화되면 어느 정도의 효과가 나타나는지 등을 평가하는 기준을 중요하게 다룬다.

    ㉣ 4단계 중재전략 개발 및 실행 : 현재 제공되고 있는 프로그램을 파악하고 사용 가능한 자원을 파악하여
실행계획을 세운다.

    ㉤ 5단계 평가 : 패치 전 과정의 진행을 모니터링하여 프로그램의 성공을 측정할 수 있는 지표를 설정하며
자료를 수집한다.

(9) MATCH(Multilevel Approach Community Health) 모형

① 개요

    ㉠ 보건프로그램의 실행을 강조하는 모형으로 중재를 수행할 표적집단을 설정한다.

    ㉡ 중재전략을 생태학적인 여러 수준으로 나누어 다양한 접근법을 적용한다.

    ㉢ 개인의 특성과 환경의 특성이 서로 상호작용하면서 영향을 미치는 요인을 개인, 집단, 지역사회, 국가
등의 수준으로 나누어 보건프로그램을 기획한다.

② 주요개념

    ㉠ 목적/목표 설정

        • 건강상태 목적(목표) 선정

        • 우선순위 목적(목표) 선정

        • 건강 행위요인과 관련된 목적(목표) 선정

        • 환경요인과 관련된 목적(목표) 선정

ⓒ 중재 계획
- 중재 목표 파악 : 중재 활동의 목표가 되는 중재 대상 결정
- 중재 목표 선정 : 1단계에서 파악된 건강행동 요인, 환경적 요인, 중재 대상을 조합하여 목표 선정
- 중재 목표를 이루기 위한 매개변인(지식, 태도, 기술 등) 파악
- 중재 접근방법 선정 : 중재 목표의 수준에 맞게 중재 활동의 종류를 선택
ⓒ 프로그램 개발 : 각 프로그램의 내용적인 구성요소 등 프로그램 개발과 관련된 내용을 상세하게 기술하는 단계
ⓔ 실행
- 변화 채택을 위한 계획안을 작성하고 자원활동 준비
- 변화를 위한 요구, 준비 정도, 환경적인 지지조건 등에 대한 사안 개발
- 중재가 효과적이라는 증거 수집
- 중재를 통한 변화를 지지하여 줄 수 있는 사회적 지도자나 기관 단체를 파악
- 사회적인 의사 결정권이 있는 사람들과 협조 관계 유지
- 프로그램 수행자들을 모집, 업무 훈련, 수행 업무 모니터 및 지지할 수 있는 시스템 개발
ⓜ 평가
- 과정평가 : 중재기획과 과정에 대한 유용성, 실제 수행에 대한 정도와 질, 프로그램 수행 후 즉시 나타난 교육적인 효과 등
- 영향평가 : 보건프로그램의 단기적인 결과로 지식, 태도, 기술을 포함한 중간 효과와 행동 변화 또는 환경적인 변화를 포함
- 결과평가 : 장기적인 보건프로그램 효과 측정

❷ 보건교육

(1) 보건교육의 이해

① 보건교육의 개념
ⓐ 정의
- WHO : 보건교육은 개인과 지역사회의 건강에 도움이 되는 지식을 향상시키고, 삶의 기술을 개발하는 것을 포함하여 건강에 대하여 읽고 행동할 수 있는 능력을 향상시키도록 구성된 의사소통을 포함한 학습의 기회이다.
- 국민건강증진법 : 보건교육은 개인 또는 집단으로 하여금 건강에 유익한 행위를 자발적으로 수행하도록 하는 교육을 말한다.

© 보건교육의 목적과 목표
- 목적 : 대상자들이 최적의 건강을 유지·증진시킬 수 있는 자가건강관리능력을 함양하여 삶의 질을 향상시키는 것이다.
- 목표
  - 개인의 삶의 질 향상 증진
  - 보건의료자원의 올바른 이용
  - 건강한 생활양식 행동의 실천 강화
  - 대상자들의 자가건강관리능력 함양
  - 건강행위를 스스로 실천할 수 있도록 도움

② 보건교육의 일반적 원리 및 필요성
③ 일반적 원리
- 보건교육은 모든 연령층을 대상으로 한다.
- 보건교육은 개인이나 집단의 건강에 관한 지식, 태도, 행위를 바람직한 방향으로 변화시키는 데 목적이 있다.
- 보건교육은 형제, 동료, 친구 사이에도 이루어진다. 전문적 기초지식의 결여로 부정확한 측면도 있지만 모르는 것을 알도록 도와주는 데서 개인적인 신뢰나 우정이 크게 작용할 수 있다.
- 보건교육은 거의 실제 경험과 비슷한 학습환경에서 이루어질 때 그 효과가 크다.
- 보건교육은 가정, 학교, 지역사회 간의 접촉 및 매개수단이 되어야 한다.
- 보건교육계획을 세우려면 명확한 목표가 설정되어 있어야 한다.
- 보건교육은 다른 관련 분야들과 협조관계가 필요하다.
- 보건교육계획 시 그 지역사회 주민의 건강에 대한 태도, 신념, 미신, 습관, 금기사항, 전통 등 일상생활의 전반적인 사항을 반드시 알고 있어야 한다.
- 보건교육은 양과 질을 측정할 수 있는 평가 지표의 준비가 필요하다. 사전평가, 중간평가, 사후평가를 실시하여 재계획에 반영하여야 한다.
- 보건교육은 개인, 가정, 지역사회 주민의 요구 또는 흥미에 따라 실시해야 효과적이다. 보건교육 실시 전에 지역사회의 요구도를 미리 사정하여야 한다
- 보건교육은 대상자의 연령, 교육수준, 경제수준에 맞게 실시하여야 한다.
- 보건교육은 단편적인 지식이나 기술(기능)을 전달하는 데 그쳐서는 아니 되며, 일상생활에서 응용될 수 있도록 해야 하며, 보건교육을 실시할 때는 인간의 신체적·정신적·사회적 측면의 조화를 고려하여야 한다.
- 대상자가 자발적으로 보건교육에 참여하도록 유도하여야 한다.
- 보건문제 해결은 일정한 공식이나 틀이 없으므로 일종의 창의적인 과정이라 할 수 있다.

© 필요성
- 보건교육을 통해 자신이 이용하는 서비스 수준을 판단할 수 있는 능력을 키워야 한다.
- 질병 양상의 변화와 의학기술의 한계에 따른 보건교육의 상대적 가치가 부각되고 있다.
- 의료비 상승으로 인한 조기 퇴원으로 가정에서 환자와 가족이 건강관리를 해야 할 필요성이 증가하고 있다.
- 개인이나 지역사회가 건강 관련 문제를 스스로 해결할 수 있는 능력을 기를 필요가 있다.
- 소비자 의식의 향상으로 삶의 질 향상을 추구하려는 인식이 전반적으로 확산되었다.

③ 보건교육 관련 이론 정리
㉠ 행동주의 학습이론
• 개념
- 인간의 학습 현상을 행동과 그 행동의 발생 원인이 되는 외부환경에 초점을 두고 설명하는 이론으로 목표한 행동의 변화가 일어나면 학습이 이루어진다고 본다.
- 인간의 행동은 자연법칙의 지배를 받기 때문에 과학적으로 연구되어야 하고, 겉으로 나타나는 행동을 연구의 대상으로 한다.
- 환경은 개체의 행동에 영향을 주는 외적 변인이며, 행동 변화를 목표로 하는 학습도 환경이 개체에 작용해서 나타난 결과로 볼 수 있다.
- 환경을 조절함으로써 인간의 행동을 변화시키거나 수정할 수 있다. 환경을 적절히 조성하면 학습도 의도한 대로 조절이 가능하다.
• 기본원리
- 행동은 보상, 칭찬, 처벌 등과 같은 강화에 의해 증가된다.
- 행동은 이전의 경험에 의해 영향을 받으며, 다음에 올 결과에 의해 더 큰 영향을 받는다.
- 처벌은 행동을 억제한다. 처벌이 제거되면 행동은 증가하는 경향이 있다.
- 각성은 주의 집중에 영향을 준다.
- 반복적인 행동으로 강화가 이루어지며 강화를 통해 학습을 증진시킨다.
- 불규칙적인 강화가 행동을 오래 지속하게 한다.
- 즉각적이고 일관성 있는 강화가 효과적이다. 정확하고 즉각적인 회환은 학습을 향상시킨다.
- 명백하게 행동과 연결된 보상이나 체벌이 행동을 강화시킨다. 결과에 상응하는 적절한 보상제공이 학습을 증진시킨다.
- 대상자가 원하는 보상일 때 행동이 증가한다.
- 욕구를 충족시키지 못하는 행위는 소멸된다.

ⓛ 인지주의 학습이론
• 개념
−인간을 문제해결을 위한 정보를 적극적으로 탐색하고 이미 알고 있는 것을 재배열하며 재구성함으로써 새로운 학습을 성취하는 능동적이고 적극적인 존재로 본다.
−학습은 본질적으로 내적인 사고과정의 변화이기에 개인이 환경으로부터 받은 자극이나 정보를 어떻게 지각하고 해석하고 저장하는가에 관심을 둔다.
• 기본원리
−주의집중은 학습을 증가시킨다.
−정보자료를 조직화할 때 학습을 증가시킨다.
−정보를 관련지음으로써 학습을 증가시킨다.
−개개인의 학습유형은 다양하다.
−우선적인 것은 정보의 저장에 영향을 준다.
−새로이 학습한 내용을 다양한 배경에서 적용하는 것은 그 학습의 일반화를 돕는다.
−모방은 하나의 학습방법이다.
−신기함이나 새로움은 정보의 저장에 영향을 준다.
ⓒ 인본주의 학습이론
• 개념 : 심리학에 근본을 두고 있으며 학습은 개인이 주위 환경과의 능동적인 상호작용을 통하여 자아성장과 자아실현을 이루는 과정이다.

> **TIP** 학습의 개념
> ㉠ 학습은 학습자가 긍정적 자아개념을 갖도록 도와주는 것이다.
> ㉡ 학습자들에게 자유 선택의 기회를 부여하면 그들은 최선의 것을 선택한다.
> ㉢ 학습은 학습자의 조화로운 발달을 도모하며 학습자 중심으로 이루어져야 효과적이다.
> ㉣ 학습은 학습자로 하여금 그들의 신념과 태도와 가치를 분명히 의식하여 행동하도록 돕는 것이다.
> ㉤ 학습은 자기실현을 할 수 있도록 개인의 잠재력을 발달시키는 것이다.

• 기본원리
−학습자가 자발적인 사람이기 때문에 교육자의 역할은 학습자의 요청에 반응하는 것이며 교사는 촉진자, 조력자, 격려자가 되어야 한다.
−학습에서 필수적인 것은 학습자가 경험에서 의미를 이끌어내는 것(스스로 학습하며 학습이 유용했는지 평가)이다.

② 구성주의 학습이론

• 개념
  - 구성주의 학습은 자신의 개인적인 경험에 근거해서 독특하고 개인적인 해석을 내리는 능동적이며 개인적인 과정을 의미하는 학습이론이다.
  - 구성주의는 지식이 인간의 경험과는 별도로 외부에 존재한다는 객관주의와는 상반되는 이론으로 지식이란 인간이 처한 상황의 맥락 안에서 사전 경험에 의해 개개인의 마음에 재구성하는 것이라고 주장한다.
  - 구성주의는 문제중심학습의 철학적 배경이 되며 의미 만들기 이론 또는 알아가기 이론이라고도 하며 의학이나 간호학의 학습방법으로 도입되고 있다.

• 기본원리
  - 학습자는 학습의 주체이며 능동적으로 학습과정에 참여하여 자신의 경험의 의미를 구성할 때 학습이 일어난다.
  - 교사는 실제와 같은 복잡하고 역동적인 상황이나 문제를 제시하고 다양한 관점을 개발할 수 있는 기회와 학습에 대한 안내를 줄 수 있는 학습 환경을 조성해야 한다.
  - 학습이 의미를 가지기 위해서는 학습한 지식이 실제로 사용될 수 있는 맥락과 함께 제공되어야 한다. 맥락은 실제 상황과 유사한 것이어야 한다.
  - 학습자는 문제 상황에서 관련 정보를 회상하고, 문제 해결 과정에 집중하며 전문가들이 실세계의 문제 해결 과정에서 경험하는 사고력을 촉진하고자 문제 상황을 제공한다.
  - 문제 상황은 학습자의 학습동기를 유발하고, 관련 지식을 점검하거나 습득하게 하며, 지식을 문제 해결에 적용하도록 유도한다.
  - 교사는 학습자의 흥미를 유발하고, 지속적인 피드백과 지지를 통하여 학습자의 의미 구성 과정을 촉진한다.
  - 학습자는 사회공동체 내에서 다른 사람들과 아이디어를 공유하고 다양한 관점을 접하게 되는데, 이때 모순되거나 불일치함을 경험하면서 반성적인 사고를 통해서 자신의 관점을 재해석하거나 변형하는 등 조정이 가능하고 공동체와 공유된 의미를 갖게 된다.
  - 평가는 학습과정에서 이루어져야 한다고 본다. 평가는 학습자가 문제를 해결하는 과정에서 지식과 기능을 새로운 상황에 전이할 수 있는 능력에 초점을 두고 이루어져야 한다.

(2) 보건교육의 계획

① 학습목표의 설정

ㄱ) 학습목표 : 학습경험을 통하여 바람직하게 변화되어야 할 학습자의 지식, 태도, 행위를 말하며, 학습과정의 결과로 기대되는 행동이다.

ㄴ) 학습목표가 갖추어야 할 조건
  • 연관성 : 목적과 밀접한 관련을 가져야 한다.
  • 논리성 : 논리적으로 기술되어야 한다.
  • 명백성 : 학습자와 교육자가 모두 명확히 이해하고 이에 기준하여 교육이 일어날 수 있도록 명확하게 설정되어야 한다.
  • 실현 가능성 : 학습을 통해 실현 가능한 목표가 설정되어야 한다.

- 관찰 가능성 : 관찰 가능한 목표가 되도록 구체적으로 설정하여야 한다.
- 측정 가능성 : 측정 가능하도록 설정되어야 한다.

ⓒ 학습목표의 분류 : Bloom은 학습목표를 인지적, 정의적, 심리운동적 영역으로 구분하였다.

- 인지적 영역
- 지식의 증가와 이를 활용하는 능력
- 행동의 복합성에 따라 가장 낮은 수준의 지식 습득부터 가장 높은 수준의 평가로 분류
- 지식 : 정보를 회상해 내거나 기억하는 것

  예 대상자들은 흡연의 피해를 열거할 수 있다.

- 이해 : 하급자는 의사소통이 되고 있는 물질이나 아이디어를 다른 것과 관련시키지 않고도 무엇이 의사소통되고 있는지 앎

  예 대상자들은 니코틴의 작용을 말할 수 있다.

- 적용 : 구체적이고 특수한 상황에 일반적인 아이디어나 규칙, 이론, 기술적인 원리, 일반화된 방법의 추상성 사용

  예 대상자들은 심장질환과 니코틴의 작용을 관련지어 말할 수 있다.

- 분석 : 의사소통을 조직적·효과적으로 하기 위해 표현된 아이디어의 위계와 관계가 분명해지도록 의사소통을 부분으로 나눔

  예 대상자들은 흡연으로 인한 증상과 자신에게서 나타나는 증상을 비교한다.

- 종합 : 부분이나 요소를 합하여 분명하도록 완성된 구조로 구성

  예 대상자들은 금연방법을 참고하여 자신의 금연계획을 작성한다.

- 평가 : 주어진 목표에 대해 자료와 방법이 범주를 충족시키는 정도에 관해 질적·양적으로 판단

  예 대상자들은 자신들이 계획한 금연계획을 실천 가능성에 따라 평가한다.

- 정의적 영역
- 느낌이나 정서의 내면화가 깊어짐에 따라 대상자의 성격과 가치체계에 통합되어 가는 과정
- 감수 : 학습자는 단순히 어떤 것에 의식적이거나 선호하는 자극에 주의를 기울임

  예 대상자는 담배연기로 죽어가는 쥐를 들여다본다.

- 반응 : 학습자의 반응

  예 대상자는 담배가 자신이나 가족에게 매우 해롭다고 말한다.

- 가치화 : 학습자가 스스로 몰입하여 가치를 갖고 있음을 타인이 확인 가능

  예 대상자는 금연계획을 세우고 담배를 줄이며 금연 스티커를 자신이 볼 수 있는 곳에 붙여 놓는다.

- 조직화 : 복합적인 가치를 적절히 분류하고 순서를 매겨 체계화하고 가치들의 관계가 조화롭고 내적으로 일관성을 이루도록 함

  예 대상자는 흡연의 유혹을 피하기 위해 기상과 함께 조깅을 하고, 아침식사 후 커피 대신 과일을 먹는 등의 생활양식을 체계적으로 실행한다.

- 성격화 : 새로운 가치를 생활 속으로 통합하여 효과적으로 행동

  예 대상자는 지역사회 금연운동에서 자원봉사자로 활동한다.

- 심리 운동적 영역
  - 관찰이 가능하므로 학습목표의 확인과 측정 용이
  - 복합성의 수준이 증가함에 따라 심리운동 영역의 수준도 증가
  - 심리운동 영역이 높아질수록 신체적 기술을 좀 더 효과적으로 수행
  - 지각 : 감각기관을 통해 대상, 질 또는 관계를 알아가는 과정
    - 예 노인들은 운동 시범자가 보이는 근력운동을 관찰한다.
  - 태세 : 특정 활동이나 경험을 위한 준비
    - 예 노인들은 운동을 하기 위해 필요한 고무 밴드를 하나씩 집어 든다.
  - 지시에 따른 반응 : 교육자의 안내 하에 학습자가 외형적인 행위를 하는 것으로 활동에 앞서 반응할 준비성과 적절한 반응을 선택
    - 예 노인들은 운동시범자의 지시에 따라 고무 밴드를 이용한 운동을 한다.
  - 기계화 : 학습된 반응이 습관화되어 학습자는 행동수행에 자신감이 있으며 상황에 따라 습관적으로 행동
    - 예 노인들은 음악을 들으며 스스로 운동을 한다.
  - 복합 외적 반응 : 복합적이라고 여겨지는 운동 활동의 수행을 의미, 고도의 기술이 습득되고 최소한의 시간과 에너지 활동을 수행
    - 예 노인들은 집에서 TV를 보면서 고무 밴드를 이용한 운동을 능숙하게 실행한다.
  - 적응 : 신체적 반응이 새로운 문제 상황에 대처하기 위해 운동 활동을 변경
    - 예 노인들은 고무 밴드가 없는 노인 회관에서 고무 밴드 대신 긴 타월을 이용하여 운동을 한다.

② 학습내용의 조직 원리
  - ㉠ **계속성의 원리** : 학습내용의 구성요소가 계속 반복됨으로써 학습자에게 연속적으로 연습의 기회를 제공하여야 하며, 인지적 영역-심리 운동적 영역-정의적 영역의 순서로 더 긴 시간의 교육을 요구한다.
  - ㉡ **계열성의 원리** : 학습내용의 위계적 · 순차적 반복을 통해 학습의 선행 내용을 기초로 후속 내용을 전개함으로써 수준을 달리한 동일 교육내용을 반복적으로 학습하는 심화 학습이 이루어져야 한다.
  - ㉢ **통합성의 원리** : 교육내용을 구성하는 요소들이 서로 연결되고 통합됨으로써 효과적인 학습이 이루어져야 하며 통합성을 고려하지 않으면 교육내용이나 경험들 간의 불균형과 부조화, 내용의 중복이나 누락 등을 가져올 수 있다.
  - ㉣ **균형성의 원리** : 여러 거지 학습경험들 사이에 균형이 유지되어야 한다.
  - ㉤ **다양성의 원리** : 학생들의 요구를 반영할 수 있는 다양하고 융통성 있는 학습경험이 되도록 조직해야 한다.
  - ㉥ **보편성의 원리** : 민주시민으로서 가져야 할 건전한 가치관, 이해, 태도, 기능을 기를 수 있는 학습경험을 조직해야 한다.

③ 보건교육의 수행

　㉠ 영유아기 및 학령기

　　• 보건교육 시 돌보는 사람의 건강정보를 얻고자 하는 준비성, 아기의 발달 수준과 건강 상태를 파악

　　• 아동의 기질적인 차이와 발달과정, 안전, 좋은 식습관의 형성, 예방접종 등에 관한 교육 수행

　㉡ 청소년기

　　• 청소년기에는 개념 이해에 필요한 기본적 지식은 충분하나 기존의 가치에 대한 의문이 발생 가능

　　• 다양한 생활양식에 관한 정보와 그 결과 제공

　　• 현재 하고 있는 건강행위를 강화

　　• 자가간호행위에 관한 의사결정에 적극적으로 참여함으로써 그 효과 증대

　㉢ 성인기

　　• 이미 많은 경험과 정보를 가지고 학습에 참여하므로 그들이 가지고 있는 사고와 기술을 재표현

　　• 학습한 것을 현실적으로 즉각 적용하기 원하며 교과 중심의 학습보다는 문제 해결 중심의 학습으로 이행

　㉣ 노년기 : 학습자는 노화로 인한 신체적 변화와 인지, 감각 운동 수준이 저하되므로 게임, 역할극, 시범, 재시범 등의 교육방법이 효과적

④ 보건교육의 평가

　㉠ 평가시점에 따른 분류

　　• 진단평가

　　－대상자들의 교육에 대한 이해 정도를 파악하고 교육 계획을 수립할 때 무엇을 교육할지를 알아보기 위해 실시

　　－대상자의 지식수준, 태도, 흥미, 동기, 학습자의 준비도 등을 파악할 수 있고 필요한 교육 내용을 알 수 있음

　　－학습자의 개인차를 이해하고 이에 알맞은 교수－학습 방법을 모색하는데 유용

　　• 형성평가

　　－교수－학습활동이 진행되는 동안 주기적으로 학습의 진행 정도를 파악하여 교육방법이나 내용 향상을 위해 실시

　　－보건교육 중 하나의 체계가 끝나기 전에 하위체계 단위에서 각 단계마다 평가를 실시하는 것

　　－대상자의 주위 집중과 학습의 동기유발을 증진

　　－중간목표 도달을 점검하여 효과적인 학습에 영향을 주는 요인을 알아보고 이에 대처하여 교육목표에 도달하려고 하는 것

　　• 총괄평가

　　－일정한 교육이 끝난 후 목표 도달 여부를 확인

　　－자신의 능력, 교육자의 교육방법 및 교육과정을 대상자가 평가하여 교육자와 대상자 간에 동등한 관계로 존중받았다는 느낌을 갖게 되며 스스로 평가할 수 있는 자신감을 부여

ⓛ 평가 성과에 초점을 둔 분류
- 과정평가
  - 지도자의 훈련수준과 관련된 사업의 외적 특징 등 과정의 적절성, 난이도, 과정의 수, 각 과정의 진행시간, 참석자의 수, 대상자의 참여율 등이 포함
  - 프로그램이 계획한 대로 시행되었는지를 사정하여 프로그램을 관리하는데 필요한 기초정보와 평가의 영향 또는 성과적 결과를 해석하는 기초
  - 시행된 사업이 다른 환경에서도 적용할 수 있는 실현 가능성과 일반화, 프로그램의 확산에 관한 판단의 실마리 제공
- 영향평가
  - 프로그램을 투입한 결과로 대상자의 지식, 태도, 신념, 가치관, 기술, 행동 또는 실천 양상에 일어난 변화를 사정하려는 것이 목적
  - 위험요인의 감소, 효과적인 대처 등이 지표
  - 보건사업을 투입한 결과로 단기적으로 나타난 바람직한 변화를 평가
- 성과평가
  - 프로그램을 시행한 결과 얻은 건강 또는 사회적 요인의 개선점을 측정
  - 보건사업을 통해 나타난 바람직한 변화가 시간이 흐름에 따라 긍정적으로 나타난 장기적 효과를 평가
  - 평가된 지역사회 보건사업의 당위성과 필요성을 설명하는 중요한 수단

ⓒ 평가기준에 따른 분류
- 절대평가 : 기준에 따른 평가로, 보건교육 계획 시 목표를 설정하고 교육 후 목표도달 여부를 확인
- 상대평가 : 다른 학습자에 비해 어느 정도 잘하고 있는지를 평가하는 것으로 학습자 개인의 상대적인 위치와 우열 파악

≣ 최근 기출문제 분석 ≣

2022. 6. 18. 제1회 지방직

1 오타와 헌장에서 제시한 건강증진의 활동 영역 중 개인의 기술 개발(develop personal skills)의 예로 적절한 것은?

① 다중이용시설을 금연구역으로 지정하고 지도 단속하였다.

② 금연 의지가 있는 사람들을 모아 동아리를 만들어 지지하였다.

③ 청소년을 대상으로 흡연 권유를 거절하는 방법을 교육하였다.

④ 청소년에 대한 담배판매금지법을 만들어 시행하였다.

> **TIP** ①④ 건강지향적인 공공정책 수립
> ② 지역사회의 활동 강화
> ※ 오타와 헌장 건강증진 5개 활동영역
> ㉠ 건강지향적인 공공정책 수립
> ㉡ 지원적인 환경조성
> ㉢ 지역사회의 활동 강화
> ㉣ 개인의 건강기술 개발
> ㉤ 보건의료서비스의 방향 재설정

Answer 1.③

2 지역사회간호사가 PRECEDE−PROCEED 모형을 적용하여 만성질환과 관련된 건강행위에 영향을 주는 소인요인, 가능요인, 강화요인을 사정하였다면 이에 해당하는 진단(사정)단계는?

① 사회적 진단

② 역학적 진단

③ 교육 및 생태학적 진단

④ 행정적, 정책적 진단 및 중재설계

TIP

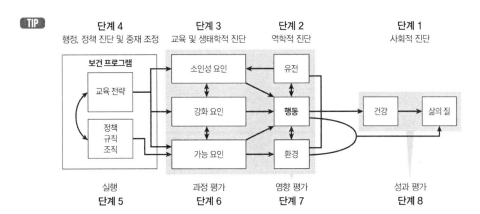

단계 4	단계 3	단계 2	단계 1
행정, 정책 진단 및 중재 조정	교육 및 생태학적 진단	역학적 진단	사회적 진단

보건 프로그램 — 교육 전략 / 정책 규칙 조직 → 소인성 요인 / 강화 요인 / 가능 요인 ← 유전 / 행동 / 환경 → 건강 → 삶의 질

실행	과정 평가	영향 평가	성과 평가
단계 5	단계 6	단계 7	단계 8

㉠ 1단계(사회적 진단)
• 삶의 질에 영향을 미치는 사회적 요인 규명(건강문제 제외)
• 객관적 사정 : 환경지표(대기환경), 사회적지표(실업률), 지역사회 관련한 대중매체 등
• 주관적 사정 : 주민의 반응 · 적응 정도

㉡ 2단계(역학적 진단) : 건강문제 규명, 생활양식 및 환경요인

㉢ 3단계(교육생태학적 진단)
• 보건교육 프로그램 설정
• 성향요인 : 지식이나 태도, 신념, 가치관 등 행위의 근거나 동기를 부여하는 인지 · 정서적 요인
• 촉진요인 : 자원의 이용 가능성, 접근성, 기술 등 건강행위 수행을 가능하게 도와주는 요인
• 강화요인 : 보상이나 칭찬, 처벌과 같이 긍정 · 부정적인 반응으로 행위를 지속시키거나 중단시키는 요인

㉣ 4단계(행정 · 정책적 진단) : PRECEDE에서 PROCEED로 진행되는 단계로, 건강증진 프로그램으로 전환시키기 위해 행정 · 정책적 사정이나 진단이 요구된다.

㉤ 5단계(실행) : 프로그램 개발 및 방안을 마련하여 수행하는 단계

㉥ 6단계(과정 평가) : 프로그램 실행이 제대로 잘 이루어졌는지 평가(단기 평가)

㉦ 7단계(영향 평가) : 행동, 환경적 요인의 변화와 성향 · 촉진 · 강화요인의 변화 평가

㉧ 8단계(결과 평가) : 초기에 사정된 건강상태와 삶의 질 변화 평가(장기 평가)

Answer 2.③

3 고도비만인 C 씨가 가족들에게 "저 오늘부터 비만 탈출하겠습니다."라고 선언하는 것은 범이론 모형 (Transtheoretical Model : TTM)의 어떤 변화과정에 해당하는가?

① 자기 해방(self liberation)

② 의식 고취(consciousness raising)

③ 자기 재평가(self reevaluation)

④ 사회적 해방(social liberation)

TIP ① 자기 해방(self liberation) : 스스로에게 행동 변화의 의지와 능력을 주위에 말하고 다니는 것을 말한다.
② 의식 고취(consciousness raising) : 행위 변화에 도움을 주는 정보나 조언 등을 찾아 습득하여 인식을 개선하는 것을 말한다.
③ 자기 재평가(self reevaluation) : 스스로를 인지 · 정서적으로 비교평가하며 동기 부여하는 것을 말한다.
④ 사회적 해방(social liberation) : 사회규범이 자신을 지지한다고 인식하며 사회적 장치를 발견하거나 대안을 제공하는 것을 말한다.
※ 범이론모형 … 개인별로 상이한 변화단계에 따라 차별화된 보건교육 필요성을 강조하는 이론이다. 계획이전단계(전숙고) → 계획 단계(숙고) → 준비 단계(준비) → 행동 단계(실행) → 유지 단계(유지) → 종료 단계(종료)를 거친다.

과정	내용
의식 고취	행위 변화에 도움을 주는 정보나 조언 등을 찾아 습득하여 인식을 개선하는 것
극적해소	부정적인 정서 해소와 이후에 나타나는 감정을 경험하고 표출하여 해소하는 것
환경 재평가	개인의 특정한 행동이 주변인에게 미치는 영향을 평가하고 인식하는 것
자기 재평가	스스로를 인지 · 정서적으로 비교평가하며 동기 부여하는 것
자기 해방	스스로에게 행동 변화의 의지와 능력을 주위에 말하고 다니는 것
역조건 형성	문제행동을 대처하는 건강한 행동을 학습하는 것
지원관계 형성	긍정적인 변화에 대한 지지와 관심, 신뢰, 라포형성, 작업 동맹 등
강화관리	개인의 변화 노력에 대한 적절한 보상을 제공하는 것
자극통제	문제행동을 촉진시키는 요인을 통제하거나 피하는 것
사회적 해방	사회규범이 자신을 지지한다고 인식하며 사회적 장치를 발견하거나 대안을 제공하는 것

Answer 3.①

4 사례관리의 원칙 중 대상자의 요구를 충족시킬 수 있도록 사후관리, 지지적 체계, 재평가 등의 서비스를 제공하는 것은?

① 포괄성(comprehensiveness)

② 통합성(integration)

③ 연속성(continuity)

④ 책임성(responsibility)

> **TIP** ③ **연속성(continuity)** : 사례에 따라 전 생애에 걸쳐 적절한 서비스를 제공하고 문제와 파생되는 고통 등을 관리해야 한다. 일회성으로 그치지 않고 대상자의 요구를 충족시키기 위해 포괄적인 서비스를 제공하는 것을 말한다. 대표적으로 퇴원 후 환자의 사후관리가 해당된다.
> ① **포괄성(comprehensiveness)** : 특정한 시점에서 대상자가 가지고 있는 다양한 욕구를 반영하여 전반적인 생활의 질 유지를 위해 다각적인 서비스를 제공하는 것을 말한다.
> ② **통합성(integration)** : 사례관리의 다양한 서비스 체계, 즉 분리된 서비스를 대상자 중심으로 연결시키는 것을 말한다.
> ④ **책임성(responsibility)** : 담당 대상자 관리 시 끝까지 책임지는 것을 말한다.

5 〈보기〉에 해당하는 보건교육 방법은?

보기

A보건소 간호사가 소수의 보건교육 대상자들에게 교육목표를 제시하고 교육지침을 알려준 다음, 대상자 스스로 자료를 수집하고 교육내용을 찾아서 자신의 건강문제를 이해하고, 해결방안을 찾아가도록 하였다.

① 플립러닝

② 시뮬레이션

③ 블렌디드 러닝

④ 프로젝트 학습

> **TIP** ④ **프로젝트 학습** : 실제 상황에서 목적 달성하기 위한 활동으로, 문제중심의 학습법이다. 학습목표 달성을 위해 대상자 스스로 계획하고 수행하게 하여 학습에 대한 동기 유발 및 자주성과 책임감이 개발된다.
> ① **플립러닝** : 온라인 선행학습 후 오프라인 강의를 통해 토론을 진행하는 학습법이다.
> ② **시뮬레이션** : 실제와 유사한 환경에서 중요한 요소를 선별하여 실제 상황에 적용할 수 있는 능력을 향상시킨다.
> ③ **블렌디드 러닝** : 오프라인 수업에서 온라인 자료(채점 관리 프로그램, 영상 자료 등)를 사용하는 등 다양한 형태가 가능한 온·오프라인 혼합형 학습법이다.

Answer 4.③ 5.④

6 노년기 발달단계와 이를 고려한 보건교육기법으로 가장 옳은 것은?

① 지각능력이 저하되므로 시청각 자료를 지양한다.

② 기억 증강을 위하여 토론과 강의 중심으로 교육한다.

③ 테스트에 대한 불안감이 감소하므로 교육 중간 개별 질문을 한다.

④ 이전에 가지고 있던 상징이나 단어로 인해 새로운 학습에 혼돈이 있는 점을 고려한다.

> **TIP** ① 지각능력이 저하되므로 빨강, 검정, 진회색 등의 시청각 자료를 더욱 활용해야 한다.
> ② 기억 증강을 위해 치매를 예방하는 프로그램(인지건강 프로그램 등)을 활용해야 한다.
> ③ 불안감이 증가하므로 질문을 삼간다.

7 프라이(Fry)의 보건의료체계 분류방식 중 〈보기〉에서 제시한 유형의 특징으로 가장 옳은 것은?

─── 보기 ───

- 국민보건 서비스형, 무료 의료서비스, 예방의학 강조
- 정치적으로는 자유민주주의를 채택하고 사회적으로는 사회보장을 중요시하는 국가에서 채택한다. 이 제도의 특징은 주로 정부에 의해 의료서비스가 포괄적으로 제공되고, 보건기획 및 보건의료자원의 효율적인 활용을 통해 의료서비스가 공평하게 무상으로 제공된다.

① 의료서비스의 균등성과 포괄성이 보장된다.

② 의료의 형평성과 효율성이 낮다.

③ 의료서비스의 질적 수준이 가장 높다.

④ 의료인에게 의료의 내용과 범위에 대한 재량권이 많다.

> **TIP** ② 의료의 형평성과 효율성은 높다.
> ③ 의료서비스의 질적수준이 가장 높은 것은 자유방임형이다.
> ④ 자유방임형일 때 해당된다.
> ※ 프라이(Fry)의 보건의료체계 분류 특징

자유방임형	사회보장형	사회주의형
• 대한민국, 미국, 프랑스 등 • 자유로운 의료기관 선택권 보장 • 높은 의료서비스 질과 의료기술의 발달 • 최소한의 정부개입으로 민간이 주도	• 영국 등 • 보건의료의 공공성 구현 • 조세에 의한 의료서비스 무료제공(균등성) • 정부와 사회의 주도	• 북한, 중국 등 • 형평성 보장 • 의료인 사기저하로 인한 의료 질 저하 • 국가주도

Answer 6.④ 7.①

8 학습내용을 조직하는 일반적인 원리로 옳은 것은?

① 어려운 것에서 쉬운 것으로

② 구체적인 것에서 추상적인 것으로

③ 거리가 먼 것에서 직접적인 것으로

④ 모르는 것에서 알고 있는 것으로

> **TIP** ① 쉬운 것에서 어려운 것으로
> ③ 가까운 것에서 먼 것으로
> ④ 아는 것에서 모르는 것으로
> ※ 보건교육 계획 시 학습내용 조직법
> ㉠ 아는 것에서 모르는 것으로
> ㉡ 구체적인 것에서 추상적인 것으로
> ㉢ 쉬운 것에서 어려운 것으로
> ㉣ 전체적인 것에서 세부적인 것으로
> ㉤ 단순한 것에서 복잡한 것으로
> ㉥ 가까운 것에서 먼 것으로

9 다음에서 설명하는 사회인지이론의 구성개념은?

> • 행동을 성공적으로 수행할 수 있다는 신념을 말한다.
> • 수행경험, 대리경험, 언어적인 설득을 통해 높일 수 있다.

① 자기조절   ② 결과기대

③ 대리강화   ④ 자기효능감

> **TIP** ④ **자기효능감**: 주어진 행동을 성공적으로 할 수 있다는 개인의 신념으로 행위변화 시 우선적으로 필요한 구성이다. 수행경험, 대리경험, 언어적 설득, 생리적 상태에 대한 인식 등에 영향을 받는다.
> ① **자기조절**: 자신을 관찰하고 목표 행동을 분명히 한다. 행동의 기준을 정하고 그 기준에 따라 행동을 통제한다.
> ② **결과기대**: 어떠한 행동이 특정 행동을 야기할 것이라는 기대이다.
> ③ **대리강화**: 관찰학습, 자기규제행동 등이 환경의 영향하에서 이루어지는 것을 말한다.

Answer 8.② 9.④

10 다음에서 건강형평성 수준을 판단하기 위해 활용할 수 있는 지표만을 모두 고르면?

㉠ 지역별 암 발생률   ㉡ 소득수준별 건강수명

㉢ 직업유형별 심뇌혈관 유병률   ㉣ 교육수준별 유산소운동 실천율

---

① ㉠㉢   ② ㉠㉡㉣

③ ㉡㉢㉣   ④ ㉠㉡㉢㉣

TIP ④ 보기는 제5차 국민건강증진종합계획(HP2030)에 대한 내용이다. HP2030은 보편적인 건강수준의 향상과 건강형평성을 제고하기 위한 정책으로, 세부사업 및 성과지표 선정 시 성별 분리지표를 설정하고 소득, 지역 등 사회적 결정요인에 따른 격차 감소를 고려한다. 중점과제별 대표 지표는 다음과 같다.

구분	내용	구분	내용
금연	• 성인남성 현재흡연율(연령표준화) • 성인여성 현재흡연율(연령표준화)	감염병 위기 대비대응	MMR 완전접종률
금주	• 성인남성 고위험음주율(연령표준화) • 성인여성 고위험음주율(연령표준화)	기후 변화성 질환	기후보건영향평가 평가체계 구축 및 운영
영양	식품 안정성 확보 가구분율	영유아	영아사망률(출생아 1천 명당)
신체활동	• 성인남성 유산소 신체활동실천율(연령표준화) • 성인여성 유산소 신체활동실천율(연령표준화)	아동·청소년	• 고등학교 남학생 현재흡연율 • 고등학교 여학생 현재흡연율
구강건강	영구치(12세) 우식 경험률(연령표준화)	여성	모성사망비(출생아 10만 명당)
자살예방	• 자살사망률(인구 10만 명당) • 남성 자살사망률(인구 10만 명당) • 여성 자살사망률 8.9명 5.7명(인구 10만 명당)	노인	• 노인 남성의 주관적 건강인지율 • 노인 여성의 주관적 건강인지율
치매	치매안심센터의 치매환자 등록·관리율(전국 평균)	장애인	성인 장애인 건강검진 수검률
중독	알코올 사용 장애 정신건강 서비스 이용률	근로자	연간 평균 노동시간
지역사회 정신건강	정신건강 서비스 이용률	군인	군 장병 흡연율
암	• 성인남성(20~74세) 암 발생률(인구 10만 명당, 연령표준화) • 성인여성(20~74세) 암 발생률(인구 10만 명당, 연령표준화	건강정보 이해력제고	• 성인남성 적절한 건강정보이해능력 수준 • 성인여성 적절한 건강정보이해능력 수준
심뇌혈관 질환	• 성인남성 고혈압 유병률(연령표준화) • 성인여성 고혈압 유병률(연령표준화) • 성인남성 당뇨병 유병률(연령표준화) • 성인여성 당뇨병 유병률(연령표준화) • 급성 심근경색증 환자의 발병 후 3시간 미만 • 응급실 도착 비율	손상	손상사망률(인구 10만 명당)
비만	• 성인남성 비만 유병률(연령표준화) • 성인여성 비만 유병률(연령표준화)	감염병 예방 및 관리	신고 결핵 신환자율 (인구 10만 명당)

Answer 10.④

2021. 6. 5. 제1회 지방직

11 지역사회간호활동 중 2차 예방에 대한 설명으로 옳은 것은?

① 보건교사가 여성 청소년의 자궁경부암 예방접종률을 높이기 위해 가정통신문 발송

② 보건소 간호사가 결핵환자에게 규칙적인 결핵약 복용 지도

③ 방문건강관리 전담공무원이 재가 뇌졸중 환자의 재활을 위해 운동요법 교육

④ 보건소 간호사가 지역주민을 대상으로 흡연이 신체에 미치는 영향에 대해 교육

> **TIP** 지역사회 간호활동
> ㉠ **1차 예방**: 건강유지 및 증진, 질병예방을 목표로 하는 환경위생 및 보존, 식수보존, 주거환경, 식품관리, 예방접종, 영양개선 등의 활동
> ㉡ **2차 예방**: 질병의 조기발견 및 조기치료를 목표로 질병의 전구기·잠복기의 증상 등의 사정과 병원을 중심으로 하는 환자간호를 제공
> ㉢ **3차 예방**: 기능의 극대화, 재활을 목표로 하는 치료를 통한 기능회복 및 장애의 최소화를 위한 활동

2021. 6. 5. 제1회 지방직

12 다음에 해당하는 학습이론은?

> 채소를 먹으면 어머니에게 보상을 받았던 학습경험을 통해 편식을 하는 아동이 자발적으로 채소를 먹게 되었다.

① 구성주의 학습이론

② 인지주의 학습이론

③ 인본주의 학습이론

④ 행동주의 학습이론

> **TIP** ① **구성주의 학습이론**: 자신의 개인적인 경험에 근거해서 독특하고 개인적인 해석을 내리는 능동적이며 개인적인 과정을 의미하는 학습이론. 지식이란 인간이 처한 상황의 맥락 안에서 사전 경험에 의해 개개인의 마음에 재구성하는 것이라고 주장한다.
> ② **인지주의 학습이론**: 학습이란 학습자가 기억 속에서 학습사태에서 일어나는 여러 가지 사상에 관한 정보를 보존하고 조직하는 인지구조를 형성함으로써 일어나는 현상이다. 학습은 본질적으로 내적인 사고과정의 변화이기에 개인이 환경으로부터 받은 자극이나 정보를 어떻게 지각하고 해석하고 저장하는가에 관심을 둔다.
> ③ **인본주의 학습이론**: 심리학에 근본을 두고 있으며 학습은 개인이 주위 환경과의 능동적인 상호작용을 통하여 자아성장과 자아실현을 이루는 과정이다. 학습자가 자발적인 사람이기 때문에 교육자의 역할은 학습자의 요청에 반응하는 것이며 교사는 촉진자, 조력자, 격려자가 되어야 한다.
> ④ **행동주의 학습이론**: 학습은 환경에서 일어나는 행위변화가 관찰되는 상황에서 새로운 건강습관이 결정될 때 이루어진다. 주위 사람들의 어떤 행동이나 그 결과에 대해 격려나 보상 및 처벌을 주느냐에 따라 행동의 지속이나 소멸이 나타난다.

Answer 11.② 12.④

13 다음에서 설명하는 보건사업기획 모형은?

> • 보건사업전략이 생태학적인 여러 차원에 단계적으로 영향을 주도록 고안되었다.
> • 질병이나 사고에 대한 위험요인과 예방방법이 알려져 있고 우선순위가 정해져 있을 때 적합한 방법이다.

① PATCH (planned approach to community health)

② MATCH (multi—level approach to community health)

③ MAPP (mobilizing for action through planning and partnerships)

④ NIBP (needs/impact—based planning)

> **TIP** MATCH 모형… 지역사회보건사업 전략을 생태학적인 여러 차원에서 단계적으로 영향을 주도록 고안된 모형으로 개인의 행동과 환경에 영향을 주는 요인들을 개인에서부터 조직, 지역사회, 국가 등의 여러 수준으로 나누어 지역사회보건사업을 기획한다.

14 UN의 지속가능개발목표(Sustainable Development Goals : SDGs)에 대한 설명으로 가장 옳은 것은?

① 2000년 유엔 새천년 정상회의에서 제시된 목표이다.

② 제시된 의제(agenda)는 개도국에만 해당되어 보편성이 부족하다.

③ 경제 · 사회 문제에 국한되어 환경이나 사회 발전에 대한 변혁성이 부족하다.

④ 정부와 시민사회, 민간기업 등 모든 이해관계자들이 참여하는 파트너십을 강조한다.

> **TIP** UN 지속가능개발목표
> • 2015년 UN 총회에서 UN의 후속 의제로 2030년까지 추진해야 할 지속가능발전목표로 17개 목표를 발표하였다.
> • 구성 : 17개 목표 + 169개 세부목표
> • 보편성 : 개도국 중심이나 선진국도 대상
> • 변혁성 : 경제성장, 기후변화 등 경제, 사회, 환경, 통합고려
> • 포용성 : 정부, 시민사회, 민간기업 등 모든 이해관계자 참여

Answer 13.② 14.④

15 보건사업의 우선순위 결정방법 중 PATCH(Planned Approach To Community Health)에서 사용된 평가 기준으로 옳은 것은?

① 문제의 수용성, 적법성

② 문제의 해결가능성, 심각도

③ 문제의 크기, 사업의 추정효과

④ 문제의 중요성, 변화 가능성

> **TIP** PATCH(Planned Approach To Community Health) … 1980년대 미국 CDC(질병관리본부)에서 건강증진 및 질병예방 프로그램의 계획 및 수행을 위해 개발한 것으로 지역사회 단위의 건강문제 우선순위 확인, 건강문제 목표설정, 특정 인구집단의 보건요구도 측정에 활용한다. 우선순위를 설정하는 평가 기준은 건강문제의 중요성과 변화 가능성이다.

16 사회생태학적 모형에서 제시하는 건강결정요인 중, 〈보기〉에 해당하는 것은?

보기

개인이 소속된 학교나 직장에서의 구성원의 행동을 제약하거나 조장하는 규칙이나 규제

① 개인 요인(Intrapersonal factors)

② 개인 간 요인(Interpersonal factors)

③ 조직 요인(Institutional factors)

④ 지역사회 요인(Community factors)

> **TIP** 사회생태학적 모형

개인적 차원전략	개인의 지식, 믿음, 태도, 기질을 변화시키기 위해 교육, 상담, 유인제공 등의 전략 사용
개인 간 수준의 전략	가족, 친구, 직장동료, 이웃 등 개인에게 영향을 미칠 수 있는 사람들을 함께 관리함 멘토활용, 동료활용, 자조집단 활용
조직차원의 전략	개별 학교나 직장과 같은 조직에 대한 접근은 조직개발이론과 조직관계 이론에 근거를 두고 수행함
지역차원의 전략	건강박람회, 걷기대회, 홍보, 사회마케팅, 환경개선, 규범 개선

Answer 15.④ 16.③

2021. 6. 5. 제1회 서울특별시

17 사회생태학적 모형에서 제시하는 건강결정요인 중, 〈보기〉에 해당하는 것은?

─────────────── 보기 ───────────────

개인이 소속된 학교나 직장에서의 구성원의 행동을 제약하거나 조장하는 규칙이나 규제

① 개인 요인(Intrapersonal factors)

② 개인 간 요인(Interpersonal factors)

③ 조직 요인(Institutional factors)

④ 지역사회 요인(Community factors)

TIP 사회생태학적 모형

개인적 차원전략	개인의 지식, 믿음, 태도, 기질을 변화시키기 위해 교육, 상담, 유인제공 등의 전략 사용
개인 간 수준의 전략	가족, 친구, 직장동료, 이웃 등 개인에게 영향을 미칠 수 있는 사람들을 함께 관리함 멘토활용, 동료활용, 자조집단 활용
조직차원의 전략	개별 학교나 직장과 같은 조직에 대한 접근은 조직개발이론과 조직관계 이론에 근거를 두고 수행함
지역차원의 전략	건강박람회, 걷기대회, 홍보, 사회마케팅, 환경개선, 규범 개선

2021. 6. 5. 제1회 서울특별시

18 제5차 국민건강증진종합계획(Health Plan 2030)에 해당하는 내용을 〈보기〉에서 모두 고른 것은?

─────────────── 보기 ───────────────

㉠ 적용대상을 [온 국민]에서 [모든 사람]으로 확대하였다.

㉡ 총괄목표는 건강수명연장과 건강형평성 제고이다.

㉢ 정신건강관리가 새로운 분과(사업영역)로 설정되어 자살예방, 치매, 중독, 지역사회 정신건강 등의 중점과제가 포함되었다.

㉣ 국가와 지역사회의 정책수립에서 주요 건강요인인 경제적 수준 향상을 사업의 기본원칙으로 한다.

① ㉠, ㉡

② ㉡, ㉢

③ ㉠, ㉡, ㉢

④ ㉡, ㉢, ㉣

Answer 17.③ 18.③

TIP 국민건강증진종합계획(Health plan 2030) **기본틀**

① 모든 사람이 평생건강을 누리는 사회

② 모든 사람 : 성, 계층, 지역 간 건강형평성 확보, 적용대상을 모든 사람으로 확대

③ 평생 건강을 누리는 사회 : 출생부터 노년까지 전 생애주기에 걸친 건강권 보장, 정부를 포함한 사회 전체를 포괄함

④ 주제 : 건강수명 연장, 건강형평성 제고

⑤ 원칙

 ㉠ 국가와 지역사회의 모든 정책 수립에 건강을 우선적으로 반영한다.

 ㉡ 보편적인 건강수준의 향상과 건강형평성 제고를 함께 추진한다.

 ㉢ 모든 생애과정과 생활터에 적용한다.

 ㉣ 건강친화적인 환경을 구축한다.

 ㉤ 누구나 참여하여 함께 만들고 누릴 수 있도록 한다.

 ㉥ 관련된 모든 부문이 연계하고 협력한다.

⑥ 6개 영역

 ㉠ 건강생활 실천

 ㉡ 정신건강 관리

 ㉢ 비감염성질환 예방관리

 ㉣ 감염 및 환경성질환 예방관리

 ㉤ 인구집단별 건강관리

 ㉥ 건강친화적 환경구축

2021. 6. 5. 제1회 서울특별시

19 지역사회 주민을 대상으로 고혈압관리사업을 하고 있다. 평가를 위해서 '대상자의 프로그램 만족도'를 평가하였다면, 이에 해당하는 것은?

① 구조평가

② 과정평가

③ 결과평가

④ 산출평가

TIP Donabedian 3가지 평가범주

투입평가(구조평가)	• 장소, 기구, 도구, 물품, 인력, 예산
진행평가(과정평가)	• 대상자의 적절성 • 프로그램 참여율 • 교재의 적절성
결과평가(영향평가)	• 효과(지식변화, 행위변화, 사업목표 달성) • 효율 : 사업으로 인해 변화된 결과 • 대상자 및 간호사의 만족도

Answer 19.②

2020. 6. 13. 제1회 지방직

20 보건소 절주 프로그램의 과정 평가지표는?

① 프로그램 참여율

② 금주 실천율

③ 프로그램 예산의 적정성

④ 음주 관련 질환에 대한 지식 수준의 변화

> **TIP** ① 참여율 파악은 과정 평가에 해당한다.

2020. 6. 13. 제1회 지방직

21 다음 글에 해당하는 범이론적 모형(Transtheoretical model)의 건강행위 변화단계는?

> 저는 담배를 10년간 피웠더니 폐도 좀 안 좋아진 것 같고 조금만 활동을 해도 너무 힘이 들어요. 요즘 아내와 임신에 관해 얘기하고 있어서 담배를 끊기는 해야 할 것 같은데, 스트레스가 너무 많아서 어떻게 해야 할지 모르겠어요. 그래도 태어날 아기를 생각해서 앞으로 6개월 안에는 금연을 시도해볼까 해요.

① 계획 전 단계(precontemplation stage)

② 계획 단계(contemplation stage)

③ 준비 단계(preparation stage)

④ 행동 단계(action stage)

> **TIP** 범이론적 모형의 변화 6단계
> ㉠ 무관심 단계(계획 전 단계) : 6개월 이내에 행동 변화의 의지가 없는 단계이다. 자신의 문제를 인지하지 못하거나 과소평가, 회피가 나타난다.
> ㉡ 관심단계(계획단계) : 문제를 인식하고 6개월 이내에 문제를 해결하고자 하는 의도는 있고 구체적인 계획은 없다.
> ㉢ 준비단계 : 행위 변화 의도와 행동을 결합시킨 단계로 구체적인 실행계획이 잡혀 있는 단계이다. 1개월 내에 건강행동을 하겠다는 의도가 있다.
> ㉣ 실행(행동)단계 : 행동 시작 후 6개월 이내로 행동 변화가 실행되는 단계이다.
> ㉤ 유지단계 : 실행단계에서 시작한 행위 변화를 최소한 6개월 이상 지속하여 생활의 일부분으로 정착하는 단계이다.
> ㉥ 종결단계 : 재발의 위험이 없는 단계로 종결단계 없이 유지단계로 끝나는 경우가 많다.

Answer 20.① 21.②

22 MATCH(Multi-level Approach to Community Health) 모형의 단계별 활동으로 옳지 않은 것은?

① 목적 설정 단계 – 행동요인 및 환경요인과 관련된 목적을 설정한다.

② 중재 계획 단계 – 중재의 대상과 접근 방법을 결정한다.

③ 프로그램 개발 단계 – 사업의 우선순위가 높은 인구집단을 선정한다.

④ 평가 단계 – 사업의 과정, 영향, 결과에 대해 평가한다.

> **TIP** MATCH(Multiple Approach to Community Health) 모형
> '목적/목표설정 → 중재 계획 → 프로그램 개발 → 실행 → 평가'의 5단계
> 1. 목적/목표설정
>   ㉠ 건강상태 목적(목표) 선정
>   ㉡ 우선순위 목적(목표) 선정
>   ㉢ 건강 행위요인과 관련된 목적(목표) 선정
>   ㉣ 환경요인과 관련된 목적(목표) 선정
> 2. 중재 계획
>   ㉠ 중재 목표 파악 : 파악중재활동의 목표가 되는 중재대상 결정
>   ㉡ 중재 목표 선정 : 1단계에서 파악된 건강행동 요인, 환경적 요인, 중재 대상을 조합하여 목표 선정
>   ㉢ 중재 목표를 이루기 위한 매개변인(지식, 태도, 기술 등) 파악
>   ㉣ 중재 접근방법 선정 : 중재 목표의 수준에 맞게 중재 활동의 종류를 선택
> 3. 프로그램 개발 : 각 프로그램의 내용적인 구성요소 등 프로그램 개발과 관련된 내용을 상세하게 기술하는 단계
> 4. 실행
>   ㉠ 변화 채택을 위한 계획안을 작성하고 자원활동 준비
>   ㉡ 변화를 위한 요구, 준비 정도, 환경적인 지지조건 등에 대한 사안 개발
>   ㉢ 중재가 효과적이라는 증거 수집
>   ㉣ 중재를 통한 변화를 지지하여 줄 수 있는 사회적 지도자나 기관 단체를 파악
>   ㉤ 사회적인 의사 결정권이 있는 사람들과 협조 관계 유지
>   ㉥ 프로그램 수행자들을 모집, 업무 훈련, 수행 업무 모니터 및 지지할 수 있는 시스템 개발
> 5. 평가
>   ㉠ 과정평가 : 중재기획과 과정에 대한 유용성, 실제 수행에 대한 정도와 질, 프로그램 수행 후 즉시 나타난 교육적인 효과 등
>   ㉡ 영향평가 : 보건프로그램의 단기적인 결과로 지식, 태도, 기술을 포함한 중간 효과와 행동 변화 또는 환경적인 변화를 포함
>   ㉢ 결과평가 : 장기적인 보건프로그램 효과 측정

Answer 22.③

23 다음 글에서 설명하는 학습이론은?

• 보상이나 처벌이 행동의 지속이나 소멸에 영향을 줌
• 개인 고유의 내적 신념과 가치를 무시하는 경향이 있음
• 즉각적인 회환은 학습 향상에 효과적임

---

① 인지주의
② 행동주의
③ 인본주의
④ 구성주의

> **TIP** 행동주의 학습이론은 학습을 경험이나 관찰의 결과로 유기체에게서 일어나는 비교적 영속적인 행동의 변화 또는 행동 잠재력의 변화로 정의 내린다. 학습자는 환경의 자극에 대해 수동적으로 반응하는 존재로, 즉각적인 피드백과 적절한 강화가 요구되며 반복학습을 강조한다.

24 간호사는 금연 교육 프로그램을 기획하고 학습목표를 기술하였다. 블룸(Bloom)의 인지적 학습 목표에 따를 때, 가장 높은 수준에 해당하는 것은?

① 대상자는 심장질환과 니코틴의 작용을 관련지어 말할 수 있다.
② 대상자들은 자신들이 계획한 금연계획을 실천가능성에 따라 평가한다.
③ 대상자들은 흡연으로 인한 증상과 자신에게서 나타나는 증상을 비교한다.
④ 대상자들은 금연방법을 참고하여 자신의 금연계획을 작성한다.

> **TIP** Bloom이 제시한 인지적 영역 학습목표의 수준을 낮은 수준부터 높은 수준으로 나열하면 지식 → 이해 → 적용 → 분석 → 종합 → 평가이다.

Answer 23.② 24.②

25 UN에서 발표한 새천년개발목표(Millennium Development Goals, MDGs)에 해당하지 않는 것은?

① 절대빈곤 및 기아 퇴치

② 모든 사람의 건강한 삶을 보장하고 웰빙을 증진

③ 보편적 초등교육 실현

④ 지속가능한 환경의 확보

> **TIP** UN의 새천년 개발목표
> ㉠ 절대빈곤 및 기아퇴치
> ㉡ 보편적 초등교육 실현
> ㉢ 양성평등 및 여성능력의 고양
> ㉣ 유아사망률 감소
> ㉤ 모성보건 증진
> ㉥ AIDS 등의 질병 퇴치
> ㉦ 지속가능한 환경 확보
> ㉧ 개발을 위한 글로벌 파트너십 구축

26 〈보기〉에서 설명하는 학습이론으로 가장 옳은 것은?

───────── 보기 ─────────

학습이란 개인이 이해력을 얻고 새로운 통찰력 혹은 더 발달된 인지구조를 얻는 적극적인 과정이다. 이러한 학습은 동화와 조절을 통해 이루어진다. 동화란 이전에 알고 있던 아이디어나 개념에 새로운 아이디어를 관련시켜 통합하는 것이다. 학습자는 자신의 인지구조와 일치하는 사건을 경험할 때는 끊임없이 동화되며 학습하지만 새로운 지식이나 사건이 이미 갖고 있는 인지구조와 매우 달라서 동화만으로 적응이 어려울 때는 조절을 통해 학습하고 적응한다.

① 구성주의 학습이론

② 인본주의 학습이론

③ 인지주의 학습이론

④ 행동주의 학습이론

> **TIP** 인지주의 학습이론 : 학습이란 학습자가 기억 속에서 학습사태에서 일어나는 여러 가지 사상에 관한 정보를 보존하고 조직하는 인지구조를 형성함으로써 일어나는 현상이다.

Answer 25.② 26.③

27 고혈압에 대한 2차 예방 활동으로 가장 옳은 것은?

① 금연   ② 체중조절

③ 직장 복귀   ④ 고혈압 검진

> **TIP** 2차 예방: 질병의 조기발견 및 조기치료를 목표로 질병의 전구기·잠복기의 증상 등의 사정과 병원을 중심으로 하는 환자간호를 제공

28 우리나라의 제5차 국민건강증진종합계획(Health Plan 2030)의 총괄목표에 해당하는 것은?

① 삶의 질 향상, 건강수명 연장

② 건강형평성 제고, 사회물리적 환경조성

③ 삶의 질 향상, 사회물리적 환경조성

④ 건강수명 연장, 건강형평성 제고

> **TIP** 제5차 HP2030의 목표는 4차와 마찬가지로 '건강수명연장과 건강형평성 제고'로 선정하였다. 이번 계획에는 2030년까지 건강수명을 73.3세로 연장하며, 건강수명 격차를 7.6세 이하로 낮추는 것을 목표로 정했다.

29 Bloom은 학습목표 영역을 세 가지로 분류하였다. 다음 중 다른 종류의 학습목표 영역에 해당하는 것은?

① 대상자들은 담배 속 화학물질인 타르와 니코틴이 건강에 미치는 영향을 비교하여 설명할 수 있다.

② 대상자들은 흡연이 건강에 미치는 해로운 영향을 5가지 말할 수 있다.

③ 대상자들은 흡연이 자신이나 가족들에게 매우 해로우므로 금연을 하는 것이 긍정적인 행위라고 말한다.

④ 대상자들은 자신이 직접 세운 금연 계획의 실천 가능성이 얼마나 되는지 평가할 수 있다.

> **TIP** ①②④는 인지적 영역, ③은 정의적 영역에 해당한다.
> ※ 블룸의 학습목표 분류
> ⊙ 인지적 영역: 주로 안다는 일과 관계되는 기초적인 정신적·지적 과정
> ⊙ 정의적 영역: 흥미나 태도에 관련되는 과정
> ⊙ 심리·운동 영역: 신체적 행위를 통한 신체적 능력과 기능을 발달시키는 것과 연관된 영역

Answer   27.④   28.④   29.③

30 〈보기〉에서 설명하고 있는 학습이론은?

보기

학습이란 외적인 환경을 적절히 조성하여 학습자의 행동을 변화시키는 것으로 학습자에게 목표된 반응이 나타날 때, 즉각적인 피드백과 적절한 강화를 사용하도록 한다. 또한, 학습목표의 성취를 위하여 필요한 학습과제를 하위에서 상위로 단계별로 제시하고 반복연습의 기회를 제공한다.

① 구성주의 학습이론

② 인본주의 학습이론

③ 인지주의 학습이론

④ 행동주의 학습이론

> **TIP** 행동주의 학습이론은 학습을 경험이나 관찰의 결과로 유기체에게서 일어나는 비교적 영속적인 행동의 변화 또는 행동 잠재력의 변화로 정의내린다. 학습자는 환경의 자극에 대해 수동적으로 반응하는 존재로, 즉각적인 피드백과 적절한 강화가 요구되며 반복학습을 강조한다.

31 PRECEDE-PROCEED 모형에서 강화요인(reinforcing factors)은?

① 개인의 기술 및 자원

② 대상자의 지식, 태도, 신념

③ 보건의료 및 지역사회 자원의 이용 가능성

④ 보건의료 제공자의 반응이나 사회적 지지

> **TIP** PRECEDE-PROCEED Model의 3단계는 행동적, 환경적 진단으로 주요 보건의료 문제와 관련되는 구체적 건강행위와 생활양식, 환경적 요인들을 파악하는데, 개인이나 집단의 건강행위에 영향을 주는 요인은 크게 성향요인, 촉진요인, 강화요인으로 구분된다.
> ㉠ 성향요인(predisposing factors) : 행위를 초래하거나 행위의 근거가 되는 요인으로 보건교육 계획에 유용한 요인(지식, 태도, 신념, 가치, 자기효능 등)
> ㉡ 촉진요인(enabling factors) : 개인이나 집단으로 하여금 행위를 하도록 촉진하는 것(접근성, 개인의 기술, 보건의료나 지역사회자원의 이용가능성)
> ㉢ 강화요인(reinforcing factors) : 행위가 계속되거나 중단하게 하는 요인(보상, 벌칙 등)

Answer 30.④ 31.④

32 PATCH(Planned Approach To Community Health) 모형에서 우선순위를 설정하는 평가 기준은?

① 경제성, 자원 이용 가능성

② 건강문제의 중요성, 변화 가능성

③ 문제해결 가능성, 주민의 관심도

④ 건강문제의 심각도, 사업의 추정효과

> **TIP** PATCH(Planned Approach To Community Health) … 1980년대 미국 CDC(질병관리본부)에서 건강증진 및 질병예방 프로그램의 계획 및 수행을 위해 개발한 것으로 지역사회 단위의 건강문제 우선순위 확인, 건강문제 목표설정, 특정 인구집단의 보건요구도 측정에 활용한다. 우선순위를 설정하는 평가 기준은 건강문제의 중요성과 변화 가능성이다.

33 우리나라 제5차 국민건강증진종합계획(Health Plan 2030)의 총괄목표는?

① 안전한 보건환경과 건강생활 실천

② 건강수명 연장과 건강형평성 제고

③ 예방중심 상병관리와 만성퇴행성질환 감소

④ 생애주기별 건강관리와 의료보장성 강화

> **TIP** 제5차 HP2030의 목표는 4차와 마찬가지로 '건강수명연장과 건강형평성 제고'로 선정하였다. 이번 계획에는 2030년까지 건강수명을 73.3세로 연장하며, 건강수명 격차를 7.6세 이하로 낮추는 것을 목표로 정했다.

34 제시된 시나리오를 활용하여 학습에 대한 동기유발, 학습자의 자발적 참여와 자율성, 능동적 태도 및 문제해결능력이 강화되어 새로운 상황에 대한 효과적인 대처가 가능하도록 교육하는 데 근거가 되는 교육방법과 교육이론을 옳게 짝지은 것은?

① 역할극 – 행동주의 학습이론

② 분단토의 – 인지주의 학습이론

③ 강의 – 인본주의 학습이론

④ 문제중심학습법 – 구성주의 학습이론

> **TIP** 문제중심학습(PBL, Problem-Based Learning)은 문제를 활용하여 학습자 중심으로 학습을 진행하는 교육방법으로 구성주의적 교육관과 자기주도적 학습이라는 원칙 하에서 새롭게 등장한 교육방법이다.

Answer 32.② 33.② 34.④

35 제5차 국민건강증진종합계획(HP2030)의 중점과제와 대표지표가 옳게 연결되지 않은 것은?

① 자살예방 – 자살 사망률(인구 10만명당)

② 노인 – 노인 치매 유병률

③ 신체활동 – 성인유산소 신체활동 실천율

④ 구강건강 – 영구치(12세) 치아우식 경험률

TIP 제5차 국민건강증진종합계획(HP2030) 중점과제별 대표지표

중점과제	대표지표
금연	성인 현재흡연율
절주	성인 고위험음주율
영양	식품 안전성 확보 가구분율
신체활동	성인 유산소 신체활동 실천율
구강건강	영구치(12세) 우식 경험률
자살예방	자살사망률(인구 10만 명당)
치매	치매안심센터의 치매환자 등록·관리율
중독	알코올 사용장애 정신건강 서비스 이용률
지역사회 정신건강	정신건강 서비스 이용률
암	성인 암 발생률(인구 10만 명당)
심뇌혈관질환	성인 고혈압 유병률, 성인 당뇨병 유병률, 급성 심근경색증 환자의 발병 후 3시간 미만 응급실 도착 비율
비만	성인 비만 유병률
손상	손상사망률(인구 10만 명당)
감염병 예방 및 관리	신고 결핵 신환자율(인구 10만 명당)
감염병 위기 대비 대응	MMR 완전접종률
기후변화성 질환	기후보건영향평가 평가체계 구축 및 운영
영유아	영아사망률(출생아 1천 명당)
아동·청소년	고등학생 현재흡연율
여성	모성사망비(출생아 10만 명당)
노인	노인의 주관적 건강인지율
장애인	성인 장애인 건강검진 수검률
근로자	연간 평균 노동시간
군인	군 장병 흡연율
건강정보 이해력 제고	성인 적절한 건강정보이해능력 수준

Answer 35.②

36 제1차 국제건강증진회의(캐나다 오타와)에서 건강증진 5대 활동전략이 발표되었다. 다음 글에 해당하는 전략은?

> • 보건의료 부문의 역할은 치료와 임상서비스에 대한 책임을 넘어서 건강증진 방향으로 전환해야 한다.
> • 건강증진의 책임은 개인, 지역사회, 보건전문인, 보건의료기관, 정부 등이 공동으로 분담한다.

① 보건의료서비스의 방향 재설정
② 건강 지향적 공공정책의 수립
③ 지지적 환경 조성
④ 지역사회활동의 강화

> **TIP** 제시된 내용은 보건의료서비스의 방향 재설정과 관련된 설명이다.
> ※ 오타와 헌장의 건강증진 5대 활동 전략
> ㉠ 건강 지향적 공공정책의 수립
> ㉡ 건강지향적(지지적) 환경 조성
> ㉢ 지역사회활동의 강화
> ㉣ 개인의 기술 개발
> ㉤ 보건의료서비스의 방향 재설정

Answer 36.①

37 제4차 국민건강증진종합계획(HP2020)의 정책 효과를 측정하기 위해 설정한 대표지표가 아닌 것은?

① 모성사망비   ② 영아사망률

③ 연평균 노동시간   ④ 미성년자 음주율

TIP 제5차 국민건강증진종합계획(HP2030) 대표지표

중점과제	대표지표
금연	성인 현재흡연율
절주	성인 고위험음주율
영양	식품 안전성 확보 가구분율
신체활동	성인 유산소 신체활동 실천율
구강건강	영구치(12세) 우식 경험률
자살예방	자살사망률(인구 10만 명당)
치매	치매안심센터의 치매환자 등록·관리율
중독	알코올 사용장애 정신건강 서비스 이용률
지역사회 정신건강	정신건강 서비스 이용률
암	성인 암 발생률(인구 10만 명당)
심뇌혈관질환	성인 고혈압 유병률, 성인 당뇨병 유병률, 급성 심근경색증 환자의 발병 후 3시간 미만 응급실 도착 비율
비만	성인 비만 유병률
손상	손상사망률(인구 10만 명당)
감염병 예방 및 관리	신고 결핵 신환자율(인구 10만 명당)
감염병 위기 대비 대응	MMR 완전접종률
기후변화성 질환	기후보건영향평가 평가체계 구축 및 운영
영유아	영아사망률(출생아 1천 명당)
아동·청소년	고등학생 현재흡연율
여성	모성사망비(출생아 10만 명당)
노인	노인의 주관적 건강인지율
장애인	성인 장애인 건강검진 수검률
근로자	연간 평균 노동시간
군인	군 장병 흡연율
건강정보 이해력 제고	성인 적절한 건강정보이해능력 수준

Answer 37.

2017. 6. 17 제1회 지방직

38 블룸(Bloom)의 심리운동 영역에 해당하는 학습목표는?

① 대상자는 운동의 장점을 열거할 수 있다.

② 대상자는 지도자의 지시에 따라 맨손체조를 실시할 수 있다.

③ 대상자는 만성질환 관리와 운동 효과를 연관시킬 수 있다.

④ 대상자는 운동이 자신에게 매우 이롭다고 표현한다.

TIP 블룸의 학습목표 분류

㉠ 인지적 영역 : 주로 안다는 일과 관계되는 기초적인 정신적 · 지적 과정 / 지식(암기 – 이해 – 적용 – 분석 – 종합 – 평가

㉡ 정의적 영역 : 흥미나 태도에 관련되는 과정 / 감수 – 반응 – 가치화 – 조직화 – 성격화

㉢ 심리 · 운동 영역 : 신체적 행위를 통한 신체적 능력과 기능을 발달시키는 것과 연관된 영역 / 지각 – 태세 – 지시에 따른 반응 – 기계화 – 복합 외적 반응 – 적응 – 창조

※ 블룸(Bloom)의 심리 운동적 영역

㉠ 관찰이 가능하므로 학습목표의 확인과 측정 용이

㉡ 복합성의 수준이 증가함에 따라 심리운동 영역의 수준도 증가

㉢ 심리운동 영역이 높아질수록 신체적 기술을 좀 더 효과적으로 수행

㉣ 지각 : 감각기관을 통해 대상, 질 또는 관계를 알아가는 과정

　예 노인들은 운동 시범자가 보이는 근력운동을 관찰한다.

㉤ 태세 : 특정 활동이나 경험을 위한 준비

　예 노인들은 운동을 하기 위해 필요한 고무 밴드를 하나씩 집어 든다.

㉥ 지시에 따른 반응 : 교육자의 안내 하에 학습자가 외형적인 행위를 하는 것으로 활동에 앞서 반응할 준비성과 적절한 반응을 선택

　예 노인들은 운동시범자의 지시에 따라 고무 밴드를 이용한 운동을 한다.

㉦ 기계화 : 학습된 반응이 습관화되어 학습자는 행동수행에 자신감이 있으며 상황에 따라 습관적으로 행동

　예 노인들은 음악을 들으며 스스로 운동을 한다.

㉧ 복합 외적 반응 : 복합적이라고 여겨지는 운동 활동의 수행을 의미, 고도의 기술이 습득되고 최소한의 시간과 에너지 활동을 수행

　예 노인들은 집에서 TV를 보면서 고무 밴드를 이용한 운동을 능숙하게 실행한다.

㉨ 적응 : 신체적 반응이 새로운 문제 상황에 대처하기 위해 운동 활동을 변경

　예 노인들은 고무 밴드가 없는 노인 회관에서 고무 밴드 대신 긴 타월을 이용하여 운동을 한다.

Answer 38.②

2016. 6. 18 제1회 지방직

39 초등학교 보건교사가 인지주의 학습이론을 적용하여 비만 아동에게 체중 감량을 위한 식이교육을 실시하고자 할 때 가장 적절한 방법은?

① 음식일기를 기록한 날에는 일기장에 예쁜 스티커를 붙여 주었다.

② 익숙한 동요의 가사를 음식 칼로리에 대한 내용으로 바꾸어 반복해서 부르게 하였다.

③ 아동이 자율성을 가지고 다이어트 식단을 스스로 작성하도록 독려하였다.

④ 고칼로리 음식섭취를 자제하면서 조금씩 체중을 감량하고 있는 아동에게는 칭찬 점수를 주고 모으도록 하였다.

> **TIP** 인지주의적 관점에서 학습이란 학습자가 기억 속에서 학습상태에서 일어나는 여러 가지 사상에 관한 정보를 보존하고 조직하는 인지구조를 형성함으로써 일어나는 현상이다. 따라서 인지주의 학습이론을 적용한 교육방법은 ②이다.

2016. 6. 18 제1회 지방직

40 PRECEDE-PROCEED 모형의 교육 및 생태학적 진단단계에서 제시한 건강행위 결정에 영향을 주는 요인과 항목이 바르게 짝지어진 것은?

① 조정 요인(modifying factor) – 사회적 지지

② 가능 요인(enabling factor) – 친구 또는 동료의 영향

③ 강화 요인(reinforcing factor) – 보건의료 및 지역사회 자원의 이용 가능성

④ 성향 요인(predisposing factor) – 건강에 대한 신념과 자기 효능

> **TIP** 교육 및 생태학적 사정: 보건교육 내용을 선정하는 단계로, 건강행위에 영향을 미치는 요인을 사정함
> ㉠ 성향요인: 행위의 근거나 동기가 되는 개인의 신념 및 태도, 지식, 자기효능 등
> ㉡ 강화요인: 행위의 지속이나 중단의 이유가 되는 사회적 지지, 의료인의 반응, 친구의 영향 등
> ㉢ 촉진요인: 건강행위의 수행을 가능하게 하는 접근성, 이용가능성, 개인의 기술 등

Answer 39.② 40.④

출제 예상 문제

1 다음 중 Pender의 건강증진모형에 대한 설명으로 옳지 않은 것은?

① 개인적 요인은 변화가 쉽게 일어나 구체화할 수 있다.

② 경쟁적이고 즉각적인 요구와 선호는 건강증진행위를 하는 데 방해가 된다.

③ 행위의 수행이나 강화를 위해 명확한 전략을 확인하는 것은 활동계획에의 몰입이다.

④ 이전 관련된 행위는 건강증진행위에 직·간접적으로 영향을 미쳐 행위를 하는 습관을 만든다.

TIP 개인적 요인은 생물학적 요인, 심리적 요인, 사회 문화적 요인으로 변화가 쉽게 일어나지 않는다.

2 그린(Green)의 PRECEDE-PROCEED Model을 적용하여 청소년 대상 보건교육사업을 기획하고자 한다. 이때, 관내 청소년 흡연율 조사가 실시되는 단계는?

① 사회적 사정 단계

② 역학, 행위 및 환경적 사정 단계

③ 교육 및 생태학적 사정 단계

④ 행정 및 정책적 사정 단계

TIP 그린(Green)의 PRECEDE-PROCEED Model

㉠ 1단계: 사회적 사정단계로 대상 인구집단의 관심 있는 문제나 일반적인 요구 등에 대한 사정

㉡ 2단계: 역학적 진단으로 1단계에서 드러난 사회적 문제들을 확인하는 것으로 어떤 건강 문제가 중요한 지 객관적으로 측정된 자료를 이용하여 확인하는 것이 보통이다.

㉢ 3단계: 행동적, 환경적 진단으로 주요 보건의료 문제와 관련되는 구체적 건강행위와 생활양식, 환경적 요인들을 파악

㉣ 4단계: 교육적, 생태학적 진단으로 대상자의 건강행위, 생활양식에 영향을 주는 결정요인으로 성향요인, 강화요인, 촉진요인을 파악

㉤ 5단계: 행정적, 정책적 진단으로 프로그램의 개발 및 시행과 관련되는 조직적, 행정적 능력과 자원을 검토하고 평가하는 것 (인력, 물자, 시설, 예산 등)

㉥ 6단계: 수행단계

㉦ 7단계: 과정평가로서 수행 중에 처음으로 문제점을 찾아냈을 때 그 문제가 표면화되기 전에 수정하는 것

㉧ 8단계: 영향평가로 대상행위와 성향요인, 강화요인, 촉진요인 그리고 행위에 영향을 미치는 환경요인에 대한 즉각적인 효과에 대한 평가

㉨ 9단계: 결과평가로 계획과정의 가장 첫 단계에서 만들어진 건강상태와 삶의 질을 평가하는 것

Answer 1.① 2.②

3 다음은 범이론적 모형의 변화과정 중 하나에 대한 설명이다. 이에 해당하는 것은?

> 개인의 건강습관 유무가 어떻게 사회적 환경에 영향을 미치는지를 정서적, 인지적으로 사정한다.

① 인식 제고(consciousness raising)
② 자아 재평가(self reevaluation)
③ 환경 재평가(environmantal reevaluation)
④ 자극 통제(stimulus control)

TIP 범이론적 모형의 변화과정
ⓐ 인식 제고: 문제를 이해하기 위해 대상자가 하는 과정으로 높은 수준의 의식과 관련된 정보를 찾는다. 계획단계에서 가장 많이 행하여진다.
ⓑ 극적 전환: 심리극, 역할극 등을 통해 문제행위의 결과에 대한 감정을 느끼는 과정이다.
ⓒ 자기 재평가: 자신의 가치관과 신념에 비추어 자신의 행동을 평가하는 과정으로 계획단계에서 준비단계로 이동할 때 행하여진다.
ⓓ 사회적 해방: 사회에서의 생활방식에 대해 인식하는 과정이다.
ⓔ 환경 재평가: 개인의 습관이 사회적 환경에 어떤 영향을 미치는지를 정서적, 인지적으로 평가하는 과정이다.
ⓕ 조력 관계: 타인과의 행동에 대한 지지관계를 형성하는 과정으로 문제가 생겼을 때 도와주거나 들어주는 조력자를 형성한다.
ⓖ 자극 통제: 문제행동을 유발하는 자극이나 상황을 조정한다.
ⓗ 강화 관리: 긍정적 행동은 강화하고 부정적 행동은 처벌한다. 물질적, 사회적 또는 자신을 통해 강화가 이루어질 수 있다.
ⓘ 역조건 형성: 문제행동을 보다 긍정적인 행동이나 경험으로 대치한다.
ⓙ 자기 해방: 자기 스스로 변화할 수 있다고 믿고 결심하는 것이다.

4 팬더(Pender)의 건강증진모형을 이용하여 건강한 젊은 성인들을 대상으로 제공할 수 있는 운동프로그램 중재로 옳지 않은 것은?

① 대상자의 자기효능감을 증진시킨다.
② 대상자에게 운동의 이점을 설명한다.
③ 건강 위협을 통해 대상자를 동기화한다.
④ 대상자 가족들이 대상자를 지지하도록 한다.

TIP ② 인지, 정서의 중요성에 대한 부분이다.
③ 건강위협을 통한 동기화는 옳지 않다.

Answer 3.③ 4.③

5 건강신념모형을 적용하여 암 예방사업을 하고자 할 때, 건강행위 가능성을 높일 수 있는 간호중재의 방향으로 옳지 않은 것은?

① 암 예방행위에 대한 지각된 장애성을 감소시킨다.

② 암 예방행위에 대한 지각된 유익성을 증가시킨다.

③ 암에 대한 지각된 심각성을 증가시킨다.

④ 암에 대한 지각된 민감성을 감소시킨다.

TIP 건강신념모형의 구성요소

ⓐ 지각된 민감성 : 자신이 어떠한 질병에 걸릴 위험이 있다고 지각하거나, 질병에 이미 걸린 경우 의료적 진단을 받아들이거나 재발할 위험성이 있다고 생각하는 등 일반적으로 질병에 민감하다고 믿는 것

ⓑ 지각된 심각성 : 질병에 걸렸을 경우나 치료를 하지 않았을 경우 어느 정도 심각하게 될 것인지에 대한 지각 또는 이미 질병에 걸린 경우 이를 치료하지 않고 내버려 두었을 때 죽음, 장애, 고통, 직업상실, 가족생활과 사회관계에 문제가 생길 것 등에 대한 심각성

ⓒ 지각된 유익성 : 특정 행위를 하게 될 경우 얻을 수 있는 혜택에 대한 지각으로 사람들이 자신의 건강문제에 대하여 민감하고 심각하게 느낄지라도 다양한 행위가 질병의 위험을 감소시키는 데 유용하다고 믿을 때, 즉 건강행위가 가능하고 효과적이라고 느낄 때 행동하게 됨

ⓓ 지각된 장애성 : 특정 건강행위에 대한 부정적 지각으로 어떠한 행위를 하려고 할 때 그 건강행위에 잠재되어 있는 부정적인 측면, 즉 비용이나 위험성, 부작용, 고통, 불편함, 시간소요, 습관변화 등이 건강행위를 방해하게 됨

ⓔ 행동 계기 : 특정행위를 하게 만드는 필요한 자극으로 증상과 같은 내적인 것도 있고, 대중매체 · 대인관계 · 의료정보 등과 같은 외적 사항일 수도 있음

ⓕ 자기효능 : 자신의 건강에 필요한 행위를 잘 해낼 수 있다는 확신으로 행위수행에 대한 훈련 · 자신감 등

6 지역사회간호사가 Green의 PRECEDE-PROCEED 모형을 이용하여 보건교육을 기획하는 과정에서 다음과 같은 진단을 내렸다면 이는 어느 단계에 해당하는가?

> 지역사회주민의 고혈압 식이조절에 대한 지식과 신념이 부족하여 의료시설 이용이 부적절하다.

① 교육 및 생태학적 진단단계　　　　　② 사회적 진단단계

③ 역학 및 행위와 환경 진단단계　　　　④ 행정 및 정책적 진단단계

TIP 교육 및 생태학적 진단단계 … 대상자의 건강행위, 생활양식에 영향을 주는 결정요인으로 성향요인, 상황요인, 촉진요인을 파악한다.

7 GREEN의 PRECEDE-PROCEED 모형에 의해 교육 및 생태학적 사정을 할 때 기인이나 조직의 건강행위 수행을 가능하게 도와주는 것과 관련된 요인은?

① 성향요인
② 촉진요인
③ 강화요인
④ 행위요인

TIP 그린(Green)의 PRECEDE-PROCEED Model
 ㉠ 1단계 : 사회적 사정단계로 대상 인구집단의 관심 있는 문제나 일반적인 요구 등에 대한 사정
 ㉡ 2단계 : 역학적 진단으로 1단계에서 드러난 사회적 문제들을 확인하는 것으로 어떤 건강 문제가 중요한 지 객관적으로 측정된 자료를 이용하여 확인하는 것이 보통이다.
 ㉢ 3단계 : 행동적, 환경적 진단으로 주요 보건의료 문제와 관련되는 구체적 건강행위와 생활양식, 환경적 요인들을 파악
 ㉣ 4단계 : 교육적, 생태학적 진단으로 대상자의 건강행위, 생활양식에 영향을 주는 결정요인으로 지식이나 태도에 해당하는 성향요인, 문제행위를 없애는 강화요인, 수행을 가능하게 하는 촉진요인을 파악
 ㉤ 5단계 : 행정적, 정책적 진단으로 프로그램의 개발 및 시행과 관련되는 조직적, 행정적 능력과 자원을 검토하고 평가하는 것 (인력, 물자, 시설, 예산 등)
 ㉥ 6단계 : 수행단계
 ㉦ 7단계 : 과정평가로서 수행 중에 처음으로 문제점을 찾아냈을 때 그 문제가 표면화되기 전에 수정하는 것
 ㉧ 8단계 : 영향평가로 대상행위와 성향요인, 강화요인, 촉진요인 그리고 행위에 영향을 미치는 환경요인에 대한 즉각적인 효과에 대한 평가
 ㉨ 9단계 : 결과평가로 계획과정의 가장 첫 단계에서 만들어진 건강상태와 삶의 질을 평가하는 것

8 본인이 결핵에 걸릴 가능성을 실제보다 과소평가하는 대상자에게 높은 결핵 발생률에 대한 정보를 제공하여 결핵검진 및 예방행동을 증진하는 데 활용할 수 있는 이론 또는 모형으로 가장 적합한 것은?

① 건강신념모형
② 합리적 행동이론
③ 임파워먼트이론
④ 건강증진모형

TIP 건강신념모형 … 자신이 질병이나 장애에 아주 취약하다는 믿음(신념), 질병이나 장애가 매우 심각하다는 믿음, 건강을 증진하려는 행동을 통해 실제로 이득을 얻는다는 믿음, 건강을 증진하려는 행동을 가로막는 장애물을 뛰어넘을 수 있다는 믿음이 클수록 건강을 보호하거나 추구하려는 행동을 더 많이 한다.
 ※ 건강행동이론
  ㉠ 건강신념모형
  ㉡ 합리적 행위이론
  ㉢ 계획된 행동이론
  ㉣ 예방채택과정모형

Answer 7.② 8.①

9 PRECEDE-PROCEED 모형의 교육적 진단단계에서 수집해야 할 성향요인은?

① 건강행위에 대한 피드백

② 건강행위 관련 지식 및 인식

③ 행위를 촉진하는 학습자의 기술

④ 건강행위 변화를 방해하는 환경적 자원

TIP 그린(Green)의 PRECEDE-PROCEED Model

ⓐ 1단계 : 사회적 사정단계로 대상 인구집단의 관심 있는 문제나 일반적인 요구 등에 대한 사정

ⓑ 2단계 : 역학적 진단으로 1단계에서 드러난 사회적 문제들을 확인하는 것으로 어떤 건강 문제가 중요한 지 객관적으로 측정된 자료를 이용하여 확인하는 것이 보통이다.

ⓒ 3단계 : 행동적, 환경적 진단으로 주요 보건의료 문제와 관련되는 구체적 건강행위와 생활양식, 환경적 요인들을 파악

ⓓ 4단계 : 교육적, 생태학적 진단으로 대상자의 건강행위, 생활양식에 영향을 주는 결정요인으로 지식이나 태도에 해당하는 성향요인, 문제행위를 없애는 강화요인, 수행을 가능하게 하는 촉진요인을 파악

ⓔ 5단계 : 행정적, 정책적 진단으로 프로그램의 개발 및 시행과 관련되는 조직적, 행정적 능력과 자원을 검토하고 평가하는 것 (인력, 물자, 시설, 예산 등)

ⓕ 6단계 : 수행단계

ⓖ 7단계 : 과정평가로서 수행 중에 처음으로 문제점을 찾아냈을 때 그 문제가 표면화되기 전에 수정하는 것

ⓗ 8단계 : 영향평가로 대상행위와 성향요인, 강화요인, 촉진요인 그리고 행위에 영향을 미치는 환경요인에 대한 즉각적인 효과에 대한 평가

ⓘ 9단계 : 결과평가로 계획과정의 가장 첫 단계에서 만들어진 건강상태와 삶의 질을 평가하는 것

10 Bloom이 제시한 인지적 영역 학습목표의 수준이 올바르게 나열된 것은?

← 낮은 수준　　　　　　높은 수준 →

① 지식 → 적용 → 이해 → 종합 → 분석 → 평가

② 지식 → 이해 → 적용 → 종합 → 분석 → 평가

③ 지식 → 이해 → 적용 → 분석 → 종합 → 평가

④ 지식 → 적용 → 이해 → 분석 → 종합 → 평가

TIP Bloom이 제시한 인지적 영역 학습목표의 수준을 낮은 수준부터 높은 수준으로 나열하면 지식 → 이해 → 적용 → 분석 → 종합 → 평가이다.

11 사회생태학적 모형을 적용한 건강증진사업에서 건강 영향 요인별 전략의 예로 옳지 않은 것은?

① 개인적 요인 – 개인의 지식·태도·기술을 변화시키기 위한 교육

② 개인간 요인 – 친구, 이웃 등 사회적 네트워크의 활용

③ 조직 요인 – 음주를 감소시키기 위한 직장 회식문화 개선

④ 정책 요인 – 지역사회 내 이벤트, 홍보, 사회 마케팅 활동

TIP 지역 내 이벤트, 홍보, 사회 마케팅 활동은 지역사회 요인별 전략의 에에 해당한다. 정책 요인별 전략으로는 법률, 정책, 예산배정 등이 있다.

12 범이론적 모형에 대한 설명으로 옳은 것은?

① 관심단계(contemplation stage) – 1개월 이내에 건강행위를 변화시키기 위한 계획을 세우는 단계이다.

② 준비단계(preparation stage) – 건강행위 변화에 대한 장점과 단점을 파악하고 행위변화를 망설이는 단계이다.

③ 자아해방(self-liberation) – 자신의 건강행위를 변화시킬 수 있다고 결심하고 주변 사람에게 결심을 말하는 것이다.

④ 환경재평가(environmental reevaluation) – 건강행위 변화를 촉진하기 위해 다른 사람과 자조모임을 형성하는 것이다.

TIP ① 준비단계에 대한 설명이다.
② 관심단계에 대한 설명이다.
④ 환경재평가는 개인의 습관 존재 유무가 자신의 사회적 환경에 어떻게 영향을 미치는지 정서적·인지적으로 사정하고 고려하는 과정이다.

PART

01 지역사회 간호

CHAPTER
02
가족간호

01 가족과 가족간호

01 가족

❶ 가족의 개념과 특징

(1) 가족의 개념

① **전통적 의미** … 전통적 혼인관계로 맺어진 남녀, 즉 부부와 그들 사이에서 출생한 자녀 또는 양자로 이루어진 혈연집단을 말한다.

② **현대적 의미** … 함께 기거하면서 한 집단으로서의 특별한 정서적 지원을 할 수 있는 개인들의 집합체로 혈연관계를 넘어선 인간관계를 포괄한다.

(2) 가족의 특징과 기능

① **특징**
  - ㉠ **시간과 장소에 따라 변화** : 농업사회에서 현대산업사회로의 변화에 따라 확대가족에서 핵가족 형태로 가족의 구조가 변화하는 등 가족의 구조와 기능은 사회적 · 경제적 · 지리적 조건에 따라 변화한다.
  - ㉡ **가족 고유의 가치관, 행동양상, 생활방식을 개발** : 특별한 정서적 관계를 가진 개인의 집단인 가족 고유의 생활양식, 태도, 행동양상, 의사소통방법, 역할의 분담방법 등을 가지고 있어서 다른 가족과 구분된다.
  - ㉢ **집단으로 작용** : 가족들이 문제나 위기에 직면할 때 가족은 집단으로서 대처방법을 갖게 된다.
  - ㉣ **개인 구성원들의 욕구를 충족** : 가족 개인의 성장발달에 따른 욕구가 충족될 때 집단으로서의 가족은 발달한다.
  - ㉤ **지역사회와 상호작용** : 지역사회에 속하면서 지역사회와 유기적 관계를 가진다.
  - ㉥ **성장 · 발달의 과정** : 가족은 결혼과 더불어 태어나 자녀의 탄생과 함께 성장 · 발달한다.

② **기능**
  - ㉠ **신체적 기능** : 의 · 식 · 주를 제공하며 자녀의 출산과 위험으로부터 보호하고 질병을 예방하며 건강을 유지하도록 한다.

ⓛ **정서적 기능** : 가족은 가족 구성원에게 사랑, 격려, 지지 등 정서적 안정과 휴식을 제공하고 정신적인 건강한 생활을 유지시킨다.

ⓒ **사회적 기능** : 개인의 주체성, 사회적 역할, 성적 역할, 사회적 책임감 등 인격형성에 중요한 역할을 한다.

ⓔ **성적 기능** : 성인 남녀의 기본적인 성적 만족을 충족시킨다.

ⓜ **생산적 기능** : 충족된 부부관계에 의해 자녀 생산으로 사회를 유지하고 존속시키는 역할을 한다. 생식기능은 가족만이 갖는 유일한 기능이다.

ⓗ **교육적 기능** : 가치관, 태도 등이 형성되어 세대 간의 문화가 계승되고 자녀를 사회화시킨다.

ⓢ **경제적 기능** : 가족 구성원의 노동을 제공하여 의·식·주와 건강관리를 할 수 있는 경제적인 보장을 확보한다. 가족은 경제단위의 기본을 이룬다.

❷ 가족이해의 이론적 배경

(1) 체계이론적 접근

① **내용**

ⓐ 개인보다는 가족 전체를 체계로서 접근할 수 있어서 가족건강, 지역사회의 접근 및 건강전달에 접근하는 다양한 분야에도 많이 활용된다.

ⓛ 내부 상호작용의 결과와 외부체계와의 관련에 중점을 두는 접근법이다.

ⓒ 가족 구성원들 간의 상호작용, 가족 내 하부체계 간의 관계, 외부 환경체제와의 교류에 의한 균형, 즉 항상성을 유지하는 것이 체계의 목적을 달성하는 것이다.

② **가정**

ⓐ 가족은 그 자체가 하부체계들로서 구성되어 있는 계층적 구조로 더 큰 상위체계의 일부인 하나의 체계이다.

ⓛ 가족체계는 각 부분들의 역동적인 상호작용으로 통합된 전체로서 기능하며, 그 부분의 합보다 크고 합과는 다르다.

ⓒ 가족체계 일부분에 받은 영향은 다른 부분에 영향을 주며, 또한 전체 체계에 영향을 주고 체계 전체의 변화는 체계를 구성하는 부분에 영향을 끼친다.

ⓔ 가족체계는 외부체계와의 지속적인 상호작용과 교류를 통하여 변화와 안정 간의 균형을 잡는다.

ⓜ 가족체계는 지역사회와는 구별되는 특징적 성격이다.

ⓗ 서로 다른 가족체계에도 구조적인 동질성이 있다.

ⓢ 가족체계 안에 있는 양상은 선형적이 아니라 원형적이다.

③ **한계와 단점**

ⓐ 다양한 이론들이 있지만 이론의 많은 개념들을 조직화하기 힘들다.

ⓛ 개념들 중 일부분은 일상적인 용어와 일치하지 않는다.

ⓒ 체계로서 가족에 대한 측정변수들이 구체적이지 않고 측정하기 어렵다.

(2) 구조 · 기능주의적 접근

① 내용

　ⓖ 가족은 사회 안에서 다른 체계와 상호작용하는 하나의 사회체계이다.

　ⓛ 가족과 학교, 직장, 보건기관 등 사회체제와의 상호작용을 분석하고 가족과 가족의 하부체계(남편과 아내의 관계, 형제관계, 개인 가족들의 개인성격의 체계)의 분석에 초점을 둔다.

　ⓒ 가족의 사회적 기능과 사회와 가족 개개인을 위해 가족이 수행하는 기능을 중요시한다.

　ⓔ 가족과 다른 사회체계 사이의 관계를 규명한다.

　ⓜ 가족과 가족 구성원 간의 관계에 관심을 가진다.

　ⓗ 사회가 가족에게 무엇을 수행했는가 하는 기능을 검토하는 동시에 가족이 사회와 그 가족의 구성원에게 무엇을 수행하는지에 관심을 가진다.

　ⓢ 가족은 외부의 영향을 받고 상호교류하는 개방체계이다.

　ⓞ 가족과 가족 구성원들은 변화에 수동적인 구성요소이다.

② 가정

　ⓖ 체계는 질서라는 속성, 그리고 각 부분들 간의 상호의존이라는 속성을 가진다.

　ⓛ 체계는 자기유지를 위한 질서 또는 균형을 지향한다.

　ⓒ 체계는 정형적일 수도 있고, 질서 있는 변동과정에 포괄될 수도 있다.

　ⓔ 체계의 한 부분의 특성이 다른 부분들이 취할 수 있는 형태의 형성에 영향을 준다.

　ⓜ 체계는 그 환경과 경계를 유지한다.

　ⓗ 체계는 자기유지 성향을 지닌다.

(3) 성장 · 발달주의적 접근

① 내용

　ⓖ 가족성장주기(family life cycle)를 통해 가족의 발달을 분석하고, 가족과업과 어린이, 부모 그리고 가족의 역할기대와 가족성장주기를 통한 가족의 변화를 조사한다.

　ⓛ 가족형태에 따라 발달단계를 먼저 사정한 후 그 시기의 발달과업을 어느 정도 수행하고 있는가를 사정한다.

② 가정

　ⓖ 가족의 구조는 핵가족이며 결혼에서부터 배우자가 모두 사망할 때까지 존재하며 자녀를 양육하는 가족이다.

ⓛ 가족 내의 개별적인 행위자에게 기본적인 초점을 두는 것은 가족발달연구를 진작시키기 위해서는 배제되어야 한다. 즉, 가족에 관한 연구에서는 연구의 질문이 하나의 사회체계의 기본단위인 가족을 대상으로 설정되어야 한다.

③ 장점
　　㉠ 가족의 변화를 시간적 차원에서 고찰하는 방법으로, 다른 접근법보다 단순하여 성장·발달과정에 따라 예측이 가능하므로 짧은 시간에 사정을 해야 될 경우 또는 많은 가족을 관리해야 하는 보건간호사에게 유용한 접근방법이다.
　　ⓛ 개인의 발달수준이 가족발달에 미치는 효과에 대한 연구의 가능성을 제시해주는 혁신적인 접근법이다.
　　ⓒ 해석학적 방법론이나 상호작용 분석이 용이하다.
　　ⓔ 가족발달에 관련된 여러 변수를 규명하는 데 다변량 분석기법을 이용한 연구도 유용하다.

④ 단점
　　㉠ 학자들에 따라 성장·발달기를 분류하는 체계가 다르다.
　　ⓛ 기존의 가족발달단계가 핵가족 중심의 분류이기 때문에 확대가족에 적용하기 어렵다.
　　ⓒ 우리나라의 가족특성에 맞는 발달과업이 아직 개발되어 있지 않다.

(4) 상징적 상호주의적 접근

① 내용
　　㉠ 가족 구성원 개인간의 관계를 고찰하는 방법으로서, 가족을 서로 상호작용하는 인격체로 보고 접근하는 방식이다.
　　ⓛ 개인의 행위는 상호작용을 통해 형성되며, 개인이 다른 사람의 관점을 취함으로써 자신의 행동을 평가하며 그 결과로 대안적 행위를 선택한다.

② 가정
　　㉠ 인간은 인간이 사물에 대해 가지고 있는 의미에 근거하여 행동한다.
　　ⓛ 사물에 대한 의미는 인간이 동료들과 관계를 형성하고 있는 사회적 상호작용으로부터 나온다.
　　ⓒ 의미는 인간이 접하는 사물들을 처리하는 데 단순히 형성된 의미의 적용이 아니라 해석의 가정을 통해 의미를 사용한다.
　　ⓔ 인간은 반응자일 뿐만 아니라 행위자로써 자신에게 반응하는 주위환경을 선택하고 해석한다.

③ 한계
　　㉠ 이론의 개념과 가정 간의 일치가 결여되어 있다.
　　ⓛ 이론이 과정에 관심이 있는데도 상호주의자들의 연구는 과정의 일부분에 머무르는 경향이 있다.

❸ 가족발달과업

(1) 가족발달과업과 가족성장주기

① **가족발달과업** … 가족생활주기의 발달단계에서 구체적으로 주어진 기본적인 가족의 과업을 말하며, 특정시기에 있는 가족의 안녕과 연속성을 충족시키는 방향을 취한다.

② **가족성장주기**(Family Life Cycle) … 두 남녀가 결혼을 하여 가족이 탄생하고 양 배우자가 사망함으로써 소멸되는 성장발달과정을 말하며, 이 과정은 연속적으로 변화되고 발달하는 역동체계를 말한다.

(2) 각 발달단계의 발달과업

가족생활주기단계		특징과제
형성기	신혼기	• 새로운 가정과 부부관계의 기초 확립 • 부모가정과의 협력관계 • 가정의 장기기본계획(교육, 주택, 노후설계) • 가족계획(임신, 출산준비) • 주부의 가사노동 합리화 • 부부와 함께하는 여가 계획 • 가계부 기록
	유아기	• 유아 중심의 생활 설계 • 유치원, 놀이방 활용 계획 • 조부모와의 협력관계 • 가사노동의 능률화와 시간의 합리화 • 자녀의 성장에 대한 가계 설계 • 자녀중심의 교육비와 주택 중심의 장기가계 계획 재검토 • 부부역할의 재조정
확대기	학교교육 전기	• 가족 여가를 위한 지출계획 • 자녀의 교육비와 부부의 교양비 설계 • 자녀 성장에 따른 용돈계획 • 자녀의 공부방 계획 • 자녀 성장에 따른 부부역할 재검토
	학교교육 후기	• 단체활동 참가 • 자녀의 진학과 교육비 계획 • 자녀의 학습 환경 설계 • 수험생 자녀를 위한 의식주 계획 • 자녀의 역할 분담 • 성인교육 참가 계획

축소기	자녀독립기	• 부부관계 재조정 • 부인회 활동 등과 단체활동에의 적극 참가 • 자녀부부와의 역할 기대 관계 조정 • 노부를 위한 가계소득, 지출(저축, 연금, 퇴직금, 재산소득)의 설계 • 유산분배 계획 • 자녀의 취직, 결혼지도
관계 재정립기	노부부기	• 노후생활 설계 • 건강과 취미를 위한 자주적 생활시간 설계 • 사회적 활동 시간 • 성인병 예방, 건강 증진 계획 • 취미, 문화그룹에의 참가 • 노인학교, 노인그룹 참가
중년기 가족	자녀들이 집을 떠난 후 ~ 은퇴	• 생리적 노화에 직면한 새로운 흥미의 개발과 참여 • 부부관계의 재확립 • 경제적 풍요 • 출가한 자녀 가족과의 유대관계 유지
노년기 가족	은퇴 후 ~ 사망	• 은퇴에 대한 대처 • 건강문제에 대처 • 사회적 지위 및 경제적 감소의 대처 • 배우자 상실, 권위의 이양, 의존과 독립의 전환 • 자신의 죽음 준비, 삶의 통합과 비평

(3) 듀발(Duvall)의 가족생활주기 8단계

① 신혼기

㉠ 결혼에서 첫 자녀 출생 전까지(아내, 남편 구성)

㉡ 결혼에 적용, 건전한 부부관계 수립, 가족계획 등

㉢ 친척에 대한 이해와 관계수립

② 양육기

㉠ 첫 자녀의 출생 ~ 30개월

㉡ 자녀를 갖고 적응, 부모의 역할과 기능

㉢ 각 가족 구성원의 갈등이 되는 역할 조정, 만족한 가족 형성

③ 학령전기

㉠ 첫 자녀가 30개월 ~ 6세

㉡ 자녀들의 사회화 교육 및 영양관리, 안정된 부부관계 유지

㉢ 자녀들의 경쟁 및 불균형된 자녀와의 관계 대처

④ 학령기

    ㉠ 첫 자녀가 6세 ~ 13세

    ㉡ 자녀들의 사회화, 가정의 전통과 관습 전승, 학업성취의 증진

    ㉢ 부부관계유지, 가족 내 규칙과 규범의 확립

⑤ 청소년기

    ㉠ 첫 자녀가 13 ~ 19세

    ㉡ 안정된 결혼관계 유지, 수입의 안정화, 세대간 충돌 내처

    ㉢ 10대의 자유와 책임의 균형, 자녀 성문제 대처, 자녀 독립성 증가, 자녀 출가에 대처

⑥ 진수기

    ㉠ 첫 자녀가 결혼 ~ 막내 결혼, 자녀들이 집을 떠나는 단계

    ㉡ 부부관계의 재조정, 노부모에 대한 지지, 새로운 흥미의 개발과 참여

    ㉢ 자녀 출가에 따른 부모 역할 적응

⑦ 중년기

    ㉠ 자녀들이 집을 떠난 후 은퇴할 때까지

    ㉡ 경제적 풍요, 부부관계 재확립

    ㉢ 신구세대간에 친족 결속 유지, 출가한 자녀 가족과의 유대 관계 확립

⑧ 노년기

    ㉠ 은퇴 후 사망

    ㉡ 은퇴에 대한 대처, 건강문제에 대한 대처, 사회적 지위 및 경제력 감소 대처

    ㉢ 배우자 상실, 권위의 이양

02 가족간호

❶ 목적 및 접근방법

(1) 가족간호의 목적

① 가족간호에서 간호대상자인 가족에 대한 가정

    ㉠ 개인들과 가족들 하나하나가 개성의 뚜렷한 개체이다.

    ㉡ 가족이 건강문제에 대해 결정을 할 때에는 가족 내 결속력, 지각, 적응, 가치, 문화, 역할, 종교, 경제, 가족의 상호작용, 가족의 구조와 힘, 사회심리적인 변수와 물리적인 변수 등에 의해 영향을 받는다.

ⓒ 간호사는 조언자일 뿐이며 보건의료에 대한 가족의 결정은 간호사와는 무관하다.

ⓔ 목적달성은 가족이 스스로 목적을 결정할 때 가장 잘 이루어진다.

ⓜ 가족의 건강은 역동적이며 복합적이고 다양한 측면을 가진 개념이다.

ⓗ 간호대상자는 개인적으로 적합하다고 생각하는 건강행위를 하며, 그들의 사회적 맥락 속에서 수용가능한 건강행위를 한다.

ⓢ 모든 가족은 그들이 건강수준을 향상시키려는 잠재력을 가지며 이는 간호사에 의해 촉진될 수 있다.

ⓞ 가족간호사는 가족의 건강상태를 사정하고 이를 개선한다.

② **가족간호의 목적** … 가족간호의 목적은 가족건강을 유지·증진하고 삶의 질을 향상시키는 데 있으며 가족간호의 핵심적인 개념은 가족건강이므로 가족건강에 대한 개념 정의에 따라 가족간호의 목적은 달라진다.

③ **가족이 지역사회 간호사업의 기본단위로서 이용되는 까닭**

ⓐ 가족은 가장 자연적·기본적·사회적·경제적 기본단위이다.

ⓑ 가족은 가족집단의 문제를 함께 해결하는 문제해결활동의 단위이다.

ⓒ 가족의 건강문제는 상호 탄력적·협력적이다.

ⓓ 가족은 가족 구성원의 개인 건강관리에 영향을 끼치는 가장 중요한 환경이다.

ⓔ 가족은 가족 건강행동형태를 결정한다.

ⓕ 가족은 지역사회 간호사업을 수행하는 데 있어서 효과적이고 유용한 매개체이다.

(2) 가족간호 접근방법

① **환자 또는 대상자의 주요 배경으로서의 가족접근**

ⓐ 전통적인 방법으로 환자는 드러난 전경이며 가족은 배경이 된다.

ⓑ 가족은 환자의 가장 근원적이며 필수적인 사회환경이다.

ⓒ 가족은 스트레스원, 문제해결의 기본자원으로 본다.

ⓓ 간호사의 관심의 초점이나 접근의 시작은 환자 개인이다.

ⓔ 대상자의 정확한 사정이나 좀더 나은 중재방법을 위하여 가족을 포함시키며 지지체계로 환자간호계획에 동참한다.

② **가구원들의 총화(sum)로서의 가족접근**

ⓐ 가족 구성원 개개인 모두를 중점으로 하여 가족 자체를 포함하는 간호를 제공하려는 시도이다.

ⓑ 간호사는 가족 전체를 하나의 통합체로서 보려고 노력하나, 초점은 아프거나 문제가 있는 가구원 개개인이다.

ⓒ 가족은 부분들의 합 이상인 상호작용하는 체계라는 체계적 관점에서 가족을 보는 방법이다.

ⓓ 구성원들간의 상호작용을 강조한다.

ⓔ 사업제공시 가족단위로 문제점들을 포괄하여 함께 중재하려고 노력한다.

③ 대상자(서비스 단위)로서의 가족접근

    ㉠ 가족 자체를 대상자로 보는 접근법이다.

    ㉡ 가족이 환자나 가구원 개인과 관련되어 관심을 받는 것이 아니라 가족 자체가 주 관심이 되며 모든 구
       성원을 위해 간호가 제공된다.

    ㉢ 환자는 가족의 이해를 돕기 위한 배경으로 취급한다.

    ㉣ 가족 내 상호관계나 가족역동 또는 가족기능이 중심이 되고 이를 파악하기 위하여 가구원 개인이나 다
       른 사회조직과의 관계를 분석한다.

    ㉤ 간호중재시 가구원 개인의 문제나 환자의 질병치료가 우선순위가 되지 않는 경우가 많다.

❷ 가족간호에 있어서 간호사의 역할

(1) 의의

지역사회 배경 속에서 개인, 가족과 일하는 것은 일련의 간호역할이며 중재이다. 가족의 조직과 기능은 가족 개인과 가족 전체 그리고 지역사회의 건강에 중요한 영향을 미친다. 그러므로 지역사회간호사는 가족이 건강 문제에 효과적으로 대처하도록 가족의 기능을 향상시켜준다.

(2) 지역사회간호사의 역할

① 계속적인 건강감시자로서의 역할을 한다. 가족건강상태를 계속적으로 사정함으로써 정상건강상태로부터 이
   탈한 건강문제를 발견한다.

② 가족이 건강문제가 있을 때 간호서비스를 제공하며 간호제공자로서의 역할을 한다.

③ 가족의 건강관리를 위해 지역사회의 자원을 효과적으로 이용하도록 돕는 자원의뢰자의 역할을 한다.

④ 필요한 자원과 기술을 이용하도록 가족을 격려하고 부족한 자원을 발견하여 연결시켜주는 촉진자로서 역할
   을 한다.

⑤ 가족건강과업을 수행하기 위해 요구되는 보건지식을 제공하는 보건교육자로서의 역할을 한다.

⑥ 신뢰관계를 기반으로 가족의 문제를 의논할 수 있는 상담자로서의 역할을 한다.

⑦ 가족의 역할장애가 있을 때 역할모델로서의 역할을 한다.

⑧ 가족의 건강문제를 타 기관에 의뢰하는 의뢰자, 협조자의 역할을 한다.

≣ 최근 기출문제 분석 ≣

2022. 6. 18. 제1회 지방직

1 가족 사정의 기본적인 원칙으로 옳은 것은?

① 가족의 문제점뿐만 아니라 강점도 동시에 사정한다.

② 정상 가족이라는 고정적 관점으로 가족 문제를 규명한다.

③ 가족구성원 중 한 명으로부터 자료를 수집하여 일관성을 유지한다.

④ 지역사회간호사가 사정단계부터 가족의 문제점과 중재 방법을 주도적으로 제시한다.

> **TIP** ② 고정관점을 가지면 안 된다.
> ③ 이중적인 정보가 있으므로 가족 구성원 모두에게 사정해야 한다.
> ④ 가족과 상의해야 한다.

2022. 6. 18. 제2회 서울특별시

2 〈보기〉에서 설명하고 있는 이론으로 가장 옳은 것은?

───────── 보기 ─────────

- 사회인지이론 및 기대 가치이론을 기초로 개발되었다.
- 건강행위에 영향을 미치는 요인을 개인의 특성과 경험, 행위와 관련된 인지와 감정으로 설명한다.
- 질병예방행동에 그치지 않고 건강을 강화하는 행위까지 확장되고 전 생애에 걸쳐 적용할 수 있다.

① PRECEDE-PROCEED 모형

② 건강증진 모형

③ 법이론적 모형

④ 합리적 행위이론

> **TIP** ① PRECEDE-PROCEED 모형: 교육·생태학적 접근을 통한 포괄적 기획모형이다. 사회적 진단, 역학적 진단과 행위 및 환경적 진단, 교육 및 조직·행태학적 진단, 행정·정책적 진단, 수행, 과정평가, 영향평가, 결과평가의 단계를 거친다.
> ③ 범이론적 모형: 행위변화의 단계 과정을 핵심으로 개인과 집단이 문제를 어떻게 수정하고 긍정적인 행위를 선택하는지에 대한 변화를 설명한다. 각 단계마다 서로 다른 중재를 요구한다. 계획 전 단계, 계획단계, 준비단계, 실행단계, 유지단계, 종결단계를 거친다.
> ④ 합리적 행위이론: 인간 행위의 직접적인 결정 요인은 행위 의도이며 태도와 주관적 규범에 의해 결정된다는 이론이다.

Answer 1.① 2.②

3 세계보건기구(WHO)의 가족생활주기(family life cycle)에서 첫 자녀 독립부터 막내 자녀 독립까지의 시기에 해당하는 발달 단계는?

① 형성기(formation)

② 해체기(dissolution)

③ 축소기(contraction)

④ 확대완료기(completed extension)

> **TIP** WHO는 첫 자녀의 독립부터 모든 자녀의 독립을 축소기라고 정의한다.
> ① 결혼부터 첫 자녀 출생까지를 일컫는다.
> ② 배우자가 사망한 후 혼자 남는 시기를 일컫는다.
> ④ 모든 차녀의 출생부터 첫 자녀의 독립까지를 일컫는다.
> ※ WHO와 듀발(Duvall)의 가족생활주기

WHO	듀발(Duvall)
㉠ 형성기 : 결혼부터 첫 자녀 출생까지	㉠ 신혼기 : 결혼부터 첫 자녀 출생까지
㉡ 확대기 : 첫 자녀 출생부터 막내 자녀 출생까지	㉡ 양육기 : 첫 자녀 출생부터 30개월까지
㉢ 확대완료기 : 모든 자녀 출생 완료부터 첫 자녀의 독립까지	㉢ 학령전기 : 첫 자녀 30개월부터 6세까지
㉣ 축소기 : 첫 자녀 독립부터 모든 자녀 독립까지	㉣ 학령기 : 첫 자녀 6세부터 13세까지
㉤ 해체기 : 배우자가 사망한 후 혼자 남는 시기	㉤ 청소년기 : 첫 자녀 13세부터 20세까지
	㉥ 진수기 : 첫 자녀의 독립부터 모든 자녀 독립까지
	㉦ 중년기 : 모든 자녀 독립부터 부부의 은퇴까지
	㉧ 노년기 : 부부의 은퇴 후 사망

Answer 3.③

2020. 6. 13. 제1회 지방직

4 가족 이론에 대한 설명으로 옳지 않은 것은?

① 구조-기능이론 : 가족 기능을 위한 적절한 가족 구조를 갖춤으로써 상위체계인 사회로의 통합을 추구한다.

② 가족발달이론 : 가족생활주기별 과업 수행 정도를 분석함으로써 가족 문제를 파악할 수 있다.

③ 가족체계이론 : 가족 구성원을 개별적으로 분석함으로써 가족 체계 전체를 이해할 수 있다.

④ 상징적 상호작용이론 : 가족 구성원 간 상호작용이 개인 정체성에 영향을 주므로 내적 가족 역동이 중요하다.

> **TIP** ③ 가족체계이론 : 가족은 구성원 개개인들의 특성을 합한 것 이상의 실체를 지닌 집합체이다.

2020. 6. 13. 제1회 지방직

5 듀발(Duvall)의 가족생활주기 중 진수기 가족이 성취해야 하는 발달과업은?

① 가족계획

② 은퇴와 노화에 대한 적응

③ 자녀의 사회화와 학업 성취 격려

④ 자녀의 출가에 따른 부모 역할 적응

> **TIP** 듀발의 가족생활주기 8단계 중 진수기 가족 단계 : 첫 자녀 결혼부터 막내 결혼까지 자녀들이 집을 떠나는 단계
> • 부부관계의 재조정
> • 늙어가는 부모들의 부양과 지지
> • 자녀들의 출가에 따른 부모의 역할 적응
> • 성인이 된 자녀와 자녀의 배우자와의 관계 확립, 재배열

Answer 4.③ 5.④

6 부모와 32개월 남아 및 18개월 여아로 이루어진 가족은 Duvall의 가족생활 주기 8단계 중 어디에 해당되며, 이 단계의 발달과업은 무엇인가?

① 양육기 – 임신과 자녀 양육 문제에 대한 배우자 간의 동의

② 학령전기 – 가정의 전통과 관습의 전승

③ 양육기 – 자녀들의 경쟁 및 불균형된 자녀와의 관계에 대처

④ 학령전기 – 자녀들의 사회화 교육 및 영양관리

> **TIP** Duvall의 가족발달이론

단계		발달과업
제1단계	결혼한 부부 (부부 확립기, 무자녀)	• 가정의 토대 확립하기 • 공유된 재정적 체재 확립하기 • 누가, 언제, 무엇을 할 것인가에 대해 상호적으로 수용 • 가능한 유형 확립하기 • 미래의 부모역할에 대해 준비하기 • 의사소통 유형 및 인간관계의 확대에 대해 준비
제2단계	아이를 기르는 가정 (첫아이 출산~30개월)	• 가사의 책임분담 재조정 및 의사소통의 효율화 • 영아를 포함하는 생활유형에 적응하기 • 경제적 비용 충족시키기
제3단계	학령 전 아동이 있는 가정 (첫아이 2.5세~6세)	• 확대되는 가족이 요구하는 공간과 설비를 갖추는 데 필요한 비용 충당하기 • 가족구성원들 사이의 의사소통유형에 적응하기 • 변화하는 가족의 욕구충족에 대한 책임에 적응하기
제4단계	학동기 아동이 있는 가정 (첫아이 6세~13세)	• 아동의 활동을 충족시키고 부모의 사생활 보장하기 • 재정적 지급능력 유지하기 • 결혼생활을 유지하기 위해 노력하기 • 아동의 변화하는 발달적 요구에 효과적으로 대응하기
제5단계	10대 아이가 있는 가정 (첫아이 13세~20세)	• 가족구성원들의 다양한 요구에 대비하기 • 가족의 금전문제에 대처하기 • 모든 가족구성원들이 책임 공유하기 • 성인들의 부부관계에 초점 맞추기 • 청소년과 성인 사이의 의사소통 중재하기
제6단계	자녀를 결혼시키는 가정 (첫아이가 독립부터 마지막아이 독립까지)	• 가정의 물리적 설비와 자원 재배치하기 • 자녀가 가정을 떠날 때 책임 재활당하기 • 부부관계의 재정립 • 자녀의 결혼을 통하여 새로운 가족구성원을 받아들임으로써 가족범위 확대시키기

Answer 6.④

제7단계	중년 부모기 (부부만이 남은 가족~은퇴기까지)	• 텅 빈 보금자리에 적응하기 • 부부 사이의 관계를 계속해서 재조정하기 • 조부모로서의 생활에 적응하기 • 은퇴 및 신체적 노화에 적응하기
제8단계	가족의 노화기 (은퇴 후~사망)	• 배우자의 죽음에 적응하기 • 타인, 특히 자녀에 대한 의존에 대처하기 • 경제적 문제에서의 변화에 적응하기 • 임박한 죽음에 적응하기

2019. 6. 15 제1회 지방직

7 **체계이론에 근거한 가족에 대한 설명으로 옳은 것은?**

① 가족구성원은 사회적 상호작용을 통해 상징에 대한 의미를 해석하고 행동한다.

② 가족은 내·외부 환경과 지속적으로 교류하고, 변화와 안정 간의 균형을 통해 성장한다.

③ 가족은 처음 형성되고 성장하여 쇠퇴할 때까지 가족생활주기의 단계별 발달과업을 가진다.

④ 가족기능은 가족구성원과 사회의 요구를 충족하는 것으로 애정·사회화·재생산·경제·건강관리 기능이 있다.

> **TIP** ② 체계이론은 가족을 구성원 개개인들의 특성을 합한 것 이상의 실체를 지닌 집합체로 가정한다. 따라서 가족은 내·외부 환경과 지속적으로 교류하고, 변화와 안정 간의 균형을 통해 성장한다고 본다.

Answer 7.②

8 Duvall의 가족발달이론에서 첫 아이의 연령이 6∼13세인 가족의 발달과업으로 가장 옳은 것은?

① 부부관계를 재확립한다.

② 세대 간의 충돌에 대처한다.

③ 가족 내 규칙과 규범을 확립한다.

④ 서로의 친척에 대한 이해와 관계를 수립한다.

TIP Duvall의 가족발달이론

단계		발달과업
제1단계	결혼한 부부 (부부 확립기, 무자녀)	• 가정의 토대 확립하기 • 공유된 재정적 체재 확립하기 • 누가, 언제, 무엇을 할 것인가에 대해 상호적으로 수용 • 가능한 유형 확립하기 • 미래의 부모역할에 대해 준비하기 • 의사소통 유형 및 인간관계의 확대에 대해 준비
제2단계	아이를 기르는 가정 (첫아이 출산∼30개월)	• 가사의 책임분담 재조정 및 의사소통의 효율화 • 영아를 포함하는 생활유형에 적응하기 • 경제적 비용 충족시키기
제3단계	학령 전 아동이 있는 가정 (첫아이 2.5세∼6세)	• 확대되는 가족이 요구하는 공간과 설비를 갖추는 데 필요한 비용 충당하기 • 가족구성원들 사이의 의사소통유형에 적응하기 • 변화하는 가족의 욕구충족에 대한 책임에 적응하기
제4단계	학동기 아동이 있는 가정 (첫아이 6세∼13세)	• 아동의 활동을 충족시키고 부모의 사생활 보장하기 • 재정적 지급능력 유지하기 • 결혼생활을 유지하기 위해 노력하기 • 아동의 변화하는 발달적 요구에 효과적으로 대응하기
제5단계	10대 아이가 있는 가정 (첫아이 13세∼20세)	• 가족구성원들의 다양한 요구에 대비하기 • 가족의 금전문제에 대처하기 • 모든 가족구성원들이 책임 공유하기 • 성인들의 부부관계에 초점 맞추기 • 청소년과 성인 사이의 의사소통 중재하기
제6단계	자녀를 결혼시키는 가정 (첫아이가 독립부터 마지막아이 독립까지)	• 가정의 물리적 설비와 자원 재배치하기 • 자녀가 가정을 떠날 때 책임 재할당하기 • 부부관계의 재정립 • 자녀의 결혼을 통하여 새로운 가족구성원을 받아들임으로써 가족범위 확대시키기
제7단계	중년 부모기 (부부만이 남은 가족∼은퇴기까지)	• 텅 빈 보금자리에 적응하기 • 부부 사이의 관계를 계속해서 재조정하기 • 조부모로서의 생활에 적응하기 • 은퇴 및 신체적 노화에 적응하기
제8단계	가족의 노화기 (은퇴 후∼사망)	• 배우자의 죽음에 적응하기 • 타인, 특히 자녀에 대한 의존에 대처하기 • 경제적 문제에서의 변화에 적응하기 • 임박한 죽음에 적응하기

Answer 8.③

2018. 5. 19 제1회 지방직

9 취약가족 간호대상자 중 가족 구조의 변화로 발생한 것이 아닌 것은?

① 만성질환자 가족
② 한부모 가족
③ 별거 가족
④ 이혼 가족

> **TIP** ① 만성질환자 가족은 기능적 취약가족이다.
> ※ 취약가족의 종류
> ⊙ 구조적 취약 : 한부모 가족, 이혼 가족, 별거 가족, 독거노인 가족 등
> ⓛ 기능적 취약 : 저소득 가족, 실직자 가족, 만성 및 말기 질환자 가족 등
> ⓒ 상호작용 취약 : 학대 부모 가족, 비행 청소년 가족, 알코올·약물 중독 가족 등
> ⓔ 발달단계 취약 : 미숙아 가족 등

2017. 12. 16 지방직 추가선발

10 가족간호과정에 대한 설명으로 옳지 않은 것은?

① 문제가 있는 가구원만을 대상으로 사정한다.
② 가족의 문제점뿐만 아니라 강점도 함께 사정한다.
③ 간호사가 전화면담을 통해 가족으로부터 직접 얻은 자료는 일차자료이다.
④ 정상가족이라는 고정관념을 버리고 가족의 다양성과 변화성에 대한 인식을 가진다.

> **TIP** ① 가족간호과정은 가족 구성원 전체를 대상으로 한다.

2017. 12. 16 지방직 추가선발

11 가족 관련 이론에 대한 설명으로 옳은 것은?

① 가족체계이론 – 가족은 구성원 개개인들의 특성을 합한 것 이상의 실체를 지닌 집합체이다.
② 상징적 상호작용이론 – 생애주기별 발달과업을 어느 정도 성취했는가를 중심으로 가족건강을 평가한다.
③ 구조·기능주의이론 – 가족 내 개인의 역할과 역할기대에 따른 상호작용을 중시하는 미시적 접근법을 사용한다.
④ 가족발달이론 – 사회 전체의 요구에 가족의 사회화 기능이 어느 정도 부합되는지 거시적 관점에서 접근한다.

> **TIP** ② 가족발달이론에 대한 설명이다.
> ③ 상징적 상호작용이론에 대한 설명이다.
> ④ 구조·기능주의이론에 대한 설명이다.

Answer 9.① 10.① 11.①

01. 가족과 가족간호 **223**

12 우리나라 가족 기능의 변화 양상에 대한 설명으로 옳지 않은 것은?

① 산업화로 인하여 소비단위로서의 기능이 증가하였다.

② 학교 등 전문 교육기관의 발달로 교육 기능이 축소되고 있다.

③ 사회보장제도의 축소로 인하여 가족구성원 간의 간병 기능이 확대되고 있다.

④ 건강한 사회 유지를 위한 애정적 기능은 여전히 중요하다.

> **TIP** ③ 사회보장제도의 확대로 인하여 가족구성원 간의 간병 기능이 축소되고 있다.

13 듀발(Duvall)의 가족발달단계에서 자녀의 사회화 교육이 주요 발달 과업이 되는 단계는?

① 신혼기   ② 학령전기

③ 진수기   ④ 노년기

> **TIP** 학령전기 가족의 발달 과업
> ㉠ 유아기 자녀의 욕구와 관심에 적응, 효율적으로 양육
> ㉡ 자녀들의 사회화
> ㉢ 부모역할 수행에 따른 에너지 소모와 사생활 부족에 적응
> ㉣ 만족스런 부부관계 유지 노력

Answer   12.③   13.②

출제 예상 문제

1 다음 중 가정간호대상자의 퇴록기준으로 옳지 않은 것은?

① 환자가 사망한 경우

② 질병이 위중한 경우

③ 가정간호서비스가 월 1 회 미만으로 제공되는 경우

④ 환자와 간호사의 관계가 나빠져 서비스를 제공하기가 힘든 경우

TIP ④ 담당간호사의 교체나 환자와의 관계개선을 위해 노력하여 환자를 계속 간호해야 한다.

2 가족간호이론 중 가족의 내적 역동에 초점에 둔 이론은?

① 상징적 상호작용이론　　　　　② 체계이론

③ 기능주의적 이론　　　　　　　④ 발달주의적 이론

TIP 상징적 상호주의적 접근

　㉠ 사회학자 Mead가 만들었으며 Blumer(1973)가 처음 이 용어를 사용하였다.

　㉡ 가족 구성원 개인간의 관계를 고찰하는 방법으로서 가족을 서로 상호작용하는 인격체로 보고 접근하는 방법이다.

　㉢ 이론의 개념과 가정간의 일치가 결여되어 있다.

　㉣ 일반적인 가정간호이론에서는 이론의 과정에 관심이 있는데, 상호주의자들의 연구는 과정의 일부분에 머무르는 경향이 있다.

Answer 1.④ 2.①

3 다음 중 가족이 지역사회 간호사업의 기본이 되는 이유를 고른 것으로 옳은 것은?

> ㉠ 가족은 지역사회 사업수행시 효과적인 단위이기 때문이다.
> ㉡ 구성원의 건강문제는 가족의 건강문제를 반영하기 때문이다.
> ㉢ 가족은 구성원의 건강에 가장 큰 영향력을 발휘하기 때문이다.
> ㉣ 가족의 건강문제는 상호관련적이기 때문이다.

① ㉠㉡　　　　　　　　　　　　② ㉢㉣
③ ㉡㉢㉣　　　　　　　　　　　④ ㉠㉡㉢㉣

TIP 가족의 지역사회 간호사업의 기본단위로 이용되는 이유
　㉠ 가족은 가장 자연적·기본적·사회적·경제적 기본단위이다.
　㉡ 가족은 가족집단의 문제를 함께 해결하는 문제해결활동의 단위이다.
　㉢ 가족의 건강문제는 상호 탄력적·협력적이다.
　㉣ 가족은 가족 구성원의 개인 건강관리에 영향을 끼치는 가장 중요한 환경이다.
　㉤ 가족은 가족 건강행동형태를 결정한다.
　㉥ 가족은 지역사회 간호사업을 수행하는 데 있어서 효과적이고 유용한 매개체이다.

4 박씨는 큰아이가 30개월이며 안정된 부부관계를 유지하는 30대 직장인이다. 이 가족이 가지는 건강에 대한 관심은 주로 산모교육, 육아, 예방접종, 건강증진활동이다. 이 가족의 발달단계는?

① 진수기　　　　　　　　　　　② 출산기
③ 학령 전기　　　　　　　　　　④ 학령기

TIP 출산기의 발달과업
　㉠ 자녀출산, 영아기 자녀의 부모역할 적응
　㉡ 영아의 발달 지원
　㉢ 시간과 가사의 재조정
　㉣ 만족스런 부부관계 유지 노력
　㉤ 부모와 영어 모두를 위한 만족스러운 가족관계 형성

Answer　3.④　4.②

5 다음 중 가족이론에 해당하는 것을 모두 고른 것은?

㉠ 구조·기능적 접근	㉡ 상호작용적 접근
㉢ 조직이론	㉣ 발달주의적 접근

① ㉠㉡
② ㉠㉡㉢
③ ㉠㉡㉣
④ ㉠㉢

....

TIP ㉢ 지역사회간호 관계이론이다.

6 지역사회간호사가 진수기의 가족을 접하게 되었다. 그들에게서 기대되는 독특한 발달과업이라고 할 수 있는 것은?

① 자녀의 사회화
② 은퇴에 적응
③ 자녀를 성인으로 독립시킴
④ 만족스러운 결혼관계 유지

....

TIP ①④ 학령기 가족 ② 노년기 가족
　※ 진수기 가족의 발달과업
　　㉠ 자녀의 발달과업에 직면하여 성인기로 자녀를 진수시키기
　　㉡ 자녀의 독립지원, 자녀의 출가에 따른 부모의 역할 적응
　　㉢ 지지기반으로서의 가족 기능을 유지
　　㉣ 재정계획 및 실천
　　㉤ 만족스런 부부관계 유지 노력, 중·노년기 준비

7 지역사회간호사는 누구의 요건에 중점을 두고 가족간호를 수행해야 하는가?

① 가족의 요구
② 개별적인 요구
③ 기관의 요구
④ 간호사의 요구

....

TIP 가족간호의 결정주체는 가족이다.

Answer　5.③　6.③　7.①

8 다음 중 가족의 발달과업에 대한 설명으로 옳지 않은 것은?

① 가족생활순환의 각 단계마다 변한다.

② 모든 가족의 생활순환마다 같다.

③ 가족의 생리적 및 문화적 요구를 만족시킨다.

④ 가족 전체의 요구에 중점을 둔 것이다.

TIP ② 가족의 발달과업은 각 가족의 특성에 따라 약간의 차이를 보인다.

9 가족의 건강과 간호문제를 다루기 위하여 자원을 조직하는 데 있어서 간호사는 다음과 같은 자원을 활용할 책임이 있다. 1차적으로 가장 중요한 것은?

① 지역사회   ② 어머니

③ 가족   ④ 간호사

TIP 가족간호에서의 가족 전체는 좋은 자원이 될 수 있다.

10 지역사회 간호사업은 가족을 단위로 하는 것이 바람직한데 그 이유로 옳지 않은 것은?

① 가족은 자연적이며 기본적인 사회단위이기 때문이다.

② 건강에 관한 사항을 결정하는데 관여하기 때문이다.

③ 비용과 시간면에서 유익하기 때문이다.

④ 가족의 건강문제는 상호협력적이기 때문이다.

TIP 가족을 기본단위로 사용하는 이유
　　㉠ 가족은 자연적 · 사회적 · 경제적 기본단위이다.
　　㉡ 가족은 가족집단의 문제를 함께 해결하는 문제해결활동의 단위이다.
　　㉢ 가족의 건강문제는 상호탄력 · 협력적이다.
　　㉣ 가족은 가족 구성원의 개인 건강관리에 영향을 끼치는 가장 중요한 환경이다.
　　㉤ 가족은 가족 건강행동형태를 결정한다.

Answer 8.② 9.③ 10.③

11 다음 중 가족의 건강과업을 벗어난 것은?

① 의료수혜자로서의 역할수행
② 건강문제의 발견
③ 의존적인 가족 구성원에 대한 간호제공
④ 지역 내 보건의료기관의 적절한 활용

TIP ① 가족은 가족 내에서 스스로 건강역할을 수행하여야 하며, 의료수혜자는 피동적인 역할로 건강과업에 속하지 않는다.

12 다음 중 가족간호의 구조적 · 기능적 접근이란?

① 가족체계의 부분적 배열과 기능의 상호관련성에 관한 이론이다.
② 가족발달단계의 변화과정에 주요 초점을 둔 이론이다.
③ 가족 구성원 개인의 행위는 상호작용을 통해 형성된다.
④ 개인의 행위가 사회체계를 결정한다고 본다.

TIP ② 성장 · 발달주의적 접근
③ 상호주의적 접근
④ 체계이론적 접근

13 다음 중 가족의 일반적인 기능으로 옳은 것끼리 묶은 것은?

┌───┐
│ ㉠ 생산 또는 자녀양육   ㉡ 생물학적이고 정서적인 안정의 실현 │
│ ㉢ 질병의 발견과 치료   ㉣ 사회화 및 구성원의 교체   │
└───┘

① ㉠㉡㉢   ② ㉠㉡㉣
③ ㉠㉢㉣   ④ ㉡㉢㉣

TIP ㉢ 질병의 발견과 치료는 지역사회와 의료기관에서 시행하는 사업이다.

02 가족간호과정

01 간호사정 및 간호계획

❶ 가족간호과정의 개념과 가족의 건강사정

(1) 가족간호과정의 개념

① **체계적인 접근** … 가족에 대한 사정, 진단, 계획, 중재, 평가단계를 말하며 이 과정은 순서적이며 논리적인 방식으로 간호사가 기능하도록 함을 의미한다.

② **과학적인 문제해결** … 가족의 요구와 이에 따른 간호중재에 대한 결정으로 과학적인 원칙에 근거하여 건강과 질병예방과 관련된 자료를 수집·분석하여 가족의 능력을 최대화하는 간호중재를 제공하는 데 최근의 과학적인 지식을 활용한다는 뜻이다.

③ **순환적이며 역동적인 행위** … 간호과정의 각 단계마다 건전한 의사결정과 효과적인 간호중재가 이루어지도록 하며 필요시 간호계획이 수정되고 평가되어 다시 가족체계로 환류됨을 말한다.

(2) 가족의 건강사정

① **목적**
　　㉠ 가족의 건강, 기능, 과업수준을 파악하는 것이다.
　　㉡ 가족 구성원의 상호작용하는 방법을 이해함으로써 중재가 구체적이고 효과적으로 실시되며, 가족들로 하여금 기능상태를 알게 하여 부정적인 면을 변화시키고 긍정적인 측면을 강화해 나가도록 돕기 위함이다.
　　㉢ 가족의 입장에서는 현존하는 건강문제에 대처하여 앞으로 일어날 건강문제에 대해 예측적인 안내를 받아 대처해 나가도록 도움을 준다.

② **원칙**
　　㉠ 가족 구성원 개개인보다 가족 전체에 초점을 맞춘다.
　　㉡ 가족의 다양성과 변화성에 대한 인식을 가지고 접근한다.

© 가족의 문제점뿐만 아니라 장점도 사정한다.

② 사정단계에서부터 가족이 전체 간호과정에 함께 참여함으로써 대상가족과 간호사가 동의하에 진단을 내려야 하며 그에 따라 목표를 수립하고 중재방법을 결정하도록 한다.

③ **사정단계에서 간호사의 책임** … 가족과의 신뢰적인 관계를 수립하며, 모든 가능한 자료원으로부터 가족에 대한 자료를 얻도록 다양한 방법을 이용하고, 가족건강에 관한 모든 변수를 수집하여 사정한다.

④ **신뢰관계 형성**

　　㉠ 가족을 방문한 목적과 제공될 간호의 내용을 설명하고 온화한 분위기를 조성하는 것은 대상자와 간호사 간에 필요한 자료의 공유를 용이하게 한다.

　　㉡ 방문목적을 분명히 하는 것 또한 필수적이다. 방문목적이 명확하지 않으면 갈등과 불신을 갖게 되어 대상자가 감정, 느낌, 자료 등을 제고하는 데 장애가 된다. 즉, 목적이 없는 방문은 절대 이루어져서는 안 된다.

　　㉢ 간호사는 대상자의 안녕을 위해 순수한 관심을 가지고 개방적이며 진실한 태도로 관계를 형성한다. 면담시에는 민감성 있고 무비판적이며 수용적인 태도로 대상자의 결정권을 존중하는 태도를 가짐으로써 신뢰적인 관계형성을 촉진한다.

　　㉣ 대상자가 불필요한 의존이 생기지 않도록 주의해야 한다.

　　㉤ 의사결정을 하는 데 다른 사람으로부터 관심과 지지와 돌봄의 태도, 순수한 관심을 보여주는 것이 의미 있는 인간관계를 형성하는 데 도움이 된다. 이러한 전문간호사의 태도가 대상자로 하여금 변화할 수 있는 자신이 내적인 능력을 발휘하는 데 도움을 준다.

⑤ **자료수집방법**

　　㉠ **1차적인 자료**: 간호사가 직접적으로 관찰하고, 보고, 듣고, 환경에서 나는 냄새를 직접 맡음으로써 얻어지는 자료를 말한다. 간호사는 가족이 구두로 제공한 정보뿐만 아니라 관찰내용도 주의깊게 기록한다.

　　㉡ **2차적인 자료**

　　　• 가족에 관련된 중요한 타인, 보건 및 사회기관의 직원, 가족의 주치의, 성직자, 건강기록지 등 다양한 자료원으로부터 가족에 관한 정보를 얻을 수 있다.

　　　• 자료를 이용하고자 할 때는 가족의 구두 또는 서면 동의를 받는 것이 필요한데, 이는 간호사가 가족의 비밀을 지킬 의무이며 치료적인 관계에서 신뢰감을 증진하는 방법이다.

　　　• 2차적인 자료는 정확하게 대상자가 지각한 내용이기보다는 제3자가 가족을 보는 지각정도를 나타낸다.

　　㉢ 1차적인 자료와 2차적인 자료를 얻을 때 사용되는 구체적인 방법은 면담, 관찰, 신체사정술(청진, 타진, 촉진, 시진)과 계측이 활용되고 또 2차적인 자료원에 접하면 관련된 기록 검토 등이 복합적으로 사용된다.

② 자료수집을 위해 간호사가 가족을 만날 수 있는 방법

방법	장점	단점
가정방문	• 가족의 상황을 직접 관찰함으로써 가족관계, 시설, 능력에 대한 정확한 평가가 용이 • 실정에 맞는(기구, 시설) 보건지도 • 가족 구성원들에게 질문하기에 편함 • 가족 구성원이 수행한 간호를 관찰하는 기회 (원칙과 지시사항) • 가족 구성원을 지지 • 새로운 건강문제 발견	• 시간, 비용이 비경제적(방문 전 준비, 방문 후 정리) • 가정 내 많은 요인들로 산만해짐 • 공통의 문제를 가진 사람들과의 경험을 나눌 기회 결여
서신	• 비용이 적게 듦 • 가족 중심의 행동을 상기시킬 때	• 전체 가족에 대한 상황파악이 안됨 • 문제발견, 도울 기회 결여 • 가족 구성원이 받았는지 불확실
기관모임	• 간호시간이 절약 • 가정에 없는 전문적 기구에 대한 시범가능 • 산만함을 최소화 • 필요시 타 보건인력의 도움이 가능 • 자조에 대한 책임 강조	• 가정, 가족상황 파악이 어려움 • 찾아오는 부담(신체·경제적 부담) • 가정방문보다 개인적 문제에 대한 대화가 어려움 • 간호사 업무에 지장(시간약속이 안된 경우)
소집단 모임	• 같은 질병을 가진 구성원들간의 경험교환 및 서로간에 도움을 주는 기회 • 구성원들의 지도성을 고양 • 문제에 대한 실질적인 해답을 얻기가 용이 • 기분전환의 기회(불안, 슬픔 등 문제해결 접근의 기회가 됨)	• 관심이 적거나 부끄러워하는 경우 또는 너무 일반적인 경우에는 해결방안이 어려움 • 가능한 집단구성원이 동질성일 때 문제해결 용이
전화	• 시간, 비용이 경제적 • 구성원들의 지도성을 고양 • 가정방문보다 부담이 적음 • 서신연락보다 개인적 관계 유지 • 문제를 찾아내는 도구의 역할	• 상황판단의 기회가 적음 • 화로 사정이 어려움 • 전화가 없는 가정이나 전화통화가 되지 않으면 소용없음

⑥ 가족의 건강사정시 유의점

㉠ 가족 구성원 개인이 아니라 가족을 하나의 단위로 하여 가족 전체에 초점을 둔다.

㉡ 자료수집에 적절한 시간을 들인다. 타당한 가족사정을 위해서는 시간이 걸리며 전체 간호제공시에도 병행한다. 첫 번째 방문으로 모든 결정을 내리지 말고 관찰이 정확하다고 판단되면 가족 구성원에게 질문을 해서 간호사의 소견을 정당화시키도록 한다.

㉢ 가족의 건강사정을 위해 수집되는 자료는 질적인 내용과 양적 자료를 보완적으로 이용한다.

⑦ **가족의 건강사정도구의 종류** ··· 가족을 대상으로 건강문제에 관한 자료수집을 위해 WHO의 '건강'정의를 토대로 가족구조, 기능, 과정에 대한 자료를 얻기 위해 도구가 개발되었으며 이를 통해 가족의 요구, 강점, 관심을 파악할 수 있다.

㉠ **가족사정지침서**
- 가족 개개인의 건강상태와 가족기능에 초점을 둔 도구이다.
- 가족기능의 강화 또는 변화가 필요하거나 예측적인 인내가 필요한 가족의 행위를 신속히 볼 수 있도록 시각적으로 요약한 도구이다.
- 환경·가족과의 관계, 가족 전체와 가족의 내적인 기능과의 관계를 조사하는 데 도움을 준다.
- 사용이 용이하고 시간을 최소화한다는 점이 특징이며 자료를 다룰 수 있는 이론적 배경이 있을 때 더욱 유용하다.
- 국내에서도 체계론적인 관점으로 우리나라의 사회문화적인 특성에 맞는 지표 또는 변수를 이용하여 개발한 가족사정지침서를 사용하고 있다.

㉡ **가계도**
- 유전학자, 의사, 간호사가 사용하여 온 도구로 3세대 이상에 걸친 가족성원에 관한 정보와 그들간의 관계를 도표로 기록하는 방법을 말한다.
- 가계도에서는 가족 전체의 구성과 구조를 그림이나 도표로 그리기 때문에 복잡한 가족유형의 형태를 한눈에 파악할 수 있다.
- 가계도는 가족 구성원이 자신들을 새로운 시점에서 볼 수 있도록 도와줌으로써 치료에서 가족과 합류하는 중요한 방법이 된다.
- 가계도 면접은 체계적인 질문을 하기에 용이하여 임상가에게는 좋은 정보를 제공함과 동시에 가족 자신도 체계적인 관점으로 문제를 볼 수 있게 한다.
- 가계도는 가족의 연령, 성별, 질병 상태에 관하여 한눈에 볼 수 있게 하여 추후 필요한 정보가 무엇인지 확인 가능하다.
- 가족체계를 역사적으로 탐색하고 생활주기의 단계를 어떻게 거쳐 왔는가를 살펴봄으로써 현재의 가족문제를 어떻게 발전시켜 왔는지를 파악할 수 있다.
- 가족구조나 생활에 큰 차가 생겨 변화된 가족관계나 과거의 질병양상을 가계도상에서 정리하면 무엇이 가족에게 영향을 주었는지를 추론하기 용이하다.

㉢ **외부체계도**
- 가족관계와 외부체계와의 관계를 그림으로 나타내는 도구를 말하며, 외부환경과 가족의 상호작용을 분석하기 위한 시각적인 방법으로 전문보건 의료인들이 이용한다.
- 체계론적 관점으로 도식하면 에너지의 유출, 유입을 관찰할 수 있다.
- 많은 건강 또는 복지기관과 접촉하는 구성원, 지지체계, 가족체계를 유지하는데 필요한 에너지의 결여 등을 파악할 수 있다.
- 가족 구성원들에게 영향을 미치는 스트레스원을 찾는데 도움이 된다.

- 한 장에 가족체계 밖에 있는 기관들과 개인 구성원과의 상호작용 측면에서 관련된 스트레스, 갈등, 가족의 감정 등을 요약할 수 있는 유용한 도구이다.
- 복합적인 관계가 불분명하거나 도구표현이 어려운 경우에는 사용이 어렵다는 것이 단점이다.

② 가족연대기
- 가족의 역사 중에서 개인에게 영향을 주었다고 생각되는 중요한 사건을 순서대로 열거한 것이며, 중요한 시기만의 특별한 연대표를 작성하는 경우도 있다.
- 가족연대기는 개인의 질환과 중요한 사건의 관련성을 추구하려 할 때 사용한다.
- 개인의 연대표를 만들어 두면 전 가족 구성원의 증상, 역할 등을 가족이라는 맥락 안에서 추적하는 데 유용하다.
- 가족이 필요한 건강행위나 건강에 대해 집중적인 관심을 쏟지 못하는 가족관계의 문제를 다룰 때 도움이 되며 가족 구성원들이 가족관계를 어떻게 할 때 성공적이었나를 볼 수 있도록 도와줌으로써 긍정적인 강화가 된다.

⑩ 최근 경험표 또는 생의 변화 질문지
- 질병을 앓을 위험에 있는 사람들을 파악하기 위해 이용되는 도구이다.
- Holmes, Rahe, Masuda 등에 의해 개발된 생의 변화 질문지는 생의 변화를 가져온 사건들과 질병간의 관계를 보기 위해 미국 및 여러 나라에서 이용되고 있다.
- 가정이나 지역사회, 또는 임상에서 복합적인 스트레스를 경험하는 개인을 신속히 가려내는데 유용하다.

⑭ 사회지지도
- 가족 중 가장 취약한 구성원을 중심으로 부모형제관계, 친척관계, 친구와 직장동료 등 이웃관계, 그 외 지역사회와의 관계를 그려봄으로써, 취약가족 구성원의 가족하위체계뿐만 아니라 가족 외부체계와의 상호작용을 파악할 수 있다.

⊗ 가족밀착도
- 가족을 이해함에 있어 가족의 구조뿐 아니라 구조를 구성하고 있는 관계의 본질을 파악해야 한다.
- 가족 구성원 간의 밀착 관계와 상호 관계를 그림으로 도식화하는 것이다.
- 현재 동거하고 있는 가족구성원 간의 애정적 결속력, 밀착관계, 애착정도, 갈등정도를 알 수 있다.
- 평소 가족이 알지 못하던 관계를 새롭게 조명해 볼 수 있고, 가족의 전체적인 상호작용을 바로 볼 수 있어 가족 간 문제를 확인하기가 용이하다.
- 가족밀착도 작성
  - 가족 구성원을 둥글게 배치하여 남자는 □, 여자는 ○로 표시
  - 기호 안에는 간단하게 구성원이 가족 내 위치와 나이를 기록하고, 가족 2명을 조로하여 관계를 선으로 표시
  - 밀착관계, 갈등관계, 소원한 관계, 단절, 갈등적 관계, 융해된 갈등관계 등을 각각의 다른 모양의 선으로 표시

⑧ 가족기능평가도구(Family APGAR) … 가족이 문제에 대처하여 해결해 나가는 가족의 자가 관리 능력과 더불어 가족 기능수준을 사정하는 도구이다. 가족이 인지하는 가족의 일반적 기능인 가족의 적응능력, 협력, 성숙도, 애정, 해결에 대한 만족도를 10점 만점으로 측정하여 판단한다.

점수	평기
0~3점	문제가 있는 가족기능
4~6점	중등도의 가족기능
7~10점	좋은 가족기능

㉠ 가족의 적응능력 : 가족위기 때 문제해결을 위한 내·외적 가족자원 활용능력의 정도
㉡ 가족 간의 동료의식 정도 : 가족 구성원끼리 동반자 관계에서 의사결정을 하고 서로 지지하는 정도
㉢ 가족 간의 성숙도 : 가족 구성원 간의 상호지지와 지도를 통한 신체적 정서적 충만감을 달성하는 정도
㉣ 가족 간의 애정 정도 : 가족 구성원 간의 돌봄과 애정적 관계
㉤ 문제해결 : 가족 구성원들이 다른 구성원의 신체적 정서적 지지를 위해 서로 시간을 내어주는 정도

② 가족간호계획

(1) 목적설정

① 가족이 스스로 다룰 수 있는 문제는 무엇이며 간호사의 중재가 필요한 문제와 외부기관이나 단체에 의뢰해야 할 문제는 무엇인지를 분류한다.

② 가족이나 간호사의 활동을 구체화하고 기대하는 결과나 성과를 기술한다.

③ 목적과 목표는 어떠한 간호행위를 택할 것인가를 결정하는 데 기준이 되며 간호중재에 대한 지속적이고 종합적인 평가를 내리기 위한 기준이 되므로 중요하다.

④ 목적은 전반적이고 추상적인 진술로 목표와 평가의 방향을 제시해 주는 진술이다.

⑤ 목표는 목적보다는 구체적인 진술로서 간호대상자 중심의 성취해야 할 내용, 성취해야 할 양, 기간, 변화가 있어야 할 가족 구성원과 장소가 포함된 진술이다.

⑥ 목적과 목표진술은 기회의 가치, 목적, 신념과 일치하도록 한다.

⑦ 목표의 구성요소는 누가(who), 무엇을(what), 언제까지(when)의 3요소를 반드시 포함해야 한다.

(2) 계획단계

① **총체적인 접근** … 가족의 문화적 · 사회적인 맥락에서 접근한 가족 스스로의 건강에 대한 책임, 자기돌봄, 보건교육, 건강증진, 질병이나 불구의 예방, 가족 구성원 개인의 발달단계와 과업 등을 전체적으로 파악하고 가족의 독자성에 중점을 둔다. 부수적으로 영양과 관련된 행위, 운동, 스트레스 해소방법, 질병발생시 가족의 도움을 받는 곳 등에 대한 파악도 필요하다.

② **계약** … 계약은 가족과 간호사 공동의 분담된 노력으로 책임과 통제를 목적으로 쌍방간의 구두 또는 서면으로 어떤 것을 할 것인지에 대한 동의이다.

    ㉠ **목적** : 가족이 간호에 대한 목적을 구체적으로 이해하고 가족과 간호사와의 관계를 명확히 구체적으로 이해하도록 도움을 준다. 그리고 가족이 누구보다도 가족 건강에 대한 책임이 있음을 인식하는 데 근본적인 목적이 있다.

    ㉡ 구두로 할 것인지 서면으로 할 것인지에 대한 선택은 기관의 정책에 달려 있다.

    ㉢ 가족간호를 적용하는 실무영역별로 차이가 있겠으나 가정간호사업인 경우에는 가정은 병원과는 다른 환경이므로 의사처방이나 시행절차의 변형을 요하는 경우가 발생하므로 이 방법은 필수적이다.

    ㉣ 계약은 전통적인 간호행위 또는 치료, 처치에서 보면 새로운 접근법이고 우리나라에서는 생소한 간호계획의 접근방법이다. 보건의료 제공자들은 수혜자와 상호관계적이며 협력적인 유형을 지향하는 경향이 있고 이 접근은 일반대중의 지식수준이 향상되고 자기돌봄운동과 일치하는 방법이다. 적극적인 가족이나 가족 구성원의 참여와 자기결정권을 인정함을 의미하며 이는 환자의 권리이기도 하다는 점에서 미국에서 널리 이용되고 있다.

    ㉤ **특징**
- 동반자 관계로 간호사와 가족 간의 힘의 배분이 개방적이며 탄력적이고 협상적이다.
- 계약의 목적을 이행하기 위해 제공자와 수혜자를 묶는 방법으로 목적에 대한 몰입을 의미한다.
- 목적적인 관계, 책임을 분명히 문서화함으로써 간호사, 환자, 가족간의 앞으로 제공될 서비스의 내용과 구체적인 제한점을 명시한다.
- 누가, 무엇을, 언제 수행할 것인가를 명확히 기술한다.
- 서비스를 주고받는 기간, 어떻게 목적에 가장 잘 도달할 수 있는가에 대한 제안을 계속적으로 나눌 수 있는 협상의 기회가 된다.

    ㉥ **포함되는 내용**
- 목적성취를 위한 간호계획으로 구체적인 활동, 누가 무엇을 언제 할 것인가 하는 내용, 가족과 환자의 기대, 포함된 모든 사람들의 역할과 기대를 명백히 하고 구체적인 절차에 대한 윤곽과 책임을 포함한다.
- 방문횟수 및 기간과 간호사와 가족간의 상호작용의 목적, 간호진단, 바람직한 결과, 간호요구의 우선순위, 중재와 수행방법, 구체적인 활동, 방문시간 등도 포함한다.

    ㉦ **장점**
- 환자 자신의 참여와 구체적인 측정가능한 목표설정은 환자가 필요한 과업을 수행하도록 동기화한다.
- 환자의 개별적 욕구에 초점을 둠으로써 간호계획이 개별화될 수 있다.
- 양자 모두 목적을 알기 때문에 목적성취의 가능성이 높아진다.

- 간호사, 환자 모두의 문제해결능력이 향상된다.
- 의사결정과정에서 환자가 능동적인 참여자가 된다.
- 스스로 자신을 돌볼 수 있는 기술을 배움으로 해서 환자의 자율성과 자긍심이 고취된다.
- 간호사의 간호서비스가 좀 더 효과적으로 수행되므로 비용효과적이다.
⊙ 단점 : 가족이나 건강문제가 있는 가족 구성원이 적극적으로 참여하기보다 간호사나 의료인에게 의존적 일 때는 적용이 어렵다.

02 간호중재 및 간호평가

❶ 가족간호중재

(1) 가족간호중재의 개념

간호사는 가족이 현재와 미래의 문제에 대처하는 능력을 가족 스스로 볼 수 있게 도와준다. 중재단계에서는 가족과 함께 이미 설정된 목적과 목표를 성취하기 위해 간호수행계획에 따라 필요한 행위를 시작해서 마무리하는 단계이며 가족의 전반적인 기능, 질적인 삶, 건강증진과 질병이나 불구를 예방하기 위한 스스로의 능력을 강화시키고 자율성과 자기경각심을 증진시키려는 단계이다.

(2) 북미간호진단협회(NANDA)의 가족 대상 간호진단별 간호중재

① **예측적 안내** … 예측적 안내는 가족생활주기(family life cycle)를 통해 가족들이 경험할 수 있는 문제들을 예측하여 이에 대처할 수 있는 능력을 키워주는 것이다.
  ㉠ 예측적 안내는 주로 문제해결의 접근방법을 통해 이루어진다. 즉, 가족들은 부딪히게 될 특별한 문제들에 대해서 알고, 문제를 어떻게 다룰 수 있을까에 대해 논의할 필요가 있다.
  ㉡ 가족들은 문제상황에 대해 효율적인 결정을 하기 위해서 정보를 알고 평가하는 데 도움을 필요로 한다. 그러므로, 문제해결의 접근을 통해서 가족들의 얘기치 않은 문제뿐만 아니라 기대되는 문제를 다루는 법을 배울 수 있다.
  ㉢ 문제해결은 조사, 공식화, 사정, 문제해결을 위한 기꺼움 또는 준비성의 개발, 계획, 수행, 평가의 단계를 거쳐 이루어진다.

② **건강상담**
  ㉠ 상담의 일반적인 규칙
    - 상담자는 상담의뢰자에게 관심을 보이며 보호자와 같은 태도를 취해야 하고 처음부터 자신이 돕고자 하는 사람과 긴밀한 유대를 맺도록 노력하여야 한다.

- 상담자는 상담의뢰자의 문제를 바로 그 사람의 시각에서 이해하려고 노력하여야 하며 상담의뢰자 자신의 문제를 확실하게 구체화할 수 있도록 상담자가 직접 문제를 거론하며 정의내리지 않아야 한다.
- 상담자는 상담의뢰자의 감정에 대해 이해와 수용의 감정이입의 상태가 필요하며, 동정이나 애도의 태도는 필요하지 않으므로 상담의뢰자로 하여금 자신의 감정상태를 알게 하는 것이 중요하다.
- 상담자는 자신의 충고를 받아들이도록 강요해서는 안 되며, 상담의뢰자로 하여금 문제에 영향을 미치는 제반 요소들을 인식할 수 있도록 도와주고, 자신에게 가장 적합한 해결방안을 선택할 수 있도록 격려한다.
- 상담자는 상담의뢰자의 특별한 승인 없이는 그 사람의 비밀을 누설해서는 안 된다.
- 상담의뢰자가 적절한 결정을 하는데 필요한 각종 정보와 자료를 제공한다.

ⓒ 상담의 과정요소
- 경청 : 상담과정에서 경청은 적극적인 상담이 이루어지도록 하는데 기본적인 요소이므로 간호대상자가 무엇을 말하는지 혹은 말하려고 하는지 충분히 주의깊게 들을 필요가 있다.
- 시간설정 : 상담시간을 설정하여 간호사와 대상자간의 관심의 초점을 맞추도록 이끌어야 한다.
- 관심표명 : 간호사가 편안한 자세, 비언어적 표현 등으로 대상자의 문제에 관심이 있음을 보여주어야 한다.
- 반복 : 대상자가 처한 입장을 명확히 하며 말하려고 하는 의도가 무엇인지를 진실로 표현하고, 그 자신의 문제를 더욱 규명하도록 돕고자 대상자의 진술을 재언급하거나 반복한다.
- 질문 : 대상자의 문제에 대해 충분히 숙고할 수 있도록 그 처한 상황, 영향을 미치는 여러 요인들을 검토하고, 대안들을 찾아내기 위한 하나의 방법이다.
- 안심 : 대상자의 자신감을 강화하거나 도움의 중요성을 확신시킴으로써 문제를 스스로 해결할 수 있다는 안도감을 부여한다.
- 정보제공 : 상담과정의 한 부분으로써 상담자가 전공분야에 관한 정보를 주는데, 결정을 내려 주는 것이 아니라 대상자가 결정을 내릴 수 있는 뒷받침이 되도록 하는 데 있다는 점을 유의해야 하며 정보는 정확하고 신뢰적이어야 한다.

ⓒ 추후관리 : 대상자가 상담 이후에 결과가 어떠한지를 전화로 보고할 수 있고, 간호사가 상담의 결과가 긍정적인지 부정적인지를 파악하기 위한 방문 등이 필수적이다.

③ 보건교육
ⓐ 가족교육시 고려할 점 : 가족을 대상으로 보건교육을 하는 간호사들이 직면하는 현실적인 문제는 가족과 가정간호기관의 자원에 영향을 주는 것이다.
- 간호사는 새로운 대처기술을 배우는 것이 궁극적으로 현존하는 문제의 해결에 어떻게 도움이 되는가를 가족들이 깨달을 수 있도록 도와야 한다.
- 가족의 자원은 주어진 시점에서 매우 제한적이어서 교육과 학습이 상대적으로 덜 중요하게 보일 수 있으므로 간호사는 가족이 다른 문제에 대한 해결책을 찾는 것을 돕고 자원에 대한 지식을 더해줌으로써 학습의 장해 요인을 제거할 필요가 있다.
- 가족에게 교육을 제공할 수 있는 시간과 전문성의 제약에 대한 한계는 간호기록에 명확하게 가족교육을 위해 수행한 활동내용과 그러한 중재로 인해 얻어진 결과를 기록하는 것을 통해 해결한다.
- 가족간호를 수행할 간호사는 가족교육에 관한 보수교육을 받는 것이 필요하다.

ⓒ 가족교육을 위한 교육과정의 활용
- 사정 : 초기의 사정을 위해서 서로 편리한 시간에 면담을 할 수 있도록 계획하는 것이 중요한데, 초기의 면담은 사정과 계획을 위한 기초자료를 제공해줄 뿐만 아니라 가족과 간호사가 서로 잘 알게 되고, 교육·학습과정을 위한 신뢰를 형성하는 데에 도움이 된다.
- 교육적 진단 : 교육적 진단은 현존하는 건강문제의 관리에 대한 지식이나 기술, 또는 동기에 있어서의 구체적인 취약점을 규명하는 것이고 이러한 진단은 가족을 돕고자 하는 수용가능한 목적과 목표를 설정하기 위한 기초로서 활용된다.
- 계획 : 계획단계에서는 가족과 간호사가 함께 학습목표를 설정하고, 각 가족 구성원의 요구에 따른 적절한 전략을 개발하여야 하며 학습자 중심의 목표는 곧 평가의 근거로 사용될 수 있다.
- 수행 : 간호사와 가족이 학습전략을 수행할 때 관심을 갖고 있는 모든 사람이 무엇이 일어나고 있는가를 인식하는 것이 중요하다.
- 평가
  –과에 대한 평가 : 계획된 목표를 실현했는가의 여부에 기초를 둔다.
  –정에 대한 평가 : 수행전략이 얼마나 잘 실행되었는가를 보는 것이다.
ⓓ 가족교육을 위한 학습방법
- 시범 : 이론과 아울러 시각적으로 볼 수 있는 실물을 사용하거나 실제장면을 만들어 지도하는 교육방법으로 현실적으로 실천을 가능하게 하는 효과적인 방법이다.
- 사례연구 : 사례연구는 실제적 사실과 사건에 근거하여 문제를 해결할 수 있는 능력을 키우는 데 도움이 되고 다른 가족이 직면한 문제를 읽고 들음으로써 대상가족의 문제를 스스로 어떻게 해결해 갈 것인가를 생각할 수 있다.
- 가족집담회 : 가족집담회는 참여가족들이 이전에 있었던 문제를 깊이 조사하기보다는 가능한 문제들을 다루기 위한 양자택일의 방법을 배울 수 있도록 고안된 것으로 한 가족이나 여러 가족의 구성원으로 이루어질 수 있으며 집단이 작을 때 가장 효과적이다.
- 역할극 : 역할극은 강의와 토의에 보충적으로 사용될 수 있는 효과적인 교육방법이다. 행동적인 경험을 해봄으로써 문제해결을 위한 방법으로 활용되는 데 흉내내기, 사회극, 극화들을 통해 행해질 수 있으며 가족들이 참여할 수 있는 경험적 학습방법이다.
- 어린이가 있는 가족에서는 인형극, 우화, 속담, 노래 등을 이용하는 것이 효과적이다.

④ **직접적인 간호제공** … 직접적인 간호활동은 드레싱 교환, 도뇨관 삽입, 활력증상 측정 등 간호사의 전문적인 기술로 직접적이고 기술적인 간호행위이다.
ⓐ 가족의 건강증진을 촉진하는 간호활동보다는 만성질환자의 가정간호에서 더욱 요구가 많아질 것이며 이러한 중재활동에서 기기나 기구가 필요한 경우가 있다.
ⓑ 보건교육이나 상담, 의뢰활동도 직접적인 간호활동들이다.

⑤ **의뢰** … 의뢰는 간호사의 중요한 역할로 복합적인 가족의 건강문제나 위기시에 여러 전문인의 도움이 필요할 때 하는 행위이다.
ⓐ 간호사는 여러 기관이나 시설 또는 인력에 대한 정보를 가지고 필요시 적절히 활용한다.

ⓛ 기관이나 시설의 설립목적, 이용절차, 수혜대상자, 의뢰시의 구비서류, 담당자 이름·주소·전화번호 등의 정보와 목록을 구비하여야 한다.

ⓒ 경우에 따라서는 의뢰서를 요청하는 경우도 있으므로 의뢰서와 구비서류 등을 사전에 준비해 두는 것이 필요하다.

ⓔ 타 기관이나 시설에 의뢰하고자 할 때에는 사전에 가족에게 알리고 동의가 필요하다.

ⓜ 가족 구성원이나 가족이 의뢰되어 서비스를 받은 경우에는 효과를 평가한다.

⑥ **가족의 자원 강화** … 가족이 가진 자원에 대한 강화는 가족간호중재의 한 영역으로, 가족의 자원은 경제적·물리적인 것과 인력도 포함한다.

ⓖ **경제적인 자원** : 경제적인 자원의 적절성 여부는 가족 구성원의 소득의 총액과 지출, 가족 구성원의 앓고 있는 질병의 종류와 이용가능한 의료기관의 접근도, 의료비용, 의료보험에서의 지원 또는 충당범위에 따라 달라진다. 이러한 가족자원의 적절성 여부는 간호사에 의해 1차적인 사정이 이루어지나 나라에 따라서는 사회사업가에게 의뢰되어 파악되기도 한다.

ⓛ **물리적인 자원** : 건강한 가정환경을 유지하며 특히 환자가 있는 가족의 경우에는 적절한 기구나 물품의 조달이 필수적이다. 경우에 따라서는 가족이 가지고 있는 기구나 기기를 재구성 또는 재배치하거나 변형하여 사용할 수도 있다. 물리적인 시설의 설치나 재배치는 집단에서의 안전하고 자유스런 이동, 개인위생, 안정된 수면, 절족동물 매개에 의한 감염병 예방, 안전한 상수와 음식공급을 위해 필요하다.

ⓒ **인적 자원** : 가족이나 가족 구성원의 건강을 돌보는데 중요한 요소이며 가족 구성원, 가족 구성원간의 관계, 건강행위와 돌보는 기술에 대한 지식과 기술, 문제해결능력 등도 자원이 된다.

⑦ **스트레스 관리** … 어떤 가족은 스트레스에 효과적으로 대처하나, 또 어떤 가족은 위기를 겪게 되거나 비조직화되기도 한다.

ⓖ Boss(1987)는 가족의 가치가 운명론적인가 승부욕이 있는가에 따라 어떻게 가족이 대처할 것인가에 중요한 영향을 미친다고 하였다. 승부욕이 있는 가족은 상황을 조절하고 통제할 수 있으며 그래서 어떤 활동을 취할 가능성이 높다. 능동적인 전략은 수동적인 접근보다 더 효과적이라고 가정한다.

ⓛ Curran(1985)은 건강한 가족은 스트레스를 취약점으로 보지 않고 정상적인 자극으로 받아들인다고 본다. 이 가족은 잘 적응하여 갈등해결과 창의적인 대처기술을 발달시킨다.

ⓒ 모든 가족은 자아실현의 가능성과 건강을 유지·증진시킬 수 있는 잠재력을 갖고 있으므로 간호사는 정보를 제공하여 바람직한 방향으로 행동수정과 생활양식의 변화를 촉진시킴으로써 안녕상태에 이르도록 도울 수 있다.

ⓔ 스트레스 관리에 있어서 첫 단계는 스트레스를 인식하고 예방하며 미리 예측하고 피할 수 있는 스트레스원을 제거하는 것이다. 개별적인 스트레스를 효과적으로 감소시키는 방법으로는 이완요법, 회상요법, 음악요법, 적절한 영양, 약물과 알코올의 최소한 사용, 바이오피드백(biofeedback)이 있다.

❷ 평가

(1) 평가의 방법과 시기

① 평가의 방법

   ㉠ 평가는 간호사 이외에도 동료, 상급자 또는 타 보건전문인과의 상담, 자문 등을 통해 할 수도 있다. 동료, 상급자 또는 타 전문인에게 자문을 받아 평가함으로써 간호과정의 진행에서 부족한 부분을 검토하는 데 도움이 된다.

   ㉡ 간호기록지 중 요약지는 가족의 간호과정을 체계적으로 평가하여 확인하는 하나의 과정이다.

   ㉢ 미국의 경우에는 제3자인 의료보험회사에서 간호비용을 지불하므로 평가를 시행하기도 한다. 그리고 계약관계인 경우에는 가족이 변화의 필요성을 인정하여 지속적으로 간호사의 도움을 필요로 할 때에는 재계약하여 관계를 지속한다.

② 평가의 시기

   ㉠ 사업을 제공하는 기관에 따라서 정책적으로 평가시기를 정하기도 한다. 기관의 정해진 규정이 없다 해도 정기적인 평가시기를 정하여 제공된 사업의 결과를 측정하고 요약·정리하는 것이 중요하다. 만일 평가가 없다면 치료적인 또는 문제해결을 위한 간호과정이 불필요하게 지연되며 가족건강 향상의 역효과를 초래하게 될 것이다.

   ㉡ 평가는 시기에 따라 중간평가와 최종평가로 구분하며, 중간평가나 최종평가의 시기는 간호기관에 따라 달라진다.

(2) 평가의 내용

① 목표가 설정될 때부터 어떻게 평가할 것인지를 결정해야 한다. 그래서 잘 설정된 목표진술은 평가를 위한 가능성을 그 자체가 가지고 있다.

② 평가를 용이하게 하기 위해서는 목표진술부터 측정가능한 용어로 진술하는 것이 바람직하다.

③ 가족 전체의 변화인 가족의 결속력이나 책임의 공유, 가족 구성원 개인의 불안, 변화된 역할의 만족 등의 사회심리적인 변수는 질문을 통해 가족의 구술적인 표현을 직접 들어 측정하거나 가족 구성원들간의 상호작용을 관찰하여 측정·평가할 수 있다.

④ 이미 개발되어 신뢰도와 타당도가 검증된 간단한 도구를 이용하는 설문지법을 사용함으로써 객관적인 평가를 할 수도 있다.

⑤ 우리나라의 간호실무에서 가족을 대상으로 하는 실무는 주로 지역사회간호에서 이루어지고 있다. 보건소의 경우에 정기적인 중간평가는 월별, 분기별로 이루어지며 종합평가는 연말에 이루어진다.

최근 기출문제 분석

2022. 6. 18. 제2회 서울특별시

1 〈보기〉 유형의 가족건강사정도구에 대한 설명으로 가장 옳은 것은?

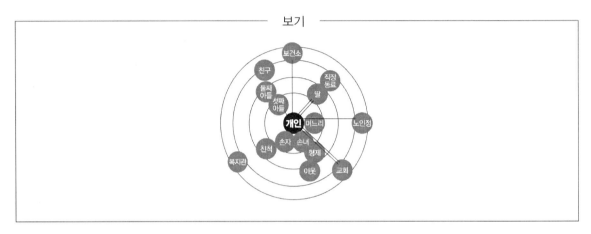

① 가족의 적응력, 협력성, 성장성, 애정성 등을 확인할 수 있다.

② 가족 구성원들과 외부체계와의 접촉, 지지, 스트레스를 파악할 수 있다.

③ 가족 구성원 중 한 명을 중심으로 가족, 친척, 이웃 및 지역사회의 지지를 파악할 수 있다.

④ 가족에 대한 정보를 도식화하여 가족의 질병력 및 상호관계를 확인할 수 있다.

> **TIP** ③ 〈보기〉의 유형은 사회지지도이다. 사회지지도는 가족 중 가장 취약한 구성원을 중심으로 지역사회관계를 그린다. 선을 이용하여 지지 정도를 표시하고 소원한 경우에는 선을 그리지 않는다. 보통은 1개, 친밀한 경우는 2개의 선을 그린다.
> ① 가족밀착도에 대한 설명이다.
> ② 외부체계도에 대한 설명이다.
> ④ 가계도에 대한 설명이다.

2022. 4. 30. 지방직 8급 간호직

2 다음에서 설명하는 가족사정도구는?

> • 가족구성원 전체를 둘러싼 외부환경과 가족구성원 사이의 상호작용을 명료하게 파악할 수 있다.
> • 가족에게 유용하거나 스트레스·갈등이 있는 외부체계를 파악할 수 있다.

① 가계도

② 생태도

③ 가족밀착도

④ 사회지지도

> **TIP** ② **생태도**(외부체계도): 외부환경과 가족구성원 간의 다양한 상호작용을 한눈에 파악할 수 있으며 가족에게 유용한 체계나 스트레스 및 갈등이 발생하는 외부체계를 파악할 수 있다. 교류의 정도, 스트레스 등을 나타낸다.
> ① **가계도**: 가족 구성원의 전체 구조를 한눈에 볼 수 있다. 부부를 중심으로 가족구성원의 관계를 기록한다. 일반적으로 이혼이나 별거, 사망 등을 기입하며 동거가족은 점선으로 표기한다.
> ③ **가족밀착도**: 동거 중인 가족구성원 간의 상호관계 및 밀착관계를 도식화한 것이다. 전체적인 상호작용을 쉽게 파악할 수 있으며 점선이 아닌 실선으로 표기한다.
> ④ **사회지지도**: 가족구성원 중 가장 취약한 구성원을 중심으로 친구, 이웃, 직장동료 등 지역사회 관계를 나타낸다. 가족 하위체계와 외부환경과의 상호작용을 파악할 수 있다.

2022. 4. 30. 지방직 8급 간호직

3 Holmes와 Rahe의 '생의 변화 질문지(life change questionnaire)'를 이용한 가족사정방법에 대한 설명으로 옳은 것은?

① 가족과 가족구성원에게 발생했던 주요 사건을 시간 흐름에 따라 순서대로 기술한다.

② 최근 1년 동안 가족이 경험한 사건들을 생의 사건단위로 합산하여 질병 발생 가능성을 예측한다.

③ 가족이 문제를 해결하는 자가관리능력과 가족기능수준을 파악할 수 있다.

④ 가족의 발달 단계, 구조요인, 기능요인, 대처요인 등에 대한 면담 결과를 기록한다.

> **TIP** ① 가족연대기
> ③ 가족기능평가도구
> ④ 가족구조도
> ※ **생의 변화 질문지** … 가족 구성원들이 경험하는 표준화된 사건 목록에 점수를 부여하여 질병을 앓을 위험이 있는 구성원을 파악하기 위한 도구이다. 홀름(Holmes), 라에(Rahe), 마쓰다(Masuda) 등에 의해 개발되었으며 경험한 사건의 변화 척도로 스트레스를 측정할 수 있다. 경험한 사건 단위가 높을수록 질병에 대한 감수성이 높다.

Answer 2.② 3.②

4 가족사정도구에 대한 설명으로 옳은 것은?

① 가계도 : 3대 이상에 걸친 가족구성원에 관한 정보와 이들의 관계를 도표로 기록하는 방법으로 복잡한 가족 형태를 한눈에 볼 수 있다.

② 가족밀착도 : 가족과 이웃, 외부 기관 등과의 상호관계와 밀착 정도를 도식화한 것이다.

③ 사회지지도 : 가족 중 부부를 중심으로 부모, 형제, 친척, 친구, 직장 동료와 이웃 및 지역사회의 지지 정도와 상호작용을 파악할 수 있다.

④ 가족생활사건 : 가족의 역사 중에서 가족에게 영향을 주었다고 생각되는 중요한 사건들을 순서대로 열거하고, 가족에게 미친 영향을 파악하는 것이다.

TIP 가족사정도구

㉠ **가족구조도(가계도)** : 3세대 이상에 걸친 가족구성원에 관한 정보와 그들 간의 관계를 도표로 기록하여 복잡한 가족 유형의 형태를 한눈에 볼 수 있도록 한 도구로 가계도를 그리는 방법

㉡ **가족밀착도** : 현재 동거하고 있는 가족구성원들 간의 밀착관계와 상호관계를 이해하는 데 도움

㉢ **외부체계도** : 가족관계와 외부체계와의 관계를 그림으로 나타내는 도구로 가족의 에너지 유출과 유입을 관찰할 수 있고 가족구성원들에게 영향을 미치는 스트레스원을 찾는 데 도움을 준다.

㉣ **가족연대기** : 가족의 역사 중에서 개인에게 영향을 주었다고 생각되는 중요한 사건을 순서대로 열거한 것으로 개인의 질환과 중요한 사건의 관련성을 추구하려 할 때 사용한다.

㉤ **가족생활 사건** : 가족이 최근에 경험한 일상사건의 수를 표준화한 가족생활 사건도구를 사용하여 가족에게 일어나는 문제가 스트레스와 관련된 문제인지, 특정한 스트레스에 잘못된 대처로 인하여 더욱 악화되고 있는지의 여부를 확인하는데 사용된다.

5 김씨 가계도(genogram)에 대한 설명으로 옳지 않은 것은?

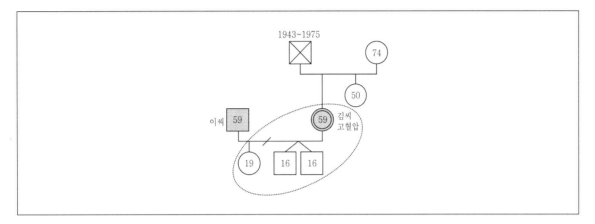

① 김씨는 남편과 이혼한 상태이다.

② 김씨의 아버지는 사망한 상태이다.

③ 김씨의 자녀는 2남 1녀이다.

④ 김씨의 두 아들은 쌍둥이이다.

> **TIP** ① 김씨는 남편과 별거 상태이다.

6 Smilkstein이 개발한 가족기능 평가도구(Family APGAR)의 평가영역이 아닌 것은?

① 가족의 적응 능력(adaptation)

② 가족 간의 성숙도(growth)

③ 가족 간의 애정 정도(affection)

④ 가족이 가진 자원의 크기(resource)

> **TIP** 가족기능 영역 5가지 평가항목
> ㉠ 가족의 적응능력(Adaptation) : 가족위기 때 문제 해결을 위한 내·외적 가족자원 활용 능력의 정도
> ㉡ 가족 간의 동료의식 정도(Partnership) : 가족 구성원끼리 동반자 관계에서 의사결정을 하고 서로 지지하는 정도
> ㉢ 가족 간의 성숙도(Growth) : 가족 구성원 간의 상호지지와 지도를 통한 신체적·정서적 충만감을 달성하는 정도
> ㉣ 가족 간의 애정 정도(Affection) : 가족 구성원 간의 돌봄과 애정적 관계
> ㉤ 문제해결(Resolve) : 가족 구성원들이 다른 구성원의 신체적·정서적 지지를 위해 서로 시간을 내어주는 정도

Answer 5.① 6.④

2020. 6. 13. 제2회 서울특별시

7 〈보기〉에서 설명하는 가족건강사정도구로 가장 옳은 것은?

─────── 보기 ───────

가족 중 가장 취약한 구성원을 중심으로 부모형제관계, 친척관계, 친구와 직장동료 등 이웃관계, 그 외 지역사회와의 관계를 그려봄으로써 취약 가족구성원의 가족 하위체계뿐만 아니라 가족 외부체계와의 상호작용을 파악할 수 있다.

① 외부체계도   ② 사회지지도
③ 가족밀착도   ④ 가계도

> **TIP** ① 외부체계도 : 가족과 외부와의 다양한 상호작용을 한눈에 파악할 수 있도록 한 것이다.
> ③ 가족밀착도 : 가족을 이해함에 있어 가족의 구조뿐만 아니라 구조를 구성하고 있는 관계의 본질을 파악한다.
> ④ 가계도 : 가족구조도로 가족 전체의 구성과 구조를 한눈에 볼 수 있도록 고안된 그림(도식화)으로 3세대 이상에 걸친 가족 구성원에 관한 정보와 그들 간의 관계를 도표로 기록하는 방법이다.

2019. 6. 15 제2회 서울특별시

8 만성질환 환자를 둔 가족의 역할갈등을 해결하기 위하여, 가족구성원 간의 상호작용, 친밀감 정도 및 단절관계를 가장 잘 파악할 수 있는 사정도구는?

① 가족구조도   ② 가족밀착도
③ 외부체계도   ④ 사회지지도

> **TIP** 가족사정도구

구분	특징
가족구조도	3대 이상의 가족구성원 정보 파악
가족밀착도	현재 동거하고 있는 가족구성원들 간의 밀착관계와 상호관계 이해
외부체계도	다양한 외부체계와 가족구성원과의 관계를 나타냄
사회지지도	가족의 내외적 상호작용을 나타냄. 취약구성원을 중심으로 가족과 외부체계와의 관계를 파악할 수 있음
가족연대기	가족의 역사 중 가장 중요한 사건들을 순서대로 기술함. 건강 관련 사건 파악

Answer   7.② 8.②

9 다음 글에서 청소년의 약물남용 예방교육에 적용된 보건교육 방법은?

> 청소년들이 실제 상황 속의 약물남용자를 직접 연기함으로써 약물남용 상황을 분석하여 해결방안을 모색하고, 교육자는 청소년의 가치관이나 태도변화가 일어날 수 있도록 하였다.

① 시범　　　　　　　　　　　　　② 역할극

③ 심포지엄　　　　　　　　　　　④ 브레인스토밍

TIP ② 역할극은 학습자가 실제 상황 속 인물로 등장하여 그 상황을 분석하고 해결방안을 모색한다.

10 가족이 경험할 수 있는 문제와 각 단계에서 있을 수 있는 문제상황에 대한 효율적인 결정을 하기 위하여 정보를 알고 평가하는 데 도움을 주며, 이에 대처할 수 있는 능력을 키워주는 것으로, 가족들이 문제에 부딪혔을 때 쉽게 적응 할 수 있도록 하는 간호수행 방법은?

① 조정　　　　　　　　　　　　　② 계약

③ 의뢰　　　　　　　　　　　　　④ 예측적 안내

TIP 문제는 예측적 안내에 대한 설명이다. 예측적 안내의 핵심은 가족들이 경험할 수 있는 문제들을 예측하여 대처할 수 있는 능력을 키우는 것에 있다.

※ 간호수행 … 수립된 간호계획을 실시하는 것으로 가족 지지, 교육 및 상담, 간호활동 수행 등이 있다.

　　㉠ 예측적 안내 : 가족들이 경험할 수 있는 문제들을 예측하여 대처할 수 있는 능력을 키움

　　㉡ 가족 건강상담 : 자신의 문제인식, 해결방안을 찾음

　　㉢ 가족 건강교육(보건교육) : 시범, 사례연구, 가족 집담회, 역할극

　　㉣ 직접 간호 제공 : 전문지식에 근거한 간호 행위 제공

　　㉤ 의뢰 : 복합적 문제 발생 시, 여러 전문인력의 도움 필요 시

　　㉥ 가족의 자원 강화 : 경제적, 물리적, 인적 자원의 재배치 및 지지 강화

　　㉦ 스트레스 관리

Answer 9.② 10.④

11 보건소 방문간호사가 최근 당뇨를 진단받은 세대주의 가정을 방문하여 〈보기〉와 같은 자료를 수집하였
다. 이를 활용하여 가족밀착도를 작성하고자 할 때, 가장 옳은 것은?

보기

가족구성원 : 세대주(남편) : 55세, 회사원, 당뇨

　　　　　　　 배우자(아내) : 50세, 가정주부

　　　　　　　 아들 : 26세, 학생, 알레르기성 비염

　　　　　　　 딸 : 24세, 학생

취약점을 가지고 있는 구성원 : 세대주

가족밀착도 : 남편 – 아내 : 서로 친밀한 관계

　　　　　　　 아버지 – 아들 : 친밀감이 약한 관계

　　　　　　　 아버지 – 딸 : 매우 밀착된 관계

　　　　　　　 어머니 – 아들 : 갈등이 심한 관계

　　　　　　　 어머니 – 딸 : 서로 친밀한 관계

　　　　　　　 아들 – 딸 : 갈등이 있는 관계

① 세대주는 ○로 표시하였다.

② 세대주를 중심에 배치하였다.

③ 기호 안에 가족 내 위치와 나이를 기록하였다.

④ 아버지와 아들과의 관계는 점선으로 표시하였다.

> **TIP** 주어진 〈보기〉를 바탕으로 가족밀착도를 작성하면 다음과 같다.

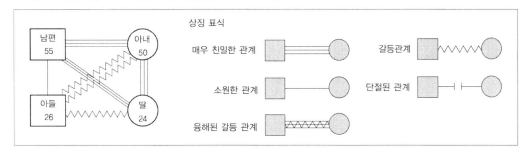

① 세대주는 남편으로 ☐로 표시한다.
② 가족밀착도는 누구 하나를 중심으로 하기보다는 가족 구성원을 동등하게 분산하여 배치한다.
④ 아버니와 아들의 관계는 친밀감이 약한 관계로 실선 한 줄로 표시한다.

Answer 11.③

12 방문간호사가 K씨 가족을 방문하여 가족간호사정을 실시하였다. 다음의 사정도구에 대한 설명으로 옳은 것은?

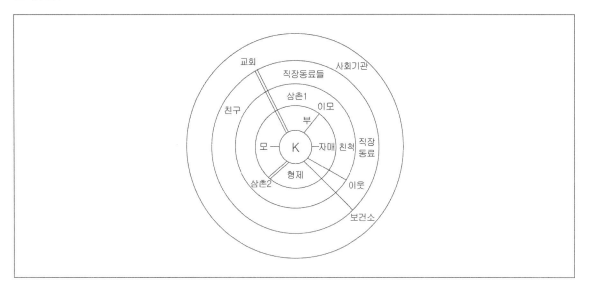

① K씨와 가족 내 · 외부 간의 지지 정도를 확인할 수 있다.

② K씨의 가족과 외부체계 간의 자원 흐름을 파악할 수 있다.

③ K씨의 가족구성원 간의 상호관계와 친밀도를 도식화한 것이다.

④ K씨의 가족구성원의 구조를 한눈에 볼 수 있도록 도식화한 것이다.

> **TIP** 제시된 사정도구는 사회지지도로, 가장 취약한 가족구성원을 중심으로 부모 · 형제, 친구와 직장동료, 기관 등 외부와의 상호작용을 그린 것이다.
> ② 외부체계도
> ③ 가족밀착도
> ④ 가족구조도

Answer 12.①

13 가족간호 사정도구에 대한 설명으로 옳은 것은?

① 외부체계도 - 가족 내부 구성원의 상호관계와 밀착관계만을 알 수 있다.

② 가족밀착도 - 가족구성원의 결혼, 이혼, 사망, 질병력과 같은 중요한 사건을 점선으로 도식화한다.

③ 가족생활사건 - 가족의 역사 중에서 중요하다고 생각되는 사건들을 시간 순으로 열거한 것이다.

④ 사회지지도 - 가장 취약한 가족구성원을 중심으로 부모·형제, 친구와 직장동료, 기관 등 외부와의 상호작용을 그린 것이다

> **TIP** 가족간호 사정도구
> ㉠ 가족구조도(가계도) : 가족구성원의 결혼, 이혼, 사망, 질병력과 같은 중요한 사건을 도식화한다.
> ㉡ 가족밀착도 : 가족 내부 구성원의 상호관계와 밀착관계를 이해할 수 있다.
> ㉢ 외부체계도 : 가족과 외부의 다양한 상호작용을 한눈에 파악할 수 있다.
> ㉣ 사회지지도 : 가장 취약한 가족구성원을 중심으로 부모·형제, 친구와 직장동료, 기관 등 외부와의 상호작용을 그린 것이다.
> ㉤ 가족연대기 : 가족의 역사 중에서 중요하다고 생각되는 사건들을 시간 순으로 열거한 것이다.

14 가족 사정 방법에 대한 설명으로 옳은 것은?

① 가족 참여를 배제하여 객관성을 유지한다.

② 취약한 가구원은 사회지지도의 가장 바깥 원에 표시한다.

③ 가구원의 개인별 문제에 초점을 맞춘다.

④ 가족의 다양성과 변화성에 대해 인식을 가지고 접근한다.

> **TIP** ① 가족이 사정에서부터 전 간호 과정에 참여한다.
> ② 취약한 가구원은 사회지지도의 가장 안쪽 원에 표시한다.
> ③ 가구원의 개인별 문제보다 가족 전체에 초점을 맞춘다.

Answer 13.④ 14.④

출제 예상 문제

1 다음 중 가족간호의 방법수행을 위해 필요한 간호수단으로 옳은 것은?

① 집단교육, 클리닉 활동, 보건교육

② 상담, 직접간호 제공, 가정방문

③ 가정방문, 직접간호 제공, 클리닉 활동

④ 가정방문, 집단교육, 클리닉 활동

TIP 가족간호의 수단
ⓐ 목표달성을 위한 방법 : 보건교육, 직접간호의 제공 등이 있다.
ⓑ 방법수행을 위한 수단 : 클리닉 활동, 집단교육, 가정방문 등이 있다.

2 다음 중 가족간호사정의 보조적 도구로서 가구원 중 취약하거나 우선적으로 간호중재가 필요한 가족에 대한 지지정도와 외부사회의 상호작용을 사정할 수 있는 것은?

① 외부체계도   ② 사회지지도

③ 가족밀착도   ④ 가족구조도

TIP 사회지지도 … 가족 구성원 중 가장 취약한 가족을 중심으로 부모형제 · 친척관계 및 이웃관계, 지역사회와의 관계를 그려서 그 구성원의 가족하위체계 이외에 외부체계와의 상호작용을 파악하는 것이다. 이는 가족 지지체계의 이해를 통해 가족중재에도 활용이 가능하다.

Answer 1.④ 2.②

3 가계도에 대한 설명으로 옳은 것은?

① 가족 구성원의 스트레스원을 알 수 있다.

② 가족 구성원 개인의 질환과 중요 사건의 관련성을 알 수 있다.

③ 가족 외부체계와의 상호작용을 알 수 있다.

④ 가족의 구조를 알 수 있다.

....

TIP ① 외부체계도 ② 가족연대기 ③ 사회지지도

4 다음 중 지역사회간호사가 사회복지사에게서 독거노인에 대한 정보를 수집하였을 경우의 방법은?

① 지도자 면담　　　　　　　　② 2차 자료

③ 참여관찰　　　　　　　　　　④ 기존자료분석

....

TIP 2차적인 자료

㉠ 가족에 관련된 중요한 타인, 보건 및 사회기관의 직원, 가족의 주치의, 성직자, 건강기록지 등 다양한 자료원으로부터 가족에 관한 정보를 얻을 수 있다.

㉡ 자료를 이용하고자 할 때는 가족의 구두 또는 서면 동의를 받는 것이 필요한데, 이는 간호사가 가족의 비밀을 지킬 의무이며 치료적인 관계에서 신뢰감을 증진하는 방법이다.

㉢ 2차적인 자료는 정확하게 대상자가 지각한 내용이기보다는 제3자가 가족을 보는 지각정도를 나타낸다.

㉣ 중요한 타인, 가족의 주치의, 보건 및 사회기관의 직원, 성직자 등에서 자료를 얻을 수 있다.

Answer 3.④ 4.②

5 다음 중 가족치료접근법의 대상으로 옳은 것은?

① 가족 구성원으로서의 개인
② 유기적인 전체로서의 가족
③ 가족과 접근하는 지역사회
④ 가족 구성원 중 의사결정권자

TIP 가족간호를 할 때 치료접근 대상은 통합적인 가족이어야 한다.

Answer 5.②

지역사회
간호

01 학교보건과 학교간호

01 학교보건

❶ 학교보건의 의의 및 인력

(1) 학교보건의 정의와 중요성

① **학교보건의 정의** … 학교의 구성원인 학생 및 교직원과 그 가족, 나아가 지역사회를 대상으로 학생, 가족, 교직원 및 보건의료 전문가가 참여하여 보건서비스와 환경기능의 수준을 향상시켜 질병을 예방하고 증진시켜 안녕상태에 이르도록 하는 포괄적인 건강사업으로 보건학의 한 영역이다.

② **학교보건의 중요성**
  ㉠ 학생기의 건강상태는 당시의 학습에 영향을 미칠 뿐만 아니라 생애 전과정의 질적 생활을 좌우한다. 특히 근래 급격히 증가하며 주요 사망원인이 되는 만성질환은 생활습관과 밀접히 관련된다.
  ㉡ 학교는 교육뿐만 아니라 여러 방면으로 지역사회의 중심체적인 역할을 하고 있다.
  ㉢ 학교는 집단적인 관리가 가능하므로 보건교육의 대상으로서 가장 효과적이며, 그들을 통하여 교육을 받지 못한 학부모에게까지 건강지식이나 정보를 전할 수 있기 때문에 파급효과가 크다.
  ㉣ 교직원은 그 지역사회의 지도적 입장에 있고 항상 보호자와 접촉하고 있다.
  ㉤ 기타 보건사업 추진에 있어 여러모로 유리한 조건을 내포하고 있다.

(2) 학교보건의 인력

① **보건교사** … 학교 내에서 학교보건을 담당하는 자로서 학생 및 교직원에 대한 건강진단실시의 준비와 실시에 관한 협조, 학교보건계획의 수립, 학교 환경위생의 유지관리 및 개선에 관한 사항, 기타 학교의 보건관리 등의 업무를 수행한다.

② **학교의·학교약사** … 대부분 촉탁의사나 약사로서 학교장이 위촉하며 학교의에는 한의사도 포함된다. 학교보건계획의 수립에 관한 자문, 학생 및 교직원에 대한 건강진단과 건강평가, 각종 질병의 예방처치 및 보건지도, 기타 학교보건관리에 관한 지도 등의 업무를 수행한다.

③ **영양사** … 1979년 국가공무원법에 의해 정규 보건직 공무원으로 임명되어 학교급식 업무를 담당하고 있는 자를 말한다.

④ **행정관계인** … 보건복지부장관, 교육구청장, 서울특별시장, 시·도지사, 학교의 설립경영자, 학교장 등이 이에 속한다.

② 학교보건교육

(1) 학교보건교육의 양성

① **개인건강지도** … 교사, 보건교사, 학교의 등과 부모는 학생과 직접 접촉하며 개인적인 보건지도의 기회를 많이 갖게 된다. 보건교육도 일반교육과 마찬가지로 집단교육보다는 개인지도가 더욱 효과적이다.

② **일상경험을 통한 수시 보건교육** … 학교시설환경, 학교급식, 신체검사, 체육 등과 같이 매일의 학교생활을 통하여 수시로 이루어지는 비공식적인 보건교육이 있다.

③ **계통적 보건교육** … 보건과목 또는 특별 보건과정을 통해 교육한다.

(2) 학교보건교육의 계획

① 보건교육의 계획은 종합적인 전 학업과정 작성에 있어서 그 일부분을 차지한다.

② 보건교육계획은 전직원의 책무이다.

③ 계획생활에 학생을 참여시켜야 한다.

④ 학교에 있어서의 보건교육계획은 학교와 지역사회의 종합적인 전체 보건사업계획의 일부분으로서 이루어져야 한다.

⑤ 지역사회로부터 협조를 얻도록 한다.

⑥ 계획은 계속적이어야 하며, 주도적 역할이 있어야 한다.

⑦ 계획은 행동적인 결과를 가져와야 한다.

02 학교간호

① 학교간호의 개념

(1) 목적

학교간호는 보건교사의 지식과 기술로 이루어지는 간호를 학교에 제공함으로써 학교가 그들의 건강을 스스로 관리하는 능력을 향상시키는 것이다. 즉, 학교간호의 대상은 학교이며 여기에 간호제공과 보건교육 그리고 관리라는 간호행위를 통하여 학교가 그 건강문제를 스스로 해결하는 능력을 향상시키도록 하는 데에 학교간호의 목적이 있다.

(2) 보건교사의 역할

보건교사는 학교간호의 대상인 학교에 접근하기 위하여 간호과정을 적용하며, 간호행위를 위해서는 간호수단을 동원한다. 또한 보건교사는 학교가 스스로 건강관리기능을 향상시키는 과정, 즉 기능지표를 개발한다.

(3) 학교간호체계

보건교사가 학교를 담당하여 학교간호사업을 하는 데에는 체계를 이룬다. 학교, 자원, 보건교사가 투입되어 학교간호과정을 거쳐 학교간호의 목적에 도달하게 된다.

(4) 학교보건 전문 인력의 직무

보건교사	학교장
• 학교보건계획의 수립 • 학교 환경위생의 유지 관리 및 개선에 관한 사항 • 학생과 교직원에 대한 건강진단의 준비와 실시에 관한 협조 • 각종 질병의 예방처치 및 보건지도 • 학생과 교직원의 건강관찰과 학교의사의 건강상담, 건강 평가 등의 실시에 관한 협조 • 신체가 허약한 학생에 대한 보건지도 • 보건지도를 위한 학생가정 방문 • 교사의 보건교육 협조와 필요시의 보건교육 • 보건실의 시설, 설비 및 약품 등의 관리 • 보건교육자료의 수집 관리 • 학생건강기록부의 관리 • 의료행위 −외상 등 흔히 볼 수 있는 환자의 치료 −응급을 요하는 자에 대한 응급처치 −부상과 질병의 악화를 방지하기 위한 처치 −건강진단결과 발견된 질병자의 요양지도 및 관리 −의료행위에 따르는 약품투여	• 공기정화설비 및 미세먼지 측정기기 설치 • 학교시설의 환경위생과 식품위생 유지관리 • 학생 및 교직원의 건강검사 실시 및 건강검사기록 작성 관리 • 감염병에 감염, 감염된 것으로 의심, 감염될 우려가 있는 학생 및 교직원에 대하여 등교중지시킬 수 있음 • 학생의 신체발달 및 체력증진, 질병의 치료와 예방, 음주, 흡연과 약물 오남용의 예방, 성교육, 정신건강 증진 등을 위하여 보건교육을 실시하고 필요한 조치 • 매년 교직원 대상으로 심폐소생술 등 응급처치에 관한 교육 실시 • 초·중학교의 장 : 학생 입학일로부터 90일 이내에 예방접종 완료여부 검사 • 건강검사결과에 대한 치료 및 예방조치 • 학생의 안전관리 • 교직원의 보건관리 • 감염병 예방과 학교의 보건에 필요할 때에 휴업할 수 있음

❷ 학교간호과정

(1) 간호사정

① **자료수집방법** … 건강기록부, 일지, 공문서 등 기존자료와 관찰, 집단토의, 설문지법 등을 통한 새로운 자료를 수집한다.

② **자료수집내용**

　㉠ 특성

　　• 인구통계 : 학생 및 교직원의 수, 연령, 성별, 이동상태, 결석률 등을 파악한다.

　　• 학교환경

　　−물리적 환경 : 학교시설인 의자, 책상, 건물, 시설의 설비와 학교의 부지, 학생들의 통학거리, 주변환경, 급수원, 토질, 높이 및 방향, 학교건물의 위치, 면적, 출입구, 지하실, 옥상의 이용, 복도, 계단, 교실, 상수 및 하수시설, 쓰레기 처리, 화장실, 운동장, 수영장 등의 위생적 시설이 이에 속한다.

　　−사회적 환경 : 행정체계, 학부모의 교육 정도, 지역사회와의 조직체계 등이 이에 속한다.

　　• 학교 외 환경 : 정화구역을 설정하고 이용가능한 지역사회 자원을 파악한다.

- 학교보건사업의 실태 : 보건실 이용률, 예방접종률, 보건교육횟수, 학교급식실태 등 보건교사와 학생의 상호작용 정도를 파악한다.
  - ⓛ 건강수준 : 신입생들의 건강과 예방접종상태에 대한 자료 기록지를 학부모로부터 수집하여 그 후 계속 주기적으로 수집, 최신 정보로 보완한다. 또한 건강행위를 파악하기 위하여 흡연 및 약물복용상태, 식습관, 취미활동 등을 확인한다.

> **TIP 유병률**
> ㉠ 보건통계를 위해 필요하다.
>
> ㉡ 유병률 $= \dfrac{\text{현존하는 환자수}}{\text{연간 중앙인구}} \times 1{,}000$

  - ⓒ 자원
    - 인적 자원 : 보건교사, 학교의, 학교약사, 교직원, 학부모 등의 자원을 파악한다.
    - 물적 자원 : 시설물, 기구 · 도구, 자료, 재정, 시간, 지역사회 지원체계 등을 파악한다.

(2) 간호진단

자료분석을 통해 파악된 학교간호문제를 관련있는 것끼리 묶어 문제의 중요성, 인구집단에 영향하는 정도, 법적 의무사항 여부, 자원 동원가능성, 실천가능성 등을 고려하여 간호진단을 내린다.

(3) 간호계획

① **목표** … 관련성, 실현가능성, 관찰가능성, 측정가능성, 정확성 등의 조건을 갖추어 장소, 대상, 문제, 시기, 범위를 포함하여 기술되어야 한다.

② **방법 및 수단**

  - ㉠ 보건실활동, 방문 및 의뢰활동, 상담, 집단지도, 매체활용 등 여러 수단 중에서 간호계획에 적절한 방법 및 수단을 선택한다.
  - ㉡ **방법 및 수단을 선택하는 절차**
    - 목표달성을 위한 서로 다른 방법 및 수단을 찾는다.
    - 문제해결을 위해 요구되는 자원과 이용가능한 자원을 조정한다.
    - 가장 최선의 방법 및 수단을 선택한다.
    - 구체적인 활동(방법 및 수단)을 기술한다.

③ **수행 및 평가계획** … 누가, 무엇을, 언제, 어떻게, 어디서 할 것인지가 기술되어야 한다.

(4) 간호수행

① **직접간호수행** … 응급처치, 상담, 보건교육실시, 예방접종, 신체검사 등 간호사 면허증 소지자인 보건교사만이 실시할 수 있는 전문가로서의 역할을 한다.

② **간접간호수행** … 예산작성, 기록, 보고, 통계자료 정리 등 조정자, 감시자, 지도감독자의 역할을 한다.

(5) 간호평가

① 학교간호의 평가대상 및 기준을 선정한다.

② 자료를 수집한다.

③ 계획과 실적을 비교한다.

④ 결과분석을 통해 학교간호사업의 가치를 판단한다.

⑤ 재계획을 실시한다.

❸ 교육부 학생 감염병 예방 위기대응 매뉴얼(2016)

(1) 목적 및 배경

① **목적** … 감염병 위협으로부터 학생과 교직원을 보호하고 정상적인 학교기능을 유지함을 목적으로 한다.

② **목표**
- ㉠ 학생과 교직원의 감염병 이환을 예방한다.
- ㉡ 학교 내 감염병을 조기 발견하고 사후 조치를 신속히 함으로써 유행 확산을 방지한다.
- ㉢ 학교 내 감염병 유행 시 체계적으로 대응함으로써 학교기능을 유지하고 지역사회 전파를 차단한다.

[평상시 학생 감염병 발생 단계]

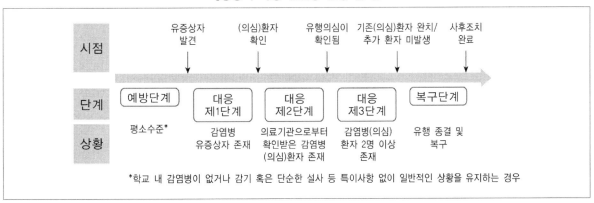

(2) 매뉴얼의 활용

① 학교 내 감염병 조기 발견 및 확산 방지를 위한 조직적 대응

② 국가위기 상황에 따른 체계적 대응

③ 학생 빈발 감염병 정보 제공

④ 감염병 예방 교육, 학교 환경 개선 등의 활동

[대응단계의 기간 및 후속조치]

단계	상황	시작 시점	종료 시점		후속 조치
대응 제1단계	감영병 유증상자 존재	유증상자 발견	의료기관 진료 결과 감염병 (의심)환자 발생을 확인	⇒	대응 제2단계
			감염병이 아닌 것으로 확인	⇒	예방단계
대응 제2단계	의료기관으로부터 확인받은 감염병 (의심)환자 존재	의료기관 진료 결과 감염병 (의심)환자 발생을 확인	추가 (의심)환자 발생 확인을 통해 유행의심 기준을 충족	⇒	대응 제3단계
			기존 (의심)환자가 완치되고 추가 (의심)환자가 미발생	⇒	예방단계
대응 제3단계	감염병 (의심)환자 2명 이상 존재	추가 (의심)환자 발생 확인을 통해 유행의심 기준 충족	기존의 모든 (의심)환자가 완치되고 추가 (의심)환자가 미발생	⇒	복구단계

[감염병으로 인한 국가위기 단계별 학교 및 교육행정기관 대응]

단계		판단기준	학교 내 발생 가능성	대응
예방		• 평상시	없음	• 일반적 대비 • 대응체계 구축
국가 위기 단계	관심 (Blue)	• 해외 신종 감염병 발생 (세계보건기구 : '국제 공중보건 위기상황' 선포)	없음	• 감염병 발생 동향 파악 • 구체적 대응 방안 검토
		• 국내의 원인불명 · 재출현 감염병 발생	산발적	• 구체적 대응 방안 검토 • 징후 감시 활동(필요시)
	주의 (Yellow)	• 해외 신종 감염병의 국내 유입 및 제한적 전파 (세계보건기구 : '감염병 주의보' 발령) • 국내에서 원인불명 · 재출현 감염병의 제한적 전파	해당지역	• 구체적 대응 방안 마련 • 유관기관 협조체계 가동 • 환자발생 지역에 대한 감시 및 대 응 실시
	경계 (Orange)	• 해외 신종 감염병의 국내 유입 후 추가 전파 에 따른 지역사회 전파 • 국내 원인불명 · 재출현 감염병의 추가 전파에 따른 지역 전파	해당지역	• 대응체제 가동 • 유관기관 협조체계 강화 • 환자발생 지역에 대한 감시 및 대 응 강화
	심각 (Red)	• 해외 신종 감염병의 전국적 확산 징후 • 국내 원인불명 · 재출현 감염병의 전국적 확산 징후	전국적	• 대응역량 총동원 • 범정부적 협조체계 강화 • 전국으로 감시 및 대응 강화 확대
복구		• 유행 종료	산발적	• 평가 및 보완 • 복구 • 감시 활동 유지

≣ 최근 기출문제 분석 ≣

2020. 6. 13. 제2회 서울특별시

1 「학교보건법」에 근거한 학교의 장의 업무로 가장 옳지 않은 것은?

① 학생 건강검사 결과 질병에 감염된 학생에 대하여 질병의 치료에 필요한 조치를 하어야 한다.

② 학생 정신건강 상태를 검사한 결과 필요하면 해당학생에 대해 의료기관을 연계하여야 한다.

③ 안전사고를 예방하기 위하여 학생에 대한 안전교육 및 그 밖에 필요한 조치를 하여야 한다.

④ 학생이 새로 입학한 날로부터 180일 이내에 시장 · 군수 또는 구청장에게 예방접종증명서를 발급받아 예방접종을 모두 받았는지를 검사한 후 이를 교육정보시스템에 기록하여야 한다.

> **TIP** ④ 학교보건법 제10조 제1항… 초등학교와 중학교의 장은 학생이 새로 입학한 날부터 90일 이내에 시장 · 군수 또는 구청장에게 예방접종증명서를 발급받아 예방접종을 모두 받았는지를 검사한 후 이를 교육정보시스템에 기록하여야 한다.

Answer 1.④

출제 예상 문제

1 다음 중 학교보건법상 보건교사의 업무가 아닌 것은?

① 학교보건계획의 수립
② 보건지도를 위한 학생가정의 방문
③ 학교환경위생의 유지관리 및 개선에 관한 사항
④ 학생 및 교직원의 건강진단과 건강평가

TIP ④ 학교의사의 업무에 해당한다.

2 다음 중 학교 보건교사가 가장 먼저 해결해야 할 문제는?

① 1학년 중 홍역에 걸린 학생이 5명이다.
② 2학년 중 비만인 학생이 100명이다.
③ 고지혈증에 걸린 3학년 학생이 50명이다.
④ 비만학생이 70명이다.

TIP 우선순위를 결정할 때는 파급효과가 얼마나 큰 문제인지 확인하여야 하는데, 홍역은 학교 내에서 파급효과가 크기 때문에 가장 먼저 해결해야 할 문제이다.

3 학교보건업무의 계획 및 감독과 행정상의 1차적 책임자는?

① 보건교사   ② 시·군·구청장
③ 학교장   ④ 학교의사

TIP 학교의 보건업무계획을 하고 감독을 맡는 행정의 1차적 책임자는 학교장이다.

Answer 1.④ 2.① 3.③

4 다음 중 학교보건에 관한 설명으로 옳지 않은 것은?

① 보건교사 자격기준에서는 반드시 1년간의 인턴십이 요구된다.

② 학생과 교직원의 1차 건강관리는 보건교사에 의해 수행되는 것이 효과적이다.

③ 학교의가 1차적으로 모든 학생의 건강상태를 검진하는 것은 보건업무 효과면에서도 생산적이지 못하다.

④ 담임교사가 건강을 관찰할 수 있도록 체계화시킨 관찰양식이 있어야 한다.

....

TIP ① 보건교사 2급의 자격은 '대학의 간호학과 졸업자 혹은 전문대학의 간호과 졸업자로서, 재학 중 소정의 교직학점을 취득하고 간호사 면허를 취득한 자'이다. 따라서 반드시 1년간의 인턴십이 요구되는 것은 아니다.

5 학교간호사정시 보건실 이용률, 예방접종률, 보건횟수 등을 통하여 파악할 수 있는 내용은?

① 학교환경요소   ② 학교보건사업의 실태

③ 학교간호수단 및 방법   ④ 학교보건사업을 위한 자원 동원가능성

....

TIP 학교보건사업의 실태를 파악하기 위해 보건실 이용률, 예방접종률, 보건횟수 등이 이용된다.

6 학교보건사업을 평가하려 할 때 일반적으로 가장 먼저 평가해야 하는 것은?

① 사업의 효율   ② 사업의 진행

③ 목표달성 정도   ④ 투입된 노력

....

TIP 학교보건사업을 평가할 때 시행 완료된 사업의 효율을 가장 먼저 평가해야 한다.

7 다음 중 구강보건교육사업에 대한 지침으로 옳지 않은 것은?

① 반복적 교육이 중요하다.

② 칫솔질 방법에 대한 교육에 중점을 두어야 한다.

③ 기본적이고 중요한 사업이므로 강제성을 가져야 한다.

④ 학교치과의, 지역사회인사, 보호자 등의 협력을 얻는다.

Answer   4.①   5.②   6.①   7.③

8 지역사회조직 중 학교보건시설의 개선·정비 등을 연구·협의하는 곳은?

① 지역사회 보건위원회

② 학교보건위원회

③ 지역사회 보건사업 자문위원회

④ 체육심의위원회

TIP 학교보건위원회 … 학교보건시설의 개선, 정비 등을 연구, 협의하는 기관이다.

9 학교에서 건강평가를 시행한 결과 다음과 같은 간호문제가 사정되었다. 이 중에서 간호의 우선순위가 가장 높은 것은?

① 7명의 폐결핵 이환자

② 2명의 홍역 이환자

③ 8명의 어린이 당뇨병

④ 12명의 시력장애 아동

TIP 우선순위를 정할 때는 전염성이 강한 질환, 진행속도가 빠른 질환 등을 우선시하여 관리해야 한다.

10 학교간호의 개념을 진술하고자 할 때 학교간호행위와 학교간호의 목표 사이에 상호작용은 무엇을 통하여 이루어지는가?

① 학교간호수단

② 학교간호과정

③ 학교간호제공

④ 학교보건교육

TIP 학교간호의 목표는 학교간호수단을 통해 간호행위와 서로 상호작용한다.

Answer 8.② 9.② 10.①

11 다음 중 간호문제의 우선순위를 정할 때 가장 우선시되는 것은?

① 수량의 부족으로 학교 앞 공동우물을 이용한다.
② 학부모들의 보건지식 정도가 낮다.
③ 학생들의 수두발생률이 높다.
④ 신입생 부모들의 학교보건에 관한 관심이 낮다.

TIP ③ 수두가 감염성이 높으므로 우선시하여 간호수행을 전개해야 한다.

12 학교지역사회 건강진단을 실시함에 있어서 학교지역사회의 구성물에 대한 자료를 수집하려고 한다. 이를 위한 자료로 적절한 것은?

① 학교보건예산
② 학교 내의 위해요인이 되는 환경
③ 교지, 교사, 의자와 책상 등에 관한 상태
④ 학생 및 교직원의 연령, 성별, 이동상태

TIP 학교지역사회의 구성물에 대한 자료를 수집할 때는 학교의 구성원의 상황, 이동상태 등을 파악하여야 한다.

13 다음 중 학교보건사업의 구강보건 내용에 속하는 것을 모두 고른 것은?

㉠ 이닦기 시범교육	㉡ 구강문제의 조기발견
㉢ 산성식품 제한	㉣ 발견된 구강결함의 교정
㉤ 당질 섭취제한을 위한 교육	

① ㉠㉡㉢㉣ ② ㉠㉡㉢㉤
③ ㉠㉡㉣㉤ ④ ㉠㉢㉣㉤

TIP ㉣ 건강평가 후 구강결함이 발견되면 타 의료기관에 의뢰하여 치료할 수 있게 한다.

Answer 11.③ 12.④ 13.②

14 학교보건사업의 내용과 범위의 정도는 학교의 특성에 따라 영향을 받는다. 주요 요인에 해당하는 것을 모두 고른 것은?

> ㉠ 보건교사의 능력　　　　　　　　㉡ 학교의 지리적 조건
> ㉢ 학교행정가의 학교보건사업에 대한 인지　㉣ 학교인구의 건강요구
> ㉤ 학교보건 자원의 정도

① ㉠㉡㉢㉣　　　　　　　　　　　　② ㉠㉡㉣㉤
③ ㉠㉢㉣㉤　　　　　　　　　　　　④ ㉡㉢㉣㉤

TIP ㉡ 학교의 지리적 조건은 학교보건사업과는 관계가 적다.

15 보건교육의 내용선정시 고려되어야 하는 사항끼리 연결된 것은?

> ㉠ 대상자의 요구　　　　　　　　　㉡ 대상자의 사회문화적 배경
> ㉢ 대상자의 관심　　　　　　　　　㉣ 대상자의 학력 및 지식정도

① ㉠㉡　　　　　　　　　　　　　　② ㉠㉡㉣
③ ㉠㉢㉣　　　　　　　　　　　　　④ ㉠㉡㉢㉣

TIP 보건교육시 고려할 점
　㉠ 대상자의 연령
　㉡ 대상자의 학력 · 지식정도
　㉢ 대상자의 요구
　㉣ 대상자의 관심
　㉤ 대상자의 사회문화적 배경
　㉥ 대상자의 수

Answer 14.③ 15.④

02 학교건강관리와 환경관리

01 학교건강관리

❶ 건강검사

(1) 건강검사의 실시

① 학교의 장은 학교보건법의 규정에 의한 건강검사를 원활하게 실시하기 위하여 건강검사에 필요한 소요예산을 포함한 구체적인 건강검사 실시계획을 매년 3월 31일까지 수립하여야 한다.

② 건강검사는 신체의 발달상황, 신체의 능력, 건강조사, 정신건강 상태 검사 및 건강검진으로 구분한다.

③ 신체의 발달상황, 신체의 능력, 건강조사 및 정신건강 상태 검사는 해당 학교의 장이 실시하고, 건강검진은 「건강검진기본법」의 규정에 의한 검진기관에서 실시한다.

④ 건강검진을 실시하는 학생에 대한 신체의 발달상황 및 건강조사는 검진기관에서 실시하되, 건강조사는 문진표의 작성으로 갈음할 수 있다.

(2) 건강검사 내용

① 신체의 발달상황에 대한 검사항목 및 방법

　ㄱ 신체의 발달상황은 키와 몸무게를 측정한다.

　ㄴ 신체의 발달상황에 대한 검사항목 및 검사방법

검사항목	측정단위	검사방법
키	센티미터 (cm)	㉠ 검사대상자의 자세 • 신발을 벗은 상태에서 발꿈치를 붙일 것 • 등 · 엉덩이 및 발꿈치를 측정대에 붙일 것 • 똑바로 서서 두 팔을 몸 옆에 자연스럽게 붙일 것 • 눈과 귀는 수평인 상태를 유지할 것 ㉡ 검사자는 검사대상자의 발바닥부터 머리끝까지의 높이를 측정

몸무게	킬로그램(kg)	옷을 입고 측정한 경우 옷의 무게를 뺄 것
비만도	–	⊙ 비만도는 체질량지수(BMI, Body Mass Index : kg/m^2)와 표준체중에 의한 상대체중으로 각각 산출한다. ⓒ 표기방법 • 학생의 신장과 체중을 이용하여 계산된 체질량지수를 성별, 나이별 체질량지수 백분위수 도표에 대비하여 다음과 같이 판정하여 표기한다. 　1) 체질량지수 백분위수 도표의 85 이상 95 미만인 경우 : 과체중 　2) 체질량지수 백분위수 도표의 95 이상인 경우 : 비만 　3) 성인 비만기준인 체질량지수 $25kg/m^3$ 이상인 경우는 백분위수와 무관하게 비만 　4) 체질량지수 백분위수 도표의 5 미만인 경우 : 저체중 　5) 1)부터 4)까지에 해당되지 않는 경우 : 정상 • 표준체중에 의한 상대체중으로 산출된 비만도는 다음과 같이 판정하여 표기한다. 　1) 몸무게가 키에 대한 표준체중보다 20퍼센트 이상 30퍼센트 미만 무거운 경우 : 경도비만 　2) 몸무게가 키에 대한 표준체중보다 30퍼센트 이상 50퍼센트 미만 무거운 경우 : 중등도비만 　3) 몸무게가 키에 대한 표준체중보다 50퍼센트 이상 무거운 경우 : 고도비만

② **건강조사** … 건강조사는 예방접종 및 병력, 식생활 및 비만, 위생관리, 신체활동, 학교생활 및 가정생활, 텔레비전·인터넷 및 음란물의 이용, 안전의식, 학교폭력, 흡연·음주 및 약물의 사용, 성의식, 사회성 및 정신건강, 건강상담 등에 대하여 실시한다.

③ **건강검진** … 건강검진은 근·골격 및 척추, 눈·귀, 콧병·목병·피부병, 구강, 기관능력, 병리검사 등에 대하여 검사 또는 진단하여야 한다.

④ **신체의 능력검사**

　⊙ **대상** : 초등학교 제5학년 및 제6학년 학생과 중학교 및 고등학교 학생에 대하여 실시하되 심장질환 등 신체허약자와 지체부자유자에 대하여는 실시하지 아니할 수 있다.

　ⓒ **방법** : 왕복오래달리기, 오래달리기–걷기, 스텝검사, 앉아윗몸앞으로굽히기, 종합유연성검사, 팔굽혀펴기(남), 무릎대고팔굽혀펴기(여), 윗몸말아올리기, 악력, 50미터달리기, 제자리멀리뛰기, 체질량지수(BMI) 등을 검사한다.

❷ 예방 · 치료사업

(1) 예방사업

① 예방접종 완료 여부의 검사

    ㉠ 초등학교와 중학교의 장은 학생이 새로 입학한 날부터 90일 이내에 시장 · 군수 또는 구청장에게 「감염병의 예방 및 관리에 관한 법률」에 따른 예방접종증명서를 발급받아 예방접종을 모두 받았는지를 검사한 후 이를 교육정보시스템에 기록하여야 한다.

    ㉡ 초등학교와 중학교의 장은 검사결과 예방접종을 모두 받지 못한 입학생에게는 필요한 예방접종을 받도록 지도하여야 하며, 필요하면 관할 보건소장에게 예방접종 지원 등의 협조를 요청할 수 있다.

② 감염병 예방접종의 시행 ··· 시장 · 군수 또는 구청장이 「감염병의 예방 및 관리에 관한 법률」에 따라 학교의 학생 또는 교직원에게 감염병의 정기 또는 임시 예방접종을 할 때에는 그 학교의 학교의사 또는 보건교사(간호사 면허를 가진 보건교사로 한정)를 접종요원으로 위촉하여 그들로 하여금 접종하게 할 수 있다.

(2) 치료사업

① 치료 및 예방조치

    ㉠ 학교의 장은 건강검사의 결과 질병에 감염되었거나 감염될 우려가 있는 학생에 대하여 질병의 치료 및 예방에 필요한 조치를 하여야 한다.

    ㉡ 학교의 장은 학생에 대하여 정신건강 상태를 검사한 결과 필요하면 학생 정신건강 증진을 위한 다음의 조치를 하여야 한다.

      • 학생 · 학부모 · 교직원에 대한 정신건강 증진 및 이해 교육

      • 해당 학생에 대한 상담 및 관리

      • 해당 학생에 대한 전문상담기관 또는 의료기관 연계

      • 그 밖에 학생 정신건강 증진을 위하여 필요한 조치

    ㉢ 교육감은 검사비, 치료비 등 조치에 필요한 비용을 지원할 수 있다.

② 질병의 예방

    ㉠ 등교 중지 : 학교의 장은 건강검사의 결과나 의사의 진단 결과 감염병에 감염되었거나 감염된 것으로 의심되거나 감염될 우려가 있는 학생 및 교직원에 대하여 대통령령으로 정하는 바에 따라 등교를 중지시킬 수 있다.

    ㉡ 질병의 예방 : 감독청의 장은 감염병 예방과 학교의 보건에 필요하면 해당 학교의 휴업 또는 휴교를 명할 수 있으며, 학교의 장은 필요할 때에 휴업할 수 있다.

02 학교환경관리

① 교내환경관리

(1) 교사 내 환경

① **목적** … 학교교사 내 환기·채광·온습도·미세분진 및 소음 등 환경위생을 적정기준으로 유지·관리함으로써 학생 및 교직원의 건강을 보호·증진하기 위해서이다.

② **온습도**
- ㉠ 실내온도는 섭씨 18도 이상 28도 이하로 하되, 난방온도는 섭씨 18도 이상 20도 이하, 냉방온도는 섭씨 26도 이상 28도 이하로 한다.
- ㉡ 비교습도는 30% 이상 80% 이하로 한다.

③ **환기**
- ㉠ 오염된 실내공기를 희석 혹은 배제하기 위하여 신선한 공기와 교환하는 것을 말하며, 교실 내의 학생 수와 공기오염 물질의 양에 따라서 환기량과 환기횟수가 결정된다.
- ㉡ 환기용 창 등을 수시로 개방하거나 기계환기설비를 수시로 가동하여 1인당 환기량이 시간당 21.6m^3 이상이 되도록 하여야 한다.

④ **채광과 조명**
- ㉠ **채광(자연조명)**
  - 직사광선을 포함하지 아니하는 천공광에 의한 옥외 수평조도와 실내조도와의 비가 평균 5% 이상으로 하되, 최소 2% 미만이 되지 아니하도록 한다.
  - 최대조도와 최소조도의 비율이 10대 1을 넘지 아니하도록 한다.
  - 교실 바깥의 반사물로부터 눈부심이 발생되지 아니하도록 한다.
- ㉡ **조도(인공조명)**
  - 교실의 조명도는 책상면을 기준으로 300LUX 이상이 되도록 한다.
  - 최대조도와 최소조도의 비율이 3대 1을 넘지 아니하도록 한다.
  - 인공조명에 의한 눈부심이 발생되지 아니하도록 한다.

⑤ **소음**
- ㉠ 소음은 학생들의 정신집중을 방해하여 학습능률을 저하시키고 피로와 두통을 유발하는 등 교육활동에 직접적인 영향을 준다.
- ㉡ 교사 내의 소음은 55dB(A) 이하로 하여야 한다.

(2) 교사 외 환경

① 교지 ··· 각급 학교의 교지는 교사용 대지와 체육장의 면적을 합한 용지로서 교사의 안전·방음·환기·채광·소방·배수 및 학생의 통학에 지장이 없는 곳에 위치하여야 한다.

② 교사 ··· 각급 학교의 교사(교실, 도서실 등 교수·학습활동에 직·간접적으로 필요한 시설물을 말함)는 교수·학습에 적합하여야 하고, 그 내부환경은 학교보건법에 의한 환경위생 및 식품위생의 유지·관리에 관한 기준에 적합하여야 한다.

③ 식수

  ㉠ 급수시설 설치

    • 상수도 또는 마을상수도에 의하여 먹는 물을 공급하는 경우에는 저수조를 경유하지 아니하고 직접 수도꼭지에 연결하여 공급하여야 한다. 다만, 직접 수도꼭지에 연결하기가 곤란한 경우에는 제외한다.

    • 지하수 등에 의하여 먹는 물을 공급하는 경우에는 저수조 등의 시설을 경유하여야 한다.

  ㉡ 급수시설관리

    • 급수시설·설비는 항상 위생적으로 관리하여야 하며, 저수조는 매월 1회 이상 정기점검과 연 2회 이상 청소를 실시하여야 한다.

    • 지하수 등을 먹는 물로 사용하는 경우에는 원수의 수질 안정성 확보를 위하여 노력하여야 하며, 정기적으로 소득을 실시하여야 한다.

  ㉢ 먹는 물의 공급 등 학생 및 교직원에게 공급하는 먹는 물은 먹는물관리법에 의한 수질기준에 적합한 물을 제공하되, 가급적 끓여서 제공하여야 한다.

  ㉣ 지하수 등의 수질검사 : 상수도 또는 마을상수도 외에 지하수 등에 의하여 공급하는 먹는 물에 대하여는 먹는물관리법에 의한 먹는 물 수질검사기관의 수질검사를 먹는물 수질기준 및 검사 등에 관한 규칙에 준하여 실시하여야 한다.

④ 화장실

  ㉠ 화장실의 설치기준

    • 화장실은 남자용과 여자용으로 구분하여 설치하되, 학생 및 교직원이 쉽고 편리하게 이용할 수 있도록 필요한 면적과 변기수를 확보하여야 한다.

    • 대변기 및 소변기는 수세식으로 하여야 한다. 다만, 상·하수도시설의 미비 또는 수질오염 등의 이유로 인하여 수세식 화장실을 설치하기 어려운 경우에는 제외한다.

    • 출입구는 남자용과 여자용이 구분되도록 따로 설치하여야 한다.

    • 대변기의 칸막이 안에는 소지품을 두거나 옷을 걸 수 있는 설비를 하여야 한다.

    • 화장실 안에는 손 씻는 시설과 소독시설 등을 갖춰야 한다.

  ㉡ 화장실의 유지·관리기준

    • 항상 청결이 유지되도록 청소하고 위생적으로 관리하여야 한다.

    • 악취의 발산과 쥐 및 파리·모기 등 해로운 벌레의 발생·번식을 방지하도록 화장실의 내부 및 외부를 4월부터 9월까지는 주 3회 이상, 10월부터 다음해 3월까지는 주 1회 이상 소독을 실시하여야 한다.

② 교육환경보호구역

(1) 교육환경보호구역의 설정

① 교육감은 학교경계 또는 학교설립예정지 경계로부터 직선거리 200미터의 범위 안의 지역을 다음의 구분에 따라 교육환경보호구역으로 설정·고시하여야 한다.
  - ㉠ **절대보호구역** : 학교출입문으로부터 직선거리로 50미터까지인 지역(학교설립예정지의 경우 학교경계로부터 직선거리 50미터까지인 지역)
  - ㉡ **상대보호구역** : 학교경계등으로부터 직선거리로 200미터까지인 지역 중 절대보호구역을 제외한 지역

② 학교설립예정지를 결정·고시한 자나 학교설립을 인가한 자는 학교설립예정지가 확정되면 지체 없이 관할 교육감에게 그 사실을 통보하여야 한다.

③ 교육감은 학교설립예정지가 통보된 날부터 30일 이내에 교육환경보호구역을 설정·고시하여야 한다.

(2) 교육환경보호구역에서의 금지행위 등

누구든지 학생의 보건·위생, 안전, 학습과 교육환경 보호를 위하여 교육환경보호구역에서는 다음의 어느 하나에 해당하는 행위 및 시설을 하여서는 아니 된다. 다만, 상대보호구역에서는 ⑭부터 ㉘까지에 규정된 행위 및 시설 중 교육감이나 교육감이 위임한 자가 지역위원회의 심의를 거쳐 학습과 교육환경에 나쁜 영향을 주지 아니한다고 인정하는 행위 및 시설은 제외한다.

① 「대기환경보전법」에 따른 배출허용기준을 초과하여 대기오염물질을 배출하는 시설

② 「물환경보전법」에 따른 배출허용기준을 초과하여 수질오염물질을 배출하는 시설과 폐수종말처리시설

③ 「가축분뇨의 관리 및 이용에 관한 법률」에 따른 배출시설, 처리시설 및 공공처리시설

④ 「하수도법」에 따른 분뇨처리시설

⑤ 「악취방지법」에 따른 배출허용기준을 초과하여 악취를 배출하는 시설

⑥ 「소음·진동관리법」에 따른 배출허용기준을 초과하여 소음·진동을 배출하는 시설

⑦ 「폐기물관리법」에 따른 폐기물처리시설

⑧ 「가축전염병 예방법」에 따른 가축 사체, 오염물건 및 수입금지 물건의 소각·매몰지

⑨ 「장사 등에 관한 법률」에 따른 화장시설·봉안시설 및 자연장지(사설자연장지 중 개인·가족자연장지와 종중·문중자연장지는 제외)

⑩ 「축산물 위생관리법」에 따른 도축업 시설

⑪ 「축산법」에 따른 가축시장

⑫ 「영화 및 비디오물의 진흥에 관한 법률」의 제한상영관

⑬ 「청소년 보호법」의 전기통신설비를 갖추고 불특정한 사람들 사이의 음성대화 또는 화상대화를 매개하는 것을 주된 목적으로 하는 영업에 해당하는 업소와 불특정한 사람 사이의 신체적인 접촉 또는 은밀한 부분의 노출 등 성적 행위가 이루어지거나 이와 유사한 행위가 이루어질 우려가 있는 서비스를 제공하는 영업으로서 청소년보호위원회가 결정하고 여성가족부장관이 고시한 것, 청소년유해매체물 및 청소년유해약물등을 제작·생산·유통하는 영업 등 청소년의 출입과 고용이 청소년에게 유해하다고 인정되는 영업으로서 대통령령으로 정하는 기준에 따라 청소년보호위원회가 결정하고 여성가족부장관이 고시한 것 및 청소년유해매체물 및 청소년유해약물등을 제작·생산·유통하는 영업 등 청소년의 고용이 청소년에게 유해하다고 인정되는 영업으로서 대통령령으로 정하는 기준에 따라 청소년보호위원회가 결정하고 여성가족부장관이 고시한 것에 따라 여성가족부장관이 고시한 영업에 해당하는 업소

⑭ 「고압가스 안전관리법」에 따른 고압가스, 「도시가스사업법」에 따른 도시가스 또는 「액화석유가스의 안전관리 및 사업법」에 따른 액화석유가스의 제조, 충전 및 저장하는 시설(규모, 용도 및 학습과 학교보건위생에 대한 영향 등을 고려하여 대통령령으로 정하는 시설의 전부 또는 일부는 제외)

⑮ 「폐기물관리법」에 따른 폐기물을 수집·보관·처분하는 장소(규모, 용도, 기간 및 학습과 학교보건위생에 대한 영향 등을 고려하여 대통령령으로 정하는 장소는 제외)

⑯ 「총포·도검·화약류 등의 안전관리에 관한 법률」에 따른 총포 또는 화약류의 제조소 및 저장소

⑰ 「감염병의 예방 및 관리에 관한 법률」에 따른 격리소·요양소 또는 진료소

⑱ 「담배사업법」에 의한 지정소매인, 그 밖에 담배를 판매하는 자가 설치하는 담배자동판매기(「유아교육법」에 따른 유치원 및 「고등교육법」에 따른 학교의 교육환경보호구역은 제외)

⑲ 「게임산업진흥에 관한 법률」에 따른 게임제공업, 인터넷컴퓨터게임시설제공업 및 복합유통게임제공업(「유아교육법」에 따른 유치원 및 「고등교육법」에 따른 학교의 교육환경보호구역은 제외)

⑳ 「게임산업진흥에 관한 법률」에 따라 제공되는 게임물 시설(「고등교육법」에 따른 학교의 교육환경보호구역은 제외)

㉑ 「체육시설의 설치·이용에 관한 법률」에 따른 체육시설 중 무도학원 및 무도장(「유아교육법」에 따른 유치원, 「초·중등교육법」에 따른 초등학교, 「초·중등교육법」에 따라 초등학교 과정만을 운영하는 대안학교 및 「고등교육법」에 따른 학교의 교육환경보호구역은 제외)

㉒ 「한국마사회법」에 따른 경마장 및 장외발매소, 「경륜·경정법」에 따른 경주장 및 장외매장

㉓ 「사행행위 등 규제 및 처벌 특례법」에 따른 사행행위영업

㉔ 「음악산업진흥에 관한 법률」에 따른 노래연습장업(「유아교육법」에 따른 유치원 및 「고등교육법」에 따른 학교의 교육환경보호구역은 제외)

㉕ 「영화 및 비디오물의 진흥에 관한 법률」에 비디오물감상실업 및 복합영상물제공업의 시설(「유아교육법」에 따른 유치원 및 「고등교육법」에 따른 학교의 교육환경보호구역은 제외)

㉖ 「식품위생법」에 따른 식품접객업 중 단란주점영업 및 유흥주점영업

㉗ 「공중위생관리법」에 따른 숙박업 및 「관광진흥법」에 따른 관광숙박업(「국제회의산업 육성에 관한 법률」에 따른 국제회의시설에 부속된 숙박시설과 규모, 용도, 기간 및 학습과 학교보건위생에 대한 영향 등을 고려하여 대통령령으로 정하는 숙박업 또는 관광숙박업은 제외)

㉘ 「화학물질관리법」에 따른 사고대비물질의 취급시설 중 대통령령으로 정하는 수량 이상으로 취급하는 시설

최근 기출문제 분석

2021. 6. 5. 제1회 서울특별시

1 「학교건강검사규칙」상 건강검진의 내용으로 가장 옳지 않은 것은?

① 척추는 척추옆굽음증(척주측만증)을 검사한다.

② 고등학교 1학년 여학생은 혈액검사 중 혈색소검사를 한다.

③ 시력측정은 안경 등으로 시력을 교정한 경우에는 교정시력을 검사한다.

④ 초등학교 4학년과 중학교 1학년 및 고등학교 1학년 학생 중 비만인 학생은 허리둘레와 혈압을 검사한다.

TIP 건강검진 항목 및 방법

검진항목		검진방법
척추		척추옆굽음증(척추측만증 검사)
눈	시력측정	– 공인시력표에 의한 검사 – 오른쪽과 왼쪽의 눈을 각각 구별하여 검사 – 안경 등으로 시력을 교정한 경우에는 교정시력을 검사
	안질환	결막염, 눈썹찔림증, 사시 등 검사
귀	청력	– 청력계 등에 의한 검사 – 오른쪽과 왼쪽의 귀를 각각 구별하여 검사
	귓병	중이염, 바깥귀길염(외이도염) 등 검사
콧병		코곁굴염(부비동염), 비염 등 검사
목병		편도선비대 · 목부위림프절비대 · 갑상샘비대 등 검사
피부병		아토피성피부염, 전염성피부염 등 검사
구강	치아상태	충치, 충치발생위험치아, 결손치아(영구치로 한정) 검사
	구강상태	치주질환(잇몸병) · 구내염 및 연조직질환, 부정교합, 구강위생상태 등 검사
병리검사 등	소변	요컵 또는 시험관 등을 이용하여 신선한 요를 채취하며, 시험지를 사용하여 측정(요단백 · 요잠혈 검사)
	혈액	1회용 주사기나 진공시험관으로 채혈하여 다음의 검사 ㉠[1] 혈당(식전에 측정), 총콜레스테롤, 고밀도지단백(HDL) 콜레스테롤, 중성지방, 저밀도지단백(LDL) 콜레스테롤 및 간 세포 효소(AST–ALT) ㉡[2] 혈색소
	결핵[3]	흉부 X–선 촬영 및 판독
	혈압	혈압계에 의한 수축기 및 이완기 혈압
허리둘레[1]		줄자를 이용하여 측정
그 밖의 사항		위 항목 외에 담당의사가 필요하다고 판단하여 추가하는 항목(검진비용이 추가되지 않는 경우로 한정)

※ 특정항목 검사 대상
  1) 초등학교 4학년, 중학교 1학년, 고등학교 1학년 학생 중 비만인 학생
  2) 고등학교 1학년 여학생
  3) 중학교 1학년, 고등학교 1학년 학생

Answer 1.④

2 교육부의 「학생 감염병 예방·위기대응 매뉴얼(2016)」에 따르면, 평상시 학교에서 감염병 유증상자를 처음 발견하여 감염병 여부를 확인하는 시점까지의 단계는?

① 예방 단계

② 대응 제1단계

③ 대응 제2단계

④ 대응 제3단계

TIP 대응단계의 기간 및 후속조치

단계	상황	시작 시점	종료 시점	후속 조치
대응 제1단계	감염병 유증상자 존재	유증상자 발견	의료기관 진료 결과 감염병(의심) 환자 발생을 확인	→ 대응 제2단계
			감염병이 아닌 것으로 확인	→ 예방단계
대응 제2단계	의료기관으로부터 확인 받은 감염병 (의심)환자 존재	의료기관 진료 결과 감염병 (의심)환자 발생을 확인	추가 (의심)환자 발생 확인을 통해 유행의심 기준을 충족	→ 대응 제3단계
			기존 (의심)환자가 완치되고 추가 (의심)환자가 미발생	→ 예방단계
대응 제3단계	감염병 (의심)환자 2명 이상 존재	추가 (의심)환자 발생 확인을 통해 유행의심 기준 충족	기존의 모든 (의심)환자가 완치되고 추가 (의심)환자가 미발생	→ 복구단계

3 학교보건법령상 학교 환경위생 기준을 충족하지 못한 것은?

① 소음 : 40dB(교사 내)

② 인공조명 : 150lux(교실 책상면 기준)

③ 비교습도 : 50%

④ 이산화탄소 : 550ppm(교실)

TIP ② 교실의 조명도는 책상면을 기준으로 300럭스 이상이 되도록 할 것

① 교사 내의 소음은 55dB(A) 이하로 할 것

③ 비교습도는 30퍼센트 이상 80퍼센트 이하로 할 것

④ 이산화탄소 1,000ppm(교사 및 급식시설)

Answer 2.② 3.②

출제 예상 문제

1 다음 중 절대보호구역의 범위는?

① 학교출입문으로부터 50m

② 학교출입문으로부터 100m

③ 학교출입문으로부터 150m

④ 학교출입문으로부터 200m

TIP 절대보호구역은 학교출입문으로부터 직선거리로 50m까지의 지역으로 한다.

2 다음 중 도서실이나 실험실, 강의실에 적당한 조도로 옳은 것은?

① 100 ~ 150Lux

② 150 ~ 200Lux

③ 300 ~ 400Lux

④ 400 ~ 500Lux

TIP 강의실, 실험실, 사무실, 공작실, 학습하는 교실, 도서실, 흑판 등의 적당한 조도는 360Lux이다.
※ 교실의 밝기
ⓐ 최저 300Lux
ⓑ 표준 400Lux
ⓒ 최고 600Lux

Answer 1.① 2.③

3 냉난방이 필요한 실내온도로 옳은 것은?

① 5℃ 미만일 때 난방, 26℃ 이상일 때 냉방

② 5℃ 미만일 때 난방, 30℃ 이상일 때 냉방

③ 10℃ 미만일 때 난방, 26℃ 이상일 때 냉방

④ 10℃ 미만일 때 난방, 30℃ 이상일 때 냉방

TIP 하절기에는 26℃ 이상일 때 냉방을, 동절기에는 10℃ 미만일 때 난방을 실행한다.

4 감염병이 크게 유행할 때에는 휴교조치를 취할 수 있다. 휴교조치를 취하는 조건으로 옳은 것끼리 연결된 것은?

㉠ 보건교사의 판단

㉡ 감염원의 규명에도 불구하고 환자가 계속 발생할 때

㉢ 감염원이 교내 접촉이라는 증거가 있을 때

㉣ 휴교가 전염에 폭로될 가능성을 감소시킨다는 이유가 될 때

---

① ㉠㉡㉢

② ㉠㉡㉣

③ ㉠㉢㉣

④ ㉡㉢㉣

TIP ㉠ 학교장이 상부관청에 연락을 취하는 동시에 학교의의 의견을 들어 휴교조치를 할 수 있다.

PART

01 지역사회 간호

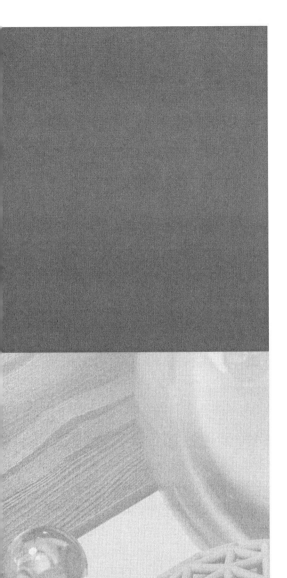

01 산업간호와 산업보건

01 산업간호의 발전

❶ 산업간호

(1) 산업간호의 개념

① **국제노동기구(ILO)의 정의** … 모든 직업인의 육체적 · 정신적 · 사회적인 복지를 최고도로 유지 · 증진시키기 위하여 근로자들이 건강한 시민으로 높은 작업능률을 유지하면서 오랜기간 동안 일할 수 있고, 생산성을 높이기 위하여 근로방법과 생활조건을 어떻게 정비해 갈 것인가를 연구하는 과학이며 기술이다.

② **세계보건기구(WHO)의 정의** … 산업사회의 주 구성요소인 근로자들의 건강을 유지 · 증진하며, 질병 및 사고를 예방하여 산업체의 기본목표인 생산성을 높인다는 것을 의미한다.

③ **일반적 정의** … 근로자의 신체적 · 정신적 · 사회적 건강을 고도로 유지 · 증진하기 위하여 산업공동체를 대상으로 근로자의 건강관리, 산업위생관리, 보건교육을 1차 보건의료 수준에서 제공함으로써 산업체의 자기건강 관리능력(self care ability)을 적정기능 수준까지 향상시키는 목표를 달성하고자 하는 과학적 실천이다.

(2) 산업간호의 목표

① 모든 직업에 종사하는 근로자들의 신체적 · 정신적 · 사회적 안녕상태를 최고도로 유지 · 증진 · 복구시킨다.

② 산업장의 위험으로부터 근로자를 보호한다.

③ **미국산업간호협회(AAOHN)의 정의** … 직업병을 예방하고 인식 · 치료하며 보건재활 환경과 인간관계, 보건교육과 상담분야에서의 지식과 기술을 적용하는데 있다.

(3) 산업간호대상

① 산업공동체의 경제 내부에 있는 신체적 · 정신적 · 사회적 존재로서의 근로자들을 대상으로 한다.

② 물리적 · 화학적 · 생물학적인 작업환경들을 포함한다.

③ 산업체를 구성하고 있는 근로자와 환경들간의 상호작용 및 공정과정을 대상으로 한다.

④ 생산품도 산업간호대상에 포함시킨다.

(4) 산업간호수단

건강력, 사정, 질병감시, 행정관리, 건강관리실 운영, 작업장 순회 및 방문, 상담 및 면접, 의뢰 및 자원활용, 집단지도, 매체활용 등의 수단이 이용된다.

(5) 산업간호과정

산업간호는 일반적으로 산업체의 건강진단→산업간호사의 직무에 대한 지침 및 법규 확인→사업의 우선순위 설정→목적설정→목적달성을 위한 방법 및 수단 선택→집행계획 및 평가계획 수립→수행→평가 및 재계획의 과정을 거친다.

(6) 산업간호활동

근로자의 건강문제나 산업환경 위생문제 중 산업체에서 흔히 발생하는 문제들인 근로자 건강관리, 산업위생관리, 보건교육 등을 포괄적으로 처리하는 1차 보건의료활동을 한다.

(7) 산업간호의 방향

① **산업간호사의 지위 강화** … 산업간호사의 위상과 사업장 내의 지위확보 및 영향력이 강화되어야 한다.

② **환경변화에 대처**
  ㉠ **고령근로자와 여성근로자의 증가** : 여성근로자의 건강문제 및 만성질환관리에 대처하여야 한다.
  ㉡ 3차 산업의 비중의 증가에 따른 신종 사업장의 특성을 파악해야 한다.

③ **건강증진사업 및 예방사업** … 질적인 삶의 차원 향상을 위하여 생활양식의 개선을 위한 건강증진사업과 새로운 종류의 전염성 질환 예방사업을 추진한다.

④ **전문적 역량강화** … 증가하는 유해물질과 신종 유해물질이 근로자의 건강에 미치는 영향 등에 대한 신속한 지식과 정보수집, 직업병 조기발견과 작업환경관리를 위한 전문적 역할을 강화한다.

⑤ **체계적 운영** … 산업장 내에서의 건강관찰, 건강진단, 사후관리의 과정을 체계적으로 운영할 수 있는 능력을 소지한다.

⑥ **근로자의 참여보장** … 산업간호사업 추진에 있어서 근로자의 참여를 보장하는 구체적인 전략을 확보한다.

❷ 산업간호사

(1) 산업간호사의 역할 및 기능

① **팀요원 역할** ··· 산업근로자를 직업적으로 안전하게 하기 위한 안전대책에 관한 위원회의 일원으로 다른 요원들과 하나의 팀이 되어 기능을 한다.

② **상담자 역할** ··· 산업근로자의 신체적 · 정신적 · 정서적 문제뿐만 아니라 근로자 집단 내에서 사회적 건강문제에 대해서도 상담한다.

③ **촉진자 역할** ··· 산업근로자들이 그들의 건강문제를 스스로 해결할 수 있는 적정기능 수준의 개발을 위한 동기조성 및 근로자들이 당면한 근로환경의 개선을 위한 능동적 접근행동의 촉진적 역할을 한다.

④ **교육자 역할**
  ㉠ 산업장의 안전교육사업의 중요성을 고용주에게 설명하여 안전교육사업이 개발되도록 한다.
  ㉡ 근로자의 안전수칙과 실천을 개발하기 위한 교육을 실시한다.
  ㉢ 안전보호기구의 성능유지 및 착용을 장려한다.
  ㉣ 근로자 개인 및 집단의 건강증진에 관한 교육을 실시한다.
  ㉤ 작업조건, 환경과 관련된 직업성 질환예방을 위한 교육을 실시한다.

⑤ **정보수집자 및 보존자 역할** ··· 산업간호사는 계속적인 정보수집망을 설치하여 근로자의 직업병 및 상해의 원인이 되는 정보를 수집하고 보존한다.

⑥ **의뢰자 역할** ··· 산업장의 건강 및 복지를 위한 기관과 유대를 강화하여 근로자들의 건강과 복지를 위하여 근로자들을 적합한 기관으로 의뢰하는 역할을 한다. 산업재해 및 직업병 보상보험에 있어서 근로자들의 건강과 복지를 위하여 근로자들을 의뢰한다.

(2) 산업간호사의 보수교육

산업간호사는 산업보건 분야의 건강문제를 직접 해결하고 산업근로자 및 가족, 산업장의 의료요원 등을 대상으로 상담 혹은 자문하며 이들과의 관계를 협동적으로 이끌 수 있는 유능한 조직관리자로서 역할을 수행할 수 있도록 매년 1회 이상 계속적인 보수교육을 받고 있다. 교육시간은 8시간 이상으로 한다.

02 산업보건

❶ 산업보건사업

(1) 우리나라 산업보건

① 1950 ~ 1970년대
  - ㉠ 1953년 산업보건에 관한 법령인 근로기준법이 제정되었고, 1960년대에는 산업보건관리의 법적인 기초가 구성되었다.
  - ㉡ 산업보건의 실질적인 활동은 대한석탄공사에서 시작되었으며, 1962년 광산에서 일하는 규폐환자에 대한 진단과 재해, 작업환경과 작업적성에 관한 조사연구를 하던 연구원들이 가톨릭의과대학 내에 산업의학연구소를 설립하였다.
  - ㉢ 1963년 산업보건관리규칙에 의하여 처음으로 사업장의 보건관리자와 의료요원들에 의한 산업보건교육이 실시됨을 계기로 대한산업보건협회가 창립되었고, 1971년 우리나라에서 처음으로 산재병원이 설립되었다.
  - ㉣ 1977년 산재보상보험기금으로 근로복지공사가 발족되었고, 같은 해 시작된 직장의료보험제도는 산재보상보험제도와 아울러 근로자의 상병치료와 의료보건 향상을 위한 획기적인 전기를 마련하였다.

② **1980년대 이후** … 1980년대에 들어와 노동청이 노동부로 승격되었고, 산업안전보건법이 제정되었으며 한국산업안전공단, 산업의학회, 산업위생학회, 산업간호학회 등이 설립되었다.

(2) 산업보건의 정의

① **개념** … 노동으로 인한 인간의 건강 및 작업환경의 문제를 자연과학적 지식에 바탕을 두고, 사회보건학적 측면에서 문제해결에 접근하는 분야이다.

② **목표**
  - ㉠ 모든 직업에 있어서 근로자의 육체적 · 정신적 · 사회적 건강을 유지 · 증진시키고, 작업조건에 기인하는 질병을 예방하여 건강에 위험한 작업으로부터 근로자를 보호한다.
  - ㉡ 생리적 · 심리적으로 적합한 작업환경에 근로자를 배치하고 취업시킨다.

③ **간호대상** … 산업보건에서의 간호대상은 근로자, 작업환경, 근로자와 작업환경과의 상호작용이다.

❷ 보건관리 대행사업

(1) 보건관리 대행사업의 정의

① **개념** ⋯ 상시 근로자 300인 미만을 사용하는 사업 및 벽지로서 고용노동부장관이 정하는 지역에 소재하고 있는 사업장을 대상으로 산업안전보건법상의 보건관리에 대한 사업주의 의무사항을 산업보건사업 전문기관이 사업장의 보건관리 업무를 위탁받아 지도 및 지원해 주는 것을 말한다.

② **목표** ⋯ 산업재해를 예방하고 사업장에 쾌적한 작업환경을 조성함으로써 근로자의 안전과 보건을 유지 · 증진하는 데 있다.

(2) 보건관리 대행사업의 수행

① **수행방법** ⋯ 작업장 순회 점검지도, 작업환경 측정결과 및 건강진단 실시결과의 사후관리지도, 건강상담, 직업병 발생 원인조사 및 대책수립, 산업보건위원회의 참석 등이다.

② **업무내용**

　㉠ 초기 방문시
- 사업장 내 대행업무 관리자에게 보건관리 대행사업의 취지 및 목적, 수행할 보건관리 업무내용을 설명한다.
- 사업장의 보건관리 현황을 파악하고 관련 서류를 검토한다.
- 작업공정도 및 사업장의 위생시설 등의 파악을 위해 작업장을 순시한다.
- 점검결과와 조치사항에 대하여 사업장 대행업무 관리자에게 설명하고, 보건관리 상태, 업무수행내용, 구체적인 개선의견 등의 내용을 포함한 보고서를 작성하여 사업주에게 제출한다.

　㉡ 정기 방문시
- 근로자 및 사업장의 보건관리 현황에 대한 점검을 한다.
- 작업환경측정의 계획 및 건강진단 계획을 수립하고 실시결과를 확인 · 지도한다.
- 건강상담과 보건교육을 실시한다.
- 보건업무를 기록, 작성하고 보고 및 관리한다.

(3) 보건관리전문기관의 인력 · 시설 · 장비기준

① 수탁하려는 사업장 또는 근로자의 수가 100개소 이하 또는 1만 명 이하인 경우

　㉠ 인력기준
- 다음의 어느 하나에 해당하는 의사 1명 이상
- 「의료법」에 따른 직업환경의학과 전문의 또는 직업환경의학과 레지던트 4년차의 수련과정에 있는 사람
- 「의료법」에 따른 예방의학과 전문의(환경 및 산업보건 전공)
- 직업환경의학 관련 기관의 직업환경의학 분야에서 또는 사업장의 전임 보건관리자로서 4년 이상 실무나 연구업무에 종사한 의사. 다만, 임상의학과 전문의 자격자는 직업환경의학 분야에서 2년간의 실무나 연구업무에 종사한 것으로 인정한다.

- 「의료법」에 따른 간호사 2명 이상
- 산업보건지도사나 산업위생관리기술사 1명 이상 또는 산업위생관리기사 자격 취득 후 산업보건 실무경력이 5년 이상인 사람 1명 이상
- 산업위생관리산업기사 이상인 사람 1명 이상

ⓒ **시설기준** : 사무실(건강상담실 · 보건교육실 포함)

ⓒ **장비기준**

- 작업환경관리장비
 – 분진 · 유기용제 · 특정 화학물질 · 유해가스 등을 채취하기 위한 개인용 시료채취기 세트
 – 검지관 가스 · 증기농도 측정기 세트
 – 주파수분석이 가능한 소음측정기
 – 흑구 · 습구온도지수(WBGT) 산출이 가능한 온열조건 측정기 및 조도계
 – 직독식 유해가스농도측정기(산소 포함)
 – 국소배기시설 성능시험장비 : 스모크테스터, 청음기 또는 청음봉, 절연저항계, 표면온도계 또는 초자온도계, 정압 프로브가 달린 열선풍속계, 회전계(R.P.M측정기) 또는 이와 같은 수준 이상의 성능을 가진 장비
- 건강관리장비
 – 혈당검사용 간이검사기
 – 혈압계

② 수탁하려는 사업장 또는 근로자의 수가 101개소 이상 또는 10,001명 이상인 경우 규정하는 인력을 추가로 갖추어야 한다.

③ 사업장수에 따른 인력기준과 근로자수에 따른 인력기준이 서로 다른 경우에는 그 중 더 중요한 기준에 따라야 한다.

❸ 산업보건의 조직

(1) 한국산업안전보건공단

산업재해예방 기술의 연구개발, 산업안전에 관한 정보 및 자료를 수집 · 제공하는 법정단체로서, 산업안전에 관한 교육, 사업장 안전진단 및 점검, 산업재해 예방시설의 설치 및 운영, 산업안전에 관한 국제협력, 산업안전에 관하여 고용고용노동부장관과 기타 중앙행정기관의 장이 수락하는 사업 등을 수행한다.

(2) 대한산업보건협회

쾌적한 작업환경의 조성 및 직업병 예방과 근로자의 건강을 유지 · 증진하기 위한 목적으로 설립된 비영리기관으로 산업재해 또는 사고의 발생원인 규명, 작업환경측정, 보건관리대행, 근로자 건강진단 및 보건교육지원 등 산업위생과 관련한 제반적인 업무를 수행한다.

(3) 대한산업안전협회

근로자의 권익을 보호하고 근로자로 하여금 새로운 정보와 신기술을 습득하게 하여 사업장의 자율안전관리 정착을 지원함으로써 근로자의 직무수행능력 향상에 기여함을 목적으로 하며, 산업재해예방을 위한 제반업무를 효율적으로 수행하는 비영리법인이다.

(4) 직업건강협회

직업건강에 관계되는 학술연구 및 기술개발에 기하여 사업장 근로자의 건강증진을 도모함으로써 국가산업발전에 기여함을 목적으로 하며, 보건관리자 · 보건관리 전문기관 종사자에 대한 교육훈련에 관한 사업, 직업건강과 관련된 홍보에 관한 사항, 직업건강 기술개발 및 지도에 관한 사항, 직업건강과 관련된 학술연구에 관한 사항, 직업건강 업무관련 제도개선 및 정책에 대한 건의, 직업건강사업의 국제교류에 관한 사항, 사업장 근로자의 건강증진에 관한 사업 등을 수행한다.

[산업보건공공조직]

고용노동부	노동에 관한 전반적인 업무관장
산업안전보건공단	• 산업재해예방에 관한 사업을 효율적으로 수행 • 사업주의 재해예방 활동을 촉진
근로복지공단	• 산업재해보상보험법에 의거 • 근로자의 업무상 재해를 신속, 공정하게 보상
근로자 건강센터	보건관리자 선임의무가 없는 50인 미만의 소규모사업장 근로자의 건강을 체계적으로 보호, 관리하기 위해 산업재해보상보험 기금으로 운영함

⊞TIP 산업장 보건관리서비스 제공체계

ㄱ 전임보건관리자 배치 : 상시 근로자 300인 이상 대규모사업장

ㄴ 보건관리업무 위탁 : 상시 근로자 300명 미만을 사용하는 사업 또는 외딴곳으로서 고용노동부 장관이 정하는 지역에 소재한 사업장은 보건관리전문기관에 보건관리를 위탁할 수 있도록 한다.

ㄷ 소규모 사업장 보건관리 : 상시근로자 50인 미만의 소규모 사업장은 보건관리자 선임의무가 없다.

≡ 최근 기출문제 분석 ≡

2022. 6. 18. 제1회 지방직

1 A 산업체의 1년간 재해 관련 통계수치가 다음과 같을 때, 도수율(빈도율)은?

- 연 근로시간 수 : 100,000
- 재해자 수 : 10
- 재해 건수 : 4
- 근로손실일수 : 40

---

① 0.4

② 10

③ 40

④ 100

TIP 도수율 $= \dfrac{\text{재해건수}}{\text{근로시간수}} \times 1,000,000 = \dfrac{4}{100,000} \times 1,000,000 = 40$

2022. 6. 18. 제1회 지방직

2 근로자의 업무상 재해에 대한 신속·공정한 보상과 재해근로자의 재활 및 사회복귀를 촉진하기 위한 보험시설 운영 등을 주요 목적으로 하는 기관은?

① 근로자건강센터

② 대한산업보건협회

③ 근로복지공단

④ 한국산업안전보건공단

TIP ① **근로자건강센터** : 건강관리가 취약한 50인 미만 소규모 사업장 노동자의 건강관리를 위해 설치되어 직종별 유해 요인 파악을 통한 전문 건강상담 등 다양한 건강 서비스를 지원하는 기관이다.

② **대한산업보건협회** : 근로자 중심으로 1963년에 설립한 비영리기관이다. 건강진단, 쾌적한 작업환경 조성을 위한 작업환경측정과 근로자 건강을 관리하는 보건관리대행 업무를 수행하고 있다.

④ **한국산업안전보건공단** : 산업재해 예방기술의 연구·개발과 보급, 산업안전보건 기술지도 및 교육, 안전·보건진단 등 산업재해 예방에 관한 사업을 수행하는 기관이다.

Answer 1.③ 2.③

3 다음에 해당하는 자료는?

> • 유해 화학물질을 제조·수입하려는 자가 해당 물질에 대한 유해성 평가결과를 근거로 작성한 자료
> • 화학제품에 대한 정보, 구성 성분의 명칭 및 함유량, 유해성·위험성, 취급 및 저장 방법 등에 관한 자료

① 물질안전보건자료
② 노출평가분석자료
③ 산업재해평가자료
④ 작업환경측정자료

> **TIP** ① 물질안전보건자료(MSDS)은 화학물질 또는 이를 포함한 혼합물을 제조 및 수입하려는 자가 해당 물질에 대한 유해성 평가결과를 근거로 작성한 자료이다. 대상 물질을 양도 혹은 제공하는 자는 양도 혹은 제공받는 자에게 물질안전보건자료를 제공해야 한다. 물질안전보건자료는 제품명, 화학물질의 명칭 및 함유량, 안전 및 보건상의 취급주의사항, 건강 및 환경에 대한 유해성·물리적 위험성, 물리·화학적 특성 등 고용노동부령으로 정하는 사항으로 구성되어야 한다.

Answer 3.①

출제 예상 문제

1 산업체에서 근로자 건강관리, 산업위생관리, 보건교육 등의 역할을 한 1차 보건의료의 활동은?

① 산업간호

② 근로자간호

③ 회사간호

④ 지역사회간호

TIP 산업간호 … 근로자의 신체적 · 정신적 · 사회적 건강을 유지 · 증진시키기 위해 산업체를 대상으로 근로자의 건강관리, 산업위생관리, 보건교육을 1차 보건의료의 수준에서 제공하는 과학적 실천이다.

2 다음 중 산업보건간호사의 주된 역할은?

① 직업병 진단

② 사고방지교육

③ 유해환경 감시

④ 구급처치

TIP 교육자의 기능이 가장 중요시된다.

※ 산업보건간호사의 역할

㉠ 팀요원 역할

㉡ 상담자 역할

㉢ 촉진자 역할

㉣ 교육자 역할

㉤ 정보수집자 및 보존자 역할

㉥ 의뢰자 역할

Answer 1.① 2.②

3 다음 중 근로자에 대한 산업보건행정의 주관기관으로 옳은 것은?

① 고용노동부 ② 환경부
③ 보건복지부 ④ 기획재정부

TIP 근로자에 대한 산업보건행정은 고용노동부에서 주관한다.

4 정규신체검사를 수행하는 것은 산업간호사의 어떤 역할에 해당하는가?

① 촉진자 ② 상담자
③ 팀요원 ④ 직접간호 제공자

TIP 검사수행을 하거나 교육을 하는 것은 직접간호 제공자의 역할이다.

5 다음 중 산업간호사로서 직접간호 제공의 내용으로 옳은 것끼리 묶인 것은?

> ㉠ 근로자의 상병 및 결근에 대한 감독
> ㉡ 2차 보건의료에 의한 의사의 처방에 따른 처치 및 간호
> ㉢ 응급처치 및 간호
> ㉣ 정규신체검사, 특수검사 운영 · 실시

① ㉠㉡㉢ ② ㉠㉡㉢㉣
③ ㉠㉡㉣ ④ ㉡㉢㉣

TIP 직접간호 제공자로서의 기능
㉠ 응급처치 및 간호
㉡ 1차 의료제공
㉢ 2차 보건의료에 의한 의사의 처방에 따른 처치 및 간호
㉣ 정기신체검사, 특수신체검사 운영 · 실시
㉤ 근로자의 상병 및 결근에 대한 감독

Answer 3.① 4.④ 5.②

6 다음 중 산업장의 안전을 위한 민간조직단체가 아닌 것은?

① 근로복지공단　　　　　　　　　② 대한산업보건협회

③ 대한산업안전협회　　　　　　　④ 한국산업간호협회

TIP 우리나라 산업보건분야의 공공기관
　　　㉠ 노동부 근로복지공단
　　　㉡ 산업안전공단
　　　㉢ 지방행정조직

7 다음 중 산업간호사가 산업간호사업 수행단계에서 이루게 되는 간호업무가 아닌 것은?

① 건강진단　　　　　　　　　　　② 건강사정

③ 예방 및 추후관리　　　　　　　④ 보건교육

TIP ② 건강사정은 수행하기 전 사정단계에서 이루어져야 한다.

8 산업간호사의 역할 중 직접간호 제공자로서의 기능이라 할 수 없는 것은?

① 응급처치 및 간호

② 산업간호사업의 계획수립

③ 2차 보건의료에 의한 의사의 처방에 따른 처치 및 간호

④ 근로자의 상병 및 결근에 대한 감독과 가정간호 제공

TIP ② 산업보건조직의 관리자로서의 기능이다.

Answer　6.① 7.② 8.②

9 산업간호사의 기능에 해당하는 것끼리 짝지어진 것은?

> ㉠ 건강상담   ㉡ 통계작성 및 보고서 기록보관
> ㉢ 고용인의 인사관리   ㉣ 직업병의 예방 및 관리
> ㉤ 건강관리실의 관리 및 응급처치

① ㉠㉡㉢㉣   ② ㉠㉡㉢㉤
③ ㉠㉡㉣㉤   ④ ㉠㉢㉣㉤

··

TIP ㉢ 고용인의 인사관리는 사업주의 역할이다.

10 산업간호사의 역할 중 대변자에 대한 설명으로 옳은 것끼리 묶인 것은?

> ㉠ 근로자의 건강문제에 대하여 상담한다.
> ㉡ 근로자의 건강상태를 산업장의 책임자에게 설명한다.
> ㉢ 근로자가 의사의 진료를 필요로 하는 경우 의사에게 근로자의 건강상태를 설명한다.
> ㉣ 근로자를 직업적으로 안전하게 하기 위해 조직의 일원이 된다.

① ㉠㉡   ② ㉠㉢
③ ㉡㉢   ④ ㉡㉣

··

TIP 산업간호사의 대변자 역할
　　㉠ 근로자의 건강상태를 산업장의 책임자에게 설명한다.
　　㉡ 근로자가 의사의 진료와 치료를 필요로 할 때 의뢰와 동시에 근로자의 건강상태를 설명한다.

11 근로자에게 보건교육을 시킬 때 가장 효과적인 방법은?

① 매체활용   ② 집단지도

③ 개별상담   ④ 가정방문

TIP 집단지도는 교육효과가 좋으며 시간과 비용이 적게 든다.

12 산업보건간호사가 산업장의 환경보존 및 안전을 위하여 타 부서의 인력 및 업무를 조정하는 일을 했다면 다음 중 어느 역할을 한 것인가?

① 산업보건조직 관리자   ② 팀요원

③ 촉진자   ④ 직접간호 제공자

TIP 산업보건조직 관리자로서의 기능
    ㉠ 산업근로자의 건강에 관련된 산업보건정책의 수립에 참여한다.
    ㉡ 직업적 건강문제발생의 예방을 위해 근로자 및 관계요원을 지휘한다.
    ㉢ 산업간호사업의 계획을 수립한다.
    ㉣ 행정적 보고서 작성 및 관리를 한다.
    ㉤ 근로자의 건강유지 및 증진을 위한 제반사업을 계획하고 수행을 지휘하여 평가한다.
    ㉥ 산업장의 건강을 위한 보조원, 자원봉사원과 응급처치요원의 조직, 훈련·감독을 한다.
    ㉦ 직업적 상해나 질병을 초래한 사항을 분석·평가하여 산업장의 책임자에게 고하고 앞으로 상해나 재앙의 예방을 위하여 근로자 및 환경을 통제한다.
    ㉧ 산업장 내의 건강관리실을 운영한다.
    ㉨ 산업장의 환경보건 및 안전을 위하여 타 부서의 인력 및 업무를 조정한다.

Answer 11.② 12.①

13 우리나라 산업보건사업에 대한 설명으로 옳지 않은 것은?

① 산업보건사업에서 사업주는 책임이 없으므로 제외되었다.

② 1981년 산업안전보건법이 제정되었다.

③ 우리나라 산업보건사업은 1970년대까지 근로기준법에 의해 시행되어 왔다.

④ 사업장의 안전보건관리체계를 강화하여 안전보건 관리책임자를 중심으로 시행되었다.

....

TIP 우리나라 산업보건사업
  ㉠ 1981년 산업안전보건법이 제정되어 비로소 구체화되었다.
  ㉡ 근로기준법은 1962년에 제정되어 산업안전보건법이 제정되기 전까지 사용되었다.
  ㉢ 산업보건사업은 사업주의 역할이 중요시된다. 즉 안전보건 관리책임자를 고용하여 근로자의 건강을 관리하는 것이다.

14 산업장 간호사가 근로자를 대상으로 실시하는 보건교육내용으로 적합하지 않은 것은?

① 정기건강진단의 필요성 교육

② 근로자의 건강과 안전보장 책임

③ 근로자의 근무시간 조절

④ 유해물질과 신체장애의 원인규명

....

TIP ③ 근로자의 근무시간 조절은 사업주의 역할이다.

15 다음 중 산업 1차 보건의료사업의 접근전략에 대한 설명으로 옳지 않은 것은?

① 사업대상 근로자 및 산업장에 대한 건강평가 연구로 건강상태의 변화, 건강관리능력의 변화 등을 파악하고 재계획에 반영한다.

② 산업 1차 보건의료사업을 규명한다.

③ 제공된 사업은 주기적으로 평가할 필요가 없다.

④ 인력의 재교육을 통해 사업수준을 향상시킨다.

TIP ③ 제공된 사업은 주기적이고 계속적으로 사정·평가하여 표준화시킨다.

02 작업환경의 유해물질과 건강

01 작업환경 유해요인

① 화학적 유해요인

(1) 물리적 성상에 의한 분류

① 기체(gas)와 증기(vapor) … 기체는 25℃, 760mmHg(1기압)에서 가스상태로 있는 물질이고, 증기는 같은 조건에서 액체 또는 고체상태로 있는 물질이다.

② 입상물질(particulate matters) … 연무질, 먼지, 안개, 흄, 미스트, 스모그, 연기 등이 있다.

(2) 화학적 성상에 의한 분류

① 자극제 … 피부 및 점막에 작용하여 부식 또는 수포를 형성하며 고농도일 때는 호흡정지를 일으킨다. 구강에는 치아산식증, 눈에는 결막염·각막염 또는 안구를 부식시킨다.
   ㉠ 상기도 점막 자극제 : 알데히드, 알카리성 먼지와 미스트, 암모니아, 크롬산, 산화에틸렌, 염화수소, 불화수소, 아황산가스 등이 이에 속한다.
   ㉡ 상기도 점막 및 폐조직 자극제 : 염소, 브롬, 불소, 요오드, 염소산화물, 염화시안, 브롬화시안, 디에틸 및 황산염, 황염화물, 3염화인, 5염화인, 오존 등이 이에 속한다.
   ㉢ 종말기관지 및 폐포 점막 자극제 : 이산화질소, 3염화비소, 포스겐 등이 이에 속하며, 수용성이 낮으므로 상기도에서 종말기관지까지 이를 수 있다.

② 질식제 … 혈액 및 조직 중 산소결핍을 일으키고 탄산가스와 분압을 증가시키는 물질이다.
   ㉠ 무산소성 무산소병 : 대기층의 산소가 생리적으로 비활성인 기체로 대치되거나 회석되어 폐 또는 혈액에 산소가 공급되지 않아서 결과적으로 혈중의 산소분압이 떨어져 조직세포의 호흡작용을 할 수 없게 되며, 에탄, 헬륨, 수소, 질소, 일산화탄소 등이 이에 속한다.
   ㉡ 빈혈성 무산소병 : 혈액 내 적혈구 중의 혈색소가 산소운반능력을 완전히 또는 부분적으로 상실한 것을 말하며, 비소, 일산화탄소, 아닐린, 톨루엔이 이에 속한다.

© **조직독성 무산소병** : 조직에서의 산화대사작용에 필요한 세포 내 촉매체의 작용을 저해하거나 완전히 차단하여 세포 내에서의 산소이용이 이루어지지 않는 것이며, 사이노겐, 질산화물 등이 이에 속한다.

③ **마취제와 진통제** … 단순 마취작용이며 전신중독을 일으키지 않는다.

④ **전신독** … 1인 이상의 내장에 기질적인 손상을 입히는 것으로 대다수의 할로겐화 탄화수소이다.

⑤ **감작물질** … 항원·항체반응을 일으켜서 알레르기성 반응을 일으킬 수 있는 물질은 대개 완전 또는 불완전 단백질이다. 이들 반응의 산물로서 체내에 히스타민이 유리되고, 리아진 항체인 IgE 또는 항원에 대한 보체결합물과 침강항체인 IgG, IgM이 형성된다.

⑥ **기타 입상물질** … 전신독에 속하지 않는 입상물질로서 유리, 규산 등의 조직의 섬유화를 일으키는 분진, 비활성 분진, 단백질 분해효소 등이다.

❷ 물리적 유해요인

(1) 고온폭로에 의한 장애 및 예방

① **고온폭로에 의한 장애**

　㉠ **신체적인 장애** : 고온·다습의 환경에서 심한 근육작업이나 운동을 할 경우 잘 발생하는 급격한 장애를 총칭하여 열중증이라 하며 열경련, 열탈진, 열사병 또는 일사병 등이 있다. 이들 증세는 보통 중복되어 나타나며 확실하게 구별하기 어렵다.

　㉡ **심리적인 장애** : 짜증, 지각력과 사고력 감퇴, 생산활동에 있어서 생산량 감소, 불량품 증가, 재해발생률 증가 및 결근율이 높아진다. 이런 현상은 고온에 대한 생리적 현상(체내열 생산을 줄이려는 활동정체, 근육이완, 식욕부진 및 체열방출을 촉진시키기 위한 노출된 피부표면면적의 증가)과 고온환경을 기피하는 태도와 복합적으로 나타난다.

② **고온장애에 대한 예방**

　㉠ **최적온도** : 생리적으로 체온조절이 가장 원활하게 이루어지고 감각적으로 쾌적한 온도범위, 즉 최적온도를 유지하도록 환경을 관리한다.

　㉡ **고온작업의 허용기준** : 최적온도를 유지하기에 현실적으로 어려운 작업환경(용광로, 가열로, 보일러 시설 등)에서는 생리적인 면에서 하루 8시간 작업을 계속하더라도 신체적으로 아무런 장애를 일으키지 않는 고온작업의 허용온도기준이 마련되어야 한다.

　㉢ **고온작업조건의 허용한계** : 직장온도(항문측정온도) 38.3℃(101cm^3), 심박수 125beats/min[단, 단시간 폭로될 때는 직장온도 38.9℃(102cm^3), 심박수 160 ~ 170beats/min]이다.

> **TIP** **작업시간의 적정화**
> 고온작업의 환경온도 허용기준을 지키기 어려울 땐 작업시간을 조정해야 한다. 미국의 난방 및 환기공학회에서 정한 고온환경에서 허용폭로시간은 맥박수 125beats/min, 항문측정온도 38.3℃의 생리적 부담을 기준으로 하고 있다.

③ 보건관리
　　㉠ 적성에 적합한 인사배치와 고온순화한다.
　　㉡ 수분과 식염을 공급한다.
　　㉢ 방열보호구를 착용하도록 한다.

(2) 유해광선

① 사외선(100 ~ 400μm)
　　㉠ 발생원 : 저압수은등, 태양등, 흑광등, 고압수은증기, 고압카세논등, 카본등, 프라스마토취, 용접아크등에서 발생한다.
　　㉡ 생물학적 작용
　　　• 피부 : 자외선 조사 후 2 ~ 3시간이면 홍반이 생기고 색소가 침착되며 비타민 D가 형성된다. 또한 살균작용(254 ~ 280nm)도 한다. 과도한 조사 후에는 모세혈관의 투과성이 증가되고 조직의 부종과 수포가 형성된다.
　　　• 눈 : 전기용접공이나 자외선 살균취급자에게 급성 각막염을 일으킨다. 눈물이 나고 결막이 충혈되며 눈이 아프고, 수 시간 후 각막·결막에 염증이 생기며 심하면 각막표면의 궤양, 수포형성, 혼탁 각막 및 안검의 부종, 안검 경련이 일어난다. 노년에 백내장의 위험이 있다.
　　㉢ 예방 : 전기용접시에는 검은색 보조안경, 차광안경을 착용하고 피부에는 보호의복과 보호용 크림을 바른다.

② 적외선(760 ~ 6,000μm)
　　㉠ 발생원 : 주로 고열물체에서 발생한다.
　　㉡ 생물학적 작용 : 주로 열작용으로 조사된 국소의 피부를 덥히고 혈류를 통해 전신을 가온한다. 15,000Å 이상의 파장을 가진 적외선은 피부와 눈을 투과하지 못하나 7,500 ~ 13,000Å의 적외선은 피하 1.5 ~ 4.0cm까지의 조직을 투과하며 국소혈관의 확장, 혈액순환 촉진 및 진통작용을 나타낸다.
　　㉢ 예방 : 방열장치, 방열복, 황색계통의 보호안경 등을 착용한다.

③ 가시광선 … 강하면 망막에 장애를 일으키고 시세포를 자극하여 광각과 색각이 된다.

(3) 소음

① 소음성 난청 … 내이의 corti 기관이 신경말단의 손상으로 청력이 저하되는 것이다.
　　㉠ 100dB이 넘는 소음에는 일시적 청력손실이 발생할 수 있으며 소음 수준이 높을수록, 폭로시간이 길수록, 고주파일수록 유해하다.
　　㉡ 난청 여부의 평가 : audiometer, audiogram으로 표시하여 평가한다.
　　㉢ 작업환경의 측정 : 작업환경 측정시에는 지시소음계를 사용하며 측정가능범위는 20 ~ 150dB, 20 ~ 2,000cps까지 가능하다.

② 생체반응 … 혈압이 상승하고, 맥박수가 증가하며, 호흡이 억제되고, 근육의 긴장도가 증가하는 등 자율신경계와 관련된 증상이 나타난다.

③ **예방** … 공장위치를 설계할 때 작업장의 격리, 작업공정의 변화, 소음원을 제거·억제하고 방음벽, 흡음설치, 귀마개, 귀덮개(2,000cps에서 20dB 이상, 4,000cps에서 25dB 이상의 음을 가려야 함) 등을 한다.

(4) 진동

① **발생원**

  ㉠ **국소진동** : 어느 계, 장치 등의 한정된 범위의 장소에서 생기는 진동. 병타기, 착암기, 연마기, 자동식 톱 등의 진동공구를 사용할 때 발생한다.

  ㉡ **전신진동** : 차량, 선박, 항공기 등 진동물체 상에 있어서 일어섰다 앉았다 혹은 신체를 기대거나 하는 상태로 발이나 둔부 등에서 진동이 전반되어 신체 전체가 흔들려 움직이는 조건하에서의 진동. 지지구조물을 통해 발생한다.

② **발생결과**

  ㉠ **국소진동**(Raynaud현상) : 작업자 손가락에 있는 말초혈관의 폐색, 순환장애로 수지가 창백하고 통증을 느끼며(dead finger 또는 white finger라고도 함), 무릎 등 관절이 비특이성 관절염을 일으키기도 한다.

  ㉡ **전신진동** : 시력 저하, 피부로부터 열발산 촉진, 혈액순환 촉진 또는 억제, 장기에 진동을 주어 위장장애 등을 유발한다.

③ **예방**

  ㉠ **국소진동에 대한 대책** : 진동공구를 개선해서 진동 자체를 감소시키고, 가볍고 강한 압력이 불필요하게 만들며, 14℃ 이하에서는 보온을 하고 작업시간을 단축한다.

  ㉡ **전신진동에 대한 대책** : 진동의 원인제거, 전파경로 차단, 완충장치, 작업시간 단축, 보건교육 등이 필요하다.

(5) 이상기압

① **고압환경과 장애**

  ㉠ **기계적 장애**(1차적 압력현상) : 생체강과 환경간의 압력 차이에 의한 울혈, 부종, 출혈, 통증, 불쾌감과 같은 장애이다.

  ㉡ **화학적 장애**(2차적 압력현상) : 호기 중의 공기성분 중 산소, 이산화탄소, 질소의 분압 상승으로 생체 내 유입되는 가스의 증가에 의한 장애이다.

② **감압과정 환경과 장애**

  ㉠ **증상** : 높은 기압에서 감압하는 과정에서 너무 급격히 감압할 때 혈액과 조직에 용해되어 있던 질소가 산소나 이산화탄소와 함께 체외로 배출되지 않고 혈중으로 유입되어 기포를 형성하여 순환장애와 조직 손상을 일으키는 것이다. 통증성 관절장애, 중증 합병증으로 마비가 나타날 수 있으며 잠수부, 공군비행사 등에서 비감염성 골괴사가 나타난다.

ⓛ **예방** : 단계적 감압, 고압폭로시간의 단축, 감압 후 적당한 운동으로 혈액순환 촉진, 감압 후 산소공급, 고압작업시 질소를 헬륨으로 대치한 공기 흡입, 고압작업시 고지질·알코올 섭취를 금하는 것 등이다.

③ **저압환경과 장애** … 고공에서 비행업무에 종사하는 사람에게는 산소부족이 문제가 되며, 통증성 관절장애, 질식양 증상, 신경장애, 공기전색, 항공치통, 항공이염, 항공부비감염, 기타 급성고산병, 폐수종의 위험이 있다.

⑹ **중금속 중독**

① **납중독**

구분	유기연	무기연
종류	4메틸연, 4에틸연	금속연(pb), 연의 산화물, 연의 염류
경로	피부	호흡기, 소화기
장해	• 조혈기능장애 : 적혈구 수명단축 • heme의 생합성 과정에 장애 : 혈색소의 합성방해, 골수에서 망상 적혈구 증가, 용혈성 빈혈증	
예방	호흡기를 통한 연호흡 및 소화기를 통한 연섭취를 방지, 작업공정 밀폐, 배기장치 설치	

② **수은중독**

ⓖ **경로** : 흡입경로는 주로 수은증기가 기도를 통해 흡수되는데, 80%는 폐포에서 흡수되고, 경구섭취일 경우에는 소화관 점막에서 0.01%를 흡수한다. 금속수은은 피부에서도 흡수한다.

ⓛ **장해**
• 급성 중독 : 근육마비, 통증, 창백, 구토, 설사, 혈변 등이 나타난다.
• 만성 중독 : 구역질, 변비 등의 위장역, 근육마비, 전신장애, 환각, 두통, 빈혈 등이 나타난다.

ⓒ **급성 중독시 치료** : 계란의 흰자를 먹여 수은과 단백질을 결합시켜 침전시킨다.

③ **크롬중독** … 부식작용과 산화작용 때문에 인체에 유해하다.

ⓖ **경로** : 6가 크롬은 피부를 통해 쉽게 흡수된다.

ⓛ **장해**
• 급성 중독 : 심한 신장장애와 과뇨증을 일으키고, 진전되면 무뇨증을 일으켜 요독증으로 짧으면 1 ~ 2일, 길면 8 ~ 10일 안에 사망한다.
• 만성 중독 : 코 및 폐·위장점막에 병변을 일으키고, 장기간 폭로시 기침, 두통, 호흡곤란, 흉통, 발열, 체중감소, 구토 등이 나타난다.

ⓒ **치료** : 크롬화합물을 먹었을 때는 우유, 비타민 C를 섭취하고, 호흡기로 흡입한 경우에는 빨리 병원을 찾는다.

ⓔ **예방** : 작업장 환경을 관리하고, 고무장갑·장화·앞치마를 착용하며, 피부보호용 크림을 바르고 비중격 점막에는 바셀린을 바른다.

④ 카드뮴중독
   ㉠ 경로 : 호흡기, 소화기를 통해 침해한다.
   ㉡ 장해
   • 급성 중독 : 구토, 설사, 급성 위장염, 두통, 근육통, 복통, 체중감소, 착색뇨, 간 및 신장의 기능장애가 나타난다.
   • 만성 중독 : 신장장애, 만성 폐쇄성 호흡기질환 및 폐기종, 골격계장애, 심혈관장애 등을 일으킨다.
   ㉢ 예방 및 치료 : 확진 후에는 신장이나 폐를 검사하고, 카드뮴 흄이나 카드뮴 금속의 먼지를 $0.05mg/m^2$ 이하로 유지하며, 작업장 내에는 음식물 반입을 금지한다.

⑤ 베릴륨중독
   ㉠ 경로 : 호흡기, 위장관, 피부를 통해 흡수된다.
   ㉡ 장해 : 인후염, 기관지염, 폐부종 등을 일으키고 피부접촉시에는 피부염, 피하육아종, 육아종성 변화를 일으킨다.
   ㉢ 예방 및 치료 : 베릴륨 분진이나 흄이 발생되는 작업은 필히 밀폐되어야 하고 환기장치가 필요하며, 보호장갑 및 보호안경을 착용해야 한다.

(7) VDT 증후군

① 개념 … 단말기(VDT ; Visual Display Terminal)는 정보시대의 발전에 따라 사용이 급증되는 기기로 사용자의 시선이 CRT 화면에 오랫동안 노출되고 키보드를 장시간 사용하여 생기는 건강질환을 말한다.

② 증상 … 눈의 증상(안정피로), 근육계 증상(경견완증후군), 정신신경계 증상 등이 있으며 피부증상과 임신 · 출산에 관한 문제가 논의대상이 되고 있다.

02 유해물질관리

❶ 호흡기 유해물질관리

(1) 호흡기 유해물질의 종류

① 공기 중의 유해물질은 호흡기를 통해 들어가는 일이 가장 많으며, 폐로 흡수되는 유해물질의 형태는 가스, 휘발성 물질의 증기 및 분진이다.

② 상기도 점막제는 물에 잘 녹는 물질로 알데히드, 알칼리성 먼지, 아황산가스 등이며 상기도 점막 및 폐조직 자극제는 물에 대한 용해도가 중등도인 물질로 염소, 브롬, 불소, 요오드 등이다. 종말기관지 및 폐포점막 자극제는 물에 잘 녹지 않는 물질로 이산화질소, 포스겐 등이 이에 속한다.

③ 진폐증을 일으키는 분진은 유리규산, 규산화합물, 알루미늄 및 화합물 등이며, 유기용제 중독을 일으키는 것은 벤젠, 클로로포름, 메탄올, 이황화탄소, 에틸에테르 등이다.

④ 중금속은 고열시 흄의 형태로 들어오며, 중금속 중독을 유발하는 것은 납, 수은, 크롬, 카드뮴 등이다.

> **🔊TIP 라돈**
>
> ㉠ 라돈은 지각의 암석 중에 들어있는 우라늄이 몇 단계의 방사성붕괴 과정을 거친 후 생성되는 무색, 무취, 무미의 기체로 지구상 어디에나 존재하는 자연방사능 물질이다.
>
> ㉡ 실내에 존재하는 라돈의 80~90%는 토양이나 지반의 암석에서 발생된 라돈 기체가 건물바닥이나 벽의 갈라진 틈을 통해 들어오거나 건축자재에 들어있는 라듐 등으로부터 발생하고, 지하수에 녹아 있는 라돈이 실내로 유입되기도 한다.
>
> ㉢ 라돈의 전체 인체노출경로 중 약 95%가 실내공기를 호흡할 때 노출되는 것이며, 이 밖에 라돈이 들어 있는 지하수를 사용할 때 노출될 수 있다.
>
> ㉣ 호흡을 통해 인체에 흡입된 라돈과 라돈자손은 붕괴를 일으키면서 α 선을 방출한다. 방출된 α 선은 폐조직을 파괴한다. 지속적으로 라돈에 노출되는 경우 폐암을 유발하게 된다. 세계보건기구는 라돈을 흡연 다음으로 폐암 발병원인의 3~14% 차지한다고 보고하고 있으며 일반적으로 같은 농도의 라돈에 노출된 경우 흡연자가 비흡연자에 비해 훨씬 높다.

(2) 관리

① 독성이 적은 물질로 대체하거나 작업공정 및 환경개선을 한다.

② 환기, 국소 배기장치를 설치하고 호흡용 보호구를 착용한다.

③ 근로자 교육을 하고 작업장의 청결을 위해 정리정돈을 한다.

❷ 피부 유해물질관리

(1) 피부 유해물질의 종류

① 기체인 유해물질은 피부를 통해 흡수되기도 하며, 기체 이외의 친수성 물질이나 지방친화성 물질은 땀이나 피지에 녹아 국소적인 피부장애를 일으켜 흡수성을 증가시키고 한선 및 피지선에 있는 모세혈관으로부터 흡수되어 전신장애를 일으킨다.

② 주로 피부를 통해 흡수되는 유해물질로는 유기용제, DDT, PCB, 유기인 등 지용성 물질을 들 수 있다.

(2) 관리

① 작업공정을 완전 폐쇄식 설비로 자동화하는 것이 가장 좋으나 현실적으로 불가능할 경우에는 환기, 배기, 차폐설비를 효과적으로 배치한다.

② 분진작업은 가능한 한 습윤상태로 조작하며 분쇄기는 뚜껑이 있는 것을 사용한다.

③ 덜 해로운 물질로 대체하고 개인위생시설을 구비하는 등 작업환경을 개선한다.

④ 개인보호구를 착용하고 보호크림을 발라 작업 중 자극물질이 직접 피부에 닿는 것을 막는다.

⑤ 근로자 교육을 한다.

≡ 최근 기출문제 분석 ≡

2022. 4. 30. 지방직 8급 간호직

1 동일한 유해인자에 노출된 근로자들에게 유사한 질병의 증상이 발생하여 고용노동부장관의 명령으로 실시하는 건강진단은?

① 임시건강진단

② 일반건강진단

③ 특수건강진단

④ 배치전건강진단

> **TIP** ① **임시건강진단** : 당해 근로자 본인 또는 동료 근로자들의 건강보호를 강구하기 위하여 실시한다. 동일 부서에 근무하는 근로자나 동일 유해인자에 노출되는 근로자에게 유사한 증상이 발생하는 경우, 집단발병이 우려되는 경우에 유해인자에 의한 중독, 질병의 이환 여부, 원인 등을 파악하기 위해서 고용노동부장관의 명령으로 사업주가 실시한다.
> ② **일반건강진단** : 일정한 주기로 모든 근로자에게 실시하는 건강진단이다.
> ③ **특수건강진단** : 유기용제 등 화학물질 취급자, 소음 및 광물성분진·목재분진 취급자, 석면분진 및 면분진을 포함한 그 외 취급자를 대상으로 직업성 질환을 조기에 발견하여 관리 또는 치료를 위해 실시한다.
> ④ **배치전건강진단** : 특수건강진단을 받아야 하는 대상이거나 법정 유해인자에 노출될 수 있는 부서로 배치될 시 실시하는 진단이다.

2020. 6. 13. 제1회 지방직

2 다음 글에서 설명하는 「산업재해보상보험법」상 보험급여는?

> 업무상 사유로 부상을 당하거나 질병에 걸린 근로자에게 요양으로 취업하지 못한 기간에 대하여 지급하되, 1일당 지급액은 평균임금의 100분의 70에 상당하는 금액으로 한다. 다만, 취업하지 못한 기간이 3일 이내이면 지급하지 아니한다.

① 요양급여

② 장해급여

③ 간병급여

④ 휴업급여

> **TIP** ① **요양급여** : 요양급여는 근로자가 업무상의 사유로 부상을 당하거나 질병에 걸린 경우에 그 근로자에게 지급한다. 하지만 그 부상 또는 질병이 3일 이내의 요양으로 치유될 수 있으면 요양급여를 지급하지 아니한다〈산업재해보상보험법 제40조〉.
> ② **장해급여** : 근로자가 업무상의 사유로 부상을 당하거나 질병에 걸려 치유된 후 신체 등에 장해가 있는 경우에 그 근로자에게 지급한다. 장해등급에 따라 장해보상연금 또는 장해보상일시금으로 하되, 그 장해등급의 기준은 대통령령으로 정한다〈산업재해보상보험법 제57조〉.
> ③ **간병급여** : 요양급여를 받은 사람 중 치유 후 의학적으로 상시 또는 수시로 간병이 필요하여 실제로 간병을 받는 사람에게 지급한다〈산업재해보상보험법 제61조〉.

Answer 1.① 2.④

2020. 6. 13. 제2회 서울특별시

3 작업환경 관리의 기본원리 중 대치에 해당하는 것은?

① 교대근무를 실시하도록 한다.

② 페인트를 분무하던 것을 전기이용 흡착식 분무로 한다.

③ 개인용 위생보호구를 착용하도록 한다.

④ 인화물질이 든 탱크 사이에 도랑을 파서 제방을 만든다.

> **TIP** 작업환경 관리의 기본원리
> ㉠ 대치 : 변경의 의미로써 공정변경, 시설변경, 물질변경 등이 있다.
> ㉡ 격리 : 작업장과 유해인자 사이에 물체, 거리, 시간 등을 격리하는 원리이다.
> ㉢ 환기 : 오염된 공기를 작업장으로부터 제거하고 신선한 공기로 치환하는 원리이다.
> ㉣ 교육 및 훈련 : 관리자, 기술자, 감독자, 작업자를 교육·훈련하여 관리하는 원리이다.
> ㉤ 작업환경의 정비

2020. 6. 13. 제2회 서울특별시

4 〈보기〉에서 설명하는 작업환경에서의 건강장애로 가장 옳은 것은?

보기

옥외 작업환경에서 격심한 육체노동을 지속하는 경우 일어나는 현상이다. 중추성 체온조절 기능장애로서, 체온 방출 장애가 나타나 체내에 열이 축적되고 뇌막혈관의 충혈과 뇌 내 온도 상승에 의해 발생한다. 땀을 흘리지 못하여 체온이 41~43℃까지 급격히 상승하여 혼수상태에 이를 수 있으며, 피부 건조가 나타나게 된다.

① 열피로(heat exhaustion)　　　　② 열경련(heat cramp)

③ 열사병(heat stroke)　　　　④ 열실신(heat syncope)

> **TIP** 열사병(heat stroke) … 고온, 다습한 환경에 노출될 때 갑자기 발생해 심각한 체온조절장애를 일으킨다. 중추신경계통의 장해, 전신의 땀이 배출되지 않음으로 인해 체온상승(직장온도 40도 이상) 등을 일으키며, 생명을 잃기도 한다. 태양광선에 의한 열사병은 일사병이라고도 하며 우발적이거나 예기치 않게 혹심한 고온 조건에 노출될 경우 잘 발생한다. 열사병은 체온조절중추의 장애가 원인이므로 체온을 낮추기 위해 옷을 벗기고 찬물로 몸을 닦는다.

Answer 3.② 4.③

5 〈보기〉에서 설명하는 실내오염 물질은?

보기

- 지각의 암석 중에 들어있는 우라늄이 방사성 붕괴 과정을 거친 후 생성되는 무색, 무취, 무미의 기체임
- 토양과 인접한 단독주택이나 바닥과 벽 등에 균열이 많은 오래된 건축물에 많이 존재함
- 전체 인체노출 경로 중 95%는 실내 공기를 호흡할 때 노출되는 것임
- 지속적으로 노출되면 폐암을 유발함

① 라돈   ② 오존
③ 폼알데하이드   ④ 트리클로로에틸렌

> **TIP** 라돈(radon, Rn)은 방사선을 내는 원자번호 86번의 원소이다. 색, 냄새, 맛이 없는 기체로 공기보다 약 8배 무겁다. 라돈은 지각을 구성하는 암석이나 토양 중에 천연적으로 존재하는 우라늄(238U)과 토륨(232Th)의 방사성 붕괴에 의해서 만들어진 라듐(226Ra)이 붕괴했을 때에 생성된다. 폐암의 원인 중 하나이다.

6 다음 사례에서 설명하는 고온장해와 보건관리자의 처치를 옳게 짝지은 것은?

40세의 건설업 근로자 A씨는 38℃의 덥고 습한 환경에서 장시간 일하던 중 심한 어지러움증을 호소하면서 쓰러졌다. 발한은 거의 없고 피부가 건조하였으며 심부체온은 41.5℃였다.

① 열경련 - 말초혈관의 혈액 저류가 원인이므로 염분이 없는 수분을 충분하게 공급한다.
② 열피로 - 고온에 의한 만성 체력소모가 원인이므로 따뜻한 커피를 마시지 않도록 한다.
③ 열쇠약 - 지나친 발한에 의한 염분소실이 원인이므로 시원한 곳에 눕히고 충분한 수분을 공급한다.
④ 열사병 - 체온조절중추의 장애가 원인이므로 체온을 낮추기 위해 옷을 벗기고 찬물로 몸을 닦는다.

> **TIP** 열사병(Heat Stroke) … 고온, 다습한 환경에 노출될 때 갑자기 발생해 심각한 체온조절장애를 일으킨다. 중추신경계통의 장해, 전신의 땀이 배출되지 않음으로 인해 체온상승(직장온도 40도 이상) 등을 일으키며, 생명을 잃기도 한다. 태양광선에 의한 열사병은 일사병이라고도 하며 우발적이거나 예기치 않게 혹심한 고온 조건에 노출될 경우 잘 발생한다. 열사병은 체온조절중추의 장애가 원인이므로 체온을 낮추기 위해 옷을 벗기고 찬물로 몸을 닦는다.

Answer 5.① 6.④

7 다음 글에서 설명하는 작업환경관리의 기본 원리는?

유해 화학 물질을 다루기 위해 원격조정용 장치를 설치하였다.

① 격리   ② 대치
③ 환기   ④ 개인보호구

TIP 작업환경관리의 기본 원리
    ㉠ 대치 : 변경의 의미로써 공정변경, 시설변경, 물질변경 등이 있다.
    ㉡ 격리 : 작업장과 유해인자 사이에 물체, 거리, 시간 등을 격리하는 원리이다.
    ㉢ 환기 : 오염된 공기를 작업장으로부터 제거하고 신선한 공기로 치환하는 원리이다.
    ㉣ 교육 및 훈련 : 관리자, 기술자, 감독자, 작업자를 교육·훈련하여 관리하는 원리이다.
    ㉤ 작업환경의 정비

8 산업장에서 근무 중인 A씨가 아래와 같은 증상을 호소하였다면 의심되는 중독은?

• 수면장애와 피로감   • 손 처짐(wrist drop)을 동반한 팔과 손의 마비
• 근육통과 식욕부진   • 빈혈

① 납 중독   ② 크롬 중독
③ 수은 중독   ④ 카드뮴 중독

TIP 제시된 증상은 납(Pb)에 중독되었을 때 나타나는 증상이다.
    ② 크롬 중독은 자극 피부염, 코 뚫림 따위를 일으키며 폐암의 원인이 되기도 한다.
    ③ 수은 중독의 증상으로는 혓바늘, 수전증, 얼굴 떨림, 무감각증, 기억장애 등이 있다.
    ④ 카드뮴 중독은 경구적 노출의 경우, 위장점막을 강하게 자극하고 오심, 구토, 복통, 설사를 일으키며, 호흡기계를
       통한 노출은 폐기종, 신장애, 단백뇨 증상을 보인다.

Answer   7.① 8.①

출제 예상 문제

1 산업환경 조사결과 부적당하다고 판단되었을 때 1차적으로 취할 수 있는 조치로 옳은 것은?

① 보호구 착용

② 보건교육

③ 환경개선

④ 작업시간의 단축

··

TIP 산업간호사는 부적합한 환경개선을 위해 무엇보다 노력해야 한다.

2 다음 중 산업보건에 가장 적합한 조명도는?

① 10 ~ 70Lux

② 80 ~ 120Lux

③ 200 ~ 300Lux

④ 300 ~ 350Lux

··

TIP 각 장소의 조명기준
ㄱ 복도, 창고 : 60Lux
ㄴ 산업장 : 80 ~ 120Lux
ㄷ 체육실, 휴게실, 강당 : 240Lux
ㄹ 강의실, 사무실 등 : 360Lux

Answer 1.③ 2.②

3 다음 중 자외선이 인체에 미치는 영향으로 옳은 것은?

㉠ 피부홍반 및 색소침착	㉡ 지나친 발한에 의한 탈수 및 염분소실
㉢ 결막염 및 백내장	㉣ 신진대사 및 적혈구 생성촉진

① ㉠㉡

② ㉠㉢

③ ㉢㉣

④ ㉡㉢㉣

TIP 자외선이 인체에 미치는 영향
　㉠ 피부에 작용해 피부암을 일으킬 수 있다.
　㉡ 급성각막염을 일으킬 가능성이 있고 나이가 많을수록 백내장이 일어날 수 있다.

4 다음 중 규폐증과 관계있는 작업장소에 해당하는 것을 모두 고른 것은?

㉠ 채석장	㉡ 대장간
㉢ 유리공장	㉣ 탄광

① ㉠㉡㉢

② ㉠㉡㉢㉣

③ ㉠㉡㉣

④ ㉡㉢㉣

TIP 규폐증 … 먼지의 흡입으로 폐조직에 이물반응에 의한 결정형성, 섬유증식이 일어나는 진폐증의 한 종류로서 만성 섬유증식을 일으키며 납중독, 벤젠중독과 함께 3대 직업병이다.
채광업, 채석업, 요업, 연마업, 야금업, 규산 사용의 화학공업 등의 직업을 가진 사람에게 나타난다.

Answer　3.②　4.②

03 건강진단과 직업병

01 근로자 건강진단

① 일반건강진단

(1) 정의

상시 사용하는 근로자의 건강관리를 위하여 사업주가 주기적으로 실시하는 건강진단을 말한다.

(2) 실시

① 실시기관 ··· 사업주는 일반건강진단을 지방노동관서의 장이 지정하는 의료기관(특수건강진단기관) 또는 국민건강보험법에 의한 건강진단을 실시하는 기관에서 실시하여야 한다.

② 실시시기
   ㉠ 사업주는 상시 사용하는 근로자 중 사무직에 종사하는 근로자(공장 또는 공사현장과 동일한 구내에 있지 아니한 사무실에서 서무·인사·경리·판매·설계 등의 사무업무에 종사하는 근로자를 말하며, 판매업무 등에 직접 종사하는 근로자를 제외함)에 대하여는 2년에 1회 이상, 그 밖의 근로자에 대하여는 1년에 1회 이상 일반건강진단을 실시하여야 한다.
   ㉡ 다만, 사업주가 다음에 해당하는 건강진단을 실시한 경우에는 그 건강진단을 받은 근로자에 대하여 일반건강진단을 실시한 것으로 본다.
   • 국민건강보험법에 의한 건강검진
   • 항공법에 의한 신체검사
   • 학교보건법에 의한 신체검사
   • 진폐의 예방과 진폐근로자의 보호 등에 관한 법률에 의한 정기건강진단
   • 선원법에 의한 건강진단
   • 그 밖의 일반건강진단의 검사항목을 모두 포함하여 실시한 건강진단

③ 검사항목 및 실시방법
　㉠ 일반건강진단의 제1차 검사항목은 다음과 같다.
　　• 과거병력, 작업경력 및 자각 · 타각증상(시진 · 촉진 · 청진 및 문진)
　　• 혈압 · 혈당 · 요당 · 요단백 및 빈혈검사
　　• 체중 · 시력 및 청력
　　• 흉부방사선 간접촬영
　　• 혈청 지 · 오 · 티 및 지 · 피 · 티, 감마 지 · 티 · 피 및 총 콜레스테롤
　㉡ 제1차 검사항목 중 혈당 · 총 콜레스테롤 및 감마 지 · 티 · 피는 고용노동부장관이 따로 정하는 근로자에 대하여 실시한다.
　㉢ 검사결과 질병의 확진이 곤란한 경우에는 제2차 건강진단을 받아야 하며, 제2차 건강진단의 범위 · 검사항목 · 방법 및 시기 등은 고용노동부장관이 따로 정한다.
　㉣ 건강진단의 검사방법 기타 필요한 사항은 고용노동부장관이 따로 정한다.

❷ 특수건강진단

(1) 정의

특수건강진단대상 유해인자에 노출되는 업무에 종사하는 근로자 및 근로자 건강진단 실시결과 직업병 유소견자로 판정받은 후 작업전환을 하거나 작업장소를 변경하고, 직업병 유소견 판정의 원인이 된 유해인자에 대한 건강진단이 필요하다는 의사의 소견이 있는 근로자의 건강관리를 위하여 사업주가 실시하는 건강진단을 말한다.

(2) 실시

① **실시기관** … 지방노동관서의 장이 지정하는 의료기관에서 실시하여야 한다.

② **실시시기**
　㉠ 사업주는 특수건강진단 대상업무에 종사하는 근로자에 대하여는 특수건강진단 대상 유해인자별로 정한 시기 및 주기에 따라 특수건강진단을 실시하여야 한다.
　㉡ 다만, 사업주가 다음에 해당하는 건강진단을 실시한 경우에는 그 근로자에 대하여는 당해 유해인자에 대한 특수건강진단을 실시한 것으로 본다.
　　• 원자력법에 의한 건강진단(방사선에 한함)
　　• 진폐의 예방과 진폐근로자의 보호 등에 관한 법률에 의한 정기건강진단(광물성 분진에 한함)
　　• 진단용 방사선 발생장치의 안전관리 규칙에 의한 건강진단(방사선에 한함)
　　• 그 밖의 특수건강진단의 검사항목을 모두 포함하여 실시한 건강진단(해당하는 유해인자에 한함)

© 사업주는 근로자 건강진단 실시결과 직업병 유소견자로 판정받은 후 작업전환을 하거나 작업장소를 변경하고, 직업병 유소견 판정의 원인이 된 유해인자에 대한 건강진단이 필요하다는 의사의 소견이 있는 근로자에 대하여는 직업병 유소견자 발생의 원인이 된 유해인자에 대하여 당해 근로자를 진단한 의사가 필요하다고 인정하는 시기에 특수건강진단을 실시하여야 한다.

③ 검사항목
  ㉠ 특수건강진단의 검사항목은 1차 검사항목과 2차 검사항목으로 구분한다.
  ㉡ 1차 검사항목은 특수건강진단의 대상이 되는 근로자 모두에 대하여 실시한다.
  ㉢ 2차 검사항목은 1차 검사항목에 대한 검사결과 건강수준의 평가가 곤란한 자에 대하여 실시하되, 당해 유해인자에 대한 근로자의 노출정도·과거병력 등을 고려하여 필요하다고 인정하는 경우에는 2차 검사항목의 일부 또는 전부를 1차 검사항목 검사시에 추가하여 실시할 수 있다.

③ 배치 전 건강진단과 수시건강진단

(1) 정의

① **배치 전 건강진단** … 특수건강진단 대상업무에 종사할 근로자에 대하여 배치예정업무에 대한 적합성 평가를 위하여 사업주가 실시하는 건강진단을 말한다.

② **수시건강진단** … 특수건강진단 대상업무로 인하여 해당 유해인자에 의한 직업성 천식·직업성 피부염 기타 건강장해를 의심하게 하는 증상을 보이거나 의학적 소견이 있는 근로자에 대하여 사업주가 실시하는 건강진단을 말한다.

(2) 실시

① **실시기관** … 지방노동관서의 장이 지정하는 의료기관에서 실시하여야 한다.

② 실시시기
  ㉠ 배치 전 건강진단
    • 사업주는 특수건강진단 대상업무에 근로자를 배치하고자 하는 때에는 당해 작업에 배치하기 전에 배치 전 건강진단을 실시하여야 하고, 특수건강진단기관에 당해 근로자가 담당할 업무나 배치하고자 하는 작업장의 특수건강진단 대상 유해인자 등 관련 정보를 미리 알려주어야 한다.
    • 다만, 다음에 해당하는 경우에는 배치 전 건강진단을 실시하지 아니할 수 있다.
    −다른 사업장에서 당해 유해인자에 대한 배치 전 건강진단을 받았거나 배치 전 건강진단의 필수검사항목을 모두 포함하는 특수건강진단·수시건강진단 또는 임시건강진단을 받고 6월이 경과하지 아니한 근로자로서 건강진단결과를 기재한 서류(건강진단개인표) 또는 그 사본을 제출한 근로자

－당해 사업장에서 당해 유해인자에 대한 배치 전 건강진단을 받았거나 배치 전 건강진단의 필수검사항목을 모두 포함하는 특수건강진단·수시건강진단 또는 임시건강진단을 받고 6월이 경과하지 아니한 근로자

ⓛ **수시건강진단** : 사업주는 특수건강진단 대상업무에 종사하는 근로자가 특수건강진단 대상 유해인자에 의한 직업성 천식·직업성 피부염 기타 건강장해를 의심하게 하는 증상을 보이거나 의학적 소견이 있는 경우 당해 근로자의 신속한 건강관리를 위하여 고용노동부장관이 정하는 바에 따라 수시건강진단을 실시하여야 한다.

③ 검사항목

ㄱ 특수건강진단의 검사항목은 1차 검사항목과 2차 검사항목으로 구분한다.

ㄴ 1차 검사항목은 특수건강진단의 대상이 되는 근로자 모두에 대하여 실시한다.

ㄷ 2차 검사항목은 1차 검사항목에 대한 검사결과 건강수준의 평가가 곤란한 자에 대하여 실시하되, 당해 유해인자에 대한 근로자의 노출정도·과거병력 등을 고려하여 필요하다고 인정하는 경우에는 2차 검사항목의 일부 또는 전부를 1차 검사항목 검사시에 추가하여 실시할 수 있다.

❹ 임시건강진단

(1) 정의

① 동일 부서에 근무하는 근로자 또는 동일한 유해인자에 노출되는 근로자에게 유사한 질병의 자각 및 타각증상이 발생한 경우에 특수건강진단 대상 유해인자 기타 유해인자에 의한 중독의 여부, 질병의 이환 여부 또는 질병의 발생원인 등을 확인하기 위하여 지방노동관서의 장의 명령에 따라 사업주가 실시하는 건강진단을 말한다.

② 직업병 유소견자가 발생하거나 다수 발생할 우려가 있는 경우 또는 기타 지방노동관서의 장이 필요하다고 판단하는 경우에 특수건강진단 대상 유해인자 기타 유해인자에 의한 중독의 여부, 질병의 이환 여부 또는 질병의 발생원인 등을 확인하기 위하여 지방노동관서의 장의 명령에 따라 사업주가 실시하는 건강진단을 말한다.

(2) 검사항목

임시건강진단의 검사항목은 특수건강진단의 검사항목 중 전부 또는 일부와 건강진단 담당의사가 필요하다고 인정하는 검사항목으로 한다.

근로자 건강진단 종류 중 '채용시 건강진단' 실시의무는 다음과 같은 이유로 인해 산업보건법 시행규칙 일부 개정(2005. 10. 7)으로 폐지되었다.

ⓐ 이미 채용된 근로자에 대하여 유해부서 배치 여부를 판단하기 위하여 사업주가 실시하는 채용시 건강진 단이 오히려 사업주가 질병이 있는 자의 고용기회를 제한하는 채용 신체검사로 잘못 활용되는 문제점이 있다.

ⓑ 사업주에게 부과된 채용시 건강진단 실시의무를 폐지하였다.

ⓒ 채용시 건강진단을 통한 고용기회의 제한 및 규제가 해소될 것으로 기대된다.

❺ 근로자 건강진단 실시기준에서의 건강관리구분, 사후관리내용 및 업무수행 적합여부 판정

(1) 건강관리구분 판정

① A ⋯ 건강관리상 사후관리가 필요 없는 근로자(건강한 근로자)

② C_1 ⋯ 직업성 질병으로 진전될 우려가 있어 추적검사 등 관찰이 필요한 근로자(직업병 요관찰자)

③ C_2 ⋯ 일반 질병으로 진전될 우려가 있어 추적관찰이 필요한 근로자(일반 질병 요관찰자)

④ D_1 ⋯ 직업성 질병의 소견을 보여 사후관리가 필요한 근로자(직업병 유소견자)

⑤ D_2 ⋯ 일반 질병의 소견을 보여 사후관리가 필요한 근로자(일반 질병 유소견자)

⑥ R ⋯ 건강진단 1차 검사결과 건강수준의 평가가 곤란하거나 질병이 의심되는 근로자(제2차 건강진단 대상자)

⑦ U ⋯ 2차 건강진단대상임을 통보하고 30일을 경과하여 해당 검사가 이루어지지 않아 건강관리구분을 판정할 수 없는 근로자, U로 분류한 경우에는 해당 근로자의 퇴직, 기한 내 미실시 등 2차 건강진단의 해당 검사가 이루어지지 않은 사유를 산업안전보건법 시행규칙 제105조제3항에 따른 건강진단결과표의 사후관리소견서 검진소견란에 기재하여야 한다.

(2) 야간작업 특수건강진단 건강관리구분 판정

① A ⋯ 건강관리상 사후관리가 필요 없는 근로자(건강한 근로자)

② C_N ⋯ 질병으로 진전될 우려가 있어 야간작업 시 추적관찰이 필요한 근로자(질병 요관찰자)

③ D_N ⋯ 질병의 소견을 보여 야간작업 시 사후관리가 필요한 근로자(질병 유소견자)

④ R ⋯ 건강진단 1차 검사결과 건강수준의 평가가 곤란하거나 질병이 의심되는 근로자(제2차 건강진단 대상자)

⑤ U … 2차 건강진단대상임을 통보하고 30일을 경과하여 해당 검사가 이루어지지 않아 건강관리구분을 판정할 수 없는 근로자, U로 분류한 경우에는 당 근로자의 퇴직, 기한 내 미실시 등 2차 건강진단의 해당 검사가 이루어지지 않은 사유를 산업안전보건법 시행규칙 제105조제3항에 따른 건강진단결과표의 사루관리소견서 검진소견란에 기재하여야 한다.

(3) 사후관리조치 판정

구분	사후관리조치 내용 [사후관리조치 내용은 한 근로자에 대하여 중복하여 판정할 수 있음]
0	필요 없음
1	건강상담( ) [생활습관 관리 등 구체적으로 내용 기술]
2	보호구지급 및 착용지도 ( )
3	추적검사 ( )검사항목에 대하여 20 년 월 일경에 추적검사가 필요 [건강진단의사가 직업병 요관찰자, 직업병 유소견자 또는 야간작업 요관찰자, 야간작업 유소견자에 대하여 추적검사 판정을 하는 경우에는 사업주는 반드시 건강진단의사가 지정한 검사항목에 대하여 지정한 시기에 추적검사를 실시하여야 함]
4	근무 중 ( )에 대하여 치료
5	근로시간 단축( )
6	작업전환( )
7	근로제한 및 금지 ( )
8	산재요양신청서 직접 작성 등 해당 근로자에 대한 직업병확진의뢰 안내 [직업병 유소견자 중 요양 또는 보상이 필요하다고 판단되는 근로자에 대하여는 건강진단을 한 의사가 반드시 직접 산재요양신청서를 작성하여 해당 근로자로 하여금 근로복지공단 관할지사에 산재요양신청을 할 수 있도록 안내하여야 함]
9	기타 ( ) [교대근무 일정 조정, 야간작업 중 사이잠 제공, 정밀업무적합성평가 의뢰 등 구체적으로 내용 기술]

(4) 업무수행 적합여부 판정

① 가 … 건강관리상 현재의 조건하에서 작업이 가능한 경우

② 나 … 일정한 조건(환경개선, 보호구착용, 건강진단주기의 단축 등)하에서 현재의 작업이 가능한 경우

③ 다 … 건강장해가 우려되어 한시적으로 현재의 작업을 할 수 없는 경우(건강상 또는 근로조건상의 문제가 해결된 후 작업복귀 가능)

④ 라 … 건강장해의 악화 또는 영구적인 장해의 발생이 우려되어 현재의 작업을 해서는 안되는 경우

02 직업병

❶ 산업보건 통계

(1) 의의

① 질병발생이나 재해발생의 증감은 그 문제의 심각성에 대한 관심을 불러일으키게 된다.

② 보건통계는 계획수립과 방침결정에 도움이 된다.

③ 효과판정에 도움을 준다.

④ 원인규명의 자료가 됨으로써 다음 행동의 길잡이가 되게 한다.

> 📢 기록의 종류
> ㉠ 개인건강기록카드 : 건강진단개인표, 개인진료기록표
> ㉡ 집단건강기록카드 : 건강진단결과표, 의무기록일지
> ㉢ 특수카드 : 재해기록표, 재해통계표

(2) 통계의 유형

① 질병통계

㉠ 발생률 $= \dfrac{\text{특정기간 중에 발생한 발병수}}{\text{동일기간 중에 근로자수}}$

㉡ 유병률 $= \dfrac{\text{특정기간 중에 존재하는 환자수}}{\text{동일기간 중의 평균 근로자수}}$

㉢ 근로자 1인당 평균 이병일수 $= \dfrac{\text{특정기간 중의 총 이병일수}}{\text{동기간 중 1회 이상 이병한 환자수}}$

㉣ 시간손실률 $= \dfrac{\text{특정기간 중에 발생한 질병의 총 시간수}}{\text{동기간 중 위험에 폭로된 총 시간수}}$

② 재해통계

㉠ **도수율**(Frequency rate) : 위험에 노출된 단위시간당 재해가 얼마나 발생했는가를 보는 것이다.

$$\text{도수율} = \dfrac{\text{재해건수}}{\text{연 근로시간수}} \times 1{,}000{,}000$$

ⓛ **강도율**(Severity rate) : 위험에 노출된 시간에 따라 얼마나 강한 손상이 발생했는가를 보는 비율이다.

$$강도율 = \frac{손실작업일수}{연\ 근로시간수} \times 1,000$$

ⓒ **평균손실일수** : 재해건수당 평균 작업손실규모가 어느 정도인가를 나타내는 지표이다.

$$평균손실일수 = \frac{손실작업일수}{재해건수} \times 1,000$$

ⓔ **건수율** : 1년 동안에 노동자 1,000명당 몇 명이 재해를 입었는가를 표시하는 것으로, 총 연근로자수 또는 근로일수가 거의 비슷한 공장 내에서는 각 직장별 비교에 있어서 편리하지만 근로시간 또는 근로일수가 다른 경우에는 도수율이 편리하다(일상적으로 1년 단위로 계산하고 단위시간은 1,000시간임).

$$건수율 = \frac{재해건수}{평균\ 작업자수} \times 1,000$$

③ **작업동태 통계**

ⓖ $결근도수율 = \dfrac{특정기간\ 중\ 총결근건수}{동기간\ 중\ 평균\ 재적인원수} \times 1,000$

ⓛ $1인\ 평균\ 결근일수 = \dfrac{특정기간\ 중\ 총\ 결근일수}{동기간\ 중\ 평균\ 재적인원수}$

ⓒ $1건\ 평균\ 결근일수 = \dfrac{특정기간중\ 총\ 결근일수}{동기간중\ 결근건수}$

ⓔ $결근일수\ 백분율 = \dfrac{특정기간\ 중\ 총\ 결근일(시간)수}{동기간\ 중\ 소정\ 연노동일(시간)수} \times 100$

❷ 산업피로와 직업병

(1) 산업피로

① **정의**

ⓖ 수면이나 휴식으로 회복되는 생리적 현상이 과로 등으로 건강이 회복되지 않고 피로가 누적되는 것을 의미한다.

ⓛ 정신적·육체적·신경적인 노동부하에 반응하는 생체의 태도이다.

ⓒ 노동생산성과 직결된다.

ⓔ 잠재적인 기능수준, 작업수행능력이 저하된다.

② 산업피로요인

ㄱ 내적 요인 : 성, 연령, 숙련도와 작업적성, 작업숙련도, 작업적응성 등이 있다.

ㄴ 외적 요인 : 작업부하, 노동시간, 인간관계 등이 있다.

③ 산업피로 판정법

ㄱ 생리적 : 순환기능, 호흡, 청력, 시력, 뇌파검사 등을 실시한다.

ㄴ 생화학적 : 혈액의 농도, 뇨단백측정, 혈액응고시간 검사 등을 실시한다.

ㄷ 심리적 : 행농기록 검사, 피부전기반사(GSR) 등을 실시한다.

④ 산업피로의 대책

ㄱ 근로자 측면 : 근로자의 적성별로 재배치하고 휴식ㆍ운동 권장, 음료수, 영양관리, 수면을 할 수 있어야 한다.

ㄴ 환경 측면 : 작업환경의 위생적 관리, 휴식시간 적정배분, 작업방법 및 자세를 합리화하여야 한다.

(2) 직업병

① 정의

ㄱ 특정직업에 종사함으로써 생기는 질병으로 오랜 직업생활로 건강장애가 축적되어 발생하는 직업성 질병과 재해로 생기는 재해성 질병이 있다.

ㄴ 산업재해는 급격히 생기며 직업병은 만성적으로 오는 특징이 있다.

② 발생요인

ㄱ 환경요인

• 분진 : 진폐증, 규폐증 등의 질환이 나타날 수 있다.

• 조명 : 조명부족으로 근시, 피로가 나타난다.

• 온도ㆍ습도 : 열경련증, 열사병 등의 직업병이 발생한다.

• 가스중독 : 중독증상(발열, 구토, 의식상실 등)이 나타난다.

• 소음 : 직업성 난청이 발생한다.

ㄴ 작업요인

• 작업자세 : 부적절한 작업자세로 인해 정맥류, 디스크, 신경통 등이 발생할 수 있다.

• 근육운동 : 과도한 근육사용으로 근육통, 관절염, 건초염 등이 나타날 수 있다.

• 정신작업 : 신경증, 불면증, 위장(소화계)질환이 생긴다.

03 산업재해

① 산업재해의 개념

(1) 정의

작업장에서 사고로 인해 발생하는 부상, 사망, 장해 또는 질병과 장기간 유해작업이나 유해요인에 의하여 발생한 직업병을 의미한다.

(2) 원인

① **직접원인** ··· 재해를 일으키는 물체 또는 행위 그 자체

② **간접원인**
   ㉠ 인적요인 : 작업자가 작업 순서나 규칙을 준수하지 않거나 부주의하여 일어나는 경우가 전체 재해의 75~80% 차지한다.
   ㉡ 물적요인 : 불안전한 시설물, 부적절한 공구, 불량한 작업환경들, 불적절한 온도, 습도, 조명, 소음 등
   ㉢ 관리적 요인 : 부적절한 작업 규칙이나 순서, 과다한 업무량 및 속도의 요구, 야간 근로, 연장 근무 등

② 산업재해 통계지표

(1) 재해율

근로자 수 100명당 발생하는 재해자 수의 비율

(2) 건수율

근로자 1,000명당 재해발생건수

(3) 도수율

① 연 근로시간 100만 시간당 재해발생건수

② 재해발생 상황을 파악하기 위한 표준적인 지표로 순수한 재해빈도나 건수를 파악하는 데 도움을 준다.

(4) 강도율

① 근로시간 합계 1,000시간당 재해로 인한 근로손실일수

② 재해로 인한 손상의 정도와 재해의 규모를 나타낸다.

❸ 재해예방의 4원칙

(1) 손실우연의 원칙

사고와 상해 정도 사이에는 어느 정도 우연의 확률이 존재한다는 것으로 예측이 어렵다.

> 📢 **TIP** **하인리히 법칙** … 대형사고가 발생하기 전에는 그와 관련된 수많은 경미한 사고, 징후들이 존재한다는 것을 산업재해를 분석하여 밝힌 법칙

(2) 원인연계의 원칙

사고와 그 원인과의 사이에는 필연적인 인과관계가 있다.

(3) 예방가능의 원칙

천재지변과는 달리 예방가능하므로 사전대책에 중점을 두어야 한다.

(4) 대책선정의 원칙

안전사고의 예방은 기술적 대책, 교육적 대책, 관리적 대책이 필요하다.

❹ 「산업재해보상보험법」상의 재해보상

종류	지급사유	급여수준
요양급여	업무상 재해로 인한 부상 질병에 걸린 경우	요양비 전액 -단 요양기간 4일 이상 시 적용
휴업급여	업무상 재해로 요양하여 휴업한 기간	1일당 평균급여의 70% -단 4일 이상 휴업 시 적용
장해급여	업무상 재해로 인한 부상 질병 치유 후에도 장해가 남는 경우	장해등급에 따라 장애보상연금 또는 장해보상일시금으로 지급한다.
간병급여	요양급여를 받은 자가 치료 후 의학적으로 상시 또는 수시 간병이 필요시	간병 받은 기간의 간병료에 준함
유족급여	업무상 재해로 사망하였을 때 유족이 청구 하는 경우	유족보상연금 또는 유족보상일시금으로 지급
상병보상연금	요양급여를 받은 자가 요양 개시 후 2년이 경과한 후에도 치유되지 않고 중증요양상 태의 정도가 지급사유에 해당하는 경우	중증요양상태 등급에 따라 지급
직업재활 급여	장해급여를 받은 자 중 취업을 원하여 직 업훈련이 필요한 자	직업훈련비용, 직업훈련수당, 직장복귀지원금, 직장적응 훈련비, 재활운동비
장의비	업무상 재해로 사망하였을 때 그 장제를 실행한 사람에게 지급	평균임금의 120일분

≡ 최근 기출문제 분석 ≡

2021. 6. 5. 제1회 지방직

1 **다음에 해당하는 근로자의 건강관리구분은?**

> 직업성 질병으로 진전될 우려가 있어 추적검사 등 관찰이 필요한 근로자

① C_1

② C_2

③ D_1

④ D_2

TIP 근로자 건강관리구분

건강관리구분		의미
A	건강인(정상)	건강관리상 사후관리가 필요없는 자
C_1	직업병 요관찰자	직업성 질병으로 진전될 우려가 있어 추적검사 등 관찰이 필요한 자
C_2	일반질병 요관찰자	일반질병으로 진전될 우려가 있어 추적관찰이 필요한자
D_1	직업병 유소견자	직업성 질병의 소견을 보여 사후관리가 필요한 자
D_2	일반질병 유소견자	일반질병의 소견을 보여 사후관리가 필요한 자
R	제2차 건강진단 대상자	일반건강진단에서의 질환의심자
U	판정 불가	퇴직 등의 사유로 건강관리구분을 판정할 수 없는 근로자

Answer 1.①

2 다음에 해당하는 근로자 건강진단은?

> • 근로자는 법적 유해인자에 노출된 작업을 하고 있다.
>
> • 근로자는 직업성 천식 증상을 호소하였다.
>
> • 이에 사업주는 건강진단 실시를 계획하고 있다.

① 수시건강진단   ② 일반건강진단

③ 임시건강진단   ④ 배치전건강진단

> **TIP** 수시건강진단 … 급성으로 발병하거나 정기적 건강진단으로는 발견하기 어려운 직업성 질환을 조기진단하기 위해 시행함
> ㉠ 대상자: 특수 건강진단 대상업무로 인하여 유해인자에 의한 직업성 천식, 직업성 피부염, 그 밖에 건강장애를 의심하게 하는 증상을 보이거나 의학적 소견이 있는 근로자
> ㉡ 실시 항목
> • 특수 건강진단 대상 유행인자 : 특수 건강진단 항목에 준함
> • 직업성 천식, 직업성 피부질환

3 산업재해 통계지표로 옳은 것은?

① 강도율=(손실노동일수/연근로시간수)×1,000

② 도수율=(재해건수/상시근로자수)×1,000

③ 건수율=(재해건수/연근로시간수)×1,000,000

④ 평균작업손실일수=작업손실일수/연근로시간수

TIP		
도수율	재해건수 / 연 근로시간 수 × 1,000,000	
강도율	손실작업일수 / 연 근로시간 수 × 1,000	
건수율	재해건수 / 평균 실근로자 수 × 1,000	
평균작업손실일수	작업손실 일수 / 재해건수 × 1,000	

Answer   2.①   3.①

4 어떤 사업장에서 근로자 건강진단을 실시하여 다음과 같은 결과가 나왔다. 이에 대한 설명으로 가장 옳은 것은?

건강관리구분		단위(명)
A		2,000
C	C_1	200
	C_2	300
D	D_1	20
	D_2	150
계		2,670

① 일반 질병으로 진전될 우려가 있어 추적관찰이 필요한 근로자는 300명이다.

② 직업성 질병의 소견을 보여 사후관리가 필요한 근로자는 200명이다.

③ 일반 질병의 소견을 보여 사후관리가 필요한 근로자는 20명이다.

④ 직업성 질병의 소견을 보여 사후관리가 필요한 근로자는 150명이다.

TIP 건강관리구분 판정

건강관리구분			기준
A		정상자	건강관리상 사후관리가 불필요
C	C_1	직업성 질병 요관찰자	직업성 질병으로 진전될 우려가 있어 추적조사 등 관찰이 필요
	C_2	일반 질병 요관찰자	일반 질병으로 진전될 우려가 있어 추적관찰이 필요
D	D_1	직업성 질병 유소견자	직업성 질병의 소견이 있어 사후관리가 필요
	D_2	일반 질병 유소견자	일반 질병의 소견이 있어 사후관리가 필요

Answer 4.①

5 다음은 1년간의 K사업장 현황이다. 강도율(severity rate)은?

- 근로자수 : 1,000명
- 재해자수 : 20명
- 손실작업일수 : 1,000일
- 재해건수 : 20건
- 근로시간수 : 2,000,000시간

---

① 0.5

② 1

③ 10

④ 20

> **TIP** 강도율은 재해발생률을 표시하는 방법 중 하나로, 재해규모의 정도를 표시한다. 1,000 노동시간당의 노동손실일수를 나타낸 것으로, '총근로손실일수 ÷ 총근로시간수 × 1,000'으로 산출한다.
> 따라서 K사업장의 강도율은 1,000 ÷ 2,000,000 × 1,000 = 0.5이다.

6 다음 글에서 업무수행 적합여부 판정구분에 해당하는 것은?

분진이 심한 사업장에서 근무 중인 근로자가 건강진단결과 폐질환 유소견자로 발견되어 업무수행 적합여부를 평가한 결과 '다'로 판정되었다.

---

① 건강관리상 현재의 조건하에서 작업이 가능한 경우

② 일정한 조건(환경개선, 보호구착용, 건강진단주기의 단축 등)하에서 현재의 작업이 가능한 경우

③ 건강장해의 악화 또는 영구적인 장해의 발생이 우려되어 현재의 작업을 해서는 안되는 경우

④ 건강장해가 우려되어 한시적으로 현재의 작업을 할 수 없는 경우(건강상 또는 근로조건상의 문제가 해결된 후 작업복귀 가능)

> **TIP** 업무수행 적합여부 판정구분

구분	판정
가	건강관리상 현재의 조건하에서 작업이 가능한 경우
나	일정 조건(환경개선, 보호구착용, 건강진단주기의 단축 등) 하에서 현재의 작업이 가능한 경우
다	건강장해가 우려되어 한시적으로 현재의 작업을 할 수 없는 경우(건강상 또는 근로조건상의 문제가 해결된 후 작업 복귀 가능)
라	건강장해의 악화 또는 영구적인 장해의 발생이 우려되어 현재의 작업을 해서는 안 되는 경우

Answer 5.① 6.④

7 「산업안전보건법 시행규칙」상 다음에서 설명하는 것은?

> 특수건강진단대상업무로 인하여 해당 유해인자로 인한 것이라고 의심되는 직업성 천식, 직업성 피부염, 그 밖에 건강장해 증상을 보이거나 의학적 소견이 있는 근로자에 대하여 사업주가 실시하는 건강진단

① 임시건강진단   ② 수시건강진단
③ 특수건강진단   ④ 배치전건강진단

TIP 제시된 내용은 「산업안전보건법 시행규칙」 제205조(수시건강진단 대상 근로자 등)에서 규정하고 있는 수시건강진단에 대한 설명이다.

※ 산업안전보건법(제30조)

    ⊙ 임시건강진단 : 다음 각 목의 어느 하나에 해당하는 경우에 특수건강진단 대상 유해인자 또는 그 밖의 유해인자에 의한 중독 여부, 질병에 걸렸는지 여부 또는 질병의 발생 원인 등을 확인하기 위하여 법 제131조 제1항에 따른 고용노동부령으로 정하는 경우에 따라 사업주가 실시하는 건강진단을 말한다.

    • 같은 부서에 근무하는 근로자 또는 같은 유해인자에 노출되는 근로자에게 유사한 질병의 자각 · 타각증상이 발생한 경우
    • 직업병 유소견자가 발생하거나 여러 명이 발생할 우려가 있는 경우
    • 그 밖에 지방고용노동관서의 장이 필요하다고 판단하는 경우

    ⓒ 특수건강진단 : 다음의 어느 하나에 해당하는 근로자의 건강관리를 위하여 사업주가 실시하는 건강진단을 말한다.

    • 고용노동부령으로 정하는 유해인자에 노출되는 업무에 종사하는 근로자
    • 근로자건강진단 실시 결과 직업병 유소견자로 판정받은 후 작업 전환을 하거나 작업장소를 변경여 해당 판정의 원인이 된 특수건강진단대상업무에 종사하지 아니하는 사람으로서 해당 유해인자에 대한 건강진단이 필요하다는 의사의 소견이 있는 근로자

    ⓒ 배치전건강진단 : 특수건강진단대상업무에 종사할 근로자에 대하여 배치 예정업무에 대한 적합성 평가를 위하여 사업주가 실시하는 건강진단을 말한다.

2017. 6. 17 제1회 지방직

8 「산업안전보건법 시행규칙」상 근로자 일반건강진단의 실시 횟수가 옳게 짝지어진 것은?

	사무직 종사 근로자	그 밖의 근로자
①	1년에 1회 이상	1년에 1회 이상
②	1년에 1회 이상	1년에 2회 이상
③	2년에 1회 이상	1년에 1회 이상
④	2년에 1회 이상	1년에 2회 이상

> **TIP** 사업주는 상시 사용하는 근로자 중 <u>사무직에 종사하는 근로자</u>(공장 또는 공사현장과 같은 구역에 있지 아니한 사무실에서 서무·인사·경리·판매·설계 등의 사무업무에 종사하는 근로자를 말하며, 판매업무 등에 직접 종사하는 근로자는 제외)에 대해서는 <u>2년에 1회 이상</u>, 그 밖의 근로자에 대해서는 <u>1년에 1회 이상</u> 일반건강진단을 실시하여야 한다〈산업안전보건법 시행규칙 제197조(일반건강진단의 주기 등) 제1항〉.

2016. 6. 25 서울특별시

9 다음 중 산업재해를 파악하는 지표에 대한 설명으로 옳지 않은 것은?

① 천인율은 근로자 100명당 발생하는 재해자 수의 비율을 의미한다.
② 도수율은 1,000,000 근로시간당 발생하는 재해건수를 의미한다.
③ 사망만인율은 근로자 10,000명당 재해로 인한 사망자 수의 비율을 의미한다.
④ 강도율은 1,000 근로시간당 재해로 인한 근로 손실일수를 의미한다.

> **TIP** 천인율은 근로자 1,000명당 발생하는 재해자 수의 비율을 말한다.
> 근로자 100명당 발생하는 재해자 수의 비율은 재해율이다.

Answer 5.③ 6.①

출제 예상 문제

1 산업재해를 나타내는 도수율과 강도율의 분모로 옳은 것은?

① 재해건수

② 평균 재적인원수

③ 연 근로시간수

④ 평균 근로자수

TIP 산업재해지표

㉠ 도수율 $= \dfrac{\text{재해건수}}{\text{연 근로시간수}} \times 1,000,000$

㉡ 강도율 $= \dfrac{\text{손실작업일수}}{\text{연 근로시간수}} \times 1,000$

2 산업장 근로자를 대상으로 한 건강검진에서 직업병 소견이 있어 사후관리가 필요한 판정결과는?

① A

② C₁

③ D₁

④ R

TIP 건강관리 구분

A	건강자 또는 경미한 이상소견이 있는 자
C1	직업성 질병으로 진전될 우려가 있어 추적검사 등 관찰이 필요한 자(요관찰자)
C2	일반질병으로 진전될 우려가 있어 추적관찰이 필요한 자(요관찰자)
D1	직업성 질병의 소견이 있는 자(직업병 유소견자)
D2	일반질병의 소견이 있는 자(일반질병 유소견자)
R	일반건강진단에서 질환의심자(제 2 차 건강진단대상)

3 다음 중 건강진단에 대한 설명으로 옳지 않은 것은?

① 일반건강진단 : 상시 사용하는 근로자의 건강관리는 위하여 주기적으로 실시
② 특수건강진단 : 직업병 유소견자가 발생하거나 여러 명이 발생할 우려가 있는 경우 실시
③ 배치 전 건강진단 : 특수건강진단 대상 유해인자에 노출되는 업무에 종사할 근로자에 대하여 배치 예정업무에 대한 적합성 평가를 위한 건강진단
④ 수시건강진단 : 특수건강진단 대상 유해인자에 노출되는 업무로 인하여 직업성 천식·피부염 등의 증상을 보이는 근로자에게 실시

- - - - - - - -

TIP 특수건강진단〈산업안전보건법 제130조 제1항〉 … 사업주는 다음의 어느 하나에 해당하는 근로자의 건강관리를 위하여 건강진단(이하 "특수건강진단"이라 한다)을 실시하여야 한다. 다만, 사업주가 고용노동부령으로 정하는 건강진단을 실시한 경우에는 그 건강진단을 받은 근로자에 대하여 해당 유해인자에 대한 특수건강진단을 실시한 것으로 본다.
ⓐ 고용노동부령으로 정하는 유해인자에 노출되는 업무(이하 "특수건강진단대상업무"라 한다)에 종사하는 근로자
ⓑ 건강진단 실시 결과 직업병 소견이 있는 근로자로 판정받아 작업 전환을 하거나 작업 장소를 변경하여 해당 판정의 원인이 된 특수건강진단대상업무에 종사하지 아니하는 사람으로서 해당 유해인자에 대한 건강진단이 필요하다는 「의료법」 제2조에 따른 의사의 소견이 있는 근로자

4 산업통계 중 질병통계를 나타낼 때 쓰이는 것은?

① 결근도수율   ② 강도율
③ 유병률   ④ 도수율

- - - - - - - -

TIP ① 작업동태 통계 ②④ 재해통계

5 다음 중 근로자 건강검진판단 'C'는 무엇을 뜻하는가?

① 질환자   ② 건강자
③ 직업병 유소견자   ④ 직업병 요관찰자

- - - - - - - -

TIP C는 C_1, C_2로 구분되는 데 C_1은 직업성 질병으로 진전될 우려가 있어 추적검사 등 관찰이 필요한 자(요관찰자)이고 C_2는 일반질병으로 진전될 우려가 있어 추적관찰이 필요한 자이다.

Answer   3.② 4.③ 5.④

6 다음 중 만성질환의 집단검사 시 갖추어야 될 요건으로 옳은 것은?

> ⊙ 질환의 초기발견이 가능해야 한다.
> ⓒ 조기치료시 질환예방이 가능해야 한다.
> ⓒ 질환의 발견 후 치료와 관리에 대한 계획이 있어야 한다.
> ⓔ 가격이 저렴해야 한다.

① ⊙ⓒⓒ   ② ⊙ⓒ

③ ⓒⓔ   ④ ⊙ⓒⓒⓔ

....

TIP 집단검진의 조건
  ⊙ 정확한 검진방법이어야 한다.
  ⓒ 검사에 대해 거부감이 있으면 안 되고 비용이 저렴해야 한다.
  ⓒ 그 질병이 흔해 여러 사람에게 효과가 있어야 한다.
  ⓔ 조기진단이 가능해야 한다.
  ⓜ 조기발견시 효과적인 치료방법이 있어야 한다.

7 산업현장에서 사고율에 영향을 주는 주된 요인이 아닌 것은?

① 직업종류   ② 경험도

③ 성격구조   ④ 산업현장규모

....

TIP 산업현장의 사고율은 경험도, 성격구조, 직업종류, 연령, 성별 등이 영향을 끼친다.

8 다음 직업병 중 잠함병의 원인과 관계되는 것은?

① 가압   ② 감압

③ 고열   ④ 비교습도

TIP 감압증(잠함병)

　　㉠ 발생원인 : 고기압 환경에서 저기압 환경으로 갑자기 감압하면 질소가스가 체외로 배출되지 못하고 체내에서 기포가 되어 이들 기포가 순환장애와 조직손상을 초래한다.

　　㉡ 증상 : 관절통, 근육통, 흉통, 호흡곤란, 중추신경마비, 소양감, 골괴사 등의 증상이 발생한다.

9 다음 중 산업재해 평가와 관련없는 것은?

① 건수율   ② 강도율

③ 평균손실일수   ④ 이환율

TIP 산업재해통계 종류 … 도수율, 강도율, 평균손실일수, 전수율

10 직업병에 대한 설명으로 옳은 것은?

① 특수한 작업에서 특이하게 발생하는 질병이다.

② 일상적 작업에서 발생하는 상해만을 지칭한다.

③ 직장에서 방치할 수 없는 특수질환을 말한다.

④ 직장에서 흔히 발생하는 질병이다.

TIP 일반적으로 직업병이란 직업의 종류에 따라 그 직종이 가지고 있는 특정한 이유로 그 직업에 종사하는 사람들에게만 발생하는 특정의 질환을 말한다.

Answer　8.②　9.④　10.①

11 다음 중 산업피로의 대책으로 옳은 것은?

> ㉠ 피로징후의 조기발견과 조치   ㉡ 노동시간 조정
> ㉢ 휴식, 휴양의 확보   ㉣ 작업환경의 개선

① ㉠㉡㉢   ② ㉠㉡㉢㉣
③ ㉠㉢㉣   ④ ㉡㉢㉣

....

TIP 산업피로의 대책
  ㉠ 노동시간의 조정
  ㉡ 휴식, 휴양의 확보
  ㉢ 피로징후의 조기발견과 조치
  ㉣ 작업공간, 작업방식, 작업환경의 개선

12 다음 중 산업피로에 영향을 주는 요인끼리 짝지어진 것은?

> ㉠ 심리적 요인   ㉡ 작업장의 불청결
> ㉢ 부당보수   ㉣ 신체적 적합성 여부와 건강부족

① ㉠㉡㉢   ② ㉠㉡㉣
③ ㉠㉢㉣   ④ ㉡㉢㉣

....

TIP ㉢ 부당보수는 산업피로의 원인으로 볼 수 없다.

Answer 11.② 12.②

13 1,000,000 작업시간 중에 발생되는 재해건수로 표시되는 것은?

① 도수율
② 강도율
③ 이환율
④ 건수율

TIP 도수율 $= \dfrac{재해건수}{연\ 근로시간수} \times 1,000,000$

14 다음 중 산업재해의 사고발생과 생산력 감퇴의 주요 요인은?

① 의무직의 부재
② 보건교육의 미실시
③ 적절치 못한 응급처리
④ 산업피로

TIP 산업피로는 정신적·육체적·신경적인 노동부하에 반응하는 생체의 태도로 회복되지 않고 축적되는 피로로 인해 생산성이 저해되고 재해와 질병의 원인이 된다.

15 다음 중 직업병의 특징으로만 묶인 것은?

㉠ 전염성이 있다.	㉡ 예방이 가능하다.
㉢ 만성의 결과를 거친다.	㉣ 특수검사진으로 판정이 가능하다.

① ㉠㉡㉢
② ㉠㉡㉣
③ ㉠㉢㉣
④ ㉡㉢㉣

TIP ㉠ 직업병은 대개 만성질환으로 전염성을 가진 것은 없다.

16 근로자 건강관리의 주된 내용으로만 묶인 것은?

> ㉠ 건강진단   ㉡ 응급처치 및 치료
> ㉢ 근로자의 처우개선   ㉣ 건강상태에 대한 기록
> ㉤ 다음 사업을 위한 재계획

① ㉠㉡㉢   ② ㉠㉡㉢㉣
③ ㉠㉡㉣   ④ ㉠㉡㉣㉤

TIP 근로자의 건강관리는 직접간호 제공과 사업계획 정립의 2가지로 대변될 수 있다.

17 다음 중 연 근로시간에 대한 손실작업일수를 나타내는 것은?

① 강도율   ② 도수율
③ 평균손실일수   ④ 결근율

TIP $강도율 = \dfrac{손실작업일수}{연 \ 근로시간수} \times 1,000$

18 다음 중 산업재해를 예방하기 위한 방법에 해당하지 않는 것은?

① 공장과 설비에 대한 태도   ② 산업장의 규모파악
③ 작업자에 대한 적성배치   ④ 안전에 관한 교육훈련

TIP 산업재해 예방방법
　㉠ 안전교육
　㉡ 작업자의 재배치
　㉢ 공장, 설비에 대한 태도변화
　㉣ 안전시설의 확충 등

19 다음 중 1차 예방사업에 속하는 것은?

ㄱ 근로자 건강상태파악   ㄴ 직업병 치료
ㄷ 작업장 환경측정   ㄹ 정기적 건강진단

---

① ㄱㄴㄹ   ② ㄱㄷㄹ
③ ㄴㄷㄹ   ④ ㄷㄹ

· ·

TIP ㄴ 2차 예방사업이다.

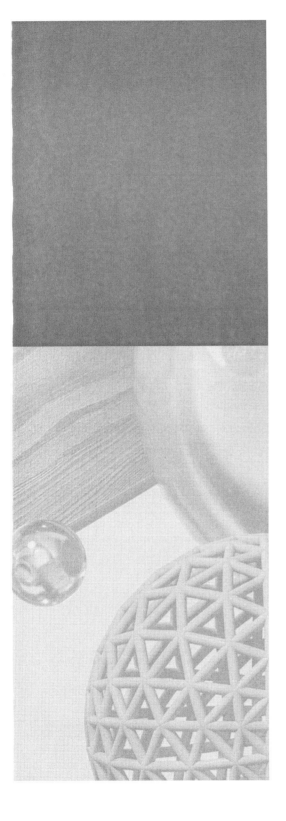

01 모자보건관리

01 모자보건의 이해

❶ 모자보건의 정의

(1) 모자보건

① 모성의 생명과 건강을 보호하고 건전한 자녀의 출산과 양육을 도모함으로써 국민보건 향상에 이바지함을 목적으로 임산부 또는 영유아에게 전문적인 의료봉사를 통한 신체적·정신적 건강을 유지하게 하는 사업을 말한다.

② 모자보건이라 함은 넓은 의미로는 출산할 수 있을 때부터 폐경기에 이르는 모든 여성과 18세까지의 미성년자의 보건을 말하나 좁은 의미로는 임신·분만·산욕기에 있는 임산부 및 출생부터 6세까지의 미취학 아동, 즉 영유아 및 학령전기 아동을 대상으로 하는 보건사업이다.

(2) 임산부

임신 중에 있거나 분만 후 6개월 미만의 여자를 가리킨다.

(3) 모성

① **협의** ··· 임신·분만·출산 후 6개월 미만 또는 1년 미만의 여자를 가리킨다.

② **광의** ··· 출산할 수 있을 때부터 폐경기에 이르는 모든 여자를 가리킨다.

③ 모성이란 임산부와 가임기 여성을 말한다〈모자보건법 제2조 제2호〉.

(4) 영유아

① **협의** … 생후부터 미취학 아동까지를 의미한다.

② **광의** … 생후부터 15 ~ 18세까지의 미성년자를 말한다.

③ 영유아란 출생 후 6년 미만인 사람을 말한다〈모자보건법 제2조 제3호〉.

(5) 신생아

출생 후 28일 미만의 영유아를 신생아라 한다.

❷ 모자보건의 대상

(1) 모성인구

① **협의** … 임신, 분만, 산욕기, 수유기의 여성을 의미한다.

② **광의** … 초경에서 폐경에 이르는 모든 여성을 의미한다.

(2) 아동인구

① **협의** … 미취학 아동을 의미한다.

② **광의** … 출생에서 사춘기에 이르는 남자 · 여자를 의미한다.

02 모자보건사업

① 모자보건사업의 목적 및 특징

(1) 목적

① 지역사회 건강수준을 증진시키는 방법의 하나로서 모성건강을 유지해야 한다.

② 임신과 분만에 수반하는 합병증의 발생위험과 신생아 사망률을 줄인다.

③ 불임증을 예방하고 치료하며, 다음 임신에 대한 준비를 한다.

(2) 범위

근로여성의 건강관리, 폐경기관리, 신생아 및 영유아 관리, 학동기와 사춘기 보건관리, 출산 조절, 가족계획 상담 및 지도, 임산부의 산전관리, 분만관리, 산후 관리, 임신의 준비, 결혼 전 건강상담과 임신 계획 등이 포함된다.

(3) 특징

① 모자보건 대상 인구는 전체 인구의 50 ～ 55% 범위로 광범위하다.

② 적은 비용으로 지역사회 건강증진에 기여하며, 지속적인 건강관리와 질병예방에 힘쓰는 예방사업에 효과적이다.

③ 다음 세대의 인구자질에 영향을 준다.

② 모자보건사업의 역사

(1) 외국의 경우

① Hippocrates(B.C. 460 ～ 370) … 어린이에게 관심이 필요함을 강조하였고 특히 기침, 구토, 불면을 지적하였다.

② 영국 헨리 8세(1421) … 신생아 등록제도를 시작하여 생정통계의 시작이 되었다.

③ 17세기 영국 … 성 빈센트가 육아, 무의탁여인 보호사업을 시작하였다.

④ **18세기 영국** … 의사인 John & Jeorge Amstrong 형제가 치료적 사업, 예방적인 사업을 수행하였다.

⑤ **19세기 ~ 20세기 초** … 1891년 '사회과학협회'에서 영아사망에 대한 사회조사를 실시하였다.

⑥ 위의 시기에 뉴욕에는 어린이를 위한 우유보급소가 설치되고 영국, 스코틀랜드에는 영아복지센터, 어머니
교실이 개설되었다. 점차 방문간호 쪽으로 변하며 정부가 관심을 가지기 시작하였다.

(2) 우리나라의 경우

① **1923년** … 선교사인 로선복과 한신광의 어머니교실, 산전진찰, 두유급식소 등이 모자보건사업의 시작이라고
볼 수 있다.

② **1960년** … 경제개발 5개년 계획과 가족계획사업으로 모자보건사업이 뒷전으로 밀려나게 되었다.

③ **1979년** … 정부와 세계은행 간의 인구차관사업이 체결되었다.

④ **1989년** … 의료보험 확대실시로 산전, 분만, 산후관리가 병·의원에서 주로 이루어짐에 따라 보건소, 모자
보건센터에서의 모자보건사업의 변화가 요구되었다.

≡ 최근 기출문제 분석 ≡

2022. 4. 30. 지방직 8급 간호직

1 모성사망비의 분모로 옳은 것은?

① 당해 연도의 중앙 인구

② 당해 연도의 출생아 수

③ 당해 연도의 모성 사망 수

④ 당해 연도의 15~49세 가임기 여성 수

> **TIP** ② 모성사망은 임신 또는 관련으로 인해 임신 중 또는 분만 후 42일(6주) 이내에 사망한 것으로 모성건강지표로 쓰인다. 모성사망비는 당해 연도 출생아 10만 명당 임신, 분만, 산욕으로 인한 모성사망의 수로 산출하며, 출생아수를 분모로 한다.
>
> $$\text{모성사망비} = \frac{\text{당해 연도 임신 · 분만 · 산욕으로 인한 모성 사망 수}}{\text{당해 연도 출생아 수}} \times 100,000$$

2017. 12. 16 지방직 추가선발

2 2016년도 신생아 및 영아 사망 수를 나타낸 표에서 알파인덱스(α –index)를 비교할 때, 건강수준이 가장 높은 경우는?

사망 수(명) \ 구분	A	B	C	D
신생아 사망 수	5	5	10	10
영아 사 망 수	10	6	15	11

① A

② B

③ C

④ D

> **TIP** α-index는 생후 1년 미만의 사망수(영아 사망수)를 생후 28일 미민의 사밍수(신생아 사망수)로 나눈 값이다. 유아 사망의 원인이 선천적 원인만이라면 값은 1에 가깝다. 따라서 D의 건강수준이 가장 높다.

Answer 1.② 2.④

출제 예상 문제

1 다음 중 협의의 모성에 해당하는 것은?

① 임신 · 분만 · 출산 후 6개월 미만 또는 1년 미만의 여자

② 출산할 수 있을 때부터 폐경기에 이르는 모든 여자

③ 임신 중에 있는 여자

④ 산욕기 · 수유기의 여자

TIP 모성
  ㉠ 협의 : 임신 · 분만 · 출산 후 6개월 미만 또는 1년 미만의 여자
  ㉡ 광의 : 출산할 수 있을 때부터 폐경기에 이르는 모든 여자

2 다음 중 모자보건사업에 해당되는 것으로 옳은 것은?

㉠ 예방접종	㉡ 산전, 산후관리
㉢ 분만관리와 응급처치에 관한 사항	㉣ 가족건강에 관한 교육 및 관리증진

① ㉠㉡㉢

② ㉠㉢

③ ㉡㉣

④ ㉠㉡㉢㉣

TIP 모자보건사업의 내용
  ㉠ 임신의 준비 : 결혼 전 건강상담 및 임신계획
  ㉡ 임산부의 산전, 분만 및 산후관리
  ㉢ 출산조절
  ㉣ 신생아 및 영유아 관리
  ㉤ 학령기 및 사춘기 보건관리
  ㉥ 근로여성 건강관리
  ㉦ 가족계획 상담 및 지도
  ㉧ 폐경기 여성관리

Answer 1.① 2.④

3 다음 중 어느 지역의 남자 흡연율 56%, 음주율 50%, 비만율 26%일 때 흡연율을 감소시키기 위해 금연사업을 실시하였다면 사업 후에 자료를 비교하기 위한 조사방식으로 옳은 것은?

① 납세인구조사   ② 표본조사

③ 상주인구조사   ④ 전수조사

> **TIP** ① 관계가 없다.
> ③④ 경제적인 비용과 시간이 많이 소요되어 타당하지 않다.
> ※ 표본조사
>   ⊙ 특수목적으로 한정된 내용의 통계자료를 수집할 때 사용한다.
>   ⓛ 표본의 대표성을 확보해야 하고 센서스 조사시 표본선정을 1～5% 범위 내에서 함께 실시하기도 한다.

4 다음 중 신생아사망률을 나타낸 것은?

① $\dfrac{\text{그 해 동안의 생후 28일 미만의 영아 사망수}}{\text{그 해의 출생수}} \times 1,000$

② $\dfrac{\text{신생아 사망수}}{\text{총 신생아수}} \times 1,000$

③ $\dfrac{\text{같은 해의 영아 사망수}}{\text{1년 동안의 신생아 사망수}} \times 1,000$

④ $\dfrac{\text{같은 해의 출생 후 1년 이내에 사망한 영아수}}{\text{특정연도의 1년간의 출생수}} \times 1,000$

> **TIP** 신생아사망률은 초생아사망률과 함께 연기된 사산으로 선천적 원인이 지배적이며, 예방이 불가능하다. 보건상태가 향상될수록 영아사망률과 신생아사망률의 차이가 감소한다.

Answer 3.② 4.①

5 다음의 ( ) 안에 해당하는 것으로 옳은 것은?

$$모성사망률 = \frac{임신 \cdot 분만 \cdot 산욕\ 합병증으로\ 사망한\ 부인수}{(\qquad)} \times 1,000$$

① 부인사망수　　　　　　　　② 총 출생수
③ 영아사망수　　　　　　　　④ 중앙인구

TIP 모성사망률이란 그 해 총 출생수 중에 임신 · 분만 · 산욕 합병증으로 사망한 여성수를 말한다.

6 다음 중 모자보건관리를 통한 장애와 예방 중 2차적 예방법으로 옳은 것은?

① 정신박약아의 특수처리
② 장애아의 물리치료방법
③ 출생 이후 장애가 될 수 있는 질병 및 상해와 사고요인을 예방
④ 장애정도의 악화 예방

TIP 2차 예방이란 질병을 조기발견하고 치료하며 사고 · 상해요인을 예방하는 것을 포함한다.

02 모성 · 영유아보건사업

01 모성보건사업

❶ 모자보건사업의 내용과 간호과정

(1) 내용

① **임신 전 관리** … 임신 전 관리는 모성보건사업에 있어서 첫 단계로서, 신체검사, 병력조사, 신체적 불구상태 교정, 영양상태 지도, 혼전 지도, 혈청검사(매독), 부모의 역할과 책임에 대한 교육, 발달단계 상담 등의 일을 한다. 임신 전 관리의 목적은 임신, 분만 등을 순조롭게 할 수 있는 쾌적의 건강상태를 유지할 수 있도록 도와주는 것이다.

② **산전 관리**
　㉠ **정의** : 임신 중인 모성을 대상으로 한 건강관리로 모성, 태아 및 신생아의 건강을 보호하고 유지 · 증진하도록 정기적으로 검사와 진찰을 받는 것이다.
　㉡ **처음 방문시 사정내용** : 일반적 병력, 월경력, 임신 및 출산력, 현재의 임신상태를 묻는다.
　㉢ **신체검사** : 혈압, 체중, 자궁저의 높이, 태아심음, 태위, 자궁경부상태 등을 검사한다.
　㉣ **임상검사** : 혈액형, Rh인자, 소변검사, 혈액검사(CBG), 매독혈청검사(VDRL), 자궁경부 스미어(Smear), 흉부 X선 촬영 등을 한다.
　㉤ **보건교육** : 임신에 따른 불편감, 이상상태, 일상생활에서의 주의점 등에 대해 설명한다.
　㉥ **산후의 방문계획** : 첫 주에는 매일, 그 후 2주일째, 4주일째 각각 한 번씩 방문한다.

③ **분민간호**
　㉠ 분만준비에 대하여 산모와 가족을 교육하고 준비된 물품을 확인한다.
　㉡ 분만시작을 아는 방법, 처치방법, 의사나 간호사 및 조산사를 부르는 시간 혹은 병원에 가는 시간 등을 가족과 산모에게 지도한다.
　㉢ 직접분만 개조 및 분만을 개조하러 온 의사나 조산사와 협력한다.
　㉣ 분만 직후 산모와 아기에게 간호를 제공한다.
　㉤ 산후출혈, 제대출혈, 아기 눈의 상태 등을 포함한 산모와 아기의 증후와 증상을 관찰하여 필요한 조치를 한다.

④ 산욕기 간호

　　㉠ 정의 : 산욕기(산후 6~8주까지) 동안 임신과 분만으로 인하여 변화되었던 여성 성기와 그 부속기관이 완전히 임신 전 상태로 회복되는 것을 돕는 간호를 말한다.

　　㉡ 가족간호인을 선정하여 산모 및 신생아 간호법을 시범해 보여주고 또한 가족간호인의 간호를 감독한다.

　　㉢ 산후 6주에 진찰을 받아야만 하는 이유를 설명하여 진찰을 꼭 받도록 한다.

　　㉣ 전수유기간을 통하여 건강관리를 받도록 도와준다.

(2) 지역사회 간호과정

① 산전, 분만, 산욕기에 있는 임산부를 찾아내어 모성실에 등록시키고 그들의 간호요구를 파악한다. 특히, 분만 전에 있는 임산부를 조기발견하여 이들의 건강문제를 파악하고 간호요구를 규명한다.

② 이들의 간호요구를 분석하여 구체적 간호방법, 시간계획, 업무분담, 예산 등 간호계획을 수립한다.

③ 계획에 따라 개업의원, 조산소, 병원 등에 의뢰하고 서로 협력한다.

④ 모성을 간호하는데 필요한 업무를 가족, 지역사회간호사 등이 분담하고 가족이 책임을 다하도록 교육한다.

⑤ 모성이 요구하는 기본적인 간호를 제공한다.

⑥ 가족 중의 한 사람을 교육하여 모성간호에 협력하도록 한다.

⑦ 계획대로 수행하도록 진행사항을 감독한다.

⑧ 제공된 간호에 대하여 평가한다.

TIP 인공임신중절수술의 허용한계

　㉠ 의사는 다음의 어느 하나에 해당되는 경우에만 본인과 배우자(사실상의 혼인관계에 있는 사람 포함)의 동의를 받아 인공임신중절수술을 할 수 있다.
　　• 본인이나 배우자가 대통령령으로 정하는 우생학적(優生學的) 또는 유전학적 정신장애나 신체질환(연골무형성증, 낭성섬유증 및 그 밖의 유전성 질환으로서 그 질환이 태아에 미치는 위험성이 높은 질환)이 있는 경우
　　• 본인이나 배우자가 대통령령으로 정하는 전염성 질환(풍진, 톡소플라즈마증 및 그 밖에 의학적으로 태아에 미치는 위험성이 높은 전염성 질환)이 있는 경우
　　• 강간 또는 준강간(準强姦)에 의하여 임신된 경우
　　• 법률상 혼인할 수 없는 혈족 또는 인척 간에 임신된 경우
　　• 임신의 지속이 보건의학적 이유로 모체의 건강을 심각하게 해치고 있거나 해칠 우려가 있는 경우
　㉡ 인공임신중절수술은 임신 24주 이내인 사람만 할 수 있다.
　㉢ 배우자의 사망·실종·행방불명, 그 밖에 부득이한 사유로 동의를 받을 수 없으면 본인의 동의만으로 그 수술을 할 수 있다.
　㉣ 본인이나 배우자가 심신장애로 의사표시를 할 수 없을 때에는 그 친권자나 후견인의 동의로, 친권자나 후견인이 없을 때에는 부양의무자의 동의로 각각 그 동의를 갈음할 수 있다.

② 산후조리업

(1) 개념

① 산후조리업이라 함은 산후조리 및 요양 등에 필요한 인력과 시설을 갖춘 곳(산후조리원)에서 분만 직후의 임산부 또는 출생 직후의 영유아에게 급식·요양 그 밖의 일상생활에 필요한 편의를 제공하는 업을 말한다.

② 산후조리는 출산 후 이완되고 불균형한 신체적·정신적 상태를 임신 전의 상태로 회복시키고 산후후유증을 예방하는 것이다.

③ 산후후유증으로는 냉증, 비만, 월경불순, 기미, 골다공증, 관절염, 신경통 등을 들 수 있다.

(2) 산후조리업의 운영

① 신고 … 산후조리업을 하고자 하는 자는 산후조리원의 운영에 필요한 간호사 또는 간호조무사 등의 인력과 시설을 갖추고 시장·군수·구청장에게 신고하여야 한다.

② 산후조리업자의 준수사항 … 산후조리업자는 임산부, 영유아의 건강 및 위생관리와 위해방지 등을 위하여 다음의 사항을 지켜야 한다.
  ㉠ 보건복지부령이 정하는 바에 따라 건강기록부를 비치하여 임산부와 영유아의 건강상태를 기록하고 이를 관리하여야 한다.
  ㉡ 감염 또는 질병을 예방하기 위하여 소독 등 필요한 조치를 취해야 한다.
  ㉢ 임산부 또는 영유아에게 감염 또는 질병이 의심되거나 발생하는 때에는 즉시 의료기관으로 이송하는 등 필요한 조치를 취해야 한다.

③ 건강진단 … 산후조리업에 종사하는 자는 건강진단을 받아야 하며, 산후조리업자는 건강진단을 받지 아니한 자와 타인에게 위해를 끼칠 우려가 있는 질병이 있는 자로 하여금 산후조리업에 종사하도록 하여서는 아니 된다.

④ 산후조리 교육
  ㉠ 산후조리업자는 보건복지부령이 정하는 바에 따라 감염예방 등에 관한 교육을 정기적으로 받아야 하며, 산후조리업의 신고를 하고자 하는 자도 미리 교육을 받아야 한다.
  ㉡ 다만, 질병이나 부상으로 입원 중인 경우 등 부득이한 사유로 신고 전에 교육을 받을 수 없는 경우에는 보건복지부령이 정하는 바에 따라 당해 산후조리업을 개시한 후 교육을 받아야 한다.

⑤ 산후조리업자는 산후조리업을 영위하기 위하여 명칭을 사용함에 있어서 '산후조리원'이라는 문자를 사용하여야 하며, 모자보건법에 따라 개설된 산후조리원이 아니면 산후조리원 또는 이와 유사한 명칭을 사용하지 못한다.

02 영유아보건사업

① 영유아보건사업의 정의와 기본 목적

(1) 정의

① 영유아보건사업은 영유아에게 전문적인 의료봉사를 함으로써 신체적·정신적 건강을 유지하게 하는 사업을 말한다.

② 영유아의 건강관리는 임신 및 태아발육 기간으로부터 시작된다.

③ 영유아의 건강관리는 모자보건관리사업의 3대 요소 중 하나를 차지한다.

④ 모자보건법에서는 영유아를 출생 후 6세 미만의 자로, 한부모가족지원법에서의 아동은 18세 미만(취학 중인 때에는 22세 미만)의 자로 정하고 있다.

(2) 기본 목적

① 건강한 어린이를 건강하게 유지한다.

② 육아에 관해서 부모를 돕고 상담을 한다.

③ 질병예방과 질병의 조기발견 및 건강문제 발견에 그 목적이 있다.

② 영유아보건관리

(1) 건강진단

① 영유아의 건강관리를 위해 보건소에 내소·등록한 영유아에 대하여 건강기록부를 작성하여 주기적으로 영유아건강관리를 해야 하는데, 이는 생후 아기의 발육상태 또는 질병 여부를 확인하기 위함이다.

② 신생아 및 영아기의 정기건강진단 실시기준
　　㉠ 1개월까지는 2주에 1회 실시한다.
　　㉡ 1～6개월까지는 4주에 1회 실시한다.
　　㉢ 7～12개월까지는 2개월에 1회 실시한다.
　　㉣ 13～30개월까지는 3개월에 1회 실시한다.

③ 영유아건강진단 내용

　ⓐ 성장발달사정 : 사정도구는 특이성과 민감성이 높을수록 바람직한 도구이며, 현실의 적용가능성, 보건소의 역량, 사업대상자의 수와 관련되어 있다. 복잡하고 시간이 많이 걸리는 도구를 사용할수록 이상발견의 가능성은 높은 반면, 많은 대상자에게 실시하기가 어렵고 사정하는데 걸리는 시간이 많이 요구되며, 전문적 기술을 요한다.

　ⓑ 신체검진

　　• 영아 : 키, 몸무게, 가슴둘레, 머리둘레, 팔둘레 등을 검진한다.

　　• 유아 : 키, 몸무게, 가슴둘레, 팔둘레, 시력, 청력, 운동기능, 언어, 수면, 대·소변 가리기, 영유아심리검사 등을 한다.

　ⓒ 임상병리검사 : 소변검사(당, 단백, 잠혈), 혈액검사(헤모글로빈, 헤마토크릿), B형 간염 등이 있다.

　ⓓ 상담교육

　　• 주기적 건강평가로 신체발달 이상이나 성장발육 부진아 및 과체중아를 선별한다.

　　• 고위험 영유아를 의뢰한다.

　　• 흔한 질병 및 증상의 응급처치에 관한 정보를 제공한다.

　　• 목욕, 의복과 기저귀, 운동과 수면, 놀이와 장난감, 장난감의 선택, 사고예방, 배변·배뇨훈련, 영유아 정신건강 등에 관해 상담 및 교육한다.

(2) 예방접종

① 예방접종 전후의 주의사항

　ⓐ 접종 전날 목욕시키고 접종 당일의 목욕은 하지 않는다.

　ⓑ 고열일 경우 예방접종을 미룬다.

　ⓒ 청결한 의복을 입혀서 데리고 온다.

　ⓓ 영유아의 건강상태를 잘 아는 보호자가 데리고 온다.

　ⓔ 건강상태가 좋을 때 오전 중에 접종한다.

　ⓕ 귀가 후 심하게 보채고 울거나 구토·고열증상이 있을 때는 의사의 진찰을 받는다.

　ⓖ 접종 당일과 다음날은 과격한 운동을 삼간다.

　ⓗ 모자보건수첩을 지참한다.

② 예방접종의 종류

　ⓐ BCG(결핵예방백신)

　　• 접종시기 : 생후 4주 이내에 접종한다.

　　• 접종방법

　　－피내주사 : WHO에서는 비용이 저렴하고 정확한 양을 접종할 수 있는 피내접종을 표준접종으로 권장하고 있으며 우리나라도 피내접종을 정부에서 시행하는 국가결핵관리사업의 표준접종방법으로 사용하고 있다.

　　－다천자 접종법 : 피내주사에 비해 국소 이상반응의 빈도가 낮으나 투여되는 용량이 정확하지 않아 접종량을 제어할 수 없고, 시술자에 따라 결과에 차이가 있을 수 있다.

  ⓛ B형 간염
   • 생후 0, 1, 6개월 또는 0, 1, 2개월 일정으로 접종한다.
   • 모(母)가 B형 간염 보균자인 경우에는 B형 간염 면역글로블린(HBIG)과 B형 간염 1차 접종을 생후 12시간 이내에 각각 접종한다.
  ⓒ DTaP(디프테리아, 파상풍, 백일해)
   • 기초접종 : 생후 2, 4, 6개월에 실시한다.
   • 추가접종 : 생후 15 ~ 18개월, 만 4 ~ 6세, 만 11 ~ 12세에 실시한다.
  ⓔ Td(파상풍, 디프테리아)
   • 접종대상 : 모든 아동을 대상으로 한다.
   • 접종시기 : 만 11 ~ 12세에 접종을 실시한다.
  ⓜ IPV(주사용 폴리오)
   • 기초접종 : 생후 2, 4, 6개월에 실시한다.
   • 추가접종 : 만 4 ~ 6세에 실시한다.
  ⓗ MMR(홍역, 유행성 이하선염, 풍진)
   • 기초접종 : 생후 12 ~ 15개월에 실시한다.
   • 추가접종 : 만 4 ~ 6세에 실시한다.
  ⓢ 수두 : 생후 12 ~ 15개월에 실시한다.
  ⓞ 일본뇌염
   • 접종대상 : 만 1 ~ 12세의 소아이다.
   • 접종시기
   －기초접종 : 생후 12개월에 1주 간격으로 2회 접종을 하고 다음해에 1회 접종을 한다.
   －추가접종 : 만 6세, 만 12세에 실시한다.

(3) 구강관리

① **구강관리의 목적** … 영유아보건에서의 구강보건은 구강의 기형을 조기에 발견하여 건강한 치아를 유지할 수 있도록 하기 위해서이다.

② **유치와 영구치**
  ⊙ 유치 : 20개로 출생 후 2년 반이 되면 이가 다 나온다.
  ⓛ 영구치 : 32개로 6 ~ 8세부터 유치인 내절치가 빠지고 영구치가 솟아 나온다. 제2대 구치는 12 ~ 14세 때 나오며, 제3대 구치는 기간에 차이가 많아 17 ~ 30세 사이에 나온다. 6세 때에 나오는 제1대 구치는 치주모형에 기본이 되는 치아이므로 잘 보존해야 한다.

③ **충치예방**
  ⊙ 치아가 나면서부터 충치균에 노출되므로 수유 후에는 보리차를 마시게 하거나 젖은 거즈를 손가락에 감아 부드럽게 닦아 준다.

ⓛ 생후 2년부터는 올바른 칫솔사용법을 교육한다.

ⓒ 건강한 치아유지를 위한 식이 등을 교육한다.

ⓔ 정기적인 치과의사의 진찰을 받아 구강질환의 조기발견 및 치료가 이루어지도록 한다.

ⓜ 치근조직보호와 특히 충치예방에 주력하여 부모를 교육한다.

ⓗ 불소를 상수도 학교급수에 주입하여(0.7ppm 정도) 식수로 사용하거나 불소정제, 불소시럽을 복용하기도 하며 식염, 우유, 소맥분 등에 첨가하여 섭취한다.

ⓢ 전문가가 2% 불화소다용액을 치아에 도포(3세, 7세, 10세, 13세에 1주 간격으로 4번씩 면봉을 이용하여 치아표면에 도포)하는 불소도포법과 불소치약, 불소용액 양치법으로 도포하기도 한다. 도포 전에는 치아표면을 깨끗이 하고 건조시켜야 한다.

(4) 영양관리

① **영양관리의 목적** … 유아기는 신체적·정신적 발육이 왕성한 시기로서 장래의 체격 및 체질, 식생활의 기초가 형성되는 시기이다. 유아기 때의 식습관은 평생의 건강을 좌우하며, 영유아기의 영양관리가 성인기 건강으로 이어진다. 유아는 소화능력도 미숙하고 식습관의 기초를 형성하는 시기임을 고려하여야 한다.

② **이유식** … 이유식은 모유나 분유 같은 액체형 식사에서 고형 식사로 바뀌어 가는 시기에 주는 영양보충식이다.

ⓐ 이유식 시작 : 백일 이후 체중이 약 6 ~ 7kg(출생시의 2배) 정도 되었을 때 시작하는 것이 좋다.

ⓑ 이유식의 보관방법
- 냉장실에 보관할 때는 음식을 잘 밀봉한다.
- 냉동실에 보관할 때는 1회용 용기 등 오목한 홈이 있는 용기를 이용한다.
- 얼릴 때는 우선 얼음 그릇에 넣어서 얼린 다음 꺼내어 비닐봉지나 랩에 1회분씩 넣어 보관한다.
- 얼렸던 아기 음식은 냉장실에서 해동하고 지나치게 오랫동안 조리하지 않아야 된다.

ⓒ 이유시 주의점
- 수유시간을 규칙적(4시간 간격)으로 습관화하도록 한다.
- 같은 시간, 같은 장소에서 규칙적으로 먹인다.
- 새로운 식품을 줄 때에는 일주일의 간격을 두고 처음에는 1 ~ 2숟가락으로 시작하며, 조금씩 몇 번에 나누어서 먹인다.
- 이유식은 소화기능이 활발한 오전 중이나 수유와 수유 사이에 아기의 기분이 좋을 때 준다.
- 1일 2종류 이상 새로운 음식을 먹이지 않도록 한다.
- 설탕이나 소금을 과다하게 첨가하지 않고 조리는 단순하고 자극성이 없는 부드러운 방법을 이용한다.
- 먹기 싫어할 때는 강제로 먹이지 말고 기다린다.
- 스푼이나 컵을 이용하여 삼키는 능력을 개발시킨다.

최근 기출문제 분석

2021. 6. 5. 제1회 서울특별시

1 예방접종을 통해 집단의 면역수준이 높아져 주변 사람들이 감염병에 걸릴 가능성이 감소하는 현상을 설명하는 보건의료서비스의 사회경제적 특성으로 가장 옳은 것은?

① 외부효과   ② 의사유인 수요
③ 수요와 치료의 확실성   ④ 노동집약적 대인서비스

> **TIP** 보건의료서비스의 사회경제적 특성
> ㉠ 생활필수품으로서의 보건의료
> ㉡ 비영리성
> ㉢ 소비자 무지(정보의 비대칭성)
> ㉣ 질병(의료수요)의 불확실성, 불규칙성
> ㉤ 치료 및 산출의 불확실성
> ㉥ 수요와 공급의 시간적 불일치
> ㉦ 경쟁제한(공급의 독점성 및 비탄력성)
> ㉧ 공공재적 성격
> ㉨ 외부효과: 각 개인의 자의적 행동이 타인에게 파급되는 좋은 혹은 나쁜 효과로서의 결과를 말함 (예: 예방접종, 치료를 통한 감염성 질환에 면역이 되는 경우)
> ㉩ 우량재(가치재)
> ㉠ 소비적 요소와 투자적 요소의 혼재
> ㉢ 노동집약적인 인적 서비스
> ㉣ 공동생산물로서의 보건의료와 교육

2019. 6. 15 제2회 서울특별시

2 임신 22주인 산모 A씨는 톡소플라즈마증으로 진단받았다. A씨가 취할 수 있는 행위로 가장 옳은 것은?

① 법적으로 인공임신중절수술 허용기간이 지나 임신을 유지하여야 한다.
② 인공임신중절수술 허용기간은 지났지만 톡소플라즈마증은 태아에 미치는 위험이 높기 때문에 본인과 배우자 동의하에 인공임신중절수술을 할 수 있다.
③ 인공임신중절수술을 할 수 있는 기간이지만 톡소플라즈마증은 태아에 미치는 위험이 낮기 때문에 임신을 유지하여야 한다.
④ 인공임신중절수술을 할 수 있는 기간이고 톡소플라즈마증은 태아에 미치는 위험이 높기 때문에 본인과 배우자 동의하에 인공임신중절수술을 할 수 있다.

> **TIP** 톡소플라즈마증은 충의 일종인 톡소포자충(Toxoplasma gondii)의 감염에 의해 일어나며, 여성이 임신 중에 감염될 경우 유산과 불임을 포함하여 태아에 이상을 유발할 수 있는 인수공통 전염병이다. 임신 22주는 인공임신중절수술을 할 수 있는 기간이므로 톡소플라즈마증 진단을 받았다면 인공임신중절수술을 할 수 있다.

Answer 1.① 2.④

출제 예상 문제

1 MMR 접종시기로 옳은 것은?

① 생후 1개월

② 생후 2, 4, 6개월

③ 생후 12 ~ 15개월

④ 만 1세

> **TIP** MMR의 1차 접종은 생후 12 ~ 15개월에 실시하며, 추가접종은 만 4 ~ 6세에 실시한다.

2 다음 중 모자보건법에서 영유아 기준으로 옳은 것은?

① 출생 후 28일 미만

② 출생 후 3년까지

③ 출생 후 6년 미만

④ 출생 후 10년 미만

> **TIP** 영유아
> ㉠ 협의: 출생 후 6년 미만의 미취학 아동까지를 말한다(모자보건법의 기준).
> ㉡ 광의: 생후부터 15 ~ 18세까지의 미성년자를 말한다.

3 임산부의 산전관리시 체중의 측정을 정기적으로 하는 이유는?

① 태아의 발육상태를 알아보기 위해서이다.

② 임산부의 건강상태를 측정하기 위해서이다.

③ 양수과다증을 조기에 발견하기 위해서이다.

④ 임신중독증을 조기에 발견하기 위해서이다.

> **TIP** 임산부의 산전관리시 체중의 측정을 정기적으로 하는 이유는 임신중독증을 조기에 발견하기 위함이다.

Answer 1.③ 2.③ 3.④

4 다음 중 신생아 기준으로 옳은 것은?

① 생후 1주일

② 생후 28일 미만

③ 생후 3개월

④ 생후 1년

TIP 신생아 … 출생 후 28일 미만의 영유아를 말한다.

5 다음 중 1년 이내에 실시해야만 하는 예방접종으로 묶인 것은?

㉠ 콜레라	㉡ B형 간염
㉢ DTaP	㉣ 일본뇌염

① ㉠㉡

② ㉠㉣

③ ㉡㉢

④ ㉢㉣

TIP 1년 이내에 실시하는 예방접종
㉠ BCG
㉡ DTaP
㉢ IPV
㉣ B형 간염

6 임신소모(pregnancy wastage) 중에서 가장 치명적인 것은?

① 간질

② 사고

③ 인공유산

④ 출생시 손상

TIP 임신소모 … 임신의 결과가 정상적이지 못하고 태아 또는 영아에게 불리한 결과를 초래하는 모든 경우를 말한다.

Answer 4.② 5.③ 6.③

7 영아를 대상으로 하는 기본 · 추가 예방접종시기가 나라마다 다른 이유는?

① 의학수준의 차이   ② 경제수준의 차이

③ 보건법의 차이   ④ 질병의 유행 양상의 차이

> **TIP** 각 나라마다 유행하는 질병이 다르기 때문에 추가 접종시기가 다르다.

8 건강한 임산부에게 필요한 1일 철분권장량은?

① 10 ~ 30mg   ② 30 ~ 60mg

③ 100 ~ 120mg   ④ 150 ~ 200mg

> **TIP** 임산부의 1일 철분권장량은 18mg + 30 ~ 60mg이다.

9 다음 중 영유아 클리닉과 관계없는 것은?

① 건강상담   ② 예방접종

③ 철분투여   ④ 성장발달의 측정

> **TIP** ③ 산모 클리닉의 주요 업무 중 하나는 산모에게 부족해지기 쉬운 철분의 섭취를 권장하는 것이다.

10 임신 4주된 산부가 모성실을 방문하였을 때 간호사가 취해야 할 업무가 아닌 것은?

① 혈청검사   ② 소변검사

③ 혈압측정   ④ 체중측정

> **TIP** ① 임신 전 관리내용이다.
> ※ 산전 관리내용
>   ㉠ 흉부 X선 촬영, 심전도, 결핵 유무 확인
>   ㉡ 혈압측정
>   ㉢ 소변검사(단백뇨, 당뇨, 임신반응 검사)
>   ㉣ 혈액검사(ABO, RH, 매독반응 검사)
>   ㉤ 체중증가 확인

Answer 7.④ 8.② 9.③ 10.①

11 일반적으로 아동의 질병양상에 영향을 미치는 주요 요소를 모두 고른 것은?

> ㉠ 가족의 교육수준 ㉡ 가족의 태도
> ㉢ 경제상태 ㉣ 부모의 직업
> ㉤ 법률

① ㉠㉡㉢ ② ㉠㉡㉣
③ ㉠㉢㉣ ④ ㉢㉣㉤

TIP 아동의 질병양상에 영향을 미치는 주요 요인 … 교육수준, 가족의 태도, 주거환경, 경제상태, 부모의 가치관

12 다음 중 영아보건사업의 대상끼리 짝지어진 것은?

> ㉠ 출생아 ㉡ 영아
> ㉢ 유아 ㉣ 신생아
> ㉤ 학령아

① ㉠㉡㉢ ② ㉠㉡㉣
③ ㉠㉣ ④ ㉡㉣

TIP 영아보건사업의 대상은 출생아, 신생아, 영아(생후 1년까지)이다.

13 출생시나 생후 1일된 아기의 사망 주요 원인은?

① 질식 ② 출생시 손상
③ 미숙아 ④ 기형

TIP 신생아의 사망원인의 1위는 미숙아, 2위는 선천성 기형이다.

Answer 11.① 12.② 13.③

PART

01 지역사회
간호

01 인구

01 인구통계

❶ 인구의 이해

(1) 인구의 개념

① 인구란 포괄적 개념으로 시공간 공동체를 의미하며, 지구 전체 혹은 정치·경제·지리적으로 구분되어 있는 일정지역에 살고 있는 주민의 집단을 말한다.

② 인종(유전 공동체), 국민(국적 공동체), 민족(문화 공동체)의 의미와 구분되어야 한다.

(2) 인구의 구분

① 이론적 인구

  ㉠ 폐쇄인구 : 인구의 이동이 없고 출생과 사망에 의해서만 변동되는 인구로 가장 기본적인 인구이다.

  ㉡ 개방인구 : 인구이동에 의한 인구증가가 있는 경우이다.

  ㉢ 안정인구 : 인구이동이 없는 폐쇄인구의 특수한 경우로 연령별 사망률과 연령별 출생률이 같아서 연령별 구조 및 인구의 자연증가율이 일정하다.

  ㉣ 정지인구 : 출생률과 사망률이 같아 자연증가가 일어나지 않는 경우, 생명표의 기초이론을 제공함으로써 인구분석에 가장 기초적인 개념이다.

  ㉤ 적정인구 : 인구의 과잉을 식량에만 국한할 것이 아니라 생활수준에 둠으로써 주어진 여건 속에서 최대의 생산성을 유지하여 최고의 생활수준을 유지할 수 있는 인구이다.

② 실제적 인구

  ㉠ 현재인구 : 어떤 특정한 시점에서 현존하고 있는 인구집단을 모든 지역의 인구로 간주하였을 때의 인구이다.

  ㉡ 상주인구 : 특정한 관찰시각에 있어 특정한 지역에 거주하고 있는 인구집단이다.

ⓒ 법적 인구 : 특정한 관찰시각에 있어 어떤 법적 관계에 입각하여 특정한 인간집단을 특정지역에 귀속시
킨 인구이다. 선거법에 의한 유권자 인구, 조세법에 의한 납세 인구 등이 이에 해당한다.

ⓔ 종업지 인구 : 어떤 일에 종사하고 있는 장소를 결부시켜 분류한 인구이다.

❷ 통계

(1) 자료

① **센서스(Census)** … 5년 또는 10년의 간격을 두고 실시하며 어떤 한 시점에서 일정지역에 거주하거나 머물
러 있는 사람 모두에 대한 특정의 정보를 개인단위로 수집하는 정기적인 조사이다.

② **신고자료** … 일정한 기간에 나타난 출생, 사망, 결혼, 이혼, 이주에 관한 내용을 당사자나 혹은 관련자가 일
정한 양식에 따라 등록한 자료이다.

③ **표본조사** … 특수한 목적의 한정된 통계자료를 수집하고자 할 때 이용된다.

(2) 측정지표

① **출생**

ⓐ **정의(WHO)** : 출생이란 임신기간에 관계없이 수태에 의한 생성물이 그 모체로부터 완전히 만출 또는 적
출되는 것으로서 수태에 의한 생성물이 이러한 분리 후 탯줄의 절단이나 태반의 부착 여하에 관계없이
호흡을 하거나 심장의 고동, 탯줄의 박동, 수의근의 명확한 운동과 같은 생명의 증거를 나타내는 출산
의 각 생성물이다.

📢 **TIP** 출생지수

ⓐ 조출생률 $= \dfrac{\text{연간 총 출생아수}}{\text{연 중앙인구}} \times 1,000$

ⓑ 일반출산율 $= \dfrac{\text{연간 총 출생아수}}{\text{가임여성인구}(15 \sim 49\text{세}, \ 15 \sim 44\text{세})}$

ⓒ 연령별 출산율 $= \dfrac{\text{그 연령군에서의 연간 출생수}}{\text{어떤 연령군의 가임여성인구}} \times 1,000$

ⓓ 모아비 $= \dfrac{0 \sim 4\text{세 인구}}{\text{가임여성인구}(15 \sim 49\text{세}, \ 15 \sim 44\text{세})} \times 1,000$

ⓔ 재생산율 : 한 여성이 일생동안 여아를 몇 명 낳는가를 나타낸 것이다.

ⓕ 합계출산율 : 한 명의 여자가 일생동안 총 몇 명의 아이를 낳는가를 나타낸 것이며, 연령별(15 ~ 49세) 출
산율을 합쳐서 산출한다.

ⓖ 차별출산력 : 사회 · 경제적 배경에 따른 출산율 차이(교육수준, 경제상태, 지역, 인종, 종교별 출산율 비교)
를 나타낸다.

ⓗ 출산 순위별 출산율 $= \dfrac{\text{출산한 순위별 출생아수}}{15 \sim 19\text{세 여자인구}}$

ⓛ 출생에 영향을 미치는 요인
- 생물학적 요인 : 남녀 모두 생식능력(가임력)을 가져야 한다.
- 사회문화적 요인
- 혼인연령 : 혼인연령이 낮아질수록 출산력이 높다.
- 자녀수에 대한 가치관이다.
- 결혼의 안정성이다.
- 피임과 인공유산이다.

② 사망

㉠ 정의 : 인구의 잠재적 성장속도 및 인구구조 유형을 결정짓는 인간사회에 있어서 중요한 요인이다.

TIP 사망지수

㉠ 조사망률 $= \dfrac{\text{연간 총 사망수}}{\text{연 중앙인구}} \times 1,000$

ⓛ 연령별 사망률 $= \dfrac{\text{그 연령군의 연간 총 사망수}}{\text{어떤 연령군의 연 중앙인구}} \times 1,000$

ⓒ 영아사망률 $= \dfrac{\text{영아기 사망수}}{\text{어떤 연도 출생수}} \times 1,000$

ⓔ 보정영아 사망률 $= \dfrac{\text{그 기간 내 출생아 중 영아기 사망수}}{\text{어떤 기간 내 출생수}} \times 1,000$

ⓜ 신생아사망률 $= \dfrac{\text{생후 28일 이내의 사망수}}{\text{어떤 연도 출생수}} \times 1,000$

ⓗ 영아 후기 사망률 $= \dfrac{\text{생후 28일 이후 1년 미만의 사망수}}{\text{어떤 연도 출생수}} \times 1,000$

ⓢ 주산기 사망률 $= \dfrac{\text{임신 28주 이후의 사산아수 + 생후 7일 이내의 신생아사망수}}{\text{어떤 연도 출생수}} \times 1,000$

ⓞ 사산율 $= \dfrac{\text{연간 사산수}}{\text{연간 출생수}} \times 1,000$

ⓩ 모성사망률 $= \dfrac{\text{임신·분만·산욕 합병증으로 인한 모성사망수}}{\text{어떤 연도 출생수}} \times 1,000$

ⓧ 출생사망비(인구동태지수) $= \dfrac{\text{그 기간의 출생수}}{\text{어떤 기간의 사망수}} \times 1,000$

ⓚ 비례사망지수 $= \dfrac{\text{그 해 50세 이상의 사망수}}{\text{연간 총 사망수}} \times 1,000$

ⓛ 사망에 영향을 미치는 요인
- 남녀의 성, 연령, 보건의료혜택, 경제수준, 종교 등 생물학적·사회·경제·문화적 요인들이 있다.
- 선진국의 경우 선천적 기형, 출생 상해 등 내생적 원인과 만성 퇴행성 질환, 간경화, 당뇨 등이 주요 사망요인이다.
- 개발도상국의 경우 불결한 환경, 부적절한 의료시설 등 외생적 원인과 전염성 질환 등이 주요 사망요인이다.

02 인구이론과 인구구조

① 인구이론

(1) 맬서스주의

① 인구는 기하급수적으로 증가하지만, 식량은 산술급수적으로 증가한다는 것을 전제하였다.

② 인구증가가 빈곤·악덕 등 사회악의 원인이 되므로 식량에 맞도록 인구를 억제해야 한다고 주장하였다.

(2) 신맬서스주의

인구증가 억제를 위해 산아제한 또는 수태조절의 필요성을 주장하는 입장이다.

(3) 인구변천이론

① **제1기** … 다산다사(多産多死)로 출생률과 사망률이 모두 높은 상태이다. 현재 세계인구의 5분의 1이 이 시기에 있다고 본다. 인구증가가 낮은 단계로 고잠재적 성장단계이다.

② **제2기** … 다산소사(多産小死)로 공업화에 도달하여 사망률이 낮아지고 출생률이 높은 상태 또는 출생률보다 사망률이 느린 속도로 떨어지는 상태이다. 현재 세계인구의 3분의 5가 이 시기에 있다고 본다. 인구가 급증하는 단계로 과도기적 성장단계이다.

③ **제3기** … 소산소사(少産少死)로 인구의 급속한 증가를 거친 이후에 나타난다. 즉 사망률과 출생률이 모두 낮은 상태로 인구증가가 낮은 안정단계로 인구감소의 시작단계이다. 현재 세계인구의 5분의 1이 이 시기에 있는 것으로 본다.

② 인구구조

(1) 성구조

① **남성 성비** … 보통 여자 100명에 대한 남자의 수를 나타낸다.

② **1차 성비** … 태아의 성비를 나타내는 것으로 항상 남자가 여자보다 많다.

③ **2차 성비** … 출생시의 성비로 1차 성비와 마찬가지로 항상 남자가 여자보다 많다. 또, 장래인구를 추정하는 데 좋은 자료가 된다.

④ **3차 성비** … 현재 인구의 성비를 나타낸다.

　　㉠ 0 ~ 4세 : 남자가 여자보다 많다.

　　㉡ 50 ~ 54세 : 남녀의 성비가 균형을 이룬다.

　　㉢ 고령 : 남자보다 여자가 많아진다.

　　　　TIP 성비에 직접적인 영향을 주는 요인
　　　　사망률의 수준, 사망률의 남녀별차이, 인구이동 등이 있다.

(2) 연령구조

① 연령구조는 인구의 출생, 사망, 인구이동에 의해서 결정된다.

② 연령구조를 보는데 가장 흔히 사용되는 지수는 중위연령으로, 이는 전체 인구가 연령별로 분포되어 있을 때 양분되는 점의 연령을 말한다.

③ 인구의 출생률과 사망률이 높아질수록 중위연령은 낮아지며, 출생률과 사망률이 낮아질수록 중위연령은 높아진다.

(3) 부양비

① **개념** … 인구의 사회·경제적 구성을 나타내는 지표로서, 생산능력을 가진 인구와 생산능력이 없는 어린이와 노인인구의 비를 말하는 것이다.

② **총 부양비** … 총 부양비가 높을수록 경제적 투자능력이 상대적으로 떨어져 경제발전에 어려움이 많다.

　　　TIP 부양비지수

　　　㉠ 총 부양비 $= \dfrac{0 \sim 14세\ 인구 + 65세\ 이상\ 인구}{15 \sim 64세\ 인구} \times 100$

　　　㉡ 유년부양비 $= \dfrac{0 \sim 14세\ 인구}{15 \sim 64세\ 인구} \times 100$

　　　㉢ 노년부양비 $= \dfrac{65세\ 이상\ 인구}{15 \sim 64세\ 인구} \times 100$

(4) 노령화지수

노인인구의 증가에 따른 노령화 정도를 나타낸다.

$$노령화지수 = \dfrac{65세\ 이상\ 인구}{0 \sim 14세\ 인구} \times 100$$

　　　TIP 고령화 사회
　　　65세 이상의 인구가 총 인구의 7% 이상을 차지하는 사회를 말한다.

(5) 인구구조의 유형

① **인구구성** … 인구동태에 관여하는 출생, 사망 및 이주에 의하여 어느 시점에서의 지역주민의 성별, 연령별 인구가 어떻게 되는지 나타낸 것이다.

  ㉠ 한 인구집단에서의 병명·연령별 특성을 일목요연하게 나타낸다.

  ㉡ 두 개 이상의 인구집단간의 인구학적 특성차이를 쉽게 구분할 수 있다.

② **구성의 형태**

  ㉠ **피라미드형**

  • 다산다사형(발전형)이다.

  • 0 ~ 14세 인구가 50세 이상 인구의 2배가 넘는다.

  • 저개발 국가, 1960년 이전 우리나라의 유형이다.

  • 고출생률, 고사망률의 형태이다.

  ㉡ **종형**

  • 선진국형으로 출생률과 사망률이 모두 낮다.

  • 0 ~ 14세 인구가 50세 이상 인구의 2배와 같다.

  • 인구가 정지(자연증가율 ≒ 0)되어 정지인구 구조와 비슷하다.

  • 노인인구의 비중이 커져 노인문제가 야기된다.

  ㉢ **항아리형**

  • 인구가 감소하는 유형(감퇴형)이다.

  • 0 ~ 14세 인구가 50세 이상 인구의 2배가 못 된다.

  • 출생률이 사망률보다 낮다.

  • 저출생률, 저사망률의 형태이다.

  • 산업사회로 진행되면서 많이 나타나는 유형이다.

  ㉣ **별형**

  • 도시형(유입형)이다.

  • 15 ~ 49세 인구가 전체 인구의 50%를 차지한다.

  • 생산연령 인구비율이 높다.

  ㉤ **호로형**

  • 농촌형(유출형)이다.

  • 15 ~ 49세 인구가 전체 인구의 50% 미만이다.

  • 노동력 부족현상이 나타난다.

  • 청장년층의 유출에 의한 출산력 저하로 유년층의 비율이 낮다.

≡ 최근 기출문제 분석 ≡

2022. 6. 18. 제1회 지방직

1 **다음 설명에 해당하는 지표는?**

> 지역 간 사망률 수준을 비교할 때 각 지역의 인구학적 특성의 차이가 사망률 수준에 영향을 미칠 수
> 있다. 이를 보정하기 위해 두 집단 간의 인구학적 특성의 차이를 통제하고 같은 조건으로 만들어 각
> 지역별로 한 개의 객관적 측정치를 산출한다.

① 조사망률   ② 연령별사망률

③ 비례사망지수   ④ 표준화사망률

> **TIP** ① **조사망률** : 보통사망률이라고도 한다. 조사망률이 높으면 개도국, 낮으면 선진국이라고 할 수 있으나 그 나라의 건강
> 수준 외에 인구 성별이나 연령 등 인구학적 특성 차이에 의한 영향을 받으므로 인구집단의 사망수준을 비교하는
> 데 한계가 있다.
> ② **연령별사망률** : 한 해 동안 발생한 특정 연령의 사망자수를 해당 연도의 특정 연령군의 연중앙인구로 나눈 수치를 일
> 컫는다.
> ③ **비례사망지수** : 같은 해에 발생한 50세 이상 사망자수를 토대로 구한 수치이다. 값이 클수록 그 지역의 건강수준이
> 좋다는 것을 의미한다.

2022. 6. 18. 제1회 지방직

2 **B 지역의 지난 1년간 사망 관련 통계가 다음과 같을 때, α-index 값은?**

구분	사망자 수(명)
생후 28일 미만	10
생후 28일부터 1년 미만	20

① $\dfrac{10}{20}$ ② $\dfrac{20}{10}$

③ $\dfrac{10}{30}$ ④ $\dfrac{30}{10}$

> **TIP** 출생 ~ 28일(4주) = 신생아 사망률, 출생 ~ 1년 = 영아사망률이므로
>
> $$\alpha-\text{index} = \frac{\text{영아사망수}}{\text{신생아 사망수}} = \frac{30}{10}$$

Answer 1.④ 2.④

3 〈보기〉는 인구변천단계에 대한 그림이다. (A)~(D)에 해당하는 단계로 가장 옳은 것은?

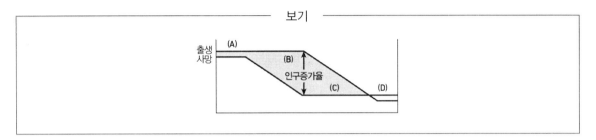

① (A) - 저위정지기

② (B) - 과도기적 성장단계

③ (C) - 고잠재적 성장단계

④ (D) - 확장기

> **TIP** ② **과도기적 성장단계**: Thompson 분류 2단계에 해당한다. 다산소사형으로 인구폭증이 일어나는 단계이다.
> ① **저위정지기**: Blacker 분류 4단계에 해당한다. 출생률과 사망률이 최저에 달하는 인구증가 정지형이다.
> ③ **고잠재적 성장단계**: Thompson 분류 1단계에 해당한다. 다산다사형으로 출생률과 사망률이 모두 높다.
> ④ **확장기**: Blacker 분류 2, 3단계에 해당한다. 고출생률·저사망률 시기인 초기 확장기와 저출생률·저사망률 시기인 후기 확장기로 구분할 수 있다.

4 〈보기〉의 호 안에 들어갈 수로 옳은 것은?

> **보기**
>
> 모성사망 측정을 위해 개발된 지표 중 가장 많이 사용되는 지표인 모성사망비는 특정 연도 출생아 (   ) 명당 같은 해 임신, 분만, 산욕으로 인한 모성사망자 수로 표시된다.

① 100

② 1,000

③ 10,000

④ 10,000

> **TIP** **모성사망비** … 모성사망 측정의 대표적인 지표로 해당 연도 출생아 10만 명당 임신, 분만 산욕으로 인한 모성사망의 수로 산출한다.

Answer 3.② 7.④

5 **(가), (나)에 들어갈 용어로 옳게 짝 지은 것은?**

　　□(가)□ – 조사 시점에 해당 지역에 주소를 둔 인구

　　□(나)□ – 조사 시점에 해당 지역에 실제로 존재하는 인구

	(가)	(나)
①	상주 인구	현재 인구
②	현재 인구	상주 인구
③	종업지 인구	상주 인구
④	현재 인구	종업지 인구

TIP ① 귀속 인구(실제적 인구)는 시간 및 지역 등의 속성으로 분류하여 도시계획 등의 정책 기초자료로 활용한다.

구분	내용
상주 인구	거주지를 중심으로 조사 시점에 해당 지역에 거주하고 있는 인구집단을 모두 그 지역의 인구로 간주한다.
현재 인구	조사 시점에 현존하고 있는 인구 집단을 모두 그 지역의 인구로 간주한다.
법적 인구	법에 입각하여 조사 시점에 특정한 집단을 그 지역에 귀속시킨 인구로 간주한다. 예 「선거법」에 따른 유권자 인구

6 **A 지역의 노년부양비(%)는?**

연령(세)	A 지역 주민 수(명)
0~14	100
15~64	320
65 이상	80

① 16　　　　　　　　　　　　　　　② 20

③ 25　　　　　　　　　　　　　　　④ 30

TIP 노년부양비 = 65세 이상 인구수 / 15~64세 인구 수 × 100

Answer　5.①　6.③

7 지역사회 간호문제를 파악하기 위한 자료수집 방법 중 직접법에 해당하는 것은?

① 인구센서스 자료를 통해 지역의 인구증가율 정도를 파악하였다.

② 공공기관의 보고서를 통해 지역의 복지기관의 유형과 수를 파악하였다.

③ 지역의 행사, 의식에 참여하여 주민들의 규범이나 권력구조를 파악하였다.

④ 지역 내 의료기관 통계자료를 통해 병원 입원 및 외래환자의 상병 유형을 파악하였다.

> **TIP** 2차 자료(간접정보 수집)수집 방법 : 공공기관의 보고서, 통계자료, 회의록, 조사자료, 건강기록 등이 해당된다.

8 〈보기〉의 (   ) 안에 들어갈 말은?

보기

모성사망 측정을 위해 개발된 지표 중 가장 많이 사용되는 지표인 모성사망비는 해당 연도 (   ) 10만 명당 해당 연도 임신, 분만, 산욕으로 인한 모성사망의 수로 산출한다.

① 여성

② 출생아

③ 사망 여성

④ 가임기 여성

> **TIP** 모성사망비는 해당 연도의 출생아 수에 대하여 동일 연도 임신기간 동안 사망한 여성 전체수를 나타낸 값이다. 모성사 망률은 해당 연도의 가임기 여성 수에 대하여 동일 연도 임신기간 동안 사망한 여성 전체수를 나타낸 값이다.

Answer 7.③ 8.②

9 사망 관련 통계지표에 대한 설명으로 옳은 것은?

① 비례사망지수는 특정 연도 전체 사망자 중 특정 원인으로 인한 사망자 비율을 산출하는 지표이다.

② α -index는 특정 연도의 신생아 사망수를 영아 사망수로 나눈 값으로 신생아 건강관리사업의 기초자료로 유용하다.

③ 치명률은 어떤 질병이 생명에 영향을 주는 위험도를 보여주는 지표로 일정 기간 동안 특정 질병에 이환된 자 중 그 질병에 의해 사망한 자를 비율로 나타낸 것이다.

④ 모성사망비는 해당 연도에 사망한 총 여성 수 중 같은 해 임신·분만·산욕 합병증으로 사망한 모성수 비율을 산출하는 지표이다.

> **TIP** ① 비례사망지수(PMI, Proportional Mortality indicator)는 연간 총 사망수에 대한 50세 이상의 사망자수를 퍼센트(%)로 표시한 지수이다.
>
> ② α - index는 생후 1년 미만의 사망 수(영아사망 수)를 생후 28일 미만의 사망 수(신생아사망 수)로 나눈 값이다. α - index의 값이 1에 가까울수록 유아사망의 원인이 선천적인 것이므로 그 지역의 보건의료수준이 높은 것을 의미한다. 값이 클수록 신생아기 이후의 영아사망이 크기 때문에 영아 사망에 대한 예방 대책이 필요하다.
>
> ④ 모성사망비는 해당 연도의 출생아 수에 대하여 동일 연도 임신기간 동안 사망한 여성 전체수를 나타낸 값이다. 모성사망률은 해당 연도의 가임기 여성 수에 대하여 동일 연도 임신기간 동안 사망한 여성 전체수를 나타낸 값이다.

Answer 9.③

2019. 2. 23 제1회 서울특별시

10 다음과 같은 연령별 내국인 인구를 가진 지역사회의 인구구조에 대한 설명으로 가장 옳은 것은?

연령(세)	인원(명)
0 ~ 14	200
15 ~ 24	200
25 ~ 34	150
35 ~ 44	200
45 ~ 54	250
55 ~ 64	200
65 ~ 74	150
75세 이상	150
계	1,500

① 고령사회이다.

② 노년부양비는 50.0%이다.

③ 노령화지수는 150.0%이다.

④ 유년부양비는 50.0%이다.

TIP ③ 노령화지수 $= \dfrac{고령(65세\ 이상)\ 인구}{유소년(14세\ 이하)\ 인구} \times 100 = \dfrac{300}{200} \times 100 = 150\%$

① 유엔은 고령인구 비율이 7%를 넘으면 고령화사회, 14%를 넘으면 고령사회, 20% 이상이면 초고령사회로 분류한다.

해당 지역사회는 고령인구가 전체인구의 $\dfrac{300}{1,500} \times 100 = 20\%$로 초고령사회이다.

② 노년부양비 $= \dfrac{고령(65세\ 이상)\ 인구}{생산가능인구(15\sim64세)} \times 100 = \dfrac{300}{1,000} \times 100 = 30\%$

④ 유년부양비 $= \dfrac{유년층(0\sim14세)\ 인구}{생산가능인구(15\sim64세)} \times 100 = \dfrac{200}{1,000} \times 100 = 20\%$

Answer 10.③

11 다음의 인구 현황 표에 따라 산출한 지표에 대한 설명으로 옳은 것은?

구분(세)	인구 수(명)
0 ~ 14	200
15 ~ 49	300
50 ~ 64	200
65 ~ 74	200
75 이상	100
계	1,000

① 노령화 지수는 30으로 유년인구 100명에 대해 노년인구가 30명임을 뜻한다.

② 노인인구 구성 비율은 20%로 총인구 100명에 대해 노인인구가 20명임을 뜻한다.

③ 노년부양비는 60으로 생산가능인구 100명이 노년인구 60명을 부양한다는 뜻이다.

④ 유년부양비는 20으로 생산가능인구 100명이 유년인구 20명을 부양한다는 뜻이다.

> **TIP** ③ 노년부양비 $= \dfrac{65세\ 이상\ 인구수}{15\sim64세\ 인구수} \times 100 = \dfrac{300}{500} \times 100 = 60$으로 생산가능인구 100명이 노년인구 60명을 부양한다는 뜻이다.
>
> ① 노령화 지수 $= \dfrac{65세\ 이상\ 인구수}{0\sim14세\ 인구수} \times 100 = \dfrac{300}{200} \times 100 = 150$으로 유년인구 100명에 대해 노년인구가 150명임을 뜻한다.
>
> ② 노인인구 구성 비율 $= \dfrac{65세\ 이상\ 인구수}{전체\ 인구} \times 100 = \dfrac{300}{1,000} \times 100 = 30\%$로 총인구 100명에 대해 노인인구가 30명임을 뜻한다. → 초고령 사회
>
> ④ 유년부양비는 $= \dfrac{0\sim14세\ 인구수}{15\sim64세\ 인구수} \times 100 = \dfrac{200}{500} \times 100 = 40$으로 생산가능인구 100명이 유년인구 40명을 부양한다는 뜻이다.

Answer 11.③

12 다음 글에서 설명하는 지표는?

- 한 여성이 현재의 출산력이 계속된다는 가정 하에서 가임 기간 동안 몇 명의 여자 아이를 출산하는 가를 나타낸 값이다.
- 단, 태어난 여자 아이가 가임 연령에 도달할 때까지의 생존율은 고려하지 않는다.

---

① 합계출산율   ② 총재생산율

③ 순재생산율   ④ 유배우출산율

> **TIP** 제시된 내용은 총재생산율에 대한 설명이다.

13 다음 A지역의 성비유형 및 성비는?

2016년 A지역에 남아 90명과 여아 100명이 출생하였다.

---

① 1차 성비, $\dfrac{90}{100} \times 100$ ② 1차 성비, $\dfrac{100}{90} \times 100$

③ 2차 성비, $\dfrac{90}{100} \times 100$ ④ 2차 성비, $\dfrac{100}{90} \times 100$

> **TIP** 출생 시 성비는 2차 성비로 $\dfrac{\text{남아}}{\text{여아}} \times 100 = \dfrac{90}{100} \times 100 = 90\%$이다.
>
> ※ 1차 성비는 태아일 때의 성비를 말한다.

Answer 12.② 13.③

2016. 6. 18 제1회 지방직

14 모자보건사업의 지표에 대한 설명으로 옳은 것은?

① α-index는 해당 연도의 영아사망수와 모성사망수의 비를 나타낸 값이다.

② 영아사망률은 해당 연도의 출생아 수 1,000명에 대하여 동일 기간에 발생한 1세 미만의 사망아 수를 나타낸 값이다.

③ 주산기사망률은 해당 연도의 총 출생아 수에 대하여 동일 기간의 임신 12주 이후의 태아 사망수 와 생후 28일 미만의 신생아 사망수를 나타낸 값이다.

④ 모성사망률은 해당 연도의 출생아 수에 대하여 동일 연도 임신기간 동안 사망한 여성 전체수를 나타낸 값이다.

> **TIP** ① α-index는 생후 1년 미만의 사망수(영아사망수)를 생후 28일 미만의 사망수(신생아사망수)로 나눈 값이다. 유아사 망의 원인이 선천적 원인만이라면 값은 1에 가깝다.
> ③ 주산기사망률은 임신 28주 이후의 후기 사산수와 생후 7일 이내의 사망자 수를 나타내는 지표이다.
> ④ 모성사망비에 대한 설명이다. 모성사망률은 해당 연도의 가임기 여성 수에 대하여 동일 연도 임신기간 동안 사망한 여성 전체수를 나타낸 값이다.
> ※ 모성사망비와 모성사망률
> ⊙ 모성사망비(출생아 10만 명당) : (모성사망자 수/출생아수)×100,000
> ⓛ 모성사망률(가임기 여성 10만 명당) : (모성사망자 수/가임기 여성 수)×100,000

2016. 6. 25 서울특별시

15 아래의 인구통계 자료로 알 수 있는 지역 A의 특성은?

지역 A의 인구통계 자료	• α-index : 1.03 • 유소년 부양비 : 18.9 • 노령화지수 : 376.1 • 경제활동연령인구비율 : 52.7

① 노인 부양에 대한 사회적 대책과 전략이 요구된다.

② 지역사회의 영아사망 및 모성사망 감소에 대한 요구가 높다.

③ 고출생 저사망으로 인한 인구억제 및 가족계획 정책이 요구된다.

④ 근대화 과정의 초기로서 사망률 저하를 위한 환경개선사업이 요구된다.

> **TIP** 경제활동연령인구비율에 비해 노령화지수가 매우 높다. 따라서 노인 부양에 대한 사회적 대책과 전략이 요구된다.

Answer 14.② 15.①

출제 예상 문제

1 인구구조를 조사한 결과 0 ~ 14세의 인구가 50세 이상 인구의 두 배가 되지 못했을 경우 이것의 의미는 무엇인가?

① 출생률은 낮고 사망률은 높다.

② 생산활동의 인구가 높다.

③ 출생률, 사망률이 모두 낮아 인구가 감소 중이다.

④ 출생률도 높고 사망률도 높다.

TIP 항아리형

㉠ 인구가 감소하는 유형(감퇴형)이다.

㉡ 0 ~ 14세 인구가 50세 이상 인구의 2배가 못 된다.

㉢ 출생률이 사망률보다 낮다.

㉣ 저출생률, 저사망률이 나타난다.

㉤ 산업사회로 진행되면서 많이 나타난다.

2 다음 중 감퇴기의 인구구조모형은?

① 피라미드형 　　　　　　　　　② 별형

③ 종형 　　　　　　　　　　　　④ 항아리형

TIP 항아리형 … 인구가 감소하는 유형(감퇴형)이다.

Answer 1.③ 2.④

3 다음 중 인구구조모형에서 별형의 의미로 옳지 않은 것은?

① 도시형이다.
② 15 ~ 49세가 전체의 50% 이상이다.
③ 유입형이다.
④ 발전형이다.

TIP ④ 피라미드형이다.
✗ 별형
ⓐ 도시형(유입형)이다.
ⓑ 15 ~ 49세의 인구비율은 전체의 50% 이상을 차지한다.
ⓒ 생산연령 인구비율이 높다.

4 다음 중 고령화 사회의 기준으로 옳은 것은?

① 노년부양비
② 노령화 지수
③ 노인사망률
④ 노인인구 구성비

TIP 고령화 사회 … 총 인구 중에서 65세의 인구가 총 인구의 7% 이상인 사회를 말한다.

5 성비에 대한 내용으로 옳은 것은?

① 남자 100명에 대한 인구이다.
② 1차는 태아의 성비이다.
③ 2차는 현재의 성비이다.
④ 1, 2차 성비는 여자가 많다.

TIP 성비
ⓐ 남성 성비 : 보통 여자 100명에 대한 남자의 수를 말한다.
ⓑ 1차 성비 : 태아의 성비를 나타내는 것으로 항상 남자가 여자보다 많다.
ⓒ 2차 성비 : 출생시 성비로 1차 성비와 마찬가지로 항상 남자가 많다.
ⓓ 3차 성비 : 현재 인구의 성비를 나타낸다.

Answer 3.④ 4.④ 5.②

6 노인인구 증가에 따른 사회 경제적 특성으로 옳지 않은 것은?

① 노년 부양비가 증가한다.

② 우리나라 노인인구가 2010년에는 감소할 것이다.

③ 노령화 지수는 점차 가속화되고 있다.

④ 부양비는 농촌보다 도시에서 더 낮다.

TIP ② 우리나라의 노인인구는 지속적으로 증가할 것이라고 예상된다.

7 인구구조에 가장 큰 영향을 미치는 요소로 옳은 것은?

① 유병률   ② 사망률

③ 인구유출   ④ 출산율

TIP 우리나라에서 인구구조에 가장 큰 영향을 미치는 요소는 출산율이다.

8 한 국가의 인구구조에 영향을 미치는 요소로만 묶인 것은?

㉠ 출생	㉡ 사망
㉢ 혼인	㉣ 이혼
㉤ 이민	㉥ 인구유입

① ㉠㉡㉢   ② ㉠㉡㉤㉥

③ ㉢㉣㉤㉥   ④ ㉢㉣㉥

TIP 출생, 사망, 이민, 인구유입 등은 인구구조에 영향을 미친다.

Answer 6.② 7.④ 8.②

9 14세 이하의 인구가 50세 이상 인구의 2배와 같다면 이 인구의 가까운 장래는?

① 인구가 증가한다.
② 인구가 감소한다.
③ 인구가 정지된다.
④ 피라미드형 인구구조가 된다.

TIP 14세 이하의 인구가 50세 이상 인구의 2배와 같은 경우는 인구구조모형 중 종형을 나타낸다. 종형은 출생률과 사망률이 모두 낮은 선진국형이다.

10 한 여자가 일생동안 평균 몇 명의 자녀를 낳는가를 나타내는 지수는?

① 합계출산율   ② 일반출산율
③ 유배우출산율   ④ 조출산율

TIP 합계출산율(총출산율) … 연령별(15 ~ 49세) 출산율을 합쳐서 산출하며 한 여자가 일생동안 몇 명의 아이를 낳는지 나타내는 지수이다.

11 다음 중 인구동태의 자료가 아닌 것은?

① 출생   ② 사망
③ 인구구조   ④ 혼인

TIP 인구동태란 출생과 사망으로 인한 인구변화와 혼인과 이혼으로 인한 변화를 포함한다.

Answer 9.③ 10.① 11.③

12 '순 재생산율 = 1'이라는 것과 관련이 있는 것은?

① 인구가 증가한다.

② 인구가 감소한다.

③ 여자인구가 감소한다.

④ 안정인구일 경우 증가율이 0이 된다.

> **TIP** 순 재생산율 = 합계출산율 × $\frac{여아\ 출생률}{총\ 출생수}$ × $\frac{가임\ 연령시\ 생존수}{영아\ 출생수}$ 로써, 순 재생산율이 1 이상이면 확대 재생산으로 인구증가,
>
> 1 이하이면 축소 재생산으로 인구감소를 나타낸다.

13 인구성장의 단계 중 소산소사의 특징이 있으며, 인구가 정지상태에 머물게 되는 시기는?

① 감퇴기   ② 저위 정지기

③ 고위 정지기   ④ 후기 확장기

> **TIP** 종형 … 소산소사형으로 인구증가가 정지되어 저위 정지기이고 주로 선진국의 인구구조가 이에 속한다.
>
> ※ 인구성장의 단계
>
> ㉠ 초기 확장기 : 고출산율과 저사망률
>
> ㉡ 감퇴기 : 저출산율과 저사망률
>
> ㉢ 고위 정지기 : 고출산율과 고사망률

14 다음 빈칸에 들어갈 말이 차례로 짝지어진 것은?

인구의 자연증가란 (   )인구 - (   )인구이다.

---

① 연초, 연말   ② 출생, 사망

③ 자연, 사회   ④ 전입, 전출

> **TIP** 인구의 자연증가 = 출생인구 - 사망인구

Answer 12.④ 13.② 14.②

15 인구증가로 야기되는 부작용에 대한 설명으로 옳지 않은 것은?

① 정치 · 사회적 불안이 가중된다.　　② 부양비가 증가한다.

③ 인구가 질적으로 역도태된다.　　④ 도시와 농촌 간의 격차가 감소된다.

TIP 인구증가의 부작용
　　㉠ 경제발전의 둔화　　　　　　　ⓛ 주요 발전계획에 대한 잠식
　　㉢ 식량, 기타 에너지 자원 고갈　㉣ 학령기 아동 급증
　　㉤ 취업인구 증대　　　　　　　㉥ 도시문제 증가
　　㉦ 의료부담의 증가　　　　　　◎ 정치 · 사회적 불안
　　㉧ 부양비 증가

16 남녀의 성비가 같아지는 성비가 있는 것은?

① 제1차 성비　　　　　　　　　② 제2차 성비

③ 제3차 성비　　　　　　　　　④ 제4차 성비

TIP 남녀의 성비
　　㉠ 1차 · 2차 성비 : 항상 남자가 여자보다 많다.
　　ⓛ 3차 성비 : 연령층이 증가함에 따라 차이가 줄어들어 50 ~ 54세의 연령층에서는 균형을 이룬다.

17 인구정책 중에서 인구의 조정정책에 포함되지 않는 것은?

① 주택사업　　　　　　　　　　② 인구분산정책

③ 출산조절사업　　　　　　　　④ 보건사업

TIP 인구정책의 종류
　　㉠ 인구억제정책(가족계획)
　　ⓛ 인구분산정책
　　㉢ 해외 이주사업정책
　　㉣ 보건사업정책

Answer　15.④　16.③　17.①

18 다음 중 인구변동이 비교적 적은 인구구조에 해당하는 형태로 옳은 것은?

① 별형

② 호로형

③ 피라미드형

④ 종형

TIP 종형 … 선진국형으로 출생률·사망률이 모두 낮아서 인구변동이 거의 없다.
① 도시형 ② 농촌형 ③ 저개발국가형

19 다음 ( ) 안에 들어갈 내용은?

$$모아비 = \frac{0 \sim 4세\ 인구}{(\qquad)} \times 1,000$$

① 한 해의 총 출생수

② 가임연령의 부인수

③ 가임연령 부인 중 기혼자수

④ 임신·분만·산욕기의 부인수

TIP 모아비의 분모는 가임연령의 부인수이다.

02 가족계획

01 가족계획사업

❶ 가족계획사업의 개념 및 역사

(1) 가족계획사업의 개념

① 부부가 그들의 자녀에 대한 출산계획(출산시기, 간격, 자녀수)을 수립하여 건강한 자녀의 출산과 양육을 결정하고 모성 및 가족의 건강을 향상시키기 위한 사업이다.

② '가족'이라는 사회단위를 유지·발전시키는데 필요한 자체적인 계획은 물론 가족과 연계성을 갖는 사회생활의 종합적인 계획을 포괄한다.

> **TIP** 가족계획사업의 필요성
> 가족계획은 모자보건, 여성해방, 경제생활수준의 향상과 개선 및 윤리·도덕적 측면에서 필요하다.

(2) 가족계획사업의 역사

① 1939년 영국에서 가족계획(family planning)이란 용어를 처음 사용하였으며, 미국에서는 1942년 계획된 부모기(planned parenthood)라는 용어를 사용하였다.

② 1914년 산아제한연맹이 창립되었다.

③ **수태조절의 창시자**(Magaret Sanger) ⋯ 1916년에 뉴욕에 시술소를 설치하여 수태조절사업을 시작하였다.

④ 제2차 세계대전 이후 국제가족계획연맹이 창설되었고 1961년에 한국이 정회원국으로 가입하였다.

❷ 우리나라의 가족계획사업

(1) 제1차(1961 ~ 1965)

당시 합계출산율 6.0%, 인구증가율 3%로 '가족계획'이라는 새로운 단어를 국민에게 우선 주지시키는 것이 필요한 시기였으며, 다남다복(多男多福)의 전통관념을 타파하기 위해 숫자를 제한할 수 없었다.

(2) 제2차(1966 ~ 1970)

3자녀를 3살 터울로 낳아 35세 내에 단산하자는 내용의 '3 · 3 · 35'라는 슬로건을 내세운 시기로 비로소 자녀수를 제한하게 되었다. 주로 인구문제의 인식을 높이고, 모자보건과 자녀교육, 노후문제 해결에 역점을 두었으며 먹는 피임약이 보급되기도 하였다.

(3) 제3차(1971 ~ 1976)

"딸 · 아들 구별말고 둘만 낳아 잘 기르자."고 하는 표어 아래 가족계획협회의 둘만 낳자는 운동을 정부에서 받아들였고, 근본적으로 해결해야 할 문제가 남아선호 사상이었음을 알게 된 시기였다. 난관수술이 보급되기 시작하였으며 정부에서는 불임수술에 역점을 두기 시작하였다.

(4) 제4차(1977 ~ 1981)

타인에 의해서가 아닌 스스로 생활안정에 목표를 두고 가족계획을 세워야 한다는 의식을 불어넣기 시작한 시기였다.

(5) 제5차(1982 ~ 1986)

하나 낳기 운동을 통해 하나씩만 낳는 것을 강요하기보다는 암암리에 운동을 전개하여 57%의 실천율을 가져왔다.

(6) 제6차(1987 ~ 1991)

그동안의 인구증가 억제측면에서 물량위주의 양적인 사업에 치중하였던 것과는 달리 인구의 자질향상을 고려한 가족계획사업으로 방향이 전환된 시기였다.

(7) 제7차(1992 ~ 1996)

인구증가율이 둔화되고 선진국형의 저출산시대에 진입하게 된 시기로 가족계획사업의 전환기를 맞게 되었다. 인구, 가족계획, 성, 모자보건 등과 관련된 교육, 지도, 홍보, 상담 등을 통한 프로그램 개발에 역점을 두고 각 지역별 여건에 적합한 가족계획사업을 개발 · 실시함으로써 가족계획사업의 질적 향상을 꾀하고 국민보건 향상에 이바지하였다.

02 가족계획방법

① 일시적 피임방법

(1) 복합경구피임약

① 효과 … 피임효과의 우수성이 가장 크고, 월경시 출혈량의 현저한 감소와 자궁경관 점액의 탁도가 증가하고, 자궁수축의 강도를 감소시키므로 여성 상부 생식기 감염과 골반의 염증질환, 각종 유방질환을 감소시킨다. 아울러 류마티스 관절염이 경감되는 효과도 있다.

② 부작용 및 대책

증상	대책
반점	30세 이하의 부인에게 나타났을 땐 의사와 상담
무월경	프로게스틴이 강한 피임약이나 더 강한 에스트로겐 피임약으로 교체
수분 저류로 인한 주기적 체중증가	에스트로겐 0 ~ 50mcg 사용
기름기 있는 피부나 두피, 여드름	• 낮은 농도의 프로게스틴 • 남성호르몬 피임약 및 50mcg의 에스트로겐 피임약 사용
발모증	에스트로겐이 50mcg 이하인 낮은 온도의 남성호르몬 피임약을 사용
고혈압	• 에스트로겐 50mcg 이하의 피임약을 사용 • 3 ~ 6개월간 고혈압 치료 후 프로게스틴 단독 경구피임약으로 대체
기타	의사와 상담

③ 금기대상자

    ㉠ 혈전성 색전증, 뇌졸중 또는 뇌졸중 병력이 있는 자는 절대적으로 사용을 금해야 한다.

    ㉡ 현재 간기능 상태가 나쁘거나 간에 선종 또는 병력이 있는 자는 절대적으로 사용을 금해야 한다.

    ㉢ 생식기나 유방의 암 또는 병력이 있는 자는 절대적으로 사용을 금해야 한다.

    ㉣ 임신이 의심될 때에는 상대적으로 사용을 금해야 한다.

④ 선택방법

    ㉠ 절대적 금기사항 이외일 때는 에스트로겐이 함유되지 않은 프로게스틴 단독 경구피임제를 권장한다. 에스트로겐을 함유한 복합경구피임약을 사용하기 시작할 때는 50mcg나 그 이하인 약제를 사용한다.

    ㉡ 경구피임약을 투여할 때는 처음 방문시 3개월분을 주고 그 후에는 피임약의 위험한 증상을 살피면서 6개월분씩 준다.

⑤ **투약방법** … 경구피임약제에는 한 주기분의 21정과 28정짜리가 있는데, 약리작용은 같고 먹는 방법이 다를 뿐이다. 28정짜리는 월경시작 후 5일째 되는 날 1알을 먹기 시작하여 매일 정해진 시간에 1알씩 복용하고 이전의 약이 끝나면 그 다음날부터 새로운 포장약을 시작하면 된다. 21정짜리는 처음부터 21알까지의 성분이 여성호르몬이 포함되어 있는 것이 같고 21일 이후 7알의 영양제가 없을 뿐이다. 먹는 방법은 21알을 다 먹은 후 7일간(월경일)쉬고 제8일째부터 다시 21알짜리를 시작한다. 복용 도중 1일분을 잊어버렸을 때는 생각난 즉시 복용하고 그 당일분은 정해진 시간에 복용한다.

⑥ **투약량의 변경을 요하는 증상**

 ㉠ 초기 또는 후기의 반점 형성이 나타나게 되는데 매일 정확한 시간에 투여할 때 조절될 수 있다.

 ㉡ 에스트로겐이 20mcg과 50mcg인 경우 난관타계출혈과 반점 형성률이 더 높은 것으로 나타났다.

 ㉢ 에스트로겐이 50mcg 또는 50mcg 이하의 피임약 복용시 나타나는 반점 형성은 잠재적 문제이며, 2~3개월 후 프로게스틴의 함량이 더 높은 복합경구피임약으로 교체할 필요가 있다. 이때는 의사에게 의뢰한다.

⑦ **피임약 사용자의 관리**

 ㉠ 1년간 피임약 복용 후 아무 문제가 없는 부인이 계속 사용하기를 원할 때는 6개월분을 배부하며 2년간 복용 후 계속 사용하기를 원할 때는 1년분을 배부한다. 왜냐하면 피임약이 떨어질 때 중단율이 제일 높기 때문이다.

 ㉡ 위험한 5가지 신호인 심한 복통, 흉통이나 숨가쁨, 두통, 눈이 침침하거나 섬광, 눈이 보이지 않거나 하는 증상이나 다리의 심한 동통이 있을 때는 혈전증의 위험이 크므로 복용을 중단하고 속히 의료기관을 방문하도록 교육한다.

 ㉢ 피임약을 구입하려고 방문할 때마다 사용자로부터 명백하고 요약된 정보를 수집해 놓는다.

TIP 호르몬의 작용기전

 ㉠ 에스트로겐의 피임 작용기전

  • 배란억제 : 에스트로겐이 시상하부와 뇌하수체, 난포자극호르몬과 황체화호르몬을 억제함으로써 배란이 억제된다. 에스트로겐의 함유량이 50mcg 또는 그 이하인 복합체일 때 배란억제효과는 90~98%이며 프로게스테론의 강한 피임효과 때문에 피임효과는 100%에 가깝게 된다.

  • 착상억제 : 수정된 난자는 고농도의 에스트로겐에 의해 착상이 억제된다. 왜냐하면 수정에서 착상까지 기간이 6~7일이 걸리는데, 성교 후에 고농도의 에스트로겐이 주어지면 자궁의 progestation을 방해하고 정상적 분비기전을 변화시키며 밀집된 세포질 부위에 심한 부종을 일으키기 때문이다.

  • 난자수송의 가속화 : 동물실험에서 에스트로겐이 난자수송을 가속화하는 것으로 나타났다. 그러나 이러한 가속화가 에스트로겐 피임에 유의한 기전은 아니라고 주장하는 학자도 있다.

  • 황체의 퇴행 : 성교 후에 주어진 고농도의 에스트로겐은 황체를 파괴하여 혈중 내 프로게스테론의 농도를 감소시킴으로서 정상적인 착상과 태반부착을 방지한다.

 ㉡ 프로게스테론의 피임 작용기전

  • 저항성 경관 점액 형성 : 프로게스틴 사용 후 자궁경관의 점액의 변화가 나타나는데 정자의 이동을 방해하고 정자가 경관 점액을 통과하는 능력을 감소시킨다. 점액의 특성은 양이 적고 탁하며 세포모양으로 fernning과 spinnbarkeit를 감소시킨다.

- 정자의 가수분해효소 활성화 : 정자가 난자를 둘러싼 막을 침투하기 위해 필요한 가수분해효소는 난관과 자궁에서 활성화되어 원형질막의 안정성을 떨어뜨려 장자의 표면을 변화시킨다. 그러나 이러한 활성화는 프로게스테론이 우세한 조건하에서는 억제된다.
- 난자수송의 약화 : 수송 전에 투여된 프로게스틴은 난자수송을 약화시킨다. 프로게스틴이 함유된 피임제를 사용한 경우, 이러한 난자수송의 약화로 인하여 자궁 외 착상의 빈도가 높게 된다.
- 착상억제 : 배란 전에 프로게스틴을 투여하면 착상이 억제된다. 프로게스틴을 사용하면 난포자극호르몬과 황체호르몬의 최고점에 변화를 일으켜 심지어 배란이 일어날 때 황체에 의해 프로게스틴 생성이 감소되어 착상이 억제된다. 프로게스틴을 장기간 투여하면 위촉성 자궁내막으로 변하게 된다.
- 배란억제 : 배란은 시상하부 – 뇌하수체 – 난소 기능에의 미세한 장애와 프로게스틴에 의해 생성된 난포자극호르몬과 황체호르몬의 중간 주기의 수정에 의해 억제된다.

(2) 자궁 내 장치(IUD)

① 작용

ⓐ 자궁 내 장치는 배낭포의 용해 또는 국소적 이물 염증성 반응을 일으킨다.

ⓑ 착상을 억제하는 프로스타글란딘의 국소적 생성을 증가시킨다.

ⓒ 자궁 내 장치에 감긴 구리는 아연이온과 경쟁한다. 아연은 carbonic anhydrase와 alkakine phosphatase 활동을 억제하며, 구리는 에스트로겐 흡수를 방해하여 에스트로겐의 자궁내막에 대한 세포 내 효과를 억제한다.

ⓓ 착상을 방해하는 프로게스틴이 함유된 자궁 내 장치는 자궁내막증과 분비의 성숙과정을 방해한다.

ⓔ 자궁내막에 착상된 배낭포를 기계적으로 추출한다.

ⓕ 난관 내에 있는 난자의 운동성을 증가시킨다.

ⓖ 정자의 자궁강내 통과를 방해한다.

② 크기와 강도

ⓐ 크기가 작을수록 출혈·통증 등의 부작용이 줄어들고, 반면 임신과 배출가능성이 높아진다.

ⓑ 강도가 높을수록 배출가능성이 낮고 통증과 출혈가능성이 높아진다.

③ 부작용

ⓐ 주요 부작용
- 자궁의 감염가능성이 있다.
- 자궁 외 임신율이 증가할 수 있다.
- 골반염증성 질환으로 인한 반흔으로 불임의 원인이 된다.

ⓑ 경미한 부작용
- 자연배출의 가능성이 있다.
- 경구용 피임약에 비해 월경시 동통과 경련, 출혈이 심하다.
- 질분비물이 증가한다.
- 월경주기 사이에 반점 형성 또는 착색이 있고 월경 동안에 월경량이 증가하고 기간이 연장될 수 있다.

④ 장 · 단점

　　㉠ 장점

　　　• 효과가 경구피임약 다음으로 좋고 국가적인 가족계획사업과 같은 대규모의 사업에 적절하다.

　　　• 한번 삽입하면 반영구적이며, 성생활과 사용이 무관하고 비용이 적게 든다.

　　㉡ 단점 : 국소적인 부작용과 가끔 장기의 감염이나 자궁천공의 우려가 있다.

⑤ 금기대상자 … 임신 중인 자, 생식기 암에 걸린 자, 성병 기왕력이 있는 자, 난관에 감염 또는 재발위험이 있는 자, 원인 모르는 질 출혈이 있는 자, 자궁 선천성 기형자, 심한 빈혈자, 선천성 심장질환자의 경우에는 사용을 금한다.

(3) 콘돔

① **사용방법** … 임시피임법 중 유일하게 남성이 사용하는 피임기구로 현재 사용되는 것은 고무제품으로 1회 사용한다. 남자의 음경에 씌워 정자가 질 내에 사정되는 것을 방지하는 방법이다.

② **효과** … 콘돔은 발기된 음경에 꼭 맞아서 사정액 통과를 막는 역할을 한다. 콘돔의 피임효율은 매 성교시마다 사용법을 잘 지킬 경우 평균 96% 정도로 매우 높은 편이다.

③ **금기대상자** … 콘돔 고무에 알레르기 질환이 있거나 콘돔 사용시 발기가 유지되지 않는 자는 사용할 수 없다.

④ 장 · 단점

　　㉠ 장점

　　　• 경제적 피임방법이다.

　　　• 성교로 전염되는 감염병의 예방이 가능하다.

　　　• 경관암을 예방할 수 있다.

　　　• 쉽게 구입이 가능하다.

　　　• 부작용이 없다.

　　　• 성교자체나 체위에 관계없이 사용가능하다.

　　㉡ 단점

　　　• 성감을 해치는 경우가 있다.

　　　• 질에 남아있을 수 있다.

　　　• 장기 사용할 때 외상으로 인한 질염을 일으킬 가능성이 있다.

(4) 자연출산 조절법

① **기초체온법** … 건강인이 잠을 깨었을 때의 안전상태에서 잰 체온을 기초체온이라 한다. 배란 직후 24 ~ 72시간은 눈에 띄게 체온이 상승하므로 배란기를 파악하여 임신을 방지할 수 있으며, 기초체온을 3 ~ 4개월 기록하여 배란기를 파악할 수도 있다.

② **점액법** … 수태기간을 파악하는데 자궁경관에서 배출되는 점액을 확인함으로써 배란기를 알 수 있다. 배란기의 점분은 염분성분이 적고 에스트로겐의 농도가 높으므로 계란 흰자와 같은 색깔과 점성을 나타낸다. 기초체온법을 병행 실시하면 안전하다.

③ **월경력 이용법**

    ㉠ **가정**

- 배란은 차기 월경일 전 14일(±2일)에 생긴다.
- 정자는 2 ~ 3일간의 생명력이 있다.
- 난자는 24시간 생존이 가능하다.

    ㉡ **방법**

- 출혈이 시작된 첫 날부터 기록하여 월경력 중 가장 주기가 짧은 기간에서 18일을 빼고 긴 기간에서 11일을 뺀 날짜를 계산한다.
- 이 기간이 월경시작일 후에 수태가능기간이므로 이 기간에 피임법을 택하거나 성관계를 피한다.

    ㉢ **기타**

- 월경주기에 대한 기록이 되어 있는 달력이 필요하다.
- 매 월경기간은 적어도 최근 8개월 ~ 1년까지의 월경력을 파악해야 한다.

(5) 살정제

① **개념**

    ㉠ 정자의 운동성을 약화시키거나 정자가 경관에 들어가기 전 죽이는 약품이다.

    ㉡ 성교 5 ~ 10분 전에 질 안에 넣고 성교 이후 6 ~ 8시간 후에 질세척을 해야 하며 더 일찍 하는 경우에는 효과가 없다.

    ㉢ 콘돔이나 다이아프램을 겸해서 사용하면 좋다.

② **금기대상자** … 살정제 발포, 젤리, 크림에 알레르기가 있는 자나 발포제를 사용할 수 없는 신체적 불구자는 사용할 수 없다.

③ **부작용**

    ㉠ 알레르기가 일어날 수 있다.

    ㉡ 좌약이 녹지 않거나 발포제의 발포가 제대로 안 되는 경우 피임에 실패한다.

(6) 다이아프램, 경관캡

① **기전** … 성교 전에 검지와 엄지를 사용하여 질내에 삽입하여 경관을 씌워 정자가 경관으로 들어가지 못하게 하는 방법이다. 피임효과를 높이기 위해 살정제 크림, 젤리를 발라 사용한다.

② **효과** … 100명이 1년간 사용한 경우 임신율은 2 ~ 17명이다.

③ **금기대상자** … 고무나 살정제에 알레르기가 있는 자나 반복적 요도감염이 있는 자는 사용할 수 없으며, 크기를 정할 의사가 없거나 정확히 지시를 받을 시간이 없을 때나 사용자가 사용불능일 때에도 불가능하다.

④ **부작용**

　㉠ 너무 오래 삽입된 상태에서 악취가 난다

　㉡ monilia vaginitis에 감염될 우려가 있다.

　㉢ 방광염에 걸릴 수 있다.

　㉣ 살정제로 인한 자극이 있다.

　㉤ 고무나 살정제에 알레르기 반응을 일으킬 수 있다.

⑤ **장 · 단점**

　㉠ 장점

　　• 월경기간 중에도 사용이 가능하다.

　　• 성병의 전파를 예방할 수 있다.

　　• 부작용이 없고 피임효과가 좋다.

　㉡ 단점

　　• 비용이 비싸다.

　　• 여성의 생식구조의 이해가 필요하다.

　　• 사용 전 골반계측을 받아 크기를 정해야 한다.

❷ 영구적 피임방법

(1) 남성불임술(정관절제술)

① **개념** … 정자의 통로인 정관을 막아 고환에서 계속 만들어지는 정자가 배출하지 못하게 하는 수술로서 성생활에 아무런 지장이 없다.

② **장 · 단점**

　㉠ 장점

　　• 피임효과가 정확하다.

　　• 수술이 간단하고 복원이 가능하다.

　　• 국소마취로 하는 간단한 수술이기 때문에 작은 시설의 병, 의원, 외래에서도 시술가능하다.

　㉡ 단점

　　• 터울조절에 활용이 불가하다.

　　• 자연복원으로 인한 임신가능성이 있다.

③ 부작용
　　㉠ 동통과 음낭의 혈반, 혈류, 감염, 충만성 고환염, 후발성 정관절제술 증후군 등이 나타날 수 있다.
　　㉡ 피임효과는 정확하나 1% 미만의 실패가 있다.

④ 기타
　　㉠ 격한 운동은 2 ~ 3일간 피하도록 한다.
　　㉡ 시술 후 성관계는 5 ~ 7일 후에 시작한다.
　　㉢ 정관절제술 후 6회까시는 정액 속에 임신시킬 수 있는 정자가 나오므로 12회까지는 피임을 해야 한다.
　　㉣ 항생제 복용은 수술 후 3일간 계속한다.
　　㉤ 음낭 고정은 수술 후 1주일간 지지대 같은 거고대로 거상 · 고정한다.

(2) 여성불임술(복강경불임술)

① **개념** … 난자의 통로인 난관의 조작으로 정자와 난자의 수정을 방지하는 피임법이다. 현재 복강경난관불임술이 가장 많이 사용되고 있으나 질식방법, 자궁경부를 통하는 방법 등도 있다.

② **장 · 단점**
　　㉠ 장점
　　　• 수술이 간단하여 외래로 할 수 있고 반흔이 남지 않는다.
　　　• 실패율이 낮고 회복이 빠르다.
　　㉡ 단점 : 고가의 장비가 필요하다.

③ **금기대상자** … 비만자, 탈장이 있는 자, 급성 또는 만성 골반 내 염증이 있는 자, 기왕의 개복술에 의한 광범위한 복부 반흔이 있는 자, 골반 및 장 유착이 의심되는 자는 사용할 수 없다.

④ **기타**
　　㉠ 수술 후 2 ~ 3시간에 귀가할 수 있고 항생제가 필요없다.
　　㉡ 2 ~ 3일 후부터 샤워, 성교, 가사 등이 가능하다.
　　㉢ 수술 후 1주일 이후에 추후진찰이 필요하다.

출제 예상 문제

1 자궁 내 장치의 금기사항에 해당하지 않는 것은?

① 심한 빈혈증
② 혈전성 정맥염
③ 선천성 기형
④ 임신 중

TIP ② 경구피임약의 절대적 금기사항에 해당한다.

2 경구피임약 복용 후의 부작용으로 옳지 않은 것은?

① 골반 내 염증
② 오심
③ 유방압통
④ 체중증가

TIP ① 경구피임약의 장기간(적어도 2년 이상) 복용시 염증성 질환의 예방효과가 있다.

3 가족계획의 필요성으로 옳지 않은 것은?

① 모자보건
② 경제생활수준의 후퇴
③ 윤리 · 도덕적 측면
④ 여성해방

TIP 가족계획은 모자보건, 여성해방, 경제생활수준의 향상과 개선, 윤리 및 도덕적 측면에서 필요하다.

Answer 1.② 2.① 3.②

4 경구피임약의 복용방법으로 알맞은 것은?

① 임신 중

② 월경 시작 후 3일 째

③ 월경 시작 후 5일째

④ 월경 시작 후 7일 째

TIP 경구피임약은 월경 시작 후 5일째부터 복용한다.

5 결혼한 부부의 불임원인 중 남성측 요인은 40%에 해당된다. 그 요인에 해당하지 않는 것은?

① 임질

② 폐결핵

③ 요도질환

④ 정낭선의 감염

TIP 남성측 불임원인 … 임질, 요도질환, 정낭선의 이상, 정자수 감소 등이 있다.

6 가족계획의 지도내용에 속하지 않는 것은?

① 불임교정

② 초산시기

③ 출산계절

④ 임신상태

TIP ④ 임신기에는 모자보건사업에 의해 산전관리를 시행한다.

7 인구정책 중에서 인구조정을 위한 출산조절에 해당되는 것은?

① 이민사업

② 인구분산정책

③ 가족계획사업

④ 식량정책

TIP 가족계획사업 … 개인적으로는 부부가 그들의 자녀에 대한 출산계획, 즉 출산시기, 간격, 자녀수를 결정하여 가족건강을 향상하고자 함이고, 정책적으로는 인위적으로 인구조정을 위한 사업으로 시행된다.

Answer 4.③ 5.② 6.④ 7.③

8 자궁 내 장치가 가장 빠지기 쉬운 때는?

① 과도한 운동 중   ② 월경 중

③ 월경 직후 2 ~ 3일간   ④ 월경 직전 2 ~ 3일간

....

TIP 월경 중 월경혈과 함께 배출되는 경우가 있다.

9 피임방법 중 가장 효과가 확실한 것은?

① 경구피임약   ② 살정제

③ 주기이용법   ④ 자궁 내 장치

....

TIP 피임법 중 가장 효과가 확실한 것은 복합경구용 피임약이고 그 다음으로는 자궁 내 장치이다.

10 인공유산의 부작용에 해당하는 것을 모두 고르면?

㉠ 요통	㉡ 복부통증
㉢ 출혈	㉣ 허약함

① ㉠㉡   ② ㉠㉡㉢

③ ㉠㉡㉢㉣   ④ ㉠㉢

....

TIP 인공유산의 부작용 … 요통, 출혈, 월경불순, 재임신의 어려움, 복부통증, 무력, 허약함 등이 있다.

Answer   8.②   9.①   10.③

11 다음 중 경구피임약의 가장 많은 부작용은?

① 두통 ② 허약감

③ 과소월경 ④ 체중저하

TIP 경구피임약의 가장 큰 부작용은 과소월경이다.

12 가족계획을 실시함에 있어서 지역사회간호사의 역할이 아닌 것은?

① 가족계획사업에 관련된 연구자

② 가족계획사업에 관련된 보조자

③ 가족계획사업에 관련된 건강관리자

④ 일상전문가

TIP 지역사회간호사는 가족계획사업의 연구자, 건강관리자, 조언자의 역할을 한다.

13 다음 중 경구피임제의 주성분은?

① 프로게스테론 ② HCG

③ FSH ④ 에스트로겐

TIP 피임약은 프로게스테론과 소량의 에스트로겐으로 되어 있다.

14 다음 중 경구피임약을 복용하여도 무방한 경우는?

① 월경이 불규칙한 부인

② 정맥류나 혈전증

③ 생식기에 급성질환 및 종양이 있는 부인

④ 내분비 질환

TIP ① 부인암 등 월경이 불규칙했던 경우에는 오히려 규칙적으로 된다.
　　※ 경구피임제의 복용제한
　　　　㉠ 현재 또는 과거에 간질환, 정맥류, 혈전증
　　　　㉡ 내분비 질환
　　　　㉢ 생리적으로 성숙되지 않은 소녀

15 다음 중 정관절제술의 장점이 아닌 것은?

① 피임효과가 정확하다.　　　　　　② 수술방법이 간단하다.

③ 수술시간이 짧다.　　　　　　　　④ 정관에 퇴행성 변화를 일으킨다.

TIP 정관절제술의 장점
　　㉠ 수술이 간단하다.
　　㉡ 복원이 가능하다.
　　㉢ 피임효과가 정확하다.

Answer　14.①　15.④

02. 가족계획 **399**

PART

01 지역사회 간호

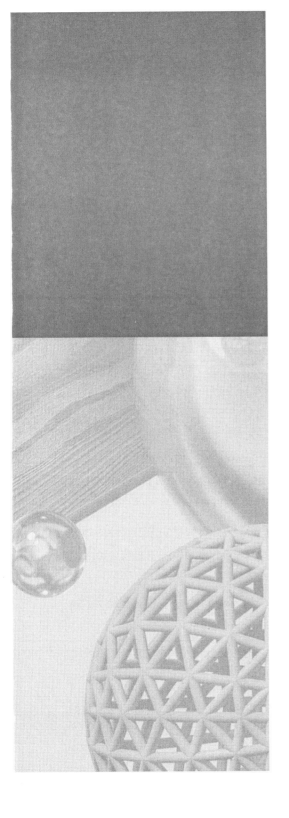

01 역학

01 역학의 이해

❶ 역학의 개념과 역할

(1) 역학(Epidemiology)의 개념

어원적으로 역학은 인간집단에 발생하는 건강문제를 다루는 학문으로써, 의역하자면 인간집단을 대상으로 출생부터 사망의 과정을 다루는 모든 생리적 상태와 질병·결손·불능과 같은 이상상태의 빈도와 분포를 관찰하고, 그와 관련된 요인을 규명하여 건강문제의 효율적인 관리와 예방법을 개발하는 학문이다.

(2) 역학의 역할

① **기술적 역할** … 특수 및 환경이 서로 다른 인구집단에서 문제사건이 발생하여 끝날 때까지의 경과인 자연사, 건강수준과 질병양상, 인구동태 등에서 나타나는 특성, 즉 건강문제의 자연사를 기술하고, 또 건강문제가 어떤 집단에서 더 발생하는지 집단별 발생규모와 빈도를 측정, 관찰하고 역학적 해석을 붙여 기술한다.

② **원인규명의 역할** … 잘 알려져 있지 않은 질병의 원인과 전파기전을 밝혀냄으로써 백신개발 등을 가능하게 하고 전파를 차단할 수 있으며, 잘 알려진 질병의 경우에도 그 유행의 발생원인을 찾아냄으로써 만연으로 인한 손실을 방지할 수 있다.

③ **연구전략 개발의 역할** … 사람의 건강에 영향을 전혀 미치지 않으면서 특정요인의 존재나 부재가 건강에 미치는 영향을 명백히 증명할 수 있는 인과관계 규명에 필요한 과학적인 방법을 개발한다.

④ **질병 또는 유행발생의 감시역할** … 질병이나 이상상태의 발생분포에 대하여 항상 정밀히 감시함으로써 그 만연 규모에 대한 예측을 가능하게 한다.

⑤ **보건사업평가의 역할** … 보건사업의 필요도, 새로운 사업설계, 진행사업의 과정과 효율성, 사업성과로 얻어진 효과 등에 관하여 평가한다.

② 역학의 내용

(1) 질병발생의 3대 요인

① 병원체요인

ⓒ 특이성과 항원성 : 병원체의 특이성은 화학적 구성성분과 형태에 따라 분류하며 이 화학적 구성성분과 형태가 항원성을 결정한다.

ⓒ 병원체의 양 : 감염이나 발병에 큰 영향을 미치며 장티푸스, 콜레라 등과 같은 수인성 감염병은 소량의 병원체가 침입해도 감염이 잘 일어나게 된다.

ⓒ 감염력 : 병원체가 숙주에 침입하여 알맞은 기관에 자리잡아 증식하는 능력을 말하며, 감염을 성공시키는데 필요한 최저 병원체의 수가 감염력이다.

• 감염력 측정은 현성 감염과 불현성 감염을 모두 포함한다.

• 항체형성 여부로 감염을 판단하기 때문에 직접 측정이 불가능하다.

• 간접적으로 이차발병률을 통해 감염력을 측정할 수 있다.

ⓒ 발병력(병원력) : 병원체가 임상적으로 질병을 일으키는 능력을 말한다.

• 감염된 숙주 중 현성 감염을 나타내는 수준을 말한다.

• 질병보균자 : 감염되었으나 뚜렷한 임상적 증상과 징후가 없어 전파차단의 필요성을 깨닫지 못하여 다른 숙주에게 위험이므로 통제적 관점에서 중요하다.

ⓒ 기타 : 건강문제 발생에 직접 원인이 되는 기타 병원체 요인으로 독력과 외계에서의 생존능력 등이 있다.

• 독력은 발병된 증상의 심각한 정도를 나타내는 미생물의 능력으로, 현성 감염으로 인한 사망이나 후유증이 나타나는 정도를 말한다.

• 질병의 가장 심각한 결과는 사망이며 독력을 평가하는 지표는 치명률이다.

② 숙주요인

ⓒ 어떤 특정한 감염균의 침입을 받았을 때 그에 대한 감수성이나 저항력에 따라서 발병 여부가 결정된다.

ⓒ 숙주는 연령, 성, 인종, 일반적인 건강상태, 가족력 등에 따라 병원체에 대한 감수성이나 저항성에 차이를 지닌다.

ⓒ 관습, 습관, 문화와 같은 인간행동은 병원체에 폭로되는 기회, 병원체의 전파로, 전파방법 및 개인의 질병예방과 치료에 큰 영향을 미친다.

③ 환경요인

ⓒ 생물학적 환경요인 : 병원체의 발생 및 전파과정에 관여하는 인간 주위의 모든 동식물이다.

ⓒ 물리적 환경요인 : 기후, 기압, 습도, 지리, 지질, 광선, 열, 상수, 하수 등이다.

ⓒ 사회 · 경제적 환경요인 : 관습이나 직업문명에 따라서 병원체요인에 접촉하는 기회가 달라지는데, 경제수준이 낮을 때는 영양장애, 주거환경의 불량, 의료비 지출의 감소로 질병발생의 감수성이 높아지며 의료사회제도에 따라 보건의료의 혜택을 받는 정도가 달라지므로 질병발생과 밀접한 관계가 성립된다.

TIP 3대 요인의 상호작용

질병의 발생은 병원체요인만으로 성립되는 것이 아니라 숙주와 환경과의 상호작용에 의해서 성립된다.
㉠ 병원체요인 : 어떤 집단의 다수를 침범하기에 충분한 양과 질의 병원체요인이 있어야 한다.
㉡ 숙주 : 어떤 집단의 다수가 발병에 필요한 양과 질의 충분한 병원체요인을 받아들여야 한다.
㉢ 환경 : 병원체요인과 인간집단 양자간의 상호작용에 영향을 줄 수 있는 환경이어야 한다.

(2) 질병의 단계

① 1단계(전 발병기) … 질병발생에 유리한 요인이 존재하고 있으나 발병하지 않는 상태를 말한다. 예컨대 좋지 못한 식습관, 수면부족으로 인한 피로 등은 감기발병에 유리한 위험요인이 된다.

② 2단계(발병기)

  ㉠ **질병전구기(전 증상기)** : 발병초기로 질병의 증상은 없다.
  ㉡ **발병의 초기** : 정밀한 임상검사로 발견될 수 있는 증상이 있다.

③ 3단계(중화기) … 해부학적이나 기능적 변화가 심하여 인식할 수 있는 증상과 증후를 나타내는 시기이다. 이 시기에는 완전히 회복될 수 있고 불능이나 결합, 사망의 결과를 가져올 수도 있다.

02 역학조사와 역학적 상사 측정

① 역학조사 계획 및 연구방법

(1) 역학조사 계획

① 연구과제를 선정한다.

② 문헌을 고찰한다.

③ 연구과제에 따른 가설을 설정한다.

④ 계획을 세운다.

⑤ 역학조사를 수행한다.

⑥ 연구결과를 분석하고 해석한다.

(2) 역학조사 연구방법

① 기술역학

  ㉠ 개념 : 건강 수준, 질병양상에 대해 있는 그대로의 상황을 관찰·기록한다. 이것은 건강문제의 특성이 무엇이고, 얼마나, 언제, 어디에서, 누구에게 발생하는지 알기 위한 과정이다.

ⓛ **기본적 기법** : 발생한 사건을 단순하게 세어서 관찰집단 전체에서의 비율로 계산하여 사건이 발생한 대상자의 인적 속성·시간적 속성·자연적 속성별 빈도와 비율에 따라 분류하며, 각 변수별로 나타나는 분포의 차이가 유의한 것인지 통계적 검증방법을 이용한다.

② **분석역학**

ⓞ **개념** : 분석역학은 기술역학적 연구에서 얻은 정보를 기초로 세운 가설을 검증하기 위해 수행하는 연구이다.

ⓛ **환자·대조군 연구** : 이미 특정질병에 걸려 있는 환자군을 선정하고 각각의 환자와 짝지어질 수 있는 그 질병에 걸려 있지 않은 대조군을 선정하여, 이 두 소집단이 원인이라고 의심되는 요인에 폭로되었던 비율의 차이를 통계적으로 검증하여 폭로요인과 질병발생과의 연관성을 판단한다.

ⓒ **코호트 연구**(Cohort study)

• 코호트 : 같은 특성을 지닌 집단을 말하는 것으로, 2000년 출생 코호트라고 하면 2000년에 태어난 인구를 의미한다.

• 건강한 사람을 대상으로 조사하고자 하는 여러 특성을 지닌 소집단으로 나누어 시간이 경과함에 따라 달라지는 각 집단에서의 질병발생률을 비교·관찰하는 방법이다.

• 대상 코호트는 조사하려는 질병이 발생하기 이전의 특성에 따라 확정되며, 이 집단 중에 발생하는 질병빈도를 일정 기간 관찰함으로써 그 발생에 영향을 주리라고 의심되는 요인에 대한 폭로 유무가 코호트 선정의 기준이 된다.

• 영국의 의사집단을 대상으로 한 흡연과 폐암연구가 전형적인 코호트 연구에 해당한다.

ⓔ **단면연구** : 한 시점에서 한 모집단에 대한 유병조사라는 관점은 기술역학과 유사하나, 구체적인 가설을 증명하고 특정한 질병과 특정한 속성과의 관계를 유추하기 위하여 모집단을 대표할 수 있는 표본인구를 추출하여 정확한 방법으로 조사, 분석, 검증하게 되는 관점이 다르다.

③ **실험역학** ⋯ 일반적으로 역학적 연구에서의 마지막 단계의 연구로서, 질병의 원인이나 건강증진, 질병예방 등에 관여하는 요인을 인위적으로 변동시켜보고 이로 인한 영향을 분석하는 방법으로 목적에 따라 예방적 실험, 치료적 실험, 중재실험으로 구분된다. 객관적 연구결과를 얻기 위해서는 반드시 실험군과 대조군이 설정되어야 하며, 이중 맹검법(double blind method)을 사용하여야 한다.

④ **작전역학** ⋯ 보건의료 서비스의 향상을 목적으로 하는 지역사회 보건의료사업 운영에 관한 계통적인 연구방법이다. 보건사업의 효과를 목적달성 여부에 따라 평가하며, 연구영역으로는 사업의 운영과정에 관한 연구, 투자에 비해 얻어진 결과의 경제성, 사업의 수용 또는 거부와 관련된 요인 규명, 보건문제의 해결을 위한 효율적 접근법 등이 있다.

⑤ **이론역학** ⋯ 일반화된 가정에 따라 설정한 여러 가지 역학적 현상을 수리적 또는 통계적인 모델을 적용하여 그 적합성을 검정하고, 실제로 나타난 결과와 비교해 봄으로써 역학현상의 일반화와 그 전제된 가정들이 얼마나 타당한가를 보는 방법이다.

⑥ 자료원

　　㉠ **인구센서스 및 인구동태자료** : 인구 및 주택센서스 자료, 출생·사망·혼인·이혼 등에 관한 자료 등으로, 보건통계를 산출하는데 분모로 쓰이는 모집단 추출이 가능하다.

　　㉡ **상병자료** : 전반적인 상병양상 파악에 도움이 되며, 보건의료인력 및 시설 추정을 가능하게 하는 보건기획에 필수적인 자료이다. 예컨대 법정감염병 신고자료, 특정질병 등록자료, 국민건강 조사자료, 특수집단 상병자료 등이다.

⑦ 측정의 오차문제

　　㉠ **관측자 오차** : 관측자의 기술적 능력 및 주관적 판단에 의해서 발생하는 오차이다.

　　㉡ **피조사자 오차** : 조사대상자의 실수 및 오답 때문에 생기는 오차를 말한다.

　　㉢ **확률오차** : 측정을 반복할 때 특별한 이유없이 우연히 발생하는 오차이다.

　　㉣ **계통오차** : 측정하는 사람이나 계기에 따라서 한쪽으로 항상 치우친 결과가 나타나는 오차이다.

⑧ 검사법이 구비해야 할 조건

　　㉠ **타당도**(정확도)

　　　• 민감도 : 해당 질환자에게 검사법을 실시한 결과 양성으로 나타나는 비율을 말한다.

　　　• 특이도 : 해당 질환에 걸려 있지 않은 사람에게 검사법을 적용시켰을 때 결과가 음성으로 나타나는 비율을 말한다.

　　　• 예측도 : 그 검사법이 질병이라고 판정한 사람들 중에서 실제로 그 질병을 가진 사람들의 비율을 말한다.

　　㉡ **신뢰도**(재현성) : 정밀성을 말하며, 동일대상을 동일방법으로 측정할 때 얼마나 일관성을 가지고 일치하느냐를 결정하는 것이다. 즉, 오차의 정도에 따라서 신뢰도가 높다·낮다로 표현할 수 있다.

❷ 역학적 상사 측정

(1) 비율

단위인구, 성, 연령, 직업과 같은 소규모 집단별로 사건의 빈도를 표시한 것으로 분자, 분모, 인구 또는 분모의 단위, 시간, 지역에 관한 5개 항목이 명시되어야 한다.

① **유병률** … 어떤 시점, 또는 일정 기간 동안에 특정 시점 또는 기간의 인구 중 존재하는 환자의 비율을 말한다.

　　㉠ **시점유병률** : 특정 시점에서 인구실병 또는 실병을 가진 환자수의 크기를 단위인구로 표시한 것을 말한다.

　　㉡ **기간유병률** : 일정 기간의 인구 중에 존재하는 환자수의 크기를 단위인구로 표시한 것을 말한다.

② **발생률** … 일정 기간에 새로 발생한 환자수를 단위인구로 표시한 것을 말하며, 질병에 걸릴 확률 또는 위험도를 직접 추정가능하게 하는 측정이다.

③ **발병률** … 어떤 집단이 한정된 기간에 한해서만 어떤 질병에 걸릴 위험에 놓여 있을 때 전체 인구 중 특정집단 내에 새로 발병한 총수의 비율을 말한다.

④ **이차발병률** … 발단환자를 가진 가구의 감수성이 있는 가구원 중 이 병원체의 최장 잠복기간 내에 환자와 접촉하여 질병으로 진전된 환자의 비율을 말한다.

> **TIP** 유병률과 발생률과의 관계
> 발생률이 높으면 기간유병률은 높아지고, 발생률이 낮으면 유병률은 낮아진다.

(2) 비

① **성비** … 여자 한 사람에 대하여 남자가 몇 명이냐는 개념이다.

② **위험비** … 의심요인에 폭로된 집단에서의 질병발생률과 비폭로집단에서의 질병발생률의 대비를 나타낸 것을 말하며, 이 차이가 클수록 통계적 관련성은 크다.

③ **상대위험비**(비교위험도)
  ㉠ 특정 위험요인에 노출된 사람들의 발생률과 노출되지 않은 사람들의 발생률을 비교하는 것을 말한다.
  ㉡ 상대위험비가 클수록 노출되었던 원인이 병인으로 작용할 가능성도 커지며, 상대위험비가 1에 가까울수록 의심되는 위험요인과 질병과의 연관성은 적어진다.
  ㉢ 상대위험비 = $\dfrac{\text{위험요인에 노출된 군에서의 질병 발생률}}{\text{비노출군에서의 질병 발생률}}$

④ **교차비**(대응위험도)
  ㉠ 특정 질병이 있는 집단에서 위험요인에 노출된 사람과 그렇지 않은 사람의 비, 특정 질병이 없는 집단에서의 위험요인에 노출된 사람과 그렇지 않은 사람의 비를 구하고, 이들 두 비 간의 비를 구한 것을 말한다.
  ㉡ 평균 발생률이나 누적 발생률을 계산할 수 없는 환자-대조군 연구에서 요인과 질병과의 관계를 알고자 할 때 사용하며, 질병 발생률이 매우 드문 희귀성 질환의 경우 상대 위험비와 교차비는 비슷하다.
  ㉢ 교차비 = $\dfrac{\text{환자군에서의 특정 요인에 노출된 사람과 노출되지 않은 사람의 비}}{\text{대조군에서의 특정 요인에 노출된 사람과 노출되지 않은 사람의 비}}$
  ㉣ **결과**
    • 교차비가 1보다 큰 경우 : 환자군이 대조군에 비해 위험요인에 더 많이 노출된 것으로 위험요인에 노출이 질병 발생의 원인일 가능성이 크다.
    • 교차비가 1일 경우 : 환자군과 대조군의 노출 정도가 같으며, 위험요인에 대한 노출이 질병 발생과 연관이 없다.
    • 교차비가 1보다 적을 경우 : 대조군이 환자군에 비해 위험요인에 더 많이 노출된 것으로 위험요인에 대한 노출이 질병의 예방효과를 가져온다.

⑤ **기여위험도**(귀속위험도)
  ㉠ 노출군과 비노출군의 발생률의 차이를 말하며, 특정 요인에 노출된 군에서 질병 또는 건강 관련 사건 발생 위험이 노출되지 않은 군에 비해 얼마나 더 높은가를 나타낸다.
  ㉡ 기여위험도 = 노출군에서의 발생률 - 비노출군에서의 발생률

≡ 최근 기출문제 분석 ≡

2022. 6. 18. 제2회 서울특별시

1 〈보기〉의 방법으로 수행한 연구방법으로 가장 옳은 것은?

보기

연구자는 다른 지역에 비해 A지역에서 높은 백혈병 유병률을 보이고 있음을 알고 관련요인을 파악하고자 하였다. 이에, 연구자는 백혈병 환자 30명을 선정하고, 환자와 동일한 특성을 지니었으나 백혈병이 없는 사람들 30명을 선정하여 관련요인을 비교하는 연구를 하였다. 연구결과 방사선 노출여부가 백혈병에 영향을 미침을 확인하였다.

① 위험요인의 노출수준을 정확히 측정할 수 있다.
② 연구대상자의 기억력에 의존하므로 정보편견의 위험이 크다.
③ 장기간 자료를 수집하기 때문에 비용이 많이 든다.
④ 한 번에 대상 집단의 건강문제 양상과 규모를 파악할 수 있다.

> **TIP** ② 〈보기〉는 환자 – 대조군 연구 특성을 나타낸다. 정보편견의 위험이 있는 것은 환자 – 대조군 연구의 단점이다.
> ①③ 코호트 연구
> ④ 단면조사연구

2022. 4. 30. 지방직 8급 간호직

2 다음에 해당하는 역학 연구 방법은?

흡연과 폐암 발생의 관계를 밝히기 위해, 2000년에 35 ~ 69세 성인 100만 명을 연구 대상자로 선정한 후 2020년까지 추적 관찰하였다. 그 결과 흡연자는 비흡연자보다 폐암 발생률이 8배 높았다.

① 단면조사 연구   ② 실험 연구
③ 코호트 연구   ④ 환자－대조군

Answer 1.② 2.③

TIP ③ **코호트연구(전향적 연구)**: 질환에 걸리지 않은 건강군을 모집단으로 하여 유해요인 집단과 나누어 장기간 관찰한 후 위험요인과 질병 발생의 상관관계를 연구한다.
① **단면조사 연구**: 일정 인구집단을 대상으로 조사 시점 혹은 단기간에 질병 유무 및 요인의 유무를 동시에 조사한다. 만성기관지염이나 각종 정신질환을 연구할 때 사용되는 방법이다.
② **실험 연구**: 관련 요인에 대한 의도적인 중재 후 대상자의 건강문제의 변화를 측정한다.
④ **환자−대조군 연구(후향적 연구)**: 질병에 걸린 환자군과 질병에 걸리지 않은 대조군을 선정하여 질병 발생 요인과 원인관계를 규명한다. 현재 환자군이 과거에 어떤 요인에 노출되었는지 조사한다.

2021. 6. 5. 제1회 지방직

3 **고혈압관리프로그램을 평가할 경우 평가도구의 신뢰도를 확보하기 위한 질문은?**

① 혈압계를 동일인에게 반복 사용할 때 일정한 값을 갖는가
② 설문항목이 응답하기에 수월한가
③ 혈압계 구입비용이 경제적인가
④ 설문지는 고혈압관리 목표를 제대로 측정하고 있는가

TIP **신뢰도** … 평가도구가 믿을 만한가? 즉 측정하고자 하는 내용을 정확하게, 오차 없이 측정할 수 있는가를 말한다.

2021. 6. 5. 제1회 지방직

4 **다음에서 설명하는 개념은?**

> 감수성이 있는 집단에서 감염성이 있는 한 명의 환자가 감염가능기간 동안 직접 감염시키는 평균 인원 수

① 발생률
② 집단면역
③ 유병률
④ 기본감염재생산수

TIP ① **발생률**: 질병에 걸릴 확률 혹은 위험도를 직접 추정 가능하게 하는 측정
② **집단면역**: 지역사회 혹은 집단에 병원체가 침입하여 전파하는 것에 대한 집단의 저항성을 나타내는 지표
③ **유병률**: 어떤 시점 혹은 일정기간 동안에 특정 시점 혹은 기간의 인구 중 존재하는 환자의 비율
④ **기본감염재생산수**: 한 인구집단 내에서 특정 개인으로부터 다른 개인으로 질병이 확대되어 나가는 잠재력

Answer 3.① 4.③

5 **다음에 해당하는 역학적 연구방법은?**

> • 초등학교에서 식중독 증상을 보이는 학생군과 식중독 증상을 보이지 않는 학생군을 나누어 선정한다.
> • 식중독 유발 의심요인을 조사하고, 식중독 유발 의심요인과 식중독 발생과의 관계를 교차비(odds ratio)를 산출하여 파악한다.

① 코호트 연구　　　　　　　　　　② 실험역학 연구
③ 기술역학 연구　　　　　　　　　　④ 환자-대조군 연구

> **TIP** ① **코호트 연구**: 같은 특성을 지닌 집단을 말하는 것으로, 건강한 사람을 대상으로 조사하고자 하는 여러 특성을 지닌 소집단으로 나누어 시간이 경과함에 따라 달라지는 각 집단에서의 질병발생률을 비교·관찰하는 방법
> ② **실험역학 연구**: 일반적으로 역학적 연구에서의 마지막 단계의 연구로써, 질병의 원인이나 건강증진, 질병예방 등에 관여하는 요인을 인위적으로 변동시켜보고 이로 인한 영향을 분석하는 방법
> ③ **기술역학 연구**: 건강 수준, 질병양상에 대해 있는 그대로의 상황을 관찰·기록한다. 발생한 사건을 단순하게 세어서 관찰집단 전체에서의 비율로 계산하여 사건이 발생한 대상자의 인적 속성·시간적 속성·자연적 속성별 빈도와 비율에 따라 분류하며, 각 변수별로 나타나는 분포의 차이가 유의한 것인지 통계적 검증방법을 이용
> ④ **환자-대조군 연구**: 연구하고자 하는 이환된 집단과 질병이 없는 군을 선정하여 질병발생과 관련이 있다고 의심되는 요인들과 질병발생과의 원인관계를 규명하는 연구방법

6 **위암 조기발견을 위한 위내시경 검사의 특이도에 대한 설명으로 옳은 것은?**

① 위암이 없는 검사자 중 위내시경 검사에서 음성으로 나온 사람의 비율
② 위암이 있는 검사자 중 위내시경 검사에서 양성으로 나온 사람의 비율
③ 위내시경 검사에서 음성인 사람 중 위암이 없는 사람의 비율
④ 위내시경 검사에서 양성인 사람 중 위암이 있는 사람의 비율

> **TIP** **특이도**: 질병에 걸리지 않은 사람이 음성으로 나올 확률
> 특이도 = 검사음성자 수 / 총 비환자 수

Answer 5.④ 6.①

2021. 6. 5. 제1회 서울특별시

7 감염성 질환에서 해당 병원체의 감염력 및 전염력을 측정하는 데 가장 유용한 지표는?

① 발생률   ② 유병률

③ 일차발병률   ④ 이차발병률

> **TIP** **2차발병률** … 발단 환자를 가진 가구의 감수성이 있는 가구원 중에서 이 병원체의 최장 잠복기간 내에 환자와 접촉하여 질병으로 진전된 환자의 비율

2021. 6. 5. 제1회 서울특별시

8 흡연과 폐암과의 인과관계를 추정하기 위해 코호트 연구를 실시하여 〈보기〉와 같은 결과를 얻었다. 흡연으로 인한 폐암의 상대위험비(relative risk)는?

〈보기〉

〈단위 : 명〉

흡연 여부	폐암발생 여부 계		계
	○	×	
○	100	900	1,000
×	10	990	1,000
계	110	1,890	2,000

① $(100/10)/(900/990)$

② $(100/1,000)/(10/1,000)$

③ $(100/900)/(10/990)$

④ $(100/110)/(900/1,890)$

> **TIP** 상대위험비(비교위험도)
> ㉠ 특정 위험요인에 노출된 사람들의 발생률과 노출되지 않은 사람들의 발생률을 비교하는 것을 말한다.
> ㉡ 상대위험비가 클수록 노출되었던 원인이 병인으로 작용할 가능성도 커지며, 상대위험비가 1에 가까울수록 의심되는 위험요인과 질병과의 연관성은 적어진다.
> ㉢ 상대위험비 $= \dfrac{\text{비노출군에서의 질병 발생률}}{\text{위험요인에 노출된 군에서의 질병 발생률}}$

Answer 7.④ 8.②

2020. 6. 13. 제1회 지방직

9 부양비에 대한 설명으로 옳은 것은?

① 유년부양비는 생산인구에 대한 0~14세 유년인구의 백분비이다.

② 노년부양비 15 %는 전체 인구 100명당 15명의 노인을 부양하고 있음을 의미한다.

③ 부양비는 경제활동인구에 대한 비경제활동인구의 백분비이다.

④ 비생산인구수가 동일할 때 생산인구수가 증가할수록 부양비가 증가한다.

> **TIP** ② 노년부양비 15%는 생산인구 100명당 15명의 노인을 부양하고 있음을 의미한다.
> ③ 부양비는 생산인구에 대한 비생산인구의 백분비이다.
> ④ 비생산인구수가 동일할 때 생산인구수가 증가할수록 부양비는 감소한다.

2020. 6. 13. 제1회 지방직

10 지역별 비례사망률에 대한 설명으로 옳지 않은 것은?

(단위 : 명)

지역	당해 연도 특정 원인별 사망자수		당해 연도 총사망자수	당해 연도 총인구수
	결핵	폐암		
A	8	16	400	10,000
B	5	10	500	8,000
C	15	18	1,000	15,000

① 폐암의 비례사망률은 A 지역이 가장 높다.

② 폐암의 비례사망률은 A 지역이 B 지역보다 2배 높다.

③ 결핵의 비례사망률은 A 지역이 가장 높다.

④ 결핵의 비례사망률은 A 지역이 C 지역보다 2배 높다.

> **TIP** ④ A 지역 결핵의 비례사망률 $\frac{8}{400} \times 100 = 2\%$
>
> C 지역 결핵의 비례사망률 $\frac{15}{1000} \times 100 = 1.5\%$
>
> 결핵의 비례사망률은 A 지역이 C 지역보다 약 1.3배 높다.

Answer 9.① 10.④

11 다음 ㉠, ㉡에 들어갈 용어로 옳게 짝 지은 것은?

(㉠) – 감염병 일차 환자(primary case)에 노출된 감수성자 중 해당 질병의 잠복기 동안에 발병한
사람의 비율

(㉡) – 병원체가 현성 감염을 일으키는 능력으로, 감염된 사람 중 현성 감염자의 비율

	㉠	㉡
①	평균 발생률	병원력
②	평균 발생률	감염력
③	이차 발병률	병원력
④	이차 발병률	감염력

TIP ㉠ 이차발생률 : 집단의 감수성이 있는 사람들 중에서 해당 병원체의 최장잠복기내에 발병하는 환자의 비율
㉡ 병원력
• 병원체가 감염된 숙주에서 질병을 일으키는 힘
• 감염된 모든 사람들에 대한 환자 수, 현성증상을 발현하게 하는 정도

12 〈보기〉와 같은 인구 구조를 가진 지역사회의 2020년 6월 13일 현재 인구 구조를 나타내는 지표 값으로 가장 옳은 것은?

───── 보기 ─────

〈단위 : 명〉

연령(세)	남	여	계
0-14	700	900	1600
15-64	1600	1600	3200
65 이상	700	700	1400
계	3000	3200	6200

− 2020년 6월 13일 현재

① 유년부양비는 (1600/6200)×100이다.

② 노년부양비는 (1400/1600)×100이다.

③ 2차 성비는 (3200/3000)×100이다.

④ 3차 성비는 (3000/3200)×100이다.

TIP ④ 3차 성비는 현재 인구의 성비이다. 성비 $= \dfrac{\text{남자수}}{\text{여자수}} \times 100$

① 유년부양비 $= \dfrac{0 \sim 14 \text{세 인구수}}{15 \sim 64 \text{세 인구수}} \times 100$

② 노년부양비 $= \dfrac{65 \text{세 이상 인구수}}{15 \sim 64 \text{세 인구수}} \times 100$

③ 2차 성비는 출생 시의 성비이다.

13 흡연과 뇌졸중 발생의 관계를 알아보기 위해 환자-대조군 연구를 실시하여 〈보기〉와 같은 결과를 얻었다. 흡연과 뇌졸중 발생 간의 교차비(odds ratio)는?

─── 보기 ───

〈단위: 명〉

구분		뇌졸중		계
		유	무	
흡연	유	30	70	100
	무	10	90	100
계		40	160	200

① $(30 \times 70)/(10 \times 90)$

② $(30 \times 10)/(70 \times 90)$

③ $(30 \times 100)/(10 \times 100)$

④ $(30 \times 90)/(70 \times 10)$

TIP 교차비란, 질병이 있는 경우 위험인자 유무의 비와 질병이 없는 경우 위험인자 유무의 비의 비를 말한다. 환자-대조군 연구에서 주로 사용하며, 통계분석에서 수학적인 장점이 있다.

Answer 13.④

14 규칙적 운동 미실천과 고혈압 발생과의 관련성을 알아보기 위하여 코호트 연구를 실시하여 다음과 같은 자료를 얻었다. 운동 미실천과 고혈압 발생에 대한 상대위험비는?

〈단위 : 명〉

그룹	고혈압 발생	고혈압 없음	계
규칙적 운동 미실천	100	400	500
규칙적 운동 실천	500	2,500	3,000
계	600	2,900	3,500

① 1.15

② 1.20

③ 1.25

④ 1.30

> **TIP** 상대위험비(relative risk) … 특정 위험요인에 노출된 사람들의 발생률과 그렇지 않은 집단 간의 발생률을 비교하는 것으로, 의심되는 요인에 폭로된 집단에서의 특정 질병 발생률을 의심되는 요인에 폭로되지 않은 집단에서의 특정 질병 발생률로 나눈 값이다.
>
> 따라서 운동 미실천과 고혈압 발생에 대한 상대위험비는
>
> $$\frac{\frac{100}{500}}{\frac{500}{3,000}} = \frac{300,000}{250,000} = 1.2 이다.$$

15 〈보기〉는 어떠한 역학적 연구방법에 대한 설명이다. 이 연구방법에 해당하는 것은?

보기

심뇌혈관질환의 유병을 예방하고자 비만한 대상자를 두 개의 집단으로 할당한 후 한쪽 집단에만 체중 관리를 시키고 나머지는 그대로 둔 이후에 두 집단 간의 심뇌혈관질환의 유병을 비교하였다.

① 코호트 연구

② 단면적 연구

③ 환자 – 대조군 연구

④ 실험 연구

> **TIP** 실험이란 통제된 상황에서 한 가지 또는 그 이상의 변인을 조작하여 이에 따라 변화되는 현상을 객관적으로 관찰하는 것을 말한다. 실험 연구는 어떤 현상의 확인 내지는 존재를 증명하고, 두 이론적 변인 간의 인과관계를 확립하는 것을 주목적으로 한다. 〈보기〉에서는 심뇌혈관질환과 비만의 인과관계를 확인하기 위하여 실험군과 대조군을 비교하고 있다.
> ※ 실험 연구의 특징
> ㉠ 변인들 간의 인과관계를 규명할 수 있는 가장 강력한 연구방법
> ㉡ 양적연구 중 가장 숙련된 기술과 전문적 경험을 요구하는 연구
> ㉢ 실험조건의 계획적인 조작과 통제의 정도가 실험의 성패를 좌우

16 지난 1년간 한 마을에 고혈압 환자가 신규로 40명이 발생하였다. 마을 주민 중 이전에 고혈압을 진단 받은 환자는 200명이다. 마을 전체 주민이 1,000명이라면 지난 1년간 고혈압 발생률은?

① 4%   ② 5%

③ 20%   ④ 24%

> **TIP** 발생률 $= \dfrac{\text{새로 발생한 인구수}}{\text{건강한 인구수}} \times 100 = \dfrac{40}{1,000-200} \times 100 = 5\%$

Answer 15.④ 16.②

17 다음 그림은 A초등학교 100명의 학생 중 B형 간염 항원 양성자 15명의 발생분포이다. 4월의 B형 간염 발생률(%)은? (단, 소수점 둘째 자리에서 반올림 함)

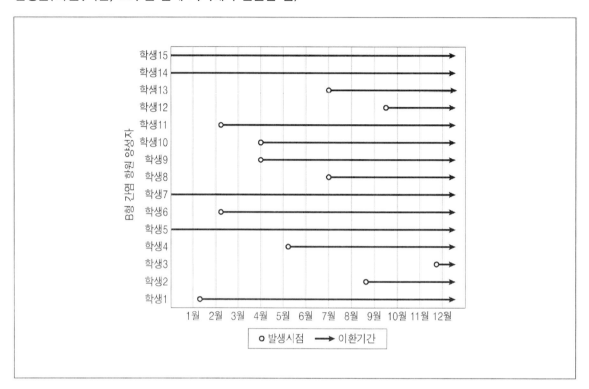

① 2.0

② 9.0

③ 2.2

④ 9.7

> **TIP** 발생률 $= \dfrac{\text{신환환자}}{\text{중앙인구수} - \text{면역력인구수 또는 기존환자수}} \times 100$
>
> $= \dfrac{2}{100 - 7} \times 100 \fallingdotseq 2.15(\text{소수점 둘째 자리에서 반올림}) \rightarrow 2.2$

18 병원체의 감염력과 병원력에 대한 산출식으로 옳은 것은?

총감수성자(N = 1,000)

(단위 : 명)

감염자(n = 250)				
무증상 감염자 (n = 150)	현성 감염자(n = 100)			
	경미한 증상자 (n = 70)	중증도 증상자 (n = 20)	심각한 증상자 (n = 6)	사망자 (n = 4)

① 감염력 = (100 / 250) × 100

② 감염력 = (100 / 1000) × 100

③ 병원력 = (100 / 250) × 100

④ 병원력 = (100 / 1000) × 100

TIP 감염력과 병원력

㉠ 감염력(infectivity)

• 병원체가 숙주에 침입하여 숙주에 질병 혹은 면역 등의 반응을 야기하는 것

• 병원체가 숙주에 침입하여 감염을 일으킬 수 있는 최소량의 병원체 수

• 감염력 = 감염자 수 / 감수성자 수 × 100

㉡ 병원력(pathogenicity)

• 병원체가 감염된 숙주에서 질병을 일으키는 힘

• 감염된 모든 사람들에 대한 환자 수, 현성증상을 발현하게 하는 정도

• 병원력 = 환자 수 / 감염자 수 × 100

Answer 18.③

19 다음 표에 제시된 대장암 선별 검사의 민감도[%]는?

구분		대장암		합계
		유	무	
대장암 선별 검사	양성	80	30	110
	음성	20	870	890
합계		100	900	1,000

① $\dfrac{80}{100} \times 100$

② $\dfrac{870}{900} \times 100$

③ $\dfrac{80}{110} \times 100$

④ $\dfrac{870}{890} \times 100$

TIP 민감도란 감별검사에서 질병이 있는 사람이 양성으로 나올 확률

따라서 $\dfrac{\text{검사양성자 수}}{\text{대장암 환자 수}} \times 100 = \dfrac{80}{100} \times 100 = 80\%$

20 다음 표에 제시된 전향성 코호트 연구 결과에서 위험요인의 질병발생에 대한 기여위험도(attributable risk)는?

구분		질병		합계
		유	무	
위험 요인	유	a	b	a+b
	무	c	d	c+d
합계		a+c	b+d	a+b+c+d

① $\dfrac{a}{a+b} - \dfrac{c}{c+d}$

② $\dfrac{b}{a+b} - \dfrac{d}{c+d}$

③ $\dfrac{a}{a+c} - \dfrac{b}{b+d}$

④ $\dfrac{c}{a+c} - \dfrac{d}{b+d}$

TIP 기여위험도는 위험요소에 노출된 사람의 발병률과 노출되지 않은 사람의 발병률 사이의 산술적인 수의 차이로

$\dfrac{a}{a+b} - \dfrac{c}{c+d}$ 로 구한다.

Answer 19.① 20.①

2016. 6. 25 서울특별시

21 운동 부족과 심혈관질환 발생과의 관계를 알아보기 위해 환자–대조군 연구를 실시하였다. 아래 표와 같은 결과가 나왔을 때 운동 부족과 심혈관질환 발생 간의 교차비는 얼마인가?

그분	심혈관질환 발생(환자군)	심혈관질환 비발생(대조군)
운동 부족	120	880
운동 실시	48	952

① (880/952)/(120/48)

② (120/48)/(880/952)

③ (120/168)/(880/1,832)

④ (48/1,000)/(120/1,000)

TIP 교차비란, 질병이 있는 경우 위험인자 유무의 비와 질병이 없는 경우 위험인자 유무의 비의 비를 말한다. 환자–대조군 연구에서 주로 사용하며, 통계분석에서 수학적인 장점이 있다.

출제 예상 문제

1 다음 중 질병발생의 역학적 3요소가 아닌 것은?

① 병원체요인
② 숙주
③ 환경
④ 유인원

TIP 질병발생의 역학적 3요소
ⓐ 병원체요인 : 어떤 집단의 다수를 침범하기에 충분한 양과 질의 병원체요인이 있어야 한다.
ⓑ 숙주 : 어떤 집단의 다수가 발병에 필요한 양과 질의 충분한 병원체요인을 받아들여야 한다.
ⓒ 환경 : 병원체요인과 인간집단 양자 간의 상호작용에 영향을 줄 수 있는 환경이어야 한다.

2 다음 중 역학용어에서 코호트의 의미로 옳은 것은?

① 실험군
② 경제상태가 같은 집단
③ 몇 가지 동일한 특성을 가진 집단
④ 연령이 같은 인구집단

TIP 코호트 연구 … 코호트란 같은 특성을 지닌 집단으로 대상 코호트는 조사하려는 질병이 발생하기 이전의 특성에 따라 확정되며, 이 집단 중에 발생하는 질병빈도를 일정 기간 관찰함으로써 그 발생에 영향을 주리라고 의심되는 요인에 대한 폭로 유무가 코호트 선정의 기준이 된다.

3 질병의 중증도를 판가름하는 데 사용하는 것 중 가장 유용한 것은?

① 유병률
② 치명률
③ 발생률
④ 2차 발병률

TIP 치명률 … 그 질병에 걸렸을 때 심각한 휴유증을 남기거나 사망에 이르게 할 수 있는 정도를 말하는 것으로 치명률이 높을수록 위험한 질병이라고 할 수 있다.

Answer 1.④ 2.③ 3.②

4 실제로 병이 있는 사람을 병이 있다고 판정할 수 있는 능력은?

① 유병성
② 확률
③ 감수성
④ 예측성

> **TIP** 실제 질병을 가진 사람을 양성(병이 있음)으로 판단하는 것은 감수성(민감도, sensitivity)이다.

5 다음 중 역학조사에 있어서 숙주요인에 해당하지 않는 것은?

① 유전
② 기후
③ 연령
④ 인종

> **TIP** 숙주요인에는 유전, 연령, 인종, 건강력 등이 포함된다.
> ② 기후는 환경요인이다.

6 다음 중 역학적 연구의 대상은?

① 지역사회
② 동물
③ 개인
④ 인구집단

> **TIP** 역학의 영어 어원은 epi(위에), demos(인간), logos(학문)로 인간집단을 연구대상으로 한다.

7 2차 발병률에 대한 설명으로 옳은 것은?

① 한 번 감염된 자가 재차 감염된 것
② 환자와 접촉한 사람 중 잠복기간 중에 발생한 환자수
③ 감수성자 중 감염자
④ 총 감염자 중 발병자수

> **TIP** 2차 발병률 … 최초로 발생한 환자와 접촉한 감수성자 중에서 병원체의 최장 잠복기간 동안 발병한 환자의 비율이다. 2차 발병률은 미생물의 감염력, 병원력을 측정하는 데 유용하다.

Answer 4.③ 5.② 6.④ 7.②

8 다음 중 발생률을 구하는 방법은?

① $I = \dfrac{\text{같은 기간에 새로 발생한 환자수}}{\text{특정한 기간 동안에 위험에 폭로된 인구}}$

② $I = \dfrac{\text{같은 기간에 동안에 존재하는 환자수}}{\text{일정 기간 동안의 평균인구}}$

③ $I = \dfrac{\text{같은 시점에서의 환자수}}{\text{특정 기간 동안에 위험에 폭로된 인구}}$

④ $I = \dfrac{\text{같은 기간 동안에 새로 발생한 환자수}}{\text{같은 시점에서의 환자수}}$

....

TIP 발생률은 특정한 기간 동안에 특정 건강문제의 감수성이 있는 인구집단 중에서 건강문제가 발생한 사람의 수이다.

9 다음 중 대비와 구성비에 대한 설명으로 옳은 것은?

> ㉠ 백분율(%)은 구성비에 해당하며 0과 1 사이의 값을 가진다.
> ㉡ 교차비와 성비는 대표적 대비에 해당한다.
> ㉢ 역학의 질병발생 원인을 규명하는 상대위험도는 대비에 해당한다.
> ㉣ 대비는 한 측정값을 다른 측정값으로 나눈 값이다.

① ㉠㉡㉢   ② ㉠㉢㉣
③ ㉡㉢㉣   ④ ㉠㉡㉢㉣

....

TIP 대비(ratio)와 구성비(propotion)
㉠ 대비 : 한 측정값을 다른 측정값으로 나눈 값으로 A : B 또는 A / B 의 형태로 나타내는 비례수로 비율보다 넓은 뜻을 가진다.
㉡ 구성비 : 분모에 분자가 포함되는 $\dfrac{A}{A+B}$ 의 형태를 나타내며 대표적인 것은 %로 0과 1의 사이 값을 가진다.

10 비교위험도에 대한 설명으로 옳은 것은?

① 폭로군에 있어서의 질병률 중 폭로에 의한 것으로 볼 수 있는 부분

② 속성을 가지고 있지 않은 사람 중에서 질병이 발생하는 비율

③ 폭로군에 있어서의 질병발생률과 비폭로군에 있어서의 질병발생률의 대비

④ 속성을 가지고 있는 사람 중에서 질병이 발생하는 비율

TIP 비교위험도(상대위험비) … 분석역학 중 코호트 연구에서 구할 수 있는 대비로서, 특정요인에 노출되지 않은 집단의 질병발생률을 기준으로 노출된 집단의 질병발생률의 대비이다.

11 다음 중 환자-대조군 연구에 대한 설명으로 옳지 않은 것은?

① 만성병과 희귀한 건강문제의 원인을 규명하는 데 적합하다.

② 미래의 환자발생에 대한 연구이다.

③ 유해요인이 건강문제 발생의 원인임을 규명하는 연구이다.

④ 결과도출이 비교적 빠른 시간 내에 가능하다.

TIP 환자 – 대조군 연구
ⓐ 기술역학적 연구에서 얻은 정보를 기초로 세운 가설을 검증하기 위해 수행하는 연구이다.
ⓑ 이미 특정 질병에 걸려있는 환자군을 선정하고 대조군을 설정하여 폭로요인과 질병발생과의 연관성을 판단하는 방법이다.
ⓒ 만성병과 희귀한 건강문제의 원인을 규명하는 데 적합한 방법이다.

12 다음 중 비율로 설명이 불가능한 것은?

① 영유아수 대 노인의 수

② 구성비의 분모에 시간의 개념이 포함된 상태

③ 1년간 지역주민 중 고혈압 이환자수의 비율

④ 유방암 ㄴ환자 중 사망한 환자의 비율

TIP 비율(rate) … 분모와 분자의 시간과 공간의 개념이 포함된 개념으로 단위인구, 성, 연령, 직업과 같은 소규모 집단별로 사건의 빈도를 표시한 것이다.

Answer 10.③ 11.② 12.①

02 환경보건 및 재난간호

01 환경보건

❶ 환경보건의 이해

(1) 환경보건의 개념

① WHO … 인간의 신체발육, 건강 및 생존에 유해한 영향을 미칠 가능성이 있는 물리적 환경에 있어서의 모든 요소를 통제하는 것

② 환경보건법 제2조 … 환경오염과 유해화학물질 등의 환경유해인자가 사람의 건강과 생태계에 미치는 영향을 조사·평가하고 이를 예방·관리하는 것

(2) 환경보건과 국제협력

① 유엔인간환경회의(스웨덴 스톡홀름, 1972) … 환경위기에 처한 지구를 보전하는 목적으로 전 지구인이 다함께 협력하고 노력하자는 '인간환경선언' 선포

② 유엔환경개발회의(브라질 리우데자네이루, 1992) … 세계 3대 환경협약이 이루어짐
   ㉠ **기후변화협약** : 기후변화의 원인이 되는 온실가스배출 억제
   ㉡ **생물다양성협약** : 전 지구적 생물종 보호
   ㉢ **사막화방지협약** : 무리한 개발과 오남용에 따른 사막화 방지

(3) 주요 국제환경협약

국제협약명	주요내용
람사르협약	• 국제습지조약, 물새서식지 습지보호 • 보호대상 습지 지정
스톡홀름회의	'인간환경선언' 선포
런던협약	• 해양오염 방지 협약 • 폐기물 투기에 의한 해양오염 방지를 위한 각국의 의무 규정
비엔나협약	• 오존층 파괴 원인물질의 규제
몬트리올의정서	• 오존층 파괴 물질의 규제에 관한 국제협약 • 염화불화탄소와 할론 규제
바젤협약	• 유해폐기물의 국가 간 이동 및 그 처리의 통제에 관한 협약
리우회의	• 리우선언과 의제 21 채택 • 지구온난화 방지 협약 • 생물다양성 보존 협약
사막화방지협약	• 사막화를 경험한 국가들의 사막화 방지를 통한 지구환경보호
교토의정서	• 기후변화협약에 따른 온실가스 감축목표에 관한 의정서
스톡홀롬협약	• 잔류성 유기오염물질에 관한 협약
나고야의정서	• 생물다양성협약 적용범위 내의 유전자원과 관련된 전통지식에의 접근과 자원의 이용으로 발생하는 이익공유
도하 기후변화협약	• 지구온난화를 규제 방지하기 위한 협약 • 교토의정서 합의내용을 2020년까지 8년간 연장합의
파리 기후변화협약	• 지구온난화를 규제 방지하기 위한 협약 • 2100년까지 지구온도 상승을 2도 이내로 유지

(4) 환경영향평가

① **개념** … 특정사업이 환경에 미치게 될 각종 요인들에 대해 그 부정적 영향을 제거하거나 최소화하기 위해 사전에 그 환경영향을 분석하여 검토하는 것

② **유형**

종류	주요내용
전략환경영향평가	• 환경에 영향을 미치는 상위계획을 수립한 때 환경보전계획과의 부합여부 확인 및 대안의 설정·분석 등을 통하여 환경적 측면에서 해당계획의 적정성 및 입지의 타당성을 검토하는 제도
월경성(Transboundary) 환경영향평가	• 한 국가의 계획 및 사업으로 인해 주변국가에 심각한 환경적 영향이 예상될 경우 국가 간의 협약을 통해 환경영향을 정밀 검토·분석하고 평가하여 그 부정적 환경영향을 제거 또는 감소시킬 수 있는 방법을 모색하는 제도 • 국가 간 충돌과 갈등을 사전에 예방할 수 있는 방안 마련 목적
소규모 환경영향평가	• 소규모 개발사업에 대한 환경평가 • 환경보전이 필요한 지역이나 난개발이 우려되어 계획적 개발이 필요한 지역에서 개발사업을 시행할 때에 입지의 타당성과 환경에 미치는 영향을 미리 조사 예측 평가하여 환경보전방안을 마련하는 절차
건강영향평가	• 4P(정책 : Policy, 계획 : Plan, 프로그램 : Program, 프로젝트 : Project)가 인체건강에 미치는 영향을 사전에 평가하는 것 • 개발사업의 시행에 앞서 환경유해인자가 건강에 미치는 영향을 사전에 검토 및 평가하여 사업자로 하여금 적극적인 오염물질 저감대책과 모니터링계획을 수립하게 하기 위해 실시

③ **환경영향평가의 기능**

정보기능	환경영향에 관한 정보를 정책결정권자, 지방자치단체 및 지역주민에게도 제공함
합의형성기능	절차를 통하여 사업에 대한 이해·설득 내지는 합의 형성을 촉진
유도기능	유용한 정보를 제공하여 친환경적인 계획안이 될 수 있도록 유도하여 환경오염을 예방하는 것
규제기능	규제제도와 연계하여 제도화 가능하게 함

❷ 환경요인과 건강

(1) 기후의 이해

① **개념**

　㉠ **온열요소** : 인체의 체온조절 작용과 밀접한 관계가 있는 4가지 기상요소로 기온, 기습, 기류, 복사열이다.

　㉡ **기온** : 인간의 호흡선 위치인 지상으로부터 1.5m에서의 대기온도를 말한다.

　㉢ **기습** : 대기 중에 포함된 수분의 양이며 기온에 따라 변화한다.

ⓔ 비교습도(상대습도) : 일정 온도에서 포화수증기량에 대한 함유된 수분량의 비율을 말한다.

ⓜ 기류 : 실내에서는 온도차, 실외에서는 기압차로 발생한다.

ⓗ 복사열 : 열을 전달하는 방법 중의 하나로 중간에 매개체 없이 열이 이동하는 방법이다. 발열체와의 거리에 제곱에 비례하여 온감이 감소하며 흑구온도계를 사용하여 측정한다.

(2) 대기오염물질

① 1차 오염물질

ⓐ 입자상 물질 : 먼지, 훈연, 미스트, 연기, 스모그 형태로 존재

ⓑ 가스상 물질 : 암모니아, 일산화탄소, 이산화탄소, 황산화물 등

② 2차 오염물질

ⓐ 대기 중 배출된 1차 오염물질이 태양광선의 영향을 받아 2차적으로 생긴 산화력이 강한 물질의 총칭

ⓑ 광화학적 스모그, 광화학 오염물질 등

ⓒ 오존은 강한 산화력으로 지구의 보호막 역할을 하지만 지표면에 생성되는 오존은 인체에 해로운 대기오염물질

(3) 대기오염사건 및 현황

기온역전	• 기온이 상승하여 상부기온이 하부기온보다 높아 대기가 안정되고 공기의 수직 확산이 일어나지 않는 현상
열섬현상	• 인구밀도가 높고 고층건물이 밀집되어 있는 도심지역의 평균기온이 주변지역보다 약 1~2도 더 높게 나타나는 현상 • 원인 : 대기의 성질, 도시매연, 차량 등에서 방출되는 인공열
오존층 파괴	• 오존층은 고도 20~30km에 존재하는 것으로 인체와 생태계에 유해한 태양의 자외선을 차단하는 역할 • 오존층이 파괴되면 유해 자외선이 지구에 직접 도달하여 피부암, 백내장 등을 일으킴 • 원인 : 프레온가스, 이산화탄소, 메탄가스, 산화질소 등
온실효과	• 이산화탄소, 메탄 등의 연료사용의 증가로 인해 지구를 마치 비닐하우스에 씌운 것처럼 둘러싸 지구를 더워지게 하는 현상 • 해수면 온도 상승, 엘리뇨현상, 홍수, 가뭄 기상이변 현상
산성비	• pH가 5.6 이하인 빗물

(4) 대기환경기준

① 아황산가스

② 일산화탄소

③ 이산화질소

④ 오존

⑤ 납

⑥ 벤젠

⑦ 미세먼지(PM10) ⋯ 입자의 크기가 10㎛ 이하인 먼지

⑧ 미세먼지(PM2.5) ⋯ 입자의 크기가 2.5㎛ 이하인 먼지

(5) 오존주의보 발령기준과 조치내용

구분	발령기준	조치내용
오존주의보	오존농도가 0.12ppm/h 이상일 때	• 실외운동경기 및 실외교육 자제 • 호흡기환자, 노약자, 5세 미만 어린이의 실외활동 자제
오존경보	오존농도가 0.3ppm/h 이상일 때	• 실외운동경기 및 실외교육 제한 • 호흡기환자, 노약자, 5세 미만 어린이의 실외활동 제한 • 발령지역 유치원, 학교의 실외활동 제한
중대경보	오존농도가 0.5ppm/h 이상일 때	• 실외운동경기 및 실외교육 금지 • 호흡기환자, 노약자, 5세 미만 어린이의 실외활동 중지 • 발령지역 유치원, 학교의 휴교 고려

(6) 수질오염

① 수질오염의 주요지표

용존산소	• 물 속에 녹아있는 산소의 양 • 수온이 낮을수록, 기압이 높을수록 증가 • 하천수가 오염될수록, 물 속에 염류의 농도가 높을수록 감소
생화학적 산소요구량(BOD)	• 물 속의 유기물질이 호기성 미생물에 의해 생화학적으로 부해되어 안정화되는 데 필요한 산소의 양 • BOD가 높다는 것은 수중분해가 가능한 유기물질이 많다는 것을 의미
화학적 산소요구량	• 생물화학적으로 분해가 되지 않은 폐수나 염도가 높은 해수 등 물의 오염도를 측정하기에 유용한 지표
부유물질	• 물의 탁도를 증가시킴 • 부유물질이 많을수록 용존산소를 소모하는 오염이 심한 물
세균과 대장균균	• 생물학적으로 분해 가능한 유기물질의 농도를 알 수 있는 지표 • 대장균균은 분변성 오염의 지표로 다른 미생물이나 분변의 오염 예측 가능함
질소	• 암모니아성 질소는 하수의 유기물질이 분해될 때 형성되는 것 • 수질오염의 유력한 지표 • 분변오염을 의심할 수 있음

② 수질오염 현상

부영영화	영양염류의 유입으로 과도하게 수중생물이 번식하는 현상
적조현상	빛과 영양염류의 조건이 좋을 때 식물성 플랑크톤이 단시간 내 급격히 증식하여 물의 색을 붉게 하는 현상
녹조현상	영양염류의 과다로 호수에 녹조류가 다량으로 번식하여 물빛이 녹색으로 변함 용존산소량 감소가 수질 이상을 나타냄

(7) 환경보건과 간호사의 역할

① 환경유해 요인에 노출될 위험이 높은 인구집단을 파악한다.

② 지역사회에서 환경에 대한 사정, 건강력 조사 시 환경위험에 대한 질문을 포함한다.

③ 환경유해 요인으로부터 보호를 보장받을 수 있는 환경정의에 대해 인식한다.

④ 환경상의 화학물질 노출에 대한 모니터링 결과 등 환경 건강정보를 지역사회 사정에 포함한다.

⑤ 환경노출과 증상 및 질병과의 관계를 연관지어 인식한다.

⑥ 환경보건에 관한 주제에 관해 개인, 가족, 지역사회, 인구집단 교육을 실시한다.

⑦ 지역사회 내 적절한 환경보건 자원에 의뢰한다.

02 재난간호

❶ 재난관리의 이해

(1) 재난의 개념

① **재난의 정의**⋯ 원인, 규모에 전혀 상관없이 생활환경상 불리한 방향으로 급하게 변화하거나 막대한 인명과 재산피해로 기존의 질서와 기능이 상실되고 사회적 파급효과가 큰 현상이다.

② 재난의 특성
  ㉠ **누적성** : 오랜 시간동안 누적되어 온 위험요인들이 특정 시점에서 밖으로 표출된 것이다.
  ㉡ **불확실성** : 부정형이며 진화되었도 불확실한 특징이 있다.
  ㉢ **상호작용성** : 상호작용에 의해 총체적으로 피해 강도, 범위가 결정된다.
  ㉢ **복잡성** : 복잡한 원인들에 영향을 받는다.

③ 재난의 유형

유형	예시
자연재난	태풍, 홍수, 풍랑, 대설, 가뭄, 황사 등 자연현상으로 인해 발생하는 재해
사회재난	• 화재, 붕괴, 교통사고, 환경오염 등 대통령령으로 정하는 규모 이상의 피해 • 국가핵심기반들의 마비 • 감염병 또는 가축전염병의 확산 • 미세먼지 등으로 인한 피해 • 코로나바이러스 감염증-19, 메르스, 신종인플루엔자의 확산으로 인한 피해
해외재난	대한민국의 영역 밖에서 국민의 생명, 신체 및 재난에 피해를 주거나 줄 수 있는 재난으로 정부차원에서 대처할 필요가 있는 재난

❷ 재난관리단계(Petak의 분류)

단계	구분	재난관리활동
예방단계 (재해의 완화와 예방)	재난 발생 전	• 위험성 분석 및 위험지도작성 • 건축법 정비 · 제정, 재해보험 • 안전관련법 제정, 조세 유도
대비단계 (재해의 대비와 계획)		• 재난대응 계획, 비상경보체계 구축 • 통합대응체계 구축 • 비상통신망 구축 • 대응자원준비 • 교육훈련 및 연습
대응단계 (재해의 대응)	재난 발생 후	• 재난대응적용, 재해진압, 구조 구난 • 응급의료체계 운영, 대책본부 가동 • 환자 수용, 간호, 보호 및 후송 • 대량환자 발생 시 중증도에 따라 환자분류
복구단계		• 잔해물 제거, 감염 예방, 이재민 지원 • 임시거주지 마련 시설복구

≡ 최근 기출문제 분석 ≡

2022. 6. 18. 제1회 지방직

1 다음 사례에서 가장 의심되는 식중독은?

> • 지역사회 주민들이 회식 2 ~ 4시간 후 복통, 오심, 구토와 설사 등의 증상이 집단으로 발생하였으나, 38℃ 이상의 고열과 연하곤란, 시력저하 등의 신경계 증상은 보이지 않았다.
> • 역학조사 결과 음식물 중 어패류 등 수산물은 없었고, 회식을 준비했던 조리사의 손가락에 화농성 상처가 있는 것으로 확인되었다.

① 살모넬라 식중독
② 보툴리누스 식중독
③ 장염 비브리오 식중독
④ (황색)포도상구균 식중독

TIP ① **살모넬라 식중독** : 살모넬라균에 오염된 식품을 먹음으로써 일어나는 식중독. 급성 위장염의 증상을 보이며, 심하면 구역질, 구토, 설사, 쇠약감, 고열 등이 나타난다.
② **보툴리누스 식중독** : 공기가 차단된 상태에서 비위생적으로 처리된 식품을 두었을 경우에 보툴리누스균이 증식하는데, 이러한 식품을 먹었을 때 발생한다. 메스꺼움, 구토, 복통, 설사 등을 나타나며 발열은 나타나지 않는다.
③ **장염 비브리오 식중독** : 세균 식중독. 생선류나 조개류를 여름철에 날것으로 먹으면 12 ~ 24시간 뒤에 발생한다. 복통, 구토, 설사, 미열 등의 증상을 나타낸다.

Answer 1.④

2 재난관리를 위해 대피소 운영, 비상의료지원, 중증도 분류가 이루어지는 단계는?

① 예방단계   ② 대비단계

③ 대응단계   ④ 복구단계

TIP Petak의 4단계 재난과정

예방 및 완화단계	• 어떠한 위험이 있는지를 살펴보고 위험이 발견되었을 때 어떻게 할 것인가를 결정하는 것이다. • 위험지도의 작성이나 위험 요인을 줄여 재난발생의 가능성을 낮추는 프로그램을 수행하는 단계
대비단계	• 재난발생 가능성이 높은 경우 비상시에 대비한 계획을 수립하거나 재난사태 발생에 대한 대응 능력을 유지하는 과정이다. • 즉 비상시 효과적인 대응을 하기위해 취해지는 준비활동이다.
대응단계	• 재난발생 직전 도중 직후에 인명을 구조하고 재난피해를 최소화하여 복구효과를 증진시키기 위한 단계로 가장 중요한 과정이다. • 재해에 의해 나타나는 문제에 대한 즉각적인 조치를 하는 시기이다.
복구단계	• 재해의 모든 측면이 회복되는 단계 • 영향을 받은 지역은 물리적, 환경적, 경제적, 사회적 안정이 어느 정도 성취되는 시기이다.

3 국제간호협의회(International Council of Nurses : ICN)에서 제시한 간호사의 재난간호역량 중 〈보기〉에 있는 영역을 포함하는 것은?

보기

지역사회 관리, 개인과 가족 관리, 심리적 관리, 취약인구집단 관리

---

① 예방 역량

② 대비 역량

③ 대응 역량

④ 복구/재활 역량

Answer 2.③ 3.③

재난관리단계	간호실무
예방/완화단계	• 위기 감지 및 원인 제거활동
대비/준비 단계	• 비상훈련, 자원비출 • 안전문화의식 고취, 대피소 지정 • 전문요원의 양성 • 재난대책위원회 참여, 재난신고체계 확립 • 병원 재난계획 준비 및 지속적인 훈련
대응단계	• 현장 진료소 설치 운영 • 중증도 분류 • 현장진료소에서의 응급처치 • 병원의 재난대응 • 급성스트레스반응 관리 • 감염관리
복구단계	• 요구도 사정 • 이재민에 대한 집단구호 • 구호요원의 소진 예방 • 심리적 지지

2020. 6. 13. 제1회 지방직

4 Petak의 재난관리 과정 중 완화·예방단계에 해당하는 활동은?

① 생필품 공급

② 부상자의 중증도 분류

③ 위험지도 작성

④ 이재민의 거주지 지원

TIP Petak의 재난관리 과정 4단계
ㄱ 1단계 : 재해의 완화와 예방
• 재난관리책임기관의 장의 재난 예방조치
• 국가기반시설의 지정 및 관리
• 개발규제나 건축기준, 안전기준 등 법규의 마련
• 위험성 분석 및 위험 지도 작성 등
ㄴ 2단계 : 재해의 대비와 계획
ㄷ 3단계 : 재해의 대응
ㄹ 4단계 : 재해 복구

Answer 4.③

5 〈보기〉에서 설명하는 지구온난화 및 기후변화 대비 협약으로 가장 옳은 것은?

─── 보기 ───

2015년에 채택되었으며 지구 평균온도 상승폭을 산업화 이전 대비 2℃ 이상 상승하지 않도록 합의

① 몬트리올 의정서   ② 바젤협약

③ 파리협약   ④ 비엔나협약

> **TIP** ① 몬트리올 의정서 : 오존층 파괴물질인 염화불화탄소(CFCs)의 생산과 사용을 규제하려는 목적에서 제정한 협약이다.
> ② 바젤협약 : 유해폐기물의 국가 간 교역통제협약이다.
> ④ 비엔나협약 : 오존층 보호를 위한 국제협약이다.

6 1952년 영국 런던에서 대기오염으로 대규모의 사상자를 발생시킨 주된 원인물질은?

① SO_2(아황산가스)

② CO_2(이산화탄소)

③ O_3(오존)

④ NO_2(이산화질소)

> **TIP** 1952년에 영국 런던에서 1만2천명이 사망하는 대기오염 사건이 있었다. '그레이트 스모그'로 알려진 런던 스모그 대기오염 사건이다. 주된 원인물질은 아황산가스였다.

Answer   5.③   6.①

출제 예상 문제

1 다음 중 환경오염의 특징으로 옳지 않은 것은?

① 피해는 직접적·순간적으로 나타난다.
② 피해의 관계가 불분명하다.
③ 피해는 광범위하게 나타난다.
④ 비특정 다수인에 의해서 비특정 다수인이 피해를 입는다.

....

TIP ① 환경오염의 피해는 간접적·지속적으로 나타난다.

2 다음 중 불쾌지수(Discomfort Index)를 측정하는 데 필요한 기후요소로 옳은 것은?

㉠ 기온	㉡ 기습
㉢ 기류	㉣ 복사열

① ㉠㉡   ② ㉠㉡㉢
③ ㉠㉢   ④ ㉡㉢㉣

....

TIP 불쾌지수(DI) … 미국의 기상국에서 각종 기상조건하에서 냉난방 조절장치에 소요되는 전력을 추산키 위해 제정한 것으로, 측정(℃ 눈금이용시)방법은 DI = 0.72(ta + tw) + 40.6 [ta : 건구온도(기온), tw : 습구온도(기습)]이다.

3 습도에 대한 설명으로 옳지 않은 것은?

① 40 ~ 70% 정도가 인체에 쾌적감을 준다.
② 온도가 높아질 때 습도가 낮아지면 인체에 쾌적감을 준다.
③ 정오부터 오후 2시까지의 시간의 비교습도는 최고치를 기록한다.
④ 기중습도가 높을 때 더우면 더 덥게, 추우면 더 춥게 느낀다.

TIP ④ 기중습도가 높을 때엔 더우면 덜 덥게, 추우면 더 춥게 느낀다.

4 상수의 인공정수 과정으로 옳은 것은?

① 침전 − 폭기 − 소독 − 여과   ② 여과 − 폭기 − 소독 − 침전
③ 소독 − 여과 − 침전 − 침사   ④ 침전 − 폭기 − 여과 − 소독

TIP 상수를 인공적으로 정수하는 방법은 침전 − 폭기 − 여과 − 소독의 순서에 의한다.

5 다음 중 용존산소에서 5ppm의 의미로 옳은 것은?

① 물 속의 유기물 농도가 높다.
② 분뇨에 오염된 하수이다.
③ 물고기가 살 수 있을 정도의 맑은 물이다.
④ 부유물질의 농도가 높다.

TIP 용존산소(Dissoved Oxygen, DO)
   ㉠ 개념 : 산소가 물속에 용해되어 있는 정도를 말한다.
   ㉡ WHO의 용존산소 기준 : 4 ~ 5ppm 이상이어야 한다.
   ㉢ 미생물 등으로 인해 산소 소비량이 많아져 물이 오염되고, 깨끗한 물일수록 산소의 함유량이 많다.

Answer 3.④ 4.④ 5.③

6 다음 중 하수처리 방법이 아닌 것은?

① 여과
② 침전
③ 폭기
④ 매립

TIP ④ 폐기물 처리방법에 해당한다.

7 다음 중 재난 및 안전관리 기본법에 명시된 재난 중 사회적 재난에 해당하지 않는 것은?

① 환경오염 사고
② 국가핵심기반의 마비
③ 미세먼지 저감 및 관리에 관한 특별법에 따른 미세먼지 등으로 인한 피해
④ 황사에 의한 재해

TIP ④ 황사는 자연 재난에 해당된다.
  ※ 사회재난 … 화재 · 붕괴 · 폭발 · 교통사고(항공사고 및 해상사고를 포함한다) · 화생방사고 · 환경오염사고 등으로 인하여 발생하는 대통령령으로 정하는 규모 이상의 피해와 국가핵심기반 마비, 「감염병의 예방 및 관리에 관한 법률」에 따른 감염병 또는 「가축전염병예방법」에 따른 가축전염병의 확산, 「미세먼지 저감 및 관리에 관한 특별법」에 따른 미세먼지 등으로 인한 피해

8 다음 중 긴급구조통제단을 구성 및 운영할 수 있는 자로 바른 것은?

① 소방서장, 소방본부장. 소방청장
② 소방서장, 소방본부장, 중앙소방본부장
③ 시 · 군 · 구청장, 시 · 도지사, 소방청장
④ 시 · 군 · 구청장, 시 · 도지사, 행정안부장관

....

TIP 재난 및 안전관리 기본법 제49조(중앙긴급구조통제단)

　　㉠ 긴급구조에 관한 사항의 총괄 · 조정, 긴급구조기관 및 긴급구조지원기관이 하는 긴급구조활동의 역할 분담과 지휘 · 통제를 위하여 소방청에 중앙긴급구조통제단(중앙통제단)을 둔다.

　　㉡ 중앙통제단의 단장은 소방청장이 된다.

　　㉢ 중앙통제단장은 긴급구조를 위하여 필요하면 긴급구조지원기관 간의 공조체제를 유지하기 위하여 관계 기관 · 단체의 장에게 소속 직원의 파견을 요청할 수 있다. 이 경우 요청을 받은 기관 · 단체의 장은 특별한 사유가 없으면 요청에 따라야 한다.

　※ 재난 및 안전관리 기본법 제50조(지역긴급구조통제단)

　　㉠ 지역별 긴급구조에 관한 사항의 총괄 · 조정, 해당 지역에 소재하는 긴급구조기관 및 긴급구조지원기관 간의 역할분담과 재난현장에서의 지휘 · 통제를 위하여 시 · 도의 소방본부에 시 · 도긴급구조통제단을 두고, 시 · 군 · 구의 소방서에 시 · 군 · 구긴급구조통제단을 둔다.

　　㉡ 시 · 도긴급구조통제단과 시 · 군 · 구긴급구조통제단(지역통제단)에는 각각 단장 1명을 두되, 시 · 도긴급구조통제단의 단장은 소방본부장이 되고 시 · 군 · 구긴급구조통제단의 단장은 소방서장이 된다.

　　㉢ 지역통제단장은 긴급구조를 위하여 필요하면 긴급구조지원기관 간의 공조체제를 유지하기 위하여 관계 기관 · 단체의 장에게 소속 직원의 파견을 요청할 수 있다. 이 경우 요청을 받은 기관 · 단체의 장은 특별한 사유가 없으면 요청에 따라야 한다.

9 재난으로 인한 피해를 최소화하기 위하여 재해의 예방, 대비, 대응, 복구에 관한 정책의 개발과 집행과 정을 총칭하는 것은 무엇인가?

① 재난관리 ② 위험관리

③ 안전관리 ④ 국가재난관리

TIP "재난관리"란 재난의 예방 · 대비 · 대응 및 복구를 위하여 하는 모든 활동을 말한다〈재난 및 안전관리 기본법 제3조(정의)〉.

10 다음의 재난 중 그 분류가 다른 것은?

① 황사 ② 미세먼지의 피해

③ 교통사고 ④ 환경오염사고

TIP 재난 및 안전관리 기본법 제3조 제1호

㉠ 자연재난 : 태풍, 홍수, 호우(豪雨), 강풍, 풍랑, 해일(海溢), 대설, 한파, 낙뢰, 가뭄, 폭염, 지진, 황사(黃砂), 조류(藻類) 대 발생, 조수(潮水), 화산활동, 소행성 · 유성체 등 자연우주물체의 추락 · 충돌, 그 밖에 이에 준하는 자연현상으로 인하여 발생하는 재해

㉡ 사회재난 : 화재 · 붕괴 · 폭발 · 교통사고(항공사고 및 해상사고를 포함한다) · 화생방사고 · 환경오염사고 등으로 인하여 발 생하는 대통령령으로 정하는 규모 이상의 피해와 국가핵심기반 마비,「감염병의 예방 및 관리에 관한 법률」에 따른 감염 병 또는「가축전염병예방법」에 따른 가축전염병의 확산,「미세먼지 저감 및 관리에 관한 특별법」에 따른 미세먼지 등으 로 인한 피해

03 질병관리

01 감염성 질환

❶ 감염성 질환의 발생과정

(1) 병원체

생물 병원체, 즉 미생물의 종류는 바이러스부터 원생동물까지 다양하다. 그러나 모든 미생물이 인간에게 감염을 일으키는 것은 아니고 그 일부만 감염을 일으킨다. 감염을 일으키는 병원체는 박테리아, 바이러스, 리케차, 원생동물(protozoa), 후생동물(metazoa), 곰팡이 등으로 구분된다.

(2) 병원소

병원체가 필요에 따라 어느 기간 머무르면서 그들 생존의 일부를 거치는 숙주를 말하며 인간, 동물, 환경이 모두 병원소가 될 수 있다. 한 병원체의 숙주가 여러 종류일 수도 있고, 홍역 바이러스처럼 인간만 병원소인 병원체도 있다.

(3) 병원소로부터 병원체의 탈출

병원체가 병원소로부터 탈출하는 경로는 호흡기, 소화기, 비뇨생식기, 기계적 탈출(병원소의 병원체를 주사기나 동물 매개체가 직접 옮겨주는 것) 등이 있다. 탈출방법은 그 다음 숙주를 침입하기 전까지 외계환경에서 생존능력에 따라 결정된다.

(4) 전파방법

탈출한 병원체가 새로운 숙주에 옮겨지는 과정이다.

(5) 새로운 숙주로의 침입

구강, 호흡기, 소화기, 비뇨생식기, 점막, 피부, 개방병소 등을 통해 일어난다.

(6) 새로운 숙주의 감수성 및 면역

병원체 양이 충분하고 침입구가 적합하며 숙주가 방어에 실패할 경우 병원체는 숙주 내에 자리잡고 생존과 증식을 성취하게 된다.

❷ 감염성 질환의 관리

(1) 감염성 질환의 예방

① **국가적 차원** … 온 국민을 감염성 질환으로부터 보호하기 위해 법적 조치를 취한다.

② **지역사회 차원** … 모든 구성원에 의한 조직적인 노력이 필요하다.

③ **개인적 차원** … 각 개인이 위생관념을 철저하게 가져 구강과 분변으로 연결되는 전파경로를 차단한다.

(2) 예방 및 관리의 방법

① **검역** … 유행지에서 들어오는 사람들을 떠난 날로부터 계산하여 병원기의 잠복기 동안 그들이 유숙하는 곳을 신고하게 하고 일정장소에 머물게 하여 감염 여부 확인 때까지 감시하는 것이다.

② **전파방지**
　　㉠ 환자와 보균자를 치료하여 병원체가 배설되는 것을 방지한다.
　　㉡ 병원체를 배설하는 환자, 보균자와 감수성이 있는 건강인이 접촉하지 못하도록 격리시킨다.
　　㉢ 숙주 밖으로 나온 병원체를 사멸시킨다.

③ **면역증강** … 숙주가 어떤 특정한 병원체에 대해 저항력을 가지고 있는 방어력을 면역이라고 한다. 전염성 질환의 관리에 중요한 접근법인 예방접종을 통해 면역증강이 이루어지고, 개인 및 지역사회의 면역수준을 향상시켜 전염성 질환의 침입 자체를 차단한다.

(3) 감염성 질환의 관리와 지역사회간호사의 책임

① 보건교육

  ㉠ 개인 및 집단, 교사들에게 감염병의 조기증상과 보건당국에 보고하는 것에 관하여 교육한다.

  ㉡ 환자 발생시 환자의 격리가 질병유행의 예방에 중요하다는 것을 교육한다.

  ㉢ 보균자로 진단될 경우 주의할 사항을 인지하도록 교육한다.

  ㉣ 각종 감염병의 경로를 인식시키고 예방을 위한 개인위생에 대하여 교육한다.

② 직접간호 제공

  ㉠ 환자방 : 실온 20℃ 내외, 습도 50 ~ 60%를 유지하도록 하며, 직사광선과 소음을 방지한다.

  ㉡ 안정 : 심신의 안정을 취하도록 한다.

  ㉢ 청결 : 청결과 욕창예방을 위해서 부분적 혹은 전신적으로 목욕을 시킨다.

  ㉣ 배변 : 의사의 지시에 따라 대변의 횟수 및 오줌량을 측정한다.

  ㉤ 식이 : 급성기에 있어서는 유동식 혹은 반유동식을 취하도록 하고, 충분히 수분을 보충할 수 있도록 해준다.

  ㉥ 투약 : 의사의 지시에 따라서 한다.

  ㉦ 합병증 예방 : 환자의 상태와 증상을 관찰하였다가 이상이 있을 때는 즉시 의사에게 연락한다.

③ 감염병 환자 간호시의 주의사항

  ㉠ 개인위생 : 충분한 휴양과 철저한 개인위생을 실천하여 간호사 자신의 건강을 유지하도록 노력하며 자신을 스스로 방어할 수 있어야 한다.

  ㉡ 청결 : 감염병 환자를 간호한 후에는 반드시 손을 씻어야 한다.

  ㉢ 마스크 : 감염병 환자를 대할 때는 코와 입을 완전히 덮는 마스크를 착용한다.

  ㉣ 가운착용 : 감염병 환자를 간호할 때는 가운을 입어야 하며, 환자접촉이 필요할 때마다 깨끗한 가운을 입도록 한다.

(4) 예방접종

① 개념

  ㉠ 예방접종은 감염성 질환으로부터 숙주를 보호할 뿐만 아니라 감염성 병원체의 전파를 막음으로 인해 지역사회 전체를 질병으로부터 보호하고 유행을 방지한다.

  ㉡ 감염병예방법상 예방접종을 받는 것을 국민의 의무로 규정하고 있으며, 정기예방접종과 임시예방접종으로 구분한다.

  ㉢ 예방접종을 실시함에 있어서는 금기사항을 유념하여 접종하여야 하며, 면역수준을 향상시킬 수 있도록 세심한 관찰과 접종 전의 문진 및 신체검진이 필요하다.

② 성인예방접종

항목	접종대상 및 접종방법	고위험군
B형 간염	모든 주민, 기본접종 3회	표면항원, 항체 음성자
파상풍	모든 주민, 추가접종(매 10년)	−
홍역/풍진	고위험군, 기본접종 1회	가임여성 중 접종력이 불확실하거나 미접종자
인플루엔자	• 65세 이하 : 고위험군, 매년 접종 • 65세 이상 : 모든 주민, 매년 접종(10, 11월)	• 심장이나 폐의 만성질환자 • 만성질환으로 입원 또는 요양소 수용자 • 당뇨 등 대사 이상자 • 만성 신부전, 빈혈, 면역저하자
폐렴	• 55세 이상 : 고위험군1, 평생 1회 접종 • 65세 이하 : 고위험군2, 평생 1회 접종 • 65세 이상 : 모든 주민, 평생 1회 접종 　(면역저하 환자의 경우 5년마다 접종)	• 집단시설 수용자 • 무비증, 호즈킨병, 임파종 • 골수증, 만성 신부전, 신증후군 • 면역억제제를 투여받는 장기이식환자
신증후 출혈열	고위험군, 기본접종 2회	• 다발지역에서 근무하는 군인과 농부 • 다발지역 : 강릉, 파주, 연천, 포천, 청원, 철원, 청주, 화천, 진천, 양주, 여주, 명주, 평창, 예천
장티푸스	60세 이하 : 고위험군, 기본접종 및 2∼3년 후 추가접종	• 식품위생업소 종사자 • 집단급식소 종사자 • 불안전 급수지역 주민, 급수시설 관리자 • 어부 또는 어패류 취급자 • 과거 2년간 환자발생지역 주민
A형 간염	• 10대, 20대 : 기본 접종으로 • 30대 : 항체 검사 후 음성일 경우에만 시행함 • 40대 이후 : 추천하지 않음	

③ 법정감염병

(1) 정의

① 감염병은 국민의 건강을 해칠 뿐만 아니라 막대한 방역대책 비용의 지출 등 경제적으로도 피해를 주어 국민생활을 위협하므로 국가적 차원에서 감염병 관리가 이루어져야 한다.

② 감염성 질병을 관리하는 대표적 법률로는 감염병의 예방 및 관리에 관한 법률이 있으며 이 법에 규정되어 있는 질병을 법정감염병이라 한다.

(2) 우리나라 법정감염병

① **감염병** … 제1급감염병, 제2급감염병, 제3급감염병, 제4급감염병, 기생충감염병, 세계보건기구 감시대상 감염병, 생물테러감염병, 성매개감염병, 인수공통감염병 및 의료관련감염병을 말한다.

② **제1급감염병**
　㉠ 생물테러감염병 또는 치명률이 높거나 집단 발생의 우려가 커서 발생 또는 유행 즉시 신고하여야 하고, 음압격리와 같은 높은 수준의 격리가 필요한 감염병으로서 ㉡의 감염병을 말한다. 다만, 갑작스러운 국내 유입 또는 유행이 예견되어 긴급한 예방·관리가 필요하여 질병관리청장이 보건복지부장관과 협의하여 지정하는 감염병을 포함한다.
　㉡ 에볼라바이러스병, 마버그열, 라싸열, 크리미안콩고출혈열, 남아메리카출혈열, 리프트밸리열, 두창, 페스트, 탄저, 보툴리눔독소증, 야토병, 신종감염병증후군, 중증급성호흡기증후군(SARS), 중동호흡기증후군(MERS), 동물인플루엔자 인체감염증, 신종인플루엔자, 디프테리아

③ **제2급감염병**
　㉠ 전파가능성을 고려하여 발생 또는 유행 시 24시간 이내에 신고하여야 하고, 격리가 필요한 ㉡의 감염병을 말한다. 다만, 갑작스러운 국내 유입 또는 유행이 예견되어 긴급한 예방·관리가 필요하여 질병관리청장이 보건복지부장관과 협의하여 지정하는 감염병을 포함한다.
　㉡ 결핵, 수두, 홍역, 콜레라, 장티푸스, 파라티푸스, 세균성이질, 장출혈성대장균감염증, A형간염, 백일해, 유행성이하선염, 풍진, 폴리오, 수막구균 감염증, b형헤모필루스인플루엔자, 폐렴구균 감염증, 한센병, 성홍열, 반코마이신내성황색포도알균(VRSA) 감염증, 카바페넴내성장내세균속균종(CRE) 감염증, E형간염

④ **제3급감염병**
　㉠ 그 발생을 계속 감시할 필요가 있어 발생 또는 유행 시 24시간 이내에 신고하여야 하는 ㉡의 감염병을 말한다. 다만, 갑작스러운 국내 유입 또는 유행이 예견되어 긴급한 예방·관리가 필요하여 질병관리청장이 보건복지부장관과 협의하여 지정하는 감염병을 포함한다.
　㉡ 파상풍, B형간염, 일본뇌염, C형간염, 말라리아, 레지오넬라증, 비브리오패혈증, 발진티푸스, 발진열, 쯔쯔가무시증, 렙토스피라증, 브루셀라증, 공수병, 신증후군출혈열, 후천성면역결핍증(AIDS), 크로이츠펠트-야콥병(CJD) 및 변종크로이츠펠트-야콥병(vCJD), 황열, 뎅기열, 큐열, 웨스트나일열, 라임병, 진드기매개뇌염, 유비저, 치쿤구니야열, 중증열성혈소판감소증후군(SFTS), 지카바이러스 감염증

> 🔖 **TIP** 후천성면역결핍증 예방법
> 　㉠ 목적〈제1조〉: 이 법은 후천성면역결핍증의 예방·관리와 그 감염인의 보호·지원에 필요한 사항을 정함으로써 국민건강의 보호에 이바지함을 목적으로 한다.
> 　㉡ 국가·지방자치단체 및 국민의 의무〈제3조〉
> 　　• 국가와 지방자치단체는 후천성면역결핍증의 예방·관리와 감염인의 보호·지원을 위한 대책을 수립·시행하고 감염인에 대한 차별 및 편견의 방지와 후천성면역결핍증의 예방을 위한 교육과 홍보를 하여야 한다.
> 　　• 국가와 지방자치단체는 국제사회와 협력하여 후천성면역결핍증의 예방과 치료를 위한 활동에 이바지하여야 한다.

- 국민은 후천성면역결핍증에 관한 올바른 지식을 가지고 예방을 위한 주의를 하여야 하며, 국가나 지방자치단체가 이 법에 따라 하는 조치에 적극 협력하여야 한다.
- 국가 · 지방자치단체 및 국민은 감염인의 인간으로서의 존엄과 가치를 존중하고 그 기본적 권리를 보호하며, 이 법에서 정한 사항 외의 불이익을 주거나 차별대우를 하여서는 아니 된다.
- 사용자는 근로자가 감염인이라는 이유로 근로관계에 있어서 법률에서 정한 사항 외의 불이익을 주거나 차별대우를 하여서는 아니 된다.
  ⓒ 의사 또는 의료기관 등의 신고〈제5조〉
- 감염인을 진단하거나 감염인의 사체를 검안한 의사 또는 의료기관은 보건복지부령으로 정하는 바에 따라 24시간 이내에 진단 · 검안 사실을 관할 보건소장에게 신고하고, 감염인과 그 배우자(사실혼 관계에 있는 사람을 포함) 및 성 접촉자에게 후천성면역결핍증의 전파 방지에 필요한 사항을 알리고 이를 준수하도록 지도하여야 한다. 이 경우 가능하면 감염인의 의사(意思)를 참고하여야 한다.
- 학술연구 또는 혈액 및 혈액제제(血液製劑)에 대한 검사에 의하여 감염인을 발견한 사람이나 해당 연구 또는 검사를 한 기관의 장은 보건복지부령으로 정하는 바에 따라 24시간 이내에 질병관리청장에게 신고하여야 한다.
- 감염인이 사망한 경우 이를 처리한 의사 또는 의료기관은 보건복지부령으로 정하는 바에 따라 24시간 이내에 관할 보건소장에게 신고하여야 한다.
- 신고를 받은 보건소장은 특별자치시장 · 특별자치도지사 · 시장 · 군수 또는 구청장(자치구의 구청장)에게 이를 보고하여야 하고, 보고를 받은 특별자치시장 · 특별자치도지사는 질병관리청장에게, 시장 · 군수 · 구청장은 특별시장 · 광역시장 또는 도지사를 거쳐 질병관리청장에게 이를 보고하여야 한다.
  ② 역학조사〈제10조〉: 질병관리청장, 시 · 도지사, 시장 · 군수 · 구청장은 감염인 및 감염이 의심되는 충분한 사유가 있는 사람에 대하여 후천성면역결핍증에 관한 검진이나 전파 경로의 파악 등을 위한 역학조사를 할 수 있다.

⑤ 제4급감염병
  ㉠ 제1급감염병부터 제3급감염병까지의 감염병 외에 유행 여부를 조사하기 위하여 표본감시 활동이 필요한 ㉡의 감염병을 말한다.
  ㉡ 인플루엔자, 매독, 회충증, 편충증, 요충증, 간흡충증, 폐흡충증, 장흡충증, 수족구병, 임질, 클라미디아감염증, 연성하감, 성기단순포진, 첨규콘딜롬, 반코마이신내성장알균(VRE) 감염증, 메티실린내성황색포도알균(MRSA) 감염증, 다제내성녹농균(MRPA) 감염증, 다제내성아시네토박터바우마니균(MRAB) 감염증, 장관감염증, 급성호흡기감염증, 해외유입기생충감염증, 엔테로바이러스감염증, 사람유두종바이러스감염증

⑥ 기생충감염병 … 기생충에 감염되어 발생하는 감염병 중 질병관리청장이 고시하는 감염병을 말한다.

⑦ 세계보건기구 감시대상 감염병 … 세계보건기구가 국제공중보건의 비상사태에 대비하기 위하여 감시대상으로 정한 질환으로서 질병관리청장이 고시하는 감염병을 말한다.

⑧ 생물테러감염병 … 고의 또는 테러 등을 목적으로 이용된 병원체에 의하여 발생된 감염병 중 질병관리청장이 고시하는 감염병을 말한다.

⑨ 성매개감염병 … 성 접촉을 통하여 전파되는 감염병 중 질병관리청장이 고시하는 감염병을 말한다.

⑩ **인수공통감염병** … 동물과 사람 간에 서로 전파되는 병원체에 의하여 발생되는 감염병 중 질병관리청장관이 고시하는 감염병을 말한다.

⑪ **의료관련감염병** … 환자나 임산부 등이 의료행위를 적용받는 과정에서 발생한 감염병으로서 감시활동이 필요하여 질병관리청장이 고시하는 감염병을 말한다.

02 비감염성 질환

❶ 비감염성 질환의 이해

(1) 비전염성 질환의 개념

① 질병발생과정의 시간적 경과의 특성에 따라 구분된 것으로 급성질환에 상반된 개념이라 할 수 있다.

② 유병기간, 즉 질병의 시작에서부터 끝나는 시기가 길다는 특성을 나타낸다.

③ 비감염성 질환의 경우 그 진행과정을 보면 처음의 어느 정도까지는 병이 회복되는 것처럼 보이나 그 정도가 깊어져 회복단계가 줄어들면서 계속적으로 병이 악화되는 방향으로 진행된다.

(2) 발생요인

① **습관성 요인** … 과식, 과주, 과다지방식 섭취로 인해 비만증이 야기되고 이는 고혈압, 당뇨병, 관상동맥성 심장병 등을 유발한다.

② **기호성 요인** … 흡연으로 인해 폐암, 기관지염, 순환기계장애 등이 유발되고, 음주로 인해 고혈압, 간경화증, 위장장애 등이 유발된다.

③ **유전적 요인** … 당뇨병, 암, 고혈압의 경우 유전성이 인정되고 있다.

④ **사회 · 경제적 요인** … 사회 · 경제적 상태에 따라 질병발생의 양상이 다르다. 즉, 부유층의 경우 유방암, 당뇨병의 발생이 많고 저소득층의 경우 자궁암, 위장암 등이 많이 발생한다.

⑤ **직업적 요인** … 매연공의 경우 폐암이 많이 발생하고, 방사선 취급자의 경우에는 피부암 등이 많이 발생하며 광부의 경우에는 규폐증이 많이 발생하는 것으로 보아 직업에 따라서도 질병발생의 양상이 다르다고 볼 수 있다.

❷ 비감염성 질환의 관리

(1) 1차 예방

비감염성 질환의 경우 1차 예방에 필요한 직접적 원인이 밝혀지지 않는 경우가 많아 그 예방이 어렵다. 현존하는 1차 예방법으로는 금연, 음주제한, 체중조절, 비전염성 질환 관리사업 등이 있다.

(2) 2차 예방

조기에 질병을 발견·치료하여 조기사망을 예방하는 것을 말하며, 대부분의 비감염성 질환의 관리는 2차 예방에 중점을 둔다.

(3) 3차 예방

질병으로 인한 불능과 조기사망을 감소시키는 것을 말하며, 지속적인 치료와 관리가 유지되도록 간호대상자를 등록관리하고 재활을 돕는 사업에 중점을 둔다.

최근 기출문제 분석

2022. 6. 18. 제1회 지방직

1 다음에서 설명하는 「감염병의 예방 및 관리에 관한 법률」상 감염병은?

- 전파가능성을 고려하여 발생 또는 유행 시 24시간 이내에 신고하여야 하고, 격리가 필요한 감염병을 말한다. 다만, 갑작스러운 국내 유입 또는 유행이 예견되어 긴급한 예방·관리가 필요하여 질병관리청장이 보건복지부장관과 협의하여 지정하는 감염병을 포함한다.
- 결핵, 수두, 홍역, 콜레라, 장티푸스 등을 포함한다.

---

① 제1급감염병
② 제2급감염병
③ 제3급감염병
④ 제4급감염병

> **TIP** ① **제1급감염병**: 생물테러감염병 또는 치명률이 높거나 집단 발생의 우려가 커서 발생 또는 유행 즉시 신고하여야 하고, 음압격리와 같은 높은 수준의 격리가 필요한 감염병으로서, 에볼라바이러스병, 마버그열, 라싸열, 크리미안콩고출혈열, 남아메리카출혈열, 리프트밸리열, 두창, 페스트, 탄저, 보툴리눔독소증, 야토병, 신종감염병증후군, 중증급성호흡기증후군(SARS), 중동호흡기증후군(MERS), 동물인플루엔자 인체감염증, 신종인플루엔자, 디프테리아를 말한다.
> ③ **제3급감염병**: 그 발생을 계속 감시할 필요가 있어 발생 또는 유행 시 24시간 이내에 신고하여야 하는 감염병을 말한다. 다만, 갑작스러운 국내 유입 또는 유행이 예견되어 긴급한 예방·관리가 필요하여 질병관리청장이 보건복지부장관과 협의하여 지정하는 감염병을 포함한다. 파상풍(破傷風), B형간염, 일본뇌염, C형간염, 말라리아, 레지오넬라증, 비브리오패혈증, 발진티푸스, 발진열(發疹熱), 쯔쯔가무시증, 렙토스피라증, 브루셀라증, 공수병(恐水病), 신증후군출혈열(腎症侯群出血熱), 후천성면역결핍증(AIDS), 크로이츠펠트-야콥병(CJD) 및 변종크로이츠펠트-야콥병(vCJD), 황열, 뎅기열, 큐열(Q熱), 웨스트나일열, 라임병, 진드기매개뇌염, 유비저(類鼻疽), 치쿤구니야열, 중증열성혈소판감소증후군(SFTS), 지카바이러스 감염증이 있다.
> ④ **제4급감염병**: 제1급감염병부터 제3급감염병까지의 감염병 외에 유행 여부를 조사하기 위하여 표본감시 활동이 필요한 감염병으로, 인플루엔자, 매독(梅毒), 회충증, 편충증, 요충증, 간흡충증, 폐흡충증, 장흡충증, 수족구병, 임질, 클라미디아감염증, 연성하감, 성기단순포진, 첨규콘딜롬, 반코마이신내성장알균(VRE) 감염증, 메티실린내성황색포도알균(MRSA) 감염증, 다제내성녹농균(MRPA) 감염증, 다제내성아시네토박터바우마니균(MRAB) 감염증, 장관감염증, 급성호흡기감염증, 해외유입기생충감염증, 엔테로바이러스감염증, 사람유두종바이러스 감염증이 있다.

Answer 1.②

2 우리나라 감염병 위기경보 단계 중 〈보기〉에 해당하는 단계는?

─────────── 보기 ───────────

• 국내 유입된 해외 신종감염병의 제한적 전파
• 국내 원인불명 · 재출현 감염병의 지역사회 전파

① 관심(Blue) 단계   ② 주의(Yellow) 단계
③ 경계(Orange) 단계   ④ 심각(Red) 단계

> **TIP** ① 관심(Blue) 단계 : 해외에 신종감염병이 발생했으나 국내엔 유입되지 않은 상태이다.
> ② 주의(Yellow) 단계 : 해외 신종감염병이 국내에 유입되었으나 유행하지 않은 상태이다.
> ③ 경계(Orange) 단계 : 국가 위기경보 단계에서 해외 신종감염병이 국내 유입 후 지역사회에 전파된 상태이다.
> ④ 심각(Red) 단계 : 해외 신종감염병이 전국적으로 전파된 상태이다.

3 〈보기〉는 유방 자가검진(BSE) 결과와 유방조직 검사 결과이다. 옳은 것은?

─────────── 보기 ───────────

BSE 결과	유방조직 검사결과		계
	양성	음성	
양성	45	15	60
음성	5	155	160
계	50	170	220

① 특이도 − 5/160   ② 민감도 − 45/50
③ 양성 예측도 − 45/220   ④ 음성 예측도 − 155/170

> **TIP** ① 특이도 : 질환에 걸리지 않은 사람에게 검사결과 음성으로 진단할 확률을 말하므로 155/170가 되어야 한다.
> ③ 양성예측도 : 검사결과가 양성인 사람이 실제 질환자일 수 있는 확률이므로 45/60가 되어야 한다.
> ④ 음성예측도 : 검사결과가 음성인 사람이 비질환자일 수 있는 확률이므로 155/160가 되어야 한다.

Answer   2.③ 3.②

4 감염성 질병의 예방과 관리를 위해 숙주의 감수성을 감소시키는 방법은?

① 예방접종 실시

② 병원소의 검역 실시

③ 환경위생 관리 강화

④ 감염병의 격리 기간 연장

> **TIP** 예방 및 관리를 위해 숙주의 감수성을 감소시키는 방법으로는 건강증진을 위한 예방접종, 식이관리, 보건교육, 예방적 치료, 개인위생 등이 실시되어야 한다.

5 검사 도구의 민감도가 일정하고 특이도가 낮아질 때, 증가하는 것은?

① 진양성률

② 가양성률

③ 가음성률

④ 진음성률

> **TIP** ② 민감도는 질병에 걸린 환자의 검사결과가 양성으로 나타나는 정도를 말한다. 진양성이 많고 가음성률이 적어야 높아진다. 특이도는 질병에 걸리지 않은 환자의 검사결과가 음성으로 나올 확률을 말한다. 따라서 민감도가 일정하고 특이도가 낮아질 때 가양성률이 증가한다.
> ※ **가양성률** … 질병에 걸리지 않았는데 양성으로 진달될 확률을 말한다.

6 제2급감염병에 속하지는 않으나, 국가예방접종에 포함된 감염병으로 옳게 짝지어진 것은?

① 폐렴구균 – 결핵

② 결핵 – A형 간염

③ 일본뇌염 – 인플루엔자

④ B형 헤모필루스 인플루엔자 – A형 간염

> **TIP** 국가예방접종 대상 감염병은 디프테리아, 폴리오, 백일해, 홍역, 파상풍, 결핵, B형간염, 유행성이하선염, 풍진, 수두, 일본뇌염, b형헤모필루스인플루엔자, 폐렴구균, 인플루엔자, A형간염, 사람유두종바이러스 감염증, 장티푸스, 신증후군출혈열 등이다. 이중 "제2급 감염병"은 결핵, 수두, 홍역, 콜레라, 장티푸스, 파라티푸스, 세균성이질, 장출혈성대장균감염증, A형간염, 백일해, 유행성이하선염, 풍진, 폴리오, 수막구균 감염증, b형 헤모필루스인플루엔자, 폐렴구균 감염증, 한센병, 성홍열, 반코마이신내성황색포도알균(VRSA) 감염증, 카바페넴내성장내세균속균종(CRE) 감염증, E형간염이 해당된다.

Answer 4.① 5.② 6.③

7 관할지역에서 탄저로 죽은 소가 발견되었다는 신고를 받은 읍장이 취해야 할 행동으로 가장 옳은 것은?

① 즉시 보건소장에게 신고

② 즉시 시장·군수·구청장에게 신고

③ 즉시 보건소장에게 통보

④ 즉시 질병관리청장에게 통보

> **TIP** 인수공통감염병의 통보〈감염병의 예방 및 관리에 관한 법률 제14조 제1항〉…「가축전염병예방법」제11조 제1항 제2호에 따라 신고를 받은 국립가축방역기관장, 신고대상 가축의 소재지를 관할하는 시장·군수·구청장 또는 시·도 가축방역기관의 장은 같은 법에 따른 가축전염병 중 다음 각 호의 어느 하나에 해당하는 감염병의 경우에는 즉시 질병관리청장에게 통보하여야 한다.
> ㉠ 탄저
> ㉡ 고병원성조류인플루엔자
> ㉢ 광견병
> ㉣ 그 밖에 대통령령으로 정하는 인수공통감염병

8 감염병의 예방 및 관리에 관한 법령상 감염병에 대한 설명으로 옳은 것은?

① 탄저는 국내 유입이 우려되는 해외 유행 감염병으로 제4급 감염병이다.

② 간흡충증은 유행여부를 조사하기 위하여 표본감시 활동이 필요한 제4급 감염병이다.

③ 바이러스성 출혈열은 간헐적으로 유행할 가능성이 있어 계속 그 발생을 감시하고 방역대책의 수립이 필요한 제4급 감염병이다.

④ 제3급감염병이란 전파가능성을 고려하여 발생 또는 유행 시 24시간 이내에 신고하여야 하고, 격리가 필요한 다음 각 목의 감염병을 말한다.

> **TIP** ① 탄저는 생물테러감염병 또는 치명률이 높거나 집단 발생의 우려가 커서 발생 또는 유행 즉시 신고하여야 하고, 음압격리와 같은 높은 수준의 격리가 필요한 제1급 감염병이다.
> ③ 바이러스성 출혈열은 세계보건기구가 국제공중보건의 비상사태에 대비하기 위하여 감시대상으로 정한 질환으로서 질병관리청장이 고시하는 "세계보건기구 감시대상 감염병"이다.
> ④ 제3급감염병이란 그 발생을 계속 감시할 필요가 있어 발생 또는 유행 시 24시간 이내에 신고하여야 하는 감염병을 말한다. 다만, 갑작스러운 국내 유입 또는 유행이 예견되어 긴급한 예방·관리가 필요하여 질병관리청장이 보건복지부장관과 협의하여 지정하는 감염병을 포함한다. 전파가능성을 고려하여 발생 또는 유행 시 24시간 이내에 신고하여야 하고, 격리가 필요한 감염병은 제2급 감염병이다.

Answer 7.④ 8.②

9 모기가 매개하는 감염병이 아닌 것은?

① 황열   ② 발진열

③ 뎅기열   ④ 일본뇌염

> **TIP** ② 발진열은 리켓치아(Rickettsia typhi) 감염에 의한 급성 발열성 질환으로, 매개충의 병원소는 설치류나 야생동물이며 쥐벼룩을 매개로 주로 전파된다.

10 「후천성면역결핍증 예방법」상 후천성면역결핍증으로 사망한 사체를 검안한 의사 또는 의료기관은 이 사실을 누구에게 신고하여야 하는가?

① 보건소장   ② 시 · 도지사

③ 질병관리청장   ④ 보건복지부장관

> **TIP** 감염인을 진단하거나 감염인의 사체를 검안한 의사 또는 의료기관은 보건복지부령으로 정하는 바에 따라 24시간 이내에 진단 · 검안 사실을 관할 보건소장에게 신고하고, 감염인과 그 배우자(사실혼 관계에 있는 사람을 포함한다) 및 성 접촉자에게 후천성면역결핍증의 전파 방지에 필요한 사항을 알리고 이를 준수하도록 지도하여야 한다. 이 경우 가능하면 감염인의 의사(意思)를 참고하여야 한다〈「후천성면역결핍증 예방법」 제5조(의사 또는 의료기관 등의 신고) 제1항〉.

11 여름휴가차 바닷가에 온 40대 여성이 오징어와 조개류 등을 생식하고 다음 날 복통, 설사와 미열을 호소하며 병원을 방문하여 진료를 받았다. 이 경우 의심되는 식중독의 특징은?

① 7 ~ 8월에 주로 발생하며, 원인균은 포도상구균이다.

② 화농성질환을 가진 조리사의 식품 조리과정에서 발생한다.

③ 감염형 식중독으로 가열해서 먹을 경우 예방이 가능하다.

④ 독소형 식중독으로 신경마비성 증상이 나타나 치명률이 높다.

> **TIP** ③ 오징어와 조개류 등은 표피나 아가미, 내장 등을 충분히 세척 · 가열하지 않고 섭취할 경우 장염비브리오균에 감염될 수 있다.

Answer   9.② 10.① 11.③

12 「감염병의 예방 및 관리에 관한 법률」 제2조 제8호에 따른 세계보건기구 감시대상 감염병만을 모두 고른 것은?

㉠ 두창   ㉡ 폴리오
㉢ 중증급성호흡기증후군(SARS)   ㉣ 콜레라

---

① ㉠㉢   ② ㉠㉡㉣

③ ㉡㉢㉣   ④ ㉠㉡㉢㉣

> **TIP** 「감염병의 예방 및 관리에 관한 법률」 제2조 제8호에 따른 세계보건기구 감시대상 감염병의 종류는 다음과 같다.
> ㉠ 두창
> ㉡ 폴리오
> ㉢ 신종인플루엔자
> ㉣ 중증급성호흡기증후군(SARS)
> ㉤ 콜레라
> ㉥ 폐렴형 페스트
> ㉦ 황열
> ㉧ 바이러스성 출혈열
> ㉨ 웨스트나일열

Answer 12.④

출제 예상 문제

1 다음 중 수인성 감염병의 역학적 특성으로 옳지 않은 것은?

① 급수구역과 환자발생 분포가 일치한다.

② 이환율과 치명률이 낮고 2차 발병률은 낮다.

③ 환자가 2 ~ 3일 내에 폭발적으로 발생한다.

④ 여름철에 특히 발생률이 높다.

TIP ④ 수인성 감염병이 발생하는 것과 계절은 항상 일치하는 것이 아니다.

2 홍역을 앓은 후 생기는 면역은?

① 인공능동면역   ② 선천성 면역

③ 자연능동면역   ④ 자연수동면역

TIP 자연능동면역 … 각종의 질환에 이환된 후에 면역이 형성되는 것으로 면역의 지속기간은 질환의 종류에 따라 기간이 짧을 수도, 영구면역이 될 수도 있다.

3 다음 중 만성 퇴행성 질환이 아닌 것은?

① 폐렴   ② 고혈압

③ 관상동맥성 심질환   ④ 암

TIP 만성 퇴행성 질환
ㄱ 암
ㄴ 당뇨병
ㄷ 본태성 고혈압
ㄹ 관상동맥성 심질환
ㅁ 정신장애

Answer 1.④ 2.③ 3.①

4 다음 중 모기를 매개로 한 감염성 질환으로 옳은 것은?

　　㉠ 장티푸스　　　　　　　　㉡ 뎅기열
　　㉢ 일본뇌염　　　　　　　　㉣ AIDS
　　㉤ 말라리아

---

① ㉠㉡㉤　　　　　　　　　　② ㉠㉢㉣
③ ㉡㉢㉤　　　　　　　　　　④ ㉡㉣㉤

TIP 매개충과 전파질병
　㉠ 이 : 발진티푸스, 재귀열
　㉡ 파리 : 장티푸스, 소아마비, 이질
　㉢ 쥐 : 살모넬라증, 렙토스피라증
　㉣ 모기 : 사상충증, 말라리아, 뎅기열, 황열, 일본뇌염
　㉤ 쥐벼룩 : 녹사병, 재귀열, 발진열
　㉥ 진드기 : 재귀열, 신증후출혈열
　㉦ 물고기 : 간흡충증

5 감염병의 예방 및 관리에 관한 법률에서 규정한 제1급감염병에 해당하는 것만을 고른 것은?

　　㉠ 페스트　　　　　　　　　㉡ 일본뇌염
　　㉢ 탄저　　　　　　　　　　㉣ A형간염

---

① ㉠㉡　　　　　　　　　　　② ㉠㉢
③ ㉡㉣　　　　　　　　　　　④ ㉢㉣

TIP 제1급감염병
　㉠ 생물테러감염병 또는 치명률이 높거나 집단 발생의 우려가 커서 발생 또는 유행 즉시 신고하여야 하고, 음압격리와 같은 높은 수준의 격리가 필요한 감염병으로서 ㉡의 감염병을 말한다. 다만, 갑작스러운 국내 유입 또는 유행이 예견되어 긴급한 예방·관리가 필요하여 질병관리청장이 보건복지부장관과 협의하여 지정하는 감염병을 포함한다.
　㉡ 에볼라바이러스병, 마버그열, 라싸열, 크리미안콩고출혈열, 남아메리카출혈열, 리프트밸리열, 두창, 페스트, 탄저, 보툴리눔독소증, 야토병, 신종감염병증후군, 중증급성호흡기증후군(SARS), 중동호흡기증후군(MERS), 동물인플루엔자 인체감염증, 신종인플루엔자, 디프테리아

Answer　4.③　5.②

6 다음 중 세균성 이질에 대한 역학적 설명으로 옳지 않은 것은?

① 병원체 발병력이 낮다.

② 숙주에 부분적으로 면연력이 약하다.

③ 이환기간은 평균적으로 4 ~ 7일이다.

④ 병원체가 다량으로 존재한다.

TIP 임상적 특징

㉠ 대소장의 급성세균성 감염병으로 고열과 구역질, 또는 구토 · 경련성 복통 및 후중기를 동반한 설사가 특징이다.

㉡ 어린이에게 전신적 경련은 중요한 하나의 합병증일 수 있다.

㉢ 이질균에서 나오는 독소의 작용으로 구토와 수양성 설사가 일어나고 경미하거나 무증상 감염도 있다.

㉣ 이환기간이 평균 4 ~ 7일이고 수 일부터 수 주 동안 앓는다.

㉤ 전형적인 환례에서는 침습성 이질균으로 인해서 미세 농양이 뭉쳐 대변에 혈액과 점액, 고름 등이 섞여 나온다.

㉥ 세균학적 진단은 직장 면봉법이나 대변을 배양해 이질균을 분리해서 진단한다.

7 회복기 환자가 균을 배출하는 경우는?

① 백일해

② 이질

③ 디프테리아

④ 유행성 이하선염

TIP 다른 감염병과는 달리 디프테리아는 회복기 환자에게서도 전염이 이루어지기 때문에 특별한 주의가 필요하다.

8 다음 보균자 중 가장 관리하기 어려운 보균자는?

① 회복기 보균자   ② 잠복기 보균자

③ 건강 보균자   ④ 열성 보균자

TIP 건강 보균자는 가장 관리하기 어려운 보균자이다.

PART

02 공중보건

CHAPTER
01

공중보건학의
개념과 건강

01 공중보건학의 개요

01 공중보건학의 개념과 발달

1 공중보건학의 의의

(1) C.E.A. Winslow의 공중보건학 정의

조직적인 지역사회의 노력을 통해 질병예방, 수명의 연장, 신체적·정신적 건강 및 능률을 증진시키는 기술·과학이다.

(2) 공중보건의 목적

공중보건은 개인이 아닌 지역사회가 주최가 되어 지역주민의 질병을 예방하고 건강한 삶을 영위하도록 돕는 것을 목적으로 한다.

(3) 공중보건학의 범위

① **환경관리 분야** … 환경위생, 식품위생, 환경오염, 산업보건 등이 있다.

② **질병관리 분야** … 감염병 및 비감염병 관리, 역학 등이 있다.

③ **보건관리 분야** … 보건행정, 보건교육, 모자보건, 의료보장제도, 보건영양, 인구보건, 가족계획, 보건통계, 정신보건, 영유아보건, 사고관리 등이 있다.

❷ 공중보건학의 변천과정

(1) 고대기

이집트와 로마에 상·하수도 시설과 목욕탕 시설이 있었으며, 이집트의 주택청결법에 관한 기록이나 로마의 인구조사를 실시한 것은 공중보건의 흔적들이다.

(2) 중세기

공중보건의 암흑기로 종교에 의지하여 의학은 단지 신체의 질병을 치료하는 데 국한되었다.

(3) 여명기(요람기)

① 1848년 세계 최초로 영국에서 Chadwick에 의해 공중보건법이 제정되었다.

② Ramazzini … 직업병 연구가 시작되었다.

③ E. Jenner … 우두종두법이 개발되었다.

(4) 확립기

① 예방의학적 사상이 시작되었으며 Pasteur, Koch에 의해 세균학, 면역학의 기초가 마련되었다.

② 1866년 Pettenkofer가 뮌헨대학에 처음으로 위생학 강좌를 개설하였다.

(5) 20세기 후의 발전기

① 보건소가 설치되었으며, 사회보건 및 사회보장제도가 체계화되는 등 사회보장제도가 발전하였다.

② WHO가 1948년 4월 7일 발족하여 이날을 '세계보건의 날'로 정하였다.

③ 알마타 선언
　㉠ 1978년 카자흐스탄의 알마타에서 세계보건기구 후원으로 열린 국제의료회의에서 '1차 보건의료'란 단어가 사용되었다.
　㉡ 세계보건기구는 알마타 선언 이후 '1차 보건의료'를 보건의료정책의 주요 전략으로 채택하였다.
　㉢ 이로써 우리나라에서도 접근성, 의료비용 가용성, 지역사회 참여를 접근전략으로 '농어촌 1차 보건의료의 기반확충'이라는 정책을 수행하게 되었다.

> **TIP 공중보건학 발달사의 주요 사건**
> ㉠ 1383년 마르세유에서 검역법이 통과되어, 최초의 검역소가 설치되었다.
> ㉡ 1798년 제너가 우두종두법을 발견하였다.
> ㉢ 1848년 영국에서 채드윅에 의해 최초로 공중보건법이 제정되었다.
> ㉣ 1883년 독일에서 비스마르크의 사회입법으로 최초로 사회보장제도가 실시되었다.

02 우리나라 공중보건의 역사

(1) 삼국시대

① 중국의학이 전래되었다.

② 고구려 소수림왕 때 인도의학이 포함된 불교의학이 들어와 왕실 치료자인 시의가 있었다.

(2) 고려

① 성종 때 의학제도를 정비해 의사를 두었다.

② 의약관청인 대의감, 서민 의료기관인 제위보 등이 있었다.

③ 후기에는 의학교육기관인 의학원을 개성과 평양에 설립해 의박사를 두었다.

(3) 조선시대

① 전기에는 고려의학을 계승하였고, 후기에는 외세의 침략으로 크게 발전하지 못했다.

② 허준의 동의보감이 발간되었고, 갑오개혁 이후 서양의학의 도입으로 병원이 설립되면서 공중보건사업을 권장하게 되었다.

(4) 근대

① 위생과가 여러 차례 개정을 통해 보건부로 개칭되었고 1956년 보건소법이 공포됨에 따라 각 시·군·구에 보건소가 설치·운영되었다.

② 의료보험의 실시로 국민보건이 향상되었다.

최근 기출문제 분석

2022. 6. 18. 제1회 지방직 시행

1 건강행동을 예측하기 위한 건강신념모형(Health Belief Model)에 대한 내용으로 옳지 않은 것은?

① 조절요인에는 연령, 성별, 성격, 지식과 같은 집단 또는 개인의 특성이 해당된다.

② 인지된 장애(perceived barriers)란 특정 질병에 걸릴 위험이 있다고 지각하는 것이다.

③ 인지된 민감성(perceived susceptibility)은 개인의 경험에 영향을 받을 수 있다.

④ 인지된 이익(perceived benefit)이란 금연할 경우 가족이 좋아하는 모습을 떠올리는 것이다.

> **TIP** ② 인지된 장애는 특정 건강행위에 대한 부정적 인지정도로 건강행위 방해요소로 작용한다. 특정 질병에 걸릴 위험이 있다고 지각하는 것은 인지된 민감성에 해당한다.
>
> ※ 건강신념모형(Health Belief Model)의 구성

구분	내용
인지된 민감성	어떠한 질병에 걸릴 수 있다는 개인의 지각
인지된 심각성	질병의 심각성에 대한 개인의 지각
인지된 이익	특정 행위로부터 제공되는 혜택 및 유익성에 대한 지각
인지된 장애	특정 건강행위에 대한 부정적 인지 정도
인지된 위험성	질병의 위험성에 대한 인지 정도
행위 계기	인지한 위험성에 영향을 주는 요소로 특정한 행위에 참여할 수 있도록 자극 제공
자기효능감	건강 행위를 수행할 수 있다는 확신
기타	인구학적, 사회심리학적, 구조적 변수가 작용할 수 있다.

2022. 6. 18. 제1회 지방직 시행

2 정신보건사업의 목적으로 옳지 않은 것은?

① 정신질환자의 격리

② 건전한 정신기능의 유지증진

③ 정신장애의 예방

④ 치료자의 사회복귀

> **TIP** 정신보건사업의 목적은 정신질환의 예방활동 및 조기발견·조기치료, 정신질환 치료의 사회복귀를 돕는 것이다.

Answer 1.② 2.①

3 공중보건학의 발전사 중 시기적으로 가장 늦은 것은?

① L. Pasteur의 광견병 백신 개발

② John Snow의 「콜레라에 관한 역학조사 보고서」

③ R. Koch의 결핵균 발견

④ Bismark에 의해 세계 최초의 근로자 질병보호법 제정

> **TIP** ① L. Pasteur 광견병 백신 개발 : 1885년
> ② John Snow의 콜레라에 관한 역학조사 보고서 : 1848년
> ③ 로버트 코흐(R. Koch)의 결핵균 발견 : 1882년
> ④ 비스마르크에 의해 세계 최초로 질병보호법 제정 : 1883년

4 1978년 카자흐스탄에서 열린 일차보건의료에 대한 국제회의에서 채택된 「알마아타 선언(Declaration of Alma – Ata)」에서 정의한 일차보건의료(Primary health care)에 대한 설명으로 가장 옳지 않은 것은?

① 국가와 지역사회의 경제적, 사회문화적, 정치적 특성을 반영한다.

② 지역사회 건강문제, 건강증진, 질병 예방, 치료, 재활 서비스를 다룬다.

③ 농업, 축산, 식품, 산업, 교육, 주택, 공공사업 등 지역 및 국가개발과 관련된 다양한 분야가 고려된다.

④ 지역사회의 필요에 대응하고자 전문의를 중심으로 한 수준 높은 의료서비스 제공을 강조한다.

> **TIP** ④ 일차보건의료의 실현을 위해 주민의 자주적인 참여가 필수이며, 행정기관과 지역주민, 보건의료 종사자가 모두 노력해야 한다.
> ※ 알마아타 선언 … 1978년, 카자흐스탄의 알마아타에서 세계보건기구 후원으로 열린 국제의료회의에서 '1차 보건의료'라는 단어가 시작되었고, 세계보건기구는 이 알마아타 선언 이후 '1차 보건의료'를 보건 의료정책의 주요 전략으로 채택하였다. 그 내용은 아래와 같다.
> ㉠ 국가 및 그 공동체의 경제적 조건 및 사회·문화적, 정치적 특성으로부터 발전하고 사회, 의료 서비스 연구와 공공 보건 경험 관련 결과의 적용에 기초한다.
> ㉡ 그에 따라 촉진, 예방, 치료 및 재활 서비스를 제공하여 지역사회의 주요 건강 문제를 해결한다.
> ㉢ 최소한의 일반적인 건강 문제와 그것들을 예방하고 통제하는 방법에 관한 교육, 식품 공급의 촉진과 적절한 영양섭취, 안전한 물과 기본 위생의 공급, 가족계획을 포함한 산모와 아동 건강관리, 주요 감염 예방, 일반 질병 및 부상의 적절한 치료, 필수 약물을 제공한다.
> ㉣ 국가 및 지역사회 개발의 관련 부문과 양상, 특히 농업, 동물 사육, 식품, 산업, 교육, 주택, 공공사업, 통신이 포함되며, 이러한 모든 부문의 조정된 노력을 요구한다.
> ㉤ 일차보건의료의 계획, 조직, 운영 및 관리에 최대한의 지역사회와 개인의 자립성을 요구 및 촉진하고 지역, 국가 및 기타 가용자원을 적극 활용하고 이를 위해 적절한 교육을 통해 지역사회에 참여할 수 있는 능력을 개발한다.
> ㉥ 기능적으로 통합되고 상호보완적인 의뢰 시스템을 통해 지속되어야 하며, 이는 모두를 위한 종합적인 의료 서비스의 개선을 이끌어내고 가장 도움이 필요한 사람들에게 우선순위를 주어야 한다.

Answer 3.① 4.④

ⓐ 지역 및 의뢰 수준에서 의사, 간호사, 조산사, 보조원 및 지역사회 종사자를 포함한 보건 종사자와 필요한 경우 전통 의료 시술자를 포함하여 사회 및 기술적으로 의료 팀으로서 일하기 위해 적절한 훈련된 종사자에 의존한다.

2021. 6. 5. 서울특별시 시행

5 공중보건학의 발전사를 고대기, 중세기, 여명기, 확립기, 발전기의 5단계로 구분할 때 중세기에 대한 업적으로 가장 옳은 것은?

① 세계 최초의 국세조사가 스웨덴에서 이루어졌다.

② 프랑스 마르세유(Marseille)에 최초의 검역소가 설치되었다.

③ 영국 런던에서 콜레라의 발생 원인에 대한 역학조사가 이루어졌다.

④ 질병의 원인으로 장기설(miasma theory)과 4체액설이 처음 제기되었다.

TIP 공중보건학의 발전사
ⓐ 고대기(위생 중심)
• 메소포타미아 : 레위기의 모세5경, 바빌로니아 함무라비법전(공중보건에 관한 내용이 있는 최초의 법전)
• 이집트 : papyri42권(가장 오래된 의학사전) ※ 임호텝, Herodotus : 개인위생
• 그리스
– 히포크라테스가 환경요인과 질병의 관련성을 최초로 제시
– 장기설, Epidemic, 4체액설, 섭생법
• 로마
– 갈렌과 히포크라테스의 장기설을 계승발전
– 위생학(Hygiene)을 처음 사용
– 전문 의료기관으로 다이아코니아, 제노도키아가 있음
ⓑ 중세기(암흑기)
• 6 ~ 7세기 성지순례로 인한 콜레라가 대유행
• 13세기 십자군운동으로 인한 나병(한센병)
• 14세기 칭기스칸 유럽정벌로 흑사병(페스트)발병하여 유럽인구의 1/4 사망, 40일간격리(Quarantine), 프랑스마르세유의 최초 검역소
• 15 ~ 16세기 매독, 결핵유행
• Salerno 양생법 : 일반대중들이 활용
ⓒ 근세기(여명기, 요람기) : 보건문제가 국가적 관심사
• Ramazzini : 산업보건
• Leeuwenhook : 현미경 발견
• Frank : 개인의 건강은 국가의 책임
• Jenner : 우두종두법개발
• Chadwick : 영국노동자의 발병상태보고서, 열병보고서로 최초 공중보건법 발생
• Thomas sydenham : 장기설주장, 말라리아치료 시 키니네 사용 대중화
• Vesalius : 근대 해부학의 창시자
ⓓ 근대기(세균학설시대, 보건의료확립기)
• Snow : 콜레라 원인규명
• William : 방문간호, 오늘날 보건소 제도의 효시
• Bismarck : 세계 최초 근로자 질병보호법

Answer 5.②

- Pettenkofer : 위생학 교실 창립
- Koch : 결핵균, 연쇄상구균, 콜레라균 발견, 근대의학 창시자
- Pasteur : 백신 발견, 현대의학의 창시자
- Homes : 산욕열 예방
ⓜ 현대기(보건의료 발전기, 탈미생물학시대)
- 1919년 : 영국이 세계 최초로 보건부 설치
- 1920년 : Winslow 공중보건의 정의 발표
- 1948년 : WHO 설립
- 1974년 : UN "Health for all by the year 2000" 인류의 건강목표 설정
- 1979년 : WHO 두창(천연두) 근절 선언

2021. 6. 5. 서울특별시 시행

6 알마아타 선언에서 제시한 일차보건의료(primary health care)의 필수적인 사업 내용에 해당하는 것은?

① 전문 의약품의 공급
② 직업병 예방을 위한 산업보건
③ 안전한 식수공급과 기본적 위생
④ 희귀질병과 외상의 적절한 치료

> **TIP** 알마아타 선언 중 제7조 일차보건의료(primary health care)
> ㉠ 국가 및 그 공동체의 경제적 조건 및 사회 문화적, 정치적 특성으로부터 발전하고 사회, 의료 서비스 연구와 공공 보건 경험의 관련 결과의 적용에 기초한다.
> ㉡ 그에 따라 촉진, 예방, 치료 및 재활 서비스를 제공하여 커뮤니티의 주요 건강 문제를 해결한다.
> ㉢ 최소한 일반적인 건강 문제와 그것들을 예방하고 통제하는 방법에 관한 교육, 식품 공급의 촉진과 적절한 영양 섭취, 안전한 물과 기본 위생의 적절한 공급, 가족계획을 포함한 산모와 아동 건강관리, 주요 감염 예방 및 예방국부적 풍토병, 일반 질병 및 부상의 적절한 치료, 필수 약물 제공
> ㉣ 보건 부문 외에도, 국가 및 지역사회 개발의 모든 관련 부문과 양상, 특히 농업, 동물 사육, 식품, 산업, 교육, 주택, 공공사업, 통신 및 기타 부문이 포함되며, 이러한 모든 부문의 조정된 노력을 요구한다.
> ㉤ 일차보건의료의 계획, 조직, 운영 및 관리에 최대한의 지역사회와 개인의 자립성을 요구 및 촉진하고, 지역, 국가 및 기타 가용 자원을 최대한 활용하고, 이를 위해 적절한 교육을 통해 지역사회에 참여할 수 있는 능력을 개발한다.
> ㉥ 기능적으로 통합되고, 상호 보완적인 의뢰 시스템(전달 체계)을 통해 지속되어야 하며, 이는 모두를 위한 종합적인 의료 서비스의 점진적인 개선을 이끌어 내고, 가장 도움이 필요한 사람들에게 우선순위를 주어야 한다.
> ㉦ 지역 및 의뢰 수준에서 의사, 간호사, 주산사, 부조원 및 지역사회 종사자를 포함한 보건 종사자와 필요한 경우 전통의료 시술자를 포함하여 사회 및 기술적으로 의료 팀으로서 일하기 위해 적절히 훈련된 종사자에 의존한다.

Answer 6.③

7 공중보건의 역사적 사건 중 가장 먼저 발생한 사건은?

① 제너(E. Jenner)가 우두 종두법을 개발하였다.

② 로버트 코흐(R. Koch)가 결핵균을 발견하였다.

③ 베니스에서는 페스트 유행지역에서 온 여행자를 격리하였다.

④ 독일의 비스마르크(Bismarck)에 의하여 세계 최초로 「질병보험법」이 제정되었다.

> **TIP** ③ 1348년 ① 1798년 ② 1882년 ④ 1883년
>
> ③ 베니스에서는 1348년에 오염되었거나 의심이 가는 배와 여행자의 입항을 금지시켰으며, 라구사에서는 페스트 유행 지역에서 온 여행자는 항구밖의 일정한 장소에서 질병이 없어질 때까지 2개월간 머물다가 입항이 허락되었다. 이것은 역사적으로 검역의 시초가 되었다. 그 후 1383년에 프랑스 항구도시에서 최초로 검역법이 통과되었으며, 처음으로 검역소가 설치, 운영되었던 것은 감염병 예방이라는 측면에서 중요한 업적이라 할 수 있다.

8 〈보기〉는 공중보건학의 발달사이다. 시대 순으로 옳게 나열한 것은?

보기

㉠ 히포크라테스(Hippocrates) 학파의 체액설   ㉡ 최초로 검역소 설치
㉢ 최초로 공중보건법 제정   ㉣ 우두종두법을 제너가 발견
㉤ 최초로 사회보장제도 실시

---

① ㉠ - ㉡ - ㉢ - ㉣ - ㉤   ② ㉠ - ㉡ - ㉢ - ㉤ - ㉣

③ ㉠ - ㉡ - ㉣ - ㉢ - ㉤   ④ ㉠ - ㉡ - ㉣ - ㉤ - ㉢

> **TIP** ㉠ 고대기
> ㉡ 중세기 1383년 마르세유에서 검역법 통과, 최초의 검역소 설치
> ㉣ 여명기 1798년
> ㉢ 여명기 1848년 영국 채드윅
> ㉤ 1883년 독일 비스마르크의 사회입법

9 다음은 공중보건학의 발전과정 중 어디에 해당하는가?

> • 라마지니(Ramazzini)의 직업병에 대한 저서가 출간되어 산업보건의 기초를 마련
> • 제너(Jenner)의 우두접종법 개발

① 확립기　　　　　　　　　　　② 여명기
③ 중세기　　　　　　　　　　　④ 발전기

> **TIP** 제너의 우두접종법 개발(1798)과 라마지니의 「직업인의 질병(1700)」 발간은 공중보건의 사상이 싹튼 시기인 여명기의 일이
> 다. 1848년에 세계 최초의 공중보건법이 제정되었다.

Answer 9.②

출제 예상 문제

1 공중보건의 변천과정 중 공중보건사상이 싹트기 시작한 시기는?

① 고대기

② 중세기

③ 여명기

④ 확립기

TIP 여명기 … 산업혁명으로 공중보건사상이 처음 싹트기 시작했다.

2 다음 중 현대 공중보건학의 정의로 옳은 것은?

① 질병예방, 수명연장, 건강증진

② 조기발견, 수명연장, 건강증진

③ 질병예방, 조기발견, 건강증진

④ 질병치료, 수명연장, 건강증진

TIP Winslow에 의하면 공중보건학은 질병예방, 수명연장, 건강을 증진시키는 기술이며 과학이라고 정의된다.

3 공중보건의 수단으로 볼 수 없는 것은?

① 개인의 건강관리

② 산업보건

③ 환경위생

④ 보건교육

TIP ① 공중보건은 지역사회 주민 전체를 대상으로 한 환경관리, 질병관리, 보건관리 사업이므로 개인의 건강관리는 올바른 수단이 아니다.

Answer 1.③ 2.① 3.①

4 조선시대 보건의료 기관은?

① 대비원   ② 활인서

③ 제위보   ④ 상의국

TIP ①③ 고려시대 의료기관
④ 고려시대 어의 공급 담당기관

5 다음 중 공중보건사업과 거리가 먼 것은?

① 감염병의 관리사업

② 질병의 예방사업

③ 의료장비 개발사업

④ 환경위생 개선사업

TIP 공중보건사업의 범위
㉠ 환경관리 분야 : 환경위생, 식품위생, 환경오염, 산업보건
㉡ 질병관리 분야 : 감염병 및 감염병 관리, 역학, 기생충 관리
㉢ 보건관리 분야 : 보건행정, 보건교육, 모자보건, 의료보장제도, 보건영양, 인구보건, 가족계획, 보건통계, 정신보건, 영유아보건 등

Answer 4.② 5.③

6 다음 중 공중보건사업의 대상을 가장 잘 나타낸 것은?

① 지역사회의 전체 주민을 대상으로 한다.

② 저소득층을 대상으로 한다.

③ 감염병 환자만을 대상으로 한다.

④ 특정계층을 대상으로 한다.

TIP 공중보건사업은 지역사회의 주민 전체를 대상으로 하며, 단위로 한다. 공중보건의 최소단위는 지역사회이다.

02 건강과 질병의 기본개념

01 건강

❶ 건강의 개념

(1) 개념의 변화

과거에는 신체적 개념으로 많이 사용되었지만 그 후 정신적 개념, 생존능력, 사회생활능력 등을 포함하게 되어 점차 확대되어 가고 있는 경향이다.

(2) 세계보건기구의 정의

건강은 단지 질병이 없거나 허약하지 않을 뿐만 아니라 육체적 · 정신적 · 사회적으로 완전히 안녕한 상태를 말한다.

(3) Bernard의 정의

건강이란 외부환경의 변화에도 내부환경의 항상성이 유지되는 상태를 말한다.

❷ 건강의 지표

(1) WHO에서 정한 한 나라의 건강수준을 표시하는 종합건강지표

① 비례사망지수(PMI) … 전체 사망자 수에 대한 50세 이상 사망자 수의 비율이다. 비례사망지수가 크면 건강수준이 높다는 것이다.

$$비례사망지수 = \frac{50세 \ 이상 \ 사망자 \ 수}{전체 \ 사망자 \ 수} \times 100$$

② **평균수명** … 사람의 수명을 평균하여 나타낸 연수이다. 0세의 평균여명, 즉 갓 태어난 신생아가 일정 조건 하에 몇 해 동안 생존할 수 있는가 하는 기대연수이다.

③ **조사망률** … 그 해의 인구 수에 대한 연간 사망자 수의 비율이다.

$$조사망률 = \frac{연간\ 사망자\ 수}{그\ 해의\ 인구} \times 1,000$$

(2) 지역주민의 건강수준측정에 이용되는 지표

① **영아사망률** … 그 해에 출생한 영아에 대한 1년간의 생후 1년 미만 영아의 사망 수의 비율이다. 지역사회의 보건수준을 나타내는 가장 대표적인 지표이다.

$$영아사망률 = \frac{1년간의\ 생후\ 1년\ 미만의\ 사망자\ 수}{그\ 해의\ 출생아\ 수} \times 1,000$$

② **모성사망률** … 연간 출생아 수에 대한 연간 모성 사망 수의 비율이다.

$$모성사망률 = \frac{연간\ 모성사망\ 수}{연간\ 출생아\ 수} \times 1,000$$

③ **기타** … 조사망률, 평균연령, 비례사망지수 등이 있다.

02 질병

❶ 질병의 발생

(1) 질병발생의 요인

① **병인** … 여러 생물화학적 요인, 유해 중금속 등 물리 · 화학적 요인과 정신질환을 일으키는 각종 사회 · 경제 적 요인을 말한다.

② **숙주** … 연령, 성별, 병에 대한 저항력, 영양상태, 유전적 요인, 생활습관 등이 있다.

③ **환경** … 숙주와 병인 간의 관계에서 지렛대 역할을 하는데, 인간을 둘러싼 물리적 · 생물학적 · 사회적 · 경제 적인 것들을 모두 포함한다.

(2) 질병의 예방(레벨과 클락의 예방단계)

① **1차 예방** … 병인에 이환되기 전에 환경개선, 건강증진, 예방접종 등으로 미리 질병의 근원을 제거하는 방법이다.

② **2차 예방** … 병인에 이환된 후에 집단검진과 조기진단 등을 통해 조기치료하고 병의 악화를 방지하는 것이다.

③ **3차 예방** … 병후 회복기로 사회에 환원되기 위한 재활치료이다.

❷ 우리나라의 건강동향

(1) 사회적 변화

출생률 감소에 따른 인구의 정체현상, 인구의 노령화, 급격한 산업화 등이 있다.

(2) 문제점

① 인구의 도시집중으로 과밀지역에선 영유아보건이나 모자보건이, 과소지역에선 생산연령층 부족이 문제가 된다.

② 새로운 대사성 질환, 고혈압, 암과 같은 치료가 극히 어려운 비전염성 질환이 가장 큰 보건문제로 대두된다.

TIP 보건문제(3p) … Population(인구), Poverty(빈곤), Pollution(오염)

03 세계보건기구(WHO)

❶ 생성 및 발달

(1) 목적

WHO는 모든 사람들이 가능한 최상의 건강수준에 도달하도록 하는 데 목적을 두고 있다. WHO 헌장에는 '건강이란 단순히 질병이 없는 상태가 아니라 육체적 · 정신적 · 사회적으로 완전히 안정된 상태'라고 정의하고 있다.

(2) 생성

1948년 4월 7일 발족하였으며, 스위스 제네바에 본부를 두고 있다.

❷ 조직과 기능

(1) 6개 지역 사무소

① 동지중해지역 사무소 … 이집트 알렉산드리아(본부) 등

② 동남아시아지역 사무소 … 인도 뉴델리(본부), 북한 등

③ 서태평양지역 사무소 … 필리핀 마닐라(본부), 우리나라 등

④ 남북아메리카지역 사무소 … 미국 워싱턴 D.C.(본부) 등

⑤ 유럽지역 사무소 … 덴마크 코펜하겐(본부) 등

⑥ 아프리카지역 사무소 … 콩고 브라자빌(본부) 등

(2) 기능

① 국제적인 보건사업에 대하여 지휘하고 조정한다.

② 보건서비스의 강화를 위한 각국 정부의 요청에 대하여 지원한다.

③ 각국 정부의 요청 시 적절한 기술지원과 응급상황 발생 시 필요한 도움을 제공한다.

④ 감염병 및 기타 다른 질병들의 예방과 관리에 대한 업무를 지원한다.

⑤ 필요시 영양, 주택, 위생, 레크리에이션, 경제 혹은 작업여건, 그리고 환경위생 등에 대하여 다른 전문기관과의 협력을 지원한다.

⑥ 생체의학(Biomedical)과 보건서비스 연구를 지원 및 조정한다.

⑦ 보건, 의학, 그리고 관련 전문분야의 교육과 훈련의 기준을 개발 및 개발을 지원한다.

⑧ 생물학·제약학적 물질, 유사물질들에 대한 국제적인 표준을 세우고, 진단기법의 표준화를 추진한다.

⑨ 정신분야의 활동을 지원한다.

최근 기출문제 분석

2022. 6. 18. 제1회 지방직 시행

1 인구집단의 건강을 결정하는 요인 중 사회적 결정요인에 해당하지 않는 것은?

① 노동과 고용조건
② 불건강한 생활습관
③ 소득불평등
④ 성과 인종차별

> **TIP** ② 개인소득과 같은 경제적인 부분과 주거, 이동수단, 작업장, 교육 수준, 문화, 식이, 복지서비스, 성(Gender) 등이 WHO가 2008년에 발표한 사회적 건강결정요인에 해당된다.

2022. 6. 18. 제1회 지방직 시행

2 질병의 발생단계에 따른 예방 수준을 1, 2, 3차로 구분할 때, 코로나19와 같은 호흡기계 감염병에 대한 2차 예방활동에 해당하는 것은?

① 예방접종
② 올바른 손씻기와 마스크 착용
③ 접촉자 추적을 통한 질병의 조기검진
④ 방역수칙 준수 등에 대한 홍보 및 보건교육

> **TIP** ①②④ 1차 예방활동
> ※ 질병 발생단계에 따른 예방 수준
> ㉠ 1차 예방활동 : 질병의 원인 제거
> ㉡ 2차 예방활동 : 질병 조기검진 및 조기치료 시행
> ㉢ 3차 예방활동 : 재활을 통한 정상기능

Answer 1.② 2.③

3 지역사회주민을 대상으로 한 정신보건 예방관리사업에서 3차예방 수준의 사업 내용은?

① 우울증 예방에 대한 홍보 책자 배포

② 우울증 위험군을 대상으로 정기적 선별검사 시행

③ 지역 내 사업장의 직무 스트레스 관리 프로그램 운영·지원

④ 정신병원 퇴원 예정자를 대상으로 사회생활 적응 프로그램 운영

> **TIP** ④ 3차 예방은 병의 회복기로, 사회로 환원하기 위한 재활치료가 이에 해당된다.
>
> ※ 질병의 예방
> ⑦ 1차 예방 : 건강한 개인을 대상으로 특정 건강 문제가 발생하기 전에 질병을 예방하거나 질병이 발생하더라도 그 정도를 약하게 하는 것을 의미한다.(예방접종, 건강증진, 보건교육, 상담, 영양관리 등)
> ⓛ 2차 예방 : 질병을 조기에 발견하고 이를 치료하여 원래의 건강 상태를 되찾도록 하는 것이다.(건강검진, 조기치료, 당뇨환자의 식이요법 등)
> ⓒ 3차 예방 : 질병의 발견과 치료 후 남는 여러 가지 신체적 장애와 기능을 회복시키고 질병으로 인한 신체적, 정신적 후유증, 합병증을 최소화하는 것을 말한다.(재활치료, 사회생활 복귀, 정신질환자의 사회복귀 훈련 등)

4 질병예방적 관점에 따른 보건의료의 분류로 가장 옳은 것은?

① 재활치료는 이차예방에 해당한다.

② 금주사업은 일차예방에 해당한다.

③ 예방접종은 이차예방에 해당한다.

④ 폐암 조기진단은 일차예방에 해당한다.

> **TIP** 보건의료의 분류
> ⑦ 1차 예방 : 건강한 개인을 대상으로 특정건강문제가 발생하기 이전 질병을 예방하거나 질병이 발생하더라도 그 정도를 약하게 하는 것을 의미한다. (예방접종, 건강증진, 보건교육, 상담, 영양관리 등)
> ⓛ 2차 예방 : 질병의 초기 즉 조기에 발견하고 이를 치료하여 원래의 건강상태를 되찾도록 하는 것이다. (건강검진, 집단검진, 조기치료, 당뇨환자의 식이요법 등)
> ⓒ 3차 예방 : 질병의 발견과 치료 후 남는 여러 가지 신체적 장애와 기능을 회복시키고 질병으로 인한 신체적 정신적 후유증을 최소화하는 것을 말하며 합병증을 최소화하는 것을 말한다. (재활치료, 사회생활복귀, 정신질환자의 사회복귀 훈련 등)

Answer 3.④ 4.②

5 지역주민의 건강문제에 대한 조사결과가 정규분포를 따른다고 할 때 이 곡선에 대한 설명으로 가장 옳은 것은?

① 평균 근처에서 낮고 양측으로 갈수록 높아진다.

② 평균에 따라 곡선의 높낮이가 달라진다.

③ 표준편차에 따라 곡선의 위치가 달라진다.

④ 표준편차가 작으면 곡선의 모양이 좁고 높아진다.

TIP 정규분포란 아래 [그림1]의 그래프처럼 중간값과 평균값의 분포가 가장 높고 양 극단의 최댓값과 최솟값이 매우 적다는 것을 의미한다. 표준편차가 클수록 [그림2]처럼 곡선이 완만해지며 표준편차가 작으면 [그림3]처럼 곡선의 모양이 좁고 높아진다. 평균에 따라 곡선의 위치가 달라지며 표준편차에 따라 곡선의 높낮이가 달라진다.

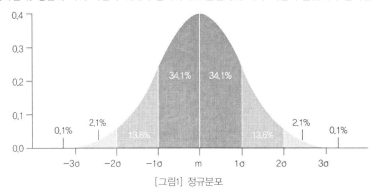

[그림1] 정규분포

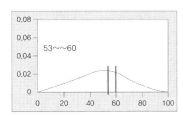

[그림2] 평균이 53, 표준편차가 15일 경우

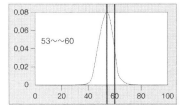

[그림3] 평균이 53, 표준편차가 5일 경우

Answer 5.④

2020. 6. 13. 제2회 서울특별시

6 레벨과 클라크(Leavell & Clark)의 질병의 자연사에서 불현성 감염기에 취해야 할 예방조치로 가장 옳은 것은?

① 재활 및 사회복귀
② 조기진단과 조기치료
③ 악화방지를 위한 적극적 치료
④ 지역사회 전체에 대한 예방접종

> **TIP** 레벨과 클라크(Leavell & Clark)의 질병의 자연사
> ㉠ 1차 예방 : 비병원성기, 초기병원성기 – 질병방생억제단계
> • 적극적 예방 : 환경위생, 건강증진, 생화환경개선
> • 소극적 예방 : 특수예방, 예방접종
> ㉡ 2차 예방 : 불현성질환기, 발현성질환기 – 조기발견과 조기치료단계
> ㉢ 3차 예방 : 회복기 – 재활 및 사회복귀 단계, 잔여기능의 최대화

2016. 6. 25 서울특별시

7 비례사망지수(proportional mortality indicator, PMI)에 대한 설명으로 옳지 않은 것은?

① 보건환경이 양호한 선진국에서는 비례사망지수가 높다.
② 연간 총 사망자 수에 대한 그 해 50세 이상의 사망자 수의 비율이다.
③ 국가간 보건수준을 비교하는 지표로 사용된다.
④ 비례사망지수가 높은 것은 평균수명이 낮은 것을 의미한다.

> **TIP** ④ 비례사망지수(PMI)는 연간 총 사망자수에 대한 50세 이상의 사망자 수를 퍼센트(%)로 표시한 지수로, 비례사망지수가 높은 것은 건강수준이 좋음을 의미한다.

2016. 6. 25 서울특별시

8 다음 중 영아사망과 신생아사망 지표에 대한 설명으로 옳은 것은?

① 영아후기사망은 선천적인 문제로, 예방이 불가능하다.
② 영아사망률과 신생아사망률은 저개발국가일수록 차이가 적다.
③ α-index가 1에 가까울수록 영유아 보건 수준이 낮음을 의미한다.
④ 영아사망은 보건관리를 통해 예방 가능하며 영아사망률은 각 국가 보건수준의 대표적 지표이다.

> **TIP** ① 영아후기사망은 환경적 문제의 비중이 더 크므로 어느 정도 예방 가능하다.
> ② 영아사망률과 신생아사망률은 저개발국가일수록 차이가 크다.
> ③ α-index는 생후 1년 미만의 사망수(영아사망수)를 생후 28일 미만의 사망수(신생아사망수)로 나눈 값이다. 유아사망의 원인이 선천적 원인만이라면 값은 1에 가깝다.

Answer 6.② 7.④ 8.④

출제 예상 문제

1 한 여성이 일생 동안 여아를 몇 명이나 낳는지를 나타내는 출산력 지표는?

① 보통출생률

② 일반출산율

③ 연령별출산율

④ 총재생산율

....

TIP ④ 총재생산율(Total Reproduction Rate)은 재생산연령인 15세에서 49세의 여자가 그 연차의 연령별출생률로 일생동안에 낳는 평균 여아수를 나타낸 값이다.
① 보통출생률이란 총 인구수 대비 1년간 출생자수의 비율을 나타낸다.
② 일반출산율은 총출생아수를 해당 연도의 가임기 여성인구(15세부터 49세까지)로 나눈 수치를 말한다.
③ 연령별 출산율은 특정한 년도의 가임기 여성 15세부터 49세까지의 모(母)의 연령별 해당 년도의 출생아 수를 해당 연령의 여자인구로 나눈 비율을 말한다.

2 WHO는 몇 개 지부이며, 우리나라가 속한 곳은?

① 6개 지부 – 서태평양지역

② 5개 지부 – 서태평양지역

③ 4개 지부 – 동남아시아지역

④ 4개 지부 – 환태평양지역

....

TIP WHO의 6개 지역 사무소
㉠ 동지중해지역 사무소 : 이집트 알렉산드리아(본부) 등
㉡ 동남아시아지역 사무소 : 인도 뉴델리(본부), 북한 등
㉢ 서태평양지역 사무소 : 필리핀 마닐라(본부), 우리나라 등
㉣ 남북아메리카지역 사무소 : USA 워싱턴 D.C.(본부) 등
㉤ 유럽지역 사무소 : 덴마크 코펜하겐(본부) 등
㉥ 아프리카지역 사무소 : 콩고 브라자빌(본부) 등

Answer 1.④ 2.①

3 레벨과 클락의 예방단계에 대한 설명 중 1차 예방에 속하는 것은?

① 조기진단   ② 집단검진

③ 환경개선   ④ 조기치료

....

TIP 레벨과 클락의 질병예방단계

   ㉠ 1차 예방 : 병인에 이완되기 전에 환경개선, 건강증진, 예방접종 등으로 미리 질병의 근원을 제거한다.

   ㉡ 2차 예방 : 병인에 이완된 후에 집단검진과 조기진단 등을 통해 조기치료하고 병의 악화를 방지한다.

   ㉢ 3차 예방 : 병후 회복기로 사회에 환원되기 위한 재활치료이다.

4 다음 중에서 1차 보건의료에 해당하는 것은?

① 보건교육 – 급성질환관리

② 조기치료 – 영양개선

③ 응급환자 – 감염병확산방지

④ 장기요양기관설립 – 풍토병관리

....

TIP 조기치료는 원래 2차에 해당하지만 동시에 다른 사람에게 전파를 차단하므로 1차 보건의료에도 포함된다.

5 우리나라가 속해 있는 세계보건기구의 지역 사무소는?

① 환태평양지역 사무소

② 동남아시아지역 사무소

③ 서태평양지역 사무소

④ 극동아시아지역 사무소

....

TIP ③ 우리나라는 1949년 8월 65번째 회원국으로 가입하였으며 마닐라, 필리핀 등이 속한 서태평양지역 사무소에 속해 있다.

Answer 3.③ 4.② 5.③

6 세계보건기구의 회원국에 대한 역할 중 가장 중요한 기능은?

① 기술 지원   ② 재정 지원

③ 의약품 지원   ④ 기술요원 지원

....

TIP ① 세계보건기구는 회원국에 대한 기술지원 및 자료공급, 보건사업의 지휘 및 조정, 전문가 파견을 통한 기술자문활동을 수행한다.

7 세계보건기구의 회원국에 대한 기능으로 볼 수 없는 것은?

① 의약품 지원사업   ② 기술 지원사업

③ 교육·훈련사업   ④ 보건정보 및 자료공급

....

TIP 세계보건기구의 기능
    ㉠ 국제적인 보건사업에 대하여 지휘하고 조정한다.
    ㉡ 보건서비스의 강화를 위한 각국 정부의 요청에 대하여 지원한다.
    ㉢ 각국 정부의 요청시 적절한 기술지원과 응급상황 발생 시 필요한 도움을 제공한다.
    ㉣ 감염병 및 기타 다른 질병들의 예방과 관리에 대한 업무를 지원한다.
    ㉤ 필요시 영양, 주택, 위생, 레크리에이션, 경제 혹은 작업여건, 그리고 환경위생 등에 대하여 다른 전문기관과의 협력을 지원한다.
    ㉥ 생체의학(Biomedical)과 보건서비스 연구를 지원 및 조정한다.
    ㉦ 보건, 의학 그리고 관련 전문분야의 교육과 훈련의 기준을 개발 및 개발을 지원한다.
    ㉧ 생물학·제약학적 물질, 유사물질들에 대한 국제적인 표준을 세우고, 진단기법의 표준화를 추진한다.
    ㉨ 정신분야의 활동을 지원한다.

8 다음 중 세계보건기구의 정의로 옳은 것은?

① 국제적인 보건전문가단체   ② 국제노동단체

③ 보건교육사업단체   ④ 국제적인 의료사업단체

....

TIP WHO(World Health Organization)는 국제적인 보건전문가단체이다.

Answer 6.① 7.① 8.①

9 다음 중 건강의 정의를 가장 적절하게 표현한 것은?

① 허약하지 않은 상태

② 육체적 · 정신적 · 사회적 안녕상태

③ 정신적 · 육체적 · 경제적 안녕상태

④ 정신적 · 경제적 · 사회적 안녕상태

TIP 세계보건기구의 건강에 대한 정의는 단순히 질병이 없거나 허약하지 않을 뿐만 아니라 육체적 · 정신적 · 사회적으로 안녕한 완전한 상태를 말한다.

10 질병을 조기에 발견 및 치료하여 질병의 진전을 막는 것은?

① 1차 예방   ② 2차 예방

③ 3차 예방   ④ 4차 예방

TIP 질병의 예방
ⓐ 1차 예방 : 질병의 근원을 제거한다.
ⓑ 2차 예방 : 집단검진을 통해 질병을 조기 발견하여 치료한다.
ⓒ 3차 예방 : 사회복귀를 위한 재활치료이다.

Answer 9.② 10.②

11 세계보건기구의 건강에 대한 정의에서 '사회적 안녕상태'가 뜻하는 것은?

① 보건행정제도가 잘 마련된 상태

② 범죄가 없는 상태

③ 자신의 역할을 충실히 수행할 수 있는 상태

④ 국민경제가 부유한 상태

....

TIP 사회적 안녕상태란 개개인이 사회에서 자신의 역할을 충분히 수행하고 있는 상태를 말한다.

12 다음 중 3차 예방활동의 의미를 옳게 설명한 것은?

① 재활 및 사회생활 복귀지도

② 생활환경 개선활동

③ 질병의 조기발견 및 조기치료

④ 안전관리 및 예방접종활동

....

TIP 3차 예방은 병후 회복기로 사회에 환원되기 위한 재활치료이다.

Answer 11.③ 12.①

13 공중보건 수준평가의 기초자료로 가장 중요한 것은?

① 평균수명   ② 상수보급률

③ 질병발생률   ④ 영아사망률

TIP 한 나라의 건강수준지표는 비례사망지수, 평균수명, 조사망률이 있고, 지역주민의 건강수준지표는 조사망률, 영아사망률, 모성사망률 등이 있는데 이 중 대표적인 것이 영아사망률이다.

Answer 13.④

PART

02 공중보건

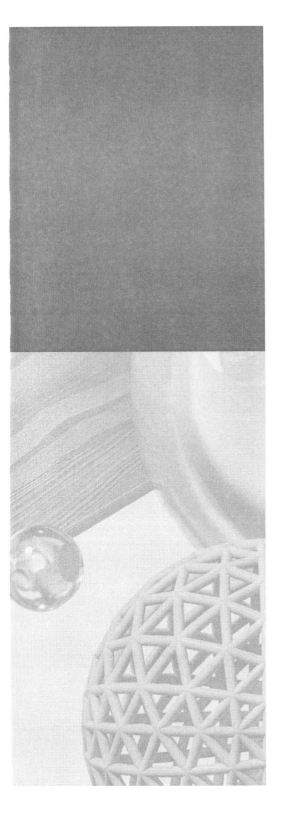

01 환경위생

01 환경위생의 개요

(1) 환경위생의 개념(세계보건기구의 정의)

환경위생은 인간의 신체발육, 건강 및 생존에 유해한 영향을 미치거나 미칠 가능성이 있는 인간의 물리적 생활환경에 있어서의 모든 요인을 통제하는 것이다.

(2) 자연적 환경

① 물리화학적 환경 … 공기, 토양, 광선, 물, 소리 등

② 생물학적 환경 … 동물, 곤충, 미생물, 식물 등

(3) 사회적 환경

① 인위적 환경 … 의복, 주거, 식생활, 산업시설 등

② 문화적 환경 … 정치, 경제, 종교, 교육, 문화, 예술 등

02 기후조건

(1) 순응현상(순화)

외부환경의 변화가 일시적인 것이 아니고 계속적일 때 그 조건에 적응하는 능력이 강해진다. 같은 조건에서 적응력이 강해진 사람은 순화되지 않은 사람에 비하여 훨씬 잘 적응하고 조화되어 생활하게 되는데 이런 현상을 순화라고 한다.

(2) 기후특성과 질병발생

① **풍토병** … 어느 지역의 기후 또는 기후로 인한 조건 때문에 발병하는 질병이다.

> **예** 말라리아, 수면병, 콜레라 등

② **계절병** … 계절에 따라 주로 발생하는 질병이다.

> **예** 봄 홍역/결핵, 여름 뇌염/장티푸스/이질/장염, 겨울 천식/인플루엔자 등

③ **기상병** … 기후상태에 따라 질병이 발생, 악화되는 것을 말한다.

> **예** 협심증, 기관지염, 류머티즘, 심근경색, 천식 등

(3) 기압 환경에서 나타나는 질병

① **고산병** … 저기압 상태에서 산소부족으로 발생한다. 높이 올라갈수록 기압은 낮아지기 때문에 높은 산에 오를 때 주로 경험하게 된다.

② **잠함병(감압증)** … 급격한 감압에 의해 질소가 다량으로 혈액이나 지방조직에 기포화하여 발생하는 질병이다.

03 온열조건

① 개요

(1) 개념

온열요소 혹은 온열인자(기온, 기습, 기류, 복사열의 기후요소)에 의해 형성된 종합적 상태를 말한다.

(2) 온열요소

① 기온

　㉠ 특징
- 기후요소 중 가장 중요하다.
- 복사열을 배제한 지상 1.5m 높이의 건구온도로 측정한다.
- ℃ 또는 ℉로 표시하며, ℃=5/9(℉ -32)이다.
- 온도측정은 수은 온도계(측정시간 2분), 알코올 온도계(측정시간 3분)로 한다.
- 일상생활을 하는 데 가장 적합한 온도는 18±2℃이다.

     ⓛ 연교차

- 연중 최고기온과 최저기온의 차이를 말한다.
- 해안보다 내륙에서, 저위도보다 고위도에서 크다.

     ⓒ 일교차 : 하루의 최고기온과 최저기온의 차이를 말한다.

② 기습

     ⑤ 측정기구 : 아스만 통풍 건습계와 아우구스트 건습계 등이 있다.

     ⓛ 상대습도(비교습도) : 일정온도에서 공기 $1m^3$가 함유할 수 있는 포화 수증기량과 현재 함유되어 있는 수증기량과의 비율(%)을 말한다. 상대습도는 기온에 반비례한다.

③ 기류

     ⑤ 기류는 카타 온도계(95~100℉)로 측정한다.

     ⓛ 기동 또는 바람이기도 하며, 기압의 차이와 기온의 차이에 의하여 생긴다.

     ⓒ 기류의 강도를 풍속 또는 풍력이라 하며, m/sec 또는 feet/sec로 표시한다.

     ⓔ 쾌적한 기류는 실내에서 0.2~0.3m/sec, 외기 중에서는 1.0m/sec이다.

     ⓜ 불감기류는 0.5m/sec 이하의 기류이다.

❷ 온열조건의 측정

(1) 온열지수

인체가 느끼는 온도는 온도계로 측정한 기온과 같지 않으므로, 기온뿐만 아니라 기습, 기류, 복사열 등을 종합해서 나타낸다.

(2) 쾌적대

① 개념 … 기류를 고정시킬 때 기온과 기습의 변화에 따른 쾌적점을 이은 쾌적선을 중심으로 대부분이 쾌적하다고 느끼는 상하영역을 말한다.

② 쾌적대 기준 … 무풍안정 시 보통 착의상태에서 쾌적대는 다음과 같다.

     ⑤ 기온 : 17~18℃

     ⓛ 습도 : 60~65%

     ⓒ 기온이 20℃이면 습도는 50% 정도가 쾌적한 습도이다.

(3) 감각온도(실효온도, 등감온도)

① 실제 인간의 감각에 가장 적합한 온도로서 기온, 기습, 기류의 3인자가 종합적으로 인체에 작용하여 얻어지는 체감을 기초로 한 것이다.

② 감각온도는 가볍게 옷을 입고 경노동시 여름철 18~26℃, 겨울철 15.6~23.3℃이다.

③ 최적 감각온도는 여름철 21.7℃(71°F), 겨울철 18.9℃(66°F)이다. 기후에 대한 순화현상 때문에 여름보다 겨울이 낮다.

(4) 불쾌지수(DI : Discomfort Index ; 온습지수)

① 개념 … 인간이 기후상태에 따라 느끼는 불쾌감의 정도를 나타낸 지표이다.

② 불쾌지수별 불쾌감 정도
  ㉠ DI ≥ 70 : 다소 불쾌(10% 정도)
  ㉡ DI ≥ 75 : 50% 정도의 사람이 불쾌
  ㉢ DI ≥ 80 : 거의 모든 사람이 불쾌(100% 불쾌)
  ㉣ DI ≥ 85 : 매우 불쾌(모든 사람이 견딜 수 없는 상태)

04 태양광선

❶ 개요

(1) 구성

자외선, 적외선, 가시광선, 감마선 등으로 구성되어 있다.

(2) 개념

① 자외선 … 우리 몸 안에서 광합성 작용을 일으키며 비타민 D2를 합성한다.

② 적외선 … 1800년 헤르셀이 발견했으며 가시광선이나 적색보다 긴 파장을 지녔다.

③ 가시광선 … 눈에 보이는 광선을 말한다.

② 종류

(1) 자외선

① 종류

　　㉠ **원자외선** : 2,800 Å 이하

　　㉡ **중자외선** : 2,800~3,200 Å(인체에 유익한 작용을 하기 때문에 생명선 또는 Dorno ray라고도 한다)

　　㉢ **근자외선** : 3,200~4,000 Å

② 자외선량

　　㉠ 하루 중 정오에, 1년 중 7~9월 간에 많다.

　　㉡ 적도 부근, 고지대, 대기오염이 적은 지역 및 날씨가 쾌청할 때 많다.

③ 자외선이 인체에 미치는 영향

　　㉠ **부정적인 영향**

　　　• 피부에 홍반 및 색소침착, 부종, 수포현상, 피부박리, 피부암(Skin Cancer) 등을 유발한다.

　　　• 결막염, 설암, 백내장의 원인이 될 수 있다.

　　㉡ **긍정적인 영향**

　　　• 비타민 D를 생성하여 구루병을 예방하고 피부결핵, 관절염 치료에도 효과가 있다.

　　　• 신진대사 및 적혈구 생성을 촉진하고, 혈압강하작용을 한다.

　　　• 2,600~2,800 Å에서는 살균작용을 한다.

(2) 가시광선

① 망막을 자극하여 명암과 색채를 구별하게 하는 작용을 한다.

② 조명이 불충분하면 시력저하나 눈의 피로의 원인이 되고, 너무 강렬하면 시력장애나 어두운 곳에 적응하는 암순응능력을 저하시킨다.

③ 눈은 0.5Lux에서 10,000Lux 사이에 순응하며, 적당한 조도는 100~10,000Lux이다.

(3) 적외선

① **장점** ··· 혈액순환을 촉진하여 신진대사작용이 왕성하도록 함으로써 상처에 대한 치유작용을 한다.

② **단점** ··· 지나칠 때에는 두통, 현기증, 일사병 등의 원인이 된다.

05 공기

① 공기의 조성

(1) 공기의 성분
대류권 내에는 산소(O_2)와 질소(N_2)가 99.0%를 차지하고 있다.

(2) 대기권
지상으로부터 대류권, 성층권(오존층), 중간권, 열권, 외기권으로 이루어져 있다.

(3) 대기의 자정작용
대기의 화학적 조성은 여러 가지 환경적 요인에 의하여 변화되고 있으나 대기 스스로 계속적인 자체 정화작용(식물에 의한 탄소동화 및 바람에 의한 공기의 희석, 자외선 등 일광에 의한 살균 등)에 의해 화학적 조성에 큰 변화를 초래하지 않는다.

② 실내 공기의 변화

(1) 군집독(Crowd Poisoning)
① 개념 … 좁은 실내에 많은 사람이 밀집하게 되면, 실내 공기는 화학적 · 물리적으로 변화하게 된다. 따라서 불쾌감, 두통, 권태증, 현기증, 구역질, 구토 및 식욕부진 등의 증세가 나타나게 되는데 이를 군집독이라 한다.
② 발생요인 … 온도, 습도, CO_2, 유해가스, 구취, 채취 등이 혼합되어 발생한다.
③ 예방책 … 실내공기가 순환하도록 적절한 환기를 하여야 한다.

(2) 실내 온도
① 체온의 정상범위는 36.1~37.2℃로 42℃ 이상에서는 신경조직이 마비되어 사망하고, 30℃ 이하에서는 회복 불능상태에 빠진다.
② 실내 쾌적온도는 18~20℃이다.

(3) 실내 습도

① 건조하면 호흡기 계통의 질병, 습하면 피부병의 원인이 될 수 있다.

② 실내의 적절한 습도는 40~70%이고, 40% 이하의 습도는 인체에 해를 미친다.

(4) 산소(O_2)

① 산소는 공기의 가장 중요한 성분으로, 공기 중에 21%를 차지한다.

② 실내 산소량이 10% 이하이면 호흡이 곤란해지고, 7% 이하이면 질식사의 위험이 있다.

③ 인간이 감당할 수 있는 위생적인 산소의 허용농도는 15~50%이다.

(5) 질소

① 질소는 공기 중에 약 78%를 차지하며, 인체 내 산소농도에 관여한다.

② 이상고기압에서 질소가 인체에 미치는 영향

　㉠ 3기압 이상 : 자극작용을 일으킨다.

　㉡ 4기압 이상 : 마취작용이 시작된다.

　㉢ 10기압 이상 : 전신기능이 손상되어 사망한다.

③ 이상기압 시 발생되는 질병

　㉠ 잠함병(Caisson Disease ; 감압병)

　　• 발생원인 : 고기압상태에서 정상기압으로 갑자기 복귀할 때 체액 및 지방조직에서 발생되는 질소가스가 주원인이 되어 발생한다.

　　• 주요 증상 : 동통성 관절장애를 일으킨다.

　　• 예방책 : 사전에 적성검사나 신체검사를 통해 신체이상자를 발견해 예방한다.

　㉡ 급격 기압강하증 : 이상기압 시 급격한 기압강하로 인해 발생한다.

(6) 일산화탄소

① 특징

　㉠ CO는 무색, 무미, 무취, 무자극의 맹독성 가스이다.

　㉡ 비중이 공기와 거의 같으므로 혼합되기 쉽다.

　㉢ 혈액 중의 헤모글로빈과 결합하여 HbCO를 형성하여 인체의 조직에 저산소증을 일으킨다. 이때, CO의 Hb에 대한 결합력은 O_2에 비해 약 250~300배나 강하므로 이것이 Hb의 산소운반 장해작용과 산소해리 장해작용 등 2중작용에 의한 O_2의 부족을 초래하는 조직 저산소증의 주된 중독기전으로 해석된다.

② HbCO량(농도)과 중독증상

    ㉠ 10% 이하 : 무증상

    ㉡ 20% 이상 : 임상증상 출현

    ㉢ 40~50% 이상 : 두통 · 허탈

    ㉣ 60~70% 이상 : 의식상실

    ㉤ 80% 이상 : 사망

    ㉥ 최대허용량 : 100ppm(0.01%)

③ CO중독증 치료법 ··· 오염원으로부터 신속히 옮겨 안정 · 보온시키고 인공호흡과 고압산소요법을 시행하기도 한다. 이 경우 5% 정도의 CO_2를 함유한 산소를 흡입시키는 것이 가장 효과적이다.

(7) 이산화탄소(탄산가스)

① 특징

    ㉠ 무색, 무취, 약산성을 지닌 비중이 큰 비독성 가스이다.

    ㉡ 소화제, 청량음료, Dry - ice 등으로 폭넓게 사용된다.

    ㉢ 실내 공기의 혼탁지표로 사용된다.

    ㉣ 최대 허용량은 1,000ppm(0.1%)이다.

② 공기 중에 0.03% 비율로 존재하고, CO_2의 위생학적 허용한도는 0.1%이다.

③ 폐포 내의 CO_2 농도는 5~6%이며, CO_2가 대기 중에 8%이면 호흡이 곤란해지고, 10% 이상에서는 의식을 잃고 사망한다.

(8) 오존

① 무색 · 무미 · 해초냄새가 나며, 산화성 표백제이다.

② 만성중독 시에는 체내의 효소를 교란시켜 DNA, RNA에 작용하여 유전인자의 변화를 유발한다.

③ 오존은 강한 자외선을 막아주어 지구상의 생물들을 보호하는 역할을 한다.

④ 정상적일 때는 도시나 주택가의 공기 중에는 존재하지 않는다.

⑤ 광화학적 산화물로 자극성이 크며, 기침, 권태감, 폐렴, 폐충혈, 폐기종을 유발할 수 있다.

06 물

❶ 물의 중요성

(1) 물과 인체의 관계

① 물은 사람 체중의 60~70%를 차지하고 있으며, 이는 세포 내에 40%, 조직 내에 20% 그리고 혈액 내에는 5% 정도가 함유되어 있다.

② 체내 수분량이 10% 정도만 결핍되어도 바로 생리적 이상이 생기고, 20~22%가 소실되면 생명이 위태롭다.

③ 하루 동안 물의 필요량은 2.5~3.0L 이다.

(2) 물의 위생적 영향

① 수인성 질병의 전염원

　　㉠ 수인성 질병 : 장티푸스, 콜레라, 파라티푸스, 세균성 이질 등이 있다.

　　㉡ 수인성 기생충 질환 : 간디스토마, 폐디스토마, 주혈흡충증, 광절열두조충(긴촌충) 등이 있다.

② 유해물질의 오염원 … 불소 함유량이 다량인 경우 장기 음용 시 반상치, 극소량일 경우 우치가 우려된다.

❷ 상수도

(1) 상수의 공급과정

상수는 수원지에서 정수장, 배수지, 공도관을 거쳐 가정에 공급된다.

(2) 상수의 수원

① 의의 … 지표수를 주로 수원으로 사용한다.

② 수원의 종류

　　㉠ 천수(기상수)

　　　• 비나 눈으로 내려오는 수증기로 깨끗한 연수이다.

　　　• 지역환경상태에 영향을 크게 받기 때문에 세균, 먼지 등에 오염되기 쉽다.

ⓛ 지표수 : 상수원으로 이용되나 산업장이나 농장으로부터 부단히 오염되고, 유기물질이 많아 세균, 미생물의 번식이 쉽다. 또, 탁도가 높아 확실한 정수가 필요하다.

　　ⓒ 지하수
　　　• 일반적으로 세균, 유기물, 먼지가 적지만 수량이 많지 않고 경도가 높다.
　　　• 깊이에 따라 수질이 좋은 것이 일반적이지만 최근 지하수 개발의 남발로 안전성에 위협을 받고 있다.
　　　• 건물건축 시에는 최소한 1.5m 이상이어야 한다.

　　ⓔ 복류수
　　　• 하천의 하상을 흐르는 물로 지하수와 지표수의 중간 정도의 수질이다.
　　　• 수질이 비교적 양호하나 다량의 수량을 얻기 힘들다.

(3) 소독

① 소독법의 방법 및 특성

　　㉠ 자비소독법 : 100℃로 30분 정도 가열하는 방법으로, 가정에서나 소규모 소독 시 이용한다.

　　㉡ 오존소독법 : $1.5\sim5g/m^3$에 15분 정도 접촉하는 방법으로, 강력한 산화력을 이용하여 잔류성이 없고 맛·냄새가 거의 없으나 비경제적이다.

　　㉢ 자외선 소독법 : 자외선 $2,800\sim3,200\text{Å}$에 소독하는 방법으로, 살균력이 강하나 투과력이 약한 것이 특징이다.

　　㉣ 염소소독법
　　　• 불연속점 염소처리법을 이용한 방법이다.
　　　• 소독력이 강해 가장 널리 이용되나, 냄새와 독성이 있다.

　　㉤ 음이온법 : Ag를 사용하여 수중세균을 사멸하는 방법으로 비경제적이다.

② 염소소독법

　　㉠ 염소소독의 원리
　　　• 염소의 살균효과는 그 화학반응을 지배하는 요소인 농도, 반응시간, 온도, pH 및 수량에 따라 좌우된다.
　　　• 온도, 반응시간, 염소의 농도가 증가하면 살균효과도 증가한다.

　　㉡ 염소소독의 장·단점
　　　• 장점
　　　　- 소독력과 잔류효과가 강하다.
　　　　- 경제적이고, 조작이 간편하다.
　　　• 단점 : 냄새가 심하고, 독성이 있다.

❸ 먹는물의 수질기준〈먹는물 수질기준 및 검사 등에 관한 규칙 제2조 별표 1〉

(1) 미생물에 관한 기준

① 일반세균은 1mL 중 100CFU(Colony Forming Unit)를 넘지 아니할 것. 다만, 샘물 및 염지하수의 경우에는 저온일반세균은 20CFU/mL, 중온일반세균은 5CFU/mL를 넘지 아니하여야 하며, 먹는샘물, 먹는염지하수 및 먹는해양심층수의 경우에는 병에 넣은 후 4℃를 유지한 상태에서 12시간 이내에 검사하여 저온일반세균은 100CFU/mL, 중온일반세균은 20CFU/mL를 넘지 아니할 것

② 총 대장균군은 100mL(샘물·먹는샘물, 염지하수·먹는염지하수 및 먹는해양심층수의 경우에는 250mL)에서 검출되지 아니할 것. 다만, 매월 또는 매 분기 실시하는 총 대장균군의 수질검사 시료 수가 20개 이상인 정수시설의 경우에는 검출된 시료 수가 5퍼센트를 초과하지 아니하여야 한다.

③ 대장균·분원성 대장균군은 100mL에서 검출되지 아니할 것. 다만, 샘물·먹는샘물, 염지하수·먹는염지하수 및 먹는해양심층수의 경우에는 적용하지 아니한다.

④ 분원성 연쇄상구균·녹농균·살모넬라 및 쉬겔라는 250mL에서 검출되지 아니할 것(샘물·먹는샘물, 염지하수·먹는염지하수 및 먹는해양심층수의 경우에만 적용한다)

⑤ 아황산환원혐기성포자형성균은 50mL에서 검출되지 아니할 것(샘물·먹는샘물, 염지하수·먹는염지하수 및 먹는해양심층수의 경우에만 적용한다)

⑥ 여시니아균은 2L에서 검출되지 아니할 것(먹는물공동시설의 물의 경우에만 적용한다)

(2) 건강상 유해영향 무기물질에 관한 기준

① 납은 0.01mg/L를 넘지 아니할 것

② 불소는 1.5mg/L(샘물·먹는샘물 및 염지하수·먹는염지하수의 경우에는 2.0mg/L)를 넘지 아니할 것

③ 비소는 0.01mg/L(샘물·염지하수의 경우에는 0.05mg/L)를 넘지 아니할 것

④ 셀레늄은 0.01mg/L(염지하수의 경우에는 0.05mg/L)를 넘지 아니할 것

⑤ 수은은 0.001mg/L를 넘지 아니할 것

⑥ 시안은 0.01mg/L를 넘지 아니할 것

⑦ 크롬은 0.05mg/L를 넘지 아니할 것

⑧ 암모니아성 질소는 0.5mg/L를 넘지 아니할 것

⑨ 질산성 질소는 10mg/L를 넘지 아니할 것

⑩ 카드뮴은 0.005mg/L를 넘지 아니할 것

⑪ 붕소는 1.0mg/L를 넘지 아니할 것(염지하수의 경우에는 적용하지 아니한다)

⑫ 브롬산염은 0.01mg/L를 넘지 아니할 것(먹는샘물, 염지하수·먹는염지하수, 먹는해양심층수 및 오존으로 살균·소독 또는 세척 등을 하여 음용수로 이용하는 지하수만 적용한다)

⑬ 스트론튬은 4mg/L를 넘지 아니할 것(먹는염지하수 및 먹는해양심층수의 경우에만 적용한다)

⑭ 우라늄은 30μg/L를 넘지 않을 것[수돗물(지하수를 원수로 사용하는 수돗물을 말한다), 샘물, 먹는샘물, 먹는염지하수 및 먹는물공동시설의 물의 경우에만 적용한다]

(3) 건강상 유해영향 유기물질에 관한 기준

① 페놀은 0.005mg/L를 넘지 아니할 것

② 다이아지논은 0.02mg/L를 넘지 아니할 것

③ 파라티온은 0.06mg/L를 넘지 아니할 것

④ 페니트로티온은 0.04mg/L를 넘지 아니할 것

⑤ 카바릴은 0.07mg/L를 넘지 아니할 것

⑥ 1,1,1-트리클로로에탄은 0.1mg/L를 넘지 아니할 것

⑦ 테트라클로로에틸렌은 0.01mg/L를 넘지 아니할 것

⑧ 트리클로로에틸렌은 0.03mg/L를 넘지 아니할 것

⑨ 디클로로메탄은 0.02mg/L를 넘지 아니할 것

⑩ 벤젠은 0.01mg/L를 넘지 아니할 것

⑪ 톨루엔은 0.7mg/L를 넘지 아니할 것

⑫ 에틸벤젠은 0.3mg/L를 넘지 아니할 것

⑬ 크실렌은 0.5mg/L를 넘지 아니할 것

⑭ 1,1-디클로로에틸렌은 0.03mg/L를 넘지 아니할 것

⑮ 사염화탄소는 0.002mg/L를 넘지 아니할 것

⑯ 1,2-디브로모-3-클로로프로판은 0.003mg/L를 넘지 아니할 것

⑰ 1,4-다이옥산은 0.05mg/L를 넘지 아니할 것

⑷ 소독제 및 소독부산물질에 관한 기준(샘물·먹는샘물·염지하수·먹는염지하수·먹는해양심층수 및 먹는물공동시설의 물의 경우에는 적용하지 아니한다)

① 잔류염소(유리잔류염소를 말한다)는 4.0mg/L를 넘지 아니할 것

② 총트리할로메탄은 0.1mg/L를 넘지 아니할 것

③ 클로로포름은 0.08mg/L를 넘지 아니할 것

④ 브로모디클로로메탄은 0.03mg/L를 넘지 아니할 것

⑤ 디브로모클로로메탄은 0.1mg/L를 넘지 아니할 것

⑥ 클로랄하이드레이트는 0.03mg/L를 넘지 아니할 것

⑦ 디브로모아세토니트릴은 0.1mg/L를 넘지 아니할 것

⑧ 디클로로아세토니트릴은 0.09mg/L를 넘지 아니할 것

⑨ 트리클로로아세토니트릴은 0.004mg/L를 넘지 아니할 것

⑩ 할로아세틱에시드(디클로로아세틱에시드, 트리클로로아세틱에시드 및 디브로모아세틱에시드의 합으로 한다)는 0.1mg/L를 넘지 아니할 것

⑪ 포름알데히드는 0.5mg/L를 넘지 아니할 것

⑸ 심미적 영향물질에 관한 기준

① 경도(硬度)는 1,000mg/L(수돗물의 경우 300mg/L, 먹는염지하수 및 먹는해양심층수의 경우 1,200mg/L)를 넘지 아니할 것. 다만, 샘물 및 염지하수의 경우에는 적용하지 아니한다.

② 과망간산칼륨 소비량은 10mg/L를 넘지 아니할 것

③ 냄새와 맛은 소독으로 인한 냄새와 맛 이외의 냄새와 맛이 있어서는 아니될 것. 다만, 맛의 경우는 샘물, 염지하수, 먹는샘물 및 먹는물공동시설의 물에는 적용하지 아니한다.

④ 동은 1mg/L를 넘지 아니할 것

⑤ 색도는 5도를 넘지 아니할 것

⑥ 세제(음이온 계면활성제)는 0.5mg/L를 넘지 아니할 것. 다만, 샘물·먹는샘물, 염지하수·먹는염지하수 및 먹는해양심층수의 경우에는 검출되지 아니하여야 한다.

⑦ 수소이온 농도는 pH 5.8 이상 pH 8.5 이하이어야 할 것. 다만, 샘물, 먹는샘물 및 먹는물공동시설의 물의 경우에는 pH 4.5 이상 pH 9.5 이하이어야 한다.

⑧ 아연은 3mg/L를 넘지 아니할 것

⑨ 염소이온은 250mg/L를 넘지 아니할 것(염지하수의 경우에는 적용하지 아니한다)

⑩ 증발잔류물은 수돗물의 경우에는 500mg/L, 먹는염지하수 및 먹는해양심층수의 경우에는 미네랄 등 무해성 분을 제외한 증발잔류물이 500mg/L를 넘지 아니할 것

⑪ 철은 0.3mg/L를 넘지 아니할 것. 다만, 샘물 및 염지하수의 경우에는 적용하지 아니한다.

⑫ 망간은 0.3mg/L(수돗물의 경우 0.05mg/L)를 넘지 아니할 것. 다만, 샘물 및 염지하수의 경우에는 적용하지 아니한다.

⑬ 탁도는 1NTU(Nephelometric Turbidity Unit)를 넘지 아니할 것. 다만, 지하수를 원수로 사용하는 마을상 수도, 소규모급수시설 및 전용상수도를 제외한 수돗물의 경우에는 0.5NTU를 넘지 아니하여야 한다.

⑭ 황산이온은 200mg/L를 넘지 아니할 것. 다만, 샘물, 먹는샘물 및 먹는물공동시설의 물은 250mg/L를 넘지 아니하여야 하며, 염지하수의 경우에는 적용하지 아니한다.

⑮ 알루미늄은 0.2mg/L를 넘지 아니할 것

(6) 방사능에 관한 기준(염지하수의 경우에만 적용한다)

① 세슘(Cs-137)은 4.0mBq/L를 넘지 아니할 것

② 스트론튬(Sr-90)은 3.0mBq/L를 넘지 아니할 것

③ 삼중수소는 6.0Bq/L를 넘지 아니할 것

최근 기출문제 분석

2022. 2. 26. 제1회 서울특별시 시행

1 기온에 대한 설명으로 가장 옳지 않은 것은?

① 일반적으로 기온이란 지상 1.5m 높이에서의 대기의 건구온도를 말한다.

② 인간이 의복에 의하여 체온을 조절할 수 있는 외기온도의 범위는 대략 10 ~ 26℃이다.

③ 성층권에서는 고도가 높을수록 온도가 하락한다.

④ 연교차는 저위도보다는 고위도에서 크다.

　　TIP ③ 대류권을 벗어나 성층권으로 가게 되면, 즉 고도가 높을수록 온도는 올라간다.

2021. 6. 5. 서울특별시 시행

2 인체의 체온유지에 중요한 온열요소의 종합작용에 대한 설명으로 가장 옳은 것은?

① 실외에서의 불쾌지수는 기온과 기습으로부터 산출한다.

② 계절별 최적 감각온도는 겨울이 여름보다 높은 편이다.

③ 쾌감대는 기온이 높은 경우 낮은 습도 영역에서 형성된다.

④ 기온과 습도가 낮고 기류가 커지면 체열 발산이 감소한다.

　　TIP ③ 쾌감대는 적당한 착의 상태에서 쾌감을 느낄 수 있는 온열조건으로 온도가 증가할수록 높은 습도 영역에서 형성된다.
　　　　① 불쾌지수는 기온과 기습을 고려한 불쾌한의 정도를 말한다.
　　　　② 감각온도란 온도, 기류 및 방사열과 같은 것에 인자를 고려하여 인간 감각을 통해 느끼는 온도를 감각온도라 하며 계절별 최적 감각온도는 겨울이 여름보다 높다.
　　　　④ 기류가 작고 기온과 습도가 높아지면 체열발산이 감소한다.

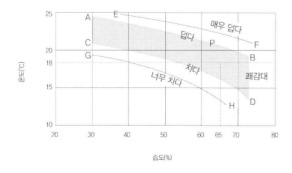

Answer 1.③ 2.③

2021. 6. 5. 서울특별시 시행

3 수질 오염에 대한 설명으로 가장 옳은 것은?

① 물의 pH는 보통 7.0 전후이다.

② 암모니아성 질소의 검출은 유기성 물질에 오염된 후 시간이 많이 지난 것을 의미한다.

③ 물속에 녹아있는 산소량인 용존산소는 오염된 물에서 거의 포화에 가깝다.

④ 생물화학적 산소요구량이 높다는 것은 수중에 분해되기 쉬운 유기물이 적다는 것을 의미한다.

> **TIP** ① 순수하고 오염되지 않은 물의 pH는 보통 7로 산성도 알칼리성도 아닌 중성상태이다.
> ② 암모니아성 질소는 단백질이 분해되면서 생성되는 물질이며 우리나라의 강과 호수에서 검출되는 암모니아성 질소는 생활하수 및 축산폐수가 주 원인으로 알려져 있다.
> ③ 용존산소량은 물의 오심상태를 나타내는 항목 중에 하나로 물에 녹아있는 산소의 양을 말한다. 맑은 물에서 용존산소량은 거의 포화값에 가까우며 유기물 등으로 오염되어 있는 물에서 용존산소량이 1ppm 이하가 되기도 한다. 일반적인 물고기들은 용존산소량의 4 ~ 5ppm 이하가 되면 생존할 수 없다.
> ④ 생화학적 산소요구량은 물속에 있는 호기성 미생물이 유기물을 분해하는 데 필요한 산소의 소모량을 말하며, 높을수록 유기물이 많이 포함된 오염된 물이라는 것을 의미한다.

2018. 6. 23 제2회 서울특별시

4 염소소독의 장점으로 가장 옳지 않은 것은?

① 소독력이 강하다.　　　　　　　　　　② 잔류효과가 약하다.

③ 조작이 간편하다.　　　　　　　　　　④ 경제적이다.

> **TIP** ② 염소는 잔류성이 높다. 즉, 잔류효과가 강하다.

2018. 6. 23 제2회 서울특별시

5 일산화탄소(CO)에 대한 설명으로 가장 옳은 것은?

① CO가스는 물체의 연소 초기와 말기에 많이 발생한다.

② CO가스는 무색, 무미, 무취, 자극성 가스이다.

③ Hb과 결합력이 산소에 비해 250~300배 낮다.

④ 신경증상, 마비, 식욕감퇴 등의 후유증은 나타나지 않는다.

> **TIP** ② CO가스는 무색, 무미, 무취, 무자극성 가스이다.
> ③ 헤모글로빈과 결합력이 산소에 비해 250~300배 높다.
> ④ 일산화탄소 중독은 신경증상, 마비, 식욕감퇴(구역) 등의 후유증을 나타낸다.

Answer 3.① 4.② 5.①

6 다음 〈보기〉에서 설명하는 먹는 물 수질 검사항목으로 가장 옳은 것은?

─────── 보기 ───────

값이 높을 경우 유기성 물질이 오염된 후 시간이 얼마 경과하지 않은 것을 의미하며, 분변의 오염을 의심할 수 있는 지표이다.

① 수소이온
② 염소이온
③ 질산성 질소
④ 암모니아성 질소

> **TIP** ④ 암모니아성 질소는 주로 동물의 배설물이 원인이며, 그 자체는 위생상 무해이지만 병원성 미생물을 많이 수반할 염려가 있기 때문에 음료수의 수질 기준(0.5mg/L를 넘지 않아야 함)에 포함되고 있다.

7 다음 중 물의 염소소독 시에 발생하는 불연속점의 원인은?

① 유기물
② 클로라민(chloramine)
③ 암모니아
④ 조류(aglae)

> **TIP** 상수처리에서 암모니아를 포함한 물에 염소를 이용하여 소독하게 되면 클로라민의 양은 염소 주입량에 비례하여 증가하다가 일정량 이상으로 염소를 주입하면 클로라민의 양이 급격히 줄어들어 최소농도가 된다. 이 점을 불연속점이라 부른다.

8 정수방법 중 여과법에 대한 설명으로 옳은 것은?

① 완속여과의 여과속도는 3m/day이고, 급속여과의 여과속도는 120m/day 정도이다.
② 급속여과의 생물막 제거법은 사면교체이고, 완속여과의 생물막 제거법은 역류세척이다.
③ 원수의 탁도·색도가 높을 때는 완속여과가 효과적이다.
④ 완속여과에 비해 급속여과의 경상비가 적게 든다.

> **TIP** ② 급속여과의 생물막 제거법은 역류세척이고, 완속여과의 생물막 제거법은 사면교체이다.
> ③ 원수의 탁도·색도가 높을 때는 급속여과가 효과적이다.
> ④ 급속여과는 건설비는 적게 들지만 경상비가 많이 들고, 완속여과는 건설비는 많이 들지만 경상비가 적게 든다.

Answer 6.④ 7.③ 8.①

출제 예상 문제

1 다음 내용은 무엇에 대한 설명인가?

- 미국의 톰(E. C. Thom)이 1959년에 고안하여 발표한 체감 기후를 나타내는 지수
- 값을 구하는 공식은 (건구온도℃+습구온도℃)×0.72+40.6
- 실제로 이 지수는 복사열과 기류가 포함되어 있지 않아 여름철 실내의 무더위 기준으로 사용

① 지적온도   ② 불쾌지수

③ 감각온도   ④ 체감온도

TIP ② 보기는 불쾌지수에 대한 설명이다.

※ 불쾌지수(discomfort index) ··· 불쾌지수는 생활기상지수의 한 종류로 기온과 습도의 조합으로 사람이 느끼는 온도를 표현한 것으로 온습도지수(THI)라고도 불린다. 불쾌감도 개인에 따라 약간의 차이가 있으며, 여름철 실내의 무더위의 기준으로서만 사용되고 있을 뿐, 복사나 바람 조건은 포함되어 있지 않기 때문에 그 적정한 사용에는 한계가 있다는 점에 유의하여야 한다.

2 다음 보기 중 물의 자정작용에 해당되는 것은?

㉠ 산화   ㉡ 살균
㉢ 침전   ㉣ 세정

① ㉠㉡   ② ㉡㉢

③ ㉡㉢㉣   ④ ㉠㉡㉢

TIP 물의 자정작용 ··· 침전, 자외선에 의한 살균, 산화, 생물에 의한 식균 등의 작용이 일어난다.

Answer 1.② 2.④

3 실내 공기오염의 지표인 기체와 그 서한량으로 옳은 것은?

① CO_2 − 0.1%

② CO − 0.1%

③ CO_2 − 11%

④ CO − 10%

．．．

TIP 서한량(서한도)

ⓐ CO_2 : 0.1%(1,000ppm) ⓑ CO : 0.01%(100ppm)

4 인공조명 시 고려해야 할 사항으로 옳지 않은 것은?

① 유해한 가스가 나오지 않아야 한다.

② 색은 주광색이어야 한다.

③ 조명도를 균등하게 유지하도록 해주어야 한다.

④ 작업 시 직접조명을 사용해야 하며, 우상방에 위치하는 것이 좋다.

．．．

TIP 인공조명 시 고려사항

ⓐ 조도는 작업상 충분해야 한다.

ⓑ 광색은 주광색에 가까운 것이 좋다.

ⓒ 유해가스의 발생이 없어야 한다.

ⓓ 폭발이나 발화의 위험이 없어야 한다.

ⓔ 빛이 좌상방에서 비추는 것이 좋다.

ⓕ 조도는 균등하게 유지하고, 가급적 간접조명이 되도록 해야 한다.

ⓖ 취급이 간편하고, 가격이 저렴해야 한다.

5 완속사 여과처리법에 대한 설명 중 잘못된 것은?

① 넓은 면적이 필요하다.

② 여과막은 역류세척을 한다.

③ 건설비는 많이 드나 경상비는 적게 든다.

④ 고도의 운용기술이 필요하지 않다.

．．．

TIP ② 완속사 여과처리법은 사면대치(모래 제거 후에 보충)의 방법으로 한다. 역류세척은 급속사 여과처리법의 세척방법이다.

Answer 3.① 4.④ 5.②

6 다음 중 수돗물 정화과정의 순서가 맞는 것은?

① 여과 – 폭기 – 침전 – 소독　　② 폭기 – 여과 – 침전 – 소독

③ 침전 – 폭기 – 여과 – 소독　　④ 소독 – 폭기 – 침전 – 여과

....

TIP 수돗물의 정화과정 … 침전 – 폭기 – 여과 – 소독

7 다음 중 공기의 자정작용이 아닌 것은?

① 희석작용　　　　　　　　　② 여과작용

③ 산화작용　　　　　　　　　④ 살균작용

....

TIP 공기의 자정작용
　　　㉠ 바람에 의한 희석작용
　　　㉡ 산소, 오존, 과산화수소에 의한 산화작용
　　　㉢ 비·눈에 의한 대기 중의 용해성 가스 및 부유먼지의 제거(세정작용)
　　　㉣ 자외선에 의한 살균작용

8 정수장에서 발생하는 발암물질과 관련이 있는 것은?

① 염화물　　　　　　　　　　② 불소

③ Se　　　　　　　　　　　　④ Mn

....

TIP 정수장에서 염소소독을 하는 경우 발암물질인 THM이 발생한다.

9 다음 중 실내의 기류를 측정하고자 할 때 사용되는 것은?

① 풍속계　　　　　　　　　　② 카타 온도계

③ 흑구 온도계　　　　　　　　④ Aneroid 가압계

....

TIP 실내의 기류측정은 카타 온도계에 의한다.

Answer 6.③ 7.② 8.① 9.②

10 다음 먹는 물의 수질기준에 관한 설명으로 옳지 않은 것은?

① 수은은 0.001mg/L를 넘지 아니할 것
② 대장균은 50mL에서 검출되지 아니할 것
③ 시안은 0.01mg/L를 넘지 아니할 것
④ 염소이온은 250mg/L를 넘지 아니할 것

TIP ② 대장균은 100mL에서 검출되지 않아야 한다.

11 다음 중 대장균의 특징으로 볼 수 없는 것은?

① 통성 혐기성균   ② 무포자균
③ 막대균   ④ 그램 양성균

TIP 대장균 … 젖당을 분해하여 산과 가스를 발생하는 그람음성의 무아포성 단간균으로 호기성 또는 통성 혐기성균이다. 총대장균은 100mL(샘물 및 먹는 샘물의 경우 250mL)에서 검출되지 않아야 한다.

12 다음 중 저기압 환경에서 나타날 수 있는 질병은?

① 고산병, 항공병   ② 동상, 동창
③ 피부암, 피부염   ④ 잠함병

TIP 저기압 환경의 질병 … 고산병, 항공병

Answer   10.②   11.④   12.①

13 다음 중 수질오염의 생물학적 지표로 사용되는 것은?

① 경도
② 탁도
③ 대장균 수
④ 용존산소량

....

TIP 수질오염의 생물학적 지표로 사용되는 것은 대장균 수이다.

14 CO와 O_2 중 헤모글로빈과의 결합력은 어느 쪽이 얼마나 더 강한가?

① O_2, 50배
② CO, 100배
③ CO, 150배
④ CO, 250배

....

TIP CO는 O_2보다 헤모글로빈과의 결합력이 250~300배 정도 강하다.

※ 혈중 Hb - CO의 중독증상

㉠ 10% 이하 : 무증상
㉡ 10% : 거의 무증상, 운동하면 호흡곤란
㉢ 10~20% : 임상증상 출현
㉣ 40~50% : 두통, 허탈
㉤ 60~70% : 의식상실
㉥ 80% 이상 : 사망

15 이산화탄소를 실내 공기의 오탁측정지표로 사용하는 이유로 옳은 것은?

① 미량으로도 인체에 해를 끼칠 수 있기 때문이다.
② 무색, 무취지만 약산성을 지닌 독성가스이기 때문이다.
③ 산소와 반비례하기 때문이다.
④ 공기오탁의 전반적인 사태를 추측할 수 있기 때문이다.

....

TIP 이산화탄소의 허용기준은 0.1%이다. 이산화탄소가 0.3% 이상이면 불쾌감을 느끼고 5% 이상시 호흡촉진, 10% 이상시에는 호흡 곤란으로 사망에 이른다. 즉, 이산화탄소의 비율증가는 공기오탁사태의 파악을 가능하게 해 공기의 오탁측정지표가 된다.

Answer 13.③ 14.④ 15.④

16 수질검사 중 과망간산칼륨 소비량의 측정과 관계된 것은?

① 경도 ② 탁도

③ 세균 수 ④ 유기물질

TIP ④ 과망간산칼륨 소비량과 유기물의 농도는 비례한다.
※ 먹는 물 기준에 따르면 과망간산칼륨 소비량은 10mg/L를 넘지 않아야 한다.

17 「먹는물 수질기준 및 검사 등에 관한 규칙」에 규정된 먹는 물의 수질기준 중 대장균군에 대한 기준은?

① 50cc 중에 검출되지 아니할 것

② 10cc 중에 검출되지 아니할 것

③ 1cc 중에 10% 이하일 것

④ 100cc 중에 검출되지 아니할 것

TIP 대장균 수 ⋯ 대장균군은 100cc(100mL) 중에 검출되지 않아야 한다.

18 모든 사람이 불쾌감을 느끼는 불쾌지수는?

① 80 ② 85

③ 90 ④ 95

TIP 불쾌감 정도
ⓐ 불쾌지수(DI) ≥ 70 : 다소 불쾌(10% 정도)
ⓑ 불쾌지수(DI) ≥ 75 : 50% 정도의 사람이 불쾌
ⓒ 불쾌지수(DI) ≥ 80 : 거의 모든 사람이 불쾌(100% 불쾌)
ⓓ 불쾌지수(DI) ≥ 85 : 매우 불쾌(모든 사람이 견딜 수 없는 상태)

Answer 16.④ 17.④ 18.①

19 불쾌지수측정 시 고려해야 하는 요소를 모두 고르시오.

⊙ 습구온도 ⓛ 건구온도
ⓒ 기류 ⓔ 복사열

① ⊙ⓛ ② ⊙ⓒ
③ ⓛⓔ ④ ⓒⓔ

⋯⋯

TIP DI = 0.72(Td + Tw) + 40.6(℃ 사용의 경우)
[DI : 불쾌지수, Td : 건구온도, Tw : 습구온도]

20 다음 중 자비소독을 정의내린 것으로 옳은 것은?

① 70℃에서 10초간 소독

② 100℃에서 30초간 소독

③ 100℃ 이하에서 30분간 소독

④ 160℃에서 20분간 소독

⋯⋯

TIP 자비소독 … 가정에서 사용하는 소독법으로 대량소독은 어렵다. 100℃의 물에 30분간 끓여 소독하는 방법이다.

02 환경보건

01 환경오염

❶ 환경오염의 특성

(1) 다양화
환경오염을 일으키는 물질이 다양화되었다.

(2) 누적화
환경의 자정능력을 벗어나 환경오염이 누적되고 있다.

(3) 다발화
환경오염을 유발시키는 공장, 인구 등이 증가하고 있다.

(4) 광역화
예전에는 공단지역에 한정되어 있었으나, 도시의 발달로 인근지역으로까지 광역화되고 있다.

❷ 환경오염의 유형

(1) 대기오염(WHO의 정의)
대기오염이란 대기 중에 인공적으로 배출된 오염물질이 존재하여 오염물질의 양과 그 농도 및 지속시간이 어떤 지역주민의 불특정 다수인에서 불쾌감을 일으키거나 해당지역에 공중보건상 위해를 미치고 인간이나 식물, 동물의 생활에 해를 주어 도시민의 생활과 재산을 향유할 권리를 방해받는 상태를 말한다.

(2) 수질오염

오염원은 농축산폐수, 생활하수, 공장폐수 등이 있다.

(3) 분뇨 및 폐기물

① 분뇨
　　㉠ 변소에서 나오는 고체성 또는 액체성 물질을 말한다.
　　㉡ 분뇨의 처리 시에는 수원(水源)에 영향이 없어야 하고 위생해충을 박멸시키며 냄새가 없어야 한다.

② 폐기물 ⋯ 폐기물은 일반폐기물과 특정폐기물로 나뉘어진다.
　　㉠ 일반폐기물은 사람에게 무해한 쓰레기를 말한다.
　　㉡ 특정폐기물은 산업폐기물 중 인체에 유해한 물질을 말한다.

(4) 소음과 진동

① 소음 ⋯ '원치 않는 소리'로서 단순히 시끄러운 소리가 아니라 감각에 불쾌감을 주는 비주기적인 음이다.

② 진동 ⋯ '흔들림'으로서 어떤 물체가 전후·좌우의 방향으로 주기적인 운동을 하는 것을 말한다.

02 대기오염

❶ 대기오염의 정의 및 특징

(1) 정의

① 오염물질이 외부 공기에 존재할 경우만을 말한다.

② 사람뿐만 아니라 동·식물과 재산상 피해를 줄 수 있는 물질이다.

(2) 특징

① 오염물질의 발생원인이 인위적이어야 한다.

② 감지할 수 있는 물질로 존재한다.

② 대기오염 물질

(1) 입자상 물질

① 연무 ⋯ 시정거리가 1km로 회백색을 띠며 입자의 핵 주위에 증기가 응축하거나 액이 표면장력에 의해 둥근 모양으로 공기 중에 떠돌아 다니는 액체입자이다.

② 먼지 ⋯ 물질이 분쇄나 폭파 등으로 붕괴될 때 생성되는 약 $1\mu m$ 이상인 미세입자에서부터 육안으로 볼 수 있는 수백 μm 정도까지의 고체분이다. 먼지는 정전기력에 의해 응집한다.

③ 훈연(Fume) ⋯ 증기라고도 하며 휘발, 연소, 승화 또는 화학반응 등으로 생성된 기체가 응축할 때 형성되는 약 $1\mu m$ 이하의 고체이다.

④ 안개 ⋯ 습도가 100%에 가까우며 아주 미세한 물방울이 공기 중에 떠 있는 현상이며 시정거리 1km 이하이다.

⑤ 박무 ⋯ 아주 작고 건조한 입자가 대기 중에 많이 떠 있는 현상으로 검은 배경에서는 청자색을 띠며 밝은 배경에서는 황갈색으로 보인다.

⑥ 검댕이(Soot) ⋯ 지름이 $1\mu m$ 이하인 탄소입자로서 탄수화물이 탈 때 불완전연소에 의해 생성된다. $0.1\mu m$ 이하의 입자는 잘 가라앉지 않는다.

(2) 가스상 물질

① 황산화물
   ㉠ 석탄이나 석유는 모두 0.1~5%의 황을 함유하는데, 이들이 연소할 때 황은 산화되어 황산화물[대부분은 아황산가스(SO_2) 형태로 배출]이 가스상으로 발생된다.
   ㉡ 황산화물의 주요 배출원은 화력발전소, 자동차, 각종 난방시설 및 정유공장 등이며, 특히 대기의 습도가 높을 때는 부식성이 강한 황산 미스트를 형성하여 산성비의 원인이 된다.

② 질소산화물(NO_x)
   ㉠ 시야를 흐리게 하고 농작물에 피해를 주며 눈, 코, 점막에 자극을 준다.
   ㉡ 주요 오염물질은 일산화질소(NO) 및 이산화질소(NO_2)이며, 광화학 반응에 의한 2차 오염물질을 발생시킨다.

③ 일산화탄소(CO) ⋯ 탄소의 불완전연소시 발생하는 것으로 무색, 무미, 무취로 자동차 배기가스 중 80%가 CO이다.

④ 탄화수소
   ㉠ 자동차 배기가스에서 많이 발생되고, 가정용 쓰레기나 정유공장에서도 발생한다.
   ㉡ 연료의 불완전연소나 연소과정에서 새로운 물질로 변형되어 배출된다.
   ㉢ 발암성 물질인 Benzo(a)pyrene, Benzo(e)pyrene과 같은 물질들도 포함하고 있으며, 대기 중에서 광화학적 스모그를 조장한다.

⑤ 다이옥신

    ㉠ 다이옥신에 염소가 붙어 있는 화합물은 독성이 매우 높다.

    ㉡ 제초제에 불순물로 포함되어 있거나 PVC와 같은 유기화합물을 소각할 때 불완전연소에 의해 발생한다.

⑥ 아황산가스(SO_2 ; 이산화황)

    ㉠ 자극성 냄새를 갖는 무색의 기체로 호흡기 계통에 유해하여 점막의 자극과 염증 및 흉통, 호흡곤란을 일으킨다.

    ㉡ 대기를 오염시키는 가장 대표적인 물질로서 분진, 매연과 함께 대기오염의 측정지표로 사용되고 있다.

    ㉢ 석탄이나 석유와 같은 화석연료 중에 들어 있는 유황성분이 연소할 때 산소와 결합해서 발생하여 대기 중에 배출된다.

⑦ 시안화합물 … 시안화합물 중 KCN은 청산가리라고 불리는 맹독성 물질이다. 인체조직을 걸식상태로 만든다.

(3) 광화학 스모그

① 스모그 … 연기와 안개의 합성어에 의해 나타나는 연무현상을 말한다.

② 런던형 스모그 … 1952년 석탄의 연소에 의해 생성된 아황산가스와 무풍다습하고 기온역전이 있는 기상조건 때문에 오염물질이 축적되어 발생한다.

③ 로스엔젤레스형 스모그

    ㉠ 1954년 자동차 연료가 연소할 때 생기는 질소산화물과 탄화수소는 자외선을 받아 광화학반응을 일으켜 산화력이 큰 옥시던트를 2차적으로 발생시켰다.

    ㉡ 2차 오염물질인 알데하이드, PAN, 오존 등이 이 옥시던트들이며, 이들이 일으킨 스모그 현상이다.

❸ 대기오염의 피해

(1) 인체에 미치는 영향

① 입자상 물질

    ㉠ 직경 $0.5\mu m$ 이하의 것은 폐포까지 들어갔다가도 호흡운동에 의해 다시 밖으로 나오며, $0.5\mu m$ 이상의 입자는 거의 전부가 인후 및 기관지 점막에 침착하여 객담과 함께 밖으로 배출되거나 식도를 통해 위 속으로 넘어간다.

    ㉡ $0.5 \sim 5.0\mu m$ 정도의 입자들은 침착률이 가장 높아 폐포를 통해 흡입되어 혈관 또는 임파관으로 침입한다.

    ㉢ 광업 종사자는 규산에 의한 규폐증을 유발시킬 수 있고, 대기 중에서는 석면류가 폐에 침입해 섬유화를 일으켜 호흡기능을 저하시킬 뿐 아니라 석면폐질을 발생시킨다.

ⓔ 석면은 혈청 속에서 마그네슘에 의해 강한 용혈작용을 하여 적혈구를 증가시킨다.

ⓜ 자동차 배기가스에 포함된 입자 중 가장 중요한 것은 납(Pb)이다.

② 황산화물

　　ⓐ 대기 중 아황산가스(SO_2)에 포함된 유황의 80%는 원래 황화수소(H_2S)의 상태로 방출하여 공기 중에서 SO_2로 변한 것이다.

　　ⓑ SO_2는 눈이나 기관지에 심한 고통을 준다.

　　ⓒ 농도가 1~2ppm이면 대부분 냄새 또는 맛을 느끼고 20ppm에서는 눈에 자극을 느끼고 기침이 나온다.

　　ⓓ 치사농도는 400~500ppm이며 작업장에서의 최대 허용농도는 8시간 10ppm이다.

　　ⓔ 습도가 높으면 황산에어로졸을 형성하여 SO_2보다 더 위험해진다.

③ 질소산화물

　　ⓐ 질소산화물은 직접적으로 눈에 대한 자극이 없는 것을 제외하고는 SO_2의 피해와 거의 비슷한 기관지염, 폐기종, 폐렴 등의 호흡기질환을 일으킨다.

　　ⓑ NO_2는 독성이 CO보다 약 5배 정도 강하며 자동차와 발전소가 주배출원이 된다.

　　ⓒ NO는 오존보다 독성이 강하며 CO와 같이 혈액 중의 헤모글로빈(Hb)과 결합하여 NO-Hb가 생성되고 CO-Hb의 결합력보다 수 배 강하다.

　　ⓓ NO_2가 인체에 미치는 영향

　　　• 0.1ppm : 취기를 느낀다.

　　　• 30ppm에서 8시간 : 시각 및 정신기능장애를 일으킨다.

　　　• 200ppm에서 2~4시간 : 두통을 유발한다.

　　　• 500ppm : 시력장애, 허탈, 두통 등을 유발한다.

④ 탄소산화물

　　ⓐ 공기 중에 CO농도가 1,000ppm을 넘으면 동물은 1시간 내에 의식을 잃고 4시간 내에 죽는다.

　　ⓑ 혈액 중에 CO농도가 10ppm 이하이면 병적 증상이 나타나지 않으나 100ppm이면 현기증, 두통, 지각상실증, 300~400ppm이면 시력장애, 복통, 구역질 1,000ppm이면 치명적이 된다.

　　ⓒ CO의 급성 중독은 뇌조직과 신경계통에 가장 많은 피해를 준다.

　　ⓓ CO_2의 양은 대기 중에 10% 이상이 되면 호흡이 곤란해지며 졸음, 두통, 발한, 허탈감이 나타나고 환각상태에 빠지기도 한다.

⑤ 오존(O_3)

　　ⓐ 오존은 독성이 강하다.

　　ⓑ 오존은 무색이며 0.07ppm까지는 향기로운 냄새가 나나 0.1ppm에서는 마늘냄새가 나는 산화력이 강한 기체로 눈을 자극한다.

　　ⓒ 오존은 DNA, RNA에 작용하여 유전인자에 변화를 일으키고 또 시력장애와 폐수종, 폐충혈을 일으킨다.

(2) 동·식물에 미치는 영향

어떤 식물은 동물이나 사람에게 주는 영향보다도 가스나 스모그에 더 민감하게 패해가 나타나 환경파괴의 정도를 알리는 지표식물로 사용되기도 한다.

(3) 물질에 미치는 영향

대기오염은 금속 및 건물의 표면을 부식하고 직물 및 의류의 손상, 색상변화, 토질의 약화, 식물, 농축산물 및 예술품 등의 손상과 파손을 야기시켜 경제적 손실의 요인이 된다.

03 수질오염

❶ 수질오염 발생원

(1) 생활하수

① 생활하수 중 유기물은 70%가 침강·현탁성이고, 무기물은 70%가 용해성이다.

② 석탄, 석유를 원료로 하는 합성세제들은 수질오염의 주요 요인이며 다음과 같은 문제를 일으킨다.
  ㉠ 분해가 쉽지 않다.
  ㉡ 거품을 형성해 공기 중의 산소가 물속에 용해하는 것을 방해한다.
  ㉢ 세제 속 인산염은 수중생물이 자라는 양분이 된다. 이것이 부패해 물속 산소를 고갈시키고 수많은 생물을 죽게 한다. 이러한 부영양화 현상을 막기 위해 인산염이 없는 세제의 종류가 급증하고 있다.
  ㉣ 세제 자체의 독성 때문에 건강 장애, 탈모현상, 백혈구와 적혈구 감소, 정자 파괴, 습진 등의 피부병을 야기한다.
  ㉤ 세제 자체가 지방과 유기 독성물질을 용해시키는 성질을 가진 관계로 물 속 유독물질이 용해되어 오염현상을 가중시킨다.

(2) 농축산 폐수

① 축산분뇨는 다량의 유기물과 기생충란, 때로는 감염병균까지 포함한다.

② 화학비료와 농약 등은 독성이 심하다. 질소나 인 성분은 부영양화를 일으켜 수질오염을 가중시킨다.

(3) 공장 폐수

생산공정에서 냉각, 세정, 침지, 화학처리 등으로 쓰고 버리는 물이 가장 심각하고 유독한 오염물질이다. 이는 정화처리를 제대로 거치지 않아 심각한 오염을 가져온다.

❷ 수질오염의 지표

(1) 용존산소량(DO)

① 개념 … 물 속에 녹아 있는 산소량을 mg/L(ppm)로 나타낸 것이다.

② 용존산소가 감소되는 경우
    ㉠ 오염물질의 농도가 높고 유량이 적을 때
    ㉡ 염류농도가 높을수록
    ㉢ 오탁물이 많이 존재할 때
    ㉣ 하천바닥의 침전물이 용출될 때
    ㉤ 조류가 호흡을 할 때

③ 용존산소가 증가하는 경우
    ㉠ 포화 DO농도와 현재 DO농도 차가 클수록
    ㉡ 수온이 낮고, 기압이 높을수록
    ㉢ 염분이 낮을수록
    ㉣ 하천바닥이 거칠고, 경사가 급할수록
    ㉤ 수심이 얕고, 유속이 빠를수록

(2) 생물화학적 산소요구량(BOD)

① 물속의 유기물질이 호기성 세균에 의해 분해되어 안정되는 과정에서 요구되는 산소량이다.

② 물속에 유기물이 유입되면 이를 먹이로 살아가는 호기성 미생물이 빠르게 증가하면서 많은 산소를 필요로 하게 되므로 BOD가 높아진다.

③ BOD가 아주 높아지면 용존산소가 감소하고 호기성 미생물이 증식하면 메탄, 암모니아 및 황화수소 등이 발생하여 악취를 풍기면서 썩은 물로 변해 가는 것이다.

④ 음료수의 BOD는 2ppm 이하이어야 하고, 5ppm 이상이 되면 하천은 자기 복원력을 잃게 되며, 10ppm이 넘으면 혐기성 분해가 일어나 악취가 풍기는 시궁창으로 변하게 되어 공업용수로도 사용할 수 없다.

⑤ 수중생물의 생존을 위해서는 BOD가 5ppm 이하이어야 하고, 각 산업장의 방류수도 30ppm 이하로 규정하고 있다.

(3) 화학적 산소요구량(COD)

① **개념** … 수중에 함유되어 있는 유기물질을 강력한 산화제로 화학적으로 산화시킬 때 소모되는 산화제의 양에 상당하는 산소량이다. 산화제로는 과망간산칼륨과 중크롬산칼륨이 상용된다.

② **장점**
    ㉠ COD는 미생물이 분해하지 못하는 유기물도 측정 가능하다.
    ㉡ BOD보다 짧은 시간 내에 측정 가능하다.
    ㉢ 독성물질이 있을 때도 측정 가능하다.

③ **단점** … COD값 자체로는 생물분해 가능한 유기물의 함량을 파악할 수 없다.

04 하수처리와 폐기물

① 하수도의 분류

(1) 합류식

① **개념** … 빗물과 하수를 함께 배출하는 방식이다. 우리나라는 합류식을 채택하고 있다.

② **장점**
    ㉠ 경제적이고 시공이 간편하며 하수도가 우수에 의해 자연청소가 된다.
    ㉡ 관이 크고 수리, 검사, 청소 등이 용이하다.

③ **단점** … 우기 시 외부로의 범람과 우수 혼입시 처리용량이 많아지며, 하수량이 적어서 침전이 생기면 악취가 발생한다.

(2) 분류식

빗물과 하수를 분리 배출하는 방식이다.

❷ 하수처리 과정

(1) 1차 처리(예비처리)

① 스크린 … 부유물질을 제거, 분쇄하는 기능을 한다.

② 침사지 … 비중이 큰 물질인 모래, 자갈 등을 제거하는 장치이다.

③ 침전지 … 보통 침전 시 13시간, 약품 침전 시 3~5시간이 소요된다.

(2) 2차 처리(본처리)

① 혐기성 분해처리 … 유기물질의 농도가 높아 산소공급이 어려워 호기성 처리가 곤란할 때 산소 없이도 증식할 수 있는 혐기성균을 이용한다. 혐기성 소화(메탄발효법), 부패조, 임호프탱크가 있다.

   ㉠ 임호프 방식(Imhoff Tank) : 두 개의 층으로 되어 상층에서는 침전이, 하층에서는 슬러지의 소화가 이뤄진다. 공장 폐수처리법으로 사용된다.

   ㉡ 부패조 : 주택이나 학교 등에서 사용되었으나 현재는 이용하지 않고, 악취가 나는 것이 단점이다.

   ㉢ 메탄발효법 : 혐기성 처리 시 BOD 농도가 높고 무기성 영양소가 충분히 있어야 한다. 또 독성 물질이 없어야 하고 알칼리도가 적당하며 온도가 높아야 좋다.

② 호기성 분해처리

   ㉠ 산소가 있어야 증식할 수 있는 호기성균을 이용하는 처리방법이다.

   ㉡ 살수여상법과 활성오니법, 산화지법, 회전원판법이 있다.

   ㉢ 호기성 분해 : 유기물 $+ O_2 \rightarrow CO_2 + H_2O +$ Energy

❸ 폐기물 처리

(1) 폐기물의 분류

주방쓰레기, 잡쓰레기, 길거리쓰레기, 공장쓰레기, 시장쓰레기, 동물 사체 등으로 분류된다.

(2) 일반폐기물의 처리

① 매립 … 저지대에 쓰레기를 버린 후 복토를 하는 방법이다.

   ㉠ 매립경사는 30°가 적당하다.

   ㉡ 지하수의 위치가 표면에서 멀리 떨어진 건조한 곳이 좋다.

   ㉢ 쓰레기의 두께가 3m를 넘지 않도록 매립한다.

   ㉣ 24시간 내 15~20cm 가량의 두께로 흙을 덮어 소화, 산화시킨 후 용적이 반으로 줄었을 때 다시 매립하는데, 이때 최종복토는 50cm 이상이어야 한다.

② **소각** … 가장 위생적이나 대기오염의 원인이다.

　㉠ 장점
- 처리장소가 좁아도 가능하다.
- 소각 후 재는 매립한다.
- 기후에 영향을 받지 않는다.
- 소각열을 이용할 수 있다.

　㉡ 단점
- 비경제적이다.
- 숙련공이 필요하다.
- 소각장소 선정이 까다롭다.
- 불완전연소 시 일산화탄소가 발생할 우려가 있다.
- 악취가 발생한다.

③ **퇴비화** … 발효 시 병원균과 기생충란이 사멸되어 퇴비로 사용하는 방법이다.

④ **투기법** … 후진국에서 많이 사용되는 방법인데, 악취와 위생해충의 번식 등으로 비위생적이다.

⑤ **사료법** … 주방쓰레기를 가축의 사료로 사용하는 방법이다.

(3) 특정폐기물 처리

① BOD가 높고 부유물질이 다량 함유된 폐기물 … 예비처리 후 살수여상법, 활성오니법으로 처리한다.

② BOD가 높고 유독물질이 함유된 폐기물 … 희석, 침전, 중화 후 살수여상법, 활성오니법으로 처리한다.

③ BOD가 낮고 유독물질이 함유된 폐기물 … 중화제로 화학처리 후 희석, 응집, 침전 후 여과한다.

④ BOD가 낮고 부유물질, 콜로라이드 물질이 다량 함유된 폐기물 … 예비처리 후 응집, 침전, 희석을 한 다음 공공하수도에 방류한다.

(4) 폐기물 처리방법

① **희석법** … 가장 많이 쓰였으나 최근에는 사용하지 않는다. 2~3시간 침전 후 방류하는데 방류수의 BOD는 5ppm 이하여야 한다.

② **중화법** … 소다류, 석회류를 사용해 중화시키는 방법이다.

③ **산화 · 환원법** … 폐수의 유기물과 무기물을 분해하여 처리하는 방법이다.

(5) 폐기물의 자원화

분리수거와 재활용을 통해 폐기물의 자원화를 꾀하고 있다.

05 소음, 진동 및 악취

❶ 소음

(1) 소음의 개요
① **소음의 특성** … 소음은 주관적이고 심리적인 혐오 정도에 관한 감각량이다.

② **측정단위** … 가청범위의 주파수는 20~20,000Hz인데 1,000~5,000Hz에서 가장 잘 들을 수 있다.

(2) 소음의 피해
① **청력 장해** … 소음도에 따라 일시적·영구적 난청이나 혈관질환을 유발할 수 있다.

② **기타 생체기능 장해** … 대화방해, 스트레스, 주의집중 곤란, 문제해결욕구 상실, 두통, 현기증 등을 유발한다.

(3) C5-dip현상
4,000Hz 전후에서 난청을 발견할 수 있는 현상이다.

(4) 소음방지대책
① 공장단지와 주거지역의 단절이나 차음벽을 설치한다.

② 법적 기준 제정과 철저한 이행이 요구된다.

③ 교통소음은 소음기 부착, 경적 사용제한, 속도제한으로 방지한다.

④ 건설장에서는 무음해머를 사용하거나 방음시설을 한다.

❷ 진동과 악취

(1) 진동

① 어떤 물체가 전후·좌우의 방향으로 주기적인 운동을 하는 것을 말한다.

② 가옥에 금이 가거나 평형기능에 영향을 주어 구기, 현기증, 두통 등의 자각증상이 나타난다.

(2) 악취

① **인체에 대한 영향** … 눈이나 인후부가 아프고 불쾌한 느낌이 들며 식욕이 떨어지고 구토와 구역감이 들고 마음이 조급해진다.

② **악취의 방지대책** … 악취물질의 50%를 제거해도 사람이 느끼는 정도는 같고 거의 완전히 제거해야 비로소 악취가 적어졌다는 느낌을 받는다.

≡ 최근 기출문제 분석 ≡

2022. 6. 18. 제1회 지방직 시행

1 「환경정책기본법 시행령」상 환경기준의 대기 항목으로 옳지 않은 것은?

① 벤젠

② 미세먼지

③ 오존

④ 이산화탄소

> **TIP** ④ 「환경정책기본법 시행령」상 대기항목에는 아황산가스(SO_2), 일산화탄소(CO), 이산화질소(NO_2), 미세먼지(PM-10), 초미세먼지(PM-2.5), 오존(O_3), 납(Pb), 벤젠이 있다.

2022. 6. 18. 제1회 지방직 시행

2 내분비계 교란물질(환경호르몬)과 오염 경로의 연결이 옳지 않은 것은?

① 다이옥신 - 폐건전지

② 프탈레이트 - 플라스틱 가소제

③ DDT - 합성살충제

④ 비스페놀A - 합성수지 원료

> **TIP** 다이옥신은 쓰레기 소각장에서 최초로 발견되었다. 폐건전지는 수은, 카드뮴, 납이 발생하며, 대부분 수입건전지에 의한다.

Answer 1.④ 2.①

3 산업재해를 나타내는 재해지표 중 강도율 4가 의미하는 것은?

① 근로자 1,000명당 4명의 재해자

② 1,000 근로시간당 4명의 재해자

③ 근로자 1,000명당 연 4일의 근로손실

④ 1,000 근로시간당 연 4일의 근로손실

> **TIP** ④ 강도율 = $\dfrac{\text{근로손실일수}}{\text{근로시간}}$ × 1,000, 즉 근로시간당 근로손실일수로 재해에 의한 손상의 정도를 의미한다.
>
> ※ 산업재해지표
>
> ㉠ 강도율 = $\dfrac{\text{근로손실일수}}{\text{근로시간}}$ × 1,000, 즉 근로시간당 근로손실일수로 재해에 의한 손상의 정도
>
> ㉡ 도수율 = $\dfrac{\text{재해발생건수}}{\text{근로시간수}}$ × 1,000,000, 즉 100만 근로시간당 재해발생 건수
>
> ㉢ 건수율 = $\dfrac{\text{재해발생건수}}{\text{평균 실근로자수}}$ × 1,000, 즉 산업체 근로자 1,000명당 재해발생 건수
>
> ㉣ 평균손실일수 = $\dfrac{\text{근로손실일수}}{\text{재해발생건수}}$ × 1,000, 즉 재해발생 건수당 평균손실일수 규모의 정도

4 대기오염 사건 중 병인에 아황산가스가 포함되지 않은 것은?

① Meuse Valley(벨기에), 1930년 12월

② Donora(미국), 1948년 10월

③ Poza Rica(멕시코), 1950년 11월

④ London(영국), 1952년 12월

> **TIP** ③ 포자리카(Poza Rica) 사건 : 1950년 11월에 멕시코 공업지대에서 일어난 대기오염 사건으로 황화수소가 대량으로 누출되어 발생 하였다.
> ① 뮤즈계곡(Meuse Valley) 사건 : 1930년 12월 벨기에의 공업지대인 뮤즈계곡에서 일어난 사건으로 아황산가스, 황산, 미세입자 등이 원인이다.
> ② 도노라(Donora) 사건 : 1948년 10월 미국 펜실베니아주 도노라 지방에서 일어난 사건으로 아황산가스, 황산염 등이 원인이다.
> ④ 런던(London) 스모그 사건 : 1952년 12월 영국 런던에서 발생한 대표적인 대기오염 사건으로 아황산가스, 먼지 등이 원인이다.

Answer 3.④ 4.③

5 〈보기〉에서 설명하는 수질오염의 지표는?

─────── 보기 ───────

수중의 유기물질이 호기성 상태에서 미생물에 의해 분해되어 안정화되는 데 소비되는 산소량으로, 유기물질 함량을 간접적으로 측정하여 하수의 오염도를 확인할 때 사용하는 지표이다.

① 수소이온 농도(pH)

② 용존산소량(Dissolved Oxygen, DO)

③ 화학적 산소요구량(Chemical Oxygen Demand, COD)

④ 생물화학적 산소요구량(Biochemical Oxygen Demand, BOD)

> **TIP** ④ 생물화학적 산소요구량(BOD) : 물속의 유기물질이 호기성 세균에 의해 분해되어 안정화되는 과정에서 요구되는 산소량으로, 유기물질 함량을 간접적으로 측정하여 하수의 오염도를 확인할 때 사용한다.
> ① 수소이온 농도(pH;수소이온 지수) : 물속에 존재하는 수소이온 농도의 많고 적음을 나타내는 지수이다.
> ② 용존산소량(DO) : 물속에 녹아있는 산소량을 mg/L(ppm)로 나타낸 것이다.
> ③ 화학적 산소요구량(COD) : 수중에 함유되어 있는 유기물질을 강력한 산화제로 화학적으로 산화시킬 때 소모되는 산화제의 양에 상당하는 산소량이다.

6 다이옥신에 대한 설명으로 가장 옳지 않은 것은?

① 다이옥신은 주로 불소화합물의 연소과정에서 발생된다.

② 소각장이나 화학공장에서 배출된 다이옥신으로 주변의 목초지나 토양이 오염된다.

③ 오염된 목초나 곡물을 소, 돼지, 닭 등의 사료로 이용하면 다이옥신이 가축에 2차적으로 축적된다.

④ 오염된 하천이나 바다의 어류를 먹음으로써 다이옥신이 인체 내에 3차적으로 축적된다.

> **TIP** ① 다이옥신은 제초제에 불순물로 포함되어 있거나 PVC와 같은 유기화합물을 소각할 때 불완전 연소에 의해 발생한다.

Answer 5.④ 6.①

7 「환경정책기본법 시행규칙」에 의한 대기환경 기준에서 1시간 및 8시간 평균치만 설정되어 있는 대기오염물질은?

① 오존, 아황산가스
② 오존, 일산화탄소
③ 일산화탄소, 아황산가스
④ 아황산가스, 초미세먼지(PM−2.5)

TIP 환경기준〈환경정책기본법 시행령 별표 1〉

항목	기준
아황산가스(SO_2)	• 연간 평균치 0.02ppm 이하 • 24시간 평균치 0.05ppm 이하 • 1시간 평균치 0.15ppm 이하
일산화탄소(CO)	• 8시간 평균치 9ppm 이하 • 1시간 평균치 25ppm 이하
이산화질소(NO_2)	• 연간 평균치 0.03ppm 이하 • 24시간 평균치 0.06ppm 이하 • 1시간 평균치 0.10ppm 이하
미세먼지(PM−10)	• 연간 평균치 50$\mu g/m^3$ 이하 • 24시간 평균치 100$\mu g/m^3$ 이하
초미세먼지(PM −2.5)	• 연간 평균치 15$\mu g/m^3$ 이하 • 24시간 평균치 35$\mu g/m^3$ 이하
오존(O_3)	• 8시간 평균치 0.06ppm 이하 • 1시간 평균치 0.1ppm 이하
납(Pb)	연간 평균치 0.5$\mu g/m^3$ 이하
벤젠	연간 평균치 5$\mu g/m^3$ 이하

Answer 7.②

8 수질오염평가에서 오염도가 낮을수록 결과치가 커지는 지표는?

① 화학적 산소요구량(COD)

② 과망가니즈산칼륨 소비량($KMnO_4$ demand)

③ 용존산소(DO)

④ 생화학적 산소요구량(BOD)

> **TIP** ③ 용존산소는 물의 오염도가 낮고, 물속 식물의 광합성량이 증가할수록 커진다.
> ① 물속의 유기물을 산화제로 산화하는 데에 소비되는 산소의 양으로 수치가 클수록 오염이 심함을 나타낸다.
> ② 과망가니즈산칼륨 소비량 측정으로 지표수의 오염도를 알 수 있는데, 소모된 과망가니즈산칼륨의 양이 많다는 것은 하수, 분뇨, 공장폐수 등 유기물이 다량 함유된 오수에 의해 오염되었다는 것을 의미한다.
> ④ 물속에 있는 미생물이 유기물을 분해하는데 필요한 산소 소모량을 말하는데, BOD가 높을수록 오염된 물이다.

9 기후변화(지구온난화)의 원인이 되는 온실가스 중 배출량이 가장 많은 물질은?

① 일산화탄소(CO)

② 메탄가스(CH_4)

③ 질소(N_2)

④ 이산화탄소(CO_2)

> **TIP** 이산화탄소(CO_2)가 88.6%로 가장 크고, 메탄(CH_4) 4.8%, 아산화질소(N_2O) 2.8%, 기타 수소불화탄소(HFCs), 과불화탄소(PFCs), 육불화황(SF_6)를 합쳐서 3.8% 순이다.

Answer 8.③ 9.④

2019. 6. 15 제2회 서울특별시

10 런던 스모그(London smog)에 대한 설명으로 가장 옳지 않은 것은?

① 석유류의 연소물이 광화학 반응에 의해 생성된 산화형 스모그(oxidizing smog)이다.
② 주된 성분에는 아황산가스와 입자상 물질인 매연 등이 있다.
③ 기침, 가래와 같은 호흡기계 질환을 야기한다.
④ 가장 발생하기 쉬운 달은 12월과 1월이다.

> **TIP** ① 자동차 배기가스와 같은 석유류 연소물이 광화학 반응을 일으켜 생성되는 산화형 스모그(oxidizing smog)는 LA 스모그이다. 런던 스모그는 가정 난방용·공장·발전소의 석탄 연료 사용에서 기인한다.
> ※ 런던 스모그와 LA 스모그의 비교

구분	런던 스모그	LA 스모그
색	짙은 회색	연한 갈색
역전현상	방사성 역전	침강형 역전
시정	100m 이하	1km 이하
오염물질	먼지 및 SO_X	NO_X, 탄화수소 등
주요 배출원	가정과 공장의 연소, 난방시설	자동차 배기가스
기상조건	겨울, 새벽, 안개, 높은 습도	여름, 한낮, 맑은 하늘, 낮은 습도

2019. 6. 15 제2회 서울특별시

11 우리나라 대기환경기준에 포함되지 않는 물질은?

① 아황산가스(SO_2) ② 이산화질소(NO_2)
③ 이산화탄소(CO_2) ④ 오존(O_3)

> **TIP** 환경정책기본법 시행령 별표1 〈환경기준〉에 따른 우리나라 대기환경기준에 포함되는 물질과 기준치는 다음과 같다.

항목	기준	
아황산가스(SO_2)	• 연간 평균치 : 0.02ppm 이하 • 1시간 평균치 : 0.15ppm 이하	• 24시간 평균치 : 0.05ppm 이하
일산화탄소(CO)	• 8시간 평균치 : 9ppm 이하	• 1시간 평균치 : 25ppm 이하
이산화질소(NO_2)	• 연간 평균치 : 0.03ppm 이하 • 1시간 평균치 : 0.10ppm 이하	• 24시간 평균치 : 0.06ppm 이하
미세먼지(PM-10)	• 연간 평균치 : 50$\mu g/m^3$ 이하	• 24시간 평균치 : 100$\mu g/m^3$ 이하
초미세먼지(PM-2.5)	• 연간 평균치 : 15$\mu g/m^3$ 이하	• 24시간 평균치 : 35$\mu g/m^3$ 이하
오존(O_3)	• 8시간 평균치 : 0.06ppm 이하	• 1시간 평균치 : 0.1ppm 이하
납(Pb)	• 연간 평균치 : 0.5$\mu g/m^3$ 이하	
벤젠	• 연간 평균치 : 5$\mu g/m^3$ 이하	

Answer 10.① 11.③

2017. 6. 24 제2회 서울특별시

12 다음 중 현재 런던형 스모그와 로스앤젤레스형 스모그의 기온역전의 종류를 바르게 연결한 것은?

① 런던형 – 방사성(복사성) 역전, 로스앤젤레스형 – 전성성 역전

② 런던형 – 방사성(복사성) 역전, 로스앤젤레스형 – 침강성 역전

③ 런던형 – 침강성 역전, 로스앤젤레스형 – 방사성(복사성) 역전

④ 런던형 – 침강성 역전, 로스앤젤레스형 – 이류성 역전

> **TIP** 스모그
> ㉠ 런던형 스모그 : 공장이나 가정의 난방 시설에서 나오는 오염 물질로 만들어지는 검은색 스모그로 겨울철에 나타난다. →
>   방사성 역전, 이른 아침에 발생, 아황산 가스
> ㉡ 로스앤젤레스형 스모그 : 자동차 배기가스에서 나오는 이산화질소와 탄화수소가 자외선과 반응해 유독한 화합물인 오존
>   을 만드는데, 이 오존이 로스앤젤레스형 스모그를 일으킨다. → 침강성 역전, 낮에 발생, 광화학 반응

2016. 6. 25 서울특별시

13 물 속의 유기물질 등이 산화제에 의해 화학적으로 분해될 때 소비되는 산소량으로, 폐수나 유독물질이
포함된 공장폐수의 오염도를 알기 위해 사용하는 것은?

① 용존산소량(DO)

② 생물화학적 산소요구량(BOD)

③ 부유물질량(SS)

④ 화학적 산소요구량(COD)

> **TIP** 화학적 산소요구량은 물속의 유기물질 등이 산화제에 의해 화학적으로 분해될 때 소비되는 산소량으로, 폐수나 유독물질이
> 포함된 공장폐수의 오염도를 알기 위해 사용한다.

Answer 12.② 13.④

출제 예상 문제

1 수질오염의 지표로 잘 쓰이지 않는 것은?

① 염소이온(Cl−)

② 용존산소(DO)

③ 생물학적 산소요구량(BOD)

④ 부유물질(SS)

TIP ① 염소이온은 물 속에 염화물이 녹아 있을 때의 염소분을 가리킨다. 염소이온은 심미적 영향물질로 자연환경 중에 해양에 염화물이 가장 많이 존재하고 있다. 일반적으로 수질오염의 지표로 사용되는 것은 생물학적 산소요구량(BOD), 용존산소(DO), 부유물질(SS), 세균, 화학적 산소요구량(COD), 탁도 등이 있다.

2 교토의정서(Kyoto protocol)채택에 관한 설명으로 옳지 않은 것은?

① 2008~2012년의 5년간 온실가스 배출량을 1990년 배출량 대비 평균 5.2% 감축해야 한다.

② 1997년 12월 일본 교토에서 기후변화협약 제3차 당사국 총회에서 채택되었다.

③ 감축 대상가스는 이산화탄소(CO_2), 아황산가스(SO_2), 메탄(CH_4), 아산화질소(N_2O), 불화탄소(PFC), 수소화불화탄소(HFC), 불화유황(SF_6)등이다.

④ 의무이행 당사국의 감축 이행시 신축성을 허용하기 위하여 배출권거래, 공동이행, 청정개발체제 등의 제도를 도입하였다.

TIP ③ 교토의정서는 지구 온난화의 규제 및 방지를 위한 국제 기후변화협약의 구체적 이행방안이다. 교토의정서를 비준한 국가는 이산화탄소를 포함한 여섯 종류의 온실 가스의 배출량을 감축하며 배출량을 줄이지 않는 국가에 대해서는 경제적인 측면에서 불리하게 작용될 수 있다. 감축대상은 이산화탄소, 메탄, 아산화질소, 과불화탄소, 수소화불화탄소, 육불화황이며 아황산가스는 대상이 아니다.

Answer 1.① 2.③

3 다음의 내용에서 알 수 있는 공기의 성분은?

> • 성상은 무색, 무미, 무취의 맹독성 가스이며, 비중이 0.976으로 공기보다 가볍고, 불완전 연소시에 발생한다.
> • 헤모글로빈과의 결합력은 산소와 헤모글로빈의 결합력보다 200~300배나 강하다.
> • 이것이 헤모글로빈과 결합해 혈액의 산소운반능력을 상실케 하여 조직의 산소부족 질식사를 초래한다.

① SO_2

② NO_2

③ CO_2

④ CO

....

TIP ④ 보기의 기체 성분은 일산화탄소(CO)이다.

※ 일산화탄소

  ㉠ 무색, 무취, 무미, 무자극의 맹독성 가스이다.

  ㉡ 비중이 공기와 거의 같아 혼합되기 쉽다.

  ㉢ 혈액 중 헤모글로빈과 결합해 HbCO를 형성하여 인체의 조직에 저산소증을 일으킨다. 이때, CO의 Hb에 대한 결합력은 O_2에 비해 약 250~300배가 강하므로 이것이 Hb의 산소운반 장애와 산소해리 장애를 일으켜 O_2 부족을 초래하는 것이다.

  ㉣ CO중독 치료 : 오염원으로부터 신속히 옮겨 안정과 보온을 시키고 인공호흡과 고압산소요법을 시행하기도 한다. 이 경우 5% 정도의 CO_2를 함유한 산소를 흡입하는 것이 효과적이다.

  ㉤ HbCO량과 중독증상

구분	증상	구분	증상
10% 이하	무증상	60~70% 이상	의식상실
20% 이상	임상증상 발생	80% 이상	사망
40~50% 이상	두통 · 허탈		

4 대기오염에 의한 2차 오염물질로 맞는 것은?

① 오존

② 이산화황

③ 일산화탄소

④ 중금속 산화물

TIP 2차 오염물질 … O_3, PAN, NOCl, PBN 등이 있다.

5 다음 중 태양의 자외선을 흡수·차단하는 것은?

① 오존(O_3)

② 이산화탄소(CO_2)

③ 질소(N_2)

④ 아황산가스(SO_2)

TIP 오존(O_3)

㉠ 기능 : 태양에서 오는 자외선 복사를 흡수하여 지상에 도달하는 유해 자외선 복사를 막아주는 역할을 한다.

㉡ 오존층 : 지구의 대류권 중 성층권 내의 고도 20~25km 부근에 오존이 밀집되어 있는 것이 오존층이다.

㉢ 오존층 파괴의 결과

• 인체의 피부와 눈, 면역체와 비타민 D의 합성에 악영향을 끼친다.

• 생태계에 커다란 변화를 일으킨다.

• 지구온난화를 가속화하고 기후변화에 영향을 미칠 것이다.

6 다음 중 광화학반응에 의한 2차 오염물질은?

① PAN

② CH_4

③ NO

④ H_2S

TIP 광화학 반응 시 발생하는 물질

㉠ 1차 오염물질 : CO, CO_2, H_2, HCl, Zn, Hg, 중금속 산화물 등이 있다.

㉡ 2차 오염물질 : O_3, PAN, NOCl, PBN 등이 있다.

㉢ 1·2차 오염물질 : SO_2, SO_3, NO, NO_2 등이 있다.

Answer 4.① 5.① 6.①

7 대기오염에 따른 질병 중 가장 관련이 깊은 것은?

① 호흡기계 질병   ② 순환기계 질병

③ 소화기계 질병   ④ 비뇨기계 질병

TIP 대기오염 물질에는 입자상 물질과 가스상 물질이 있는데, 모두 호흡기계 질병과 관련이 있다.

8 소음에 의한 건강장해와 관계없는 것은?

① 소음 폭로시간   ② 소음의 주파수 구성

③ 소음의 방향   ④ 소음의 크기

TIP 소음에 의한 건강장해는 폭로시간과 경도에 비례한다. 가청범위는 20~20,000Hz인데 1,000~5,000Hz에서 가장 잘 들을 수 있다.

9 불량조명에 의해 발생되는 직업병은?

① 안정피로   ② 규폐증

③ 잠함병   ④ 진폐증

TIP 부적절한 조명은 안정피로, 근시, 안구진탕증 등을 일으킨다.

10 C5 – dip현상과 가장 관련이 깊은 주파수는?

① 2,000Hz ② 4,000Hz

③ 6,000Hz ④ 8,000Hz

....

TIP C5 – dip현상 ⋯ 4,000Hz 전후에서 난청을 발견할 수 있는 현상을 말한다.

11 공기 중에 인체에 유해한 납이 배출되는 원인은?

① 연료인 중유 중의 납 ② 휘발유에 첨가하는 첨가제

③ 공장배기 중의 납 ④ 토양에서 비산하는 납

....

TIP 자동차가 중금속 오염의 주범이다.

12 광화학적 반응으로 생기는 대표적인 대기오염 물질인 것은?

① CO, CO_2 ② H_2S, SO_2

③ CH_4, NH_3 ④ O_3, PAN

....

TIP 광화학 반응으로 생기는 대표적인 대기오염물질은 O_3, PAN, H_2, O_2, NOCl 등이다.

Answer 10.② 11.② 12.④

13 대기오염 물질 중 광화학적 반응에 의해서 발생하는 물질은?

① H_2 ② PAN

③ SO_2 ④ CH

....

TIP 광화학적 반응에 의해 생성되는 물질 ⋯ O_3, PAN, NOCl 등이 있다.

14 다음 중 기관지 침착률이 가장 큰 먼지의 크기는?

① $0.1\mu m$ ② $0.1{\sim}0.4\mu m$

③ $0.5{\sim}5.0\mu m$ ④ $5.0{\sim}7.0\mu m$

....

TIP 먼지 크기에 따른 비교
   ⊙ 기관지 침착률이 가장 큰 입자의 크기 : $0.5{\sim}5.0\mu m$
   ⓛ $0.5\mu m$ 이하의 입자 : 호흡운동에 의해 배출된다.
   ⓒ $5\mu m$ 이상의 입자 : 기관지 점막에 침착하여 가래와 함께 배출되거나 소화기계를 통해서 배출된다.

Answer 13.② 14.③

15 진폐증을 일으키는 먼지의 크기로 옳은 것은?

① 0.5~5μm

② 5~10μm

③ 10~20μm

④ 20~100μm

TIP 0.5~5.0μm의 입자들은 침착률이 가장 높아 폐포를 통해 흡입되어 혈관 또는 임파관으로 침입하여 규폐증, 진폐증 등을 일으킬 수 있다.

Answer 15.①

PART

02 공중보건

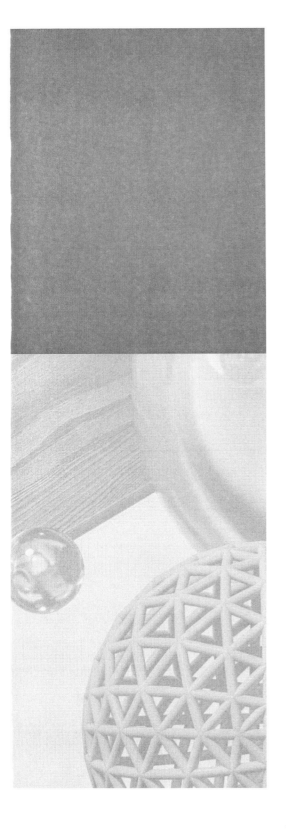

03

산업보건

01 산업보건의 개요

01 산업보건

(1) 정의

국제노동기구(ILO)는 모든 직업에서 일하는 근로자들의 육체적 · 정신적 · 사회적 건강을 고도로 유지 · 증진시키며, 작업조건으로 인한 질병을 예방하고 건강에 유해한 취업을 방지하며 근로자를 생리적 · 심리적으로 적합한 작업환경에 배치하여 일하도록 하는 것이라 했다.

(2) 필요성

① 산업발달로 인한 노동인구 증가

② 근로자의 건강 보호 · 증진으로 생산성과 품질향상

③ 산업보건 관리가 인권문제로 대두

④ 작업환경으로 인해 발생하는 질병예방

(3) 우리나라의 산업보건 역사

① 1953년 … 근로기준법이 선포되었다.

② 1963년 … 산업재해보상보험법이 제정 · 공포되었다.

③ 1977년 … 의료보호, 의료보험이 시작되었다.

④ 1980년 … 노동청을 노동부로 개칭하였다.

⑤ 1981년 … 산업안전보건법 시행령이 공포되었다.

02 보건인력

① 안전보건관리책임자

(1) 정의

① 안전보건관리책임자 … 안전 및 보건에 관한 업무를 총괄·관리하는 책임자를 말한다.

② 안전보건관리책임자를 두어야 할 사업의 종류 및 규모〈산업안전보건법 시행령 별표 2〉

사업의 종류	규모
토사석 광업, 식료품 제조업·음료 제조업, 목재 및 나무제품 제조업(가구 제외), 펄프·종이 및 종이제품 제조업, 코크스·연탄 및 석유정제품 제조업, 화학물질 및 화학제품 제조업(의약품 제외), 의료용 물질 및 의약품 제조업, 고무 및 플라스틱제품 제조업, 비금속 광물제품 제조업, 1차 금속 제조업, 금속가공제품 제조업(기계 및 가구 제외), 전자부품·컴퓨터·영상·음향 및 통신장비 제조업, 의료·정밀·광학기기 및 시계 제조업, 전기장비 제조업, 기타 기계 및 장비 제조업, 자동차 및 트레일러 제조업, 기타 운송장비 제조업, 가구 제조업, 기타 제품 제조업, 서적·잡지 및 기타 인쇄물 출판업, 해체·선별 및 원료 재생업, 자동차 종합 수리업, 자동차 전문 수리업	상시 근로자 50명 이상
농업, 어업, 소프트웨어 개발 및 공급업, 컴퓨터 프로그래밍·시스템 통합 및 관리업, 정보서비스업, 금융 및 보험업, 임대업(부동산 제외), 전문·과학 및 기술 서비스업(연구개발업 제외), 사업지원 서비스업, 사회복지 서비스업	상시 근로자 300명 이상
건설업	공사금액 20억원 이상
위의 사업을 제외한 사업	상시 근로자 100명 이상

(2) 업무〈산업안전보건법 제15조 제1항〉

① 산업재해예방계획의 수립에 관한 사항

② 안전보건관리규정의 작성 및 그 변경에 관한 사항

③ 근로자의 안전·보건교육에 관한 사항

④ 작업환경의 측정 등 작업환경의 점검 및 개선에 관한 사항

⑤ 근로자의 건강진단 등 건강관리에 관한 사항

⑥ 산업재해의 원인조사 및 재발방지대책의 수립에 관한 사항

⑦ 산업재해에 관한 통계의 기록 · 유지에 관한 사항

⑧ 안전 · 보건에 관련되는 안전장치 및 보호구 구입 시의 적격품 여부 확인에 관한 사항

⑨ 그 밖에 근로자의 유해 · 위험 예방조치에 관한 사항으로서 고용노동부령으로 정하는 사항(위험성평가의 실시에 관한 사항과 안전보건규칙에서 정하는 근로자의 위험 또는 건강장해의 방지에 관한 사항)

❷ 관리감독자

(1) 정의〈산업안전보건법 제16조〉

사업주는 사업장의 관리감독자(사업장의 생산과 관련되는 업무와 그 소속 직원을 직접 지휘 · 감독하는 직위를 담당하는 자)로 하여금 산업 안전 및 보건에 관한 업무로서 관련 기계 · 기구 또는 설비의 안전 · 보건점검 등의 업무를 수행하도록 하여야 한다.

(2) 업무〈산업안전보건법 시행령 제15조 제1항〉

① 사업장 내 관리감독자가 지휘 · 감독하는 작업과 관련된 기계 · 기구 또는 설비의 안전 · 보건 점검 및 이상 유무의 확인

② 관리감독자에게 소속된 근로자의 작업복 · 보호구 및 방호장치의 점검과 그 착용 · 사용에 관한 교육 · 지도

③ 해당 작업에서 발생한 산업재해에 관한 보고 및 이에 대한 응급조치

④ 해당 작업의 작업장 정리 · 정돈 및 통로 확보에 대한 확인 · 감독

⑤ 해당 사업장의 산업보건의 · 안전관리자(안전관리자의 업무를 안전관리대행기관에 위탁한 사업장의 경우에는 그 대행기관의 해당 사업장 담당자) 및 보건관리자(보건관리자의 업무를 보건관리대행기관에 위탁한 사업장의 경우에는 그 대행기관의 해당 사업장 담당자), 안전보건관리담당자(안전보건관리담당자의 업무를 안전관리전문기관 또는 보건관리전문기관에 위탁한 사업장의 경우에는 그 대행기관의 해당 사업장 담당자)의 지도 · 조언에 대한 협조

⑥ 위험성평가를 위한 업무에 기인하는 유해 · 위험요인의 파악에 대한 참여 및 개선조치의 시행에 대한 참여

⑦ 기타 해당 작업의 안전 · 보건에 관한 사항으로서 고용노동부령으로 정하는 사항

❸ 안전관리자

(1) 정의〈산업안전보건법 제17조〉

① 안전관리자 … 사업주는 안전에 관한 기술적인 사항에 대하여 사업주 또는 안전보건관리책임자를 보좌하고 관리감독자에게 지도 · 조언을 하도록 하기 위하여 사업장에 안전관리자를 두어야 한다.

② 안전관리자의 선임〈산업안전보건법 시행령 별표3〉

㉠ 토사석 광업, 식료품 제조업, 음료 제조업, 목재 및 나무제품 제조(가구제외), 펄프, 종이 및 종이제품 제조업, 코크스, 연탄 및 석유정제품 제조업, 화학물질 및 화학제품 제조업(의약품 제외), 의료용 물질 및 의약품 제조업, 고무 및 플라스틱제품 제조업, 비금속 광물제품 제조업, 1차 금속 제조업, 금속가공제품 제조업(기계 및 가구 제외), 전자부품, 컴퓨터, 영상, 음향 및 통신장비 제조업, 의료, 정밀, 광학기기 및 시계 제조업, 전기장비 제조업, 기타 기계 및 장비제조업, 자동차 및 트레일러 제조업, 기타 운송장비 제조업, 가구 제조업, 기타 제품 제조업, 서적, 잡지 및 기타 인쇄물 출판업, 해체, 선별 및 원료 재생업, 자동차 종합 수리업, 자동차 전문 수리업, 발전업

사업장의 상시근로자 수	안전관리자의 수
50명 이상 500명 미만	1명 이상
500명 이상	2명 이상

㉡ 농업, 임업 및 어업, 제2호부터 제19호까지의 사업을 제외한 제조업, 전기, 가스, 증기 및 공기조절 공급업(발전업 제외), 수도, 하수 및 폐기물 처리, 원료 재생업(제21호에 해당하는 사업은 제외), 운수 및 창고업, 도매 및 소매업, 숙박 및 음식점업, 영상 · 오디오 기록물 제작 및 배급업, 방송업, 우편 및 통신업, 부동산업, 임대업(부동산 제외), 연구개발업, 사진처리업, 사업시설 관리 및 조경 서비스업, 청소년 수련시설 운영업, 보건업, 예술, 스포츠 및 여가관련 서비스업, 개인 및 소비용품수리업(제22호에 해당하는 사업은 제외), 기타 개인 서비스업, 공공행정(청소, 시설관리, 조리 등 현업업무에 종사하는 사람으로서 고용노동부장관이 정하여 고시하는 사람으로 한정), 교육서비스업 중 초등 · 중등 · 고등 교육기관, 특수학교 · 외국인학교 및 대안학교(청소, 시설관리, 조리 등 현업업무에 종사하는 사람으로서 고용노동부장관이 정하여 고시하는 사람으로 한정)

사업장의 상시근로자 수	안전관리자의 수
50명 이상 1천명 미만 (부동산업(부동산관리업 제외), 사진처리법의 경우에는 100명 이상 1천명 미만)	1명 이상
1천명 이상	2명 이상

ⓒ 건설업

사업장의 상시근로자 수	안전관리자의 수
공사금액 50억원 이상(관계수급인은 100억원 이상) 120억원 미만	1명 이상
공사금액 120억원 이상 800억원 미만	
공사금액 800억원 이상 1,500억원 미만	2명 이상
공사금액 1,500억원 이상 2,200억원 미만	3명 이상
공사금액 2,200억원 이상 3천억원 미만	4명 이상
공사금액 3천억원 이상 3,900억원 미만	5명 이상
공사금액 3,900억원 이상 4,900억원 미만	6명 이상
공사금액 4,900억원 이상 6천억원 미만	7명 이상
공사금액 6천억원 이상 7,200억원 미만	8명 이상
공사금액 7,200억원 이상 8,500억원 미만	9명 이상
공사금액 8,500억원 이상 1조원 미만	10명 이상
1조원 이상	11명 이상

(2) 업무〈산업안전보건법 시행령 제18조 제1항〉

① 산업안전보건위원회 또는 안전·보건에 관한 노사협의체에서 심의·의결한 업무와 해당 사업장의 안전보건 관리규정 및 취업규칙에서 정한 업무

② 위험성평가에 관한 보좌 및 지도·조언

③ 안전인증대상기계 등과 자율안전확인대상기계 등 구입 시 적격품의 선정에 관한 보좌 및 지도·조언

④ 해당 사업장 안전교육계획의 수립 및 안전교육 실시에 관한 보좌 및 지도·조언

⑤ 사업장 순회점검, 지도 및 조치 건의

⑥ 산업재해 발생의 원인 조사·분석 및 재발 방지를 위한 기술적 보좌 및 지도·조언

⑦ 산업재해에 관한 통계의 유지·관리·분석을 위한 보좌 및 지도·조언

⑧ 법 또는 법에 따른 명령으로 정한 안전에 관한 사항의 이행에 관한 보좌 및 지도·조언

⑨ 업무수행 내용의 기록·유지

⑩ 그 밖에 안전에 관한 사항으로서 고용노동부장관이 정하는 사항

④ 보건관리자

(1) 보건관리자를 두어야 할 사업의 종류·규모, 보건관리자의 수〈산업안전보건법 시행령 별표5〉

사업의 종류	규모	보건관리자의 수
광업(광업 지원 서비스업은 제외), 섬유제품 염색, 정리 및 마무리 가공업, 모피제품 제조업, 그 외 기타 의복액세서리 제조업(모피 액세서리에 한정), 모피 및 가죽 제조업(원피가공 및 가죽 제조업은 제외), 신발 및 신발부분품 제조업, 코크스·연탄 및 석유정제품 제조업, 화학물질 및 화학제품 제조업(의약품 제외), 의료용 물질 및 의약품 제조업, 고무 및 플라스틱제품 제조업, 비금속 광물제품 제조업, 1차 금속 제조업, 금속 가공제품 제조업(기계 및 가구 제외), 기타 기계 및 장비 제조업, 전자부품·컴퓨터·영상·음향 및 통신장비 제조업, 전기장비 제조업, 자동차 및 트레일러 제조업, 기타 운송장비 제조업, 가구 제조업, 해체·선별 및 원료 재생업, 자동차 종합 수리업, 자동차 전문 수리업, 유해물질을 제조하는 사업과 그 유해물질을 사용하는 사업 중 고용노동부장관이 특히 보건관리를 할 필요가 있다고 인정하여 고시하는 사업	상시근로자 50명 이상 500명 미만	1명 이상
	상시근로자 500명 이상 2천명 미만	2명 이상
	상시근로자 2천명 이상	2명 이상
위의 사업(광업 제외)을 제외한 제조업	상시근로자 50명 이상 1천명 미만	1명 이상
	상시근로자 1천명 이상 3천명 미만	2명 이상
	상시근로자 3천명 이상	2명 이상
농업·임업 및 어업, 전기·가스·증기 및 공기조절공급업, 수도·하수 및 폐기물 처리·원료 재생업, 운수 및 창고업, 도매 및 소매업, 숙박 및 음식점업, 서적·잡지 및 기타 인쇄물 출판업, 방송업, 우편 및 통신업, 부동산업, 연구개발업, 사진 처리업, 사업시설 관리 및 조경 서비스업, 공공행정(청소·시설관리·조리 등 현업업무에 종사하는 사람으로서 고용노동부장관이 정하여 고시하는 사람으로 한정한다), 교육서비스업 중 초등·중등·고등 교육기관, 특수학교·외국인학교 및 대안학교(청소·시설관리·조리 등 현업업무에 종사하는 사람으로서 고용노동부장관이 정하여 고시하는 사람으로 한정한다), 청소년 수련시설 운영업, 보건업, 골프장 운영업, 개인 및 소비용품수리업, 세탁업	상시근로자 50명 이상 5천명 미만. 다만, 사진 처리업의 경우에는 상시근로자 100명 이상 5천명 미만으로 한다.	1명 이상
	상시 근로자 5천명 이상	2명 이상
건설업	공사금액 800억 원 이상(「건설산업기본법 시행령」에 따른 토목공사업에 속하는 공사의 경우에는 1천 억 이상) 또는 상시 근로자 600명 이상	1명 이상[공사금액 800억 원(「건설산업기본법 시행령」에 따른 토목공사업은 1천억 원)을 기준으로 1,400억 원이 증가할 때마다 또는 상시 근로자 600명을 기준으로 600명이 추가될 때마다 1명씩 추가한다]

(2) 업무 〈산업안전보건법 시행령 제22조〉

① 산업안전보건위원회 또는 노사협의체에서 심의·의결한 업무와 안전보건관리규정 및 취업규칙에서 정한 업무

② 안전인증대상기계 등과 자율안전확인대상기계 등 중 보건과 관련된 보호구 구입 시 적격품 선정에 관한 보좌 및 지도·조언

③ 위험성평가에 관한 보좌 및 지도·조언

④ 물질안전보건자료의 게시 또는 비치에 관한 보좌 및 지도·조언

⑤ 산업보건의의 직무(보건관리자가 「의료법」에 따른 의사인 경우로 한정한다)

⑥ 해당 사업장 보건교육계획의 수립 및 보건교육 실시에 관한 보좌 및 지도·조언

⑦ 해당 사업장의 근로자 보호를 위한 의료행위
    ㉠ 자주 발생하는 가벼운 부상에 대한 치료
    ㉡ 응급처치가 필요한 사람에 대한 처치
    ㉢ 부상·질병의 악화 방지를 위한 처치
    ㉣ 건강진단 결과 발견된 질병자의 요양지도 및 관리
    ㉤ ㉠~㉣의 의료행위에 따르는 의약품의 투여

⑧ 작업장 내에서 사용되는 전체 환기장치 및 국소 배기장치 등에 관한 설비의 점검과 작업방법의 공학적 개선에 관한 보좌 및 지도·조언

⑨ 사업장 순회점검·지도 및 조치 건의

⑩ 산업재해 발생의 원인 조사·분석 및 재발 방지를 위한 기술적 보좌 및 지도·조언

⑪ 산업재해에 관한 통계의 유지·관리·분석을 위한 보좌 및 지도·조언

⑫ 법 또는 법에 따른 명령으로 정한 보건에 관한 사항의 이행에 관한 보좌 및 지도·조언

⑬ 업무 수행 내용의 기록·유지

⑭ 그 밖에 보건과 관련된 작업관리 및 작업환경관리에 관한 사항으로서 고용노동부장관이 정하는 사항

❺ 산업보건의

(1) 정의 〈산업안전보건법 제22조 제1항〉

① **산업보건의** … 사업주는 근로자의 건강관리나 기타 보건관리자의 업무를 지도하기 위하여 사업장에 산업보건의를 두어야 한다. 다만, 의사인 보건관리자를 둔 경우에는 그러하지 아니하다.

② 선임〈산업안전보건법 시행령 제29조〉

　　㉠ 산업보건의를 두어야 하는 사업의 종류와 사업장은 보건관리자를 두어야 하는 사업으로서 상시근로자 수가 50명 이상인 사업장으로 한다.

　　㉡ ㉠의 예외 : 의사를 보건관리자로 선임한 경우, 보건관리전문기관에 보건관리자의 업무를 위탁한 경우에는 산업보건의를 두지 않아도 된다.

　　㉢ 산업보건의는 외부에서 위촉할 수 있으며, 위촉된 산업보건의가 담당할 사업장 수 및 근로자 수, 그 밖에 필요한 사항은 고용노동부장관이 정한다.

　　㉣ 사업주는 산업보건의를 선임ㆍ위촉했을 때에는 고용노동부령으로 정하는 바에 따라 선임ㆍ위촉한 날부터 14일 이내에 고용노동부장관에게 그 사실을 증명할 수 있는 서류를 제출해야 한다.

(2) 직무〈산업안전보건법 시행령 제31조〉

① 건강진단 결과의 검토 및 그 결과에 따른 작업배치ㆍ작업전환ㆍ근로시간의 단축 등 근로자의 건강보호조치

② 근로자의 건강장해의 원인 조사와 재발 방지를 위한 의학적 조치

③ 그 밖에 근로자의 건강 유지와 증진을 위하여 필요한 의학적 조치에 관하여 고용노동부장관이 정하는 사항

03 보호대상 근로자

(1) 여성근로자의 보호

① 여성 직종에 맞게 적정배치를 한다.

② 주작업의 근로강도는 RMR 2.0 이하로 하고, 중량물 취급작업은 중량을 제한(20kg)한다.

③ 서서 하는 작업과 휴식시간을 조정하고, 고ㆍ저온 작업에서는 작업조건과 냉ㆍ난방을 고려한다.

④ 공업독물(납, 벤젠, 비소, 수은) 취급작업시는 유산ㆍ조산ㆍ사산의 우려가 있으므로 이에 대한 고려가 필요하다.

⑤ 생리휴가, 산전ㆍ산후 휴가 등의 고려가 필요하다.

(2) 연소근로자의 보호

① 취업 최저연령은 15세이다. 다만, 취직인허증을 발급받은 13세 이상 15세 미만인 자는 근로 가능하다.

② 유해, 위험근로가 제한된다.

③ 야간작업이 금지되며, 근로시간의 제한이 있다.

④ 취급물의 중량제한이 있다.

≡ 최근 기출문제 분석 ≡

2021. 6. 5. 서울특별시 시행

1 〈보기〉에서 설명하는 물질로 가장 옳은 것은?

> 은백색 중금속으로 합금제조, 합성수지, 도금작업, 도료, 비료제조 등의 작업장에서 발생되어 체내로 들어가면 혈액을 거쳐 간과 신장에 축적된 후 만성중독 시 신장기능장애, 폐기종, 단백뇨 증상을 일으킨다.

① 비소   ② 수은

③ 크롬   ④ 카드뮴

> **TIP** ④ 카드뮴 : 만성중독의 3대 증상에는 폐기종과 신장기능 장애, 단백뇨가 있으며 대표적인 증상으로는 뼈의 통증, 골연화증, 골소공증 등 골격계 장애가 있다.
> ① 비소 : 수용성무기 비소는 급성 독성을 가지고 있으며, 장기간 섭취할 경우 만성중독이 발생하여 피부증상 및 말초신경 장애, 당뇨, 신장계통의 이상, 심혈관계 질병, 암 등의 건강문제를 유발시킨다.
> ② 수은 : 자궁 내 태아의 조기 발육장애를 일으키는 독성물질이다. 주로 작업장에서 원소수은을 증기로 흡입할 때 인간에 대한 노출이 이루어지며, 수은에 오염된 물고기나 조개를 섭취하는 것도 중요한 노출경로이다.
> ③ 크롬 : 급성중독의 경우 신장장해, 만성중독의 경우 코, 폐 및 위장의 점막에 병변을 일으키며 대표적인 증상으로는 비중격천공이 있다.

2020. 6. 13. 제2회 서울특별시

2 근로자의 건강을 보호하기 위한 조치로 가장 옳지 않은 것은?

① 「근로기준법」 및 동법 시행령에 따라 취직인허증을 지니지 않은 15세 미만인 자는 근로자로 사용하지 못한다.

② 「근로기준법」 및 동법 시행령에는 임산부를 위한 사용금지 직종을 규정하고 있다.

③ 근로 의욕과 생산성을 위히여 근로지를 적재적소에 배치한다.

④ 「근로기준법」상 수유시간은 보장되지 않는다.

> **TIP** ④ 생후 1년 미만의 유아(乳兒)를 가진 여성 근로자가 청구하면 1일 2회 각각 30분 이상의 유급 수유 시간을 주어야 한다〈「근로기준법」 제75조〉.

Answer 1.④ 2.④

출제 예상 문제

1 여성노동자를 고용한 경우 고려할 점이 아닌 것은?

① 유해물질 작업장에는 배치하지 않는다.

② 작업강도는 5.0이어야 한다.

③ 출산자는 산후휴가를 주어야 한다.

④ 여성의 생리현상을 고려해야 한다.

·····

TIP 여성근로자의 보호
    ㉠ 여성 직종에 맞게 적정배치를 한다.
    ㉡ 주작업의 근로강도는 RMR 2.0 이하로 한다.
    ㉢ 중량물 취급작업은 중량을 제한(20kg)한다.
    ㉣ 서서 하는 작업과 휴식시간을 조정한다.
    ㉤ 고·저온 작업에서는 작업조건과 냉·난방을 고려한다.
    ㉥ 공업독물(납, 벤젠, 비소, 수은) 취급작업시는 유산·조산·사산의 우려가 있으므로 이에 대한 고려가 필요하다.
    ㉦ 생리휴가, 산전·산후 휴가 등의 고려가 필요하다.

2 우리나라에서 산업재해보상보험법이 제정, 공포된 연도는 언제인가?

① 1953년

② 1963년

③ 1977년

④ 1980년

·····

TIP ㉠ 1953년 : 근로기준법 제정, 공포
    ㉡ 1963년 : 산업재해보상보험법 제정, 공포
    ㉢ 1977년 : 1월 의료보호 시작, 7월 의료보험 시작
    ㉣ 1980년 : 노동청을 노동부로 개칭
    ㉤ 1981년 : 산업안전보건법 제정, 공포

Answer 1.② 2.②

3 1902년 공장법을 제정하여 근로자보호의 기초를 마련한 나라는 어디인가?

① 독일
② 영국
③ 미국
④ 스웨덴

TIP 영국은 1902년 최초로 공장법을 제정하였다.

4 근로기준법에 규정된 취업 최저연령은 몇 세인가?

① 11세
② 13세
③ 15세
④ 18세

TIP 취업 최저연령은 15세이다.
 ※ 최저연령과 취직인허증〈근로기준법 제64조, 시행령 제35조〉
  ㉠ 15세 미만인 자는 근로자로 사용하지 못한다.
  ㉡ 고용노동부장관이 발급한 취직인허증을 지닌 자는 근로자가 될 수 있다. 취직인허증은 13세 이상 15세 미만인 자가 받을 수 있다. 다만, 예술공연 참가를 위한 경우에는 13세 미만인 자도 취직인허증을 받을 수 있다.

5 근로기준법에 의한 여성근로자의 보호사항이 아닌 것은?

① 도덕적 · 보건적 유해작업을 제한한다.
② 주 근로강도는 2.0 이하로 한다.
③ 중량물을 20kg으로 제한한다.
④ 산전, 산후를 통하여 90일의 보호휴가를 준다.

TIP 여성근로자의 보호
 ㉠ 저정배치를 한다.
 ㉡ 서서 하는 작업과 휴식시간을 조정한다.
 ㉢ 고온 · 저온 작업에서 작업조건을 고려한다.
 ㉣ 공업독물 취급시 유산 · 조산 · 사산의 우려를 고려한다.
 ㉤ 주 근로강도는 2.0 이하로 한다.
 ㉥ 중량물을 20kg으로 제한한다.
 ㉦ 산전, 산후를 통하여 90일의 보호휴가를 준다.
 ㉧ 작업조건과 냉 · 난방을 고려한다.

Answer 3.② 4.③ 5.①

6 연소근로자의 특징으로 볼 수 없는 것은?

① 인격의 형성·발달이 왜곡되기 쉽다.

② 체력이 가장 왕성한 시기이므로 근로강도를 제한할 필요가 없다.

③ 인체의 일부가 부분적으로 성장하거나 기능이 중지하는 경우가 많다.

④ 산업질환이나 공업중독 등 화학물질에 대한 감수성이 크다.

TIP 연소근로자의 특징
ⓐ 연소자는 신체, 정신의 발육과정에 있으므로 중노동은 성장발육을 저해하고 통찰력, 신경작용, 운동조절능력을 열등화할 수 있다.
ⓑ 직업병 및 공업중독에 취약하다.
ⓒ 인격발달이 저해되기 쉽다.
ⓓ 화학물질에 대한 감수성이 크다.

7 우리나라에서 산업안전보건법이 제정·공포된 때는?

① 1953년   ② 1963년

③ 1977년   ④ 1981년

TIP 산업안전보건법은 1981년 제정·공포되었다.

8 산업보건과 관련깊은 국제기구는?

① WTO   ② ILO

③ UNICEF   ④ IOPH

TIP ILO(국제노동기구)
ⓐ 의의 : ILO는 1919년 발족되어 산업보건의 발전을 주도하게 되었다.
ⓑ 산업보건의 정의 : 국제노동기구(ILO)는 모든 직업에서 일하는 근로자들의 육체적·정신적·사회적 건강을 고도로 유지·증진 시키며, 작업조건으로 인한 질병을 예방하고 건강에 유해한 취업을 방지하며 근로자를 생리적·심리적으로 적합한 작업환경에 배치하여 일하도록 하는 것이라 했다.

Answer 6.② 7.④ 8.②

02 산업보건의 내용

01 산업피로

① 원인 및 방지대책

(1) 산업피로의 원인

① **환경적 원인** … 온도, 습도, 조도, 소음, 환기, 작업시간(중등작업 시 50분 작업 10분 휴식, 정밀작업 시 25분 작업 5분 휴식), 작업강도 등

② **신체적 원인** … 연령, 성별, 체력, 체격, 작업숙련도, 수면시간, 신체결함, 각종 질병 등

③ **심리적 원인** … 의욕저하, 책임감 가중, 각종 불만, 가정불화, 계속적인 피로 등

(2) 방지대책

① 작업시간, 작업밀도, 휴식시간을 적절히 배분한다.

② 여가, 휴일, 레크리에이션을 이용한다.

③ 작업환경을 개선(안전, 위생 등)한다.

④ 개인의 특성에 맞게 적절히 배치한다.

(3) 근로자의 영양관리

① **중노동** … 비타민B_1, 칼슘이 필요하다.

② **고온작업** … 비타민A · B_1 · C, 식염이 필요하다.

③ **저온작업** … 비타민A · B_1 · C, 지방질이 필요하다.

④ **소음이 심한 작업** … 비타민B가 필요하다.

② 근로시간

(1) 표준근로시간
① 1919년 제1회 국제노동헌장 ··· 8시간/1일, 48시간/1주를 초과할 수 없다.
② 1931년 제1회 국제노동헌장 ··· 8시간/1일, 40시간/1주를 초과할 수 없다.
③ 우리나라 근로기준법 ··· 8시간/1일, 40시간/1주를 초과할 수 없다.

(2) 근로시간 단축을 요하는 작업
① 저임금 근로자와 신규채용자
② 여성과 연소자의 근로
③ 야간업무일 경우
④ 심신 이상자(병후, 생리일, 임신, 산후 4~6주 사이)
⑤ 작업내용이 극도로 강해진 경우
⑥ 의식주 조건과 작업환경이 극히 불량인 경우

02 산업재해

① 산업재해의 개요

(1) 개념
근로자가 업무에 관계되는 작업으로 인하여 원하지도 않고, 계획하지도 않은 사건이 발생하여 사망, 불구, 폐질 등의 상태가 발생하는 것을 말한다.

(2) 특성
① 여름(7, 8, 9월), 겨울(12, 1, 2월)에 많이 발생한다.
② 목요일과 금요일에 다발한다.
③ 오전취업 3시간 전과 오후 업무시작 2시간 전에 다발한다.

> **TIP** Heinrich의 법칙 ··· 현성 재해 : 불현성 재해 : 잠재성 재해 = 1 : 29 : 300

(3) 재해지표

① 건수율 $= \dfrac{\text{재해 건수}}{\text{평균 실근로자 수}} \times 1,000$

② 도수율 $= \dfrac{\text{재해 건수}}{\text{연근로시간 수}} \times 1,000,000$

③ 강도율 $= \dfrac{\text{근로 손실일수}}{\text{연근로시간 수}} \times 1,000$

④ 평균 손실일수(중독률) $= \dfrac{\text{근로 손실일수}}{\text{재해 건수}} \times 1,000$

② 재해보상

(1) 재해보상 등급

재해보상은 14등급으로 되어 있다.

(2) 재해보상 근거

① **근로기준법** … 업무상 부상과 질병을 대상으로 하며, 사용자의 과실 여부를 묻지 않고 보상한다.

② **산업재해보상보험법** … 모든 사업장에 적용되는 것으로 근로자들이 많은 피해가 발생하여 사업자가 현실적으로 재해보상의 책임을 다할 수 없으므로, 정부가 주체가 되어 위험부담을 나누기 위해 보험제를 마련하였다.

> **TIP** 산업재해보상보험의 원리
> ⊙ 사회보험방식 : 사용자 직접보상방식은 산업재해를 당한 근로자에 대한 실질적 보상 실현을 보장하기 어렵기 때문에 국가의 책임하에 이루어지는 사회보험방식을 적용한다.
> ⓛ 무과실책임주의 : 근로자의 업무상 재해에 대하여 근로자와 사용자의 고의·과실여부에 상관없이 보상을 보장한다.
> ⓒ 정률보상주의 : 산재보험에서 현물급여인 요양급여를 제외한 현금급여에 대해서는 산재근로자의 연령, 직종, 노동능력 및 근무시간 등에 상관없이 평균임금을 기초로 하여 법령에서 정한 일정률에 따라 보험급여를 지급한다.
> ⓔ 현실우선주의 : 산재근로자와 유족의 생활을 조기에 안정시키고 보호하기 위하여 현실을 우선하여 적용한다.

03 직업병

① 직업병의 종류

(1) 일반 직업병

① 고온작업

    ㉠ **열경련** : 체내 수분, 염분 소실로 발생하며 생리 식염수를 섭취한다.

    ㉡ **열허탈** : 말초 혈액순환 부전으로 혼수상태와 허탈증상을 보인다. 실내에서 안정시켜 체온을 정상화한다.

    ㉢ **울열증(열사병)** : 체온조절의 부조화로 뇌온상승, 중추신경 장애, 체온상승의 증세가 나타나는데, 이때 체온이 43℃ 이상에서는 약 80%가, 43℃ 이하에선 약 40%가 사망한다. 처치로는 수분정맥주사, 체온의 급속냉각이 있다.

    ㉣ **열쇠약증** : 만성적 체열소모로 전신권태, 식욕부진, 위장장애, 빈혈의 증세가 나타나며 비타민B_1을 투여하고 휴식시킨다.

② 저온작업

    ㉠ 동상, 침수족, 참호족, 발적, 종창 등을 유발한다.

    ㉡ 1도(발적), 2도(수포), 3도(괴사)로 분류된다.

③ **불량조명** … 안정피로, 안구진탕증(탄광부), 근시 등이 발생한다.

④ 자외선 노출작업

    ㉠ 여름철 직사광선 작업이나 눈·얼음 위에서의 작업 또는 전기용접 시 발생한다.

    ㉡ 피부암, 피부색소 침착 등을 유발한다.

⑤ **적외선 노출작업** … 대장공, 용접공의 백내장, 열사병, 노선작업, 유리가공, 제철작업 시 발생된다.

⑥ 방사선

    ㉠ **라듐취급자** : 백혈병의 우려가 있다.

    ㉡ **증상** : 임파선 및 골수에 작용하여, 조혈장애 및 면역기능을 저하시킨다.

⑦ 기압작업

    ㉠ **고기압** : 잠함병(고압에서 저압으로 급격한 기압변화 시 체내 질소가스의 증가로 발생), 치통, 시력장애, 현기증, 손발마비, 관절장애, 고막의 불쾌감 등이 생긴다.

    ㉡ **저기압** : 고산병, 치통, 이명 등이 생긴다.

⑧ **소음작업** … 소음성 난청을 유발한다.

    ㉠ **가청음역** : 20~20,000Hz

    ㉡ **생활음역** : 300~3,000Hz

    ㉢ **소음성 난청음역** : 3,000~6,000Hz(100~120dB)

⑨ **진동작업** … 병타공, 연마공, 착암공에게서 발생한다. Raynaud's Disease로 불리는 이 병은 진동공구 사용 시에 손가락 등 사지가 창백하게 변하면서 통증이 생기는 국소 진동증상을 보인다.

⑩ **진애작업** … 분진(먼지) 0.5~5μm의 크기가 폐포침착률이 높다.

    ㉠ **진폐증** : 먼지에 의한 신체장애의 총칭이다.

    ㉡ **규폐증**

      • 유리규산의 분진흡입으로 폐에 만성섬유증식 발생질환(폐결핵)이 생기는 것이다.

      • 석탄광부에게 많이 발생한다.

    ㉢ **석면폐증** : 소화용제, 절연제, 내화직물제조 근로자에서 암을 발생시킨다.

    ㉣ **면폐증(섬유폐증)**

⑪ **공업중독**

    ㉠ **납 중독**

      • 증상 : 빈혈, 두통, 신경마비, 복부 팽만감, 관절통 등의 증상을 유발한다.

      • 예방 : 국소배기, 개인보호구 착용, 작업 후와 식전 손 씻기 등으로 예방하고, 빈혈자와 임산부는 사용하지 않는다.

      • 인쇄공, 연 용접공, 페인트공, 안료공, 장난감 공장 근로자에게서 발생한다.

    ㉡ **수은 중독**

      • 증상 : 구내염, 피로감, 홍독성 흥분이나 미나마타병을 유발한다.

      • 처치 : 우유나 계란 흰자를 먹여 단백질과 수은을 결합시켜 소변으로 배설하게 한다.

    ㉢ **카드뮴 중독**

      • 접촉성 피부염, 전신장애, 이타이이타이병을 유발한다.

      • 허용농도는 $0.2mg/m^3$이고 합성수지, 도료, 안료공에게서 발생한다.

    ㉣ **크롬 중독**

      • 비중격천공, 비염, 인후염, 기관지염을 유발한다.

      • 허용농도는 $0.1mg/m^3$ 이하이다.

    ㉤ **벤젠 중독**

      • 조혈기능장애, 두통, 현기증, 오심, 구토, 근육마비, 피부의 홍반·괴사 등의 증상이 있다.

      • 조혈기능장애를 일으키는 것이 특징이며 백혈병을 일으킨다.

    ㉥ **일산화탄소(CO) 중독**

      • 중독시 증상 : 두통, 현기증과 같은 자각증상과 구토, 매스꺼움, 복통, 이명(귀울림), 질식, 시신경 장애, 호흡곤란, 경련을 동반한다.

- 중독 후유증 : 지각장애, 청력과 시신경 장애, 심장장애, 특히 뇌조직과 신경계에 가장 큰 장애를 일으킨다.
  △ 비소(As) 중독
  - 급성중독 증상 : 소화기, 호흡기, 신경계통 및 피부에 장애를 일으킨다. 주로 피로하며 토하고, 피부가 노래지며 배와 머리가 아프고, 심한 경우 신경이상 증세가 오고 호흡이 곤란해진다.
  - 만성중독 증상 : 피부가 거칠어지고 식욕부진, 사지마비, 감각을 잃기도 한다. 장기적인 다량 섭취로 인해 피부암이나 폐암이 발생하기도 한다.

(2) 환경불량 직업병

① 이상고온 … 열중증을 일으키고 용광로공, 화부 등에게서 많이 발생한다.

② 이상기압 … 고산병, 잠함병, 항공병의 원인이 된다.

③ 이상소음 … 조선공 · 제철공 등에게 직업성 난청을 유발한다.

④ 이상저온 … 냉동작업, 터널작업시 참호족, 동상이 발생한다.

⑤ 방사선 장애 … X-Ray, 방사선 물질 등으로 인해 발생한다.

⑥ 이상진동 … 착암공, 천공공, 도로작업공 등에게 수지감각 마비, 골 · 관절 장애를 유발한다.

② 직업병의 예방

(1) 의의

특정한 직업에 종사하는 사람의 직업이 원인이 되어 발생한 질병을 말한다.

(2) 예방대책

① 개인 보호구 착용

② 정기적인 건강진단 실시

③ 작업환경 개선(환기시설, 국소 배기시설)

④ 유해물질 발생억제

⑤ 예방적인 약제 또는 영양제 투입

⑥ 후생시설 설비(탈의장, 세면장 등)

최근 기출문제 분석

2022. 6. 18. 제1회 지방직 시행

1 「산업안전보건법 시행규칙」상 중대재해에 해당하지 않는 것은?

① 사망자가 1명 발생한 재해

② 3개월 이상의 요양이 필요한 부상자가 동시에 2명 발생한 재해

③ 부상자가 동시에 10명 발생한 재해

④ 직업성 질병자가 동시에 5명 발생한 재해

> **TIP** 중대재해의 범위〈산업안전보건법 시행규칙 제3조〉
> ㉠ 사망자가 1명 이상 발생한 재해
> ㉡ 3개월 이상의 요양이 필요한 부상자가 동시에 2명 이상 발생한 재해
> ㉢ 부상자 또는 직업성 질병자가 동시에 10명 이상 발생한 재해

2022. 2. 26. 제1회 서울특별시 시행

2 산업장의 작업환경관리 중 격리에 해당하는 것은?

① 개인용 위생보호구를 착용한다.

② 위험한 시설을 안정한 시설로 변경한다.

③ 유해 물질을 독성이 적은 안전한 물질로 교체한다.

④ 분진이 많을 때 국소배기장치를 통해 배출한다.

> **TIP** ②③ 대치에 해당한다.
> ④ 환기에 해당한다.

Answer 1.④ 2.①

3 카드뮴(Cd) 중독으로 인한 일본의 환경오염 문제를 사회적으로 크게 부각시킨 것으로 가장 옳은 것은?

① 욧카이치 천식　　　　　　　　　② 미나마타병

③ 후쿠시마 사건　　　　　　　　　④ 이타이이타이병

> **TIP** ④ 기후현 가미오카에 있는 미츠이 금속광업 가미오카 광산에서 아연을 제련할 때 광석에 포함되어 있던 카드뮴을 제거하지 않고 그대로 강에 버린 것이 원인으로 증상 진행에 대해서는 아직 완전히 해명되어 있지는 않지만, 카드뮴에 중독되면 신장에 문제가 발생하여 임신, 내분비계에 이상이 오고 칼슘이 부족하게 된다. 이로 인해 뼈가 물러져서 이타이이타이병이 나타나는 것으로 파악된다.
> ① 1950년대 일본 욧카이치 시의 석유 화학 공단에서 이산화질소 따위의 유해 물질이 배출되어 발생한 대기 오염 사건으로 각종 호흡기 질환으로 1,231명의 피해자와 80여 명의 사망자를 낳았다.
> ② 수은중독으로 인해 발생하는 다양한 신경학적 증상과 징후를 특징으로 하는 증후군이다. 1956년 일본의 구마모토현 미나마타시에서 메틸수은이 포함된 조개 및 어류를 먹은 주민들에게서 집단적으로 발생하면서 사회적으로 큰 문제가 되었다. 문제가 되었던 메틸수은은 인근의 화학 공장에서 바다에 방류한 것으로 밝혀졌고, 2001년까지 공식적으로 2265명의 환자가 확인되었다. 1965년에는 니가타 현에서도 대규모 수은중독이 확인되었다.
> ③ 후쿠시마 제1 원자력 발전소 사고는 2011년 3월 11일 도호쿠 지방 태평양 해역 지진으로 인해 JMA진도 7, 규모 9.0의 지진과 지진 해일로 도쿄전력이 운영하는 후쿠시마 제1 원자력 발전소의 원자로 1-4호기에서 발생한 누출 사고이다.

4 '(근로손실일수 / 연 근로시간 수) × 1,000'으로 산출하는 산업재해 지표는?

① 건수율　　　　　　　　　　　　② 강도율

③ 도수율　　　　　　　　　　　　④ 평균손실일수

> **TIP** ② 1,000 근로시간당 재해로 인한 근로손실일수
> ① (재해건수 / 평균 실근로자수) × 1,000
> ③ (재해건수 / 연근로시간수) × 1,000,000
> ④ (손실노동시간수 / 사고건수) × 1,000

Answer 3.④ 4.②

5 산업재해 보상보험의 원리가 아닌 것은?

① 사회보험방식   ② 무과실책임주의

③ 현실우선주의   ④ 정액보상방식

> **TIP** 산업재해 보상보험의 원리
> ㉠ 사회보험방식: 사용자 직접보상방식은 산업재해를 당한 근로자에 대한 실질적 보상 실현을 보장하기 어렵기 때문에 국가의 책임하에 이루어지는 사회보험방식을 적용한다.
> ㉡ 무과실책임주의: 근로자의 업무상 재해에 대하여 근로자와 사용자의 고의 · 과실여부에 상관없이 보상을 보장한다.
> ㉢ 정률보상주의: 산재보험에서 현물급여인 요양급여를 제외한 현금급여에 대해서는 산재근로자의 연령, 직종, 노동능력 및 근무시간 등에 상관없이 평균임금을 기초로 하여 법령에서 정한 일정률에 따라 보험급여를 지급한다.
> ㉣ 현실우선주의: 산재근로자와 유족의 생활을 조기에 안정시키고 보호하기 위하여 현실을 우선하여 적용한다.

6 산업재해의 정도를 분석하는 여러 지표 중 '연근로시간 100만 시간당 몇 건의 재해가 발생하였는가'를 나타내는 지표는?

① 강도율   ② 도수율

③ 평균손실일수   ④ 건수율

> **TIP** ② 도수율 $= \dfrac{\text{재해건수}}{\text{총근로시간수}} \times 1,000,000$
>
> ① 강도율 $= \dfrac{\text{총근로손실일수}}{\text{총근로시간수}} \times 1,000$
>
> ③ 평균손실일수 $= \dfrac{\text{손실작업일수}}{\text{재해건수}} \times 1,000$
>
> ④ 건수율 $= \dfrac{\text{재해건수}}{\text{평균작업자수}} \times 1,000$

7 특수건강진단을 받아야 하는 근로자는?

① 1달에 7~8일간 야간작업에 종사할 예정인 간호사

② 장시간 컴퓨터작업을 하는 기획실 과장

③ 하루에 6시간 이상 감정노동에 종사하는 텔레마케터

④ 당뇨 진단으로 인해 작업전환이 필요한 제지공장 사무직 근로자

> **TIP** 특수건강진단은 산업안전보건법 제43조의 규정에 의하여 소음, 분진, 화학물질, 야간작업 등 유해인자에 노출되는 근로자에게 실시하여 직업성 질환을 예방, 근로자 건강을 보호 및 유지를 목적으로 한다.

Answer 5.④ 6.② 7.①

8 산업장에서 발생할 수 있는 중독과 관련된 질환에 대한 설명으로 가장 옳은 것은?

① 수은 중독은 연빈혈, 연선, 파킨슨증후군과 비슷하게 사지에이상이 생겨 보행장애를 일으킨다.

② 납 중독은 빈혈, 염기성 과립적혈구수의 증가, 소변 중의코프로폴피린(corproporphyrin)이 검출된다.

③ 크롬 중독은 흡입 시 위장관계통 증상, 복통, 설사 등을 일으키고, 만성 중독 시 폐기종, 콩팥장애, 단백뇨 등을 일으킨다.

④ 카드뮴 중독은 호흡기 장애, 비염, 비중격의 천공, 적혈구와 백혈구 수의 감소(조혈장애) 등을 가져온다.

> **TIP** ① 수은 중독 : 발열, 오한, 오심, 구토, 호흡 곤란, 두통, 폐부종, 청색증, 양측성 폐침윤(급성) / 구강염증, 진전(떨림), 정신적 변화(만성)
> ③ 크롬 중독 : 궤양, 비중격천공, 호흡기 장애, 신장 장애.
> ④ 카드뮴 중독 : 뼈가 연화하여 변형 · 골절, 단백뇨 등의 신장해

9 강도율에 대한 설명 중 옳지 않은 것은?

① 산업재해의 경중을 알기 위해 사용

② 근로시간 1,000시간당 발생한 근로손실일수

③ 인적 요인보다는 환경적 요인으로 발생되는 재해를 측정

④ 근로손실일수를 계산할 때, 사망 및 영구 전노동불능은 7,500일로 계산

> **TIP** 강도율 … 재해발생률을 표시하는 방법 중 하나로, 재해규모의 정도를 표시한다. 1000 근로시간당의 근로손실일수를 나타낸 것으로, 총근로손실일수 ÷ 총근로시간수 × 1,000의 식으로 산출한다. 소수점 이하 세 자리에서 반올림하여 구하는데, 수치가 낮으면 중상재해가 적고 높으면 중상재해가 많음을 뜻한다.

Answer 8.② 9.③

출제 예상 문제

1 근로자에 대한 건강진단 결과의 건강관리구분 판정기준에 대한 설명으로 옳지 않은 것은?

① A : 정상자

② R : 질환의심자

③ D1 : 직업병 유소견자

④ C2 : 직업병 요관찰자

TIP ④ C2는 일반질병 요관찰자이다.

2 직업병의 3대 요인으로 옳은 것은?

① 연 중독, 수은 중독, 크롬 중독

② 연 중독, 벤젠 중독, 규폐증

③ 크롬 중독, 카드뮴 중독, 벤젠 중독

④ 연 중독, 카드뮴 중독, 수은 중독

TIP 3대 직업병 … 연(납) 중독, 벤젠 중독, 규폐증

3 다음 중 분진에 의한 직업병이 아닌 것은?

① 수폐증

② 진폐증

③ 석면폐증

④ 규폐증

TIP 진애(분진)에 의한 직업병 … 진폐증, 규폐증, 석면폐증, 면폐증(섬유폐증)

Answer 1.④ 2.② 3.①

4 재해발생 상황을 총괄적으로 파악할 수 있는 지표인 건수율의 분모는?

① 평균 실근로자 수 　　　　　　　② 종업원수

③ 재해 건수 　　　　　　　　　　　④ 손실작업 일수

TIP 건수율 $= \left(\dfrac{\text{재해 건수}}{\text{평균 실근로자 수}}\right) \times 1,000$

5 다음 중 직업병으로 유발되지 않는 암은?

① 방광암 　　　　　　　　　　　　② 폐암

③ 간암 　　　　　　　　　　　　　④ 유방암

TIP ④ 유방암은 가족력 또는 다지방 식습관, 무수유로 인해 발생한다.

6 중금속 중독의 원인물질과 그 증상의 연결이 잘못된 것은?

① 납 – 빈혈

② 비소 – 비중격결손, 기관지염

③ 카드뮴 – 신장기능 약화, 단백뇨

④ 아연 – 위장 장애, 금속열

TIP 비소 중독

　㉠ 급성중독 : 소화기, 호흡기, 신경계통, 피부에 장애를 일으키고 심한 경우에는 신경이상 증세, 호흡곤란 등이 나타난다.

　㉡ 만성중독 : 피부암이나 폐암의 원인이 된다.

　※ 크롬 중독의 경우 비중격결손이나 천공, 기관지염 등이 나타난다.

Answer 4.① 5.④ 6.②

7 레이노드 디지즈(Raynaud's Disease)의 원인은?

① 진동

② 소음

③ 납 중독

④ 고온작업

TIP Raynaud's Disease … 연마공, 착암공, 병타공에게 나타나는 국소 진동증상이다.

8 다음 산업재해지표의 공식으로 알맞은 것은?

① 건수율 $= \dfrac{\text{재해 건수}}{\text{평균 근로시간}} \times 1,000$

② 강도율 $= \dfrac{\text{근로 손실일수}}{\text{평균 근로자 수}} \times 1,000$

③ 건수율 $= \dfrac{\text{재해 건수}}{\text{총 근로자 수}} \times 1,000$

④ 강도율 $= \dfrac{\text{근로 손실일수}}{\text{연간 근로자 수}} \times 1,000$

TIP 건수율과 강도율

㉠ 건수율 $= \dfrac{\text{재해 건수}}{\text{평균 실근로자 수(총 근로자 수)}} \times 1,000$

㉡ 강도율 $= \dfrac{\text{근로 손실일수}}{\text{연간 근로시간 수}} \times 1,000$

9 고온작업이나 중노동자에게 특히 많이 섭취시켜야 할 영양소는?

① 비타민E

② 티아민(비타민B_1)

③ 탄수화물

④ 지방

TIP 고온작업과 중노동 노동자의 필수 영양소

㉠ 고온작업 : 비타민A, B, C, 염분

㉡ 중노동 : Vt.B_1, 칼슘

Answer 7.① 8.③ 9.②

10 다음 중 산업환기로 제거될 수 있는 것은?

> ㉠ 유해한 고열　　　　　　　　㉡ 특정한 유해물질
> ㉢ 금속먼지　　　　　　　　　　㉣ 유기용제(중금속)

① ㉠㉡　　　　　　　　　　　　② ㉠㉣
③ ㉠㉡㉢　　　　　　　　　　　④ ㉠㉡㉢㉣

TIP 공기 중 입자상 물질(먼지), 고열화학물질가스, 증기, 유기용제는 환기로서 제거될 수 있다. 특정한 유해물질은 카드뮴, 비소, 수은 등으로 환기로 제거될 수 없고 금속먼지도 일반 먼지와 달리 환기로 제거되지 않는다.

11 다음 중 산업재해지표와 상관이 없는 것은?

① 중독률　　　　　　　　　　　② 도수율
③ 강도율　　　　　　　　　　　④ 발병률

TIP 산업재해지표에는 도수율, 강도율, 건수율, 중독률(평균 손실일수)이 있다.

12 다음의 재해지표 중 실질적인 재해의 정도를 가장 잘 나타내는 것은?

① 중독률　　　　　　　　　　　② 도수율
③ 건수율　　　　　　　　　　　④ 강도율

TIP 도수율은 재해발생상황을 파악하기 위한 표준적 지표이다.

13 다음 중 벤젠중독의 특이증상은 어느 것인가?

① 신근마비 현상　　　　　　　② 피부장해

③ 중추신경 장해　　　　　　　④ 조혈기관 장애

....

TIP 벤젠중독은 피부홍반, 괴사, 두통, 구토, 근육마비 등의 증상을 보이나 조혈기관 장해가 가장 큰 특징이다.

14 다음의 직업 중 연(납) 중독과 상관이 없는 것은?

① 납 용접공

② 축전지 납 도포공

③ 납의 소결, 용광로 작업공

④ 페인트공

....

TIP 연(납) 중독은 인쇄공, 연 용접공, 페인트공, 안료공, 장난감공에게서 발생된다.

15 다음 중 고온환경과 관계없는 질병은?

① 진폐증　　　　　　　　　　② 열경련

③ 열허탈증　　　　　　　　　　④ 열사병

....

TIP 열중증에는 열경련, 열허탈, 열사병, 열쇠약이 있다.

Answer　13.④　14.③　15.①

16 다음 중 진폐증을 일으키는 먼지의 크기는?

① $0.1\mu m$ 이하

② $0.5{\sim}5\mu m$

③ $5{\sim}10\mu m$

④ $5{\sim}20\mu m$

....

TIP $0.5{\sim}5\mu m$의 크기가 폐포침착률이 가장 높다. $0.5\mu m$ 이하의 크기는 호흡운동에 의해 다시 배출되고, $5\mu m$ 이상의 크기는 객담
과 함께 배출되거나 식도를 넘어가 배설된다. 진폐증의 종류로는 규폐증, 석면폐증, 면폐증 등이 있다.

17 노동강도가 높은 근로자가 주로 섭취해야 할 식품으로 구성된 것은?

① 탄수화물, 비타민A

② 탄수화물, 비타민B

③ 단백질, 비타민E

④ 지방질, 비타민B

....

TIP 노동강도가 높은 근로자에게는 탄수화물, Vt.B, 칼슘이 많이 요구된다.

Answer 16.② 17.②

01 역학

01 역학의 개요

(1) 일반적 정의

질병발생현상에 대해 어떤 원인에 의해 어떤 경로로 그러한 결과를 가져왔는지 기술적·분석적·실험적으로 연구해 질병을 예방하고 근절하는 데 기여하기 위해 연구하는 학문이다.

(2) 목적

질병발생의 원인을 억제시켜 질병을 예방하려는 데 있다.

(3) 역할

① 질병 분야
  ㉠ 질병의 발생원인 규명
  ㉡ 질병의 발생 및 유행의 양상 파악
  ㉢ 자연사 연구

② 보건분야
  ㉠ 보건의료 서비스의 기획 및 평가
  ㉡ 임상분야에 기여
  ㉢ 보건연구전략개발의 역할

02 역학의 분류 및 측정지표

① 역학의 분류

(1) 기술역학

누가, 언제, 어디서, 무엇으로 그런 결과가 생겼는지 기록하는 1단계적 역학으로 질병의 분포와 결정인자를 연구한다.

(2) 분석역학

기술역학의 결과를 바탕으로 가설을 설정하고 '왜'에 대한 답을 구하는 단계이다. 2단계 역학이며 단면적 조사, 전향적(성) 조사, 후향적(성) 조사 등이 있다.

① **단면적(횡단적) 연구**(Cross-Sectional Study) … 어느 임의의 짧은 시간대 동안에 자료를 모아서 조사하는 연구이다. 즉, 일정한 인구집단을 대상으로 특정한 시점 또는 기간 내에 어떤 질병 또는 상태의 유무를 조사하고 그 집단의 구성원이 갖고 있는 각종 속성(연령, 성별, 교육 정도, 인종 등)과 연구하려는 질병과의 상관관계를 규명하는 연구방법으로 상관관계 연구라고도 한다.

② **전향적 조사**
  ㉠ 건강한 사람을 대상으로 특성별로 소집단을 구성해, 시간경과에 따른 발병률을 비교·조사하는 방법이다.
  ㉡ **코호트 연구**(Cohort Study) : 증상이나 질병 등 어떤 일이 일어나기 전에 미리 위험인자의 유무를 조사한 후 경과를 관찰하여 어느 군에서 증상이나 질병 등이 생기는가 관찰하는 연구로, 전향적 연구(Prospective Study)이다.

③ **후향적 조사**
  ㉠ 환자에게 왜 질병이 발생하였는지 그 원인을 조사하는 방법이다.
  ㉡ **환자 – 대조군 연구**(Case-control Study) : 질환이나 증상 등이 발생한 군과 그렇지 않은 군(대조군)을 놓고 과거에 폭로된 위험인자의 유무를 비교하는 연구로, 후향적 연구(Retrospective Study)이다.

④ **무작위 임상시험**[Randomized(Clinical) Controlled Trial, RCT] … EBM(근거중심 의학)의 상징처럼 되어 있는 대표적인 연구방법으로, 환자를 실험군(새로운 치료법 등)과 대조군(Placebo, 과거의 치료법 등)으로 무작위로 나누고 전향적으로 경과를 추적하여 의학적 행위의 효과를 비교하는 연구이다.

⑤ 상대위험도(=비교위험도, Relative Risk)

   ㉠ 개념 : 질병발생의 위험요인을 갖고 있거나, 폭로군에서의 질병발생률을 폭로되지 않은 군에서의 질병발생률로 나눈 것이다.

$$\text{상대위험도} = \frac{\text{위험인자에 폭로된 사람들에서의 발병률}}{\text{위험인자에 폭로되지 않은 사람들에서의 발병률}}$$

   ㉡ 후향성 조사에서의 상대위험도

구분	폐암 있음	폐암 없음	합계
흡연	a	b	a + b
비흡연	c	d	c + d
계	a + c	b + d	a + b + c + d

$$\therefore \text{폐암발생의 상대위험도} = \frac{\dfrac{a}{a+b}}{\dfrac{c}{c+d}}$$

⑥ 귀속위험도(Attributable Risk) ⋯ 어떤 위험한 요인에 의해 초래되는 결과의 위험도를 측정하는 방법으로 예방대책을 세우는 데 이용된다.

구분	폐암 있음	폐암 없음	합계
흡연	a	b	a + b
비흡연	c	d	c + d
계	a + c	b + d	a + b + c + d

   ⓐ $\dfrac{a}{a+b} = R_1$: 흡연시 폐암발생률

   ⓑ $\dfrac{c}{c+d} = R_2$: 비흡연시 폐암발생률

   ⓒ 귀속위험도 $= R_1 - R_2 = \dfrac{a}{a+b} - \dfrac{c}{c+d}$

(3) 실험역학

질병규명에 있어 실험적인 방법으로 이론을 입증하고자 하는 과정으로 임상역학이라고도 한다.

❷ 역학의 인자 측정지표

(1) 역학의 인자

① **숙주인자** … 연령, 성, 인종 등이 있다.

② **병인적 인자** … 병원체를 포함한 물리·화학적 성분 등이 있다.

③ **환경적 인자** … 자연 및 사회·경제적 환경 등이 있다.

(2) 측정지표

① **유병률(Prevalence Rate)** … 한 시점에서 한 개인이 질병에 걸려 있을 확률의 추정치를 제공하는 것으로, 어떤 특정한 시간에 전체 인구 중에서 질병을 가지고 있는 비율(구성비)이다.

$$유병률 = \frac{어느\ 시점(기간)에\ 있어서의\ 환자수}{인구} \times 1,000$$

② **발생률(Incidence Rate)** … 특정한 기간 동안에 일정한 인구집단 중에서 새롭게 질병 또는 사건이 발생하는 비율이다.

$$발생률 = \frac{어느\ 기간의\ 환자\ 발생수}{그\ 지역의\ 인구} \times 1,000$$

③ **발병률(Attack Rate)** … 어떤 집단이 한정된 기간에 한해서만 어떤 질병에 걸릴 위험에 놓여 있을 때 기간 중 주어진 집단 내에 새로 발병한 총수의 비율이다.

$$발병률 = \frac{연간\ 발생자\ 수}{위험에\ 폭로된\ 인구} \times 1,000$$

④ **이환율(Morbidity Rate, 이병률)** … 일정기간 내에서 이환자수의 특정인구에 대한 비율로, 주로 그 해의 일수를 이 기간의 일수로 나눈 값을 곱하여 연간의 율(연율)로 환산한다. 유병률이 정태적 비율을 나타내는 것에 비해 이환율은 동태적 비율을 나타낸다.

$$이환율 = \frac{연간\ 환자수}{연간\ 인구} \times 1,000$$

⑤ **치명률**(Case Fatality Rate) ⋯ 질병의 심각한 정도를 나타내는 수치로써, 특정질병에 이환된 자 중 사망한 자를 비율로 나타낸다.

$$치명률 = \frac{연간 어떤 질병에 의한 사망수}{그 질병의 환자수} \times 100$$

⑥ 사망률(Death Rate)

⑦ 비례사망지수(Proportional Mortality Indicator)

⑧ 영아사망률(Infant Mortality Rate)

⑨ 주산기사망률(Perinatal Mortality Rate)

⑩ 모성사망률(Maternal Mortality Rate)

⑪ 평균수명(Life Expectancy at Birth)

최근 기출문제 분석

2022. 6. 18. 제1회 지방직 시행

1 **역학이 추구하는 목적으로 옳지 않은 것은?**

① 질병발생의 원인 규명

② 효과적인 질병치료제 개발

③ 질병예방 프로그램 계획

④ 보건사업의 영향 평가

> **TIP** ② 질병 치료제가 아닌 연구 전략을 개발하는 역할을 수행한다.
> ※ 역학의 목적 및 역할
> ㉠ 질병 발생의 원인 규명
> ㉡ 연구 전략 개발
> ㉢ 질병 예방 보건사업의 기획 및 평가
> ㉣ 질병의 자연사에 대한 연구
> ㉤ 건강 수준 및 질병 양상, 임상의학에 대한 기여

2022. 6. 18. 제1회 지방직 시행

2 **역학 연구방법 중 코호트 연구의 장점으로 옳지 않은 것은?**

① 질병발생의 위험도 산출이 용이하다.

② 위험요인의 노출에서부터 질병 진행 전체 과정을 관찰할 수 있다.

③ 위험요인과 질병발생 간의 인과관계 파악이 용이하다.

④ 단기간의 조사로 시간, 노력, 비용이 적게 든다.

> **TIP** ④ 조사 기간이 길어 시간과 비용이 많이 든다.
> ※ 코호트 연구 장단점

구분	내용
장점	• 위험도 산출에 용이하다. • 인과관계 파악이 용이하다. • 질병 진행 과정을 관찰할 수 있다. • 신뢰성이 높다.
단점	• 많은 대상자를 요구한다. • 장기간 조사로 시간과 비용이 많이 든다. • 분류 시 착오와 오류가 발생할 수 있다.

Answer 1.② 2.④

3 리케차에 의한 인수공통감염병으로 옳은 것은?

① 탄저   ② 렙토스피라증

③ 큐열   ④ 브루셀라증

> **TIP** ③ 리케차는 절지동물이 옮기는 질병이며 박테리아와 크기가 흡사하다. 발진티푸스, 발진열, 큐열, 쯔쯔가무시병, 록키산 홍반열 등이 있다.
> ① 제1급 감염병
> ②④ 제3급 감염병

4 「감염병의 예방 및 관리에 관한 법률」상 명시된 필수예방접종 대상 감염병으로만 짝지어지지 않은 것은?

① 일본뇌염, 폐렴구균, 성홍열

② 인플루엔자, A형간염, 백일해

③ 홍역, 풍진, 결핵

④ 디프테리아, 폴리오, 파상풍

> **TIP** 필수예방접종 대상 감염병
> ㉠ 디프테리아   ㉡ 폴리오
> ㉢ 백일해   ㉣ 홍역
> ㉤ 파상풍   ㉥ 결핵
> ㉦ B형간염   ㉧ 유행성이하선염
> ㉨ 풍진   ㉩ 수두
> ㉪ 일본뇌염   ㉫ b형헤모필루스인플루엔자
> ㉬ 폐렴구균   ㉭ 인플루엔자
> ⓐ A형간염   ⓑ 사람유두종바이러스 감염증
> ⓒ 그 밖에 질병관리청장이 감염병의 예방을 위하여 필요하다고 인정하여 지정하는 감염병

5 감염병의 간접전파 매개체로 옳지 않은 것은?

① 개달물   ② 식품

③ 비말   ④ 공기

> **TIP** ①②④ 매개를 통해 전파되는 간접전파 매개체에 해당된다.
> ※ 비말전파 … 병원체가 매개체에 의한 중간 역할 없이 전파되는 직접전파에 해당한다. 기침이나 재채기, 대화 등으로 생성되며 대개 반경 90cm 이내의 전파거리를 갖는다.

Answer   3.③   4.①   5.③

6 「감염병의 예방 및 관리에 관한 법률」상 제1급 법정감염병에 해당하는 것은?

① 인플루엔자

② 유행성이하선염

③ 신종감염병증후군

④ 비브리오패혈증

> **TIP** ① 제4급 감염병
> ② 제2급 감염병
> ④ 제3급 감염병
> ※ 제1급감염병 … 생물테러감염병 또는 치명률이 높거나 집단 발생의 우려가 커서 발생 또는 유행 즉시 신고하여야 하고, 음압격리와 같은 높은 수준의 격리가 필요한 감염병으로서, 에볼라바이러스병, 마버그열, 라싸열, 크리미안콩고출혈열, 남아메리카출혈열, 리프트밸리열, 두창, 페스트, 탄저, 보툴리눔독소증, 야토병, 신종감염병증후군, 중증급성호흡기증후군(SARS), 중동호흡기증후군(MERS), 동물인플루엔자 인체감염증, 신종인플루엔자, 디프테리아를 말한다.

7 단면조사 연구(Cross − Sectional Study)의 장점에 대한 설명으로 가장 옳은 것은?

① 희귀한 질병의 연구에 적합하다.

② 연구시행이 쉽고 비용이 적게 든다.

③ 질병 발생 원인과 결과 해석의 선후관계가 분명하다.

④ 연구대상자의 수가 적어도 적용할 수 있는 방법이다.

> **TIP** ② 단면조사 연구는 인구집단을 특정한 시점이나 기간 내에 질병을 조사하고 질병과 인구집단의 관련성을 연구하는 방법으로, 한 번에 대상집단의 질병양상과 이에 관련된 속성을 동시에 파악할 수 있어 경제적이다.
> ① 희귀질환의 연구에 적합한 것은 후향적 조사(환자 − 대조군 조사)이다.
> ③ 전향적 조사
> ④ 후향적 조사
> ※ 전향적 조사와 후향적 조사의 장·단점

구분	전향적 조사	후향적 조사
장점	• 객관성을 유지할 수 있다 • 여러 결과를 동시에 관찰할 수 있다 • 상대위험도와 귀속위험도를 산출할 수 있다. • 시간적 선후관계를 알 수 있다.	• 시간이 절약된다. • 비용이 절약된다. • 희소질환에 적합하다. • 단시간 내 결론에 도달할 수 있다. • 대상자 수가 적다.
단점	• 많은 대상자가 필요하다. • 많은 시간이 필요하다. • 비용이 많이 든다.	• 기억·기록에 편견이 개재될 수 있다. • 정보수집이 불확실하다. • 대조군 선정이 어렵다. • 위험도 산출이 불가능하다.

Answer 6.③ 7.②

8 **기여위험도에 대한 설명으로 가장 옳지 않은 것은?**

① 코호트 연구(Cohort Study)와 환자 – 대조군 연구(Case–Control Study)에서 측정 가능하다.

② 귀속위험도라고도 한다.

③ 위험요인에 노출된 집단에서의 질병발생률에서 비노출된 집단에서의 질병발생률을 뺀 것이다.

④ 위험요인이 제거되면 질병이 얼마나 감소될 수 있는지를 예측할 수 있다.

> **TIP** ① 상대위험도에 대한 설명이다. 상대위험도(비교위험도)는 질병 발생의 위험요인을 갖고 있거나, 폭로군에서의 질병 발생
> 률을 폭로되지 않은 군에서의 질병 발생률로 나눈 것이다.
> ②③④ 기여위험도(귀속위험도)는 어떤 위험한 요인에 의해 초래되는 결과의 위험도를 측정하는 방법으로 예방대책을 세우
> 는 데 이용된다.

9 **코로나19 확진자를 발견하기 위해 1,000명을 대상으로 선별검사를 실시한 후, 〈보기〉와 같은 결과를 얻
었다. 선별검사의 민감도[%]는?**

───── 보기 ─────

검사결과	코로나19 발생 여부		계
	발생(+)	미발생(−)	
양성(+)	91	50	141
음성(−)	9	850	859
계	100	900	1,000

① 64.5 ② 91.0

③ 94.4 ④ 98.9

> **TIP** ② 민감도는 코로나19 발생(+) 환자가 양성 판정을 받을 확률이다.
> 즉, 91/(91 + 9) = 91/100 = 91.0(%)이다.

Answer 8.① 9.②

2022. 2. 26. 제1회 서울특별시 시행

10 당뇨병과 같은 만성질환 관리사업의 약품 수급에 대한 계획 시 가장 유용한 지표는?

① 유병률(prevalence rate)

② 발생률(incidence rate)

③ 발병률(attack rate)

④ 치명률(case fatality rate)

> **TIP** ① 당뇨병과 같은 만성질환은 질병을 가지고 있는 비율을 측정하는 유병률을 지표로 활용할 수 있다.
>
> ※ 측정지표
> ㉠ 유병률 : 한 시점에서 한 개인이 질병에 걸려 있을 확률의 추정치를 제공하는 것으로, 어떤 특정한 시간에 전체 인구 중에서 질병을 가지고 있는 비율(구성비)이다.
> 유병률 = 어느 시점(기간)에 있어서의 환자 수/인구 × 1000
> ㉡ 발생률 : 특정한 기간 동안에 일정한 인구집단 중에서 새롭게 질병 또는 사건이 발생하는 비율이다.
> ㉢ 발병률 : 어떤 집단이 한정된 기간에 한해서만 어떤 질병에 걸릴 위험에 놓여 있을 때 기간 중 주어진 집단 내에 새로 발병한 총수의 비율이다.
> ㉣ 치명률 : 질병의 심각한 정도를 나타내는 수치로 특정질병에 이환된 자 중 사망한 자를 비율로 나타낸다.

2021. 6. 5. 서울특별시 시행

11 위험요인과 질병발생의 인과관계 규명을 위하여 역학적 연구를 설계하고자 할 때 인과적 연관성에 대한 근거의 수준이 가장 높은 연구방법은?

① 실험연구

② 단면연구

③ 코호트연구

④ 환자 – 대조군연구

> **TIP** ① 실험연구는 연구자가 연구대상자의 참여 및 주요인 및 교란요인에 노출, 무작위 배정을 통하여 여러 연구 조건들을 직접 통제하여 연구수행과정에서 발생할 수 있는 각종 바이어스가 연구결과에 영향을 미치는 것을 최소한 것으로 인과적 연관성에 대한 근거의 수준이 가장 높다.
> ② 단면연구는 질병과 질병에 대한 위험요인 노출정보를 같은 시점 또는 같은 기간 내에 도출할 수 있는 역학적 연구형태로써 연구 설계 중 유일하게 유병률을 산출할 수 있는 연구방법이다.
> ③ 코호트 연구는 질병의 위험요인을 밝히고자 위험요인에 노출된 인구집단을 장시간 동안 추적관찰하여 질병이나 사망의 발생률을 비교하는 역학적 연구 설계이다.
> ④ 환자 – 대조군 연구는 연구하고자 하는 질병이 있는 환자군과 질병이 없는 대조군에서 유험요인에 대한 두 집단의 노출 정도를 비교하는 연구이다.

Answer 10.① 11.①

12 역학적 삼각형(epidemiologic triangle) 모형으로 설명할 수 있는 질환으로 가장 옳은 것은?

① 골절

② 콜레라

③ 고혈압

④ 폐암

> **TIP** 역학적 삼각형(epidemiologic triangle) … F.G.Clark가 질병발생의 요인을 숙주와 병인, 환경이라는 3가지 요인의 상호작용에 의한 것이라고 주장한 것이다. 숙주에 영향을 주는 요인에는 생물적 요인(성별, 연령, 종족 등), 체질적 요인(건강, 영양, 면역 등), 행태적 요인(생활습관, 개인위생 등), 유전적 요인이 있다. 병인에 영향을 주는 요인에는 병원소 밖에서 생존 및 증식하는 증력과 전파의 난이성, 숙주로의 침입 및 감염능력, 질병을 일으키는 능력이 있으며 환경영향을 주는 요인에는 물리·화학적 요인(계절, 기후 등)과 사회·문화적 요인(인구분포, 사회구조 등), 생물적 요인(매개곤충, 기생충 등)이 있다. 이는 가장 널리 사용되어온 모형이나 비감염성 질환의 발생을 설명하기에는 부적절하다. 거미줄 모형은 질병이 발생하는 경로를 표현하여 질병예방대책을 마련하는 데 도움을 주며, 수레바퀴모형은 질병발생에 대한 원인 요소들의 기여정도에 중점을 두어 역학적 분석에 도움을 준다. 거미줄 모형과 수레바퀴모형은 만성비감염성질환의 원인을 표현하는데 적합하여 골절, 고혈압, 폐암 등을 설명하는 데 적합하다.

13 〈보기〉에서 교차비(odds ratio)를 구하는 식으로 가장 옳은 것은?

위험 요인 노출	질병 발생	
	발생(+)	비발생(−)
노출(+)	a	b
비노출(−)	c	d

① $\dfrac{ad}{bc}$

② $\dfrac{a}{a+b} \div \dfrac{c}{c+d}$

③ $\dfrac{a+c}{a+b+c+d}$

④ $\dfrac{c}{c+d}$

> **TIP** 교차비(odds ratio) … 어떤 성공할 확률이 실패할 확률의 몇 배인지를 나타내는 확률을 의미한다. 즉, 위험인자에 노출된 사람 중에서 질병에 걸린 사람의 수를 질병에 걸리지 않은 사람의 수로 나누고 이를 다시 위험인자에 노출되지 않은 사람 중 질병에 걸린 사람 수를 질병에 걸리지 않은 사람으로 나누는 것을 말한다. 이것은 주로 위험인자에 노출된 경우 노출되지 않은 경우에 비해 질환이 발생할 위험이 몇 배 더 크다고 해석된다. 즉 요인이 없을 때(위험인자가 없을 때)에 대한 요인이 있을 때(위험 인자가 있을 때)의 교차비(odds ratio)를 나타낸다.

Answer 12.② 13.①

14 고혈압으로 인한 뇌졸중 발생의 상대위험도(relative risk)를 〈보기〉의 표에서 구한 값은?

─── 보기 ───

〈단위 : 명〉

	뇌졸중 발생	뇌졸중 비발생	계
고혈압	90	110	200
정상혈압	60	140	200
계	150	250	400

① (60/200) / (90/200)　　　　② (90/150) / (110/250)

③ (110/250) / (90/150)　　　　④ (90/200) / (60/200)

> **TIP**
> $$\text{상대위험도} = \frac{\text{위험인자에 폭로된 사람들에서의 발병률}}{\text{위험인자에 폭로되지 않은 사람들에서의 발병률}} = \frac{\frac{90}{90+110}}{\frac{60}{60+140}} = \frac{\frac{90}{200}}{\frac{60}{200}}$$

15 연구시작 시점에서 폐암에 이환되지 않은 사람을 대상으로 흡연자와 비흡연자를 20년간 추적 조사하여 폐암 발생 여부를 규명하는 역학조사 방법은?

① 전향적 코호트연구

② 환자대조군연구

③ 단면연구

④ 후향적 코호트연구

> **TIP** ①④ 코호트연구는 모집단에서 어떤 질병의 원인으로 의심되는 위험요인에 노출된 집단과 노출되지 않은 집단을 대상으로 일정 기간 두 집단의 질병발생 빈도를 추적조사하여 위험요인에 대한 노출과 특정 질병발생의 연관성을 규명하는 분석 역학 연구의 하나이다. 전향적 연구는 연구를 시작하기로 결정 후, 연구대상자를 선정하고 팔로우업을 시작하는 것이며, 후향적 연구는 팔로우업을 다하고 이미 데이터가 만들어져 있는 상태에서 시작하는 연구이다.
> ② 특정 질병의 유무로 환자군과 대조군을 선정하여 질환 요인에 대한 과거 혹은 현재의 노출 상태를 조사하고 두 군 간 노출 정도의 차이를 비교하는 연구 방법이다. 환자군과 대조군 사이에 요인 노출의 정도 차이가 존재한다면, 그 요인이 질병 발생과 연관이 있다고 추론할 수 있다.
> ③ 인구집단을 특정한 시점이나 기간 내에 질병을 조사하고 질병과 인구집단의 관련성을 연구하는 방법이다. 한 번에 대상 집단의 질병양상과 이에 관련된 여러 속성을 동시에 파악할 수 있으며, 경제적이므로 자주 사용된다.

Answer 14.④ 15.①

2020. 6. 13. 제2회 서울특별시

16 어느 지역에서 코로나19(COVID-19) 환자가 1,000여 명 발생했을 때, 가장 먼저 실시해야 할 역학연구는?

① 기술역학 ② 분석역학

③ 실험역학 ④ 이론역학

> **TIP** 기술역학은 누가, 언제, 어디서, 무엇으로 그런 결과가 생겼는지 기록하는 1단계적 역학으로 질병의 분포와 결정인자를 연구한다.

2019. 6. 15 제2회 서울특별시

17 ○○질환의 유병률은 인구 1,000명당 200명이다. ○○질환의 검사법은 90%의 민감도, 90%의 특이도를 가질 때 이 검사의 양성예측도는?

① 180/260 ② 80/260

③ 180/200 ④ 20/200

> **TIP** 민감도와 특이도가 검진을 받은 사람의 관점에서 검사법의 정확도를 판단한 것이라면, 양성예측도 또는 음성예측도는 검사법의 관점에서 그 정확도를 판단한다.

구분	환자	비환자
양성	a	b
음성	c	d

- 민감도 : 환자가 양성 판정을 받을 확률 = $\dfrac{a}{a+c}$ → 90%

- 특이도 : 비환자가 음성 판정을 받을 확률 = $\dfrac{d}{b+d}$ → 90%

- 양성예측도 : 검사법이 양성이라고 판단했을 때 환자일 확률 = $\dfrac{a}{a+b}$

- 음성예측도 : 검사법이 음성이라고 판단했을 때 비환자일 확률 = $\dfrac{d}{c+d}$

구분	환자(200명)	비환자(800명)
양성	a(180명)	b(80명)
음성	c(20명)	d(720명)

따라서 ○○질환의 유병률이 인구 1,000명당 200명일 때, 이 검사법의 양성예측도를 구하면,

양성예측도 $= \dfrac{a}{a+b} = \dfrac{180}{180+80} = \dfrac{180}{260}$ 이고, 음성예측도는 $= \dfrac{d}{c+d} = \dfrac{720}{20+720} = \dfrac{720}{740}$ 이다.

Answer 16.① 17.①

2019. 6. 15 제2회 서울특별시

18 환자-대조군 연구에서 짝짓기(matching)를 하는 주된 목적은?

① 선택바이어스의 영향을 통제하기 위하여

② 정보바이어스의 영향을 통제하기 위하여

③ 표본추출의 영향을 통제하기 위하여

④ 교란변수의 영향을 통제하기 위하여

> **TIP** 환자-대조군 연구는 연구하고자 하는 질병이 있는 집단(환자군, cases)과 없는 집단(대조군, controls)을 선정하여 질병의 발생과 관련되어 있으리라 생각하는 잠정적 위험요인에 대한 두 집단의 과거 노출율을 비교하는 방법이다. 일반적으로 환자군은 선정할 수 있는 모집단의 규모가 제한되어 있기 때문에 전수조사를 하지만, 대조군은 모집단의 규모가 크기 때문에 확률표본을 추출하는 경우가 많다. 이때, 교란변수의 영향을 통제하고 환자군과 대조군의 비교성을 높이기 위하여 환자군의 특성을 고려하여 대조군을 선정하는 대응추출(matching)을 시행한다. 대응추출 방법으로는 짝추출(pair matching), 도수 대응추출(frequency matching) 등이 있다.

2019. 6. 15 제2회 서울특별시

19 〈보기〉에서 기술한 역학적 연구 방법은?

보기

첫 임신이 늦은 여성에서 유방암 발생률이 높은 원인을 구명하기 위해 1945년에서 1965년까지 내원한 첫 임신이 지연된 대상자를 모집단으로 하여, 내원당시 분석된 호르몬 이상군(노출군)과 기타 원인으로 인한 여성들(비노출군)을 구별하고, 이 두 집단의 유방암 발생여부를 파악하였다. 1978년에 수행된 이 연구는 폐경 전 여성들의 호르몬 이상군에서, 유방암 발생이 5.4배 높은 것을 밝혀냈다.

① 후향적 코호트 연구　　　　　　② 전향적 코호트 연구

③ 환자-대조군 연구　　　　　　　④ 단면 연구

> **TIP** 특정 요인에 노출된 집단과 노출되지 않은 집단을 추적하고 연구 대상 질병의 발생률을 비교하여 요인과 질병 발생 관계를 조사하는 연구 방법이므로 코호트 연구이다. 1978년에 수행하면서 과거인 1945년에서 1965년까지의 대상자를 모집단으로 하였으므로 후향적 코호트 연구에 해당한다.

Answer 18.④ 19.①

2018. 6. 23 제2회 서울특별시

20 일정한 인구집단을 대상으로 특정한 시점이나 기간 내에 그 질병과 그 인구집단이 가지고 있는 속성과의 관계를 찾아내는 연구조사 방법은?

① 단면 조사연구   ② 전향성 조사연구

③ 환자−대조군 조사연구   ④ 코호트 연구

> **TIP** 단면 조사연구 … 일정한 인구집단을 대상으로 특정한 시점이나 기간 내에 그 질병과 그 인구집단이 가지고 있는 속성과의 관계를 찾아내는 연구조사 방법
> ② 전향성 조사연구 : 연구하고자 하는 요인을 미리 설정한 후 일정기간 동안 변화를 추적 하는 연구 방법 → 요인이 일으키는 변화를 관찰
> ③ 환자−대조군 조사연구 : 연구하고자 하는 질병이 있는 집단(환자군)과 없는 집단(대조군)을 선정하여 질병의 발생과 관련되어 있으리라 생각하는 잠정적 위험요인에 대한 두 집단의 과거 노출률을 비교하는 연구조사 방법
> ④ 코호트 연구 : 질병의 원인과 관련되어 있다고 생각되는 어떤 요소를 가진 집단과 갖지 않은 집단을 계속 관찰하여 두 집단의 질병발생률, 사망률을 등을 비교하는 연구 방법

2018. 6. 23 제2회 서울특별시

21 흡연자 1,000명과 비흡연자 2,000명을 대상으로 폐암 발생에 관한 전향적 대조 조사를 실시한 결과, 흡연자의 폐암 환자 발생이 20명이고, 비흡연자는 4명이었다면 흡연자의 폐암 발생 비교위험도(relative risk)는?

① 1   ② 5

③ 9   ④ 10

> **TIP**
> $$비교위험도 = \frac{\text{노출군의 발생률}}{\text{비노출군의 발생률}} = \frac{\frac{20}{1,000}}{\frac{4}{2,000}} = \frac{0.02}{0.002} = 10$$

2017. 3. 18 제1회 서울특별시

22 다음 코호트 연구(Cohort study)에서 상대위험도(relative risk)는?

(단위 : 명)

고혈압	질병		계
	뇌졸중 걸림	뇌졸중 안 걸림	
고혈압 상태 계속	80	4,920	5,000
정상혈압	20	4,980	5,000
계	100	9,900	10,000

① 0.25
② 0.99
③ 4
④ 1

TIP
$$상대위험도 = \frac{질병요인\ 있는\ 집단에서의\ 질병\ 발생률}{질병요인\ 없는\ 집단에서의\ 질병\ 발생률} = \frac{\frac{80}{5,000}}{\frac{20}{5,000}} = 4$$

2017. 3. 18 제1회 서울특별시

23 질병 발생이 어떤 요인과 연관되어 있는지 그 인과관계를 추론하는 것은 매우 중요하다. 다음 〈보기〉에서 의미하는 인과관계는?

———— 보기 ————

서로 다른 지역에서 다른 연구자가 동일한 가설에 대하여 서로 다른 방법으로 연구하였음에도 같은 결론에 이르렀다.

① 연관성의 강도
② 생물학적 설명 가능성
③ 실험적 입증
④ 연관성의 일관성

TIP 연관성의 강도와 일관성
ⓐ 강도 : 연관성의 강도는 연관성의 크기로, 두 변수 간에 연관성이 크다는 것은 인과관계를 주장하는데 충분한 조건이 될 수는 없지만 그 정도가 커지면 인과관계의 가능성이 높아진다.
ⓑ 일관성 : 연관성의 일관성은 서로 다른 상황에서 이루어진 여러 연구에서 두 변수 간 연관관계에서 일관성이 있다면 그 관계가 인과적인 관계일 가능성이 높아진다.

Answer 22.③ 23.④

출제 예상 문제

1 인구집단을 대상으로 건강관련 문제를 연구하기 위한 단면 연구(cross-sectional study)에 대한 설명으로 옳은 것은?

① 병원 또는 임상시험 연구기관 등에서 새로운 치료제나 중재 방법의 효과를 검증하는 방법이다.

② 장기간 관찰로 추적이 불가능한 대상자가 많아지면 연구를 실패할 가능성이 있다.

③ 코호트연구(cohort study)에 비하여 시간과 경비가 절감되어 효율적이다.

④ 적합한 대조군의 선정이 어렵다.

....

TIP 횡단적 단면연구(cross-sectional study)
　　㉠ 개념 : 여러 가지 생활의 단계나 상이한 환경에 있는 사람들에 관한 자료를 모으기 위하여 어느 시점에서 다양한 모집단을 검토하는 방법이다. 이러한 방법은 발전과정과 변화하는 환경의 영향을 관찰하기 위하여 시간이 흐름에 따라 집단을 조사하는 종단적 연구(longitudinal studies)와는 대조된다.
　　㉡ 장점 : 신속하며 변화하는 자원이나 연구 팀에 의존하지 않고 시간의 경과로부터 초래되는 외생적 변수를 감소시킨다.
　　㉢ 단점 : 불리한 점은 변동에 대해서는 어떠한 설명도 할 수 없다.

2 A 집단에서 흡연과 폐암에 관한 코호트 조사를 한 결과 흡연자 200,000명 중 40명의 폐암환자가 발생하였고, 비흡연자 200,000명 중 4명의 폐암환자가 발생하였다면, 이 연구에서 흡연이 폐암에 미치는 상대위험도는?

① 2　　　　　　　　　　　　　　　② 4

③ 8　　　　　　　　　　　　　　　④ 10

....

TIP ④ 담배가 폐암에 미치는 영향을 알기 위한 상대위험비(RR ; Relative Risk)를 알기 위해서 표를 그려보면

구분	폐암	비폐암	합계
흡연	40	199,960	200,000
비흡연	4	199,996	200,000

과 같이 나타난다. 흡연자의 폐암 발병률은 0.4%이며, 비흡연자의 폐암발병률은 0.04%임을 알 수 있다. 또한 비흡연자에 비하여 흡연자 그룹에서 폐암이 발생한 상대위험비는 10배임을 알 수 있다.

Answer 1.③ 2.④

3 기술역학 범위에 해당하는 것은?

① 유병률 계산   ② 분석기법개발

③ 관련성 규명   ④ 가설설정

....

TIP 기술역학 … 누가, 언제, 어디서, 무엇으로 그런 결과가 생겼는지 기록하는 1단계적 역학(질병의 분포와 결정인자를 연구)

4 역학의 4대 현상 중 시간적 요인으로 볼 때 홍역, 백일해의 유행주기는?

① 순환변화   ② 추세변화

③ 계절적 변화   ④ 불규칙변화

....

TIP 백일해는 2~4년, 홍역은 2~3년으로 수년의 주기로 질병의 유행이 반복되는 순환변화에 해당한다.

5 다음 내용 설명은 역학적 연구 방법 중 어디에 속하는가?

> • 연구시작 시점에서 과거의 관찰시점으로 거슬러 가서 관찰시점으로부터 연구시점까지의 기간 동안 조사
> • 질병발생 원인과 관련이 있으리라고 의심되는 요소를 갖고 있는 사람들과 갖고 있지 않는 사람들을 구분한 후 기록을 통하여 질병 발생을 찾아내는 방법

① 전향적 코호트연구(prospective cohort study)

② 후향적 코호트연구(retrospective cohort study)

③ 환자 – 대조군 연구(case – control study)

④ 단면조사 연구(cross – sectional study)

....

TIP ② 코호트란 같은 특성을 가진 집단을 의미하며 코호트연구란 특정 인구집단(코호트)을 일정 기간 추적하여 특정 질병에 대한 발생률과 시간경과에 따라 추적 관찰하여 특정 요인에 폭로유무에 따른 질병 발생률을 비교하는 역학적 연구방법을 말한다. 보기는 후향적 코호트연구로 과거의 관찰시점으로 거슬러 가서 관찰 시점으로부터 연구시점까지의 기간 동안 조사를 한다.

Answer 3.① 4.① 5.②

6 렙토스피라증은 질병의 유행양상 중 어디에 해당되는가?

① Pandemic(범발적, 범세계적)　　　　② Epiemic(유행병적)

③ Endemic(지방병적, 풍토병적)　　　　④ Sporadic(산발적)

....

TIP ④ 렙토스피라증은 감염된 쥐나 가축에 의하여 전파되는 제3군 급성감염병으로, 일부 지역에서 산발적으로 발생하며 주로 벼농사 지역인 동남아시아와 극동 지역에서 많이 발생한다.

7 다음 중 희귀질병에 적합한 역학조사에 해당하는 것은?

① Prospective Study(전향적 연구)

② Cohort Study(폭로 – 비폭로군 연구)

③ Cross-sectional Study(단면적 연구)

④ Case-control Study(환자 – 대조군 연구)

....

TIP ①② 전향적 연구(Prospetive Study)의 대표적인 예가 코호트 연구(Cohort Study)로서, 증상이나 질병 등 어떤 일이 일어나기 전에 미리 위험인자의 유무를 조사한 후 경과를 관찰하여 어느 군에서 증상이나 질병 등이 생기는가를 관찰하는 것이다.
③ 단면적(횡단적) 연구(Cross-sectional Study)는 어느 임의의 짧은 시간대 동안에 자료를 모아서 연구하는 것이다.
④ 발병률이 매우 낮은 질병의 경우에는 대조군을 선정하여 연구하는 환자 – 대조군 연구(Case-control Study)가 적당하다.

8 다음 중 전향성 조사의 단점인 것은?

① 시간과 돈이 많이 든다.　　　　② 위험도의 계산이 어렵다.

③ 정확한 정보의 파악이 어렵다.　　　　④ 질병과 다른 요인과의 관계를 알 수 있다.

....

TIP ① 전향성 조사는 많은 대상자와 긴 시간이 필요하므로 비용이 많이 든다.
②③ 후향성 조사의 단점이다.
④ 전향성 조사의 장점이다.

Answer　6.④　7.④　8.①

9 다음 중 감염병의 지리적 유행양상에 관한 설명으로 옳지 않은 것은?

① Endemic − 지방적
② Sporadic − 산발적
③ Pandemic − 범세계적
④ Pseudemic − 특정 지역적

TIP 감염병의 유행양식(역학의 4대 현상)

ⓐ 생물학적 양상 : 연령, 성별, 인종, 사회 · 경제적 상태와 직업에 따른 유행양상
ⓑ 사회적 양상 : 인구밀도, 직업, 문화, 거주 등에 따른 유행양상
ⓒ 지리적 양상 : 산발적(Sporadic), 지방병적(Endemic), 유행병적(Epidemic), 범발적(Pandemic)
ⓓ 시간적 양상 : 추세변화(10년~수십 년), 주기적 변화(순환변화, 수년~단기간), 계절적 변화(1년), 불규칙변화(돌발적 유행)

10 유치원생 200명 중 40명에게 질병이 발생했다. 그런데 70명은 예방접종을 하였고 30명은 이미 질병에 걸린 적이 있는 경우 발생률은? (단, 불현성 감염환자는 없으며 예방주사는 100% 효과가 있다고 가정한다)

① 30/100
② 40/100
③ 40/200
④ 70/200

TIP 발생률은 특정한 기간 동안에 일정한 인구집단 중에서 새롭게 질병 또는 사건이 발생한 비율이고, 발병률은 어떤 집단이 한정된 기간에 한해서만 어떤 질병에 걸릴 위험에 놓여 있을 때 기간 중 주어진 집단 내에 새로 발병한 총수의 비율이다.

ⓐ 발생률 $= \dfrac{\text{어느 기간의 환자 발생수}}{\text{그 지역의 인구}} \times 1{,}000 = \dfrac{40}{200} \times 1{,}000 = 200$

ⓑ 발병률 $= \dfrac{\text{연간 발생자 수}}{\text{위험에 폭로된 인구}} \times 1{,}000 = \dfrac{40}{100} \times 1{,}000 = 400$

11 역학적 분석에서 귀속위험도의 산출방식이 옳은 것은?

① 폭로군의 발병률 ÷ 비폭로군의 발병률
② 비폭로군의 발병률 ÷ 폭로군의 발병률
③ 폭로군의 발병률 − 비폭로군의 발병률
④ 비폭로군의 발병률 − 폭로군의 발병률

TIP 귀속위험도 = 폭로군의 발병률 − 비폭로군의 발병률

Answer 9.④ 10.③ 11.③

12 질병발생의 역학적 인자에 대한 설명으로 옳은 것은?

① 삼각형 모형설
② 수레바퀴 모형설
③ 거미줄 모형설
④ 원인망 모형설

TIP 삼각형 모형설 … 질병발생의 역학적 인자를 병인적 인자, 숙주적 인자, 환경적 인자의 3가지로 나누고 이들 3대 인자의 작용이 질병발생 여부를 좌우한다고 보는 이론이다.

13 다음 중 코호트 연구의 장점이 아닌 것은?

① 질병자연사의 파악이 가능하다.
② 수집된 정보의 편견이 적다.
③ 발병확률을 산출할 수 있다.
④ 발생률이 낮은 질병에 적합하다.

TIP ④ 희소질환에 적합한 것은 후향적 조사(환자 – 대조군 조사)이다.

14 급성감염병 역학에서 가장 먼저 해야 할 것은?

① 병원체 확인
② 환자의 치료방법 개발
③ 환자발생 분포 확인
④ 전염원 확인

TIP ④ 전염원을 확인한 후 전파양식과 전염 정도를 파악해야 한다.

Answer 12.① 13.④ 14.④

15 다음 중 전향성 조사는 무엇인가?

① 환자 – 대조군

② 건강자 대상

③ 환자 대상

④ 위험도의 산출

TIP 전향성(적) 조사 … 건강한 사람을 대상으로 특성별로 소집단을 구성해 시간경과에 따른 발병률을 비교·조사하는 방법으로, 코호트 조사(폭로 – 비폭로군 조사)가 대표적이다.

16 다음 중 기술역학을 바르게 설명한 것은?

① 질병발생의 분포, 경향 등을 인구, 지역, 시간 등의 요인에 따라 사실적으로 기술한다.

② 2차 단계의 역학에 해당된다.

③ 환자 – 대조군 조사이다.

④ 질병발생과 유행현상을 수학적으로 분석하는 3단계 역학이다.

TIP 기술역학은 질병의 분포와 결정인구를 연구하는 1단계적 역학이다.

Answer 15.② 16.①

17 감염병의 발생기간이 20~30년에 거쳐 변화하는 것을 무엇이라 하는가?

① 추세변화   ② 순환변화

③ 계절적 변화   ④ 불시유행

TIP 시간별 질병발생의 양상

구분	정의	예
추세변화 (장기변화)	수십년을 주기로 하는 질병의 유행현상을 말한다.	• 장티푸스(30~40년) • 디프테리아(10~24년) • 이질, 인플루엔자(30년 정도) 등
계절적 변화	1년을 주기로 질병이 반복되는 현상으로, 넓은 의미의 주기변화에 속한다.	• 여름철(6월 말)의 소화기계 감염병 • 겨울철(11월 말)의 호흡기계 질병 • 유행성 출혈열 등
순환변화 (주기변화)	수년을 주기로 질병이 반복되는 현상으로 자연면역에 의한 저항력 변화, 병원체의 독력 및 균형의 변천, 기상변화, 인구이동 등을 원인으로 한다.	• 백일해(2~4년) • 홍역(2~3년) • 뇌염, 인플루엔자A(2~3년) • 인플루엔자B(4~6년) 등
단기변화	시간별, 날짜별로 질병이 발생하는 현상이다.	급성 감염병의 집단발생
불규칙변화	돌발적인 질병의 유행, 즉 외래 감염병의 국내 침입시 돌발적으로 유행하는 현상이다.	콜레라, 사스 등

---

18 다음은 만성질환의 관리방법들이다. 다음 중에서 발생률을 줄일 수 있는 방법을 모두 고르면?

㉠ 예방접종   ㉡ 집단검진 ㉢ 재활치료   ㉣ 약물치료 ㉤ 금연교육

① ㉠㉢   ② ㉢㉣㉤

③ ㉠㉡㉢   ④ ㉠㉡㉤

TIP ㉢㉣은 발병 후 치료방법이므로 발생률의 감소와는 상관이 없다.

19 역학의 목적에 해당하지 않는 것은?

① 개인을 상대로 질병연구
② 질병의 발생원인 규명
③ 자연사 연구
④ 보건의료 서비스의 기획 및 평가

TIP 역학은 ②③④ 외에 유행양상(질병)을 파악하는 데 목적이 있다.

20 질병발생 중요인자는?

① 병인인자, 숙주인자, 환경인자
② 병인인자, 숙주인자, 물리적인자
③ 병인인자, 생물학적인자, 화학적인자
④ 생물학적인자, 환경적인자, 물리적인자

TIP 질병발생 3요소 … 병인인자, 숙주인자, 환경인자

Answer 19.① 20.①

⎯⎯ 02 감염병

01 감염병의 개요

❶ 질병의 발생

(1) 질병발생의 3요소

① 병인 ··· 병원체를 포함한 물리·화학적 성분이다.

② 숙주 ··· 연령, 성, 인종 등이다.

③ 환경 ··· 자연 및 사회·경제적 환경(기후, 지형, 직업, 주거, 사회구조) 등이다.

(2) 감염병 발생의 변천사

❷ 감염병의 생성과정(6단계)

(1) 병원체

① 바이러스 ··· 0.01~0.3μm 정도로 전자 현미경으로만 관찰이 가능하고 세포 내에 기생한다. 홍역, 폴리오, 유행성 간염, 일본뇌염, 공수병, 유행성 이하선염, 에이즈 등이 있다.

② 세균 ··· 디프테리아, 결핵, 장티푸스, 콜레라, 세균성 이질, 페스트, 파라티푸스, 성홍열, 백일해, 매독, 임질, 한센병 등이 있다.

③ 리케차 ··· 발진열, 발진티푸스, 양충병(쯔쯔가무시), 로키산 홍반열, 큐열 등이 있다.

④ 원충성 … 아메바성 이질, 말라리아, 간·폐디스토마, 회충 등이 있다.

⑤ 진균 또는 사상균 … 무좀 등 각종 피부질환의 원인균이다.

(2) 병원소

병원체가 생활, 증식하고 생존하여 질병을 전파할 수 있는 상태로 저장되는 장소를 말한다.

① 인간 병원소

    ㉠ 환자(현성 감염자)

    ㉡ 무증상 감염자(불현성 감염자)

    ㉢ 보균자

      • 잠복기 보균자 : 홍역, 백일해, 디프테리아, 유행성 이하선염

      • 회복기 보균자 : 장티푸스, 세균성 이질, 디프테리아

      • 건강 보균자 : 일본뇌염, 폴리오, 디프테리아(감염병 관리가 가장 어렵다)

② 동물 병원소

    ㉠ 쥐 : 페스트, 발진열, 살모넬라증, 와일씨병, 서교증, 쯔쯔가무시병

    ㉡ 소 : 결핵, 탄저, 파상열, 살모넬라증, 보튤리즘

    ㉢ 돼지 : 살모넬라증, 파상열

    ㉣ 개 : 광견병, 톡소플라즈마

    ㉤ 양 : 탄저, 파상열, 보튤리즘

    ㉥ 새 : 유행성 일본뇌염, 살모넬라증

    ㉦ 고양이 : 서교증, 톡소플라즈마, 살모넬라증

③ 토양 … 파상풍, 보튤리즘, 구충증 등 아포형성균이 주를 이룬다.

④ 곤충매개 질병

    ㉠ 파리 : 장티푸스, 콜레라, 파라티푸스, 세균성 이질, 폴리오

    ㉡ 모기 : 뇌염, 말라리아, 사상충, 뎅기열, 황열 등

    ㉢ 이 : 발진티푸스, 재귀열

    ㉣ 벼룩 : 발진열, 페스트

    ㉤ 진드기 : 재귀열, 유행성 출혈열, 양충병(쯔쯔가무시)

    📢**TIP** **인축**(인수)**공통 감염병** … 결핵, 탄저, 일본뇌염, 공수병, 브루셀라증, 큐열, 장출혈성대장균감염증, 동물인플루엔자, 인체감염증, 중증급성호흡기증후군(SARS) 변종크로이츠펠트-야콥병(vCJD), 중증열성혈소판감소증후군(SFTS)

(3) 병원소로부터 병원체의 탈출

① 호흡기 계통

　　㉠ 비말감염(재채기, 담화, 기침 등)과 호흡, 콧물

　　㉡ 백일해, 디프테리아, 발진티푸스, 폐렴, 폐결핵, 수두, 천연두, 홍역

② 소화기 계통 … 분변, 토물

③ 비뇨기 계통 … 소변, 여자의 냉

④ 개방병소 … 피부의 상처, 눈·코·귀 등 신체 각부, 한센병

⑤ 기계적 탈출 … 절족동물 흡혈, 주사기 등

⑥ 모체 감염(태반) … 매독, 풍진, B형 간염, 에이즈(AIDS), 두창 등

⑦ 병원체에 의한 감염병의 분류

　　㉠ 세균성 질환 : 콜레라, 장티푸스, 백일해, 결핵, 한센병 등

　　㉡ 리케차성 질환 : 발진티푸스, 발진열, 양충병(쯔쯔가무시) 등

　　㉢ 바이러스성 질환 : 소아마비, 홍역, 공수병, 황열 등

(4) 전파

전파경로를 거쳐 새로운 숙주에 전파한다.

① 직접전파 … 중간매개물 없이(육체적 접촉) 전파, 호기전파 등이다.

② 간접전파 … 중간매개물을 통해서 전파한다.

　　㉠ 간접전파의 조건

　　　• 병원체 탈출 후 일정기간 생존이 가능해야 한다.

　　　• 생존한 병원체를 옮길 수 있는 매개체가 필요하다.

　　㉡ 전파체

　　　• 활성 전파체 : 매개역할을 하는 생물(절족동물, 무척추동물)

　　　• 비활성 전파체 : 오염된 무생물체, 음료수, 우유, 식품

③ 개달물

　　㉠ 환자가 쓰던 모든 기구가 여기에 포함되는데, 물·우유·식품·공기·토양 등을 제외한 모든 비활성 전파체가 개달물에 속한다.

　　㉡ 의복, 침구, 완구, 서적, 수건 등이 있다.

④ 매개절족동물에 의한 감염병의 전파기전(곤충)

　　㉠ 기계적 전파 : 곤충의 체표면에 병원체가 단순히 묻어 옮기는 것이다.

ⓛ **생물학적 전파** : 곤충 내에 병원체가 들어가 일정기간 동안 발육증식을 거쳐 숙주에게 옮겨주는 것을 말하며 증식형, 발육형, 발육증식형, 경란형, 배설형 등으로 나눈다.
　　　• **증식형** : 곤충체 내에서 병원체가 단순히 증식한 후 자교(刺咬)시에 구부를 통하여 전파된다.
　　　• **발육형** : 병원체가 곤충체 내에서 증식치 않고 단지 그의 생활환의 일부를 경과 후 숙주에 전파된다.
　　　• **발육증식형** : 곤충체 내에서 병원체가 그의 생활환의 일부를 경과하는 동시에 증식하면서 전파된다.
　　　• **배설형** : 병원체가 곤충체 내에서 증식한 후 대변으로 배설되어 숙주의 피부 및 점막에 있는 미세한 창상을 통해서 전파된다.
　　　• **경란형** : 병원체가 충란을 통해서 전파 제2세대가 병원균을 가지고 계속 전파된다.

(5) 새로운 숙주의 침입(신숙주에 침입)

① **호흡기계** ··· 분진, 비말핵 등

② **소화기계(장관)** ··· 물, 우유, 음식물 등

③ **피부점막 경피감염** ··· 상처, 피부점막

④ **감염의 형태**
　　ⓞ **잠복기간** : 균이 침입해서 임상적인 증상이 나타날 때까지의 기간이다.
　　ⓛ **세대기간** : 균이 침입하여 인체 내에서 증식한 후 다시 배출되어 다른 사람에게 전염시키는 기간이다.
　　ⓒ **전염기간** : 균이 인체 내에서 탈출을 시작하여 탈출이 끝날 때까지의 기간이다.

(6) 감수성과 면역

병원체가 신숙주에 침입되면 반드시 발병되는 것이 아니고 독력과 신체의 저항력의 균형의 파괴에 따라 발병과 면역이 형성된다.

① **저항력** ··· 병원체가 숙주에 침입시 방어하는 작용이다.

② **면역** ··· 저항력이 충분하여 절대적 방어능력이 있는 것이다.

③ **감수성** ··· 방어력이 침입한 병원체에 대항하여 감염 또는 발병을 막을 수 있는 능력에 못 미치는 상태이다.

④ **감수성 지수**(접촉감염지수) ··· 감수성 보유자가 감염되어 발병하는 비율이다.

02 감염병의 예방

① 면역

(1) 선천적 면역(자연면역)

인체 내의 전염에 대해 방어하는 능력으로 출생할 때부터 자연적으로 가지는 면역이다.

> 📢TIP Aycock는 선천적 면역을 '자기방어력'이라 했다.

① 종 특이적 면역 … 장티푸스균이 감염되면 쥐 등에 발생치 않고 사람에게는 발생한다.

② 종족 특이적 면역 … 탄저균이 양에 감염되나, 암제리아 양에는 감염되지 않는다.

③ 개체 특이적 면역 … 백일해가 유아기엔 발생하나, 성인에게는 발생하지 않는다.

[면역의 종류]

구분	종류		내용
선천적 면역	종 특이적 면역		인종에 따라 병원성을 달리하는 면역
	종족 특이적 면역		종족에 따라 절대적 차이를 보이는 면역
	개체 특이적 면역		유전적 체질에 따른 면역
후천적 면역	능동면역	자연능동면역	과거에 현성 또는 불현성 감염에 의해서 획득한 면역
		인공능동면역	접종에 의하여 획득한 면역
	수동면역	자연수동면역	태반 또는 모유에 의한 면역
		인공수동면역	회복기환자 혈청주사 후 면역

(2) 후천적 면역(획득면역)

① 능동면역
　㉠ **인공능동면역** : 생균백신, 사균백신, 순환독소의 예방접종 후 생기는 면역(파상풍, 디프테리아→순환독소를 이용)
　㉡ **자연능동면역** : 질병이환 후 면역(장티푸스, 소아마비)

② 수동(피동)면역
　㉠ **자연수동면역** : 자기의 힘으로 생긴 면역이 아니고 다른 사람(모체, 모유)이나 동물에서 만든 항체를 얻어서 생긴 면역이다.
　㉡ **인공수동면역**
　　• 회복기 혈청 항독소를 환자 또는 위험에 처해 있는 사람에게 주는 방법이다.

• γ-글로블린, Anti-toxin 등의 면역혈청을 사람 또는 동물에게서 얻어 질병을 예방 내지 경감, 치료하는 면역이다.

[능동면역과 수동면역의 장·단점 비교]

구분	능동면역	수동면역
장점	• 장기간 지속된다. • 비교적 강력한 면역을 얻을 수 있다. • 한 번 주사로 동시에 여러 질병에 대한 면역을 얻는다.	• 효과가 빠르다. • 치료용, 응급처치용으로 사용이 가능하다.
단점	• 효과가 늦게 나타난다. • 부작용이 있을 수 있다.	• 지속시간이 짧다(2~3주, 1개월). • 비교적 저항력이 약하다.

❷ 백신

(1) 개념

감염병의 예방목적으로 사람이나 동물을 자동적으로 면역시키기 위하여 사용되는 면역원(항원)이다.

(2) 유형

① **생균**(약독백신)

  ㉠ 개념 : 병원미생물의 독력을 약하게 만들어 투여한다.

  ㉡ 특징 : 면역 지속시간이 길고, 효과가 좋다.

  🔠 결핵, 두창, 풍진, BCG, 황열, 탄저병, 천연두 백신 등이 있다.

② **사균** ⋯ 항원성을 가진 사균(물리화학적 방법으로 죽인 균)을 이용한 예방약이다.

  🔠 페스트, Salk, 콜레라, 파라티푸스, 장티푸스, 일본뇌염, 폴리오 백신 등이 있다.

③ **독소** ⋯ 독소를 포르말린 처리 후 독성을 약하게 만든 균이다.

  ㉠ 외독소 : 세균의 불투과성 막을 통해 확산되는 것이다.

  🔠 디프테리아

  ㉡ 내독소 : 균체를 싸고 있는 막이 불투과성이어서 생산독소가 확산되지 않는 것이다.

  🔠 장티푸스, 폐렴, 간염, 살모넬라 등

④ **예방접종약**

  ㉠ BCG : 결핵

  ㉡ DPT : 디프테리아, 백일해, 파상풍

  ㉢ Salk 백신 : 경피용 폴리오

  ㉣ Sabin 백신 : 경구투여용 폴리오

[법정 감염병의 종류]

구분	정의 및 종류
제1급감염병	• 생물테러감염병 또는 치명률이 높거나 집단 발생의 우려가 커서 발생 또는 유행 즉시 신고하여야 하고, 음압격리와 같은 높은 수준의 격리가 필요한 감염병으로서 다음의 감염병을 말한다. 다만, 갑작스러운 국내 유입 또는 유행이 예견되어 긴급한 예방·관리가 필요하여 질병관리청장이 보건복지부장관과 협의하여 지정하는 감염병을 포함한다. • 에볼라바이러스병, 마버그열, 라싸열, 크리미안콩고출혈열, 남아메리카출혈열, 리프트밸리열, 두창, 페스트, 탄저, 보툴리눔독소증, 야토병, 신종감염병증후군, 중증급성호흡기증후군(SARS), 중동호흡기증후군(MERS), 동물인플루엔자 인체감염증, 신종인플루엔자, 디프테리아
제2급감염병	• 전파가능성을 고려하여 발생 또는 유행 시 24시간 이내에 신고하여야 하고, 격리가 필요한 다음의 감염병을 말한다. 다만, 갑작스러운 국내 유입 또는 유행이 예견되어 긴급한 예방·관리가 필요하여 질병관리청장이 보건복지부장관과 협의하여 지정하는 감염병을 포함한다. • 결핵, 수두, 홍역, 콜레라, 장티푸스, 파라티푸스, 세균성이질, 장출혈성대장균감염증, A형간염, 백일해, 유행성이하선염, 풍진, 폴리오, 수막구균 감염증, b형헤모필루스인플루엔자, 폐렴구균 감염증, 한센병, 성홍열, 반코마이신내성황색포도알균(VRSA) 감염증, 카바페넴내성장내세균속균종(CRE) 감염증, E형간염
제3급감염병	• 발생을 계속 감시할 필요가 있어 발생 또는 유행 시 24시간 이내에 신고하여야 하는 다음의 감염병을 말한다. 다만, 갑작스러운 국내 유입 또는 유행이 예견되어 긴급한 예방·관리가 필요하여 질병관리청장이 보건복지부장관과 협의하여 지정하는 감염병을 포함한다. • 파상풍, B형간염, 일본뇌염, C형간염, 말라리아, 레지오넬라증, 비브리오패혈증, 발진티푸스, 발진열, 쯔쯔가무시증, 렙토스피라증, 브루셀라증, 공수병, 신증후군출혈열, 후천성면역결핍증(AIDS), 크로이츠펠트-야콥병(CJD) 및 변종크로이츠펠트-야콥병(vCJD), 황열, 뎅기열, 큐열, 웨스트나일열, 라임병, 진드기매개뇌염, 유비저, 치쿤구니야열, 중증열성혈소판감소증후군(SFTS), 지카바이러스 감염증
제4급감염병	• 제1급감염병부터 제3급감염병까지의 감염병 외에 유행 여부를 조사하기 위하여 표본감시 활동이 필요한 다음의 감염병을 말한다. • 인플루엔자, 매독, 회충증, 편충증, 요충증, 간흡충증, 폐흡충증, 장흡충증, 수족구병, 임질, 클라미디아감염증, 연성하감, 성기단순포진, 첨규콘딜롬, 반코마이신내성장알균(VRE) 감염증, 메티실린내성황색포도알균(MRSA) 감염증, 다제내성녹농균(MRPA) 감염증, 다제내성아시네토박터바우마니균(MRAB) 감염증, 장관감염증, 급성호흡기감염증, 해외유입기생충감염증, 엔테로바이러스감염증, 사람유두종바이러스 감염증
기생충감염병	• 기생충에 감염되어 발생하는 감염병 중 질병관리청장이 고시하는 감염병을 말한다. • 회충증, 편충증, 요충증, 간흡충증, 폐흡충증, 장흡충증, 해외유입기생충감염증

03 감염병의 종류

① 호흡기계 감염병

(1) 디프테리아

상피조직에 국소 염증을 나타내고 체외 독소로 인해 독혈증을 일으켜 심근, 신경조직 및 장기조직에 장애를 주는 급성 감염병으로 제1급감염병이다. 온대와 아열대 지방에 존재하는 질병이며 어린이에게 특히 무서운 질병이다. 더불어 인공능동면역으로서 순화독소를 이용한다.

① **병원체** … *Corynebacterium Diphtheriac*(세균), Gram(+)

② **병원소** … 환자 및 보균자, 특히 보균자의 전파가 중요하다.

③ **잠복기** … 2~5일이다.

④ **전파방식** … 환자의 비강 및 인후 분비물, 기침 등으로 직접 전파된다.

⑤ **치명률** … 일반적으로 5~7%이다.

⑥ **예방법** … 환자격리 및 소독에 의한 예방법도 있지만 예방접종을 실시하는 것이 가장 효과적이다.

(2) 두창(천연두)

인류에게 가장 큰 피해를 주었던 급성 감염병이었으나, 예방접종 등에 의해 세계적으로 박멸되었다고 1980년 WHO 사무총장이 선언하였다. 제1급감염병이다.

① **병원체** … 바이러스

② **병원소** … 사람이 유일한 숙주이다.

③ **증상** … 고열, 두통, 심한 요통, 심한 무력증, 복통, 반점이 출현하고 얼굴과 온몸에 흉터를 남긴다.

④ **잠복기** … 7~17일이다.

⑤ **전파방식** … 비말감염, 직접 접촉하였을 때 또는 오염된 개달물 등에 의해 감염된다.

⑥ **치명률** … 심한 경우 약 25%이다.

⑦ **예방법** … 예방접종, 과거에는 검역대상 질병이었으나 현재는 아니다.

(3) 홍역

2~3년마다 주기적으로 유행하는 급성 호흡기계 감염병으로 우리나라 감염병예방법에 제2급감염병으로 지정되어 있다. 옛날부터 존재하였으며 감염력과 발병력은 아주 높으나 합병증만 조심하면 치명률은 높지 않으며, 누구에게나 상수성이 있다.

① **병원체** … 바이러스

② **병원소** … 환자, 보균자

③ **증상** … 열이 나고 전신발진이 생기며 이염, 폐렴의 2차 감염이 더 큰 문제이다.

④ **잠복기** … 8~13일이다.

⑤ **전파방식** … 주로 환자의 객담, 비인후 분비물 또는 오줌과 직접 접촉할 때 감염된다(개달물에 의한 감염도 가능하다).

⑥ **치명률** … 어린이에게는 5~10%의 높은 사망률을 보인다.

⑦ **예방법** … 예방접종을 실시한다.

(4) 유행성이하선염

항아리 손님 또는 볼거리로 불리어지기도 했으며, 소아기에 겪어야 하는 질병으로 법정 제2급감염병이다.

① **병원체** … 바이러스

② **병원소** … 환자, 보균자

③ **증상** … 고열, 타액선에 부종 및 연화가 일어나 정소염(남자)이나 난소염(여자)이 발생하기도 한다.

④ **잠복기간** … 12~26일이다.

⑤ **전파방식** … 감염자의 타액과 직접 접촉하거나 비말핵(오염공기)에 의하여 또는 오염된 개달물에 접촉할 때 감염된다.

⑥ **치명률** … 아주 낮으나 합병증으로 남성의 불임증이 발생할 수 있다.

⑦ **예방법** … 예방접종을 실시한다.

(5) 풍진

비교적 경미한 질병으로 어린이에게는 무증상 감염이 많으나, 여성의 임신 초기에 감염되면 선천성 기형아를 출산할 위험이 있는 호흡기계 감염병이다. 감염병예방법에 제2급감염병으로 지정되었다.

① **병원체** … 바이러스

② **병원소** … 환자, 보균자

③ **증상** … 홍역이나 성홍열과 비슷한 반점을 보이는 경미한 감염병으로 미열, 두통, 불쾌감, 코감기, 결막염 등의 증상을 보인다.

④ **잠복기** … 14~21일이다.

⑤ **전파방식**
  ㉠ 환자와 직접 접촉하거나 비말핵(오염공기)에 의하여 감염된다.
  ㉡ 감염자의 비인두분비물, 오염된 개달물에 의한 전파도 추측할 수 있다.

⑥ **치명률** … 아주 낮다.

⑦ **예방** … 예방접종을 실시한다.

(6) 성홍열

온대지역에서 많이 유행하며 아직도 우리나라에서 발생하고 있는 제2급감염병으로 급성 호흡기계 질병이다. 용혈성 연쇄상구균에 의하여 발생되며 가용성 독소가 혈류를 따라 전신에 퍼져 열과 발진을 일으킨다.

① **병원체** … *Streptococcus Pyogenes*(세균) → 발적 독소를 배출한다.

② **병원소** … 환자, 보균자

③ **증상** … 고열, 편도선염, 목, 가슴과 안쪽 허벅지에 반점이 발생한다.

④ **잠복기** … 1~3일이다.

⑤ **전파방식** … 주로 환자나 보균자와 직접 접촉할 때 호흡기로 감염된다(오염된 개달물에 의한 전파는 드물다).

⑥ **치명률** … 약 3% 정도이다.

⑦ **예방법** … 보건교육, 환자격리, 소독을 실시하고, 특히 보균자의 색출과 치료가 중요하다.

(7) 수막구균성수막염(→ 수막구균감염증)

급성 세균질환이며 감염병예방법에 지정된 제2급감염병이다. 치명률이 50%를 넘는 무서운 감염병이었으나, 항생제의 사용 등 현대의료의 발달로 사망률이 5% 이하로 낮아졌다. 또한 과거 소아기 감염병이었던 것이 근래에는 성년기에서도 발생한다.

① **병원체** … *Neisseria Meningitidis*(세균)

② **병원소** … 환자, 보균자

③ **증상** … 돌발성으로 발열, 심한 두통, 오심, 구토, 목의 경직, 홍반점 출현에 이어 쇼크, 기력상실, 섬망, 혼수상태로 이어진다.

④ **잠복기** … 3~4일이다.

⑤ **전파방식** … 감염자의 비인두 분비액과 직접 접촉하거나 비말 오염공기에 의하여 감염된다.

⑥ **전염기간** … 입과 코의 분비물에서 병원체가 검출되는 기간이 위험하다.

⑦ **치명률** … 50% 이상이었으나, 근래에는 아주 낮아졌다.

⑧ **관리방법**
   ㉠ **예방** : 개인위생에 관한 보건교육을 실시하고 격리 및 소독을 실시한다.
   ㉡ **치료** : 즉시 신고하여 전문의의 치료를 받는다(항생제 사용).

(8) 백일해

급성 세균성 질병으로 영유아(생후 6개월 전후)에 주로 발생하는 제2급감염병이다. DPT의 접종으로 많이 감소하였으나, 아직도 매년 산발적으로 발생되고 있다.

① **병원체** … *Bordetella Pertussis*(세균), Gram(-)균

② **병원소** … 환자, 보균자

③ **증상** … 발작성의 극심한 기침이 1~2개월 지속된다.

④ **잠복기** … 보통 7일이다.

⑤ **전파방식** … 직접 접촉하거나 비말핵(오염공기) 또는 개달물과 접촉할 때 감염된다.

⑥ **치명률**
   ㉠ 선진국에서는 1% 이하이나 개발도상국의 경우는 아직도 15%의 높은 사망률을 보인다.
   ㉡ 9세 이하에서 많이 발생하는데, 특히 5세 이하에 다발하고 사망률은 어릴수록 높다.

⑦ **예방법** … 예방접종을 실시하는 것이 제일 좋은 방법이다.

❷ 소화기계 감염병

(1) 장티푸스

세계적으로 가장 오래된 급성 소화기계 감염병이며 우리나라에서는 매년 산발적으로 발생을 하고 있는 제2급 감염병이다.

① **병원체** … *Salmonella Typhi*(세균)

② **병원소** … 환자, 보균자(회복기 보균자가 많다)

③ **증상** … 발열, 두통, 복부에 붉은 반점이 생기고, 합병증으로 복부 출혈에 이은 복막염이 있다.

④ **잠복기** … 1∼3주이다.

⑤ **전파방식** … 환자나 보균자의 분변이나 집파리에 의한 전파도 가능하며, 균의 주생성장소는 담낭이다.

⑥ **치명률** … 1% 미만이다.

⑦ **예방법**
　　㉠ 예방접종을 실시한다.
　　㉡ 음료수 소독을 철저히 한다.
　　㉢ 보균자에 대한 보건교육을 실시한다.
　　㉣ 집파리를 구제하고 환자나 보균자의 분변관리와 위생을 철저히 한다.

(2) 파라티푸스

① **병원체** … *Salmonella Paratyphi*(세균)

② **병원소** … 환자, 보균자

③ **증상** … 지속적인 고열, 비장확장과 설사 등의 증상을 보이나 장티푸스에 비해 경미한 제2급감염병이다.

④ **잠복기** … 1∼3주이다.

⑤ **전파방식** … 환자나 보균자의 분변을 직접 또는 간접으로 접촉할 때 감염된다.

⑥ **치명률** … 장티푸스보다 낮다.

⑦ **예방법**
　　㉠ 유행시 예방접종을 실시한다.
　　㉡ 음료수 소독을 철저히 한다.
　　㉢ 보균자를 찾아내어 보건교육을 실시한다.
　　㉣ 집파리를 구제한다.

(3) 콜레라

설사와 탈수증을 일으키는 급성소화기계 질환으로 제2급감염병이며 검역대상 질병이다.

① **병원체** ··· *Vibrio Cholerac*(세균)

② **병원소** ··· 감염자

③ **증상** ··· 설사, 심한 구토증, 탈수증, 전신쇠약 등이다.

④ **잠복기** ··· 2~3일이다.

⑤ **전파방식** ··· 분변에 의하여 오염된 식품이나 음료수를 섭취할 때 감염되지만, 집파리가 병원체를 전파하는 경우도 있다.

⑥ **치명률** ··· 5% 미만이다.

⑦ **예방법**
　㉠ 유행시 예방접종을 실시한다.
　㉡ 음료수 소독을 철저히 한다.
　㉢ 보균자를 찾아내어 보건교육을 실시한다.
　㉣ 집파리를 구제한다.

(4) 세균성이질

최근 엘리뇨 현상으로 발생이 증가하고 있고, 우리나라에서 산발적으로 발생하는 급성소화기계 질병이며 제2급감염병이다.

① **병원체** ··· *Shigella Dysenteriac*(세균)

② **병원소** ··· 감염자

③ **증상** ··· 발열, 오심, 구토, 복통, 위경련, 설사 등이며 혈변을 배출하기도 한다.

④ **잠복기** ··· 1~7일(보통 4일)이다.

⑤ **전파방식**
　㉠ 오염된 식품과 음료수를 섭취할 때 감염된다.
　㉡ 집파리가 병원체를 전파하는 경우도 있다.

⑥ **치명률** ··· 위생상태가 나쁜 개발도상국에서는 입원환자 10~20%의 높은 사망률을 보인다.

⑦ **예방법**
　㉠ 식품과 음료수가 분변에 오염되지 않도록 한다.
　㉡ 개인위생(손 씻기)을 철저히 한다.
　㉢ 식품취급자(가정주부 등)는 개인위생 및 주방위생에 철저를 기한다.

(5) 아메바성이질

병원체가 대장의 점막 하부조직에 침입하여 발생하는 질병으로 무증상 감염이 많다.

① **병원체** … *Entamoeba Histolytica*(아메바)

② **병원소** … 환자 또는 무증상 보균자

③ **증상** … 복통, 피와 점액이 섞인 심한 설사 등이다.

④ **잠복기** … 보통 3~4주이다.

⑤ **전파방식** … 환자의 분변에 오염된 음료수나 식품, 파리 등에 의하여 전파된다.

⑥ **치명률** … 아주 낮다.

⑦ **예방법**
　　㉠ 분뇨의 위생적 처리, 음료수 소독, 보건교육을 통한 개인위생을 철저히 한다.
　　㉡ 파리의 방제와 식품업소 종업원에 대한 검진 및 감독을 실시한다.

(6) 폴리오

소아마비 또는 급성 회백수염으로 불리는 법정 제2급감염병이다. 이 병은 감염자 중에서 증상을 나타내는 사람(환자)의 비율이 아주 낮은(약 1,000 대 1) 질병이나 발병하면 대단히 위험하고 후유증을 남기는 등 예후가 좋지 않은 무서운 질병이다.

① **병원체** … 바이러스

② **병원소** … 주로 불현성 감염자이다.

③ **증상** … 발열, 두통, 소화불량, 불쾌감, 중추신경장애와 운동장애 등이다.

④ **잠복기** … 7~12일이다.

⑤ **전파방식**
　　㉠ 주로 인두 분비액과 직접 접촉하였을 때 감염된다.
　　㉡ 파리, 음료수, 식품에 의한 전파도 가능하다.

⑥ **치명률** … 2~10% 정도이고, 연령이 높을수록 치명률도 높다.

⑦ **예방법** … 예방접종이 최선의 방법이다.

(7) 유행성 간염

비위생적인 환경에서 발생하는 급성소화기계 감염병이며, 병원체는 열과 염소에 저항력이 높다.

① 병원체 ⋯ 바이러스

② 병원소 ⋯ 사람, 침팬지

③ 증상 ⋯ 돌발성 발열, 식욕감퇴, 오심, 복통, 황달 등이다.

④ 잠복기 ⋯ 30~35일이다.

⑤ 전파방식 ⋯ 사람과 사람의 직접 접촉, 오염된 식품과 우유, 생선(어패류) 등을 통하여 감염된다.

⑥ 치명률 ⋯ 치명률은 1% 이하로서 아주 낮다.

⑦ 예방법 ⋯ 식품위생에 관한 보건교육을 실시한다.

(8) 여시니아증

갑자기 설사증을 일으키는 급성 질환이다.

① 병원체 ⋯ *Yersinia Pseudotuberculosis*(세균)

② 병원소 ⋯ 가축, 야생조수

③ 증상 ⋯ 급성설사, 열, 두통, 인후염, 구토, 홍반, 관절염, 패혈증 등이다.

④ 잠복기 ⋯ 3~7일이다.

⑤ 전파방식 ⋯ 감염자 또는 동물과 접촉할 때, 감염자의 대변에 오염된 식품과 음료수를 섭취할 때 감염된다.

⑥ 치명률 ⋯ 면역결핍상태에 있는 사람이 감염되면 치명률이 높다.

⑦ 예방법 ⋯ 사람과 가축의 분변을 위생적으로 처리한다. 개인위생(식사 전 손씻기 등)에 관한 보건교육을 실시한다.

❸ 점막 및 피부접촉에 의한 감염병

(1) 임질

전 세계적인 분포를 이루고 있고 우리나라에서도 가장 흔한 성병이며, 제4급감염병이다.

① 병원체 ⋯ *Neisseria Gonorrheae*(세균)

② 병원소 ⋯ 사람이 유일한 병원소이다.

③ 증상

　　㉠ 남성 : 배뇨시 화끈거리며 따갑고 고름 섞인 오줌이 나온다.

　　㉡ 여성

　　　• 배뇨시 통증을 느끼며 질에서 분비물이 많이 나온다.

　　　• 여성감염자는 증상이 없는 경우가 많아 성병퇴치에 지장이 많다.

　　　• 임질은 즉시 치료하지 않으면 수막염, 관절염, 심내막염 등의 합병증을 유발할 수도 있으며 불임의 원인이 될 수도 있다.

　　　• 면역이 되지 않으므로 반복감염이 된다.

④ 잠복기 ⋯ 3~4일이다.

⑤ 전파방식 ⋯ 성적 접촉에 의하여 감염된다.

⑥ 예방법 ⋯ 성병에 관한 보건교육을 실시한다.

(2) 매독

매독은 성병으로만 인식되고 있지만 태반을 통하여 감염되면 유산이나 사산의 경우가 있으며 신체의 모든 부위를 침범할 수 있는 무서운 질병이다. 제4급감염병이다.

① 병원체 ⋯ *Treponema Pallidium*(세균)

② 병원소 ⋯ 감염자

③ 증상 ⋯ 초기 증상으로는 입과 음부에 발진이 생기지만 치료하지 않으면 수막염, 보행불능, 실명, 심장병 등 치명적인 증상이 나타날 수도 있다.

④ 잠복기 ⋯ 약 3주이다.

⑤ 전파방식

　　㉠ 주로 성적 접촉에 의하여 감염되지만 환부 참출물과 타액, 정액, 혈액, 질분비액을 통하여 간접적으로 감염되기도 한다.

　　㉡ 임산부가 감염되면 태아감염을 일으킨다.

⑥ 예방법 ⋯ 매독에 관한 보건교육을 실시한다.

(3) 연성하감

임질, 매독과 함께 3대 성병이지만, 증세는 비교적 경미한 편이다. 제4급감염병이다.

① 병원체 ⋯ *Haemophilus Ducreyi*(세균)

② 병원소 ⋯ 사람

③ 증상
    ㉠ 국소 임파선 염증 및 화농이 일어나고 감염부위가 아프고 궤양이 생긴다.
    ㉡ 여성에는 불현성 감염인 경우도 있다.

④ 잠복기 … 3~5일이다.

⑤ 전파방식 … 직접적인 성 접촉에 의하여 감염된다.

⑥ 예방법
    ㉠ 성병에 관한 보건교육을 실시한다.
    ㉡ 성교 후에는 철저히 세척(비누와 물)한다.

(4) 전염성 농가진

세균에 의하여 피부에 발생하는 화농성 감염병이다.

① 병원체 … *Streptococcus Pyogenes*(세균)

② 병원소 … 환자 또는 보균자

③ 증상 … 얼굴, 팔뚝 등 피부표면에 부스럼이 생겨 외모가 손상되고 불쾌감을 준다.

④ 잠복기 … 2~5일이다.

⑤ 전파방식 … 감염자의 환부와 직접 접촉하거나 오염된 물건과 접촉할 때 감염된다.

⑥ 예방법 … 환부와 접촉된 물건에 접촉하지 않는다.

(5) 트라코마

① 병원체 … 바이러스

② 병원소 … 사람

③ 증상 … 결막염과 각막염을 유발하고, 치료하지 않으면 장기간 또는 일생 동안 지속되며 실명을 초래할 수도 있는 만성병이다.

④ 잠복기 … 5~12일이다.

⑤ 전파방식 … 눈과 코의 분비물과 직접 접촉하였을 때 또는 이들과 오염된 물건이 접촉했을 때 감염된다.

⑥ 예방법
    ㉠ 개인위생에 대한 보건교육을 실시한다.
    ㉡ 공동세면장 등에는 세척시설과 자재를 비치한다.
    ㉢ 오염이 의심되는 물건은 소독한다.

④ 피부상처에 의한 감염병

(1) 광견병

공수병이라 하여 제3급감염병으로 지정되어 있으며 일단 발병하면 거의 전부가 사망하게 되는 무서운 감염병이다.

① **병원체** … 바이러스

② **병원소** … 개, 고양이, 여우, 늑대, 박쥐 등 가축과 야생동물 등이다.

③ **증상** … 발열, 두통, 불안, 심한 불쾌감, 연하곤란, 경련, 섬망, 호흡마비 등이다.

④ **잠복기** … 3~6주이다.

⑤ **전파방식** … 감염동물이 물거나 감염동물의 타액(침)이 상처에 묻을 때 감염된다.

⑥ **예방법** … 모든 개에게 광견병 예방접종을 실시한다. 개에 물렸을 경우에는 즉시 비누와 많은 물로 철저히 씻어내고, 공격한 동물(보통 개나 고양이)을 체포하여 감염 여부를 진단한다. 필요에 따라 물린 사람에게는 면역혈청과 예방백신을 주사한다.

(2) 파상풍

예방하지 않으면 사망할 수도 있는 무서운 질병으로 감염병예방법에 제3급감염병으로 지정되어 있다.

① **병원체** … *Clostridium Tetani*(세균)

② **병원소** … 사람과 동물

③ **증상** … 불안, 초조, 근육경화, 연하곤란, 턱 근육의 경련 · 마비 등이다.

④ **잠복기** … 4~20일이다.

⑤ **전파방식** … 사람이나 가축의 분변에 오염된 토양, 먼지 등에 상처난 피부가 접촉할 때 감염된다. 혐기성 세균인 병원체가 상처속에서 번식을 하게 되고 체외 독소를 생산하여 사람에게 치명적인 신경마비 증세를 일으킨다.

⑥ **치명률** … 35~70%로 아주 높다.

⑦ **예방법**
    ㉠ 예방접종을 실시한다.
    ㉡ 개인위생을 철저히 한다.

(3) 렙토스피라증

감염된 쥐나 가축에 의하여 전파되는 급성 감염병으로 우리나라 감염병예방법에 제3급감염병으로 지정되어 있다.

① **병원체** … *Leptospira* 속의 여러 종(세균)

② **병원소** … 소, 개, 돼지, 쥐 등이다.

③ **증상** … 발열, 두통, 오한, 구토, 근육통, 결막염, 황달, 신부전, 용혈성 빈혈, 발진 등이다.

④ **잠복기** … 4~19일이다.

⑤ **전파방식** … 감염동물과 접촉할 때, 수영장 등에서 감염동물의 분변에 오염된 물이 입으로 들어가거나 피부에 묻을 때, 감염동물의 분변에 오염된 음식이나 물을 먹을 때 감염된다.

⑥ **예방법**
　　㉠ 질병의 전파방식과 관련된 개인위생을 철저히 하고 쥐의 구제에 힘쓴다.
　　㉡ 가축에 예방접종을 하고 분변을 비료로 사용한 논에 들어가 작업을 할 때는 장화와 장갑을 착용한다.
　　㉢ 음식물과 음료수는 가급적 가열한 후 섭취한다.

5 절지동물(곤충 등)에 의한 감염병

(1) 일본뇌염

발병하면 치료가 잘 안 되고 예후도 좋지 않은 급성 감염병으로 법정 제3급감염병이다. 총환자의 90% 이상이 14세 이하이고, 5~9세가 50%를 차지한다. 또 불현성 감염률이 아주 높아서 1~500 내지 1,000으로 추정된다.

① **병원체** … 바이러스

② **병원소** … 돼지, 소, 말 등이다.

③ **증상** … 발열, 두통, 구역질, 보행장애, 언어장애, 혼수상태, 마비 등이다.

④ **잠복기** … 5~15일이다.

⑤ **전파방식** … 감염된 뇌염모기에 물릴 때 감염된다.

⑥ **치명률** … 60%로 높다.

⑦ **예방법**
　　㉠ 예방접종을 실시한다.

ⓛ 모기를 구제하고, 모기가 옥내에 들어오지 않도록 방충망을 설치한다.

ⓒ 밤에 옥외활동을 할 때는 긴 소매로 된 헐거운 방충복을 착용하며 기피제를 바른다.

(2) 샌 루이스 뇌염

미국, 중남미, 자마이카 등지에서 뇌염모기가 매개하는 질병이다.

① **병원체** … 바이러스

② **병원소** … 야생동물

③ **증상** … 고열, 두통, 복통, 근육통, 구토, 정신혼란, 떨림, 언어장애 등이다.

④ **잠복기** … 5~15일이다.

⑤ **전파방식** … 감염된 모기에 물릴 때 감염된다.

⑥ **예방법** … 일본 B형 뇌염의 예방과 동일하다.

(3) 말라리아(학질)

말라리아는 아직도 세계적으로 가장 중요한 법정 제3급감염병이다. 매년 1억 정도의 환자가 발생하고 그중 약 100만 명이 사망하는 것으로 추정된다. Plasmodium 속의 4종이 인체를 통해 감염되는데, 이 중 악성 3일열말라리아는 약 10%의 치명률을 보이고, 우리나라에 존재하는 양성 3일열말라리아는 치사율은 거의 없으나 장기간 재발된다.

① **병원체** … 아메바

② **병원소** … 감염자

③ **증상**

ⓖ 고열, 오한, 두통, 오심, 발한 등이 매일 한번 또는 2~3일에 한번씩 반복된다.

ⓛ 치료하지 않으면 1개월 이상 지속되며 보통 몇 년간 불규칙하게 재발하는 경우가 많다.

④ **잠복기** … 3~6일이다.

⑤ **전파방식** … 학질 모기가 물었을 때 감염된다.

⑥ **예방법**

ⓖ 예방접종을 실시한다.

ⓛ 모기를 구제하고, 방충망을 설치한다.

(4) 뎅기열

인도, 파키스탄, 인도네시아, 필리핀 등 동남아시아와 서남태평양의 제군도 및 남미 등에서 발생되는 급성 질병으로 숲 모기가 매개한다. 제3급감염병이다.

① **병원체** … 바이러스

② **병원소** … 사람(모기와 관련)

③ **증상** … 발열, 심한 두통, 근육통, 관절통, 발진 등이다.

④ **잠복기** … 5~6일이다.

⑤ **전파방식** … 감염된 모기에 물렸을 때 감염된다.

⑥ **예방법**
   ㉠ 모기를 구제한다.
   ㉡ 방호복을 착용하고, 기피제를 사용한다.

6 포유동물에 의한 감염병

(1) 신증후군출혈열(유행성출혈열)

농민, 군인, 산악인 등 야외활동이 많은 사람 중에서 많이 발생하는 법정 제3급감염병이다.

① **병원체** … 한탄(*Hantan*) 바이러스

② **병원소** … 들쥐(등줄쥐)

③ **증상** … 발열, 식욕저하, 구토, 출혈, 저혈압, 단백뇨 배설, 신장기능 상실, 쇼크 등이다.

④ **잠복기** … 12~16일이다.

⑤ **전파방식** … 야생 들쥐의 배설물이 입으로 들어가거나 호흡기도로 흡입될 때 감염되는 것으로 추정된다.

⑥ **치명률** … 6%이다.

⑦ **예방법**
   ㉠ 농가나 병영주변에 들쥐가 서식할 수 없도록 청결을 유지한다.
   ㉡ 야외활동 중에 입었던 의복, 신발 등을 즉시 세탁한다.
   ㉢ 야외에서 활동할 때는 마스크를 착용하여 오염된 분진을 흡입하지 않도록 한다.

(2) 브루셀라증

농민, 도살장 근로자, 식용육 취급자에게 많이 발생하는 법정 제3급감염병이다.

① **병원체** … *Brucella Abortus*(세균)

② **병원소** … 소, 양, 염소, 말, 돼지 등이다.

③ **증상** … 발열, 두통, 쇠약, 심한 땀, 오한, 관절통, 전신통 등이다.

④ **잠복기** … 5~21일이다.

⑤ **전파방식** … 감염동물의 조직, 혈액, 소변, 유산 폐기물, 우유 등을 접촉하거나 섭취할 때 감염된다.

⑥ **치명률** … 2%이다.

⑦ **예방법**

　㉠ 농민, 도살장 근로자, 식육 판매자 등에 보건교육을 실시한다.

　㉡ 감염된 가축을 적발하여 폐기하고, 식육검사를 철저히 실시한다.

　㉢ 우유소독을 철저히 실시한다.

(3) 탄저병

감염된 가축에 의하여 전파되는 아주 무서운 급성 세균성 질병으로 제1급감염병으로 지정되었다.

① **병원체** … *Bacillus Anthracis*(세균)

② **병원소** … 소, 양, 염소, 말 등이다.

③ **증상**

　㉠ 피부접촉 부위에 움푹 패인 흑색가피가 생기며 주위에는 조그마한 부종이 생긴다.

　㉡ 치료하지 않으면 임파절과 혈관으로 들어가 패혈증을 일으키고 사망을 초래할 수도 있다.

　㉢ 호흡기로 흡입되었을 때도 심하면 고열과 쇼크가 오고 24시간 내에 사망한다.

④ **잠복기** … 2~5일이다.

⑤ **전파방식**

　㉠ 탄저병으로 죽은 동물의 가죽, 털, 조직 등을 접촉할 때

　㉡ 병원체의 포자를 흡입할 때

　㉢ 이 병으로 죽은 동물의 고기를 날로 먹을 때

⑥ **치명률** … 치료하지 않은 환자 중 5~20%가 사망한다.

⑦ 예방법

    ㉠ 예방접종을 실시한다.

    ㉡ 수의과학적 조치를 취한다.

    ㉢ 오염된 물건은 소독과 격리가 필요하다.

❼ 주사기 등에 의한 감염병

(1) B형 간염

간세포성 암과 연관이 있는 아주 무서운 만성질환으로 우리나라 감염병예방법에도 제3급감염병으로 지정되어 있다. 선진국의 경우는 양성률이 대개 0.3%인데 반하여 아프리카 등 후진국은 양성률이 15%를 넘기도 한다. 우리나라의 양성률은 약 8%로 추정된다.

① **병원체** … 바이러스

② **병원소** … 감염자의 혈액, 타액, 점액, 질 분비액이다.

③ **증상** … 식욕감퇴, 복부불안, 오심, 구토, 황달 등이다.

④ **잠복기** … 80~100일이다.

⑤ **전파방식** … 성 접촉 등 밀접한 접촉, 칫솔이나 면도칼을 혼용할 때, 또는 감염자의 혈액 또는 혈액제제를 받을 때나 오염된 주사기, 침, 기타 의료기구에 의하여 감염된다.

⑥ 예방법

    ㉠ 예방접종을 실시한다.

    ㉡ 혈액관리를 철저히 한다.

    ㉢ 주사기 등 의료기구와 오염가능성이 있는 물건은 철저히 소독한다.

(2) 후천성 면역결핍증(AIDS)

1980년대 초부터 유행하기 시작한 무서운 감염병으로 감염되면 효과적인 치료방법이 없고, 우리나라에도 감염자의 수가 매년 증가되고 있다. 감염병예방법에 제3급감염병으로 지정되어 있다.

① **병원체** … HIV 바이러스

② **병원소** … 사람(감염자)

③ **증상** … 미열, 전신피로, 식은 땀, 불쾌감, 체중감소, 임파선 비대, 손, 입, 항문이 가렵고 부스럼 발생, 만성 기침, 호흡곤란, 기억력 감퇴, 성격변화 또는 발작, 식도염, 폐렴, 피부암 등이다.

④ **잠복기** … 수개월~6년이다.

⑤ 전파방식

  ㉠ 성적 접촉시

  ㉡ 수혈 및 혈액제품 사용시

  ㉢ 오염된 주사기, 침, 칫솔, 면도칼 사용시

  ㉣ 모성이 감염된 경우 태아로 수직감염

⑥ 예방법

  ㉠ 혼외 성교를 금하고 콘돔을 사용한다.

  ㉡ 주사기, 침 등은 매회 가열소독해서 사용한다.

  ㉢ 면도칼, 칫솔은 자신의 것만을 사용한다.

  ㉣ 혈액 공여자나 매혈자의 혈액은 채취하기 전에 철저한 검사를 실시한다.

  ㉤ 에이즈의 위험성과 전파경로에 관하여 보건교육을 실시한다.

≡ 최근 기출문제 분석 ≡

2022. 2. 26. 제1회 서울특별시 시행

1 법정감염병 중 제3급감염병으로 분류되어 있는 브루셀라증에 대한 설명으로 가장 옳지 않은 것은?

① 주요 병원소는 소, 돼지, 개, 염소 등 가축이다.

② '파상열'이라고도 하며, 인수공통감염병이다.

③ 야외에서 풀밭에 눕는 일을 삼가고 2 ~ 3년마다 백신 접종을 하는 것이 좋다.

④ 감염경로는 주로 오염된 음식이며, 브루셀라균으로 오염된 먼지에 의해서도 감염이 가능하다.

> **TIP** ③ 신증후군출혈열(유행성출혈열)에 대한 설명이다.
>
> ※ 브루셀라증 … 농민, 도살장 근로자, 식용육 취급자에게 많이 발생하는 법정 제3급 감염병이다.
> ㉠ 병원소 : 소, 양, 염소, 말, 돼지 등이다.
> ㉡ 증상 : 발열, 두통, 쇠약, 심한 땀, 오한, 관절통 등이다.
> ㉢ 잠복기 : 5 ~ 21일이다.
> ㉣ 전파방식 : 감염동물의 조직, 혈액, 소변, 유산 폐기물, 우유 등을 접촉하거나 섭취할 때 감염된다.
> ㉤ 치명률 : 2%이다.
> ㉥ 예방법 : 농민, 도살장 근로자, 식육 판매자에게 보건교육을 실시하고, 감염된 가축을 적발하여 폐기하고 식육검사를 철저히 한다. 또한 우유소독을 철저히 한다.

2022. 2. 26. 제1회 서울특별시 시행

2 「감염병의 예방 및 관리에 관한 법률」상 감염병의 신고규정에 대한 설명으로 가장 옳지 않은 것은?

① 제2급감염병 및 제3급감염병의 경우에는 24시간 이내에 신고하여야 한다.

② 감염병 발생 보고를 받은 의료기관의 장은 보건복지부장관 또는 관할 보건소장에게 신고하여야 한다.

③ 감염병 발생 보고를 받은 소속 부대장은 관할 보건소장에게 신고하여야 한다.

④ 의료기관에 소속되지 아니한 의사는 감염병 발생 사실을 관할 보건소장에게 신고하여야 한다.

> **TIP** ② 감염병 발생 보고를 받은 의료기관의 장은 질병관리청장 또는 관할 보건소장에게 신고하여야 한다.
>
> ※ 의사 등의 신고 … 의사, 치과의사 또는 한의사는 다음의 어느 하나에 해당하는 사실이 있으면 소속 의료기관의 장에게 보고하여야 하고, 해당 환자와 그 동거인에게 질병관리청장이 정하는 감염 방지 방법 등을 지도하여야 한다. 다만, 의료기관에 소속되지 아니한 의사, 치과의사 또는 한의사는 그 사실을 관할 보건소장에게 신고하여야 한다(감염병의 예방 및 관리에 관한 법률 제11조 제1항).

Answer 1.③ 2.②

○ 감염병 환자 등을 진단하거나 그 사체를 검안한 경우

○ 예방접종 후 이상반응자를 진단하거나 그 사체를 검안한 경우

○ 감염병 환자등이 제1급 감염병부터 제3급 감염병까지에 해당하는 감염병으로 사망한 경우

○ 감염병 환자로 의심되는 사람이 감염병병원체 검사를 거부하는 경우

※ 제1항 및 제2항에 따라 보고를 받은 의료기관의 장 및 제16조의2에 따른 감염병병원체 확인기관의 장은 제1급감염병의 경우에는 즉시, 제2급감염병 및 제3급감염병의 경우에는 24시간 이내에, 제4급감염병의 경우에는 7일 이내에 질병관리청장 또는 관할 보건소장에게 신고하여야 한다〈감염병의 예방 및 관리에 관한 법률 제11조 제3항〉.

※ 육군, 해군, 공군 또는 국방부 직할 부대에 소속된 군의관은 제1항 각 호의 어느 하나에 해당하는 사실이 있으면 소속 부대장에게 보고하여야 하고, 보고를 받은 소속 부대장은 제1급감염병의 경우에는 즉시, 제2급감염병 및 제3급감염병의 경우에는 24시간 이내에 관할 보건소장에게 신고하여야 한다〈감염병의 예방 및 관리에 관한 법률 제11조 제4항〉.

3 병원체와 숙주 간 상호작용 지표에 대한 설명으로 가장 옳지 않은 것은?

① 감염력은 병원체가 숙주 내에 침입·증식하여 숙주에 면역반응을 일으키게 하는 능력이다.

② 독력은 현성 감염자 중에서 매우 심각한 임상증상이나 장애가 초래된 사람의 비율로 계산한다.

③ 이차발병률은 감염된 사람들 중에서 발병자의 비율로 계산한다.

④ 병원력은 병원체가 감염된 숙주에게 현성감염을 일으키는 능력이다.

> **TIP** ③ 이차발병률은 병원체의 최장잠복기 내 질병 발병자수 ÷ 환자와 접촉한 감수성 있는 사람들의 수(발달환자와 면역자 제외) × 100으로 사람 간에 2차 전파 가능한 전염병 유행에서 감염성을 판단하기 위해 산출한다. 감수성이 있다는 것은 해당 병원체에 특이항체(저항력)를 가지지 못한 사람들을 말한다. 해당 병명에 대한 과거력이 있거나 일차발병자 및 예방 접종자는 제외된다.
> ① 감염력은 병원체가 감염을 일으키는 능력을 말한다.
> ② 독력은 병원성과 동일한 의미로 사용되고 병을 발생시키는 병원균의 능력, 광의적 의미로는 병이 심각해지는 정도를 말한다.
> ④ 병원력이란 병원균이 현성감염을 일으키는 능력을 말하며 감염된 사람들 중에 현성감염자의 비율을 뜻한다.

4 인위적으로 항체를 주사하여 얻는 면역은?

① 자연능동면역   ② 자연수동면역

③ 인공능동면역   ④ 인공수동면역

> **TIP** 능동면역이란 항원에 적극적으로 반응하여 특이 항체를 생성하는 것이며, 자연 능동면역은 질병을 앓고 난후 획득하는 것을 말한다(수두, 홍역, 몰거리). 인공 능동면역은 예방접종을 통해 질병을 피할 수 있게 된 것을 말한다.(소아마비, 홍역, 풍진, 장티푸스, 콜레라, 결핵 등). 수동면역이란 다른 사람이나 동물에 의해 만들어진 항체를 체내에 주입하는 것을 말하며, 자연 수동면역은 태아가 모체로부터 받는 면역을 말한다. 인공 수동면역이란 다른 사람이나 동물에 의해 만들어진 항체를 주입하는 것(광견병, 파상풍, 독사에 물린 경우 인체 감마 글로블린 주사를 맞는 것)이 해당된다.

Answer 3.③ 4.④

5 〈보기〉에서 설명하는 것은?

─── 보기 ───

인위적으로 항원을 체내에 투입하여 항체가 생성되도록 하는 방법으로 생균백신, 사균백신, 순화독소 등을 사용하는 예방접종으로 얻어지는 면역을 말한다.

① 수동면역(passive immunity)

② 선천면역(natural immunity)

③ 자연능동면역(natural active immunity)

④ 인공능동면역(artificial active immunity)

TIP 능동면역과 수동면역
　　㉠ 능동면역 : 체내의 조직세포에서 항체가 만들어지는 면역으로 비교적 장기간 지속된다.
　　　• 자연능동면역 : 질병을 앓고 난 후 생기는 면역
　　　　예 홍역, 수두 등을 앓고 난 뒤
　　　• 인공능동면역 : 인공적으로 항원을 투여해서 얻는 면역 = 예방접종
　　　　예 볼거리, 풍진, 결핵, 소아마비, 일본뇌염 등의 예방주사
　　㉡ 수동면역 : 이미 형성된 면역원을 주입하는 것으로, 능동면역보다 효과가 빠르지만 빨리 사라진다.
　　　• 자연수동면역 : 모체의 태반을 통해 얻는 면역
　　　• 인공수동면역 : 면역혈청 등을 통해 얻는 면역

6 모유수유를 한 영아가 모유수유를 하지 않은 영아에 비해 감염균에 대한 면역력이 높았다. 이에 해당하는 면역(immunity)의 종류는?

① 자연능동면역　　　　　　　　　　② 자연수동면역

③ 인공능동면역　　　　　　　　　　④ 인공수동면역

TIP 태반 또는 모유에 의한 면역은 자연수동면역에 해당한다.

Answer 5.④ 6.②

7 감염병 관리방법 중 전파과정의 차단에 대한 설명으로 가장 옳은 것은?

① 홍보를 통해 손씻기와 마스크 착용을 강조하였다.

② 조류 인플루엔자 감염 오리를 모두 살처분하였다.

③ 노인인구에서 신종인플루엔자 예방접종을 무료로 실시하였다.

④ 결핵환자 조기발견을 위한 감시체계를 강화하였다.

> **TIP** 감염병의 예방관리 방법
> ㉠ 병원체와 병원소 관리 : 감염병 관리의 가장 확실한 방법은 병원체나 병원소를 제거하는 것이다.
> ㉡ 전파과정 관리 : 전파과정의 차단에는 검역과 격리, 매개곤충관리, 환경위생과 식품위생, 개인위생 등이 포함된다.
> ㉢ 숙주 관리 : 숙주의 면역력을 증강시키는 방법으로 예방접종과 톡소이드 혹은 면역글로불린 접종 등의 방법이 있다. 이미 감염된 환자나 보균자는 조기발견 및 조기치료를 시행함으로써 합병증을 막고 필요한 격리를 시행하여 다른 사람에게 전파되는 것을 막을 수 있다.
> ※ 감염병의 생성과 전파 … 병원체가 숙주에 기생하면서 면역반응이나 질병을 일으키는 것이 감염병의 본질이기 때문에 감염병이 생성되기 위해서는 병원체로부터 숙주의 저항에 이르기까지 다음과 같은 단계를 거친다.
>
> | 병원체 | 병원소 | 병원체 탈출 | 전파 | 침입 | 숙주의 저항 |
> |---|---|---|---|---|---|
> | • 바이러스
• 세균
• 진균
• 원충생물
• 기생충 등 | • 인간(환자, 보균자)
• 동물
• 흙
• 물 등 | • 호흡기
• 소화기
• 비뇨생식기
• 피부(상처)
• 태반 등 | • 직접전파
• 간접전파 | • 호흡기
• 소화기
• 비뇨생식기
• 피부(상처)
• 태반 등 | • 면역(선천, 후천)
• 영양
• 건강 등 |

8 다음 〈보기〉에서 설명하는 수인성 감염질환으로 가장 옳은 것은?

보기

• 적은 수의 세균으로 감염이 가능하여 음식 내 증식 과정 없이 집단 발병이 가능하다.

• 최근 HACCP(위해요소 중점 관리기준) 도입 등 급식위생 개선으로 감소하고 있다.

① 콜레라   ② 장티푸스

③ 세균성이질   ④ 장출혈성대장균감염증

> **TIP** 세균성이질 … 시겔라(Shigella) 균에 의한 장관계 급성 감염성 질환으로 제1군 감염병이다. 환자 또는 보균자가 배출한 대변을 통해 구강으로 감염되며, 매우 적은 양(10~100개)의 세균으로도 감염을 일으킨다.

Answer 7.① 8.③

9 다음은 감염병의 중증도에 따른 분류이다. 이때, 수식 '[(B+C+D+E) / (A+B+C+D+E)]×100'에 의해 산출되는 지표는?

				총 감수성자(N)
감염(A+B+C+D+E)				
불현성감염(A)	현성감염(B+C+D+E)			
	경미한 증상(B)	중증도 증상(C)	심각한 증상(D)	사망(E)

① 감염력(infectivity)

② 이차발병률(secondary attack rate)

③ 병원력(pathogenicity)

④ 치명률(case fatality rate)

> **TIP** 병원력(pathogenicity) … 숙주에게 감염되어 알아볼 수 있는 질병을 일으키는 능력으로 병원체의 증식속도, 증식하면서 나타난 숙주세포의 영향, 독소생성의 정도 등이다. 전체 감염자 중 현성감염자의 비율로 구한다.

10 다음 중 신생아가 모유 수유를 통해서 얻을 수 있는 면역의 형태로 옳은 것은?

① 자연능동면역

② 인공능동면역

③ 자연수동면역

④ 인공수동면역

> **TIP** 면역
>
> | 구분 | | | 내용 |
> |---|---|---|---|
> | 선천적 면역 | | | 종속 면역, 인종 면역, 개인 특이성 |
> | 후천적 면역 | 능동 면역 | 자연동 | 질병 감염 후 얻은 면역(병후면역 : 홍역, 천연두 등) |
> | | | 인공능동 | 예방접종으로 얻어지는 면역(결핵, B형 간염 등) |
> | | 수동 면역 | 자연수동 | 모체로부터 태반이나 유즙을 통해 얻은 면역 |
> | | | 인공수동 | 동물 면역 혈청 및 성인 혈청 등 인공제제를 접종하여 얻은 면역 |

Answer 9.③ 10.③

11 다음 감염병 중 모기를 매개체로 한 감염병으로 옳지 않은 것은?

① 뎅기열   ② 황열

③ 웨스트나일열   ④ 발진열

> **TIP** ④ 발진열은 동양쥐벼룩을 통해 전염되며 리케치아균이 섞인 벼룩의 분변이 벼룩이 물어서 생긴 병변을 오염시켜 감염되는 리케치아 감염병의 일종이다.

12 법정감염병에 관한 사항으로 가장 옳은 것은? [기출변형]

① 군의관은 소속 의무부대장에게 보고하며, 소속 의무부대 장은 국방부에 신고한다.

② 의사, 한의사는 소속 의료기관장에게 보고하며, 의료기관의 장은 관할 보건소장에게 신고한다.

③ 발생 시 지체 없이 신고해야 하는 감염병은 제1급부터 제3급까지의 감염병이다.

④ 제4급감염병의 종류에는 임질, 수족구병, 큐열 등이 있다.

> **TIP** ① 육군, 해군, 공군 또는 국방부 직할 부대에 소속된 군의관은 소속 부대장에게 보고하여야 하고, 보고를 받은 소속 부대장은 관할 보건소장에게 신고하여야 한다.
> ③ 제1급감염병은 발생 또는 유행 즉시, 제2급 및 제3급감염병은 발생 또는 유행 시 24시간 이내에 신고하여야 한다.
> ④ 큐열은 제3급감염병에 해당한다.

13 다음 중 감마 글로불린(γ –globulin) 또는 항독소(antitoxin) 등의 인공제제를 주입하여 생긴 면역은?

① 인공피동면역(artificial passive immunity)

② 인공능동면역(artificial active immunity)

③ 자연피동면역(natural passive immunity)

④ 자연능동면역(natural active immunity)

> **TIP** 면역의 종류
> ㉠ 선천적 면역 : 선천적으로 체내에 그 병에 대한 저항성을 가지고 있는 상태
> ㉡ 인공능동면역 : 예방접종을 통해 항체를 형성하는 것(백신, 톡소이드)
> ㉢ 인공수동(피동)면역 : 이물질에 노출 없이 감마글로블린 주사로 항체를 공급받는 것
> ㉣ 자연능동면역 : 질병을 앓고 난 후 면역을 획득하는 것
> ㉤ 자연수동(피동)면역 : 태아가 태반을 통해 모체로부터 항체를 획득하는 것

Answer 11.④ 12.② 13.①

출제 예상 문제

1 인공수동면역에 해당하는 것은?

① 파상풍 항독소

② BCG 백신

③ 디프테리아 백신

④ 예방적 항결핵제

TIP ① 수동면역이란 다른 생체가 만든 항체가 받아들여 면역을 얻는 것으로 태아가 태반을 통하여 모체로부터 면역체를 받는 자연적 수동면역과 파상풍 항독소와 같은 인공적 수동면역의 방법이 있다. 만일 파상풍균에 감염되었다면 다량의 항체가 발생하는데 이를 다른 감염되지 않은 개체에게 투여함으로서 이 병원균에 대한 수동면역이 발생하게 된다.

주사 등을 통한 수동면역은 주사와 동시에 면역을 얻을 수 있지만, 일반적으로 지속기간이 짧고 면역의 정도도 약하다.

※ 후천적 면역 … 질병이환 후나 예방접종 등으로 얻는 면역으로 획득면역이라고도 한다.

㉠ 능동면역

구분	내용
인공능동면역	생균백신, 사균백신, 순환독소의 예방접종 후 생기는 면역
자연능동면역	질병이환 후 면역(장티푸스, 소아마비)

㉡ 수동면역

구분	내용
자연수동면역	자기의 힘으로 생긴 면역이 아니고 다른 사람(모체)나 동물에서 만든 항체를 얻어서 생긴 면역
인공수동면역	회복기 혈청 항독소를 환자 또는 위험에 처해 있는 사람에게 주어 면역을 얻는 방법

㉢ 능동면역과 수동면역의 비교

구분	능동면역	수동면역
장점	• 장기간 지속 • 비교적 강력한 면역력 획득 • 한 번 주사로 여러 질병 면역 획득	• 효과가 빠름 • 치료용, 응급처치용으로 사용 가능
단점	• 늦게 나타나는 효과 • 부작용 가능성	• 짧은 지속 시간 • 비교적 약한 저항력

Answer 1.①

2 병원체가 생존하고 증식하면서 감수성 있는 숙주에 전파 시킬 수 있는 생태적 지위에 해당하는 사람, 동물, 곤충, 흙, 물 등을 말하는 것은 무엇인가?

① 감염원　　　　　　　　　　　　　② 오염원
③ 병원소　　　　　　　　　　　　　④ 개달물

....

TIP ③ 병원소란 감염병을 일으키는 병원체가 서식하는 장소를 말한다. 2014년 아프리카를 휩쓴 에볼라 바이러스의 자연계 병원소는 박쥐로 알려져 있으며, 레지오넬라증의 경우 물이 가장 중요한 병원소(감염원)라 알려져 있다.

※ 병원소 … 병원체가 생활, 증식하고 생존하여 질병을 전파할 수 있는 상태로 저장되는 장소를 말한다. 병원소는 인간병원소, 동물병원소, 토양, 곤충 등으로 구분된다.

　⊙ 인간 병원소

구분	내용
환자	현성 감염자
무증상 감염자	불현성 감염자
보균자	잠복기, 보균자, 회복기 보균자, 건강 보균자

　ⓒ 동물 병원소

구분	질병
쥐	페스트, 발진열, 살모넬라증, 와일씨병, 서교증 등
소	결핵, 탄저, 파상열, 살모넬라증
돼지	살모넬라증, 파상열
양	탄저, 파상열, 보툴리즘
새	유행성 일본뇌염, 살모넬라증

　ⓒ 토양 : 파상풍, 보툴리즘, 구충증 등 아포형성균이 다수
　ⓔ 곤충

구분	질병
파리	장티푸스, 콜레라, 파라티푸스, 세균성 이질, 폴리오
모기	뇌염, 말라리아, 사상충, 뎅구열, 황열 등
이	발진티푸스, 재귀열
벼룩	발진열, 페스트

Answer 2.③

3 감염병예방법에 규정된 법정감염병 중 제3급감염병이 아닌 것은?

① 유행성 이하선염　　　　　　　② 레지오넬라증
③ 발진티푸스　　　　　　　　　　④ 라임병

TIP ① 제2급감염병이다.

4 어린이에게 투베르쿨린 검사시 결핵에 대한 양성판정 기준을 10mm에서 5mm로 낮출 때 결과는?

① 민감도와 특이도가 증가한다.　　② 민감도와 특이도가 감소한다.
③ 민감도는 증가하고 특이도는 감소한다.　④ 민감도는 감소하고 특이도는 증가한다.

TIP ③ 민감도는 결핵감염일 경우 양성을 나타낼 확률(병이 있는 사람을 병이 있다고 판정할 수 있는 능력)을 말하고, 특이도는 병이 없는 사람을 병이 없다고 판정할 수 있는 능력을 말하므로 양성판정의 기준을 낮추면 민감도는 증가하고 특이도는 감소한다.

5 1회 접촉으로 후천성 면역결핍증에 걸릴 수 있는 가능성이 가장 높은 것은?

① 환자와의 성 접촉　　　　　　　② 수혈
③ 주사기 공동사용　　　　　　　　④ 보균자와의 성 접촉

TIP ② 혈액을 통한 감염이 빠르고 확실하므로 가장 위험하다.

6 들에서 일하던 농부가 들쥐에게 물려 질병에 감염된 경우 이와 관련깊은 감염병은?

① 쯔쯔가무시병　　　　　　　　　② 유행성 출혈열
③ 탄저병　　　　　　　　　　　　④ 브루셀라증

TIP ① 들쥐나 진드기에 물려 감염되는 질병이다.

Answer 3.① 4.③ 5.② 6.①

7 DPT접종을 통해 예방할 수 있는 질병은?

① 결핵, 백일해, 파상풍

② 디프테리아, 장티푸스, 파상풍

③ 결핵, 홍역, 백일해

④ 디프테리아, 백일해, 파상풍

TIP DPT … 디프테리아(Diphtheria), 백일해(Pertussis), 파상풍(Tetanus)의 예방혼합백신을 말한다. 디프테리아, 백일해, 파상풍은 모두 세균이 일으키는 전신성 질병으로, 특히 어린이가 감염되면 생명이 위험할 정도로 무서운 질병이다. 따라서 철저한 예방접종의 실시가 우선되어야 한다.

8 다음 중 순환독소(Toxoid)를 이용한 면역은?

① 자연능동면역

② 인공능동면역

③ 자연수동면역

④ 인공수동면역

TIP 인공능동면역 … 생균백신, 사균백신, 순환독소를 예방접종하여 생기는 면역으로 파상풍, 디프테리아 등이 있다.

9 다음 중 개달물에 해당하는 것은?

① 우유

② 주사바늘

③ 수건

④ 파리

TIP 개달물 … 병원체를 전파하는 비활성 전파체로 물, 우유, 식품, 공기, 토양을 제외한 모든 무생물을 말한다. 의복, 침구, 책, 완구 등이 있다.

10 중간숙주의 연결이 잘못된 것은?

① 렙토스피라증 – 쥐, 가축

② 광절열두조충 – 연어, 광어

③ 선모충 – 돼지

④ 재귀열 – 파리

TIP ④ 재귀열의 중간숙주는 진드기나 이이다.

Answer 7.④ 8.② 9.③ 10.④

11 다음 중 톡소이드가 예방 및 치료제로 쓰이는 질병은?

① 디프테리아

② 렙토스피라증

③ 매독

④ 콜레라

> **TIP** 톡소이드(Toxoid) … 병원균 독소의 독성을 제거하고 면역발생력을 유보한 액으로 변성독소, 아나톡신이라고도 한다. 주로 디프테리아나 파상풍의 예방에 응용된다. 즉, 인체에 디프테리아균이 침입하면 그 균체외 독소 때문에 디프테리아에 걸리는데, 동시에 이 독소의 작용에 의하여 독소를 중화하는 항독소가 체내에 자연적으로 발생하여 그것이 충분히 발생하면 질병은 자연히 치유된다. 그러나 부족할 때에는 항독소를 주사하면 질병을 고칠 수 있다.

12 다음 중 바이러스 감염병에 속하는 것은?

① 장티푸스

② 발진열

③ 백일해

④ 일본뇌염

> **TIP** 병원체 유형별 감염병의 분류
> ㉠ 바이러스성 감염병 : 0.01~0.3μm 정도로 전자 현미경으로만 관찰이 가능하고 세포 내에 기생한다. 홍역, 폴리오, 유행성 간염, 일본뇌염, 공수병, 유행성 이하선염, 에이즈 등이 있다.
> ㉡ 세균성 감염병 : 디프테리아, 결핵, 장티푸스, 콜레라, 세균성 이질, 페스트, 파라티푸스, 성홍열, 백일해, 매독, 임질, 한센병 등이 있다.
> ㉢ 리케차성 감염병 : 발진열, 발진티푸스, 양충병, 록키산 홍반열, 큐열 등이 있다.
> ㉣ 원충성 감염병 : 아메바성 이질, 말라리아, 간·폐디스토마, 회충 등이 있다.
> ㉤ 진균 또는 사상균 : 무좀 등 각종 피부질환의 원인균이다.

13 신경계의 급성 중독을 일으키는 신경독소는?

① 살모넬라

② 비브리오

③ 보툴리누스

④ 여시니아

> **TIP** 보툴리누스
> ㉠ 편성혐기성, 그람 양성의 아포 형성균인 보툴리누스균(*Clostridium Botulinum*)이 생산한 균체외 독소(신경독)에 의하여 보툴리누스 중독 또는 보툴리누스증(Botulism)이 일어난다.
> ㉡ 일반적인 보툴리누스 중독은 식품 내에서 보툴리누스균이 증식하였을 때에 생산된 독소를 식품과 함께 섭취하여 발병한다.

Answer 11.① 12.④ 13.③

14 조류독감의 예방온도로 옳은 것은?

① 75℃에서 5분간 살균한다.　　　　② 80℃에서 5분간 살균한다.

③ 100℃에서 5분간 살균한다.　　　　④ 방법이 없다.

TIP 조류독감
　ㄱ 증상 : 일반 독감과 같이 고열, 기침, 목 따가움, 근육통 등의 증상을 보이며 눈이 충혈되는 결막염이 나타날 수도 있다.
　ㄴ 감염경로 : 조류독감 바이러스는 감염된 조류와 직접 접촉하거나 이들의 배설물에서 감염된다.
　ㄷ 예방법 : 일단 감염된 조류와 접촉하지 말고, 독감에 걸리지 않도록 한다.
　ㄹ 치료법 : 항바이러스 제제를 복용하면 바이러스 증식을 억제할 수 있는데, 아직 확실한 백신제는 없는 상황이다.
　ㅁ 조류독감 바이러스의 사멸 : 조류독감 바이러스를 예방하기 위해서는 음식물 조리시 60~70℃에서는 30분, 75℃에서는 5분, 80℃
　　에서는 1분간 조리한다. 100℃에서는 즉시 사멸한다.

15 감염병 전파의 6가지 요인 중 환경요소에 속하는 것은?

① 전파　　　　　　　　　　　　　　② 병원체

③ 병원소　　　　　　　　　　　　　④ 감수성

TIP 질병발생의 3요소와 감염병 생성과정(6단계)
　ㄱ 병인
　　• 병원체
　　• 병원소
　ㄴ 환경
　　• 병원소로부터 병원체 탈출
　　• 전파
　　• 병원체의 새로운 숙주로의 침입
　ㄷ 숙주 : 숙주의 감수성

Answer 14.① 15.①

PART

02 공중보건

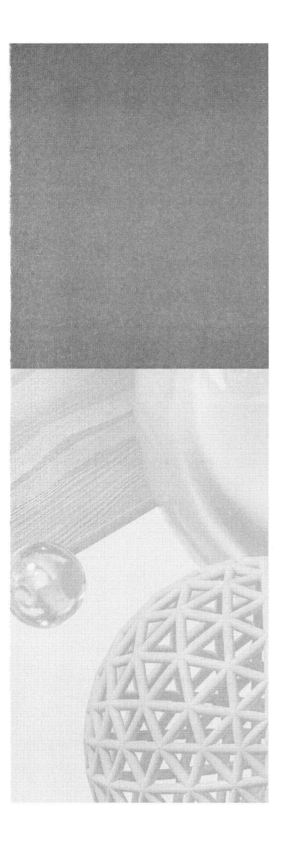

01 식품위생

01 식품위생의 개요

① 식품위생의 정의

(1) WHO(환경위생 전문회의)의 정의

식품위생은 식품의 생육, 생산, 제조에서 최종적으로 사람에게 섭취되기까지의 모든 단계에서 안전성, 건전성, 완전무결성을 확보하기 위한 모든 수단이다.

(2) 우리나라의 정의

식품위생이란 식품, 식품첨가물, 기구 및 용기·포장 등을 대상으로 하는 음식에 관한 위생을 말한다〈식품위생법 제2조 제11호〉.

② 식품에 의한 감염병

(1) 특징
① 폭발적으로 발생한다.
② 기온이 높은 여름철에 주로 발생한다. 여름철은 미생물이 성장·생육하기 좋은 조건이고, 장관의 수분과다로 내성이 저하되어 있기 때문에 감염병이 많이 발생한다.

(2) 식품취급 시 유의점
① 원료보관실, 제조가공실, 포장실 등의 내부는 항상 청결해야 한다.
② 원료 및 제품 중 부패·변질이 되기 쉬운 것은 냉장·냉동 보관한다.
③ 제조, 가공 또는 포장에 직접 종사하는 자는 위생모를 착용해야 한다.

④ 우유와 산양유는 같은 제조실에서 처리 · 가공하거나 섞어 넣지 말아야 한다.

⑤ 제조, 가공, 조리에 상용되는 기계, 기구 및 음식기는 사용 후에 세척, 살균 등 항상 청결하게 유지 · 관리해야 한다.

⑥ 식품접객업소의 경우 냉면육수, 칼, 도마, 행주 등은 식품 등의 기준 및 규격이 정하는 미생물 권장규격에 적합하도록 관리해야 한다.

⑦ 식품 저장고에 해충구제 및 방서를 실시하고 동물사육을 금한다.

⑧ 야채는 흐르는 물에 5회 이상 씻는다.

⑨ 유지식품은 일광을 차단하고 라면은 빛을 차단하여 보관한다.

02 식품의 관리

(1) 소독법

① 가열
  ㉠ **고압증기멸균** : 115.5℃에서 30분간 가열, 121.5℃에서 20분간 가열, 126.5℃에서 15분간 가열한다.
  ㉡ **저온멸균** : 63℃에서 30분간 가열하는 방법으로, 우유소독 시 사용된다.
  ㉢ **간헐멸균** : 저온상태에서 포자살균한다.
  ㉣ **화염멸균** : 금속 · 유리 · 자기제품 소독 시 이용된다.
  ㉤ **유통증기멸균** : 100℃에서 30~60분 가열한다.
  ㉥ **건열멸균법** : 150~160℃ 정도의 건조상태에서 멸균하는 방법으로, 주로 유리기구에 사용된다.

② 자외선 조사
  ㉠ 처리 후 성분변화가 거의 없지만 침투력이 없다.
  ㉡ Dorno-ray(2,400~3,200Å)가 살균효과가 크다.
  ㉢ 내성이 생기지 않고 피조사물에 변화를 주지 않는다.
  ㉣ 사용법이 간단하고 모든 균종에 효과적이며 살균효과가 크다.
  ㉤ 장시간 사용 시 지방류를 산패시킨다.
  ㉥ 피부조사 시 붉은 반점이 생기고 눈에 결막염과 각막염을 유발한다.

③ **화학적 소독** … 화학적 소독제는 살균력이 강하고 인체에 독성이 없으며 냄새가 없어야 한다. 또 수용성이고 값이 저렴해야 한다.
  ㉠ **수은** : 0.1% 승홍수와 25% Mercurochrome수를 사용한다. 피부점막 소독에 이용된다.
  ㉡ **염소** : 상수도와 음료수 소독에 이용된다.
  ㉢ **3% 과산화수소** : 상처소독용으로, 주로 구강소독에 이용된다.

㉣ **방향족** : 손소독 및 기구, 용기 소독에 이용된다.

　　㉤ **표백분** : 우물물, 풀장 소독에 이용된다.

　　㉥ **요오드** : 물에 녹지 않는다.

　　㉦ **오존** : 목욕탕 소독에 이용된다.

　　㉧ **역성비누** : 손소독, 기구나 용기소독에 이용된다.

(2) 변질방지법

① **건조** … 수분함량 15% 이하는 생육 불능, 곰팡이는 수분함량 13% 이하로 건조시킨다.

② **냉장 · 냉동법** … 10℃ 이하에서는 번식이 억제되고, -5℃ 이하에서는 번식이 정지된다.

　　㉠ **냉장법** : 1~10℃ 사이에서 저장하는 방법이다.

　　㉡ **냉동법** : 0℃ 이하에서 저장하는 방법이다.

③ **가열법**

　　㉠ 식품 중의 효소를 파괴해 자기소화작용을 억제하므로 변질을 막는 방법이다.

　　㉡ 120℃에서 20분 가열로 미생물이 완전멸균된다.

　　㉢ 향미와 비타민 등의 영양소가 파괴되는 단점이 있다.

④ **염장법 · 당장법** … 탈수작용과 염소이온의 직접적 작용 등에 의한 보존법이다. 염장은 10~20%, 당장은 40~50% 절임법이 일반적이다.

⑤ **산저장법** … pH 5.0 이하의 초산이나 젖산을 이용한다.

⑥ **가스법** … CO_2, N_2 가스를 이용한다.

⑦ **방부제**

　　㉠ 허용된 첨가물만 사용한다.

　　㉡ 사용 허용량을 지킨다.

　　㉢ 독성이 없어야 한다.

　　㉣ 미량으로도 효과가 있어야 한다.

　　㉤ 무미 · 무취이어야 한다.

⑧ **밀봉법**

⑨ **훈증, 훈연법**

 식품 변질의 종류

　　㉠ 부패 : 단백질과 질소 화합물을 함유한 식품이 자가소화 또는 미생물 및 부패세균 등의 효소작용으로 인해 분해되어 아민류와 같은 독성물질과 악취가 발생하는 현상

　　㉡ 산패 : 지방이 미생물이나 산소, 햇빛, 금속 등에 의하여 산화 분해되어 불쾌한 냄새나 맛을 형성하는 것

　　㉢ 변패 : 탄수화물(당질)과 지질이 산화에 의하여 변성되어 비정상적인 맛과 냄새가 나는 현상

　　㉣ 발효 : 탄수화물이 미생물의 작용을 받아 유기산이나 알코올 등을 생성하는 것

03 식중독

① 세균성 식중독

(1) 분류

설사가 주증세이고, 감염형과 독소형으로 나뉜다.

① **감염형** … 살모넬라균, 장염 비브리오균, 병원성 대장균 등이 있다.

② **독소형** … 포도상구균과 보툴리누스균, 바실러스 세레우스균, 알레르기균 등이 있다.

③ **중간형** … 웰치균, NAG 비브리오균 등이 있다.

(2) 감염형 식중독

① 살모넬라균에 의한 식중독

    ㉠ **외부형태** : Gram 음성, 무포자, 간균, 주모균으로 역사상 가장 오래된 식중독균이다.

    ㉡ **원인균의 특징** : 생육 최적온도는 37℃이고, pH 7~8이다.

    ㉢ **증세** : 치사율은 낮으나 38~40℃의 심한 고열이 특징이다.

    ㉣ **원인식품** : 감염된 동물, 어육제품, 샐러드, 마요네즈, 유제품, 난류 등이다.

    ㉤ **예방** : 60℃에서 20분간 가열로 예방할 수 있다.

    ㉥ **잠복기** : 20시간이다.

② 장염 비브리오균에 의한 식중독

    ㉠ **외부형태** : Gram 음성, 간균

    ㉡ **원인균** : *Vibrio Parahaemolyticus*(호염균)로, 3~4%의 식염농도에서 잘 자라는 중온균이다.

    ㉢ **원인식품** : 어패류, 생선 등이다.

    ㉣ **특징**
- 콜레라균과 유사한 형태이다.
- 균의 분열시간이 짧다(10분 이내).
- 열에 약한 것이 특징이다.

    ㉤ **주요 증상** : 설사, 위장장애

    ㉥ **잠복기** : 평균 10~18시간이다.

③ 병원성 대장균에 의한 식중독

  ㉠ 외부형태 : Gram 음성, 주모균, 간균, 무아포성

  ㉡ 원인균 : *Escherichia Coli*

  ㉢ 증세 : 유아에게 전염성 설사, 성인에게는 급성 장염을 유발한다.

(3) 독소형 식중독

① 포도상구균에 의한 식중독

  ㉠ 외부형태 : Gram 양성, 구균, 무아포성, 무편모로 비운동성이다.

  ㉡ 원인균 : *Staphylococcus Aureus*로, 장독소인 엔테로톡신을 생성한다.

  ㉢ 원인식품 : 우유 및 유제품 등

  ㉣ 감염원 : 화농성 질환자

  ㉤ 주요 증상 : 복통, 구토, 설사, 구역질

  ㉥ 예방 : 화농성 환자의 식품취급을 금함으로써 예방을 할 수 있다.

  ㉦ 잠복기 : 1~6시간, 평균 3시간으로 짧다.

② 보툴리누스균에 의한 식중독(Botulism : 소시지의 중독)

  ㉠ 외부형태 : Gram 양성, 간균, 주모균, 아포 형성, 혐기성균이다.

   • 아포를 형성하며 내열성이 강하다.

   • 120℃에서 4분 이상 가열하여야 사멸한다.

   • 주모성 편모를 가지며 활발한 운동성이 있다.

  ㉡ 원인균 : *Clostridium Botulinum*로, 신경독소인 Neurotoxin을 생성하는 혐기성균이며 체외독소이다.

  ㉢ 원인식품 : 밀봉상태의 통조림, 햄, 소시지

  ㉣ 증세 : 신경마비 증세, 치명률(30~80%)이 높고 호흡곤란, 연하곤란, 복통, 구토, 설사 등의 현상이 일어나나 발열은 없다.

  ㉤ 잠복기 : 12~36시간이다.

③ 바실러스 세레우스 식중독 ⋯ Enterotoxin을 원인독소로 하는 설사형 식중독과 구토독소에 의한 구토형 식중독의 2가지 형태가 있다.

  ㉠ 원인균 : *Bacillus Cereus*균은 Gram 음성의 간균, 주모성 편모, 아포 형성, 호기성균

  ㉡ 잠복기 : 설사형은 8~20시간(평균 12시간), 구토형은 1~6시간(평균 3시간)이다.

  ㉢ 증상 : 설사형은 강한 복통과 수양성 설사가 특징이며 Welchii균에 의한 식중독과 유사하고, 구토형은 메스꺼움과 구토, 설사, 복통이 나타나며, 포도상구균 식중독과 유사하다.

  ㉣ 원인식품 : 토양 등 자연계에 널리 분포되어 있으므로 식품의 오염기회가 많다. 설사형은 향신료를 사용한 식품이나 요리, 구토형은 주로 쌀밥, 볶은밥을 통해 감염된다.

(4) 세균성 식중독의 특징

① 면역이 생기지 않는다.

② 많은 양의 세균이나 독소에 의해 발생한다.

③ 식품에서 사람으로 최종 감염된다.

④ 잠복기가 경구감염병보다 짧다.

⑤ 식중독균의 적온은 25~37℃이다.

⑥ 원인식품에 기인한다.

⑦ 감염형 식중독

    ㉠ 세균 자체에 의한 것으로, 대부분 급성 위장증세가 많다.
    ㉡ 균량이 발병에 영향을 준다.

❷ 화학적 식중독

(1) 의의

구토가 주증세이고 유해첨가물, 유해금속, 농약 중독이 있다.

(2) 화학적 식중독의 발생요인

① 제조, 가공, 보관 시에 유해물질의 혼입으로 발생한다.

② 용기, 포장재료에서 유해물질의 혼입으로 발생한다.

③ 유해첨가물의 혼입으로 발생한다.

④ 식품첨가물의 다량 사용시 발생한다.

⑤ 고의 또는 오인으로 발생한다.

⑥ 공해 또는 방사능 오염물질에 의해 발생한다.

❸ 자연독 식중독

(1) 의의

신경증상을 수반하고, 식물성과 동물성, 곰팡이로 구분할 수 있다.

(2) 식물성 식중독

① 독버섯
  ㉠ 종류 : 광대버섯, 미치광이 버섯, 무당버섯 등이 있다.
  ㉡ 독성분 : 무스카린, 무스카리딘, 뉴린, 팔린, 필즈톡신 등이다.
  • 무스카린(Muscarine) : 붉은 광대버섯에 함유되어 있고, 독성이 매우 강하다. 호흡곤란과 위장장애를 일으킨다.
  • 무스카리딘(Muscaridine) : 많은 독버섯에 함유되어 있고 동공확대, 뇌증상 등이 생긴다.
  • 팔린(Phaline) : 알광대버섯에 함유되어 있고, 용혈작용과 콜레라 증상을 일으킨다.
  • 필즈톡신(Pilztoxin) : 균독소로 건조와 열에 약하고, 현기증과 뇌증상을 일으킨다.

② 감자 ⋯ 싹튼 부위에 솔라닌(Solanine)이라는 독성분이 있어 복통, 위장장애, 현기증 등의 증상을 보인다.

③ 두류, 인삼, 팥 ⋯ 사포닌(Saponin)의 독성분이 설사를 일으킨다.

④ 독 미나리 ⋯ 독성분은 씨큐톡신(Cicutoxin)이다.

⑤ 면실유 ⋯ 고시풀(Gossypol)이 독성분이다.

(3) 곰팡이 식중독

누룩곰팡이(Aspergillus), 푸른곰팡이(Penicillium) 등의 곰팡이는 대사과정에서 Mycotoxin을 생산하고 이는 급성 · 만성 장애를 일으킨다.

① 아플라톡신
  ㉠ 진균독이며 간장, 된장을 담글 때 발생한다. 탄수화물이 많이 함유된 곡물류 등에서 주로 생성되며 간암을 유발시킨다.

   📢**TIP** Aspergillus Flavus는 아플라톡신을 생성한다.

  ㉡ 최적온도 : 25~30℃이다.
  ㉢ 기질수분 : 16% 이상
  ㉣ 최적 pH : pH 4
  ㉤ 최적습도 : 80~85%(80% 이상)

② 황변미 … 수분 14~15% 이상이 함유된 저장미에서 발생한다. 황변미 독에는 Cirinin, Islanditoxin, Citreoviridin 등이 있다.

 ㉠ Cirinin : 위장독을 유발하는 독소이다.

 ㉡ Islanditoxin : 간장독으로서 간암, 간경변증을 유발하는 독소이다.

 ㉢ Citreoviridin : 신경독소이다.

③ 맥각독

 ㉠ Ergotoxin은 보리, 밀 등을 기질로 번식하는 곰팡이가 분비하며 소화관 증상과 신경증상을 보인다.

 ㉡ 임산부에게 유산 또는 조산을 가져온다.

(4) 동물성 식중독

① 복어

 ㉠ 독력이 가장 강한 시기는 5~7월이며, 독소는 테트로도톡신(Tetrodotoxin)이다.

  TIP Tetrodotoxin … 복어의 생식기(고환, 난소), 창자, 간, 피부 등에 들어 있으며 독성분이 제일 강한 곳은 난소이다.

 ㉡ 식중독 야기시 Cyanosis현상을 나타내며, 치사율이 60%로 높다.

 ㉢ 주요 증상 : 운동마비, 언어장애, 지각이상, 호흡마비, 고열과 오한, 구순 및 혀의 지각 마비 등을 일으킨다.

 ㉣ 대책 : 독성이 있는 부분을 먹은 경우 구토, 위 세척, 설사를 하여 위장 내의 독소를 제거한다.

② 모시조개(바지락), 굴 … 모시조개의 독소는 베네루핀(Venerupin)이다.

③ 대합조개, 섭조개 … 독소는 삭시톡신(Saxitoxin)이며 마비성 패독이다.

04 감염병 및 기생충 감염

❶ 감염병의 분류

(1) 경구감염병

① 장티푸스

 ㉠ 특징 : 장의 임파조직, 담낭, 신장에 발생된다. 8~9월에 다발하고 발열이 특징이다.

 ㉡ 병원균 : *Salmonella Typhi*

 ㉢ 잠복기 : 1~3주이다.

② **파라티푸스** ⋯ 장티푸스와 비슷하다.

③ **콜레라**

    ㉠ **증상** : 심한 위장장애와 전신장애의 급성 감염병이다.

    ㉡ **특징** : 해수, 어패류, 음료수의 오염섭취시 발생하고, 빈민가에서 주로 발생된다.

    ㉢ **병원균** : *Vibrio Cholera*

    ㉣ **잠복기** : 2~3일이다.

④ **세균성 이질**

    ㉠ **증상** : 대장점막 궤양성 병변으로 점액성 혈변증상이 나타난다.

    ㉡ **병원균** : *Shigella Dysenteriae*

    ㉢ **잠복기** : 1~7일이다.

⑤ **소아마비**

    ㉠ **증상** : 중추신경계 손상으로 5세 이하 소아에게 감염되어 마비증상을 보인다.

    ㉡ **병원균** : *Poli Virus*

    ㉢ **잠복기** : 1~3주이다.

    ㉣ **예방** : Salk Vaccine으로 예방접종한다.

⑥ **유행성 간염** ⋯ 황달과 간 장애를 유발한다.

(2) 인수공통 감염병

① **탄저병** ⋯ 포유동물로 주로 소, 말, 양

② **야토병** ⋯ 산토끼, 양

③ **결핵** ⋯ 소, 산양

④ **살모넬라** ⋯ 온혈동물

⑤ **파상풍** ⋯ 소, 돼지, 산양, 말, 산토끼, 개, 닭

⑥ **큐열** ⋯ 쥐, 소, 양

⑦ **돈단독** ⋯ 돼지

② 기생충 감염

(1) 개요

① **토양매개형 기생충** … 중간숙주를 필요로 하지 않으며, 야채 등을 통하여 인체에 유입되며, 예방법으로는 야채를 익혀서 먹거나 깨끗이 씻어 먹는 방법이 있다.

② **수륙매개형 기생충** … 1개의 중간숙주를 필요로 하는 돼지고기와 쇠고기, 2개의 숙주를 필요로 하는 어패류가 있으며, 예방법으로는 생식하지 말고 익혀서 먹는 방법이 최선이다.

(2) 기생충 감염경로

① **회충**
   - ㉠ 채소를 통해 경구에 침입하여 장내 군거생활을 한다.
   - ㉡ 일광에 사멸하고 70℃로 가열시 사멸한다.
   - ㉢ 채소류를 먹을 때 흐르는 물에 5회 이상 씻어서 충란을 제거한 뒤 먹는다.

② **요충**
   - ㉠ 집단생활하는 곳에서 많이 발생하고 경구침입하여 항문 주위에 산란한다.
   - ㉡ 검사법으로는 스카치 테이프 검출법이 있다.

③ **십이지장충**(구충)
   - ㉠ 경피를 통해 감염되어 소장에 기생한다.
   - ㉡ 옥외에선 꼭 신발을 신도록 한다.

③ 식품위생검사

(1) 식품위생검사의 개념

① 식품에 의한 위해를 방지하기 위해 행하는 식품, 식품첨가물, 물, 기구 및 용기, 포장 등에 대한 검사를 말한다.

② 식품의 위생적인 적부와 변질상태, 이물 등의 혼입여부를 감별한다.

(2) 식품위생검사의 목적

① 식품으로 인해 발생하는 위해를 예방하고, 안전성을 확보한다.

② 식품에 의한 식중독이나 감염병 발생시 원인식품 등을 규명하고 감염경로를 추측한다.

③ 식품의 위생상태를 파악하여 식품위생에 관한 지도와 식품위생대책을 수립한다.

(3) 식품위생검사의 종류

① **생물학적 검사** … 세균수를 측정하여 오염의 정도나 식중독, 감염병의 원인균을 측정한다.

  ㉠ 일반세균수의 검사(표준평판법)

  • 검체를 표준한천배지에 35℃에서 48시간(또는 24시간) 배양하여 측정한다.

  • 표준평판수(일반세균수)는 표준한천배지에서 발육한 식품 1g당 중온균의 수이다.

  ㉡ 대장균군의 검사

  • 정성시험(대장균군의 유무 검사)

단계		내용
1단계	추정시험	• 액체는 그대로 또는 멸균생리적 식염수로 10진법으로 희석하고 고형시료는 10g을 멸균생리적 식염수 90mL에 넣고 Homogenizer 등으로 세척한다. • 이것을 원액으로 10배 희석액을 만들어 그 일정량을 BTB를 첨가한 유당 Bouillon 발효관에 이식하여 35 ± 0.5℃에서 24~48시간 배양한 후 가스가 발생하면 양성으로 한다. • 유당부(젖당부 ; Bouillon) 이온배지, LB(Lactose Broth) 발효관 배지나 고형배지를 사용한다.
2단계	확정시험	추정시험 결과가 양성인 것은 BGLB 발효관으로 이식하여 35 ± 0.5℃에서 24~ 48시간 배양한 후 가스가 발생하면 다시 EMB 한천배지나 Endo 평판배지에 옮겨 전형적인 대장균집락 형성 유무를 조사한다.
3단계	완전시험	• 확정시험 양성 집락에 대해 Gram 음성간균, 유당분해, 가스발생 등을 재확인한다. • Endo 평판배지, EMB 한천배지를 사용한다.

  • 최확수(MPN)법 : 검체 100mL(g) 중의 대장균군의 최확수(MPN ; Most Probable Number)를 구하는 시험이다.

  • Membrane Filter Method(MF법) : 다공성원형 피막인 Membrane Filter로 일정량의 검수를 여과하여 세균이 막면 위에 남게 되므로 그것을 엔도배지나 Mac Conkey 배지로 만든 한천평판에 올려놓거나 이들 배지를 스며들게 한 여지에 배양하여 막면위희집락 성상과 수로 대장균군의 검사 100mL 중의 균수를 산정한다.

  • Paper Strip Method : 우유나 물 중의 대장균군 검사의 간이검사법으로 이용되는 방법이다.

  ㉢ **장구균 검사** : 공정법의 미확립으로 검사법이나 사용배지가 검색자에 따라 다소 차이가 있다.

  ㉣ **세균성 식중독의 검사** : 식중독이 발생하였을 경우 일반 세균수의 측정, 대장균군의 측정, 직접배양 등을 통하여 병원성 세균으로 추정되는 세균을 검출한다.

  ㉤ **감염병균의 검사** : 식품을 통하여 감염을 일으키는 감염병균을 세균성 식중독균이나 용혈성 연쇄상구균의 각각의 검사법에 따라 계통적으로 검사한다.

  ㉥ **곰팡이균과 효모의 검사** : Haward법을 이용하여 곰팡이나 효모의 수를 세어 검체 중의 세포수를 측정한다. EH 곰팡이용 배지를 이용하여 곰팡이의 형태를 관찰한다.

② **이화학적 검사** ⋯ 식품의 pH, 아민, 과산화물가, 카르보닐가 등을 측정하고, 어육의 단백질 침전반응 등을 검사한다.

③ **물리학적 검사** ⋯ 식품의 경도, 탁도, 점도, 탄성, 중량, 부피, 크기, 비중, 응고, 빙점, 융점 등을 검사한다.

④ **독성검사** ⋯ 동물 실험을 통하여 식품의 독성을 검사한다.
- ㉠ **급성 독성시험** : 시험동물에 시험물질을 1회 투여하여 그 결과를 관찰하는 것으로 맨 먼저 실시하는 독성시험이다. 독성은 보통 시험동물의 50%가 사망하는 것으로 추정되는 시험물질의 1회 투여량으로 체중 kg당 mg수 또는 g수로 표시하는 LD50으로 나타낸다.
- ㉡ **아급성 독성시험** : 시험동물에 시험물질을 치사량 이하의 용량을 여러 단계로 나누어 단기간(1~3개월 정도) 투여하여 그 결과를 관찰하는 것으로 투여량에 따른 영향과 체내 축적성 여부를 알아보는 시험이다.
- ㉢ **만성 독성시험** : 약 2년 정도의 기간 동안 소량의 시험물질을 계속하여 투여하면서 독성여부에 따른 영향을 관찰하는 것으로 물질의 잔류성과 축적성을 알아보는 시험이다.

⑤ **관능 검사** ⋯ 오감을 이용하여 식품의 성상, 맛, 포장상태, 냄새 등을 검사한다.

⑥ **식기구, 용기 및 포장의 검사**
- ㉠ **식기구류의 검사** : 전분성 잔류물 및 지방성의 잔류물 시험법 등을 이용하여 식기구류의 세정이 잘 되었는지 검사한다.
- ㉡ **합성수지 제품의 검사** : 착색료시험법에 의한 착색된 침출액의 검사와 자외선 등으로 형광료의 유무를 검사하고, 납, 카드뮴, 주석, 기타 중금속류의 화합물을 사용하는 것에 대한 검사도 한다.
- ㉢ **종이제품** : 착색료, 형광염료 등의 검사를 한다.
- ㉣ **통조림** : 내용물의 화학시험과 세균시험을 한다.

≡ 최근 기출문제 분석 ≡

2022. 6. 18. 제1회 지방직 시행

1 **캠필로박터 식중독에 대한 설명으로 옳지 않은 것은?**

① 피가 섞인 설사를 할 수 있다.

② 원인균은 호기적 조건에서 잘 증식한다.

③ 닭고기에서 주로 발견된다.

④ Guillain-Barre syndrome을 일으킬 수 있다.

> **TIP** ② 정상보다 낮은 산소분압하에 증식하는 미호기성균이다.
>
> ※ 캠필로박터 식중독 … 주로 육류에 의해 감염되며 열에 약해 가열 조리과정에서 쉽게 사멸하지만 손질 시 조리도구에
> 오염되어 감염된다. 주로 설사증상이 나타나며 길랑-바레 증후군을 유발한다.

2022. 6. 18. 제1회 지방직 시행

2 **자연독에 의한 식중독의 원인식품과 독소의 연결이 옳지 않은 것은?**

① 바지락 – venerupin

② 감자 – solanine

③ 홍합 – tetrodotoxin

④ 버섯 – muscarine

> **TIP** 홍합, 섭조개, 대합조개는 Saxitoxin에 의해 식중독이 발생하며 특히 5 ~ 9월에 독성이 강해진다.

Answer 1.② 2.③

2021. 6. 5. 서울특별시 시행

3 **식중독에 대한 설명으로 가장 옳지 않은 것은?**

① 세균성 식중독은 크게 감염형과 독소형으로 분류된다.

② 대부분의 세균성 식중독은 2차 감염이 거의 없다.

③ 노로바이러스는 온도, 습도, 영양성분 등이 적정하면 음식물에서 자체 증식이 가능하다.

④ 살모넬라, 장염비브리오는 감염형 식중독 원인균에 해당한다.

> **TIP** ③ 노로바이러스는 주로 물을 통해 전염되며 자체 증식은 불가능하다. 식중독이란 식품의 섭취로 인하여 인체에 유해한 미생물 또는 유독물질에 의하여 발생하였거나 발생한 것으로 판단되는 감염성 또는 독소형 질환(「식품위생법」 제2조 제14호)이다. 식중독은 크게 미생물(세균성, 바이러스성)과 화학물질(자연독, 인공화합물)로 나눌수 있다.
> ① 세균성 식중독은 크게 독소형과 감염형으로 구분할 수 있다.
> ② 세균성 식중독 중 감영형에 해당되는 노로바이러스의 경우 2차 감염이 흔하게 일어나기 때문에 집단적인 발병 양상을 보인다.
> ④ 세균성 식중독 중 감염형에는 살모넬라, 장염비브리오균, 병원성 대장균 등이 있다.

2020. 6. 13. 제2회 서울특별시

4 **자연독에 의한 식중독의 원인이 되는 독성분이 아닌 것은?**

① 테트로도톡신(tetrodotoxin)

② 엔테로톡신(enterotoxin)

③ 베네루핀(venerupin)

④ 무스카린(muscarine)

> **TIP** ② 병원성 포도상 구균이 만들어 내는 내열성 독소로 오심, 복통, 구토, 설사 따위를 일으킨다.
> ① 복어독 ③ 바지락독 ④ 버섯독

Answer   3.③ 4.②

2020. 6. 13. 제2회 서울특별시

5 식품의 보존방법 중 화학적 보존방법에 해당하는 것은?

① 절임법　　　　　　　　　　② 가열법

③ 건조법　　　　　　　　　　④ 조사살균법

> **TIP** ① 식품에 소금, 설탕, 식초를 넣어 삼투압 또는 pH를 조절함으로써 부패미생물의 발육을 억제하는 방법이며 김치, 젓갈, 잼, 가당연유, 마늘절임, 피클 등에 이용된다.
> ② 끓이거나 삶는 방법으로 식품에 부착된 미생물을 사멸시키고, 조직 중의 각종 효소를 불활성화시켜 자기소화작용을 저지함으로써 식품의 변질을 막는 방법이다.
> ③ 식품의 수분 함량을 낮춤으로써 미생물의 발육과 성분변화를 억제하는 방법이다. 천일건조는 햇볕이나 응달에서 말리는 방법으로 건포도, 곶감, 건어물, 산채 등에 사용되어왔고, 인공건조는 열풍, 분무, 피막, 냉동을 이용하는 방법으로 분유, 분말커피, 인스턴트 수프, 건조과일 등의 고급식품에 사용된다.
> ④ 방사선조사 살균방법은 식품에 열이 거의 발생되지 않고 물리적·화학적 변화 없이 원래 상태를 그대로 유지하면서 살균하는 기술로, 주로 식품의 식중독균 살균 및 유해 해충을 죽이는 데 이용된다.
> ※ 식품 보존의 방법
> ㉠ 물리적 방법 : 냉장, 냉동, 가열, 건조, 공기조절
> ㉡ 화학적 방법 : 염장, 당장, 산첨가, 보존료, 훈연, 천연물 첨가

2019. 6. 15 제2회 서울특별시

6 식품 변질에 대한 설명으로 가장 옳은 것은?

① 부패 : 탄수화물이나 지질이 산화에 의하여 변성되어 맛이나 냄새가 변하는 것

② 산패 : 단백질 성분이 미생물의 작용으로 분해되어 아민류와 같은 유해물질이 생성되는 것

③ 발효 : 탄수화물이 미생물의 작용을 받아 유기산이나 알코올 등을 생성하는 것

④ 변패 : 유지의 산화현상으로 불쾌한 냄새나 맛을 형성하는 것

> **TIP** ① 부패 : 단백질과 질소 화합물을 함유한 식품이 자가소화 또는 미생물 및 부패세균 등의 효소작용으로 인해 분해되어 아민류와 같은 독성물질과 악취가 발생하는 현상
> ② 산패 : 지방이 미생물이나 산소, 햇빛, 금속 등에 의하여 산화 분해되어 불쾌한 냄새나 맛을 형성하는 것
> ④ 변패 : 탄수화물(당질)과 지질이 산화에 의하여 변성되어 비정상적인 맛과 냄새가 나는 현상

Answer 5.① 6.③

648 제2과목 공중보건 – 식품위생과 위생해충

7 〈보기〉에서 설명하는 대표적인 식중독 원인 바이러스는?

보기

• 우리나라 질병관리본부에서 1999년부터 검사를 시작하였다.

• 저온에 강하여 겨울철에도 발생한다.

① 장출혈성 대장균　　　　　　　② 살모넬라

③ 비브리오　　　　　　　　　　　④ 노로바이러스

> **TIP** 노로바이러스는 계절적으로 겨울철에 많이 발생하는데, 이는 기존 식중독 바이러스들과는 달리 기온이 낮을수록 더 활발하게 움직이기 때문이다. 주로 굴, 조개, 생선 같은 수산물을 익히지 않고 먹을 경우에 주로 발생한다.

8 우리나라에서 가장 많이 발생하는 포도상구균식중독에 대한 설명으로 가장 옳은 것은?

① 신경계 주 증상을 일으키며 사망률이 높다.

② 다른 식중독에 비해 발열증상이 거의 없는 것이 특징이다.

③ 원인물질은 장독소로 120℃에 20분간 처리하면 파괴된다.

④ 원인식품은 밀봉된 식품, 즉 통조림, 소시지 등이다.

> **TIP** ① 포도상구균식중독에 감염된 경우 복통, 설사, 구토 등의 증상을 보이며, 경미한 감염 및 식중독의 경우 일반적으로 2~3일 정도에 회복된다.
> ③ 원인물질인 장독소는 열에 강한 성질이 있어 120℃에 20분간 처리하여도 파괴되지 않고, 일단 섭취하게 되면 위 속과 같은 산성 환경에 강하고 단백분해효소에도 안정적이어서 위장관에서 잘 파괴되지 않는다.
> ④ 주로 우유, 고기, 계란과 샐러드와 같은 음식의 섭취로부터 야기된다.

9 다음은 어떤 식중독에 대한 설명인가?

- 통조림, 소시지 등이 혐기성 상태에서 A, B, C, D, E형이 분비하는 신경독소
- 잠복기 12~36시간이나 2~4시간 이내 신경증상이 나타날 수 있음
- 증상으로 약시, 복시, 연하곤란, 변비, 설사, 호흡곤란
- 감염원은 토양, 동물의 변, 연안의 어패류 등

① 살모넬라 식중독   ② 포도알균(포도상구균) 식중독
③ 보툴리누스 식중독   ④ 독버섯 중독

> **TIP** 제시된 내용은 보툴리누스 식중독에 대한 설명이다. 보툴리누스 식중독은 독소형 식중독의 하나로 Clostridium botulinum 균이 증식하면서 생산한 단백질계의 독소물질을 섭취하여 일어나는 식중독이다.
> ① 살모넬라 식중독 : 쥐티프스균(Salmonella typhimurium), 장염균(S. enteritidis) 등의 살모넬라 속에 의한 감염형 식중독으로 급성위장염의 증상을 보인다.
> ② 포도알균 식중독 : Staphylococcus aureus가 식품 속에서 증식하여 산생하는 enterotoxin을 사람이 섭취함으로써 발생하는 전형적인 독소형 식중독으로 발증까지의 잠복시간은 2~6시간으로 짧고 복통, 구역질, 구토, 설사 등을 주증상으로 한다.
> ④ 독버섯 중독 : 독버섯을 먹었을 때 일으키는 중독 증상으로 보통 독버섯을 먹은 뒤 30분~3시간 사이에 발생한다.

10 식품의 변질 방지를 위하여 사용하는 저장법 중 가열법과 가장 거리가 먼 것은?

① 저온 살균법   ② 고온 단시간 살균법
③ 초 고온법   ④ 훈연법

> **TIP** ④ 훈연법 : 식품에 훈연을 하여 특유의 풍미와 보존성을 주는 가공법
> ① 저온 살균법 : 60℃의 가열온도에서 30분가 열처리하는 재래적인 저온 장시간 살균법
> ② 고온 단시간 살균법(순간 고온 살균법) : 72~75℃에서 15~20초 가열처리하여 병원성균을 사멸시키는 방법
> ③ 초 고온 살균법 : 130~135℃에서 수 초 동안 가열하여 미생물을 사멸시키는 방법

Answer 9.③ 10.④

≡ 출제 예상 문제

1 다음 중 식중독을 일으키는 식품과 원인물질이 맞게 짝지어진 것은?

① 고사리 – 아미그달린

② 청매 – 솔라닌

③ 목화 – 프타퀼로시드

④ 독미나리 – 시쿠톡신

TIP ① 아미그달린은 살구씨와 복숭아씨 속에 들어 있는 성분이다.

② 솔라닌은 감자에 함유된 독성물질이다.

③ 프타퀼로사이드는 고사리에 들어 있는 성분이다.

2 포도상구균성 식중독에 대한 설명 중 옳지 않은 것은?

① 원인균은 Staphylococcus Aureus이다.

② 그람 양성의 무아포 구균이다.

③ 신경독소를 생성해 복통, 구토, 설사 등을 일으킨다.

④ 잠복기간이 3시간 정도로 짧은 것이 특징이다.

TIP 장독소인 엔테로톡신(Enterotoxin)을 생성한다.

Answer 1.④ 2.③

3 복어중독에 관한 설명으로 옳은 것은?

① 원인독소는 일광이나 열에 약하다.

② 난소, 고환 등에 들어 있다.

③ Tetrodotoxin은 신경독소로 독력이 강하다.

④ 구토, 설사, 복통 등의 증상을 보인다.

....

TIP ① 원인독소인 Tetrodotoxin은 일광이나 열에 강하여 106℃로 가열해도 파괴되지 않는다.
　　 ③ Tetrodotoxin은 신경독의 증상과 비슷하나 신경독소는 아니며 산란기인 5∼7월에 독성이 가장 강하다.
　　 ④ 지각이상, 호흡장애, 운동장애, 언어장애 등의 증상을 보인다.
　　 ⑤ 산에는 강하나 알칼리에는 약하며, 치사율이 보통 60% 정도로 높은 편이다.

4 다음 중 식품과 독성의 연결이 옳지 않은 것은?

① Cicutoxin − 굴 　　　　　　② Solanine − 감자

③ Tetrodotoxin − 복어 　　　　④ Muscarine − 독버섯

....

TIP Cicutoxin − 독미나리
　　 ※ 굴·모시조개의 독성분은 베네루핀(Venelupin)이다.

5 여름철 결혼식장에서 하객들이 오후 1시에 점심식사를 하고 오후 6시에 식중독에 감염되었다. 이후 심한 오심과 구토를 한 경우 이들이 감염된 식중독은?

① 포도상구균 식중독 　　　　　② 비브리오 식중독

③ 보툴리누스 식중독 　　　　　④ 살모넬라 식중독

....

TIP 잠복기가 5시간으로 짧고 복통과 구역의 증상을 나타내는 것은 포도상구균에 의한 식중독이다. ①을 제외한 식중독의 잠복기는
　　 ② 10∼18시간, ③ 12∼36시간, ④ 20시간으로 모두 길다.

Answer 3.② 4.① 5.①

6 다음 중 감염형 식중독균은 어느 것인가?

① *Vibrio Parahaemolyticus*

② *Clostridium Welchii*

③ *Costridium Botulinum*

④ *Staphylococcus Aureus*

TIP ① 장염 비브리오 식중독의 원인균으로 살모넬라(*Salmonella*) 식중독, 병원성 대장균(*Escherichia Coli*) 식중독과 함께 세균성 감염형 식중독에 해당된다.
② 웰치균에 의한 식중독은 감염형과 독소형의 중간형태이다.
③④ 각각 보툴리누스균 식중독과 포도상구균 식중독의 원인균으로 대표적인 세균성 독소형 식중독이다.

7 다음 중 감염형 식중독이 아닌 것은?

① 병원성 대장균   ② 장염 비브리오균

③ 살모넬라균   ④ 포도상구균

TIP ④ 세균성 식중독에는 감염형과 독소형이 있는데 살모넬라균, 장염 비브리오균, 병원성 대장균, 애리조나균 등이 감염형이고, 포도상구균, 보툴리누스균, 바실러스 세레우스, 알레르기에 의한 식중독은 독소를 만들어 식중독을 일으키는 독소형 식중독이다.

8 다음 중 신경독소를 배출하고 사망률이 가장 높은 식중독은?

① 보툴리누스 식중독   ② 포도상구균 식중독

③ 알레르기성 식중독   ④ 살모넬라 식중독

TIP 보툴리누스 식중독 … *Botulinus* 균이 혐기성 조건하에서 증식할 때 생산되는 신경독소(Neurotoxin)에 의하여 일어나는 것으로 치명률이 가장 높은 대표적인 독소형 식중독이다.
㉠ 잠복기 : 일반적으로 12~36시간이다.
㉡ 증상 : 복시, 동공 확대, 실성, 연하곤란, 호흡곤란 등 신경계 증상이 나타나며, 신경증상 전에 구역, 구토, 복통, 설사 등의 소화계 증상이 나타나는 경우도 있다.
㉢ 사망률 : 30~80%로 세균성 식중독 중에서 가장 높다.

Answer   6.① 7.④ 8.①

9 가을철 식당에서 음식을 먹은 학생들이 24시간 내에 구토와 설사·복통을 일으킨다면 무엇을 의심할 수 있겠는가?

① 포도상구균

② 살모넬라

③ 비브리오

④ 보툴리누스균

TIP 잠복기 … 포도상구균 – 3시간, 살모넬라 – 20시간, 비브리오 – 10~18시간, 보툴리누스균 – 12~36시간

※ 보툴리누스균에 의한 식중독(Botulism : 소시지의 중독)
　ⓐ 외부형태 : Gram 양성, 간균, 주모균, 아포 형성, 혐기성균이다.
　ⓑ 원인균 : *Clostridium Botulinum*으로, 신경독소인 Neurotoxin을 생성하는 혐기성균이며 체외독소이다.
　ⓒ 원인식품 : 밀봉상태의 통조림, 햄, 소시지
　ⓓ 증세 : 신경마비 증세, 치명률(30~80%)이 높고 호흡곤란, 연하곤란, 복통, 구토, 설사 등의 현상이 일어나나 발열은 없다.
　ⓔ 잠복기 : 12~36시간이다.

10 다음 세균성 식중독 중 잠복기가 짧은 것은?

① 포도상구균

② 장염 비브리오균

③ 살모넬라균

④ 보툴리누스균

TIP 잠복기
　ⓐ 살모넬라균 : 20시간
　ⓑ 장염 비브리오균 : 10~18시간
　ⓒ 포도상구균 : 1~6시간
　ⓓ 보툴리누스균 : 12~36시간

11 다음 중 산패와 관련된 것이 아닌 것은?

① 산소

② 세균

③ 효소

④ 이산화탄소

TIP 산패(변패) … 유지나 탄수화물이 공기 중의 산소, 물, 광선, 열, 효소 등의 물리·화학적 요인이나 세균 등의 미생물학적 요인에 의해 변질되는 것을 말한다.

Answer 9.④ 10.① 11.④

12 다음 중 식중독의 발생빈도가 가장 높은 것은?

① 살모넬라

② 장염 비브리오

③ 황색 포도상구균

④ 보툴리누스

TIP 포도상구균 식중독

㉠ 1884년 Vaughn에 의해 최초로 보고된 이래 세계 각국에서 발생빈도가 가장 높은 식중독균이다.

㉡ 포도상구균 수십종이 있지만 그 중에서도 황색의 색소를 생산하는 황색 포도상구균이 식중독을 일으킨다.

㉢ 황색 포도상구균은 비교적 열에 강한 세균이나 80℃에서 30분 가열로 사멸된다. 그러나 황색 포도상구균이 생산한 장독소 (Enterotoxin)는 100℃에서 30분간 가열하여도 파괴되지 않는다.

㉣ 포도상구균은 살모넬라 등과 달리 7% 정도의 소금농도, 10~45℃ 온도영역에서 발육할 뿐만 아니라 다른 세균에 비해 산성 이나 알칼리성에서 생존력이 강한 세균이다.

※ 우리나라의 식중독 발생원인 ··· 살모넬라(46.5%) > 장염 비브리오(21%) > 황색 포도상구균(19.2%) > 자연독(2.4%)신경독 증상 을 나타낸다.

13 대장균에 대하여 바르게 설명한 것은?

① 부패 여부의 판정기준

② 자체의 특이성

③ 병원성균의 오염지표

④ 감염병 유발

TIP 대장균은 병원성 세균의 오염지표이다.

14 자극성이 적고 무포자균에 대한 소독력이 강하여 구내염의 소독에 적당한 것은?

① 승홍수 – 0.1%

② 과산화수소 – 3%

③ 석탄산 – 3%

④ 크레졸 – 3%

TIP ② 상처 소독용으로 널리 쓰이며 구강 소독에도 효과적이다.

Answer 12.③ 13.③ 14.②

15 다음 중 식품위생에서 사용 가능한 보존료는?

① Formaldehyde

② Benzoic Acid

③ Phenol

④ Methanol

TIP Benzoic Acid(안식향산)는 가장 널리 사용되는 식품첨가제이다.

16 다음 중 중독에 의한 사망률을 말하는 것은?

① 치명률

② 발병률

③ 유병률

④ 병원력

TIP 치명률 … 어떤 질병에 감염된 사람 중에서 그 질병으로 사망하는 사람이 차지하는 비율이다.

17 다음 중 식물성 식중독의 연결이 잘못된 것은?

① 감자 – Solanin

② 버섯 – Temuline

③ 바지락 – Venerupin

④ 복어 – Tetrodotoxin

TIP ② Temuline은 보리의 독이고 버섯의 독소는 무스카린, 무스카라딘, 뉴린, 팔린, 필즈톡신 등이다.
　※ 식중독의 독소
　　㉠ 미나리 – Cicutoxin
　　㉡ 면실유 – Gossypol
　　㉢ 대합조개, 섭조개 – Saxitoxin
　　㉣ 황변미 – Cirinin, Islanditoxin, Citreoviridin 등

Answer 15.② 16.① 17.②

18 다음의 용어설명 중 잘못된 것은?

① 병원소 : 사람(환자, 보균자), 동물, 토양, 식품
② 발병률 : 위험에 놓인 사람(접촉된 사람) 중에서 발병한 사람의 수
③ 발생률 : 일정 기간의 인구 중 새로이 발생한 특정 질병의 발생 건수(환자 수)
④ 유병률 : 일정 시점에서 인구 중 어떤 질병의 환자 수

> **TIP** 병원소 … 병원체가 생활하고 증식하면서 다른 숙주에게 전파될 수 있는 상태로 저장되는 장소이다. 식품은 매개전파체이지 병원소는 아니다.

19 농약으로부터 식품을 오염시킬 수 있는 물질은?

① 납
② 염소
③ 카드뮴
④ 비소

> **TIP** 비소 … 분유의 제2인산나트륨이나 두부의 소석회 등에 불순물로 들어 있는 화학물질로 식중독을 일으킨다. 또한, 농약으로부터 식품에 오염될 수 있는 물질이다.

20 포도상구균에 의한 세균성 식중독과 관계가 없는 것은?

① 신경독 증상을 나타낸다.
② 독소는 내열성이다.
③ 원인식품은 우유, 전분질 식품이다.
④ 독소는 Enterotoxin이다.

> **TIP** ① 장독소인 엔테로톡신을 생성한다.

02 위생해충과 기생충

01 위생해충

❶ 위생해충의 개요

(1) 개념

위생해충이란 인간에게 직·간접적으로 피해를 주거나 질병의 매개가 되는 모든 곤충을 말한다.

① 직접적 피해
- ㉠ 피부외상
- ㉡ 2차 감염
- ㉢ 흡혈 및 영양물질 탈취
- ㉣ 체내의 기생에 의한 피해
- ㉤ 알레르기
- ㉥ 수면 방해

② 간접적 피해 ··· 질병의 기계적·생물학적 전파와 정신적·경제적 피해 등이 있다.

(2) 위생해충의 발달사

① 1857년 ··· 체체파리의 나가다병 전파

② 1898년 ··· 얼룩날개모기의 말라리아 전파

③ 1900년 ··· 이집트 숲모기의 황열 전파

④ 1903년 ··· 체체파리의 수면병 전파

⑤ 1905년 ··· 진드기의 재귀열 전파

⑥ 1916년 ··· Aedes모기의 뎅기열 전파

⑦ 1948년 … 모기의 말라리아, 황열 전파

⑧ 1957년 … 질병과 곤충의 관계정립

　　예 파리의 흑사병 전파

⑨ 1987년 … 파리의 종기독이 흡취, 건강한 사람의 피부에 전파

(3) 매개 곤충의 구제

① 구제원칙

　㉠ 발생 초기에 구제를 실시한다.

　㉡ 발생원인 및 서식처를 제거한다.

　㉢ 생태 · 습성에 따라 실시한다.

　㉣ 동시에 광범위하게 실시한다.

② 구제법

　㉠ 물리적 방법 : 환경관리(각종 트랩과 끈끈이 등을 사용하여 곤충의 서식, 휴식장소를 제거)

　㉡ 화학적 방법 : 속효성 및 잔효성을 가진 살충제를 사용하여 해충을 구제한다.

　㉢ 생물학적 방법 : 천적을 이용한다.

　㉣ 통합적 방법 : 2가지 이상의 방법이 있어야 한다.

　　• 살충제

　　–독성의 종류 : 경구독성, 경피독성

　　–중독량 : 급성중독, 만성중독

　　–독성도 : 고도독성, 저도독성

　　• 살충제 적용시 가열연무 살포방법

　　–휴대용 연무기 : 보행속도 1km/h, 살포폭 10m/h

　　–차량 연무기 : 차량속도 8km, 30~90m/h

② 위생해충의 특성

(1) 바퀴

① 습성

　㉠ 잡식성

　㉡ 가주성

　㉢ 야간 활동성 : 24시간 일주성

　㉣ 군서습성 : 바퀴의 분

② **구제(살충제)**

　㉠ 독이법(Poison Baits)

　㉡ **연무 및 훈증법** : 효과가 빠르다.

　㉢ **잔류분무** : 완전구제가 가능하고 장시간 효과가 지속되며, 가장 경제적이다.

　㉣ 분제 살포

③ **질병** ⋯ 장티푸스, 콜레라, 세균성 이질, 살모넬라, 소아마비, 유행성 간염, 페스트, 파상풍, 결핵 등을 유발한다.

(2) 파리

① **특성**

　㉠ 2회 탈피하고 3령기를 거친다.

　㉡ 천적은 기생벌이다.

　㉢ 구제용으로는 피라디크로벤젠을 사용한다.

　㉣ 장티푸스, 파라티푸스, 이질, 결막염, 콜레라, 결핵, 뇌수막염, 수면병 등 질병의 매개이다.

　㉤ 주간활동성을 지닌다.

② **종류**

　㉠ **쉬파리** : 난태성으로 자충이 모두 유성생식이고, 생선을 즐긴다.

　㉡ **쇠파리** : 흡혈한다.

　㉢ **체체파리** : 수면병을 매개하면서 자궁에서 부화한다.

　㉣ **집파리** : 음식물을 즐기며 변소, 쓰레기장, 퇴비장에 잘 발생한다.

③ **구제**

　㉠ 환경위생을 철저히 한다.

　㉡ 살충제 및 생석회 등을 이용하여 유충을 구제한다.

　㉢ 파리통, 파리채, 끈끈이, 살충제 등을 사용하여 성충을 구제한다.

(3) 쥐

① **분류**

　㉠ **시궁쥐(집쥐)** : 몸은 뚱뚱하며, 눈과 귀는 작고 전국적으로 분포한다. 하수구 주변이나 쓰레기장에 서식하며 땅 속에 구멍을 뚫고 살기도 한다.

　㉡ **지붕쥐(곰쥐)** : 도시의 고층건물에 서식하고, 꼬리가 몸통보다 길며 집쥐보다 약간 작다.

　㉢ **생쥐** : 주로 도시, 농작물 보관소, 농경지에 서식한다.

　㉣ **들쥐(등줄쥐)** : 황무지, 농경지, 산 밑에 서식하고 렙토스피라증을 매개한다.

　　TIP 렙토스피라증 ⋯ 9~10월에 많이 발병되며 들쥐의 소변이 피부상처를 통해 감염되는 감염병이다.

② 습성
  ㉠ 두 쌍의 문치가 계속 자라기 때문에 갉는 습성이 있다.
  ㉡ 색맹과 근시로 시각이 빈약하나 청각은 잘 발달되어 있다.
  ㉢ 후각이 미약해 하수구나 쓰레기장에 서식한다.
  ㉣ 잡식성이다.
  ㉤ 토하지 못한다.
  ㉥ 개체 밀도가 봄에 높고 겨울에 낮다.

③ **질병** … 흑사병(페스트), 리케차성 질병으로 발진열, 쯔쯔가무시병, 살모넬라, 수면병, 유행성 출혈열, 선모
  충증 서교열, 와일씨병, 아메바성 이질 등이 있다.

④ **구제**
  ㉠ 급성 살서제 : ANTU, 인화아연, 레드스킬(인화아연이 가장 널리 사용됨) 등이 있다.
  ㉡ 만성 살서제 : Famarrin, Warfarin(0.05%로 희석하여 사용한다) 등이 있다.
  ㉢ 기피제 : 메칠브로마이드, 나프탈렌, Endrin, Thiram 등이 있다.

02 기생충

❶ 기생충의 개요

(1) 의의

① **개념** … 기생충은 인체 내에 기생하면서 영양분을 빨아먹는 등의 피해를 주는 해충으로 토양 매개성 기생충
  의 감염률은 전반적으로 현저히 감소하는 데 반해, 외국여행의 기회가 증가되면서 수입육류의 증가로 기생
  충 수입이 증가되고 있다.

② **피해**
  ㉠ 영양물질의 탈취·흡혈
  ㉡ 기계적 장애
    • 폐포손상과 인과성 폐렴
    • 회충의 군거생활에 의한 장 폐쇄
    • 구충의 표피침입에 의한 작열감과 소양감 등
  ㉢ 유독물질 분비에 의한 장애
  ㉣ 유구낭충에 의한 뇌·피하·안부 등의 낭충증 장애
  ㉤ 심리적 장애

(2) 분류

① **선충류** … 회충, 편충, 요충, 십이지장충, 선모충, 아니사키스, 동양모양선충

② **흡충류** … 간흡충, 폐흡충, 요코가와흡충, 일본주혈흡충

③ **조충류** … 유구조충, 무구조충, 광절열두조충

④ **원충류** … 아메바성 이질, 람불 편모충, 말라리아 원충 등

❷ 기생충의 종류

(1) 토양매개 기생충

① 회충
  ㉠ 인간 병원소이며, 소화장애, 복통, 불안, 구토, 수면불안 등의 증상이 있다.
  ㉡ 생야채를 먹음으로써 토양 중의 충란이 직·간접적으로 감염된다.
  ㉢ 잠복기는 2개월이며, 분뇨의 위생적 처리와 식사 전 손 씻기 등으로 예방할 수 있다.

② **십이지장충**(구충) … 채독증의 원인이 되며, 빈혈과 체력손실로 어린이의 육체적·정신적 발달에 장애를 가져온다. 피부를 통해 감염되므로 옥외에선 꼭 신발을 신도록 한다.

③ **편충** … 빈혈, 혈변, 체중감소, 변비, 복부 팽창, 구토 등의 증상을 나타낸다. 대변에 오염된 토양이 입으로 들어갈 때 감염된다. 개인위생을 철저히 하고 대변을 위생적으로 처리한다.

(2) 직접 접촉성 기생충(요충)

① 자기감염과 집단감염의 가능성이 큰 기생충으로서, 맹장 부위에 기생해 국부적 염증을 일으키며 항문 부위에 소양증을 일으킨다.

② 항문 부위의 충란이 손에 의해 입으로 직접 들어가거나 오염된 식품, 의복, 침구를 통해 감염된다.

③ 목욕을 자주 하고 내의, 잠옷, 침구의 세탁을 자주하는 등 개인위생을 철저히 한다.

(3) 육류 매개 기생충

① 무구조충
  ㉠ 쇠고기의 생식으로 감염된다.
  ㉡ 식욕부진, 허기증, 소화불량, 구토 등의 증상이 있다.
  ㉢ 분변에 오염된 물을 소에게 주지 말고, 쇠고기를 생으로 먹지 않음으로써 예방할 수 있다.

② 유구조충

    ㉠ 돼지고기의 생식으로 감염되고 식욕부진, 소화불량, 경빈혈, 설사 등의 증상을 보인다.

    ㉡ 인분에 오염된 흙과 물을 피하고 돼지고기를 완전히 익혀서 먹는다.

③ 선모충

    ㉠ 근육에 기생하여 열이 나게 한다.

    ㉡ 사람 사이에 감염은 없으나 돼지고기를 생식했을 때 나타난다.

    ㉢ 발열, 설사, 근육통, 폐렴 등의 증세를 나타낸다.

(4) 어패류 매개 기생충

① 간디스토마

    ㉠ 담도(담관)에 기생하며 민물생선을 생식했을 때 나타난다.

    ㉡ 설사, 복부 압박감, 황달, 담도 장애(담관 폐쇄), 간경변을 일으킨다.

    ㉢ 분뇨의 위생적 처리와 소독, 모든 민물생선의 생식을 금함으로써 예방할 수 있다.

② 폐디스토마

    ㉠ 폐에 기생하며 X-선상에 폐결핵처럼 보인다.

    ㉡ 오염된 가재나 민물 게 등을 생식했을 때 감염되며, 기침과 각혈의 증세를 보인다.

③ 아니사키스

    ㉠ 바다생선(고래, 돌고래 등 바다포유류)을 생식할 때 감염되며 소화관 궤양, 종양을 일으킨다.

    ㉡ 바다생선을 생식하지 말고 20일 냉장한 다음 생식한다.

(5) 기생충의 중간숙주

① 간디스토마 ⋯ 제1중간숙주(왜우렁이) → 제2중간숙주(민물고기)

② 폐디스토마 ⋯ 제1중간숙주(다슬기) → 제2중간숙주(가재, 게)

③ 광절열두조충 ⋯ 제1중간숙주(물벼룩) → 제2중간숙주[민물고기(농어, 연어, 송어)]

④ 무구조충(민촌충) ⋯ 소

⑤ 유구조충(갈고리촌충) ⋯ 돼지

⑥ 선모충 ⋯ 돼지

⑦ 요코가와흡충 ⋯ 은어, 숭어

≡ 최근 기출문제 분석 ≡

2022. 2. 26. 제1회 서울특별시 시행

1 매개물에 의한 기생충 분류와 그 예시를 잘못 짝지은 것은?

① 토양매개성 기생충 – 회충, 편충, 십이지장충

② 어패류매개성 기생충 – 간흡충, 폐흡충, 요꼬가와흡충

③ 모기매개성 기생충 – 말라리아원충

④ 물·채소매개성 기생충 – 유구조충, 선모충

> **TIP** ④ 유구조충과 선모충은 육류 매개 기생충에 해당한다.
> ※ 육류 매개 기생충
> ⊙ 무구조충 : 쇠고기 생식으로 감염되고 식욕부진, 허기증, 소화불량, 구토 등의 증상을 보인다.
> ⓒ 유구조충 : 돼지고기 생식으로 감염되고 식욕부진, 소화불량, 경빈혈, 설사 등의 증상을 보인다.
> ⓒ 선모충 : 근육에 기생하여 열이 나게 한다. 돼지고기의 생식으로 감염되고 발열, 설사, 근육통, 폐렴 등의 증상을 보인다.

2018. 6. 23 제2회 서울특별시

2 질병과 매개체의 연결이 가장 옳은 것은?

① 발진티푸스 – 벼룩

② 신증후군출혈열 – 소, 양, 산양, 말

③ 쯔쯔가무시병 – 파리

④ 지카바이러스 감염증 – 모기

> **TIP** ① 발진티푸스 – 리케치아
> ② 신증후군출혈열 – 들쥐
> ③ 쯔쯔가무시병 – 진드기 유충

Answer 1.④ 2.②

3 다음 중 기생충의 분류와 이에 해당하는 기생충들의 연결이 바르지 않은 것은?

① 흡충류 – 요코가와 흡충, 만손주혈충

② 선충류 – 고래회충, 트리코모나스

③ 조충류 – 광절열두조충, 왜소조충

④ 원충류 – 말라리아 원충, 리슈마니아

TIP ② 트리코모나스는 편모충류에 해당한다.

출제 예상 문제

1 채독증의 원인이고, 피부감염이 가능한 기생충은?

① 조충

② 회충

③ 요충

④ 십이지장충(구충)

....

TIP ④ 채독증을 일으키며 경피감염되므로 옥외에서는 꼭 신발을 신는다.

2 감염병 매개체 중 발육형 전파방식을 취하는 것은?

① 말라리아

② 샤가스

③ 일본뇌염

④ 사상충

....

TIP ① 발육증식형 ② 배설형 ③ 증식형

3 다음 중 해충구제의 원칙에 해당하지 않는 것은?

① 전국적으로 동시에 광범위하게 실시해야 한다.

② 성충구제가 가장 효과적이다.

③ 발생원인 및 서식처를 제거해야 한다.

④ 발생 초기에 실시하는 것이 좋다.

....

TIP 해충의 구제원칙

㉠ 발생 초기에 구제를 실시한다.

㉡ 발생원인 및 서식처를 제거한다.

㉢ 생태 · 습성에 따라 실시한다.

㉣ 동시에 광범위하게 실시한다.

Answer 1.④ 2.④ 3.②

4 다음 중 매개동물을 잘못 연결한 것은?

① 이 – 발진티푸스

② 벼룩 – 페스트

③ 모기 – 말라리아

④ 파리 – 황열

TIP ④ 모기가 황열을 매개하고 파리는 결핵, 콜레라, 장티푸스, 파리티푸스, 이질 등을 매개한다.

5 다음 중 연결이 잘못된 것은?

① 중국얼룩무늬모기 – 말라리아

② 작은빨간집모기 – 일본뇌염

③ 토고숲모기 – 뎅기열

④ 진드기 – 재귀열

TIP 토고숲모기 – 말레이 사상충, 이집트숲모기 – 뎅기열

6 다음 중 위생해충의 질병 전파방식과 유발질병의 연결이 잘못된 것은?

① 증식형 – 재귀열

② 발육형 – 발진티푸스

③ 발육증식형 – 말라리아

④ 경란형 – 쯔쯔가무시병

TIP ② 발진티푸스는 배설형에 속한다.

※ 위생해충을 통한 질병의 생물학적 전파 … 곤충 내에 병원체가 들어가 일정기간 동안 발육증식을 거쳐 숙주에게 옮겨 주는 것을 말한다.

㉠ 증식형 : 곤충체 내에서 병원체가 단순히 증식한 후 자교시에 구부를 통하여 전파된다.

예 이 – 재귀열, 모기 – 일본뇌염, 황열, 뎅기열, 벼룩 – 페스트

㉡ 발육형 : 병원체가 곤충체 내에서 증식하지 않고 단지 그의 생활환의 일부를 경과 후 숙주에 전파된다.

예 모기 – 사상충증

㉢ 발육증식형 : 곤충체 내에서 병원체가 그의 생활환의 일부를 경과하는 동시에 증식하면서 전파된다.

예 모기 – 말라리아, 체체파리 – 수면병

㉣ 배설형 : 병원체가 곤충체 내에서 증식한 후 대변으로 배설되어 숙주의 피부 및 점막에 있는 미세한 창상을 통해서 전파된다.

예 발진티푸스 – 이, 발진열 – 쥐벼룩, 샤가스병 – 노린재

㉤ 경란형 : 병원체가 충란을 통해서 전파 제2세대가 병원균을 가지고 계속 전파된다.

예 참진드기 – 록키산 홍반열, 털진드기 – 양충병(쯔쯔가무시병)

Answer 4.④ 5.③ 6.②

7 다음 중 야채류의 경구섭취 후 잘 생기며 갈고리 모양으로 생긴 기생충균은?

① 회충
② 요충
③ 구충
④ 편충

....

TIP 십이지장충(구충)
ⓐ 회충, 동양모양선충, 편충 등과 함께 야채류를 중간숙주로 한다.
ⓑ 경구감염뿐만 아니라 경피감염도 가능하다.
ⓒ 십이지장, 소장에 기생하며 심한 빈혈, 전신권태, 심계항진, 현기증, 두통, 식욕부진 구역질, 구토, 복통 등을 일으킨다.
ⓓ 농촌에 많으며 회충보다 건강장해가 심하다.
ⓔ 70℃에서 1초간 가열 또는 직사광선에서 단시간 내에 사멸된다.
ⓕ 분변을 완전처리하고 청정채소를 섭취하며, 경피감염이 가능하므로 오염지구에서 맨발로 다니지 않는다.

8 가족 중에서 한 사람에게 발병함으로써 집단감염되는 것은?

① 회충
② 요충
③ 구충
④ 십이지장충

....

TIP 요충
ⓐ 항문 주위에서 많이 발견된다.
ⓑ 산란과 동시에 감염능력이 있다.
ⓒ 편충이 요충과 인체생활사가 비슷하다.
ⓓ 집단감염이 잘 되고 소아에게 많이 감염된다.

9 매개곤충과 질병의 연결이 옳은 것은?

① 진드기 – 재귀열
② 모기 – 발진열
③ 파리 – 발진티푸스
④ 벼룩 – 황열

TIP ② 모기 : 사상충병, 황열, 뎅기열, 말라리아, 일본뇌염 등
③ 파리 : 장티푸스, 파라티푸스, 이질, 결막염, 콜레라, 결핵, 뇌수막염, 수면병 등
④ 벼룩 : 흑사병, 발진열, 조충 등

10 다음 중 자가감염과 집단감염의 가능성이 큰 기생충은?

① 십이지장충
② 요충
③ 회충
④ 편충

TIP 자가감염과 집단감염이 큰 기생충으로서 오염된 식품, 의복, 침구를 통해서 감염되는 기생충은 요충이다.

11 기생충과 중간숙주의 연결이 서로 틀리게 연결된 것은?

① 폐흡충 – 다슬기, 가재
② 광절열두조충 – 송어, 전어
③ 민촌충 – 돼지, 개
④ 유극악구충 – 메기, 가물치

TIP 민촌충의 중간숙주는 소이다. 돼지는 유구조충의 중간숙주이다.

Answer 9.① 10.② 11.③

12 가을철 풍토병으로 일컬어지며, 들쥐 등의 소변으로 균이 배출되어 피부상처를 통해 감염되는 감염병은?

① 렙토스피라증   ② 재귀열
③ 페스트   ④ 발진열

....

TIP 렙토스피라증 … 9~10월에 많이 발병되며 들쥐에 의해 전염된다.

13 파리가 매개하여 발생하는 질병은?

① 사상충   ② 살모넬라
③ 학질   ④ 파라티푸스

....

TIP 파리가 매개하는 질병 … 콜레라, 이질, 장티푸스, 파라티푸스, 결핵, 수면병 등이 있다.

14 잉어, 붕어 등 민물고기를 날 것으로 먹는 습관을 가진 지역주민에게 많이 감염되는 기생충은?

① 유구조충   ② 무구조충
③ 사상충증   ④ 간디스토마

....

TIP 간디스토마 … 제1중간숙주(왜우렁이) → 제2중간숙주(민물고기)

15 다음 중 회충에 관한 설명이 잘못된 것은?

① 장내 군거생활

② 유충은 심장, 폐포, 기관지를 통과

③ 충란은 산란과 동시 감염

④ 충란은 70℃의 가열로 사멸

TIP 회충

㉠ 장내 군거생활을 한다.

㉡ 인체에 감염 후 75일이면 성충이 된다.

㉢ 유충은 심장, 폐포, 기관지를 통과한다.

㉣ 충란은 70℃의 가열로 사멸한다.

㉤ 일광에 약하다.

㉥ 성충은 암수 구별이 가능하지만 충란은 불가능하다.

Answer 15.③

PART

02 공중보건

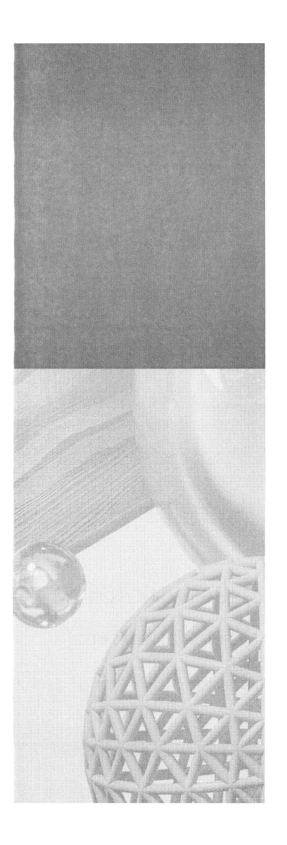

01 보건영양

01 영양과 건강

❶ 영양소

(1) 기능

① **5대 영양소** ⋯ 3대 영양소(탄수화물, 단백질, 지방)와 무기질, 비타민이다.

② **영양소의 작용** ⋯ 영양소는 신체에 열량을 보급하고 신체조직을 구성하며 생활기능을 조절해 준다. 이를 영양소의 3대 작용이라 한다.

③ **열량소** ⋯ 열량소는 탄수화물, 단백질, 지방이며 단위(g)당 탄수화물 : 단백질 : 지방 = 4 : 4 : 9 (kcal)를 생산한다.

④ **신체조직 구성원** ⋯ 탄수화물 · 단백질 · 지방 · 무기질이며, 6대 영양소인 물이 65%를 차지한다.

⑤ **조절소** ⋯ 무기질, 비타민, 물이 있으며 산화작용, 신경운동, 심장운동, 각종 분비선의 기능조절을 한다.

(2) 종류

① **탄수화물**

  ㉠ 대부분이 열량공급원으로 이용되며 체내 글리코겐의 형태로 간에 저장되어 감염병에 대한 저항력을 가지지만 과다섭취는 비만을 초래한다.

  ㉡ 성인 1일 열량(영양) 권장량은 남자 2,500kcal, 여자 2,000kcal이다. 여자의 경우 임신한 경우에는 전반 150kcal를, 후반 350kcal를 추가하고 수유기에는 400kcal를 추가한다.

  🅣🅘🅟 비만의 5D's ⋯ Disfigurement, Disability, Discomfort, Disease, Death

② **단백질**

  ㉠ 신체 구성성분이며 열량원으로, 효소와 호르몬의 주성분이다.

  ㉡ 면역체계와 항독물질을 구성성분으로 한다.

  ㉢ 일일 권장량은 체중 1kg당 1g이다.

③ 지방

  ㉠ 주된 에너지원이다.

  ㉡ 탄수화물이나 단백질에 비해 2배의 열량을 낸다.

  ㉢ 지용성 비타민 A, D, E, K를 함유한다.

  ㉣ 체온유지와 피부를 부드럽게 한다.

(3) 2대 영양실조

① Kwashioker(단백질 부족) … 단백질 섭취가 부족할 때 나타나는 질병으로 감염이 잘 되고 주로 어린이에게 감염된다.

② Marasmus … 영양공급의 부족으로 근육이 소진되고, 뼈만 남게 되는 현상으로 기아상태에서 발생한다.

  TIP 포도당은 간세포에서 8%, 근육세포에서 1%가 저장되고, 뇌세포에는 극소량이 저장된다.

② 영양소의 결핍증상

(1) 영양소의 1일 필요량

① 식염 … 15g

② Ca … 성인 1g, 임산부와 청소년 1.2g

③ 인(P) … 1.5g

④ Fe … 남자 10~12mg, 여자 20mg

⑤ Vt.A … 2,000~2,500IU

  ㉠ D : 400IU

  ㉡ B_1 : 1.3~15mg

  ㉢ B_2 : 1.1~1.7mg

  ㉣ C : 50~60mg

(2) 비타민A 결핍

① 야맹증, 안구건조 등을 일으킨다.

② 감염병에 대한 저항력을 감퇴시킨다.

③ 간, 낙농식품, 녹황색 채소류에 많이 들어 있다.

(3) 비타민B₁ 결핍

① 결핍시 각기병, 식욕감퇴, 피로감을 일으키며 현미, 잡곡에 많이 함유되어 있다.

② 120℃에서 1시간 내에 파괴되며 탄수화물을 산화시키는 데 필요하다.

(4) 비타민B₂ 결핍

① 성장인자로서 세포 내의 단백질과 결합해 황색산화효소가 되어 산화·환원의 역할을 한다.

② 결핍시 안 충혈, 결막염, 각막염, 구강염, 설염, 구순염 등을 일으키며 동·식물성 식품에 광범위하게 함유되어 있다.

③ Vt. B₁, B₂, B₆는 알레르기에 대한 작용이 있는데, B₂는 항체를 다량 생산한다.

(5) 비타민B₆ 결핍

① 피부, 눈, 입, 혀 등에 경미한 증상이 일어난다.

② 비타민이 고루 포함된 우유 등을 먹는다. 다만, 결핵, 고혈압 치료제 복용자는 특히 주의해서 섭취해야 한다.

(6) 비타민B₁₂ 결핍

① 성장장애 및 거대적 아세포성 빈혈(악성 빈혈) 등을 일으킨다.

② 우유와 동물성 식품(특히 간), 어패류에 많이 함유되어 있다.

(7) 비타민C 결핍

① 괴혈병, 반상출혈, 모세혈관 파괴 등의 증상을 유발한다.

② Vt.A와 함께 결핍시 감염병에 대한 저항력이 감퇴된다.

③ 채소와 과일에 많이 함유되어 있다.

④ 고열에 파괴되고, 조직 내 산화작용을 돕는다.

(8) 비타민D 결핍

① Ca와 P대사에 관여하므로 결핍시 구루병, 골연화, 충치 등을 일으킨다.

② 우유에 많이 함유되어 있고 일광욕에 의해서도 생성된다.

③ 과다하면 만성 신부전을 유발할 수 있다.

④ 골 조직의 생성에 관여하는 항구루병 비타민이다.

(9) 비타민E 결핍

① 뇌와 골 근육기능 이상, 용혈성 빈혈, 불임 등을 유발한다.

② 대부분의 음식물에 충분히 함유되어 있다.

(10) 비타민K 결핍

① 혈액응고 장애, 혈뇨, 장출혈 등을 유발한다.

② 대부분의 음식에 포함되어 있다.

③ 장내 세균 이상, 장의 지방 흡수능력 부족시 문제가 된다.

(11) 나이아신 결핍

① 펠라그라, 소화기 점막염, 설사, 치매 등을 유발한다.

② 곡류, 육류, 채소 등 식품에 충분히 함유되어 문제가 되지 않는다.

(12) 철 결핍

① 빈혈을 일으키나 과다한 경우 혈색소 침착증을 일으킨다.

② 철은 체내 저장이 불가능하므로 각종 식품을 충분히 섭취한다.

(13) 요오드 결핍

① 갑상선 비대증이 발생한다.

② 해초류에 많이 함유되어 있다.

(14) 불소 결핍

① 충치가 발생하며, 과다한 경우 치아의 상아질에 반점이 생긴다.

② 치약이나 음료수에 불소를 첨가한다.

(15) 칼슘 결핍

① 칼슘은 질병의 저항력을 증가시키고 혈액응고에 작용하며 효소의 부활 등의 기능을 가진다.

② 부갑상선 질환이나 구루병을 일으킨다.

③ 멸치 등의 생선섭취로 예방한다.

(16) 인 결핍

① 칼슘과 같이 구루병이나 부갑상선 질환이 올 수 있는데 낙농식품과 멸치 등의 섭취로 예방한다.

② 골, 뇌신경의 주성분이며, 전신의 1%를 차지한다.

(17) 마그네슘 결핍

경련증을 일으키는데 영양부족이나 이뇨요법 시술 등이 원인이 될 수 있다.

(18) 아연 결핍

① 성장지연, 빈혈, 설사, 상처회복 장애 등을 일으킨다.

② 피틴산을 함유한 곡류의 과잉섭취가 문제가 된다.

(19) 셀레늄 결핍

① 심근질환을 일으킨다.

② 균형잡힌 식사로 예방한다.

(20) 탄수화물 부족

산혈증, 단백질 소모를 가져온다.

(21) 단백질 부족

발육지연, 지능발달 장애, 면역결핍, 빈혈 등을 유발한다.

(22) 지방 부족

피부가 거칠어지고 빈혈과 허약증이 온다.

02 열량 및 영양판정

① 열량

(1) 기초 대사량(BMR)

① 생명유지에 필요한 최소의 열량을 말하며, 체면적과 비례한다.

② 정신적·육체적으로 아무 일도 하지 않고 실온에서 누운 상태로 30분간 측정한다.

③ 성인 1일 1,200~1,800kcal가 필요하다.

(2) 에너지 대사율(RMR)

① 계산식

$$RMR = \frac{활동대사량}{기초대사량}$$
$$= \frac{활동시 칼로리 소비량 - 안정시 칼로리 소비량}{기초대사량}$$

② RMR 단계

    ㉠ 0~1 : 경노동

    ㉡ 1~2 : 중등노동

    ㉢ 2~4 : 강노동

    ㉣ 4~7 : 중노동

    ㉤ 7 이상 : 격노동

(3) 특이동적 작용(SDA)

① 식품의 소화, 흡수, 대사과정에서 소비되는 에너지를 말한다.

② 단백질은 16~30%, 당류는 4~9%, 지방은 3~4%가 대사과정에서 소비된다.

(4) 에너지 소요량

총소요 에너지 = 기초 대사량 + 생활활동에 따른 증가 에너지 + 특이동적 작용에 필요한 에너지

❷ 객관적인 영양판정

(1) Kaup 지수

영·유아, 즉 출생 후 3개월부터 6세까지의 학령 전 어린이에게 주로 사용되는 지수로 15 이하는 허약, 15~19는 정상, 19~22는 체중과다, 22 이상은 비만을 나타낸다.

$$\text{Kaup 지수} = \frac{\text{체중(kg)}}{\text{신장(cm)}^2} \times 10^4$$

(2) Rohrer 지수

학동기 이후 소아에 사용하며, 160 이상은 비만이다.

$$\text{Rohrer 지수} = \frac{\text{체중(kg)}}{\text{신장(cm)}^3} \times 10^7$$

(3) Broca 지수

성인의 비만판정에 이용되며, 90~110이 정상, 89 이하는 체중부족, 111~119는 체중과다, 120 이상은 비만이다.

$$\text{Broca 지수} = \frac{\text{체중}}{\text{(신장} - 100)} \times 100$$

(4) 비만도

$$\text{비만도(\%)} = \frac{\text{실측체중} - \text{표준체중}}{\text{표준체중}} \times 100$$

(5) BMI(Body Mass Index, 체질량 지수)

10 이하는 고도의 영양실조, 10~13은 영양실조, 20 미만은 저체중, 20~24가 정상, 25~29는 과체중, 30 이상은 비만이다.

$$\text{BMI} = \frac{\text{체중(kg)}}{\text{신장(m)}^2}$$

최근 기출문제 분석

2019. 6. 15 제2회 서울특별시

1 학령기 이후의 소아에 대한 영양상태 판정 기준으로 신장이 150cm 이상인 경우 160 이상이면 비만으로 판정하는 지수는?

① 로렐지수(Rohrer index)

② 카우프지수(Kaup index)

③ 베르벡지수(Vervaek index)

④ 체질량지수(Body mass index)

> **TIP** ① 로렐지수(Röhrer index) : 학령기 이후 소아에 대한 영양상태 판정 기준으로 충실지수라고도 한다.
> $\frac{체중}{신장^3} \times 10^7$ 으로 구하며 신장이 150cm 이상인 경우 로렐지수가 160 이상이면 비만으로 판정한다.
>
> ② 카우프지수(Kaup index) : 영·유아에 대한 균형 체격을 나타내는 지수로, $\frac{체중}{신장^2} \times 10^4$ 으로 구하며 22 이상을 비만으로 판정한다.
>
> ③ 베르벡지수(Vervaek index) : 체격·영양지수로 $\frac{체중+흉위}{신장} \times 100$ 으로 구하며 92 이상을 비만으로 판정한다.
>
> ④ 체질량지수(Body mass index) : 성인의 비만을 측정하는 일반적인 방법으로, $\frac{체중}{신장(m^2)}$ 으로 구한다. 한국인 기준 25 이상을 과체중 ~ 비만으로 판정한다.

2017. 6. 24 제2회 서울특별시

2 영양상태의 평가방법 중 간접적 방법에 해당하는 것은?

① 임상적 검사
② 식품섭취조사
③ 신체계측조사
④ 생화학적 검사

> **TIP** ② 간접적 방법
> ①③④ 직접적 방법

Answer 1.① 2.②

출제 예상 문제

1 다음 중 효소와 호르몬을 생성하는 영양소는?

① 탄수화물 ② 단백질

③ 무기질 ④ 지방

> **TIP** 단백질 … 신체 구성성분이며 열량원으로, 효소와 호르몬의 주성분이다. 면역체계와 항독물질을 구성성분으로 하고, 1일 권장량은 체중 1kg당 1g이다.

2 다음 식으로 계산하는 것은 무엇인가?

$$\frac{체중(kg)}{신장(cm)^2} \times 10^4$$

① Kaup 지수 ② Rohrer 지수

③ Broca 지수 ④ 비만도

> **TIP** Kaup 지수 … 출생 후 3개월부터 6세까지의 학령 전 어린이에게 사용되는 영양판정 지수로 13 이하는 고도수척, 13~15는 수척, 15~19는 정상, 19~22는 체중과다, 22 이상은 비만을 나타낸다.

3 다음 중 영양소와 그 결핍증의 연결이 잘못된 것은?

① 비타민A – 야맹증 ② 비타민B_1 – 각기병

③ 비타민B_2 – 구순염 ④ 비타민B_{12} – 불임증

> **TIP** ④ 비타민B_{12}가 부족하면 성장장애, 악성 빈혈 등을 일으킨다.

Answer 1.② 2.① 3.④

4 다음 중 구루병의 원인에 해당되는 것은?

① 자외선의 증가

② 비타민D의 결핍

③ 비타민A의 결핍

④ 칼슘의 결핍

....

TIP ② 구루병은 골 조직의 생성에 관여하는 항구루병 비타민인 비타민D의 결핍시 나타나는 질병이다.

5 어떤 남자의 키가 2m, 몸무게가 116kg일 때 BMI를 측정한 경우, 그 결과를 통해 알 수 있는 것은?

① 저체중

② 정상

③ 과체중

④ 비만

....

TIP BMI(체질량 지수)$=\dfrac{체중(kg)}{신장(m)^2}=\dfrac{116}{2^2}=29$(과체중)

※ BMI 측정결과의 판정 … 10 이하는 고도의 영양실조, 10~13은 영양실조, 20 미만은 저체중, 20~24는 정상, 25~29는 과체중, 30 이상은 비만이다.

6 다음 영양소 중 결핍될 경우 각기병을 유발하는 것은?

① 티아민(비타민B₁)

② 비타민C

③ 칼슘

④ 비타민D

....

TIP 티아민(Thiamin ; 비타민B₁) … 항각기성 비타민 또는 항신경성 비타민이며, 인체에 흡수된 탄수화물을 에너지화시키는 대사촉진기능을 하며 심장기능 정상화, 뇌의 중추신경, 수족 등의 말초신경에 작용한다. 결핍되면 각기병, 식욕부진, 신경계 불균형 등을 유발한다.

Answer 4.② 5.③ 6.①

7 치아우식증일 때 가정에서 가장 손쉽게 할 수 있는 방법은?

① 불소도포법   ② 세치법

③ 수소불소화작업   ④ 식이조절

TIP 치아우식증(충치) … 입 안에 남아있는 음식물 찌꺼기와 입안의 세균이 작용하여 시간이 경과함에 따라 치아를 파괴하는 과정으로서, 가정에서는 식사 후에 잇솔질을 해야 하고, 자기 전에는 반드시 잇솔질한 깨끗한 상태로 자야 한다.

8 지용성 비타민 결핍증상이 아닌 것은?

① 괴혈병   ② 생식선 이상

③ 야맹증   ④ 구루병

TIP ① 비타민C의 결핍증상이다. 지용성 비타민에는 비타민 A, D, E, K, F가 있다.

9 몸에서 재생되지 않기 때문에 식품으로만 섭취해야 하며 부족시 빈혈을 일으키는 것은?

① 칼슘   ② 철분

③ 요오드   ④ 인

TIP 철은 체내 저장이 불가능하므로 각종 식품을 충분히 섭취한다.

10 다음 중 단백질, 지방, 탄수화물의 열량(Kcal)은?

① 4 : 4 : 6   ② 9 : 4 : 3

③ 4 : 9 : 4   ④ 9 : 4 : 4

TIP 탄수화물 : 단백질 : 지방 = 4 : 4 : 9

Answer 7.② 8.① 9.② 10.③

11 다음 중 비타민K의 결핍증상은?

① 빈혈이 생긴다.

② 밤눈이 어둡다.

③ 피부염이 생긴다.

④ 지혈이 안 된다.

> **TIP** 비타민K는 혈액응고 작용을 돕는다. 부족시 혈액응고 장애, 혈뇨, 장출혈 등을 유발한다.

12 다음 중 국민영양상태에 대한 간접적인 평가방법은?

① 식량생산과 분배자료

② 섭취영양 분석

③ 발육 및 발육 평가

④ 생화학적 측정

> **TIP** 식량생산과 분배자료를 연구하는 것이 간접적인 평가방법이다.
> ※ 직접적인 평가방법
>   ㉠ 주관적 방법 : 임상증상에 의한 판정 등
>   ㉡ 객관적 방법 : 신체측정, 생화학적 검사 등

13 다음 중 5대 영양소가 아닌 것은?

① 탄수화물

② 단백질

③ 칼슘

④ 비타민

> **TIP** 5대 영양소 ··· 3대 영양소(탄수화물, 단백질, 지방) + 비타민, 무기질

Answer 11.④ 12.① 13.③

14 우리나라 사람들이 상대적으로 풍부하게 섭취하고 있는 영양소는?

① 탄수화물   ② 지방

③ 단백질   ④ 비타민

TIP 우리나라는 주식이 쌀(탄수화물)이다.

15 다음 중 피부염과 관계있는 비타민은?

① 비타민A   ② 비타민B

③ 비타민C   ④ Niacin(나이아신)

TIP 나이아신은 결핍시에 펠라그라증(피부염, 설사, 지능 저하), 소화기 점막염 등을 유발한다.
　　　※ 결핍시 피부염을 유발하는 비타민 … 비타민H, 비타민F, 나이아신 등이 있다.

16 다음 영양소 중 열량소로만 묶인 것은?

㉠ 단백질	㉡ 지방
㉢ 탄수화물	㉣ 무기질
㉤ 비타민	㉥ 물

① ㉠㉡㉢   ② ㉡㉢㉣

③ ㉢㉣㉤   ④ ㉣㉤㉥

TIP 열량소에는 탄수화물, 단백질, 지방이 있다.

Answer 14.① 15.④ 16.①

17 다음 중 포도당 저장이 가장 많이 되는 장기는?

① 뇌세포   ② 근세포

③ 간세포   ④ 신경세포

TIP ① 극히 소량 ② 1% ③ 8%

※ 포도당의 저장 … 일정한 농도의 포도당을 갖고 있는 생명체는 음식물 섭취 뒤에는 포도당 수치가 증가하지만, 포도당은 저장할 수가 없다. 따라서 간에서 글리코겐으로 바꾸어 저장하고, 언제든지 글리코겐을 포도당으로 바꿀 수 있다. 잠재적인 에너지역할을 하는 이들은 근육과 간, 그리고 뇌세포에 극히 소량 저장된다.

18 성인 남성의 1일 영양 권장량은?

① 1,500kcal   ② 1,800kcal

③ 2,000kcal   ④ 2,500kcal

TIP 성인 1일 기초 대사량은 1,200~1,800kcal이며, 영양 권장량은 성인 남성은 2,500kcal, 성인 여성은 2,000kcal이다. 다만, 임산부는 전후반 총 500kcal를, 수유부인 경우에는 400kcal를 추가한다.

02 보건관리

01 모자보건

❶ 개요

(1) 대상

넓은 의미의 모자보건은 가임여성과 6세 미만의 영·유아를 말하며, 일반적으로 임신, 분만, 산욕기, 수유기 여성과 영·유아를 말한다. 그러므로 모자보건은 모성보건과 영·유아 보건으로 나눌 수 있다.

① **임산부** … 임신 중이거나 분만 후 6개월 미만인 여성을 말한다.

② **모성** … 임산부와 가임기(可姙期) 여성을 말한다.

③ **영유아** … 출생 후 6년 미만인 사람을 말한다.

④ **신생아** … 출생 후 28일 이내의 영유아를 말한다.

⑤ **미숙아** … 신체의 발육이 미숙한 채로 출생한 영유아로서 대통령령으로 정하는 기준에 해당하는 영유아를 말한다.

⑥ **선천성이상아** … 선천성 기형 또는 변형이 있거나 염색체에 이상이 있는 영유아로서 대통령령으로 정하는 기준에 해당하는 영유아를 말한다.

⑦ **인공임신중절수술** … 태아가 모체 밖에서는 생명을 유지할 수 없는 시기에 태아와 그 부속물을 인공적으로 모체 밖으로 배출시키는 수술을 말한다.

⑧ **난임** … 부부(사실상의 혼인관계에 있는 경우를 포함)가 피임을 하지 아니한 상태에서 부부간 정상적인 성 생활을 하고 있음에도 불구하고 1년이 지나도 임신이 되지 아니하는 상태를 말한다.

⑨ **보조생식술** … 임신을 목적으로 자연적인 생식과정에 인위적으로 개입하는 의료행위로서 인간의 정자와 난 자의 채취 등 보건복지부령으로 정하는 시술을 말한다.

(2) 모자보건의 중요성

① 전 인구의 60~70%를 차지한다.

② 영·유아 건강은 차세대 인구자질 문제이다.

③ 면역력이 약하여 질병 이환율이 높고 영·유아에게는 영구적인 장애가 될 수 있다.

④ 예방이 가능하다.

❷ 모성보건

(1) 내용

① **산전관리** … 이상 임신, 임신 합병증의 조기진단, 영양 등 관리

② **분만관리** … 안전분만과 건강관리

③ **산후관리** … 신생아와 산모의 건강, 수유와 섭생관리

(2) 모성 질병

① **임신중독증** … 단백질, 티아민(비타민B_1) 부족과 빈혈이 원인이며 부종, 단백뇨, 고혈압 등이 주요 증상이다.

> **TIP** **임산부에게 필요한 5대 영양소** … 단백질, 비타민, 철분, 칼슘, 탄수화물

② **출혈** … 임신 전반·후반·산욕기 출혈로 나뉜다.

③ **산욕열 및 감염** … 자궁 내 염증이나 산도의 국소적 염증 등에 의한 발열현상이다.

④ **자궁 외 임신** … 대부분이 난관임신이고 난소나 복강 내 임신도 있다. 결핵성 난관염, 인공유산 후 세균감염으로 발생한다.

⑤ **유산·조산·사산** … 임신 7개월 내의 분만을 유산이라 하고, 8~9개월의 분만을 조산이라 한다. 임신중독, 결핵, 비타민 부족, 전치 태반, 양수 과다증, 제대강락 등의 여러 가지 원인이 있다.

> **TIP** **모성사망의 주요 요인** … 임신중독증, 출산 전후의 출혈, 자궁 외 임신 및 유산, 산욕열 등이 있다.

(3) 모성보건지표

① 모성 사망률 $= \dfrac{1년간 \ 모성 \ 사망수}{1년간 \ 출생수} \times 1,000$

② 사산율 $= \dfrac{1년간의 \ 사산수}{1년간 \ 출산수(사산수 + 출생수)} \times 1,000$

③ 조출생률 $= \dfrac{\text{연간 출생아 수}}{\text{인구}} \times 1{,}000$

④ 일반출산율 $= \dfrac{\text{연간 출생아 수}}{\text{임신가능 여자인구 수}} \times 1{,}000$

⑤ 배우 출생률 $= \dfrac{\text{연간출생아 수}}{\text{가임연령의 유배우 여자인구 수}} \times 1{,}000$

⑥ 연령별출산율 $= \dfrac{\text{그 연도 } x \text{세 여자가 낳은 출생아 수}}{\text{어떤 연도의 } x \text{세 여자인구}} \times 1{,}000$

⑦ 비례사망지수 $= \dfrac{\text{연간 50세 이상 사망자 수}}{\text{연간 총 사망자 수}} \times 100$

⑧ 조사망률 $= \dfrac{\text{연간 사망자 수}}{\text{그 해의 인구}} \times 1{,}000$

⑨ 영아 사망률 $= \dfrac{\text{1년간의 생후 1년 미만의 사망자 수}}{\text{그 해의 출생아 수}} \times 1{,}000$

⑩ 보정영아 사망률 $= \dfrac{\text{어떤 기간 내 출생한 자 중 1년 미만의 사망자 수}}{\text{동일 기간의 출생아 수}} \times 1{,}000$

⑪ 신생아 사망률 $= \dfrac{\text{1년간의 생후 28일 미만의 사망자 수}}{\text{그 해의 출생아 수}} \times 1{,}000$

⑫ 주산기 사망률 $= \dfrac{\text{임신 28주 이후 사산아 수} + \text{초생아(출생 1주 이내) 사망수}}{\text{연간출생아 수(28주 이상)}} \times 1{,}000$

⑬ 후기 신생아 사망률 $= \dfrac{\text{연간 생후 28일부터 1년 미만의 사망수}}{\text{연간 출생아 수}} \times 1{,}000$

⑭ 유아사망률 $= \dfrac{1 \sim 4\text{세 유아의 사망자 수}}{\text{그 해 중앙시점의 } 1 \sim 4\text{세 인구수}} \times 1{,}000$

⑮ 출생 사망비 $= \dfrac{\text{연간 출생수}}{\text{연간 사망수}} \times 100$

⑯ 사망 성비 $= \dfrac{\text{남자 사망수}}{\text{여자 사망수}} \times 100$

⑰ 재생산율
  ㉠ 총재생산율 = 합계출산율 × 여아출생 구성비
  ㉡ 순재생산율 = 총재생산율 × 출생여아의 생잔율

(4) 인공임신중절 수술의 허용한계

의사는 다음에 해당되는 경우에 한하여 본인과 배우자(사실상의 혼인관계에 있는 자를 포함)의 동의를 얻어 인공임신중절 수술을 할 수 있다〈모자보건법 제14조 제1항〉.

① 본인 또는 배우자가 대통령령이 정하는 우생학적 또는 유전학적 정신장애나 신체질환이 있는 경우

② 본인 또는 배우자가 대통령령이 정하는 전염성 질환이 있는 경우

③ 강간 또는 준강간에 의하여 임신된 경우

④ 법률상 혼인할 수 없는 혈족 또는 인척 간에 임신된 경우

⑤ 임신의 지속이 보건의학적 이유로 모체의 건강을 심히 해하고 있거나 해할 우려가 있는 경우

❸ 영 · 유아 보건

(1) 구분

① **초생아** … 생후 1주일 이내

② **신생아** … 생후 4주 이내

③ **영아** … 생후 1년 미만

④ **유아** … 만 1년 이상부터 학령기까지

(2) 질병

① **조산아** … 임신 7개월에서 9개월 반 이내에 태어난 체중 2.5kg 이하의 아기를 말하며, 조산아의 4대 관리로 체온보호, 감염방지, 영양보급, 호흡관리를 들 수 있다.

② **선천 기형** … 방사능에 과다 노출되거나 화학약품의 복용 등에 의해 발생된다.

③ **선천성 대사 이상** … 근친 결혼, 악성 유전인자에 의해 발생된다.

④ **과숙아** … 임신 43주 이상 경과 후의 분만이나 체중 4kg 이상아를 과숙아라 하고, 산소 부족증이나 난산을 초래한다.

(3) 영·유아의 사망원인

① **신생아의 사망원인** … 신생아 기간의 영아 사망률이 영·유아 사망률의 대부분을 차지한다. 주로 신생아 질환인 선천성 기형, 분만시 손상, 조산아 등이 원인이 되며, 이런 것들은 예방이 불가능한 것이 대부분이다.

② **영아의 사망원인** … 출생아의 고유질환, 폐렴, 기관지염, 출생시 손상, 장염, 조산아의 결함 등이 영아의 사망을 일으킨다.

③ **유아의 사망원인** … 소화기나 호흡기 질환은 물론 낙상, 화상, 익사 등 불의의 사고로 인한 경우가 대부분이다.

(4) 보건지표

① 영아 사망률과 신생아 사망률은 중요한 보건수준지표이며 1에 가까울수록 좋다.

$$ⓐ \ 영아사망률(IMR) = \frac{영아 \ 사망수(1년간 \ 생후 \ 1년 \ 미만의 \ 사망수)}{1년간의 \ 출생수} \times 1,000$$

$$ⓑ \ 신생아사망률(NMR) = \frac{1년간 \ 생후 \ 28일 \ 미만의 \ 사망수}{1년간의 \ 출생수} \times 1,000$$

② $\alpha-\text{index}$ 값은 클수록 신생아기 이후 사망수가 커지므로 환경상태가 불량하다는 증거가 된다.

$$\alpha-\text{index} = \frac{영아 \ 사망수}{신생아 \ 사망수}$$

[표준예방접종일정(2022)]

대상 감염병	백신종류 및 방법	횟수	출생~1개월 이내	1개월	2개월	4개월	6개월	12개월	15개월	18개월	19~23개월	24~35개월	만 4세	만 6세	만 11세	만 12세
결핵	BCG(피내용)	1	BCG 1회													
B형간염	HepB	3	HepB 1차	HepB 2차			HepB 3차									
디프테리아 파상풍 백일해	DTaP	5			DTaP 1차	DTaP 2차	DTaP 3차	DTaP 4차					DTaP 5차			
	Tdap/Td	1														Tdap/Td 6차
폴리오	IPV	4			IPV 1차	IPV 2차	IPV 3차						IPV 4차			
b형헤모필루스 인플루엔자	Hib	4			Hib 1차	Hib 2차	Hib 3차	Hib 4차								
폐렴구균	PCV(단백결합)	4			PCV 1차	PCV 2차	PCV 3차	PCV 4차								
	PPSV(다당질)	–						고위험군에 한하여 접종								
홍역 유행성이하선염 풍진	MMR	2						MMR 1차				MMR 2차				
수두	VAR	1						VAR 1차								
A형간염	HepA	2						HepA 1~2차								
일본뇌염	IJEV(사백신)	5						IJEV 1~2차				IJEV 3차	IJEV 4차			IJEV 5차
	LJEV(생백신)	2						LJEV 1차				IJEV 2차				
사람유두종 바이러스 감염증	HPV	2														HPV 1~2차
인플루엔자	IIV(사백신)	–						IIV매년 접종								
로타바이러스	RV1	2			RV 1차	RV 2차										
	RV5	3			RV 1차	RV 2차	RV 3차									

국가예방접종 (결핵 ~ 인플루엔자)
기타예방접종 (로타바이러스)

02 학교보건

❶ 보건관리

(1) 보건교사

① 학교(「고등교육법」 제2조 각 호에 따른 학교 제외)에 보건교육과 학생들의 건강관리를 담당하는 보건교사를 두어야 한다. 다만, 대통령령으로 정하는 일정 규모 이하의 학교에는 순회 보건교사를 둘 수 있다. 보건교사를 두는 경우 36학급 이상의 학교에는 2명 이상의 보건교사를 두어야 한다〈학교보건법 제15조 제2항, 제3항 및 동법 시행령 제23조 제3항〉.

② 보건교사의 직무〈학교보건법 시행령 제23조 제4항 제3호〉
  ㉠ 학교보건계획의 수립
  ㉡ 학교 환경위생의 유지 · 관리 및 개선에 관한 사항
  ㉢ 학생 및 교직원에 대한 건강진단의 준비와 실시에 관한 협조
  ㉣ 각종 질병의 예방처치 및 보건지도
  ㉤ 학생 및 교직원의 건강관찰과 학교의사의 건강상담 · 건강평가 등의 실시에 관한 협조
  ㉥ 신체허약 학생에 대한 보건지도
  ㉦ 보건지도를 위한 학생가정 방문
  ㉧ 교사의 보건교육에 관한 협조와 필요시의 보건교육
  ㉨ 보건실의 시설 · 설비 및 약품 등의 관리
  ㉩ 보건교육자료의 수집 · 관리
  ㉪ 학생건강기록부의 관리
  ㉫ 다음의 의료행위(간호사 면허를 가진 자에 한함)
  • 외상 등 흔히 볼 수 있는 환자의 치료
  • 응급을 요하는 자에 대한 응급처치
  • 부상과 질병의 악화 방지를 위한 처치
  • 건강진단결과 발견된 질병자의 요양지도 및 관리
  • 위의 의료행위에 따르는 의약품 투여
  ㉬ 기타 학교의 보건관리

(2) 학교보건교육

① 전직원의 책임하에 학생을 참여시켜 지역사회의 전체 보건사업계획의 일부분으로 학교보건교육이 이루어져 야 한다.

② 지역사회의 협조를 얻고, 주도적 역할자가 계속 실시하여 반드시 결과를 가져와야 한다.

② 교육환경

(1) 교육환경보호구역의 설정 등〈교육환경 보호에 관한 법률 제8조〉

교육감은 학교경계 또는 학교설립예정지 경계로부터 직선거리 200미터의 범위 안의 지역을 다음의 구분에 따라 교육환경보호구역으로 설정·고시하여야 한다.

① **절대보호구역** … 학교출입문으로부터 직선거리로 50미터까지인 지역(학교설립예정지의 경우 학교경계로부터 직선거리 50미터까지인 지역)

② **상대보호구역** … 학교경계등으로부터 직선거리로 200미터까지인 지역 중 절대보호구역을 제외한 지역

(2) 교육환경보호구역에서의 금지행위 등〈교육환경 보호에 관한 법률 제9조〉

누구든지 학생의 보건·위생, 안전, 학습과 교육환경 보호를 위하여 교육환경보호구역에서는 다음의 어느 하나에 해당하는 행위 및 시설을 하여서는 아니 된다. 다만, 상대보호구역에서는 ⑭부터 ㉗ 및 ㉙까지에 규정된 행위 및 시설 중 교육감이나 교육감이 위임한 자가 지역위원회의 심의를 거쳐 학습과 교육환경에 나쁜 영향을 주지 아니한다고 인정하는 행위 및 시설은 제외한다.

① 「대기환경보전법」에 따른 배출허용기준을 초과하여 대기오염물질을 배출하는 시설

② 「물환경보전법」에 따른 배출허용기준을 초과하여 수질오염물질을 배출하는 시설과 폐수종말처리시설

③ 「가축분뇨의 관리 및 이용에 관한 법률」에 따른 배출시설, 처리시설 및 공공처리시설

④ 「하수도법」에 따른 분뇨처리시설

⑤ 「악취방지법」에 따른 배출허용기준을 초과하여 악취를 배출하는 시설

⑥ 「소음·진동관리법」에 따른 배출허용기준을 초과하여 소음·진동을 배출하는 시설

⑦ 「폐기물관리법」에 따른 폐기물처리시설

⑧ 「가축전염병 예방법」에 따른 가축 사체, 오염물건 및 수입금지 물건의 소각·매몰지

⑨ 「장사 등에 관한 법률」에 따른 화장시설·봉안시설 및 자연장지

⑩ 「축산물 위생관리법」에 따른 도축업 시설

⑪ 「축산법」에 따른 가축시장

⑫ 「영화 및 비디오물의 진흥에 관한 법률」의 제한상영관

⑬ 「청소년 보호법」에 따른 ㉠ 전기통신설비를 갖추고 불특정한 사람들 사이의 음성대화 또는 화상대화를 매개하는 것을 주된 목적으로 하는 영업에 해당하는 업소와 ㉡ 불특정한 사람 사이의 신체적인 접촉 또는 은밀한 부분의 노출 등 성적 행위가 이루어지거나 이와 유사한 행위가 이루어질 우려가 있는 서비스를 제공하는 영업 ㉢ 청소년유해매체물 및 청소년유해약물등을 제작·생산·유통하는 영업 등 청소년의 출입과 고용이 청소년에게 유해하다고 인정되는 영업 및 ㉣ 청소년유해매체물 및 청소년유해약물등을 제작·생산·유통하는 영업 등 청소년의 고용이 청소년에게 유해하다고 인정되는 영업으로서 대통령령으로 정하는 기준에 따라 청소년보호위원회가 결정하고 여성가족부장관이 고시한 영업에 해당하는 업소

⑭ 「고압가스 안전관리법」에 따른 고압가스, 「도시가스사업법」에 따른 도시가스 또는 「액화석유가스의 안전관리 및 사업법」에 따른 액화석유가스의 제조, 충전 및 저장하는 시설

⑮ 「폐기물관리법」에 따른 폐기물을 수집·보관·처분하는 장소

⑯ 「총포·도검·화약류 등의 안전관리에 관한 법률」에 따른 총포 또는 화약류의 제조소 및 저장소

⑰ 「감염병의 예방 및 관리에 관한 법률」에 따른 격리소·요양소 또는 진료소

⑱ 「담배사업법」에 의한 지정소매인, 그 밖에 담배를 판매하는 자가 설치하는 담배자동판매기

⑲ 「게임산업진흥에 관한 법률」에 따른 게임제공업, 인터넷컴퓨터게임시설제공업 및 복합유통게임제공업

⑳ 「게임산업진흥에 관한 법률」에 따라 제공되는 게임물 시설

㉑ 「체육시설의 설치·이용에 관한 법률」에 따른 체육시설 중 무도학원 및 무도장

㉒ 「한국마사회법」에 따른 경마장 및 장외발매소, 「경륜·경정법」에 따른 경주장 및 장외매장

㉓ 「사행행위 등 규제 및 처벌 특례법」에 따른 사행행위영업

㉔ 「음악산업진흥에 관한 법률」에 따른 노래연습장업

㉕ 「영화 및 비디오물의 진흥에 관한 법률」에 따른 비디오물감상실업 및 복합영상물제공업의 시설

㉖ 「식품위생법」에 따른 식품접객업 중 단란주점영업 및 유흥주점영업

㉗ 「공중위생관리법」에 따른 숙박업 및 「관광진흥법」에 따른 호텔업

㉘ 삭제(2021. 9. 24.)

㉙ 「화학물질관리법」에 따른 사고대비물질의 취급시설 중 대통령령으로 정하는 수량 이상으로 취급하는 시설

03 성인보건과 노인보건

① 성인보건

(1) 성인병

① 후유증으로 불구, 무능력상태를 가져온다.

② 질병 자체가 영구적이다.

③ 장기간 동안 지도, 관찰, 관리가 필요하다.

④ 재활에 특수한 훈련이 필요하다.

(2) 성인병의 종류

① **고혈압증**
  ⊙ **본태성 고혈압** : 유전, 신경과민, 고염식, 내분비 장애, 신부전 등이 있다.
  ⊙ **2차성 고혈압** : 동맥경화, 신장질환, 신혈행 장애 등이 있다.
  ⊙ **치료** : 혈관 이완제, 교감신경 차단제 등의 약물요법과 저칼로리식, 당질과 지방섭취 제한식, 자극성 식품 제한식을 하고 칼륨의 충분한 섭취를 위해 바나나, 과일, 야채를 많이 먹는다.

② **동맥경화증** … 콜레스테롤을 낮추고 비만을 피한다.

③ **당뇨병** … 인슐린 양의 감소나 기능장애로 서서히 발병하는데, 효과적인 치료방법을 찾기가 어려우므로 체중조절, 적당한 운동, 식생활 개선 등으로 유의한다.

④ **뇌졸중** … 고혈압, 영양불균형, 과로 등이 원인이 되어 발생하며, 노인의 사인으로 1위이다. 치매의 주요 원인이므로 생활환경 및 영양상태를 개선하여 예방하는 것이 최선책이다.

⑤ **심장병** … 젊은층보다 노년층에서 많이 나타나고 있는데, 노화 자체에 의한 면도 있기에 노인에게 심질환의 발생은 어느 정도 불가항력적일 수도 있다.

⑥ **암** … 인체의 정상조직 내에 이상 발육하는 조직을 종양이라 하며, 다른 부위에 전이하는 경우를 악성종양, 즉 암이라고 한다.

(3) 대사증후군

① 대사증후군은 복부 비만, 인슐린 저항성, 이상지혈증, 고혈압을 포함하는 징후 또는 질환의 집합체로 영양과다, 지방과다 상태를 반영한다.

② **진단 기준** ⋯ 다음 5가지의 건강 지표 중 3가지 이상의 소견을 보이는 경우 대사증후군이라고 진단한다.

  ㉠ **복부비만** : 허리둘레 남성 $\geq$ 90cm, 여성 $\geq$ 85cm / BMI $\geq$ 25

  ㉡ **혈압** : 수축기/이완기 $\geq$ 130/85mmHg

  ㉢ **혈당** : 공복혈당 $\geq$ 100mg/dl

  ㉣ **중성지방**(TG) $\geq$ 150mg/dl

  ㉤ **HDL 콜레스테롤** : 남성 < 40mg/dl, 여성 < 50mg/dl

> **TIP 만성질환과 생활습관병**
>
> ㉠ 만성질환 : 만성질환은 오랜 기간을 통해 발병해 계속 재발하는 질환이다. 보건복지부에 따르면 만성질환 발생의 원인으로는 유전, 흡연, 운동, 나쁜 식습관, 지속적인 스트레스와 같은 생활 속의 변인과 환경 오염 같은 환경적인 원인, 신체의 생리적 기전의 변화 등이 서로 복합적으로 얽혀 있다.
>
> ㉡ 생활습관병 : 만성질환과 유사한 개념으로 질병의 발생과 진행에 식습관, 운동습관, 흡연, 음주 등의 생활습관이 미치는 영향을 받는 질환군을 말한다. 감염성 질환 이외의 거의 모든 질환이 이에 해당한다고 하여 비감염성 질환(Non-communicable disease)이라고 부르기도 한다.
>
> ㉢ 종류 : 비만, 고혈압, 당뇨병, 고지혈증, 동맥경화증, 협심증, 심근경색증, 뇌졸중, 만성폐쇄성폐질환, 천식, 알코올성 간질환, 퇴행성관절염, 악성종양 등

❷ 노인보건

(1) 노화의 기본현상

체력 저하, 반응의 둔화, 회복 지연, 재생능력의 감퇴 등이 있다.

(2) 노인인구의 비율

① **고령화사회** ⋯ 전체 국민 중 노인인구가 7% 이상인 사회를 말한다.

② **고령사회** ⋯ 전체 국민 중 노인인구가 14% 이상인 사회를 말한다.

③ **초고령사회(후기 고령사회)** ⋯ 전체 국민 중 노인인구가 20% 이상인 사회를 말한다.

(3) 노인보건의 대책

① J. Kaplane의 노인보건의 7가지 대책

    ㉠ 의료 및 정신과적 치료

    ㉡ 생계보장

    ㉢ 정서적 보장

    ㉣ 사회적 소외대책

    ㉤ 노동의 기회 부여

    ㉥ 만성질환에 대한 시설 보장

    ㉦ 휴양소에서 창조적 활동의 기회 부여

② Beshenfield의 5가지 대책 … 직업, 연금, 주택, 의료, 복지사업

(4) 노령화의 지표

① 인구 노령화 지표

    ㉠ 연소인구 지수 $= \dfrac{\text{연소 인구}(0 \sim 14\text{세})}{\text{생산 연령 인구}(15 \sim 64\text{세})} \times 100$

    ㉡ 노년인구 지수(노년부양비) $= \dfrac{\text{노년 인구}(65\text{세 이상})}{\text{생산 연령 인구}} \times 100$

    ㉢ 부양인구 지수 $= \dfrac{\text{연소 인구} + \text{노년 인구}}{\text{생산 연령 인구}} \times 100$

    ㉣ 노령화 지수 $= \dfrac{\text{노년 인구}}{\text{연소 인구}} \times 100$

② **평균여명** … '평균수명 − 각각의 나이'로 계산한다.

04 정신보건

(1) 정신보건의 목적

① 발생한 정신질환을 치료한다.

② 치료 후의 사회복귀를 돕는다.

③ 정신장애의 예방을 도모한다.

④ 건전한 정신기능의 유지, 증진을 위해 노력한다.

(2) Maslow의 인간의 기본욕구

① 생리적 욕구 … 가장 원초적인 욕구로서 수면, 배고픔 등의 해결욕구나 성적욕구

② 애정의 욕구 … 사랑, 소속감, 타인과의 관계를 맺으려는 욕구

③ 자기존중의 욕구 … 존중, 존경, 명예, 타인에게 인정받고 싶은 욕구

④ 안전의 욕구 … 충족된 욕구를 안전하게 유지하고자 하는 욕구

⑤ 사회적 욕구 … 최상위의 욕구로서, 자신의 능력과 소질을 사회로부터 승인받고자 하는 욕구

(3) 정신질환

① 정신질환의 원인

  ㉠ 유전적 요인 : 유전이 정신장애를 일으킨다.
  ㉡ 심리적 요인 : 심리적 위축감 및 부적절한 대인관계가 원인이다.
  ㉢ 사회적 요인 : 욕구불만, 적응력의 부족이 원인이다.
  ㉣ 신체적 요인 : 뇌조직의 기질적·기능적 이상 등이 정신질환의 원인이다.

② 정신질환의 종류 … 정신분열증, 조울증, 정신박약, 망상증, 인격장애(편집증, 반사회성, 피동공격성, 자기애), 정신 생리성 장애, 뇌기능 장애, 노이로제와 정신 신경증(불안, 해리장애 등), 각종 중독 등이 있다.

≣ 최근 기출문제 분석 ≣

2022. 6. 18. 제1회 지방직 시행

1 우리나라 국민건강보험제도의 유형으로 옳은 것은?

① 변이형
② 현금배상형
③ 관리의료형
④ 제3자 지불제형

> **TIP** ④ 진료비를 부담하지 않거나 일부만 부담하고 의료기관이 나머지 진료비를 보험자에게 청구할 때 보험자가 지불하는 유형이다.
> ① 변이형: 보험자가 의료기관을 소유하거나 계약에 의해 포괄적인 의료서비스를 제공하는 것을 말한다. 대표적으로 프랑스의 건강보험제도이다.
> ② 현금배상형: 상환제라고도 한다. 병원에 지불하고 이후에 진료비를 상환받는 것을 말한다.
> ③ 관리의료형: 민간의료보험제도이다.
> ※ 국민건강보험 특징
> ㉠ 법률에 의한 강제가입 및 납부의 의무
> ㉡ 능력에 따른 차등 부과 및
> ㉢ 균등한 혜택
> ㉣ 보험료의 분담(직장 가입자의 경우 사용자와 근로자의 반반 부담)
> ㉤ 제3자 지불제형

2022. 6. 18. 제1회 지방직 시행

2 지역사회보건사업평가 중 특정 보건사업을 수행하기 위해 투입된 인력, 조직, 시설, 장비, 재정 등이 적합한지를 판단하는 것은?

① 과정평가
② 구조평가
③ 결과평가
④ 영향평가

> **TIP** 도나베디안의 사업 과정 평가유형
>
> | 구분 | 내용 |
> |---|---|
> | 구조평가 | • 시작 시기에 시행
• 인력, 시설, 장비, 재정 등의 적절성 판단 |
> | 과정평가 | • 중간 시기에 시행
• 지역사회 자원 활용 및 사업진행 현황
• 업무 수행 능력 판단 |
> | 결과평가 | • 종료 시기에 시행
• 목표 달성 정도 및 효과성
• 장기적인 효과 및 지역사회 환경의 변화 |

Answer 1.④ 2.②

3 일정한 지역 내 인구의 연령과 성별 구성을 나타내는 인구피라미드에 대한 설명으로 옳지 않은 것은?

① 남자의 인구수는 왼쪽에, 여자의 인구수는 오른쪽에 표시한다.

② 종형은 출생률과 사망률이 모두 낮은 인구정지형이다.

③ 항아리형은 19세 이하 인구가 65세 이상 인구의 2배 이하인 인구구조이다.

④ 호로형은 생산연령 인구가 많이 유출되는 농촌형이다.

> **TIP** ③ 항아리형은 0 ~ 14세 인구가 50세 이상 인구의 2배 이하인 소산소사형 인구구조이다.
>
> ※ 인구 피라미드
>
>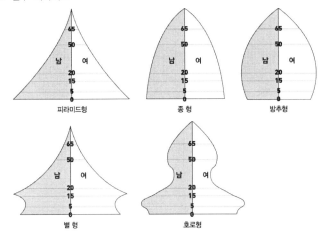
>
> ㉠ 남자는 왼쪽, 여자는 오른쪽에 표시한다.
>
> ㉡ 피라미드형 : 0 ~ 14세 인구가 50세 이상 인구의 2배를 초과하고 출생률보다 사망률이 낮은 다산다사형이다.
>
> ㉢ 종형 : 0 ~ 14세 인구가 50세 이상 인구의 2배이며 출생률과 사망률 둘 다 낮은 이상적인 인구형이다.
>
> ㉣ 항아리형 : 0 ~ 14세 인구가 50세 이상 인구의 2배 이하이며 출생률이 사망률보다 더 낮은 소산소사형이다. 주로 선진 국에서 볼 수 있다.
>
> ㉤ 별형 : 15 ~ 49세 인구가 50%를 초과하며 생산연령 인구가 많이 유입되는 도시형이다.
>
> ㉥ 호로형 : 15 ~ 19세 인구가 전 인구의 절반 미만으로 생산연령 인구가 많이 유출되는 농촌형이다.

Answer 3.③

2022. 6. 18. 제1회 지방직 시행

4 국민의 70%가 코로나19 예방접종으로 집단면역이 형성된다면 나머지 30%는 접종하지 않아도 코로나19 감염으로부터 안전할 수 있다는 보건의료서비스의 특성으로 옳은 것은?

① 정보의 비대칭성   ② 수요의 불확실성

③ 치료의 불확실성   ④ 외부효과성

> **TIP** ④ 외부효과성 : 한 사람의 행위로 인해 타인에게 일방적인 이익 혹은 불이익을 제공하는 경우이다.
> ① 정보의 비대칭성 : 질병의 원인이나 치료방법 등에 관한 지식과 정보는 전문적인 내용이므로 의료 인력을 제외하면 일반 소비자는 대부분 알지 못한다.
> ② 수요의 불확실성 : 의료에 관한 수요는 질병이 발생해야 알 수 있으므로 수요를 예측하기 어렵다.
> ③ 치료의 불확실성 : 질병이 다양하여 정확한 결과를 측정하기에는 어려움이 있다.

2022. 2. 26. 제1회 서울특별시 시행

5 제5차 국민건강증진종합계획(Health Plan 2030, 2021~2030)에서 제시한 기본원칙에 해당하지 않는 것은?

① 건강친화적인 환경 구축

② 전문가와 공무원 주도의 건강 책무성 제고

③ 보편적인 건강수준 향상과 건강 형평성 제고

④ 국가와 지역사회의 모든 정책 수립에 건강을 우선적으로 반영

> **TIP** ② 전문가, 공무원뿐만 아니라 일반 국민의 건강정책 의견을 수렴하고 주도적 역할을 부여한다.
> ※ 제5차 국민건강증진종합계획의 기본원칙
> ㉠ 국가와 지역사회의 모든 정책 수립에 건강을 우선으로 반영한다.
> ㉡ 보편적인 건강수준의 향상과 건강형평성 제고를 함께 추진한다.
> ㉢ 모든 생애과정과 생활터에 적용한다.
> ㉣ 건강 친화적인 환경을 구축한다.
> ㉤ 누구나 참여하여 함께 만들고 누릴 수 있도록 한다.
> ㉥ 관련된 모든 부문이 연계하고 협력한다.

Answer 4.④ 5.②

6 한 여성이 가임기간 동안 몇 명의 여아를 낳는지를 나타내는 지표로 사망률까지 고려한 출산력 지표는?

① 합계출산율　　　　　　　　　　② 총재생산율

③ 순재생산율　　　　　　　　　　④ 일반출생률

> **TIP** ① 합계출산율: 여성 1명이 평생 동안 낳을 수 있는 평균 자녀 수를 말한다.
> ② 총재생산율: 여성 1명이 가임기간(15 ~ 49세) 동안 낳을 수 있는 평균 여아 수를 말한다.
> ④ 일반출산율: 총 출생아 수를 해당 연도의 가임기 여성 인구(15 ~ 49세)로 나눈 수치다.

7 〈보기〉에서 설명하는 교육기법은?

――――――――――――――― 보기 ―――――――――――――――

지역사회 노인들의 치매 예방 및 관리를 위해 건강증진 전문가, 신경과 전문의, 정신과 전문의 등 3명의 전문가가 발표를 한 후, 청중이 공개토론 형식으로 참여하였다.

① 집단토론　　　　　　　　　　　② 심포지엄

③ 버즈세션　　　　　　　　　　　④ 패널토의

> **TIP** ② 심포지엄: 특정한 테마를 놓고 2명 또는 그 이상의 사람들이 각자 견해를 발표하는 토론이다.
> ※ 보건교육방법
> ㉠ 패널토의(panel discussion): 공동으로 문제의 해결을 모색하기 위해 수명의 구성원이 토의에 직접 참여하는 방식이다.
> ㉡ 버즈세션(buzz session): 전체 구성원을 4 ~ 6명의 소그룹으로 나누고 각각의 소그룹이 개별토의를 진행한 뒤 각 그룹의 결론을 패널형식으로 토론하고 최후의 리더가 전체적인 결론을 내리는 토의방법이다.
> ㉢ 세미나(seminar): 교수의 지도하에 학생들이 공동으로 토론하는 방법이다.

Answer　6.③　7.②

8 인두제에 대한 설명으로 가장 옳은 것은?

① 의료진의 과잉진료가 증가한다.

② 진료의 지속성이 증대된다.

③ 신의료기술 및 신약개발 등에 집중한다.

④ 의료진의 재량권이 확대되어 의료의 질적 수준이 높다.

TIP ② 인두제에 대한 설명이다.

①③④ 행위별 수가제에 대한 내용이다. 의사의 재량권이 크고 서비스의 질적 수준이 높을 수 있지만, 과잉진료와 의료비 상승을 유도할 수 있다.

※ 보험료 보수지불방식

㉠ 행위별 수가제 : 입원한 환자를 대상으로 환자가 병원에 입원해 있는 동안 제공된 의료서비스들을 하나하나 그 사용량과 가격에 의해 진료비를 계산, 지급하는 방식이다.

㉡ 포괄수가제 : 환자 종류당 총괄보수단가를 설정하여 보상하는 방식으로, 어떤 질병에 대해 미리 정해진 금액의 치료비 또는 수술비를 내도록 하는 진료비 정액제이다.

㉢ 인두제 : 등록된 환자 또는 사람 수에 따라서 일정액을 보상받는 방식이다.

㉣ 봉급제 : 일정한 진료비를 지급하는 방식이다.

㉤ 총액계약제 : 지불자 측과 진료자 측이 진료보수총액의 계약에 대해 사전에 체결하는 방식이다.

보수지불 방식	장점	단점
행위별 수가제	• 의사의 재량권이 크다. • 서비스의 양과 질이 최대화된다.	• 행정적으로 복잡하다. • 의료비 상승을 유도한다. • 과잉진료 및 의료서비스가 남용될 수 있다. • 의료인과 보험자 간의 마찰이 생긴다.
포괄수가제	• 경제적인 진료가 가능하다. • 의료기관의 생산성이 증대된다. • 행정적으로 간편하다.	• 서비스가 최소화 · 규격화된다 • 행정적인 간섭요인이 증대된다.
인두제	• 진료의 계속성이 보장된다. • 비용이 저렴하다. • 행정업무절차가 간편해진다. • 질병예방에 관심이 증대된다.	• 환자의 선택권이 제한된다. • 서비스량이 최소화된다. • 환자후송 의뢰가 증가한다.
봉급제	• 의사의 수입이 안정되고 직장이 보장된다. • 불필요한 경쟁심이 억제된다.	• 진료가 형식화 · 관료화된다.
총괄계약제	• 총의료비를 억제할 수 있다. • 의료인단체에 의한 과잉진료의 자율적 억제가 가능하다.	• 첨단 의료서비스의 도입동기가 상실된다. • 진료비 계약을 둘러싼 교섭에 어려움이 있다.

Answer 8.②

9 「국민건강보험법」상 요양급여비용의 산정에서 요양급여비용을 계약하는 사람을 옳게 짝지은 것은?

① 보건복지부장관과 시·도지사

② 대통령과 의약계를 대표하는 사람들

③ 보건복지부장관과 국민건강보험공단의 이사장

④ 국민건강보험공단의 이사장과 의약계를 대표하는 사람들

> **TIP** ④ 요양급여비용은 공단의 이사장과 의약계를 대표하는 사람들의 계약으로 정한다.
> ※ 요양급여비용의 산정 등 … 요양급여비용은 공단의 이사장과 대통령령으로 정하는 의약계를 대표하는 사람들의 계약으로 정한다. 이 경우 계약 기간은 1년으로 한다〈국민건강보험법 제45조 제1항〉.

10 우리나라 국민건강보험의 특성에 해당하지 않는 것은?

① 강제 적용

② 보험료 차등 부담

③ 차등 보험 급여

④ 단기 보험

> **TIP** 우리나라의 국민건강보험의 특성은 강제가입(법률에 의해 국내에 거주하는 모든 국민, 외국인, 재외국민은 강제 가입하여야 함), 강제징수(소득과 자산의 따라 정해진 보험료를 의무적으로 지불), 균등기여(보험료는 부담능력에 따라 부과), 균일 급여(지불한 보험료에 상관없이 동일한 의료서비스 제공), 단기보험(1년 단위로 재정수지 상계), 건강의 사회적 보장, 소득 재분배기능, 사회 연대성 재고의 특성이 있다. 차등보험급여는 사보험에서 보험료 부담수준에 따른 차등급여를 적용하고 있다.

11 정신건강과 관련된 내용에 대한 설명으로 가장 옳지 않은 것은?

① 세계보건기구는 정신건강증진을 긍정적 정서를 함양하고 질병을 예방하며 역경을 이겨내는 회복력(resilience)을 향상시키는 것이라고 정의하였다.

② 「정신건강증진 및 정신질환자 복지서비스 지원에 관한 법률」에서 정신건강증진사업을 규정하고 있다.

③ 정부는 정신건강을 위한 다양한 정책, 제도, 법률 서비스 개발을 강화하고 실행하여야 한다.

④ 지역사회 기반의 정신건강 서비스는 입원을 강화하도록 하고, 병원이 중심이 되어야 한다.

> **TIP** 지역사회 기반의 정신건강서비스는 지역사회의 생활을 향상시키고, 입원이나 입소를 최소한으로 하여 환자 중심적인 치료가 우선적으로 고려되어야 한다.

Answer 9.④ 10.③ 11.④

12 Myers(1969)는 지역사회 또는 사회적 수준에서 요구되는 바람직한 보건의료의 조건으로 4가지를 제시하였는데, 이 중 치료과정에서 최소의 자원을 투입하여 건강을 빨리 회복시키는 것을 의미하는 것은?

① 형평성
② 접근성
③ 효과성
④ 효율성

> **TIP** Myers는 양질의 보건의료 요건 구성요소로서의 4가지
> ⊙ 접근용이성(accessibility) : 사용자들이 필요하면 언제 어디서든 쉽게 이용할 수 있도록 재정적, 지리적, 사회, 문화적인 측면에서 보건의료서비스가 송급되어야 함을 말한다.
> ○ 질적 적정성(quality) : 보건의료와 관련하여 의학적 적정성과 사회적 적정성이 질적으로 동시에 달성될 수 있어야 함을 의미한다.
> ⊙ 지속성(continuity) : 보건의료는 시간적, 지리적으로 상관성을 가져야하고 보건의료 기관들 간에 유기적으로 협동하여 보건의료서비스를 수행해야한다.
> ⊙ 효율성(efficiency) : 보건의료 목적을 달성하는 데 투입되는 자원의 양을 최소화하거나 일정한 자원의 투입으로 최대의 목적을 달성할 수 있어야 함을 의미한다.

13 〈보기〉에서 설명하는 인구구조로 가장 옳은 것은?

> 감소형 인구구조로서 출생률이 사망률보다 낮은 인구구조를 말한다. 주로 평균수명이 높은 선진국에 나타나는 모형이다.

① 종형(bell form)
② 항아리형(pot form)
③ 피라미드형(pyramid form)
④ 별형(star form)

> **TIP** ② 항아리형(pot form, 감퇴형) : 출생률과 사망률이 모두 낮으면서 출생률이 사망률보다 낮아 인구가 감소하는 특징이 있으며, 주로 평균수명이 높은 선진국에서 나타난다.
> ① 종형(bell form, 선진국형) : 출생률이 낮아 유소년층 인구가 낮고 평균수명이 연장되어 노년층의 비율이 높다. 선진국에서 나타난다.
> ③ 피드미드형(pyramid form, 후진국형) : 유소년층이 큰 비중을 차지하며 다산다사의 미개발국가나 다산소사의 개발도상국에서 나타난다.
> ④ 별형(star form, 도시형) : 인구전입으로 청장년층의 비율이 높은 도시나 신개발지역에서 나타나는 유형으로써 노년인구나 유소년인구에 비해 생산연령인구가 많다는 특징이 있다.

Answer 12.④ 13.②

14 우리나라 보건행정조직에 대한 설명으로 가장 옳지 않은 것은?

① 「지역보건법」에 기반하여 보건소와 보건지소가 설치되어 있다.

② 「보건소법」은 1995년 「지역보건법」으로 개정되었다.

③ 보건진료소는 보건의료 취약지역에 설치되며, 보건진료소장은 보건진료 전담공무원이 맡는다.

④ 건강생활지원센터는 시 · 군 · 구 단위로 설치되고 감염병 관리 및 치료 기능을 담당하고 있다.

> **TIP** 건강생활지원센터는 지역주민의 건강 형평성제고를 위해 운영되고 있으며 지역보건사업의 원활한 추진을 위한 지원을 한다. 우리나라의 보건행정조직은 이원화된 구조로 되어있다. 보건복지부는 보건정책을 결정 기술지도와 감독을 담당하며 행정안전부는 예산을 집행하고 인사권을 가지고 있다. 「지역보건법」 10조에 의거하여 대통령령이 정하는 기준에 따라 지방자치단체의 조례로 보건소를 설치하는데 시, 군, 구별로 1개소씩 설치한다. 보건소법은 1995년 지역보건법으로 개정되었으며, 보건소 등 지역보건의료기관의 설치 · 운영 및 지역보건의료사업의 연계성 확보에 필요한 사항을 규정하고 있는 법률(1995. 12. 29, 법률 5101호)이다.

15 인구구조 지표에 대한 설명으로 가장 옳은 것은?

① 부양비는 경제활동연령 인구에 대한 비경제활동연령 인구의 비율로 표시된다.

② 노년부양비는 0 ~ 14세 인구에 대한 65세 이상 인구의 비율로 표시된다.

③ 노령화지수는 15 ~ 64세 인구에 대한 65세 이상 인구의 비율로 표시된다.

④ 1차 성비는 출생 시 여자 100명에 대한 남자 수로 표시된다.

> **TIP** ① 부양비(Dependency ratio)는 생산가능인구(45 ~ 64세)에 대한 유소년인구(0 ~ 14세)와 고령인구(65세 이상)의 합의 백분비로 인구의 연령구조를 나타내는 지표이다.
> ② 노년부양비란 생산연령인구(15 ~ 64세)100명에 대한 고령(65세 이상)인구의 비를 뜻한다.
> ③ 노령화지수는 유소년(14세 이하)인구 100명에 대한 고령(65세 이상) 인구의 비이다.
> ④ 1차 성비는 수정될 때의 성비, 2차 성비는 출생성비, 3차 성비는 생식연령의 성비, 4차 성비는 생식연령 이후의 성비로 나뉜다.

Answer   14.④   15.①

16 「교육환경 보호에 관한 법률」상 교육환경보호구역 중 절대보호구역의 기준으로 가장 옳은 것은?

① 학교 출입문으로부터 직선거리로 50미터까지인 지역

② 학교 출입문으로부터 직선거리로 100미터까지인 지역

③ 학교 출입문으로부터 직선거리로 150미터까지인 지역

④ 학교 출입문으로부터 직선거리로 200미터까지인 지역

> **TIP** 교육환경보호구역의 설정 등〈교육환경 보호에 관한 법률 제8조〉
> 교육감은 학교경계 또는 학교설립예정지 경계로부터 직선거리 200미터의 범위 안의 지역을 다음의 구분에 따라 교육환경보호구역으로 설정·고시하여야 한다.
> ㉠ 절대보호구역 : 학교출입문으로부터 직선거리로 50미터까지인 지역(학교설립예정지의 경우 학교경계로부터 직선거리 50미터까지인 지역)
> ㉡ 상대보호구역 : 학교경계 등으로부터 직선거리로 200미터까지인 지역 중 절대보호구역을 제외한 지역

17 〈보기〉와 같은 인구구조를 가진 지역사회의 노년부양비는?

─── 보기 ───

연령(세)	인구(명)
0~14	200
15~44	600
45~64	400
65~79	110
80 이상	40

① 11.1% ② 13.3%

③ 15% ④ 25%

> **TIP** 노년부양비는 생산가능인구(15~64세) 100명에 대한 고령인구(65세 이상)의 비이므로,
> $$\frac{110+40}{600+400} \times 100 = \frac{150}{1,000} \times 100 = 15\%이다.$$

18 만성질환의 역학적 특성으로 가장 옳지 않은 것은?

① 악화와 호전을 반복하며 결과적으로 나쁜 방향으로 진행한다.

② 원인이 대체로 명확하지 않고, 다요인 질병이다.

③ 완치가 어려우며 단계적으로 기능이 저하된다.

④ 위험요인에 노출되면, 빠른 시일 내에 발병한다.

> **TIP** ④ 위험요인에 노출되었을 때 빠른 시일 내에 발병하는 것은 감염성 질환의 특성이다. 만성질환은 비감염성 질환이다.
> ① 만성질환은 호전과 악화를 반복하며 결과적으로 점점 나빠지는 방향으로 진행된다. 악화가 거듭될 때마다 병리적 변화는 커지고 생리적 상태로의 복귀는 적어진다.
> ② 대부분의 만성질환은 감염성 병원체가 알려진 결핵, 백혈병 등 몇몇 질환군을 제외하면 그 원인이 명확하게 밝혀진 것은 드물다.
> ③ 일단 발병하면 최소 3개월 이상 오랜 기간의 경과를 취하며 완치가 어렵다. 만성질환은 퇴행성의 특성을 보이는데 대부분의 만성질환이 연령이 증가함에 따라 신체의 신체적 기능 저하와 맞물려 증가하기 때문이다.

19 「정신건강증진 및 정신질환자 복지서비스 지원에 관한 법률」상 정신건강증진의 기본이념으로 가장 옳지 않은 것은?

① 모든 정신질환자는 인간으로서의 존엄과 가치를 보장받고, 최적의 치료를 받을 권리를 가진다.

② 정신질환자의 입원 또는 입소가 최소화되도록 지역 사회 중심의 치료가 우선적으로 고려되어야 한다.

③ 정신질환자는 원칙적으로 자신의 신체와 재산에 관한 사항에 대하여 보호자의 동의가 필요하다.

④ 정신질환자는 자신과 관련된 정책의 결정과정에 참여할 권리를 가진다.

> **TIP** 정신건강증진의 기본이념〈정신건강증진 및 정신질환자 복지서비스 지원에 관한 법률 제2조〉
> ㉠ 모든 국민은 정신질환으로부터 보호받을 권리를 가진다.
> ㉡ 모든 정신질환자는 인간으로서의 존엄과 가치를 보장받고, 최적의 치료를 받을 권리를 가진다.
> ㉢ 모든 정신질환자는 정신질환이 있다는 이유로 부당한 차별대우를 받지 아니한다.
> ㉣ 미성년자인 정신질환자는 특별히 치료, 보호 및 교육을 받을 권리를 가진다.
> ㉤ 정신질환자에 대해서는 입원 또는 입소가 최소화되도록 지역 사회 중심의 치료가 우선적으로 고려되어야 하며, 정신건강증진시설에 자신의 의지에 따른 입원 또는 입소가 권장되어야 한다.
> ㉥ 정신건강증진시설에 입원등을 하고 있는 모든 사람은 가능한 한 자유로운 환경을 누릴 권리와 다른 사람들과 자유로이 의견교환을 할 수 있는 권리를 가진다.
> ㉦ 정신질환자는 원칙적으로 자신의 신체와 재산에 관한 사항에 대하여 스스로 판단하고 결정할 권리를 가진다. 특히 주거지, 의료행위에 대한 동의나 거부, 타인과의 교류, 복지서비스의 이용 여부와 복지서비스 종류의 선택 등을 스스로 결정할 수 있도록 자기결정권을 존중받는다.
> ㉧ 정신질환자는 자신에게 법률적·사실적 영향을 미치는 사안에 대하여 스스로 이해하여 자신의 자유로운 의사를 표현할 수 있도록 필요한 도움을 받을 권리를 가진다.
> ㉩ 정신질환자는 자신과 관련된 정책의 결정과정에 참여할 권리를 가진다.

Answer 18.④ 19.③

2018. 6. 23 제2회 서울특별시

20 2017년 영아사망자수가 10명이고 신생아 사망자수가 5명일 때 당해연도 α −index 값은?

① 0.2

② 0.5

③ 1

④ 2

> **TIP** α−index는 생후 1년 미만의 사망자수(영아사망자수)를 생후 28일 미만의 사망자수(신생아 사망자수)로 나눈 값이다. 따라서 2017년 영아사망자수가 10명이고 신생아 사망자수가 5명일 때 당해연도 α−index 값은 $\frac{10}{5} = 2$이다.

2018. 6. 23 제2회 서울특별시

21 우리나라 대사증후군의 진단 기준 항목으로 가장 옳은 것은?

① 허리둘레 : 남성 ≥ 90cm, 여성 ≥ 85cm

② 중성지방 : ≥ 100mg/dl

③ 혈압 : 수축기/이완기 ≥ 120/80mmHg

④ 혈당 : 공복혈당 ≥ 90mg/dl

> **TIP** 대사증후군 진단 기준
> ㉠ 복부비만 : 허리둘레 남성 ≥ 90cm, 여성 ≥ 85cm / BMI ≥ 25
> ㉡ 혈압 : 수축기/이완기 ≥ 130/85mmHg
> ㉢ 혈당 : 공복혈당 ≥ 100mg/dl
> ㉣ 중성지방(TG) ≥ 150mg/dl
> ㉤ HDL 콜레스테롤 : 남성 < 40mg/dl, 여성 < 50mg/dl

Answer 20.④ 21.①

2017. 3. 18 제1회 서울특별시

22 보건지표(health indicator)에 대한 설명으로 옳지 않은 것은?

① 일반 출산율은 가임여성인구 1,000명당 출산율을 의미한다.

② 주산기 사망률은 생후 4개월까지의 신생아 사망률을 의미한다.

③ 영아 사망률은 한 국가의 보건 수준을 나타내는 가장 대표적인 지표이다.

④ α-index는 1에 가까워질수록 해당 국가의 보건 수준이 높다고 할 수 있다.

> **TIP** ② 주산기 사망률은 임신 제28주 이후의 후기 사산수와 생후 1주 미만의 조기신생아 사망을 각각 출생천대의 비율로 표시한 것의 합이다.

2017. 6. 24 제2회 서울특별시

23 다음의 정신장애에 대한 설명에 해당하는 것은?

> • 현실에 대한 왜곡된 지각
> • 망상, 환각, 비조직적 언어와 행동
> • 20~40세 인구에서 호발하며, 만성적으로 진행
> • 부모 중 한명이 이환된 경우 자녀의 9~10%에서 발병

① 조울병(manic depressive psychosis)

② 신경증(neurosis)

③ 인격장애(personality disorder)

④ 정신분열증(schizophrenia)

> **TIP** 정신분열증은 망상, 환청, 와해된 언어, 정서적 둔감 등의 증상과 더불어 사회적 기능에 장애를 일으킬 수도 있는 정신과 질환으로 조현병이라고도 한다.
> ① 조울병 : 기분 장애의 대표적인 질환 중 하나로 기분이 들뜨는 조증이 나타나기도 하고, 기분이 가라앉는 우울증이 나타나기도 한다는 의미에서 '양극성 장애'라고두 한다.
> ② 신경증 : 내적인 심리적 갈등이 있거나 외부에서 오는 스트레스를 다루는 과정에서 무리가 생겨 심리적 긴장이나 증상이 일어나는 인격 변화를 말한다.
> ③ 인격장애 : 인격이란 일상생활 가운데 드러나는 개인의 정서적이고 행동적인 특징의 집합체인데, 이런 양상이 고정되어 환경에 적응하지 못하고 사회적이나 직업적 기능에서 심각한 장애를 가져오거나 본인 스스로 괴롭게 느낀다면 인격장애로 판단하게 된다.

Answer 22.② 23.④

712 제2과목 공중보건 – 보건영양과 보건관리

24 보건교육계획의 수립과정 중 제일 먼저 이루어져야 할 것은?

① 보건교육 평가 계획의 수립

② 보건교육 평가 유형의 결정

③ 보건교육 실시 방법들의 결정

④ 보건교육 요구 및 실상의 파악

> **TIP** 보건교육의 실시는 보건교육 요구 및 실상을 파악하고 보건교육을 실시한 후 보건교육을 평가하는 과정으로 진행된다.

출제 예상 문제

1 다음 중 영아사망과 신생아사망 지표에 대한 설명으로 옳은 것은?

① 영아후기사망은 선천적인 문제로, 예방이 불가능하다.

② 영아사망률과 신생아사망률은 저개발국가일수록 차이가 적다.

③ α -index가 1에 가까울수록 영유아 보건 수준이 낮음을 의미한다.

④ 영아사망은 보건관리를 통해 예방 가능하며 영아사망률은 각 국가 보건수준의 대표적 지표이다.

- - - - - - - - - -

TIP ① 영아후기사망은 환경적 문제의 비중이 더 크므로 어느 정도 예방 가능하다.
② 영아사망률과 신생아사망률은 저개발국가일수록 차이가 크다.
③ α -index는 생후 1년 미만의 사망수(영아사망수)를 생후 28일 미만의 사망수(신생아사망수)로 나눈 값이다. 유아사망의 원인이 선천적 원인만이라면 값은 1에 가깝다.

2 보건교육 방법 중 참가자가 많을 때 여러 개 분단으로 나누어 토의한 후 다시 전체 회의를 통해 종합하는 방법으로 진행하는 것은?

① 집단토의(group discussion) ② 패널토의(panel discussion)

③ 버즈세션(buzz session) ④ 심포지엄(symposium)

- - - - - - - - - -

TIP 버즈세션 … 전체구성원을 4~6명의 소그룹으로 나누고 각각의 소그룹이 개별적인 토의를 벌인 뒤 각 그룹의 결론을 패널형식으로 토론하고 최후의 리더가 전체적인 결론을 내리는 토의법이다. 많은 사람이 시간이 별로 걸리지 않는 회의나 토론을 해야 할 때 주로 사용한다.

3 「학교보건법 시행규칙」상 교실 내 환경요건에 적합하지 않은 것은?

① 조도–책상면 기준으로 200Lux ② 1인당 환기량–시간당 $25m^3$

③ 습도–비교습도 50% ④ 온도–난방온도 섭씨 20도

- - - - - - - - - -

TIP ① 교실의 조명도는 책상면을 기준으로 300Lux 이상이 되도록 해야 한다.

Answer 1.④ 2.③ 3.①

4 「학교보건법 시행령」상 보건교사의 직무내용으로 보기 어려운 것은?

① 학교보건계획의 수립

② 학교 환경위생의 유지, 관리 및 개선에 관한 사항

③ 학교 및 교직원의 건강진단과 건강평가

④ 각종 질병의 예방처치 및 보건지도

TIP 보건교사의 직무〈학교보건법 시행령 제23조 제4항 제3호〉
ⓐ 학교보건계획의 수립
ⓑ 학교 환경위생의 유지 · 관리 및 개선에 관한 사항
ⓒ 학생과 교직원에 대한 건강진단의 준비와 실시에 관한 협조
ⓓ 각종 질병의 예방처치 및 보건지도
ⓔ 학생과 교직원의 건강관찰과 학교의사의 건강상담, 건강평가 등의 실시에 관한 협조
ⓕ 신체가 허약한 학생에 대한 보건지도
ⓖ 보건지도를 위한 학생가정 방문
ⓗ 교사의 보건교육 협조와 필요시의 보건교육
ⓘ 보건실의 시설 · 설비 및 약품 등의 관리
ⓙ 보건교육자료의 수집 · 관리
ⓚ 학생건강기록부의 관리
ⓛ 다음의 의료행위(간호사 면허를 가진 사람만 해당한다)
　• 외상 등 흔히 볼 수 있는 환자의 치료
　• 응급을 요하는 자에 대한 응급처치
　• 부상과 질병의 악화를 방지하기 위한 처치
　• 건강진단결과 발견된 질병자의 요양지도 및 관리
　• 위의 의료행위에 따르는 의약품 투여
ⓜ 그 밖에 학교의 보건관리

---

5 제2차 성비의 개념으로 옳은 것은?

① 사망시 성비　　　　　　　② 출생 전 성비

③ 노인의 성비　　　　　　　④ 출생시 성비

TIP 성비의 개념
ⓐ 제1차 성비 : 태아의 성비를 말한다.
ⓑ 제2차 성비 : 출생시 성비로 보통 여아 100에 대해 남아 105 전후이다.
ⓒ 제3차 성비 : 현재 인구의 성비를 말한다.

Answer 4.③ 5.④

6 다음 중 학교보건의 업무에 포함되지 않는 것은?

① 질병치료

② 질병예방

③ 보건교육

④ 식품위생

TIP ① 질병치료는 의료기관의 역할이다. 학교보건에는 환경위생, 식품위생, 보건관리, 질병예방, 감염병 관리, 보건교육, 건강평가, 건강상담 등이 포함된다.

7 다음 중 임산부에게 특히 필요한 영양소는?

① 칼슘, 철분

② 지방, 탄수화물

③ 단백질, 티아민

④ 단백질, 탄수화물

TIP 임산부 사망의 40%를 차지하는 임신중독증의 3대 원인은 단백질, 티아민(비타민B₁)의 부족과 빈혈이다. 물론, 모든 영양소가 다 필요하겠지만 단백질과 티아민, 철분은 부족해서는 안 된다.
※ 임산부에게 필요한 5대 영양소 … 칼슘, 비타민, 철분, 단백질, 탄수화물

8 다음 중 인구 노령화 지표에 대한 계산이 잘못된 것은?

① 노령인구 지수 $= \dfrac{노년인구}{경제활동인구} \times 100$

② 노령화 지수 $= \dfrac{노년인구}{성인인구} \times 100$

③ 유년인구 지수 $= \dfrac{유년인구}{경제활동인구} \times 100$

④ 부양비율 $= \dfrac{비생산인구}{생산인구} \times 100$

TIP 노령화 지수는 연소(유년)인구에 대한 노인인구의 비율이다.

노령화 지수 $= \dfrac{노년인구(65세 이상)}{연소인구(0 \sim 14세)} \times 100$

※ 부양인구, 종속인구는 부양비율과 같은 개념이다.

Answer 6.① 7.③ 8.②

9 노인인구의 비율에 따라 사회를 분류할 때 전체 인구의 14% 이상을 노년층이 차지하는 사회는?

① 고령화사회   ② 초고령화사회

③ 초초고령사회   ④ 고령사회

TIP 노인인구의 비율

ㅤㅤ㉠ 고령화사회 : 전체 국민 중 노인인구가 7% 이상인 사회를 말한다.

ㅤㅤ㉡ 고령사회 : 전체 국민 중 노인인구가 14% 이상인 사회를 말한다.

ㅤㅤ㉢ 초고령사회(후기 고령사회) : 전체 국민 중 노인인구가 20% 이상인 사회를 말한다.

10 보건교육의 방법 중 여러 사람에게 전달이 가능하고 가장 경제적인 방법은?

① 강의   ② 대중매체

③ 심포지엄   ④ 가정방문

TIP ① 강의(강연회)는 여러 사람에게 동시에 전달이 가능하므로 집단접촉법 중에서도 가장 경제적이다. 그러나 일방적인 의사의 전달이므로 효과적인 교육방법은 아니다.

11 다음 정신질환 중 부모 둘다 환자일 경우 60% 이상이 발병하고, 한 쪽만 환자일 경우 30%가 발병하는 질환은?

① 정신분열증   ② 조울증

③ 신경증   ④ 정신박약

TIP 조울증 … 기분이 좋아 뜬 상태인 조상태와 우울한 울상태가 이동하면서, 사고와 행동이 변화하는 것으로 양극성 장애라고도 한다. 부모 중 한 쪽이 환자이면 자식의 약 30%가 발병하고 양쪽이 환자이면 약 60%가 발병한다.

ㅤㅤ① 정신분열 : 정신 내면계의 분열로서 부모 중 한 쪽이 환자이면 10% 정도, 양친이 환자이면 약 50%가 발병한다. 정신병의 70%를 차지하는 대표적인 질병이다.

ㅤㅤ④ 정신박약(정신지체) : 정신발달이 어느 시점에 머무는 것을 말하며, 부모 중 한 쪽이 환자라면 50%, 양친이 환자라면 70%가 발병한다.

Answer 9.④ 10.① 11.②

12 다음 중 모자보건법상 인공임신중절 수술을 할 수 있는 경우가 아닌 것은?

① 임산부가 질병에 걸렸을 때

② 강간 또는 준강간에 의한 임신일 때

③ 법률상 혼인할 수 없는 혈족 또는 인척 간의 임신일 때

④ 본인이 대통령령으로 정하는 전염성 질환에 이환되었을 때

....

TIP 인공임신중절 수술의 허용한계 … 의사는 다음에 해당되는 경우에 한하여 본인과 배우자(사실상의 혼인관계에 있는 자를 포함)의
동의를 얻어 인공임신중절 수술을 할 수 있다〈모자보건법 제14조 제1항〉.
ⓐ 본인 또는 배우자가 우생학적 또는 유전학적 정신장애나 신체질환이 있는 경우
ⓑ 본인 또는 배우자가 전염성 질환이 있는 경우
ⓒ 강간 또는 준강간에 의하여 임신된 경우
ⓓ 법률상 혼인할 수 없는 혈족 또는 인척 간에 임신된 경우
ⓔ 임신의 지속이 보건의학적 이유로 모체의 건강을 심히 해하고 있거나 해할 우려가 있는 경우

13 다음 중 성인병에 해당되지 않는 것은?

① 간염   ② 당뇨병
③ 뇌졸중   ④ 고혈압

....

TIP 성인병의 종류 … 고혈압, 당뇨병, 뇌졸중, 동맥경화증, 심장병, 각종 암, 간경변 등이 있다.
※ 간염은 간경변의 숙주요인이 된다.

14 인구 피라미드 유형 중 농촌형에 해당하는 것은?

① 호로형   ② 항아리형
③ 별형   ④ 종형

....

TIP 농촌형은 15~49세 인구가 전체 인구의 50% 미만인 호로형이고 그 반대가 별형(도시형)이다.

15 다음 보건지표 중 분모가 연간 출생아 수가 아닌 것은?

① 모성 사망률

② 신생아 사망률

③ 유아 사망률

④ 영아 사망률

TIP ③ 유아 사망률 = $\dfrac{1 \sim 4세\ 유아의\ 사망자\ 수}{그\ 해\ 중앙시점의\ 1 \sim 4세\ 인구수} \times 1,000$

16 다음 절충식 보건교육방법 중 단체를 대상으로 하는 것이 아닌 것은?

① 패널

② 브레인 스토밍

③ 건강상담

④ 버즈세션

TIP 보건교육방법

ⓐ 개인접촉법 : 가정방문, 전화, 편지 등을 활용하는 방법으로, 가장 효과적이지만 많은 시간과 인원이 소요된다.

ⓑ 집단접촉법 : 동시에 2명 이상의 집단을 대상으로 실시하는 방법으로, 경제적이지만 개별접촉만큼 효과는 없다. 집단토론, 심포지엄, 버즈세션, 롤 플레잉, 강연회, 패널 디스커션 등이 있다.

ⓒ 대중접촉법 : 특정 집단이 아닌 대중을 위한 교육방법으로 신문, 라디오, TV, 전시, 팜플렛, 포스터 등의 방법이 이용된다.

17 다음 보기 중 인구동태 통계자료로만 묶인 것은?

㉠ 호적부	㉡ 국세조사	㉢ 전입

① ㉠㉡

② ㉡㉢

③ ㉠㉢

④ ㉠㉡㉢

TIP 인구통계자료

㉠ 인구정태 통계자료 : 일정시점에서의 인구상태에 대한 통계자료로 성별, 연령별, 국적별, 직업별, 학력별, 사업별 자료와 국세조사가 여기에 속한다.

㉡ 인구동태 통계자료 : 일정기간 동안의 인구변동에 대한 통계자료로 출생, 사망, 전입, 전출 등이 여기에 속한다.

Answer 15.③ 16.③ 17.③

18 뇌졸중의 발생원인 중 우리나라에서 가장 큰 비중을 차지하는 것은?

① 혈압   ② 영양 불균형

③ 과로   ④ 당뇨

....

TIP 뇌졸중 … 노인의 사인 중 가장 큰 비중을 차지하는 것으로 고혈압, 영양 불균형, 과로 등이 원인이 되어 발생한다. 이것은 더 나아가 치매의 원인이 되기도 한다.

19 법적으로 임신중절이 가능한 것은 몇 주까지인가?

① 임신 24주   ② 임신 25주

③ 임신 20주   ④ 임신 15주

....

TIP 인공임신중절 수술의 허용한계〈모자보건법 제14조〉

ⓒ 허용사유 : 의사는 다음에 해당되는 경우에 한하여 본인과 배우자(사실상의 혼인관계에 있는 자 포함)의 동의를 얻어(부득이한 경우 본인만의 동의로) 인공임신중절 수술을 할 수 있다.

• 본인 또는 배우자가 우생학적 또는 유전학적 정신장애나 신체질환이 있는 경우

• 본인 또는 배우자가 일정한 전염성 질환이 있는 경우

• 강간 또는 준강간에 의하여 임신된 경우

• 법률상 혼인할 수 없는 혈족 또는 인척 간에 임신된 경우

• 임신의 지속이 보건의학적 이유로 모체의 건강을 심히 해하고 있거나 해할 우려가 있는 경우

ⓒ 허용기한 : 인공임신중절 수술은 임신 24주일 이내에 있는 자에 한하여 할 수 있다〈모자보건법 시행령 제15조〉.

20 다음 중 고혈압의 수치로 옳은 것은?

① 120/80mmHg 이상

② 100/80mmHg 이상

③ 140/90mmHg 이상

④ 130/100mmHg 이상

TIP 고혈압(Hypertension) … 60세 이상층에 가장 유병률이 높고, 여자가 남자보다 많이 발병하는 질병이다.

㉠ 정상수치 : 120/80mmHg 이상

㉡ 고혈압 수치 : 140/90mmHg 이상

• 경도 고혈압 : 140~159 / 90~99mmHg

• 중등도 고혈압 : 160/100mmHg 이상

Answer 20.③